Protokolle

der

Kommission für die Reform des Strafprozesses.

Herausgegeben vom Reichs-Justizamte.

Zweiter Band.

Zweite Lesung und Zusammenstellung der Beschlüsse.

Berlin 1905.

J. Guttentag, Verlagsbuchhandlung,

G. m. b. H.

Druck der Norddeutschen Buchdruckerei, Berlin SW.

Übersicht der Beratungen zweiter Lesung.

57. Sitzung.

4. Oktober 1904.

Neuorganisation der Gerichte erster und zweiter Instanz.

I. Die Kommission begann die zweite Lesung der ihrer Beratung unterliegenden Fragen mit der Erörterung von Nr. I des Programms (Bd. 1 S. 517 flg.) für die zweite Lesung „Neuorganisation der Gerichte erster und zweiter Instanz." Es wurde zunächst die grundsätzliche Frage besprochen, ob Schöffengerichte an die Stelle der Strafkammern und der Schwurgerichte treten sollen (I 1 des Programms, S III 1 und 2, S IV 1 und 2 des Fragebogens). Dabei blieb einstweilen außer Betracht, in welcher Art die neuen Gerichte zu bilden seien, ob insbesondere neben den kleinen Schöffengerichten zwei oder nur ein größeres Schöffengericht einzurichten sei.

Es lag der Antrag vor:

> Für die Hauptverhandlung treten Schöffengerichte an die Stelle der jetzt bestehenden Strafkammern und Schwurgerichte.

Der Inhalt des Antrags entspricht den in erster Lesung (Bd. 1 S. 384, 385) von der Kommission gefaßten Beschlüssen, will jedoch besonders zum Ausdrucke bringen, daß nur für die Hauptverhandlung, nicht auch für die außerhalb der Hauptverhandlung ergehenden Entscheidungen die Mitwirkung von Laien verlangt wird.

Für den Antrag wurden die gleichen Gründe geltend gemacht, die zu den Beschlüssen der ersten Lesung geführt hatten (Bd. 1 S. 385 flg.). Der Antrag fand einstimmige Annahme, nachdem sich auch dasjenige Mitglied, welches in der ersten Lesung allein für die Beibehaltung des Schwurgerichts eingetreten war (Bd. 1 S. 389 flg.), nunmehr für den Ersatz der Schwurgerichte durch Schöffengerichte erklärt hatte. Bei der Beschlußfassung war die Kommission darin einig, daß die neu zu schaffenden Schöffengerichte die jetzigen Gerichte im vollen Umfange der bisherigen Zuständigkeit ersetzen sollten.

Zu eingehenden Erörterungen gab die Frage Anlaß, ob für die geplante Neugestaltung der Strafkammern und der Schwurgerichte die erforderliche Zahl von geeigneten Schöffen vorhanden sein werde. Um zur Beantwortung dieser Frage Anhaltspunkte zu gewinnen, war einem aus der Mitte der Kommission geäußerten Wunsche entsprechend den Mitgliedern eine auf Erhebungen der Bundesregierungen beruhende „Aufstellung über die Zahl der im Deutschen Reiche für das Jahr 1903 und 1904 in den berichtigten Urlisten eingetragenen Personen, der erwählten Haupt- und Hilfsschöffen und der zu Geschworenen vorgeschlagenen Personen" zugänglich gemacht worden. Dieselbe ist diesem Protokoll als Anlage beigefügt (S. 8). Von einem Kommissare des Reichs-Justizamts wurde mitgeteilt, daß der Königlich Preußische Herr Justizminister an die in Preußen gewonnenen Ergebnisse der Erhebungen folgende Bemerkungen geknüpft habe:

Wie die Aufstellung zeige, werde nur ein geringer Bruchteil der in den Urlisten verzeichneten Personen zum Schöffen erwählt oder zum Geschworenen vorgeschlagen. Aus dieser Tatsache lasse sich aber ein Anhalt dafür, wie weit das vorhandene Material den gegenwärtigen Bedarf an Schöffen und Geschworenen übersteige, auch nicht annähernd gewinnen. Die Urliste, in welcher jeder aufzunehmen sei, der zum Schöffenamte berufen werden kann, gebe über die tatsächliche Befähigung des Eingetragenen zur Ausübung richterlicher Tätigkeit keinerlei Aufschluß. Unfähigkeit zum Schöffenamt im Sinne des §. 32 des G.V.G. liege nur bei einem verschwindend kleinen Teile der Bevölkerung vor; auch die Empfänger von Armenunterstützungen und die Gebrechlichen, welche nach dem §. 33 Nr. 3 und 4 des G.V.G. nicht berufen werden sollen, würden zahlenmäßig nicht sehr erheblich ins Gewicht fallen. Im allgemeinen würden hiernach fast alle seit mindestens zwei Jahren in der Gemeinde wohnenden, wenigstens dreißig Jahre alten, nicht in Dienstbotenstellung befindlichen Männer, unter Ausschluß der im §. 34 des G.V.G. bezeichneten Personen, in den Urlisten verzeichnet stehen, so daß in den meisten ländlichen und auch in sehr vielen städtischen Gemeinden und Bezirken die große Mehrzahl der in der Urliste Eingetragenen aus Personen von geringer Bildung und Urteilsfähigkeit bestehen müsse. Insbesondere werde in den Bezirken mit polnisch redender Bevölkerung auch ein sehr großer Teil der in die Urliste aufzunehmenden Personen der deutschen Sprache nicht in genügendem Maße mächtig sein. Ferner enthielten die Urlisten die sehr zahlreichen Personen, welche zwar an sich zum Schöffenamte berufen werden könnten, die Berufung aber, insbesondere wegen Unfähigkeit, den mit der Ausübung des Amtes verbundenen Aufwand zu tragen, ablehnen dürften. Für die Beurteilung der Frage, wie viele Personen zur Verfügung stünden, die nach ihrer Bildung, ihrer Einsicht, ihrer moralischen Zuverlässigkeit und ihrer wirtschaftlichen Lage zur Verwendung als Laienrichter geeignet sind, gäben daher die angestellten Erhebungen keine geeignete Unterlage.

Dieser Auffassung trat die Kommission insofern bei, als allseitig anerkannt wurde, daß aus der in der Aufstellung mitgeteilten Gesamtzahl der zum Schöffenamte fähigen Personen ein sicherer Schluß auf die Gesamtzahl der tatsächlich hierzu geeigneten Personen nicht gezogen werden könne. Im übrigen gingen die Meinungen auseinander. Einige Mitglieder meinten, daß die Aufstellung darüber, ob die nach den Beschlüssen der Kommission voraussichtlich erforderliche Anzahl von Schöffen vorhanden sein werde, überhaupt keinen Aufschluß gewähre, und daß es sich deshalb empfehle, demnächst bei den Beschlüssen über die Besetzung der neuen Gerichte mit Schöffen nicht zu hoch zu greifen. Die überwiegende Mehrheit der Mitglieder vertrat jedoch eine entgegengesetzte Auffassung und hielt durch die Aufstellung für dargetan, daß es an der erforderlichen Zahl von Schöffen nicht fehlen werde. Es wurde ausgeführt:

Die Urlisten seien insofern nicht vollständig, als in vielen Teilen des Deutschen Reichs ungeeignete Personen, namentlich solche, die den mit dem Schöffenamte verbundenen Aufwand nicht tragen könnten, in die Urlisten von vornherein nicht aufgenommen würden. Wennschon dieses Verfahren den gesetzlichen Vorschriften nicht entspreche, so sei es doch vielfach in Übung. Demnach dürfe man annehmen, daß die Zahl der zum Schöffenamte gesetzlich fähigen Personen tatsächlich noch größer und der Prozentsatz der wirklich gebrauchten Personen noch geringer sei, als die Aufstellung angebe. Abgesehen hiervon zeige eine Vergleichung der Spalten 4 und 8 der Aufstellung, daß die Zahl der zu Geschworenen vorgeschlagenen Personen fast in sämtlichen Oberlandesgerichtsbezirken die Zahl der erwählten Hauptschöffen um ein Beträchtliches übersteige. Es seien im Deutschen Reiche für das Jahr 1904 insgesamt nur 48 402 Personen zu Hauptschöffen erwählt, dagegen 81 202 Personen zu Geschworenen vorgeschlagen worden. Man dürfe ohne weiteres annehmen, daß die zu Geschworenen vorgeschlagenen Personen bei allen neu zu bildenden Schöffengerichten sich zum Schöffenamt eignen werden. Nach den von einigen Mitgliedern angestellten Berechnungen sei es aber nicht wahrscheinlich, daß man bei Durchführung der von der Kommission gefaßten Beschlüsse über die Ausdehnung des abgekürzten Verfahrens und des Strafbefehlsverfahrens in Zukunft erheblich mehr Schöffen brauchen werde, als jetzt Schöffen und Geschworene, zumal wenn man in Übertretungssachen in erster Instanz den Amtsrichter allein entscheiden lasse und die Schöffen jährlich zu zehn Sitzungen heranziehe. Es werde zwar das an die Stelle der Strafkammer tretende Schöffengericht wohl nicht so viele Sachen in einer Sitzung erledigen, wie heute die Strafkammer; andererseits aber werde ein Schöffengericht schneller arbeiten können als das heutige Schwurgericht. Nötigenfalls werde zu erwägen sein, ob man nicht den Kreis derjenigen Personen, welche zum Schöffenamte nicht berufen werden sollen (§. 34 des G.V.G.), einschränken oder bei der Auswahl der Schöffen mehr als bisher auch gewerbliche Arbeiter berücksichtigen könne.

Hierbei wurde die Frage berührt, ob den Schöffen eine Entschädigung für Zeitversäumnis zu gewähren sei. Die Kommission ging davon aus, daß diese Frage in nicht zu ferner Zeit große Bedeutung gewinnen werde, zumal mehrfach das Bestreben hervorgetreten sei, Angehörige der minder bemittelten Klassen mehr, als es bisher üblich gewesen, zum Schöffendienste heranzuziehen[1]), und da sich, wenn auch kein erheblicher, so doch immerhin ein gewisser Mehrbedarf an Schöffen aus der vorgeschlagenen Organisation der Gerichte ergeben werde. Andererseits wurde nicht verkannt, das die Frage von großer prinzipieller Tragweite sei, da es sich um die Veränderung des Charakters des Schöffenamts als eines Ehrenamts handele, die leicht Konsequenzen auch für andere bisher ehrenamtliche Funktionen nach sich ziehen könne. Die Kommission erachtete es nicht für geboten, zur Zeit zu dieser Frage Stellung zu nehmen, zumal ihr eine entsprechende Frage nicht vorgelegt sei.

---

[1]) Zu vergl. die von den Königlich Bayerischen Staatsministerien der Justiz und des Innern erlassene Bekanntmachung, die Herstellung der Listen und die Wahlen für den Schöffen- und Geschworenendienst betreffend, vom 2. Mai 1904 (Bayer. Justiz-Ministerial-Bl. S. 93).

II. Die Kommission wandte sich zu Punkt I 2 des Programms und zwar zunächst zu der Frage, ob die Berufung auszudehnen sei (U I des Fragebogens).

Es war beantragt:

> Es ist an einer Ausdehnung der Berufung im Sinne des Gesetzentwurfs von 1895 festzuhalten und zwar sowohl für den Fall, daß die Strafkammern beibehalten werden, als auch für den Fall, daß an Stelle der Strafkammern und der Schwurgerichte Schöffengerichte eingeführt werden.

Der Antrag entspricht dem in erster Lesung (Bd. 1 S. 458) gefaßten Beschlusse; für und gegen ihn wurden die gleichen Gründe vorgetragen wie in der ersten Lesung (Bd. 1 S. 442 flg.). Ein Teil der Mitglieder, welche in erster Lesung gegen die Ausdehnung der Berufung gestimmt hatten, erklärte sich nunmehr auf Grund nochmaliger Erwägung und namentlich mit Rücksicht auf die hinsichtlich des Verfahrens in der Berufungsinstanz von der Kommission in erster Lesung gefaßten Beschlüsse für den Antrag.

Von einem der Gegner der Berufung wurde angeregt, ob man nicht, anstatt die Berufung auszudehnen, im Anschlusse an den §. 317 der Str.Pr.O.[1]) dem Revisionsgerichte die Ermächtigung geben könne, die Sache in die Vorinstanz zurückzuverweisen, wenn es einstimmig der Ansicht sei, daß der erste Richter in tatsächlicher Beziehung geirrt habe. Demgegenüber wurde jedoch von mehreren Seiten darauf hingewiesen, daß durch eine solche Ermächtigung dem Revisionsgericht eine Verantwortung auferlegt werde, die es nicht tragen könne, da es nicht wohl in der Lage sei, lediglich auf Grund der Akten und ohne Gehör des Angeklagten zu entscheiden, ob die tatsächliche Feststellung auf einer irrigen Auffassung beruhe. Die Anregung wurde nicht weiter verfolgt.

Bei der Abstimmung wurde der gestellte Antrag mit 17 gegen 3 Stimmen angenommen, wobei Einverständnis darüber herrschte, daß der Beschluß mit den Worten: „im Sinne des Gesetzentwurfs von 1895" nicht eine Billigung der damaligen Vorschläge über die Gestaltung des Berufungsverfahrens aussprechen, sondern nur die Ausdehnung der Berufung im Prinzipe vorschlagen wolle (zu vergl. Protokolle Bd. 1 S. 458).

III. Die Kommission schritt zur Beratung der Frage, an welchem Gerichte die Berufungsinstanz zu bilden sei (Punkt I 2 des Programms, U II 1a und 1b des Fragebogens).

A. Es lag zunächst der Antrag vor:

> Die Berufungsinstanz ist für die Berufung gegen die Urteile des Amtsrichters und des kleinen Schöffengerichts bei den Amtsgerichten zu bilden. Mehrere Amtsgerichtsbezirke können zu einem Berufungsbezirke zusammengelegt werden.

---

[1]) Nach dem §. 317 der Str.Pr. O. hat das Gericht im schwurgerichtlichen Verfahren die Befugnis, die Sache vor ein anderes Schwurgericht zu verweisen, wenn die Richter einstimmig der Ansicht sind, daß die Geschworenen sich in der Hauptsache zum Nachteile des Angeklagten geirrt haben.

Der Antrag wurde wie folgt begründet: Wenn man, wie es in erster Lesung beschlossen worden sei (Bd. 1 S. 459, 470), die Berufungen gegen die Urteile der Strafkammern und der Schwurgerichte an die Landgerichte verweise, so sei es prinzipwidrig, die Berufung gegen Urteile der Amtsrichter und der Schöffengerichte an ein höheres Gericht zu leiten. Bilde man für diese Urteile die Berufungsinstanz am Amtsgerichte, so werde das Verfahren beschleunigt werden können und die Schöffen brauchten sich nicht der unbequemen Reise an den Sitz des Landgerichts zu unterziehen. Allerdings lasse sich diese Einrichtung nur bei Amtsgerichten treffen, die mit mehr als einem Richter besetzt seien. Kleinere Amtsgerichte müßten zu einem Berufungsbezirke zusammengelegt werden.

Der Antrag fand keine Unterstützung. Es wurde hervorgehoben: Der Beschluß erster Lesung, die Berufungsinstanz bei den Landgerichten zu bilden, beruhe auf der Erwägung, daß die Oberlandesgerichtsbezirke für eine Durchführung des Grundsatzes der Mündlichkeit in der Berufungsinstanz zu groß seien. Dies treffe auf die Landgerichte nicht zu. Dem Antrage stünden auch organisatorische Schwierigkeiten entgegen, die sich durch die Zusammenlegung mehrerer Amtsgerichtsbezirke zu einem Berufungsgerichte nicht beseitigen ließen. Er mache die Bildung besonderer Schöffen-Jahreslisten für die Berufungs-Amtsgerichte erforderlich. Auch werde es in Preußen und anderen Bundesstaaten nicht möglich sein, in der Berufungsinstanz am Amtsgerichte die Vertretung der Staatsanwaltschaft höheren Beamten zu übertragen. Für die Schöffen und Zeugen werde es häufig leichter sein, an den Sitz des Landgerichts zu reisen, als an das Berufungs-Amtsgericht.

Der Antrag wurde darauf zurückgezogen.

B. Es lag ferner der Antrag vor:

1. Die Berufungsinstanz ist sowohl für den Fall der Einführung der Schöffengerichtsverfassung als für den Fall der Beibehaltung der Strafkammern bei den Landgerichten zu bilden.

Hierzu waren folgende Zusatzanträge gestellt:

2. Durch die Gesetzgebung eines Bundesstaats kann die Entscheidung über das Rechtsmittel der Berufung gegen die am Landgerichte gebildeten Schöffengerichte Berufungsgerichten übertragen werden, die bei den Oberlandesgerichten zu bilden sind.
3. Mehrere Landgerichtsbezirke können zu einem Berufungsbezirke zusammengelegt werden.
4. Für den Fall, daß am Landgerichte zwei verschiedene Schöffengerichte gebildet werden, entscheidet über die Berufung gegen die Urteile der großen Schöffengerichte der bei dem Oberlandesgerichte zu bildende Schöffensenat.

Ein Antrag, der für alle vom Landgericht entschiedenen Sachen die Bildung der Berufungsinstanz bei dem Oberlandesgerichte befürwortete, lag heute nicht vor. Es wurde jedoch eine dahingehende Regelung von einigen Mitgliedern mit den in erster Instanz vorgetragenen Gründen auch jetzt wieder befürwortet.

Für den Antrag 1, der den in der ersten Lesung (Bd. 1 S. 459 und S. 470) gefaßten Beschlüssen entspricht, wurden lediglich die damals vorgebrachten Gründe wiederholt (Bd. 1 S. 458 flg. und S. 476 flg.).

Zu Gunsten des Antrags 2 wurde ausgeführt: In Bayern seien die Oberlandesgerichtsbezirke so klein, daß die Bildung der Berufungsinstanz am Oberlandesgerichte dort zu keinen Bedenken Anlaß gäbe. Auch früher hätten die Appellationsgerichte über die Berufungen in Strafsachen zu entscheiden gehabt,[1]) ohne daß dabei Schwierigkeiten hervorgetreten seien. Dagegen würde in Bayern die Bildung der Berufungsinstanz an den Landgerichten eine starke Vermehrung der Richterstellen und erhebliche bauliche Veränderungen nötig machen. Es empfehle sich daher, die einzelnen Bundesstaaten durch eine besondere Bestimmung zu ermächtigen, im Wege der Landesgesetzgebung die Berufungsinstanz an den Oberlandesgerichten einzurichten. Eine Analogie hierfür sei durch die Bestimmungen der §§. 8, 9 des Einführungsgesetzes zum Gerichtsverfassungsgesetze über die obersten Landesgerichte in Zivilsachen und in Strafsachen, sowie durch die Bestimmung des §. 99 des Gerichtsverfassungsgesetzes über die Zusammenlegung mehrerer Landgerichte zu einem Schwurgerichtsbezirke gegeben.

Für den Antrag 3 wurde geltend gemacht, daß die bei kleinen Landgerichten aus der Bildung einer Berufungskammer sich etwa ergebenden organisatorischen Schwierigkeiten am zweckmäßigsten durch die Zulassung einer Zusammenlegung mehrerer Landgerichtsbezirke zu einem Berufungsbezirke behoben würden. Die Kommission habe in erster Lesung bereits eine derartige Maßnahme in Erwägung gezogen (Bd. 1 S. 464).

Gegen die Anträge 2 und 3 erhob sich jedoch von verschiedenen Seiten Widerspruch. Es wurde ausgeführt: Es könne nicht Aufgabe der Kommission sein, auf Schwierigkeiten, die sich bei der Durchführung ihrer Beschlüsse in dem einen oder anderen Bundesstaate möglicherweise ergeben würden, besondere Rücksicht zu nehmen. Überdies sei es mindestens zweifelhaft, ob nicht die fortdauernden Auslagen, welche durch die Einrichtung der Berufungsinstanz an den Oberlandesgerichten der Staatskasse namentlich durch die Zeugengebühren erwachsen müßten, größer sein würden, als die Kosten einer etwaigen Erweiterung der Organisation einzelner kleiner Landgerichte. Der Antrag 3 komme im Ergebnis auf dasselbe hinaus wie der Antrag 2, jedoch mit dem Unterschiede, daß er, was noch weniger annehmbar sei, die Entscheidung über die Zusammenlegung mehrerer Landgerichtsbezirke zu einem Berufungsgerichtsbezirke lediglich dem Ermessen der Justizverwaltung überlassen wolle.

Der Antrag 2 wurde hierauf zurückgezogen. Der Antrag 3 wurde aufrechterhalten, jedoch, um den laut gewordenen Bedenken Rechnung zu tragen, dahin geändert:

> Zwei benachbarte Landgerichtsbezirke von besonders geringem Umfange können auf dem Wege der Landesgesetzgebung zu einem Berufungsbezirke zusammengelegt werden.

Es wurde ausgeführt: Bei dieser Fassung des Antrags sei die Gefahr allzu großer Berufungsgerichtsbezirke ausgeschlossen, andererseits ermögliche er,

---

[1]) Zu vergl. Art. 11 des Gesetzes vom 10. November 1848 (GBl. S. 234 flg.).

den bei kleinen Landgerichten entstehenden organisatorischen Schwierigkeiten zu begegnen.

Dagegen wurde geltend gemacht, daß jede Abweichung von dem Grundsatze, die Berufungsinstanz am Landgerichte zu bilden, bedenklich erscheine, weil sie die Durchführung des Prinzips der Mündlichkeit im Berufungsverfahren zu gefährden geeignet sei.

Der Antrag 4, nach welchem die Berufung gegen die Urteile der großen Schöffengerichte an die Oberlandesgerichte geleitet werden soll, entspricht einer Anregung, welche bereits in der ersten Lesung hervorgetreten war, aber damals den Beifall der Kommission nicht gefunden hatte (Bd. 1 S. 464 flg.). Für diesen Antrag wurde heute ausgeführt: Die Organisation des Landgerichts werde, wenn man die Berufungsinstanz über die Urteile der großen Schöffengerichte auch am Landgericht einrichte, zu kompliziert. Es empfehle sich daher, die Berufung in diesen Sachen an die Oberlandesgerichte gehen zu lassen. Eine solche Einrichtung werde in besonderem Maße populär sein und die Umwandlung der Schwurgerichte in große Schöffengerichte manchen Teilen der Bevölkerung annehmbarer machen. Selbstverständlich müsse der Grundsatz der Mündlichkeit auch vor dem Oberlandesgerichte zur vollen Durchführung gebracht werden.

Die Mehrheit der Kommission erklärte sich jedoch aus den in der ersten Lesung vorgebrachten Gründen auch jetzt wieder gegen den Antrag.

Bei der Abstimmung wurde zunächst der Antrag 4 mit 17 gegen 3 Stimmen abgelehnt. Hierauf wurde der Antrag 3 in der veränderten Fassung zur Abstimmung gestellt und mit 10 gegen 10 Stimmen abgelehnt, wobei die Stimme des Vorsitzenden den Ausschlag gab. Endlich wurde der Antrag 1, der ohne Einschränkung die Bildung der Berufungsinstanz am Landgerichte vorschlägt, mit 16 gegen 4 Stimmen angenommen.

Anlage zum Protokolle der 57. Sitzung.

Aufstellung über die Zahl der im Deutschen Reiche für die Jahre 1903 und 1904 in den berichtigten Urlisten eingetragenen Personen, der erwählten Haupt- und Hilfsschöffen und der zu Geschworenen vorgeschlagenen Personen.

(§§. 36 bis 44, 85 bis 88 des Gerichtsverfassungsgesetzes.)

Nr.	Oberlandesgerichtsbezirk	Zahl der in den Urlisten eingetragenen Personen für 1903	1904	Zahl der erwählten Hauptschöffen für 1903	1904	Hilfsschöffen für 1903	1904	zu Geschworenen vorgeschlagenen Personen für 1903	1904	Anteil der Zahlen in Spalte 4 zu den Zahlen der Spalte 2 in Prozent	6	8	Anteil der Summe der Zahlen in Spalte 4, 6 und 8 zu den Zahlen der Spalte 2 in Prozent
		1.	2.	3.	4.	5.	6.	7.	8.	9.	10.	11.	12.
1	Berlin	600 042	639 597	4 502	4 538	1 790	1 796	6 177	6 151	0,7	0,3	1,0	2,0
2	Breslau	387 986	407 256	3 705	3 734	1 304	1 324	7 820	7 821	0,9	0,3	1,9	3,2
3	Cassel	70 363	72 783	659	663	273	274	1 356	1 368	0,9	0,4	1,9	3,2
4	Celle	221 264	231 860	2 068	2 068	1 314	1 314	3 102	3 132	0,9	0,6	1,4	2,8
5	Cöln	459 349	478 489	2 782	2 816	1 296	1 292	6 082	6 131	0,6	0,3	1,3	2,1
6	Frankfurt a. M.	149 808	153 537	1 051	1 051	416	419	2 226	2 226	0,7	0,3	1,4	2,4
7	Hamm	378 401	420 803	2 368	2 417	859	879	5 560	5 900	0,6	0,2	1,4	2,2
8	Kiel	151 607	163 640	1 925	1 923	724	724	1 518	1 518	1,2	0,4	0,9	2,5
9	Königsberg i. Pr.	91 041	97 071	1 610	1 587	578	559	3 826	3 978	1,6	0,6	4,1	6,3
10	Marienwerder	71 058	72 210	1 155	1 155	397	397	3 075	3 005	1,6	0,5	4,2	6,3
11	Naumburg a. S.	297 080	307 194	1 853	1 861	725	740	4 722	4 723	0,6	0,2	1,5	2,4
12	Posen	114 840	123 148	1 479	1 485	583	571	4 137	4 114	1,2	0,5	3,3	5,0
13	Stettin	133 941	148 953	1 214	1 213	451	451	3 039	3 039	0,8	0,3	2,0	3,2
14	Augsburg	84 683	87 447	991	1 007	525	526	920	920	1,2	0,6	1,1	2,8
15	Bamberg	102 612	101 591	1 291	1 291	795	791	1 950	1 950	1,3	0,8	1,9	4,0
16	München	127 878	139 224	1 568	1 574	567	567	2 173	2 182	1,1	0,4	1,6	3,1
17	Nürnberg	97 561	97 365	1 229	1 233	598	598	2 330	2 347	1,3	0,6	2,4	4,3
18	Zweibrücken	50 826	50 902	694	710	375	380	562	562	1,4	0,7	1,1	3,2
19	Dresden	497 499	524 111	2 864	2 923	874	894	1 538	1 538	0,6	0,2	0,3	1,0
20	Stuttgart	235 610	240 411	1 860	1 866	486	484	4 800	4 800	0,8	0,2	2,0	3,0
21	Karlsruhe	187 856	195 475	3 607	3 614	897	896	3 000	3 000	1,8	0,5	1,5	3,8
22	Darmstadt	113 997	115 678	1 208	1 208	474	474	1 980	1 980	1,0	0,4	1,7	3,2
23	Rostock	97 394	100 996	1 052	1 052	285	285	831	831	1,0	0,3	0,8	2,1
24	Jena	154 597	162 074	2 177	2 167	584	584	2 012	2 010	1,3	0,4	1,2	2,9
25	Oldenburg	39 099	40 273	408	408	160	162	810	810	1,0	0,4	2,0	3,4
26	Braunschweig	50 551	53 336	666	666	212	212	600	600	1,2	0,4	1,1	2,8
27	Hamburg	171 042	175 189	1 102	1 102	287	287	2 046	2 046	0,6	0,2	1,2	2,0
28	Colmar	154 353	154 506	1 064	1 070	434	432	2 520	2 520	0,7	0,3	1,6	2,6
	Deutsches Reich	5 292 338	5 555 119	48 152	48 402	18 263	18 312	80 712	81 202	0,9	0,3	1,5	2,7

58. Sitzung.

5. Oktober 1904.

Aburteilung der Übertretungen durch den Amtsrichter. Besetzung der Schöffengerichte am Landgerichte.

I. Die Kommission begann die Beratung, abweichend von dem für die zweite Lesung aufgestellten Programme, mit der Frage,

ob die Übertretungen vom Amtsrichter ohne Zuziehung von Schöffen abgeurteilt werden sollen,

da sie annahm, daß von der Entscheidung dieser Frage die Beschlußfassung über die Zusammensetzung der Gerichte zum Teil abhängen könne.

In der ersten Lesung hatte die Kommission beschlossen, daß bei Übertretungen ohne weitere Voraussetzungen stets das abgekürzte Verfahren zulässig sein solle (Bd. 1 S. 208 flg.), daß in diesem Verfahren aber stets der Amtsrichter als Einzelrichter zuständig sein solle (Bd. 1 S. 205 flg.). Dagegen war die Frage, ob im ordentlichen Verfahren der Amtsrichter bei Übertretungen ohne Schöffen entscheiden solle, im allgemeinen verneint und nur für den Fall bejaht worden, daß es nötig werden sollte, an Schöffen zu sparen, um die mittleren und großen Schöffengerichte einführen zu können (Bd. 1 S. 381 flg.).

Heute lag der Antrag vor:

Bei Übertretungen entscheidet der Amtsrichter ohne Zuziehung von Schöffen.

Der Antrag wurde mit 15 gegen 5 Stimmen angenommen. Von der Minderheit war ausgeführt worden:

Die Besorgnis, daß es an der nötigen Zahl von geeigneten Schöffen fehlen könne, sei nicht gerechtfertigt. Es sei daher kein Grund vorhanden, von der als nützlich erkannten Mitwirkung von Schöffen in Übertretungssachen abzusehen. Sie würden auch hier, namentlich bei der Entscheidung über das Strafmaß, nur förderlich sein. Es sei aber auch nicht einmal anzunehmen, daß die Ausschließung der Schöffen von den Übertretungssachen eine erhebliche Ersparnis an Schöffen zur Folge haben werde; wenn man berücksichtige, daß ein großer Teil der Übertretungen durch Strafbefehl, polizeiliche Strafverfügung, Strafbescheid und im abgekürzten Verfahren erledigt werde, so bleibe für Anklagesachen nicht mehr viel übrig. Lasse man in diesen Sachen die Schöffen nicht mitwirken, so ergebe sich in der Verhandlung leicht die Notwendigkeit einer Vertagung lediglich deshalb, weil die zur Anklage gebrachte Tat sich nicht als eine Übertretung, sondern als ein Vergehen darstelle, dessen Aburteilung die Zuziehung von Schöffen erforderlich mache. Keinesfalls dürfe man die Schöffen von der Mitwirkung bei denjenigen Übertretungssachen ausschließen, die zunächst im Wege des Strafbefehlsverfahrens verfolgt worden und erst infolge Einspruchs in die Hauptverhandlung gelangt seien. Wenn auch der Einspruch vom Standpunkte des Rechtes kein Rechtsmittel darstelle, so werde er doch vom Volke wie ein solches angesehen; man werde es daher in der Bevölkerung nicht verstehen, daß über den Einspruch derselbe Amtsrichter allein entscheiden solle, der den Strafbefehl erlassen habe.

Von Seiten der Mehrheit wurde demgegenüber ausgeführt: [1])

Es sei ein Widerspruch, wenn man im abgekürzten Verfahren bei Übertretungen den Amtsrichter allein entscheiden lasse, im ordentlichen Verfahren dagegen die Mitwirkung von Schöffen verlange. Damit werde es lediglich dem Belieben der Staatsanwaltschaft überlassen, ob sie in Übertretungssachen eine Aburteilung durch den Amtsrichter allein oder durch das Schöffengericht herbeiführen wolle. Es empfehle sich, statt dessen die Frage einheitlich zu regeln. Die Entscheidung könne aber dann nur im Sinne einer Ausschließung der Schöffen getroffen werden. Es sei nicht wohl zu bestreiten, daß es sich bei den Übertretungen in der großen Mehrzahl der Fälle um geringfügige Dinge handele, die ohne Schaden für die Sache auch vom Amtsrichter allein beurteilt werden könnten. Die Schöffen hätten selbst oft genug die Empfindung, daß es nicht angebracht sei, ihnen eine Mitwirkung in diesen Sachen aufzuerlegen. Entscheidend aber falle in das Gewicht, daß man im Interesse einer erfolgreichen Durchführung des Schöffengerichtssystems bei den Gerichten höherer Ordnung mit dem vorhandenen Bestand an geeigneten Schöffen sparsam umgehen müsse und daß man hier am leichtesten sparen könne. Es sei nicht zweifelhaft, daß durch den Fortfall der Mitwirkung von Schöffen in den Übertretungssachen eine ganz erhebliche Zahl von Schöffen für die anderen Gerichte frei werde. Den gegen den Antrag vorgebrachten Einwendungen könne eine durchschlagende Bedeutung nicht beigemessen werden. Insbesondere sei es unbedenklich, daß der Amtsrichter allein auch über den Einspruch gegen die von ihm erlassenen Strafbefehle entscheide. Der Einspruch sei kein Rechtsmittel; der Strafbefehl werde auf Grund der Akten ohne Gehör des Beschuldigten und ohne Beweisaufnahme erlassen; es sei nicht zu besorgen, daß der Amtsrichter das Ergebnis der auf den Einspruch hin stattgehabten Beweisaufnahme lediglich deshalb, weil er den Strafbefehl erlassen habe, nicht unbefangen würdigen werde; sonst wären auch die zahlreichen Freisprechungen nicht zu erklären, die heute infolge Einspruchs ausgesprochen würden und bei denen unmöglich der Amtsrichter immer von den Schöffen überstimmt sein könne. Die Befürchtung, daß die Entscheidung des Amtsrichters von der Bevölkerung nicht als unparteiisch werde angesehen werden, sei deshalb, im allgemeinen wenigstens, nicht begründet. Umgekehrt habe man mehrfach die Erfahrung gemacht, daß Beschuldigte die Einlegung des Einspruchs gerade deshalb unterlassen hätten, weil sie die Beschuldigung nicht in der mit der Zuziehung von Schöffen verbundenen größeren Öffentlichkeit erörtert haben wollten. Auch im Zivilprozeß entscheide der Amtsrichter allein über den

---

[1]) Zu vergl. auch Protokolle Bd. 1 S. 380 flg.

Widerspruch gegen den von ihm erlassenen Arrestbefehl, ohne daß sich jemals hierbei Übelstände ergeben hätten. Werde in einzelnen Fällen eine Vertagung erforderlich, weil in der Verhandlung die Tat sich als Vergehen darstelle, so habe dies nicht viel zu bedeuten.

II. Die Kommission wandte sich nunmehr zur Beratung der Zusammensetzung der Gerichte (I 3 des Programms) und erörterte zunächst die Frage, ob am Landgerichte nur ein Schöffengericht oder zwei verschiedene Schöffengerichte zu bilden seien.

In der ersten Lesung ist ein Antrag, der statt der bisherigen Dreiteilung der Gerichte eine Zweiteilung vorschlug und hierbei eine verschiedene Besetzung des bei dem Landgerichte gebildeten Schöffengerichts je nach der Schwere der Strafsachen vorsah, abgelehnt worden (Bd. 1 S. 402). Bei der Erörterung über die Bildung der Berufungsgerichte am Landgerichte hat jedoch die Kommission den Vorbehalt gemacht, die Frage, ob eine Zweiteilung der Gerichte erster Instanz den Vorzug vor der Dreiteilung verdiene, in der zweiten Lesung nochmals eingehend zu beraten (Bd. 1 S. 467).

Es war nunmehr beantragt:

> An die Stelle der Strafkammer und des Schwurgerichts tritt ein bei dem Landgerichte zu bildendes (großes) Schöffengericht. Das große Schöffengericht besteht aus drei Richtern und sechs Schöffen.

Die Frage, wie dies Gericht zu besetzen sei, blieb zunächst außer Betracht.

Für den Antrag wurde hauptsächlich geltend gemacht, daß die Zweiteilung eine erheblich einfachere Organisation der bei dem Landgerichte zu bildenden Gerichte erster und zweiter Instanz ermögliche.

Dies wurde jedoch von verschiedenen Mitgliedern in Zweifel gezogen. Man führte aus: Das eine bei dem Landgerichte zu bildende Schöffengericht könne unmöglich so eingerichtet werden, daß es gleichzeitig als Berufungsgericht für die Urteile der kleinen Schöffengerichte geeignet und als ein vollwertiger Ersatz für das Schwurgericht anzusehen sei. Man werde daher, wenn man sich zur Zweiteilung entschließe, am Landgerichte doch wieder ein besonderes Berufungsgericht für die Urteile der kleinen Schöffengerichte bilden müssen und somit die erhoffte Vereinfachung nicht erzielen. Es sei aber auch nicht angängig, daß unmittelbar auf die kleinen Schöffengerichte ein Gericht folge, das ebensowohl über geringe Vergehen wie über die schwersten Verbrechen zu entscheiden habe. Dies führe zu einer übermäßigen und sachlich nicht gerechtfertigten Inanspruchnahme des Laienelements, da das Gericht, weil es an die Stelle des Schwurgerichts treten solle, mit einer großen Zahl von Laien besetzt werden müsse. Es sei auch nicht außer Acht zu lassen, daß die Bevölkerung seit langer Zeit sich an die Dreiteilung der Gerichte und namentlich an eine Unterscheidung der Schwurgerichts- und der Strafkammer-Instanz gewöhnt habe.

Der Antrag wurde darauf zurückgezogen.

Der Vorsitzende stellte hiernach, ohne Widerspruch zu finden, als einhellige Meinung der Kommission fest, daß am Landgerichte zwei verschieden gegliederte Schöffengerichte (mittlere und große Schöffengerichte) gebildet werden sollen.

III. Hinsichtlich der Besetzung der am Landgerichte zu bildenden Schöffengerichte erster Instanz (Fragebogen S III 4a und S IV 3) lagen die Anträge vor:

1. Das mittlere Schöffengericht entscheidet in der Besetzung von zwei Richtern und drei Schöffen, das große Schöffengericht in der Besetzung von drei Richtern und vier Schöffen.
2. Die mittleren Schöffengerichte sind mit drei Richtern und vier Schöffen, die großen Schöffengerichte mit drei Richtern und sechs Schöffen zu besetzen.

Der Antrag 1 entspricht den Beschlüssen, welche die Kommission in der ersten Lesung (Bd. 1 S. 409) gefaßt hat. In der heutigen Beratung fanden die Gründe, welche bereits in erster Lesung von einer Minderheit für eine Besetzung der Gerichte in Gemäßheit des Antrags 2 geltend gemacht worden waren (Bd. 1 S. 404), verstärkte Unterstützung. Es wurde von mehreren Seiten darauf hingewiesen, daß die Beschlüsse der ersten Lesung zum wesentlichen Teile aus der Erwägung hervorgegangen seien, daß die an sich wünschenswerte Besetzung der Schöffengerichte mit je drei Richtern und vier oder sechs Schöffen aus Mangel an der erforderlichen Zahl von Schöffen nicht durchzuführen sein werde (Bd. 1 S. 404). In dieser Hinsicht könne nach den Erörterungen der gestrigen Sitzung und nachdem die Kommission heute die Aburteilung der Übertretungen dem Amtsrichter allein überwiesen habe, ein begründeter Zweifel nicht mehr bestehen. Auch in der ersten Lesung sei aber die Kommission darüber klar gewesen, daß eine Besetzung der mittleren Schöffengerichte mit nur zwei Richtern und drei Schöffen wenig empfehlenswert sei (Bd. 1 S. 405), und daß ein mit drei Richtern und vier Schöffen besetztes großes Schöffengericht schwerlich als ein vollwertiger Ersatz für das Schwurgericht angesehen werden würde (Bd. 1 S. 408). Eine Durchführung der von der Kommission beschlossenen Schöffengerichtsverfassung werde nur möglich sein, wenn man an die Stelle des Schwurgerichts ein Gericht setze, welches schon durch die Zahl seiner Mitglieder sich über das gewöhnliche Maß heraushebe und in dem die Laienrichter einen ganz überwiegenden Einfluß hätten.

Der Antrag 1 wurde darauf zurückgezogen und der Antrag 2 einstimmig angenommen.

IV. Es lagen ferner die Anträge vor:

1. Die Schöffengerichte sind bei den Landgerichten ständig zu bilden.[1])
2. In Sachen, für welche die mittleren und großen Schöffengerichte zuständig sind, werden die außerhalb der Hauptverhandlung erforderlichen Entscheidungen von drei richterlichen Mitgliedern des Landgerichts erlassen.

Die Anträge wurden, ohne daß eine Debatte stattfand, einstimmig zum Beschluß erhoben.

V. Die Kommission wandte sich zu der Frage, wie die Gerichte in der Berufungsinstanz zu besetzen seien (Fragebogen S III 4b und U II 1c).

---

[1]) Zu vergl. Bd. 1 S. 412.

Wie vom Vorsitzenden festgestellt wurde, ging zunächst die einstimmige Meinung der Kommission dahin, daß auch die Berufungsgerichte mit Laien besetzt sein sollen.

Ferner herrschte darüber Einverständnis, daß — entsprechend den Beschlüssen in erster Lesung (Bd. 1 S. 466 flg.) — die mittleren Schöffengerichte als Berufungsgerichte für die kleinen Schöffengerichte und die großen Schöffengerichte als Berufungsgerichte für die mittleren Schöffengerichte dienen sollen.

Dagegen gaben zu eingehenden Erörterungen die Fragen Anlaß, wie die Berufungsgerichte für Berufungen gegen die Urteile des Einzelrichters in Übertretungssachen und gegen die Urteile der großen Schöffengerichte zu besetzen seien.

A. Hinsichtlich der Berufungsgerichte gegen die Urteile des Amtsrichters in Übertretungssachen wurde beantragt,

1. als solche die mittleren Schöffengerichte in der beschlossenen Besetzung mit drei Richtern und vier Schöffen zu bestellen,
2. sie mit zwei Landrichtern und drei Schöffen zu besetzen,
3. sie mit einem Landrichter und zwei Schöffen zu besetzen.

Für den Antrag 1 wurde angeführt, daß er dem Beschluß erster Lesung entspreche. Die stärkere Besetzung der mittleren Schöffengerichte, wie sie in zweiter Lesung beschlossen sei, bilde keinen ausreichenden Grund, den früheren Standpunkt zu verlassen.

Dagegen wurde geltend gemacht, daß es nicht angängig sei, die Berufung gegen die Urteile eines Einzelrichters an ein mit drei Richtern und vier Laien besetztes Gericht zu leiten. Dies würde der Bedeutung der zu entscheidenden Sachen nicht entsprechen und die Zeit und Arbeitskraft der Schöffen unnötig in Anspruch nehmen.

Andererseits wurde darauf hingewiesen, daß gegen eine Besetzung der Berufungsinstanz in Übertretungssachen mit nur drei Richtern bereits in erster Lesung (Protokolle Bd. 1 S. 407) das Bedenken geltend gemacht worden sei, daß die Stellung des Amtsrichters herabgedrückt werde, falls über seine Urteile ein Landrichter in zweiter Instanz zu entscheiden habe. Um diesem Bedenken Rechnung zu tragen, empfehle sich eine Besetzung mit zwei Landrichtern und drei Schöffen (Antrag 2).

Hiergegen wurde jedoch eingewendet, daß dadurch wieder eine besondere Art von Schöffengericht geschaffen und die Übersichtlichkeit der Organisation beeinträchtigt werde, sowie daß eine gerade Zahl von Richtern sich nicht empfehle. Zu Gunsten des Antrags 3 spreche, daß schon heute die Berufungsinstanz in Übertretungssachen nur mit drei Richtern besetzt sei. Die früher geäußerten Bedenken gegen die Besetzung der Berufungsinstanz mit einem Richter und zwei Schöffen seien nicht begründet, da nicht ein einzelner Landrichter, sondern ein bei dem Landgerichte gebildetes Schöffengericht die obere Instanz bilde. Auch jetzt entscheide über Beschwerden gegen den Registerrichter eine Kammer für Handelssachen,[1]) ohne daß dies zu Unzuträglichkeiten Anlaß gegeben habe.

---

[1]) Zu vergl. §. 30 des Reichsgesetzes über die Angelegenheiten der freiwilligen Gerichtsbarkeit.

Die Mehrheit der Kommission schloß sich dieser Auffassung an. Der Antrag 3 wurde mit 13 gegen 7 Stimmen angenommen. Hiermit waren die Anträge 1 und 2 erledigt.

B. Die Berufungsinstanz über die Urteile der großen Schöffengerichte sollte nach den Beschlüssen der ersten Lesung (Bd. 1 S. 466 flg.) mit vier Richtern und fünf Schöffen besetzt werden. Mit Rücksicht darauf, daß inzwischen die Kommission beschlossen hat, die großen Schöffengerichte in erster Instanz anstatt mit drei Richtern und vier Schöffen mit drei Richtern und sechs Schöffen zu besetzen, wurde vorgeschlagen,

die Berufungsinstanz aus drei Richtern und acht Schöffen zu bilden.

Der Antragsteller führte aus: Da die Zahl der Laien in erster Instanz sechs betrage, müsse man in zweiter Instanz mindestens acht Laien hinzuziehen. Dagegen sei eine Verstärkung der Zahl der richterlichen Mitglieder nicht erforderlich, da es auch in der Berufungsinstanz im wesentlichen auf die tatsächliche Beurteilung ankomme.

Gegen diesen Vorschlag wurde das Bedenken geäußert, daß damit die Gefahr einer Verurteilung durch die Laienrichter allein gegen den Widerspruch der Berufsrichter, die schon für die erste Instanz bei einer Besetzung mit drei Richtern und sechs Schöffen nicht von der Hand zu weisen sei, noch näher gerückt werde. Es wurde daher angeregt, eine Besetzung der Berufungsinstanz mit vier Richtern und sieben Schöffen vorzuschreiben oder vielleicht eine dem §. 317 der Str.Pr.O.[1]) entsprechende Bestimmung für die großen Schöffengerichte vorzusehen. Diese Anregung wurde jedoch nicht weiter verfolgt, nachdem ihr von anderer Seite entgegengehalten worden war, daß man eine gerade Zahl der mitwirkenden Berufsrichter tunlichst vermeiden müsse und daß in einer dem §. 317 entsprechenden Bestimmung ein ungerechtfertigtes Mißtrauen gegen die großen Schöffengerichte zum Ausdrucke kommen würde, insofern man erwarten dürfe, daß durch die Mitwirkung von drei rechtsgelehrten Richtern in der Beratung ungerechtfertigte Verurteilungen durch die Laien allein ausgeschlossen würden.

Von anderer Seite wurde darauf hingewiesen, daß der wesentliche Zweck der Berufung eine Wiederholung der ersten Verhandlung sei. Daher empfehle sich im Interesse einer vereinfachten Organisation und der Ersparung von Schöffen, das große Schöffengericht auch als Berufungsinstanz mit drei Richtern und sechs Schöffen zu besetzen.

Auch diese Anregung wurde zurückgezogen, nachdem von anderer Seite darauf hingewiesen worden war, daß nach dem von der Kommission in erster Lesung grundsätzlich eingenommenen Standpunkte die Berufungsinstanz, wenn sie eine erhöhte Garantie für die zutreffende Beurteilung der Sache bieten solle, stärker besetzt sein müsse. Dieser Grundsatz dürfe nicht gerade für die schwersten Strafsachen durchbrochen werden.

Hiernach wurde der gestellte Antrag einstimmig angenommen.

Gemäß den zu A und B erfolgten Abstimmungen wurde festgestellt, daß nach einstimmigem Beschlusse der Kommission entscheiden sollen über die Berufung:

---

[1]) Zu vergl. die Anmerkung 1 auf S. 4.

a) gegen die Urteile des Amtsrichters in Übertretungssachen: Schöffengerichte, die mit einem Landrichter und zwei Schöffen besetzt sind,

b) gegen die Urteile des Amtsrichters, soweit es sich nicht um Übertretungen handelt, und gegen die Urteile der kleinen Schöffengerichte: die mittleren Schöffengerichte,

c) gegen die Urteile der mittleren Schöffengerichte: die großen Schöffengerichte,

d) gegen die Urteile der großen Schöffengerichte: Schöffengerichte, die mit drei Richtern und acht Schöffen besetzt sind.

59. Sitzung.

6. Oktober 1904.

Umfang und Art der Mitwirkung der Schöffen. Entscheidungen des Einzelrichters. Sachliche Zuständigkeit der neuen Gerichte.

I. Die Kommission wandte sich zur Beratung von Punkt I 4 des Programms für die zweite Lesung: Umfang und Art der Mitwirkung der Schöffen (Frage S I, S III 3 des Fragebogens).

1. Die Frage (S 1), ob es sich empfehle, die Ständigkeit der Schöffengerichte in der Art herzustellen, daß für einen längeren Zeitraum dieselben Schöffen an allen Sitzungen teilnehmen, wurde wie in erster Lesung (Bd. 1 S. 376) einstimmig verneint. Es wurde wiederum betont, daß eine solche Einrichtung zwar die Selbständigkeit der Schöffen befördern und deshalb an sich erwünscht sein möge, daß sie aber praktisch undurchführbar sei, da man sonst die Schöffen ausschließlich aus den wirtschaftlich gut gestellten Kreisen würde auswählen müssen.

2. Die Kommission hielt es aber für möglich, die einzelnen Schöffen öfter im Jahre, als dies jetzt zulässig ist, zu den Sitzungen heranzuziehen. Sie nahm einstimmig den Antrag an:

> Die Bestimmung der Zahl der Schöffen, welche an die bei den Amtsgerichten gebildeten Schöffengerichte (kleinen Schöffengerichte) zu berufen sind, erfolgt in der Art, daß voraussichtlich jeder Schöffe höchstens zu zehn ordentlichen Sitzungstagen im Jahre herangezogen wird.

In erster Lesung (Bd. 1 S. 376 flg.) war von der Kommission zwar der gleiche Beschluß gefaßt worden; eine Minderheit hatte damals aber erklärt, die Vorschrift nur für den Fall empfehlen zu können, daß die Schwurgerichte abgeschafft und dadurch eine größere Anzahl von Personen, welche jetzt zu dem beschwerlichen Amte des Geschworenen herangezogen werden, für den Schöffendienst frei werden sollten. Da dies inzwischen von der Kommission auch in zweiter Lesung beschlossen worden ist, wurde heute dem Antrage von allen Seiten zugestimmt.

3. Die Anträge:

a) Die Schöffen, welche an die mittleren und die großen Schöffengerichte berufen werden, werden nicht an die mittleren oder an die großen Schöffengerichte, sondern an die bei dem Landgerichte gebildeten Schöffengerichte berufen.

b) Die Zahl der für jedes Landgericht erforderlichen Schöffen sowie die Verteilung derselben auf die einzelnen Amtsgerichtsbezirke wird durch die Landesjustizverwaltung bestimmt. Die Bestimmung der Zahl der zu berufenden Schöffen erfolgt in der Art, daß voraussichtlich jeder Schöffe höchstens zu zehn ordentlichen Sitzungstagen im Jahre herangezogen wird.

entsprechen den bereits in erster Lesung einstimmig gefaßten Beschlüssen (Bd. 1 S. 409, 412 flg.) und wurden wiederum einstimmig angenommen.

4. Desgleichen wurde der Antrag:

Wenn durch eine mehr als eintägige Dauer einer Sitzung der landgerichtliche Schöffe zu mehr als zehn Sitzungstagen im Jahre herangezogen wird, so ist er — unbeschadet seiner Verpflichtung, an einer unterbrochenen Hauptverhandlung bis zu deren Schlusse teilzunehmen — auf seinen Antrag durch das Gericht von weiterer Dienstleistung zu entbinden.

einstimmig angenommen. Die Kommission beschloß dabei gleichzeitig, daß die Vorschrift auch auf den amtsgerichtlichen Schöffen Anwendung finden solle, um im Einklange mit dem entsprechenden Beschluß erster Lesung (Bd. 1 S. 414) die Streitfrage zu beseitigen, ob der Schöffe auch im Falle einer Unterbrechung der Hauptverhandlung (§. 228 der Str.Pr.O.) auf Grund des §. 50 des G.V.G. verpflichtet ist, über die Zeit hinaus, für welche er zunächst einberufen ist, seine Amtstätigkeit fortzusetzen.

5. Die ferner beantragten Vorschriften:

Die Wahl der Schöffen erfolgt alljährlich, und zwar derart, daß der bei dem Amtsgerichte zusammentretende Ausschuß aus der Urliste gleichzeitig diejenigen Personen in dreifachem Betrage der für den Amtsgerichtsbezirk festgesetzten Zahl auswählt, welche er zu Landgerichtsschöffen für das nächste Geschäftsjahr vorschlägt. Aus der hiernach gebildeten Vorschlagsliste wählt das Landgericht in einer Sitzung, an welcher fünf Mitglieder einschließlich des Präsidenten und der Landgerichtsdirektoren teilnehmen, die Zahl von Haupt- und Hilfsschöffen, welche für die bei dem Landgerichte gebildeten Schöffengerichte bestimmt ist, und verteilt die Gewählten auf diese Schöffengerichte.

Die Reihenfolge, in der die Hauptschöffen an den einzelnen ordentlichen Sitzungen der mittleren und großen Schöffengerichte teilnehmen, wird demnächst durch Auslosung in öffentlicher Sitzung der richterlichen Mitglieder jeder Kammer bestimmt. Das Los zieht der Vorsitzende.

Im übrigen finden die in den §§. 31 flg. des G.V.G. bezüglich der Besetzung der Schöffengerichte getroffenen Bestimmungen auf die Zusammensetzung der bei dem Landgerichte gebildeten Schöffengerichte mit der Maßgabe Anwendung, daß die Funktionen des Amtsrichters in den §§. 47, 48, 54 durch den Vorsitzenden, in den §§. 52, 53 durch die richterlichen Mitglieder der mittleren und großen Schöffengerichte wahrzunehmen sind.

wurden wie in erster Lesung (Bd. 1 S. 412 flg.) einstimmig angenommen, nachdem auf Anregung eines Mitglieds festgestellt war, daß die im Abs. 3 erwähnten, im Falle der §§. 52, 53 des G.V.G. ergehenden Entscheidungen außerhalb der Hauptverhandlung durch Beschlußkammern zu erlassen seien.

6. Nach §. 35 Nr. 2 des G.V.G. können Personen, welche im letzten Geschäftsjahre die Verpflichtungen eines Schöffen an fünf Sitzungstagen erfüllt haben, die Berufung zum Schöffenamt ablehnen. Demgegenüber war in der ersten Lesung beschlossen worden (Bd. 1 S. 410 flg.), daß die Ablehnung nur dann zulässig sein solle, wenn der Schöffe in den letzten beiden Geschäftsjahren zusammen an wenigstens zehn Sitzungstagen tätig gewesen sei.

Es wurde von verschiedenen Seiten ausgeführt, daß die mit diesem Beschlusse beabsichtigte Einschränkung des Ablehnungsrechts noch nicht so weit gehe, wie es im Hinblick auf die künftige Erweiterung der Schöffengerichtsverfassung und die dadurch erforderlich gemachte stärkere Heranziehung erprobter Schöffen nötig sei.

Es wurde daher statt dessen beantragt:

> Personen, welche in dem letzten Geschäftsjahr an wenigstens zehn Sitzungstagen eines Schöffengerichts die Verpflichtung eines Schöffen erfüllt haben, dürfen die Berufung zum Amte eines Schöffen ablehnen.

Wenngleich es von einer Seite als nicht unbedenklich bezeichnet wurde, daß ein Schöffe mehrere Jahre hindurch zu neun Sitzungen im Jahre herangezogen werden dürfe, so fand der Antrag dennoch einstimmige Annahme.

7. Es herrschte Einverständnis darüber, daß die in Ansehung der landgerichtlichen Schöffen beschlossenen Vorschriften in gleicher Weise für die an die Berufungsgerichte zu berufenden Schöffen wie für die Schöffen der ersten Instanz Geltung haben sollen.

II. Was die Art der Mitwirkung der Schöffen betrifft (Frage S III 3 des Fragebogens), so herrschte wie in erster Lesung (Bd. 1 S. 399 flg.) Übereinstimmung darüber, daß im allgemeinen die Schöffen das Richteramt während der Hauptverhandlung in vollem Umfang ausüben sollten und daß eine Ausnahme von diesem Grundsatze nur für Entscheidungen über Ausschließung und Ablehnung von Richtern und Schöffen in Frage kommen könne.

In erster Lesung war beschlossen worden, daß die Mitwirkung der Schöffen nur bei der Entscheidung über die Ausschließung und Ablehnung von Richtern, nicht auch von Schöffen fortfallen solle (Bd. 1 S. 400 flg.). Heute wurde von verschiedenen Seiten ausgeführt: Die damals für und gegen die Mitwirkung der Schöffen bei diesen Entscheidungen geltend gemachten Gründe hätten sich nahezu das Gleichgewicht gehalten. Jedenfalls sei es aber nicht angebracht, die Mitwirkung der Schöffen in dem einen Falle zuzulassen, in dem anderen auszuschließen. Die Frage müsse vielmehr einheitlich entschieden werden und zwar am besten in dem Sinne, daß die Schöffen von der Teilnahme an allen Entscheidungen über Ausschließung oder Ablehnung von Gerichtspersonen ferngehalten würden. Diese Regelung entspreche auch dem geltenden Rechte.

Es wurde deshalb beantragt:

In den mittleren und großen Schöffengerichten nehmen die Schöffen an der Entscheidung über eine Ausschließung oder Ablehnung von Richtern und Schöffen nicht teil.

Der Antrag wurde mit 19 Stimmen gegen eine Stimme angenommen.

Es herrschte Einverständnis darüber, daß auch über die Ausschließung und Ablehnung des Gerichtsschreibers nur die gelehrten Richter zu entscheiden hätten.

III. Nach §. 199 Abs. 1 des G.V.G. richtet sich die Reihenfolge bei der Abstimmung nach dem Dienstalter, bei den Schöffengerichten und den Kammern für Handelssachen nach dem Lebensalter; der Jüngste stimmt zuerst, der Vorsitzende zuletzt. Wenn ein Berichterstatter ernannt ist, so gibt er seine Stimme zuerst ab.

Es lag der Antrag vor, in dieser Vorschrift vor dem letzten Satze einzufügen:

Bei den Schöffengerichten der Landgerichte stimmen die Schöffen vor den anderen Richtern.

Der Antrag wurde mit 17 gegen 3 Stimmen angenommen.

Gegen den Antrag wurde ausgeführt: Die praktische Bedeutung der Vorschriften über die Reihenfolge bei der Abstimmung sei nur gering. Die Schöffen würden in der Regel schon im Laufe der Verhandlung und der Beratung in Erfahrung bringen, in welchem Sinne die Richter abstimmen. Sie würden es wahrscheinlich unangenehm empfinden, wenn sie zuerst abstimmen müßten. Die gleichberechtigte Stellung der Schöffen komme am besten zur Geltung, wenn man die Richter und die Schöffen unterschiedslos nach dem Lebensalter abstimmen lasse.

Die Mehrheit erwog jedoch: Bei größeren Kollegien sei eine formelle Vorschrift über die Reihenfolge bei der Abstimmung unentbehrlich. Dem geltenden Rechte liege die Erwägung zu Grunde, daß es zweckmäßiger sei, die Laien vor den Berufsrichtern abstimmen zu lassen. Diese Erwägung sei durchaus zutreffend. Wenn die Laien erst nach den Berufsrichtern ihre Stimme abgeben, sei zu befürchten, daß sie sich durch deren Abstimmung in ihrer eigenen Entschließung beeinflussen ließen.

IV. Die Kommission wandte sich sodann zum Punkte I 5 des Programms, welcher die ausnahmsweise Entscheidung durch den Amtsrichter allein betrifft (Frage S II und Prinzip der Frage K des Fragebogens).

1. Die Unterfrage S II 1, ob der Amtsrichter bei Übertretungen stets ohne Schöffen entscheiden solle, ist von der Kommission bereits in der gestrigen Sitzung im bejahenden Sinne beantwortet worden (Bd. 2 S. 9 flg.).

2. Wie in der ersten Lesung (Bd. 1 S. 379 flg.) bestand auch heute Übereinstimmung darüber, daß die Unterfrage S II 3, ob der Amtsrichter in allen jetzt vor die Schöffengerichte gehörenden Sachen zunächst allein entscheiden und nur die Berufung gegen seine Entscheidung an ein beim Amtsgericht oder beim Landgerichte zu bildendes Schöffengericht gelangen solle, verneint werden müsse.

3. Desgleichen wurde in Beantwortung der Unterfrage S II 2 aus den bereits in erster Lesung (Bd. 1 S. 380) geltend gemachten Gründen einstimmig beschlossen, dem Geständnisse für sich allein nicht die Wirkung beizulegen, daß an Stelle des sonst zuständigen Schöffengerichts der Amtsrichter allein entscheide. Hiermit solle jedoch der erst bei Beratung des abgekürzten Verfahrens zu erörternden Frage, ob das Geständnis des Beschuldigten bei Vergehen zur Einleitung des abgekürzten Verfahrens berechtige, nicht vorgegriffen werden.

V. In den Strafsachen, welche nach §. 136 Nr. 1 des G.V.G. in erster Instanz zur Zuständigkeit des Reichsgerichts gehören, findet nach §. 138 Abs. 2 des G.V.G. das Hauptverfahren vor dem vereinigten zweiten und dritten Strafsenate statt.

Es lag ein Antrag vor,

> diese Vorschrift dahin abzuändern, daß das Hauptverfahren vor dem zweiten Strafsenate stattfindet.

Zur Begründung wurde ausgeführt: Sachliche Gründe dafür, daß bei den obenbezeichneten Verbrechen zwei Senate des Reichsgerichts das erkennende Gericht zu bilden hätten, seien nicht vorhanden, insbesondere aus den Motiven zur Strafprozeßordnung[1]) nicht zu entnehmen. In der Praxis habe sich aber wiederholt die Schwerfälligkeit des hierdurch geschaffenen Kollegiums von sechzehn Richtern unliebsam geltend gemacht, namentlich auch bei der Entscheidung über das Strafmaß und bei den nachträglichen Entscheidungen über Erinnerungen gegen den Kostenansatz. Es werde der Rechtsprechung kein Nachteil daraus erwachsen, wenn durch das Gesetz statt des vereinigten zweiten und dritten Strafsenats nur ein Strafsenat, etwa der zweite, als erkennendes Gericht bestimmt werde.

Der Antrag wurde einstimmig angenommen.

VI. Die Kommission wandte sich nunmehr zur Beratung der sachlichen Zuständigkeit der neuen Gerichte (Punkt II des Programms für die zweite Lesung, Frage T II des Fragebogens) und erörterte zunächst die Frage, für welche Sachen die kleinen Schöffengerichte zuständig sein sollen.

Es wurde davon ausgegangen, daß die Neuregelung in Anlehnung an die §§. 27, 75 des G.V.G., jedoch in der Richtung einer Erweiterung sowohl der gesetzlichen Zuständigkeit der Schöffengerichte als auch der Überweisbarkeit zu erfolgen habe.

Was zunächst die gesetzliche Zuständigkeit betrifft, so beschloß die Kommission, den §. 27 des G.V.G. in folgender Weise abzuändern:

1. Durch den gestrigen Beschluß, daß bei den Übertretungen der Amtsrichter ohne Schöffen entscheiden solle, ist bereits entschieden, daß der §. 27 Nr. 1, wonach die Schöffengerichte für alle Übertretungen zuständig sind, künftig in Wegfall zu kommen hat.

---

[1]) Zu vergl. Hahn, Materialien zum Gerichtsverfassungsgesetze S. 16, 140 zu §. 109 des Entwurfs.

2. Nach §. 27 Nr. 2 sind die Schöffengerichte zuständig für diejenigen Vergehen, welche nur mit Gefängnis von höchstens drei Monaten oder Geldstrafe von höchstens sechshundert Mark allein oder neben Haft oder in Verbindung mit einander oder in Verbindung mit Einziehung bedroht sind. Ausgenommen sind jedoch die im §. 320 des St.G.B. und die im §. 74 des G.V.G. bezeichneten Vergehen.

Die Kommission beschloß, diese Ausnahme in Wegfall zu bringen. Die Mitglieder, welche sich in diesem Sinne aussprachen, wurden dabei im allgemeinen von den Gesichtspunkten geleitet, daß ein hauptsächlicher Grund der Ausnahmebestimmung, nämlich die ausschließliche Besetzung der Strafkammern mit rechtsgelehrten Richtern, in Wegfall gekommen sei, daß im übrigen die Regelung der Zuständigkeit möglichst einheitlich zu gestalten sei und wegen selten vorkommender Delikte eine als richtig anerkannte Regel nicht durchbrochen werden dürfe.

Im einzelnen hatte die Beratung folgendes Ergebnis:

a) Der Antrag,

das im §. 320 des St.G.B.[1]) bezeichnete Vergehen (Weiterbeschäftigung und Wiederanstellung von rechtskräftig für unfähig zum Eisenbahn- oder Telegraphendienst erklarten Personen durch Vorsteher einer Eisenbahngesellschaft oder einer öffentlichen Telegraphenanstalt) der gesetzlichen Zuständigkeit der Schöffengerichte zu unterwerfen,

wurde mit 18 Stimmen gegen eine Stimme angenommen.

Was sodann die im §. 74 des G.V.G. bezeichneten Delikte betrifft, so wurde

b) zunächst mit 11 gegen 8 Stimmen beschlossen,

die gesetzliche Zuständigkeit der kleinen Schöffengerichte auf die nach §. 145a des St.G.B.[2]) strafbaren Handlungen sowie auf die Zuwiderhandlungen gegen die Bestimmungen der §§. 1, 2, 3 des Gesetzes vom 8. Juni 1871,[2]) betreffend die Inhaberpapiere mit Prämien, auszudehnen.

Nach §. 145a des St.G.B. wird derjenige, welcher im Inlande Schuldverschreibungen auf den Inhaber, in denen die Zahlung einer bestimmten Geldsumme versprochen wird, ohne die erforderliche staatliche Genehmigung ausstellt und in Verkehr bringt, mit einer Geldstrafe bestraft, die dem fünften Teile des Nennwerts der ausgegebenen Schuldverschreibungen gleichkommen kann, mindestens aber dreihundert Mark beträgt. Dieses Vergehen würde demnach, sofern der Nennwert der ausgegebenen Inhaberpapiere dreitausend Mark nicht übersteigt, auf Grund des §. 27 Nr. 2 zur Zuständigkeit der kleinen Schöffengerichte gehören. Ebenso liegt die Sache bei der verbotswidrigen Ausgabe von

---

[1]) Nach der Reichskriminalstatistik für 1902 ist in diesem Jahre der §. 320 des St.G.B. überhaupt nicht zur Anwendung gekommen. Ermittelungen für frühere Jahre liegen nicht vor.

[2]) Nach der Kriminalstatistik ist der §. 145a des St.G.B. seit seinem Inkrafttreten (1900) bis 1902 überhaupt noch nicht, der §. 6 des Gesetzes vom 8. Juni 1871 in den Jahren 1893 bis 1902 in 7 Fällen zur Anwendung gelangt.

Inhaberpapieren mit Prämien und den sonstigen durch die §§. 1, 2, 3 des Gesetzes vom 8. Juni 1871 verbotenen und nach §. 6 dieses Gesetzes strafbaren Handlungen.

Ein Teil der Mitglieder vertrat die Ansicht, daß die Schwierigkeit der Rechtsfragen, welche in solchen Fällen aufgeworfen werden könnten, es angezeigt erscheinen lasse, diese Vergehen der ausschließlichen Zuständigkeit der mittleren Schöffengerichte schon deshalb vorzubehalten, um jene Rechtsfragen nicht der Entscheidung durch das Reichsgericht zu entziehen. Die Mehrheit der Kommission erachtete dieses Bedenken nicht für durchschlagend, weil der Nenntwert der verbotswidrig ausgegebenen Inhaberpapiere mit Prämien und Schuldverschreibungen auf den Inhaber in der Regel mehr als dreitausend Mark betragen werde, sodaß die Zuständigkeit des Schöffengerichts von vornherein nicht in Frage komme. Dem Reichsgerichte würden daher die dabei einschlagenden Rechtsbegriffe auch bei Aufhebung der Ausnahmebestimmung keineswegs entzogen.

c) Nach §. 67 des Personenstandsgesetzes[1]) wird ein Geistlicher oder anderer Religionsdiener mit Geldstrafe bis zu dreihundert Mark oder mit Gefängnis bis zu drei Monaten bestraft, wenn er zu den religiösen Feierlichkeiten einer Eheschließung schreitet, bevor ihm nachgewiesen ist, daß die Ehe vor dem Standesbeamten geschlossen ist. Nach §. 69 desselben Gesetzes[1]) wird ein Standesbeamter, welcher vorschriftswidrig eine Eheschließung vollzieht, mit Geldstrafe bis zu sechshundert Mark bestraft. Beide Vergehen würden also, wenn sie nicht ausdrücklich ausgenommen wären, auf Grund des §. 27 Nr. 2 der Zuständigkeit der Schöffengerichte unterliegen.

Der Antrag,

> die Ausnahmebestimmung auch hinsichtlich dieser Vergehen zu beseitigen,

wurde in Ansehung des §. 67 mit 13 gegen 6, in Ansehung des §. 69 mit 15 gegen 4 Stimmen angenommen.

Die Minderheit hatte hervorgehoben, daß es auch weiterhin zweckmäßig bleibe, diese Sachen den kleinen Schöffengerichten zu entziehen, da die Geistlichen und Standesbeamten in der Regel zu dem Amtsrichter und den am Amtsgerichte tätigen Schöffen in näheren Beziehungen stünden, häufig sogar der Standesbeamte selbst Amtsanwalt sei.

Für die Mehrheit war außer den bereits erwähnten allgemeinen Gesichtspunkten der Umstand maßgebend, daß die häufiger vorkommenden Verstöße gegen §. 69 des Personenstandsgesetzes meist so einfach und so milde zu beurteilen seien, daß es erwünscht sei, sie dem Strafbefehlsverfahren zugänglich zu machen.

d) Die Mitglieder des Vorstandes einer Bank, welche Noten ausgibt, werden nach §. 59 Nr. 1 des Bankgesetzes vom 14. März 1875[2]) mit Gefängnis bis zu drei Monaten bestraft, wenn sie in den vorgeschriebenen Veröffentlichungen wissentlich den Stand der Verhältnisse der Bank unwahr darstellen oder verschleiern. Sie haben nach §. 59 Nr. 2,[2]) wenn sie durch unrichtige Aufstellung

---

[1]) Nach der Kriminalstatistik ist in den Jahren 1893 bis 1902 der §. 67 des Personenstandsgesetzes in 41 Fällen, der §. 69 in 630 Fällen zur Anwendung gelangt.

[2]) Nach der Kriminalstatistik ist in den Jahren 1893 bis 1902 der § 59 des Bankgesetzes niemals zur Anwendung gelangt.

der vorgeschriebenen Nachweisungen den steuerpflichtigen Notenumlauf zu gering angeben, eine Geldstrafe verwirkt, welche dem zehnfachen Betrage der hinterzogenen Steuer gleichsteht, mindestens aber fünfhundert Mark beträgt. Das erstbezeichnete Vergehen würde nach der Regel des §. 27 Nr. 2 stets, das zweite dann zur gesetzlichen Zuständigkeit der kleinen Schöffengerichte gehören, wenn die hinterzogene Steuer nicht mehr als sechzig Mark beträgt.

Die Kommission beschloß mit 11 gegen 8 Stimmen,

auch in Ansehung dieser beiden Vergehen die im §. 27 Nr. 2 gemachte Ausnahme zu beseitigen.

Von der Minderheit war betont worden, daß die hier in Betracht kommenden rechtlichen und tatsächlichen Verhältnisse besonders schwierige seien.

3. Für den Fall, daß die Zahl der mittels Privatklage verfolgbaren Delikte vermehrt werden sollte, beschloß die Kommission einstimmig, anstatt der bisherigen Vorschrift des §. 27 Nr. 3 des G.V.G. zu bestimmen, daß die kleinen Schöffengerichte für alle im Wege der Privatklage verfolgten Vergehen zuständig sein sollen. Der entsprechende Beschluß der ersten Lesung (Bd. 1 S. 296) konnte noch nicht die inzwischen beschlossene Vorschrift berücksichtigen, daß für Übertretungen der Amtsrichter ohne Zuziehung von Schöffen zuständig ist.

4. Ferner wurden die in erster Lesung (Bd. 1 S. 418, 438) angenommenen Anträge,

daß die kleinen Schöffengerichte zuständig sein sollten:

a) für das Vergehen des Hausfriedensbruchs im Falle des §. 123 Abs. 3 des St.G.B.,

b) für das Vergehen der Körperverletzung in den Fällen der nur auf Antrag eintretenden Verfolgung durch öffentliche Klage,

c) für das Vergehen der Bedrohung im Falle des §. 241 des St.G.B.,

wiederum einstimmig zum Beschluß erhoben.

5. Für die Vergehen des Diebstahls im Falle des §. 242, der Unterschlagung im Falle des §. 246, des Betrugs im Falle des §. 263 und der Sachbeschädigung im Falle des §. 303 des St.G.B. sind gegenwärtig die Schöffengerichte nur zuständig, wenn der Wert oder Schaden fünfundzwanzig Mark nicht übersteigt. In erster Lesung war in Übereinstimmung mit dem Entwurfe von 1895 beschlossen worden (Bd. 1 S. 418, 438) die Wertgrenze auf hundert Mark zu erweitern. Heute wurde, entsprechend dem zur Zeit dem Reichstage vorliegenden Antrage der Abgeordneten Hagemann und Genossen (Nr. 429 der Reichstagsdrucks. von 1903/04) beantragt,

im §. 27 Nr. 4 bis 7 und im §. 28 des G.V.G. die Worte „fünfundzwanzig Mark" durch „einhundertfünfzig Mark" zu ersetzen.

Der Antrag wurde einstimmig angenommen.

6. Nach §. 27 Nr. 8 des G.V.G. sind die Schöffengerichte zuständig für die Vergehen der Begünstigung (§. 257 St.G.B.) und der Hehlerei (§. 258 Nr. 1 und §. 259 St.G.B.), wenn die Handlung, auf welche sich die Begünstigung oder die Hehlerei bezieht, zur Zuständigkeit der Schöffengerichte gehört.

Die Kommission war darin einig, daß die Vorschrift auch bei der soeben beschlossenen Ausdehnung der Wertgrenze auf einhundertfünfzig Mark bestehen bleiben solle.

7. Endlich beschloß die Kommission einstimmig wie in erster Lesung (Bd. 1 S. 418, 438),

die Zuständigkeit der kleinen Schöffengerichte auszudehnen auf die Vergehen des strafbaren Eigennutzes in den Fällen des §. 286 Abs. 2 und der §§. 290, 291, 298 des St.G.B.

VII. Indem die Kommission nunmehr zu der Erörterung der Frage überging, bei welchen Delikten eine Überweisung an die kleinen Schöffengerichte zulässig sein solle, glaubte sie auch hier eine Erweiterung des Kreises dieser Delikte unbedenklich empfehlen zu können.

1. Nach der Klausel am Schlusse des §. 75 Abs. 1 des G.V.G. ist die Überweisung nur zulässig, wenn nach den Umständen des Falles anzunehmen ist, daß wegen des Vergehens auf keine andere und höhere Strafe als auf die im §. 27 Nr. 2 bezeichnete und auf keine höhere Buße als sechshundert Mark zu erkennen sein werde.

Es wurde wie in erster Lesung (Bd. 1 S. 427, 438) einstimmig beschlossen, statt dessen die Überweisung schon zuzulassen, wenn

nach den Umständen des Falles anzunehmen ist, daß auf keine andere und höhere Strafe als eine Gefängnisstrafe von höchstens sechs Monaten oder eine Geldstrafe von höchstens eintausendfünfhundert Mark allein oder neben Haft oder in Verbindung mit einander oder in Verbindung mit Einziehung und auf keine höhere Buße als eintausendfünfhundert Mark zu erkennen sein werde.

Es wurde dabei ausdrücklich als die einhellige Meinung der Kommission festgestellt, daß im Falle der Realkonkurrenz nicht die zu erwartende Gesamtstrafe, sondern die wegen jedes konkurrierenden Delikts zu erwartende Einzelstrafe maßgebend sein soll, die Überweisung also, wie nach geltendem Rechte, auch dann zulässig ist, wenn die Gesamtstrafe voraussichtlich die Dauer von sechs Monaten Gefängnis übersteigt.

2. Der Antrag,

die Überweisung auch wegen des Vergehens der Kuppelei im Falle des §. 180 des St.G.B. zuzulassen, wurde wie in erster Lesung (Bd. 1 S. 421 flg., 438) einstimmig angenommen.

3. Der Antrag,

wegen des Vergehens wider die Sittlichkeit im Falle des §. 184 des St.G.B, (Verbreitung unzüchtiger Schriften u.s.w.) die Überweisung zuzulassen,

war in erster Lesung abgelehnt worden (Bd. 1 S. 421 flg., 438), namentlich deshalb, weil der Begriff der Unzüchtigkeit oft große rechtliche Schwierigkeiten bereite.

Der Antrag wurde heute wiederholt und nunmehr mit 16 gegen 3 Stimmen angenommen, nachdem zu seinen Gunsten ausgeführt war: Die Schöffengerichte seien jetzt schon zuständig für die Übertretung gegen §. 56 Abs. 3, §. 148 Nr. 7a der Gewerbeordnung (Hausierhandel mit Druckschriften, welche geeignet sind, in sittlicher Beziehung Ärgernis zu geben) sowie für das Vergehen des §. 184a des St.G.B. (Überlassen von Druckschriften, welche, ohne unzüchtig zu sein, das Schamgefühl gröblich verletzen, an Personen unter sechzehn Jahren). Deshalb könne man ihnen unbedenklich auch die Prüfung der Frage überlassen, ob eine Druckschrift unzüchtig sei. Überdies sei bis zum Erlasse der Novelle zum Strafgesetzbuche vom 25. Juni 1901 das im §. 184 bezeichnete Vergehen Überweisungsdelikt gewesen, ohne daß dies zu Unzuträglichkeiten geführt habe; es habe diese Eigenschaft nur infolge der durch die Novelle herbeigeführten Erhöhung der Strafgrenze verloren. Es wurde auch geltend gemacht, daß infolge der ausschließlichen Zuständigkeit der Strafkammer sich heute das Reichsgericht oft mit ganz unbedeutenden und rechtlich unzweifelhaften Fällen der Zuwiderhandlung gegen §. 184 des St.G.B. befassen müsse.

4. Es herrschte Übereinstimmung, daß an Stelle des §. 75 Nr. 4, wonach die Überweisung zulässig ist wegen der Vergehen der Beleidigung und Körperverletzung in den Fällen der nur auf Antrag eintretenden Verfolgung, die Vorschrift zu treten habe, daß die Überweisung erfolgen könne im Verfahren wegen

a) der Beleidigung in den Fällen der nur auf Antrag eintretenden Verfolgung durch öffentliche Klage;

b) der vorsätzlichen leichten und der fahrlässigen Körperverletzung mit Übertretung einer Amts-, Berufs- oder Gewerbepflicht (§§. 223, 232, §. 230 Abs. 2 des St.G.B.)

(zu vergl. Bd. 1 S. 421, 438).

5. Es wurden ferner einstimmig angenommen die Anträge,

die Überweisungsfähigkeit wie in erster Lesung (Bd. 1 S. 420 flg., 423 flg., 438) auszudehnen auf

a) die Nötigung (§. 240 des St.G.B.);

b) den strafbaren Eigennutz (§. 286 Abs. 1, §. 289 des St.G.B.);

c) die fahrlässige Herbeiführung eines Brandes (§. 309 des St.G.B.), falls nicht der Tod eines Menschen durch den Brand verursacht worden ist;

d) die fahrlässige Eisenbahntransport-Gefährdung (§. 316 des St.G.B.), falls nicht der Tod eines Menschen durch die Handlung verursacht worden ist;

e) die fahrlässige Gefährdung von Telegraphen- und Rohrpostanlagen (§§. 318, 318a des St.G.B.);

f) die Bestechung (§. 333 des St.G.B.).

6. Desgleichen fand der Antrag,

die Überweisung zuzulassen wegen des einfachen Diebstahls im Rückfalle (§. 244 des St.G.B.) und des Betrugs im Rückfalle (§. 264 des St.G.B.)

wie in erster Lesung (Bd. 1 S. 425 flg., 438) mit der Zusatzvorschrift:

Erachtet das Schöffengericht in diesen Fällen eine Zuchthausstrafe für verwirkt, so hat es die Sache durch Beschluß an das Landgericht zu verweisen.

einstimmige Annahme.

7. Nach §. 75 Nr. 14 kann die Überweisung erfolgen wegen derjenigen Vergehen, welche nur mit Gefängnisstrafe von höchstens sechs Monaten oder Geldstrafe von höchstens eintausendfünfhundert Mark allein oder in Verbindung mit einander oder in Verbindung mit Einziehung bedroht sind, mit Ausnahme der in den §§. 128, 271, 296a, 301, 331 und 347 des St.G.B. und der im §. 74 des G.V.G. bezeichneten Vergehen.

Der Antrag,

> statt dessen vorzuschreiben, daß die Überweisung zulässig ist bei allen Vergehen, welche nur mit Gefängnisstrafe von höchstens sechs Monaten oder Geldstrafe von höchstens eintausendfünfhundert Mark allein oder neben Haft oder in Verbindung mit einander oder in Verbindung mit Einziehung bedroht sind,

wurde einstimmig angenommen.

Die Kommission ging davon aus daß die Vorschrift des §. 75 Nr. 14 trotz der bisher beschlossenen Erweiterung der Überweisungsdelikte nicht überflüssig geworden sei, vielmehr z. B. noch für die Fälle der §§. 10, 14 des Nahrungsmittelgesetzes, des §. 4 des Gesetzes zur Bekämpfung des unlauteren Wettbewerbes bestehen bleiben müsse.

Die beschlossene Vorschrift unterscheidet sich von dem jetzigen Gesetze nach zwei Richtungen hin:

Zunächst sollen die Worte „neben Haft" in das Gesetz eingefügt werden. Die Kommission wollte dadurch, ebenso wie der Entwurf von 1895 (Reichstagsdrucks. Nr. 73 von 1895/96 S. 33), die bisher mangelnde Übereinstimmung mit §. 27 Nr. 2 des G.V.G. herbeiführen und kenntlich machen, daß z. B. die im §. 18 des Preßgesetzes, §. 9 des Gesetzes über das Telegraphenwesen, §. 77 des Börsengesetzes und §. 108 des Gesetzes über die privaten Versicherungsunternehmungen bezeichneten Delikte, bei denen überall auf Haft neben der Geldstrafe erkannt werden kann, überweisungsfähig sein sollen.

Sodann sollen die bisher im §. 75 Nr. 14 gemachten Ausnahmen beseitigt werden. Die Kommission erwog: Daß die im §. 74 bezeichneten Delikte überweisungsfähig werden müßten, sei eine selbstverständliche Folge des Beschlusses, wonach diese Delikte in Zukunft zutreffenden Falles sogar der gesetzlichen Zuständigkeit der Schöffengerichte unterliegen sollen. Aber auch in Ansehung der übrigen bisher im §. 75 Nr. 14 von der Überweisung ausgenommenen Delikte sei es im Interesse der größeren Übersichtlichkeit des Gesetzes erwünscht, die Überweisung zuzulassen. Bei den Vergehen gegen §. 128 des St.G.B. (Teilnahme an einer verbotenen Verbindung) werde allerdings kaum jemals eine Überweisung Platz greifen; das Vergehen sei aber verhältnismäßig selten, sodaß seinetwegen eine Ausnahme nicht gemacht zu werden brauche. Die Vergehen gegen §. 271 (Bewirken einer falschen Beurkundung), §. 296a (unbefugtes Fischen von Ausländern in deutschen Küstengewässern), §. 301 (Ausbeutung Minderjähriger), §. 331 (Annahme von Geschenken durch Beamte) und endlich §. 347 Abs. 2 (fahrlässiges Entweichenlassen eines Gefangenen) seien oft so einfach, daß die Schöffengerichte zur Aburteilung recht wohl geeignet wären.

VIII. In Ansehung des Verfahrens bei der Überweisung einer Sache an das Schöffengericht wurden, entsprechend den bereits in erster Lesung hierüber gefaßten Beschlüssen (Bd. 1 S. 186 flg., 436 flg.), einstimmig folgende Vorschriften angenommen:

Die Überweisung der Verhandlung und Entscheidung an die kleinen Schöffengerichte erfolgt dadurch, daß die Staatsanwaltschaft die Anklageschrift bei dem Amtsgericht einreicht und daß der Amtsrichter Termin zur Hauptverhandlung vor dem Schöffengericht anberaumt.

Der Amtsrichter kann die Anberaumung der Hauptverhandlung durch Beschluß ablehnen, wenn der Beschuldigte nicht ausreichend verdächtig erscheint oder wenn die Voraussetzungen des §. 178 Abs. 1 der Str.Pr.O. vorliegen, auf Grund der letzteren Bestimmung aber nicht deshalb, weil auf eine andere oder höhere Strafe, als die für die Überweisung maßgebende zu erkennen sei.

Stellt sich in der Hauptverhandlung vor dem kleinen Schöffengerichte heraus, daß ein anderes als das bisher zu Grunde gelegte Strafgesetz zutrifft, oder daß ein höherer als der für die Zuständigkeit maßgebend gewesene Wert oder Schaden vorliegt, so ist nicht auf Grund hiervon die etwaige Unzuständigkeit auszusprechen, falls auch bei Zutreffen des anderen Strafgesetzes Überweisung an das Schöffengericht zulässig bleibt.

IX. Die Kommission ging nunmehr zu der Frage über, wie die Zuständigkeit der mittleren und großen Schöffengerichte abzugrenzen sei.

Von einer Seite war der Antrag gestellt:

1. Die Zuständigkeit der mittleren und der großen Schöffengerichte ist in derselben Weise zu ordnen, wie gegenwärtig im §. 73 Nr. 1, 2, 4 bis 7 und im §. 80 des G.V.G. die Zuständigkeit der Strafkammern und der Schwurgerichte geregelt ist. Die Vorschriften des §. 73 Nr. 3 des G.V.G., wonach die Strafkammern für die Verbrechen der Personen unter achtzehn Jahren zuständig sind, des §. 74 des G.V.G. über die ausschließliche Zuständigkeit der Strafkammern für gewisse Vergehen sowie des §. 6 des Einführungsgesetzes zum G.V.G., wonach die landesgesetzlichen Vorschriften über die Zuständigkeit der Schwurgerichte für die durch die Presse begangenen strafbaren Handlungen aufrecht erhalten bleiben, sind zu streichen.

Der Antrag entspricht, abgesehen von der Streichung des §. 74, welche eine Folge der erst heute beschlossenen Abänderung des §. 27 Nr. 2 und des §. 75 Nr. 14 des G.V.G. ist, den Beschlüssen der ersten Lesung (Bd. 1 S. 438 flg., 440 flg.). Er wurde schließlich einstimmig angenommen.

Von anderer Seite war dagegen zunächst der Antrag gestellt worden:

2. Das große Schöffengericht ist zuständig zur Entscheidung über Verbrechen, welche mit dem Tode, mit lebenslänglichem Zuchthaus oder mit lebenslänglicher Festungshaft bedroht sind.

Er wurde mit der Ausführung begründet: Es sei wünschenswert, die Zuständigkeit des großen Schöffengerichts auf die schwersten Verbrechen zu beschränken, da es in seiner Besetzung mit sechs Schöffen in der ersten und mit acht Schöffen in der zweiten Instanz sich als ein recht schwerfälliger Apparat darstelle. Auch bilde die im Antrage vorgesehene Unterscheidung der Verbrechen die einzige noch zu rechtfertigende Abgrenzung zwischen der Zuständigkeit der mittleren und der großen Schöffengerichte, da die jetzige Scheidung zwischen den vor dem Schwurgericht und den vor der Strafkammer zu verhandelnden' Verbrechen hauptsächlich mit der ganz verschiedenartigen Organisation dieser Gerichte zusammenhänge und nur aus der geschichtlichen Entwickelung zu erklären sei.

Demgegenüber wurde jedoch geltend gemacht, man müsse gerade anknüpfend an die historische Entwickelung dem großen Schöffengerichte, das an die Stelle des Schwurgerichts zu treten bestimmt sei, die volle Kompetenz des letzteren übertragen.

Der Antrag 2 wurde darauf zurückgezogen.

Von dritter Seite wurde angeregt, ob man nicht, um einen Mittelweg zu betreten, die in erster Lesung für den Fall der Beibehaltung der Schwurgerichte beschlossene Kompetenzverteilung zwischen Strafkammer und Schwurgericht (Bd. 1 S. 428 flg.) auch für den Fall der Einführung der neuen Schöffengerichte zu Grunde legen und dadurch wenigstens einen Teil der jetzigen Schwurgerichtssachen den mittleren Schöffengerichten zuweisen könne. Es sei genügend, wenn man den Schwurgerichten etwa die Aburteilung der in den §§. 80 bis 86, 92, 94, 96, 98, 100, 146, 147, 178, 206 bis 208, 211 bis 215, 217, 219, 220, 229, 234, 249 bis 252, 255, 306 bis 308, 313, 315, 324, 334, 344 und 345 des St.G.B. bezeichneten Verbrechen überlasse. Die Anregung wurde jedoch nicht weiter verfolgt.

X. Das Ergebnis der hiermit beendeten Beratung über die sachliche Zuständigkeit der neu zu bildenden Gerichte ist demnach folgendes:

A. Der Amtsrichter ist zuständig für alle Übertretungen.

B. Die kleinen Schöffengerichte sind zuständig:

1. für alle Vergehen, welche nur mit Gefängnis von höchstens drei Monaten oder Geldstrafe von höchstens sechshundert Mark allein oder neben Haft oder in Verbindung mit einander oder in Verbindung mit Einziehung bedroht sind;
2. für die im Wege der Privatklage verfolgten Vergehen;
3. für das Vergehen des Hausfriedensbruchs im Falle des §. 123 Abs. 3 des St.G.B.;
4. für das Vergehen der Körperverletzung in den Fällen der nur auf Antrag eintretenden Verfolgung durch öffentliche Klage;
5. für das Vergehen der Bedrohung im Falle des §. 241 des St.G.B.;
6. für die Vergehen des Diebstahls im Falle des §. 242, der Unterschlagung im Falle des §. 246, des Betrugs im Falle des §. 263 und der Sachbeschädigung im Falle des §. 303 des St.G.B., wenn es sich um einen Wert oder Schaden handelt, der einhundertundfünfzig Mark nicht übersteigt;

7. für das Vergehen der Begünstigung und das Vergehen der Hehlerei in den Fällen des §. 258 Nr. 1 und des §. 259 des St.G.B., wenn die Handlung, auf welche sich die Begünstigung oder die Hehlerei bezieht, zur Zuständigkeit der kleinen Schöffengerichte gehört;
8. für das Vergehen des strafbaren Eigennutzes in den Fällen des §. 286 Abs. 2 und der §§. 290, 291, 298 des St.G.B.

C. Die Überweisung der Verhandlung und Entscheidung an die kleinen Schöffengerichte ist zulässig im Verfahren wegen

1. des Widerstandes gegen die Staatsgewalt in den Fällen der §§. 113, 114, des §. 117 Abs. 1 und des §. 120 des St.G.B.;
2. des Vergehens wider die öffentliche Ordnung im Falle des §. 137 des St.G.B.;
3. der Kuppelei im Falle des §. 180 des St.G.B.;
4. der Vergehen wider die Sittlichkeit in den Fällen der §§. 183 und 184 des St.G.B.;
5. der Beleidigung in den Fällen der nur auf Antrag eintretenden Verfolgung durch öffentliche Klage;
6. der vorsätzlichen leichten und der fahrlässigen Körperverletzung mit Übertretung einer Amts-, Berufs- oder Gewerbspflicht in den Fällen der §§. 223, 232 und des §. 230 Abs. 2 des St.G.B.;
7. der gefährlichen Körperverletzung im Falle des §. 223a des St.G.B.;
8. der Nötigung im Falle des §. 240 des St.G.B.;
9. des Diebstahls im Falle des §. 242 des St.G.B.;
10. des einfachen Diebstahls im Rückfalle (§. 244 in Verbindung mit §. 242 des St.G.B.);
11. der Unterschlagung im Falle des §. 246 des St.G.B.
12. der Begünstigung;
13. der Hehlerei in den Fällen des §. 258 Nr. 1 und des §. 259 des St.G.B.;
14. des Betrugs im Falle des §. 263 des St.G.B.;
15. des Betrugs im Rückfalle (§. 264 des St.G.B.);
16. des strafbaren Eigennutzes in den Fällen des §. 286 Abs. 1 und der §§. 288, 289, 298 des St.G.B.;
17. der Sachbeschädigung in den Fällen der §§. 303 und 304 des St.G.B.;
18. der fahrlässigen Herbeiführung eines Brandes im Falle des §. 309 des St.G.B., wenn nicht der Tod eines Menschen durch den Brand verursacht worden ist;
19. der fahrlässigen Gefährdung eines Eisenbahntransports im Falle des §. 316 des St.G.B., wenn nicht der Tod eines Menschen durch die Handlung verursacht worden ist;
20. der fahrlässigen Gefährdung von Telegraphen- und Rohrpostanlagen in den Fällen des §. 318 und des §. 318a des St.G.B.;
21. der Verletzung der Anordnungen zur Abwehr von ansteckenden Krankheiten und von Viehseuchen in den Fällen des §. 327 Abs. 1 und des §. 328 Abs. 1 des St.G.B.;

22. der Bestechung im Falle des §. 333 des St.G.B.;
23. solcher Zuwiderhandlungen gegen die Vorschriften über die Erhebung öffentlicher Abgaben und Gefälle, deren Strafe in dem mehrfachen Betrag einer hinterzogenen Abgabe oder einer anderen Leistung besteht, wenn nach den Umständen des Falles anzunehmen ist, daß auf keine andere und höhere Strafe als Gefängnisstrafe von höchstens sechs Monaten oder eine Geldstrafe von höchstens eintausendfünfhundert Mark allein oder neben Haft oder in Verbindung miteinander oder in Verbindung mit Einziehung und auf keine höhere Buße als eintausendfünfhundert Mark zu erkennen sein werde.

Die Überweisung ist ferner zulässig

24. wegen aller derjenigen Vergehen, welche nur mit Gefängnisstrafe von höchstens sechs Monaten oder Geldstrafe von höchstens eintausendfünfhundert Mark allein oder neben Haft oder in Verbindung miteinander oder in Verbindung mit Einziehung bedroht sind.

Erachtet das Schöffengericht in den Fällen 10 und 15 eine Zuchthausstrafe für verwirkt, so hat es die Sache durch Beschluß an das Landgericht zu verweisen.

D. Die mittleren Schöffengerichte sind zuständig
1. für die Vergehen, welche nicht zur Zuständigkeit der kleinen Schöffengerichte gehören;
2. für diejenigen Verbrechen, welche mit Zuchthaus von höchstens fünf Jahren allein oder in Verbindung mit anderen Strafen bedroht sind; diese Bestimmung findet nicht Anwendung in den Fällen der §§. 86, 100 und 106 des St.G.B.;
3. für das Verbrechen der Unzucht im Falle des §. 176 Nr. 3 des St.G.B.;
4. für die Verbrechen des Diebstahls in den Fällen der §§. 243 und 244 des St.G.B.;
5. für das Verbrechen der Hehlerei in den Fällen der §§. 260 und 261 des St.G.B.;
6. für das Verbrechen des Betrugs im Falle des §. 264 des St.G.B.

E. Die großen Schöffengerichte sind zuständig für die Verbrechen, welche nicht zur Zuständigkeit der mittleren Schöffengerichte oder des Reichsgerichts gehören.

F. Das Reichsgericht ist zuständig in den Fällen des Hochverrats und des Landesverrats, insofern diese Verbrechen gegen den Kaiser oder das Reich gerichtet sind.

XI. Die Kommission wandte sich zur Beratung der Änderungen, welche für den Fall eintreten sollen, daß die jetzige Organisation der Gerichte ganz oder teilweise bestehen bleibt (Punkt III des Programms für die zweite Lesung).

Die Frage S V 1 des Fragebogens,

ob im Falle der Beibehaltung der Schwurgerichte die Zahl der Geschworenen herabgesetzt werden solle,

wurde wie in erster Lesung (Bd. 1 S. 414 flg.) einstimmig verneint.

Das Gleiche war in Ansehung der Frage S V 2,

ob bei der Bildung der Geschworenenbank das Ablehnungsrecht der Parteien eingeschränkt werden solle,

der Fall (zu vergl. Bd. 1 S. 415).

XII. Es gelangte sodann der Antrag zur Beratung:

Für den Fall der Beibehaltung der Schwurgerichte sollen die §§. 277, 278 der Str.Pr.O. die nachfolgenden Änderungen erleiden:

a) Die Bildung der Geschworenenbank erfolgt vor der Hauptverhandlung.

b) Das Gericht kann, wenn in derselben Sitzungsperiode mehrere Hauptverhandlungen anstehen, anordnen, daß bei Beginn der Sitzungsperiode die Bildung der Geschworenenbank für alle Hauptverhandlungen oder für einen Teil derselben — für jeden Fall in Gegenwart des Staatsanwalts und des beteiligten Angeklagten gesondert — erfolgt.

c) Die Spruchliste der Geschworenen ist vor dem Tage, an welchem die Bildung der Geschworenenbank erfolgen soll, dem nicht auf freiem Fuße befindlichen Angeklagten zuzustellen und für den auf freiem Fuße befindlichen Angeklagten auf der Gerichtsschreiberei niederzulegen.

Zur Begründung wurde ausgeführt: Mit dem Antrage sei beabsichtigt, die Bildung der Geschworenenbank zu vereinfachen und den Dienst der Geschworenen zu erleichtern. Es sei ein Mißstand, daß sich heute jeder Geschworene während der ganzen Sitzungsperiode bei Beginn einer jeden neuen Sache zwecks Bildung der Geschworenenbank an der Gerichtsstelle einfinden müsse. Ein außerhalb wohnender Geschworener müsse sich infolgedessen oft während der ganzen Periode am Orte des Schwurgerichts aufhalten, ohne überhaupt einmal ausgelost zu werden. Der Hauptgrund für diese große Belästigung der Geschworenen sei der Umstand, daß die Bildung der Geschworenenbank heute in der Hauptverhandlung erfolge. Gebe man die Möglichkeit, die Auslosung vor der Hauptverhandlung stattfinden zu lassen, so könne sie schon bei Beginn der Sitzungsperiode für alle zur Verhandlung anstehenden Sachen erfolgen. Die überhaupt nicht ausgelosten Geschworenen wären dann in der Lage, sich endgültig in ihre Heimat zurückzubegeben; die übrigen wüßten wenigstens, wann sie tätig zu sein hätten und könnten danach ihre privaten Geschäfte einrichten.

Hiergegen wurde jedoch geltend gemacht: Schon die Zuziehung sämtlicher Angeklagten und Verteidiger bei der einmaligen Auslosung führe zu Schwierigkeiten. Wenn die Geschworenen, welche in den einzelnen Sachen zur Aburteilung berufen seien, bereits mehrere Tage vor der Verhandlung bekannt wären, so sei zu befürchten, daß die Angeklagten oder deren Angehörige und Freunde eine Beeinflussung der Geschworenen versuchen würden. Der Antrag rechne auch nicht mit der Möglichkeit, daß einzelne der ausgelosten Geschworenen bei Beginn der Hauptverhandlung, in welcher sie tätig zu sein hätten, mit oder ohne Entschuldigung fehlen. In einem solchen Falle müßten Hilfsgeschworene einberufen und die Geschworenenbank neu gebildet werden. Nicht geringere praktische

Schwierigkeiten ergäben sich, wenn eine der zur Verhandlung angesetzten Sachen plötzlich ausfiele oder wenn eine während der Sitzungsperiode erst eingegangene Sache noch zur Hauptverhandlung gebracht werden solle.

Der Antrag wurde hierauf zurückgezogen.

XIII. Die Spruchliste der Geschworenen muß nach §. 277 der Str.Pr.O. am Tage vor der Hauptverhandlung dem verhafteten Angeklagten zugestellt, für den nicht verhafteten auf der Gerichtsschreiberei niedergelegt werden. Ein Antrag,

> die Spruchliste ist auch dem zu den Akten legitimierten Verteidiger zuzustellen,

wurde damit begründet: Es komme vor, daß der verhaftete Angeklagte die Spruchliste aus Unkenntnis oder Unachtsamkeit verliere; dann fehle dem Verteidiger, namentlich wenn er zur Hauptverhandlung von außerhalb komme, jede Grundlage für eine zweckmäßige Ausübung des Ablehnungsrechts.

Der Antrag wurde einstimmig angenommen.

XIV. Es lagen noch die Anträge vor,

1. für den Fall der Beibehaltung der Schwurgerichte
   a) die Bestimmung aufzunehmen, daß kein Beweisantrag gegen den Widerspruch aus der Geschworenenbank zurückgewiesen werden darf;
   b) die Rechtsbelehrung des §. 300 der Str.Pr.O. zu beseitigen;
   c) den §. 298 der Str.Pr.O. aufzuheben;
   d) die Vorschrift der Angabe des Stimmenverhältnisses nach §. 307 der Str.Pr.O. zu beseitigen;
   e) die Bestimmung aufzunehmen, daß den Geschworenen der Text des Strafgesetzes ins Beratungszimmer mitzugeben ist.
2. zu §. 313 der Str.Pr.O. zuzufügen, daß es bei der Verkündung des Spruchs der Geschworenen an den Angeklagten einer wiederholten Verlesung der Fragen nicht bedarf.

Die Anträge wurden wieder zurückgezogen, nachdem von anderer Seite geltend gemacht war, daß sie außerhalb der Fragen SV des Fragebogens lägen, und daß es sich, nachdem die Kommission einstimmig die Abschaffung der Schwurgerichte beschlossen habe, erübrige, noch weitere Vorschläge zur Verbesserung des Schwurgerichts zu erörtern.

60. Sitzung.

7. Oktober 1904.

Regelung der sachlichen Zuständigkeit im Falle des Bestehenbleibens der bisherigen Gerichtsverfassung.
Wegfall von Garantien bei Ausdehnung der Berufung. Revision.

I. Die Kommission wandte sich zu der Frage, ob und in welchem Umfange die sachliche Zuständigkeit der Gerichte für den Fall zu ändern sei, daß die bisherige Organisation ganz oder teilweise bestehen bleibt (Punkt III des Programms für die zweite Lesung, TI des Fragebogens).

1. Es lag der Antrag vor:

Die Zuständigkeit der Schöffengerichte, und zwar sowohl die gesetzliche Zuständigkeit als auch die Zuständigkeit auf Grund von Überweisung, ist ebenso zu ordnen, wie dies gestern für die kleinen Schöffengerichte im Falle der Umgestaltung der Gerichte vorgesehen ist.

Der Antrag wurde einstimmig angenommen.

2. Es war ferner beantragt:

Die Strafkammern (oder die an ihre Stelle tretenden Schöffengerichte, falls nur die Schwurgerichte beibehalten werden) sind zuständig:

1. für die Vergehen, welche nicht zur Zuständigkeit der kleinen Schöffengerichte gehören;
2. für die Verbrechen, welche mit Zuchthaus von höchstens fünf Jahren allein oder in Verbindung mit andern Strafen bedroht sind; ausgenommen sind die Fälle des §. 86 des St.G.B., für welche das Reichsgericht oder Schwurgericht, und die Fälle des §. 100 und §. 106 des St.G.B., für welche das Schwurgericht zuständig ist;
3. für die Verbrechen der Personen, welche zur Zeit der Tat das achtzehnte Lebensjahr noch nicht vollendet haben;
4. für das Verbrechen des Meineids (§§. 153, 154, 155 des St.G.B.);
5. für das Verbrechen der Unzucht (§. 176 Nr. 1, 2, 3 des St.G.B.);
6. für das Verbrechen des Diebstahls (§§. 243, 244 des St.G.B.);
7. für das Verbrechen der Hehlerei (§§. 260, 261 des St.G.B.);
8. für das Verbrechen des Betrugs (§. 264 des St.G.B.);
9. für das Verbrechen der Urkundenfälschung (§. 268 Nr. 2, §§. 272, 273 des St.G.B.);
10. für die Verbrechen im Amte (§§. 349, 351 des St.G.B.);
11. für die Verbrechen der §§. 239, 242 der Konkursordnung;

12. für die Verbrechen des §. 11 und des §. 12 Abs. 2 Nr. 2 des Gesetzes, betreffend die Aufbewahrung von Wertpapieren, vom 5. Juli 1896.

Der Antrag wurde, ohne daß eine Erörterung stattgefunden hätte, in Ansehung der Verbrechen des Meineids (Nr. 4) und der Verbrechen gegen §. 176 Nr. 1, 2 des St.G.B. (Nr. 5) mit 17 gegen 2 Stimmen, im übrigen einstimmig angenommen.

Der Antrag entspricht den bereits in erster Lesung gefaßten Beschlüssen (Bd. 1 S. 428 flg.), mit der Abweichung, daß auch für den Fall des Fortbestandes der jetzigen Organisation die im §. 320 des St.G.B. und die im §. 74 des G.V.G. bezeichneten Delikte nicht mehr zur ausschließlichen Zuständigkeit der Strafkammern gehören sollen.

Es herrschte Einverständnis darüber, daß der §. 6 des Einführungsgesetzes zum Gerichtsverfassungsgesetze, falls die Schwurgerichte bestehen bleiben, aufrecht zu erhalten sei.

3. Die Kommission war einhellig der Meinung, daß die ausschließliche Zuständigkeit der Strafkammern auf weitere Vergehen nicht auszudehnen sei.

4. Es wurde als einstimmige Ansicht der Kommission festgestellt, daß auch im Falle der Beibehaltung der bisherigen Gerichte die Bestimmung darüber, ob die Aburteilung wegen eines Überweisungsdelikts durch das Schöffengericht erfolgen soll, ausschließlich der Staatsanwaltschaft zu übertragen ist.

II. Die Kommission ging sodann zur Beratung des zu U III 1 des Fragebogens gestellten Antrags über:

> Für den Fall der Einführung der Berufung unter Beibehaltung der bisherigen Gerichte ist die Strafkammer in erster Instanz mit drei Richtern, die Berufungsstrafkammer mit fünf Richtern zu besetzen.

Der Antrag wurde mit 19 Stimmen gegen eine Stimme angenommen.

Für die Mehrheit waren dabei dieselben Erwägungen maßgebend, die zu dem gleichen Beschluß in der ersten Lesung geführt hatten (zu vergl. Bd. 1 S. 467 flg., 491). Es wurde ausgeführt: Im allgemeinen sei es zwar richtig, daß man nicht im Interesse der Einführung der Berufung wesentliche Garantien des Verfahrens in erster Instanz preisgeben dürfe. Indessen könne es nicht wohl zweifelhaft sein, daß ohne eine Herabsetzung der Richterzahl in der heutigen Strafkammer von fünf auf drei die Einführung der Berufung ausgeschlossen sein werde. Die Kommission habe aus triftigen Gründen beschlossen, die Berufung in keinem Falle an die Oberlandesgerichte zu leiten. Infolgedessen könne die Garantie für eine bessere Rechtsprechung in der Berufungsinstanz nur durch eine Erhöhung der Richterzahl gewonnen werden. Eine Besetzung der Berufungskammern mit sieben rechtsgelehrten Richtern dürfe aber als ausgeschlossen gelten. Demnach bleibe im Falle der Beibehaltung der jetzigen Strafkammern, wenn man die Berufung erlangen wolle, nichts anderes übrig, als für die erste Instanz die Richterzahl auf drei herabzusetzen.

Ein Mitglied regte an, ob nicht für eine Verurteilung durch das Drei-Richter-Kollegium Einstimmigkeit zu fordern sei, stimmte aber dem Antrage zu, ohne einen entsprechenden Unterantrag zu stellen.

Das einzige Mitglied, welches gegen den Antrag stimmte, führte aus, daß die Schwierigkeiten, die einer Besetzung der zweiten Instanz mit sieben gelehrten Richtern unverkennbar entgegenstünden, nicht dazu führen dürften, eine Besetzung der ersten Instanz mit drei Richtern zu empfehlen, wenn die Kommission die Besetzung der Strafkammern mit fünf Richtern für eine wesentliche Garantie des Verfahrens in erster Instanz ansehe. Sollte sich später herausstellen, daß die Besetznng der zweiten Instanz mit sieben Berufsrichtern undurchführbar sei, so werde dies umsomehr die Einführung der Schöffengerichtsverfassung erleichtern.

III. Es wurde zu der allgemeinen Frage unter U III des Fragebogens festgestellt, daß sich für die Aufhebung weiterer Garantien des Verfahrens in erster Instanz in der Kommission keine Stimme erhoben habe.

IV. Zur Frage V I des Fragebogens war entsprechend dem in erster Lesung (Bd. 1 S. 496 flg.) gefaßten Beschlusse beantragt:

Der §. 123 Nr. 3 und der §. 136 Nr. 2 des G.V.G. sowie der §. 388 der Str.Pr.O. sind durch eine Bestimmung folgenden Inhalts zu ergänzen:

a) Dem Reichsgericht ist die Befugnis zu gewähren, die Verhandlung und Entscheidung einer Sache dem örtlich zuständigen Oberlandesgericht auch dann zu überweisen, wenn zwar die Revision nicht oder nicht ausschließlich auf Verletzung einer in den Landesgesetzen enthaltenen Rechtsnorm gestützt wird, aber für die Entscheidung im wesentlichen landesrechtliche Normen in Betracht kommen.

b) Diese Befugnis soll dem Reichsgericht auch dann zustehen, wenn das Oberlandesgericht sich bereits durch Beschluß als unzuständig erklärt und das Reichsgericht als zuständig bezeichnet hat.

c) Es empfiehlt sich, diese Bestimmung auch für den Fall zu erlassen, daß den Beschlüssen der Kommission entsprechend die Berufung ausgedehnt wird.

Der Antrag wurde mit 17 gegen 3 Stimmen angenommen.

Wie in der ersten Lesung herrschte Einverständnis darüber, daß es wünschenswert sei, Sachen, bei denen es sich im wesentlichen um die Entscheidung landesrechtlicher Fragen handelt, in letzter Instanz nicht dem Reichsgerichte, sondern den Oberlandesgerichten zuzuweisen. Geteilt waren nur die Ansichten darüber, auf welchem Wege dies zu geschehen habe. Die Mehrheit hielt es auch heute nicht für möglich, im Gesetze selbst mit der erforderlichen Bestimmtheit die Sachen zu bezeichnen, welche den Oberlandesgerichten zu überlassen seien, und erachtete es deshalb für zweckmäßig, dem Reichsgerichte die Befugnis einzuräumen, eine einzelne Sache dem Oberlandesgerichte zu überweisen, wenn für die Entscheidung im wesentlichen landesrechtliche Normen in Betracht kämen.

Seitens der Minderheit wurde eine derartige Regelung auch heute für bedenklich gehalten. Der Angeklagte wisse bis zum Erlasse des Urteils nicht, von welchem Gericht er in letzter Instanz sein Recht gesprochen erhalte. Es sei auch zu befürchten, daß die Praxis der verschiedenen Strafsenate des Reichsgerichts in der Handhabung der Überweisungsbefugnis eine verschiedene sein werde und daß das Reichsgericht in den Verdacht geraten könne, durch möglichst viele Überweisungen sich zu entlasten. Als besonders schwerwiegend aber müßten die folgenden Bedenken bezeichnet werden:

a) Nach der vorgeschlagenen Regelung bestehe die Möglichkeit, daß auch reichsrechtliche Strafnormen den Landesgerichten zur endgültigen Beurteilung anheimgegeben würden, weil es im einzelnen Falle bei der Entscheidung wesentlich auf eine landesrechtliche Frage ankomme, z. B., wenn es bei der Körperverletzung sich darum handle, ob dem Angeklagten nach Landesrecht ein Züchtigungsrecht zustehe, oder wenn bei Beamtendelikten die Vorfrage zu entscheiden sei, ob der Angeklagte nach landesgesetzlichen Normen als ein Beamter im Sinne des Reichsrechts anzusehen sei, oder endlich, wenn es bei der Urkundenfälschung darauf ankomme, ob die gefälschte Urkunde nach Landesrecht eine öffentliche sei. Das Reichsgericht werde somit in der Lage sein, auch schwere Verbrechen den Oberlandesgerichten zu überweisen. Man dürfe zwar zu ihm das Vertrauen haben, daß es eine so weitgehende Befugnis nicht mißbrauchen werde; nachdem aber von den Befürwortern des Antrags gerade auf die Fälle der Überschreitung des Züchtigungsrechts exemplifiziert worden sei, fehle es an jeder Direktive für eine klare Abgrenzung, wo ein Mißbrauch beginne, und jedenfalls könne ein Gesetz nicht gebilligt werden, das auch nur die Möglichkeit eines solchen Mißbrauchs offen lasse.

b) Ferner sei es in hohem Maße bedenklich, daß im Falle der Realkonkurrenz zwischen reichsrechtlich und landesrechtlich strafbaren Handlungen blos deshalb, weil das landesrechtliche Delikt für die Revision die Hauptsache zu sein scheine, dem Angeklagten das Recht genommen werden könne, in letzter Instanz vom Reichsgericht abgeurteilt zu werden, obwohl, wenn die nach Landesrecht strafbare Handlung nicht konkurrieren würde, wegen der reichsrechtlich strafbaren Handlung die Kompetenz des Reichsgerichts eine ausschließliche sein würde.

Die Kommission möge daher, um wenigstens diesen Bedenken Rechnung zu tragen, die Überweisungsbefugnis dem Reichsgerichte nur für diejenigen Sachen zugestehen, in welchen es sich um die Verletzung reichsrechtlicher Blankettvorschriften handle.

Die Mehrheit vermochte jedoch diesen Bedenken eine durchschlagende Bedeutung nicht beizumessen, da dem Reichsgerichte nur die Befugnis zu Überweisungen gegeben werden solle und nicht angenommen werden könne, daß der höchste Gerichtshof jemals in wichtigen Reichsstrafsachen die Entscheidung aus der Hand geben werde.

V. Die Beratung wurde darauf geschlossen und der Beginn der nächsten Tagung auf den 8. November 1904 anberaumt. Auf die Tagesordnung wurde Punkt IV Nr. 1 bis 5 des Programms für die zweite Lesung gesetzt.

61. Sitzung.

8. November 1904.

Einschränkung des Legalitätsprinzips. Ausdehnung der Privatklage.

Die Kommission trat in die Beratung des Punktes IV 1 des Programms für die zweite Lesung: „Öffentliche und Privatklage“ ein und erörterte zunächst die Frage, ob das Legalitätsprinzip zu beseitigen oder wenigstens einzuschränken sei und ob letzteren Falles dem Verletzten eine subsidiäre oder die prinzipale Privatklage gewährt werden solle (Fragen H I, II und N I, II des Fragebogens).

I. Es wurde wie in erster Lesung (Bd. 1 S. 135 flg.) von verschiedenen Mitgliedern betont, daß zur Zeit zahlreiche Strafverfolgungen stattfinden, die durch das öffentliche Interesse nicht geboten seien. Man war auch heute allseitig der Meinung, daß dieser Übelstand, wenn er auch zum Teil auf dem materiellen Rechte, insbesondere der großen Zahl von polizeilichen Strafbestimmungen beruhe, doch hauptsächlich auf das im §. 152 der Str.Pr.O. ausgesprochene Legalitätsprinzip zurückgeführt werden müsse und eine Abhülfe nicht möglich sei, solange das Legalitätsprinzip in seinem bisherigen Umfang aufrecht erhalten bleibe. Gleichwohl wurde eine völlige Beseitigung des Legalitätsprinzips wie in erster Lesung einstimmig als nicht angängig bezeichnet.

II. Dagegen befürwortete die Kommission ebenso einhellig den Vorschlag, das Legalitätsprinzip dahin einzuschränken, daß bei gewissen Delikten mangels öffentlichen Interesses im Einzelfalle die Erhebung der öffentlichen Klage unterbleiben bezw. der Antrag auf Strafverfolgung abgelehnt werden kann. Meinungsverschiedenheiten bestanden jedoch einmal hinsichtlich der Frage, ob das Legalitätsprinzip für gewisse Arten von strafbaren Handlungen generell aufgehoben werden könne, und ferner darüber, inwieweit an Stelle der wegfallenden öffentlichen Klage dem Verletzten die Privatklage gewährt werden und ob diese Privatklage eine subsidiäre oder eine prinzipale sein solle.

1. Eine generelle Einschränkung des Legalitätsprinzips und zwar ohne gleichzeitige Gewährung einer Privatklage wurde nach zwei Richtungen hin vorgeschlagen.

Es wurde beantragt,

a) in einem Zusatze zu §. 152 Abs. 2 der Str.Pr.O. vorzuschreiben, daß das Einschreiten der Staatsanwaltschaft beim Mangel eines öffentlichen Interesses an der Verfolgung des einzelnen Falles unterbleiben kann, wenn es sich nur um eine Übertretung handelt.

Der Antrag fand mit 11 gegen 7 Stimmen Annahme.

Zur Begründung des Antrags wurde ausgeführt:

Bei zahlreichen Übertretungsvorschriften werde der bloße Ungehorsam, ohne Rücksicht darauf, ob im einzelnen Falle die Handlung rechtsverletzend oder rechtsgefährdend sei, mit Strafe bedroht. Da der Grundsatz, daß ein Irrtum über das Strafrecht nicht entschuldige, auch auf Übertretungen Anwendung finde, so trete eine Bestrafung wegen bloßen Ungehorsams auch dann ein, wenn der Täter die bestehenden Strafbestimmungen gar nicht gekannt habe. Diesen Tatsachen müsse auf prozessualem Gebiete dadurch Rechnung getragen werden, daß man die Strafverfolgung im einzelnen Falle von dem Vorhandensein eines öffentlichen Interesses abhängig mache. Hierdurch würden zahlreiche Verurteilungen vermieden, die von der Bevölkerung als überflüssig und als Härte empfunden würden. Tatsächlich werde auf dem Gebiete der Übertretungsvorschriften, wenigstens insoweit die Polizeibehörden in Betracht kämen, das Legalitätsprinzip heute schon nicht in voller Strenge befolgt. Es sei auch kaum möglich, daß die Polizei wegen eines jeden von einem Polizeibeamten beobachteten Verstoßes gegen eine Übertretungsvorschrift die Strafverfolgung einleite; dies müßte die Zahl der Bestrafungen ins Ungemessene steigern und unnötige Erbitterung gegen die Behörden hervorrufen. Gleichwohl habe das Reichsgericht in ständiger Rechtsprechung (Entsch. in Straff. Bd. 12 S. 161, zu vergl. auch Bd. 28 S. 384) das Legalitätsprinzip als auch für die Polizeibehörden maßgebend angesehen und anerkannt, daß Polizeibeamte, die aus Opportunitätsgründen eine Übertretung nicht verfolgen, sich nach §. 346 des St.G.B. strafbar machen. Die tatsächlich bestehende und dem Bedürfnis allein entsprechende Übung müsse daher mit dem Gesetz in Einklang gebracht werden, damit ein Polizeibeamter, der im einzelnen Falle aus durchaus zu billigenden Erwägungen die Verfolgung einer Übertretung unterlasse, nicht selbst der Gefahr einer Strafverfolgung wegen Amtsverbrechens ausgesetzt bleibe. Daß hieraus Nachteile für die Rechtspflege entstehen könnten, sei nicht zu befürchten. Wenn fremde Interessen durch die Übertretung verletzt würden, wenn die Überweisung an die Landespolizeibehörde in Frage komme oder wenn durch Wiederholung der Zuwiderhandlung das öffentliche Interesse berührt werde, könne und müsse die Polizei stets einschreiten. In zahlreichen anderen Fällen genüge es, wenn der Täter auf die bestehende Vorschrift zunächst warnend hingewiesen werde. Allerdings sei die Besorgnis nicht ganz von der Hand zu weisen, daß der Polizei und der Staatsanwaltschaft, namentlich bei Übertretungen mit politischem Charakter, der Vorwurf einer parteiischen Handhabung des Opportunitätsprinzips gemacht werden könne. Allein die Zahl solcher Übertretungen sei doch nur gering, und jedenfalls dürfe die Aufsichtsbeschwerde bei der Landesjustizverwaltung, die stets zulässig sei, im Hinblick auf die überall bestehende parlamentarische Kontrolle als ein genügender Schutz gegen etwaige Parteilichkeit angesehen werden. Die Gewährung einer Privatklage könne, von einzelnen später zu erörternden Fällen abgesehen, hier schon deshalb nicht in Betracht kommen, weil bei den meisten Übertretungen ein Verletzter nicht vorhanden sei.

Demgegenüber wurde von der Minderheit die Beseitigung des Legalitätsprinzips für die Übertretungen als bedenklich bezeichnet. Es sei unmöglich, die Übertretungen nach einem einheitlichen Gesichtspunkte zu beurteilen. Einzelne berührten das öffentliche und das private Interesse allerdings nur wenig, andere aber (wie die Feldpolizei-Übertretungen und die Übertretungen auf dem Gebiete des Vereins- und Versammlungsrechts) in hohem Grade. Hierzu komme, daß bei einer Reihe von Übertretungen die Nebenfolgen der Verurteilung (Unterbringung in einem Arbeitshause, Verlust einer gewerblichen Konzession) für die Interessen des Verurteilten von einschneidender Bedeutung werden könnten. Es sei nicht angängig, in allen diesen Fällen die Strafverfolgung lediglich dem Ermessen der Polizei oder der Staatsanwaltschaft zu überlassen. Die Behörden würden, zumal wenn die einzelnen Beamten je nach ihrem persönlichen Ermessen verführen, dem Verdachte der Willkür oder der Parteilichkeit sich kaum entziehen können. Auch würden sich in zahlreichen Fällen bei der Beurteilung der Frage, ob ein öffentliches Interesse an der Strafverfolgung vorliege, zwischen Staatsanwaltschaft und Polizei unerwünschte Differenzen ergeben.

Von einem Mitgliede war die Auffassung vertreten worden: Man solle aus den angeführten Gründen das Legalitätsprinzip für die Staatsanwaltschaft auch bei den Übertretungen bestehen lassen; da jedoch für eine große Zahl von Übertretungen der Apparat von Gericht und Staatsanwaltschaft nicht passe, so möge man die im §. 453 der Str.Pr.O. festgesetzte Strafgrenze für polizeiliche Strafverfügungen angemessen erweitern und der Polizeibehörde das Einschreiten nach dem Opportunitätsprinzip überlassen. Hiergegen wurde jedoch angeführt, daß eine solche Erweiterung der Befugnisse der Polizeibehörden kaum überall Beifall finden werde.

Ein zweiter Antrag, der eine generelle Aufhebung des Legalitätsprinzips ohne Gewährung einer Privatklage bezweckte, ging dahin,

b) durch einen Zusatz zu §. 152 Abs. 2 der Str.Pr.O. zu bestimmen, daß das Einschreiten der Staatsanwaltschaft beim Mangel eines öffentlichen Interesses an der Verfolgung des Einzelfalls auch dann unterbleiben kann, wenn es sich um die Verfolgung einer Person unter achtzehn Jahren handelt und der Verletzte mit dem Unterbleiben der Verfolgung einverstanden ist.

Im Laufe der Beratung schlug der Antragsteller für den Fall der Ablehnung dieses Antrags vor,

die Vorschrift wenigstens für die Fälle Platz greifen zu lassen, in denen es sich um die Verfolgung einer Person unter vierzehn Jahren handelt.

Es wurde ausgeführt: Mit den Anträgen solle der Tatsache Rechnung getragen werden, daß durch die Strafverfolgung eines Jugendlichen diesem nicht selten Nachteile zugefügt würden, die das Interesse der Allgemeinheit an der Bestrafung erheblich überwiegen. Diese Nachteile zeigten sich in verstärktem Maße, wenn auch die Zeugen, wie es bei Sittlichkeitsverbrechen Jugendlicher häufig der Fall sei, dem jugendlichen Alter angehören. Die Anträge beruhten auf ähnlichen Gesichtspunkten, wie sie der Einrichtung der bedingten Begnadigung und dem von der Kommission bereits gefaßten Beschlüsse über erweiterte Ausschließung der Öffentlichkeit bei der Verhandlung gegen Jugendliche zu Grunde lägen. Es komme jedoch darauf an, die Jugendlichen nicht nur vor den Folgen einer öffentlichen Verhandlung und einer Verurteilung zu schützen, sondern ihnen auch die Strafverfolgung in denjenigen Fällen zu ersparen, in welchen eine bloße Warnung genüge. Man dürfe zu der Staatsanwaltschaft das Vertrauen haben, daß sie unparteiisch und lediglich nach sachlichen Rücksichten im einzelnen Falle entscheiden werde, ob das öffentliche Interesse die Strafverfolgung gebiete oder nicht. Allerdings müsse man, da dem Verletzten eine Privatklage nicht gegeben werden könne, um nicht den Jugendlichen dessen Verfolgungssucht preiszugeben, das Unterbleiben der Strafverfolgung von der Zustimmung des Verletzten abhängig machen. In verstärktem Maße sprächen diese Erwägungen für den Eventualantrag, der das Opportunitätsprinzip im Falle der Zustimmung des Verletzten wenigstens bei Jugendlichen unter vierzehn Jahren einführen wolle. Es werde von vielen Seiten eine Heraufsetzung des strafmündigen Alters von zwölf auf vierzehn Jahre empfohlen. Ob das materielle Strafrecht in dieser Richtung zu ändern sei, müsse der Revision des Strafgesetzbuchs vorbehalten bleiben. Jedenfalls sei es angängig und erwünscht, die Strafverfolgung der Jugendlichen unter vierzehn Jahren nach den Umständen des einzelnen Falles dem Ermessen der Staatsanwaltschaft zu überlassen. Da Jugendliche dieses Alters wohl ausnahmslos noch der Zucht der Schule oder einer anderen Anstalt unterstünden, so habe es die Staatsanwaltschaft in der Hand, vor ihrer Entschließung auch mit der Schulbehörde in Verbindung zu treten und sich zu vergewissern, daß die Tat des Beschuldigten im Disziplinarwege eine angemessene Ahndung finde.

Der Antrag stieß bei einer Reihe von Mitgliedern auf Widerspruch. Es wurde als bedenklich bezeichnet, daß hier durch eine prozessuale Vorschrift eine tiefgreifende Änderung des materiellen Rechtes vorgenommen werden solle. Denn die Vorschrift laufe darauf hinaus, daß künftig nicht mehr das Gesetz, sondern das Ermessen des einzelnen Staatsanwalts dafür maßgebend sei, von welchem Lebensjahr ab jugendliche Täter zur strafrechtlichen Verantwortung gezogen würden, und daß durch die Praxis das strafmündige Alter tatsächlich heraufgesetzt werde. Es sei zu besorgen, daß die Staatsanwälte die Strafverfolgung auch deshalb unterlassen würden, weil die jetzige Art des Strafvollzugs auf den Jugendlichen ungünstig einwirke. Derartige Erwägungen dürften aber nicht auf einem Umweg in das materielle Strafrecht Eingang finden, bevor die einschlagenden Fragen dort völlig geklärt seien. Ob sich die Einrichtung der bedingten Begnadigung bewähre, sei noch nicht erwiesen. Die statistischen Feststellungen über die Häufigkeit der Rückfälle der zum ersten Male wegen Verbrechen oder Vergehen Bestraften einerseits und über die Rückfälligkeit der bedingt begnadigten Personen andererseits[1]) gäben in dieser Hinsicht zu Zweifeln Anlaß; es sei daher bedenklich, den gleichen Erwägungen jetzt schon weiteren Raum zu gewähren und trotz der zunehmenden Kriminalität der Jugend[2]) die Strafverfolgung der Jugendlichen abzuschwächen. Ferner sei zu befürchten, daß die Staatsanwaltschaft in den Verdacht geraten werde, als ob sie die Jugendlichen aus den besseren Ständen in weiterem Umfang als diejenigen aus den unteren Volksklassen mit einer Anklage verschone. Auch sei es bedenklich, das Einverständnis des Verletzten für erforderlich zu erklären, da dies zu vielfachen Erpressungen Anlaß geben werde.

---

¹) Kriminalstatistik für das Jahr 1901 S. I, 29.

²) Kriminalstatistik für das Jahr 1901 S. I, 35 flg.

Einige Mitglieder erklärten, daß sie diese Bedenken zwar im allgemeinen für begründet hielten, jedoch eine Einschränkung des Legalitätsprinzips im Sinne des Eventualantrags befürworten könnten, da bei den Jugendlichen unter vierzehn Jahren in der Regel die Gelegenheit gegeben sei, auf dem Wege der Schulzucht den gebotenen Ersatz für die wegfallende kriminelle Bestrafung zu schaffen.

Bei der Abstimmung wurde zunächst mit 12 gegen 6 Stimmen beschlossen, daß die Nichtverfolgung der Jugendlichen, sei es unter achtzehn, sei es unter vierzehn Jahren, jedenfalls durch das Einverständnis des Verletzten bedingt sein solle. Darauf wurde der Hauptantrag mit 12 gegen 6 Stimmen abgelehnt, der Eventualantrag mit 10 gegen 8 Stimmen angenommen.

2. Die Kommission war darin einig, daß, abgesehen von den Übertretungen und den Delikten Jugendlicher, noch für bestimmte einzelne Delikte das Legalitätsprinzip aufgehoben werden könne, wenn dem Verletzten das Recht zur Privatklage eingeräumt werde. Bevor jedoch die Kommission dazu überging, die Delikte, welche hierhin zu rechnen seien, im Einzelnen zu bestimmen, erörterte sie zunächst die Frage, ob die neu zu gewährende Privatklage als eine prinzipale oder als eine nur subsidiäre, die eine vorhergehende Entscheidung der Staatsanwaltschaft über das Nichtvorliegen eines öffentlichen Interesses voraussetzt, auszugestalten sei.

Ein Mitglied befürwortete zunächst die Einführung der subsidiären Privatklage. Es hatte den Antrag gestellt:

> Bei Vergehen und Übertretungen, deren Verfolgung nur auf Antrag eintritt oder bei denen der Strafrichter neben der Strafe auf eine an den Verletzten zu erlegende Buße erkennen kann, sowie in den Fällen des §. 123 Abs. 3, des §. 239 Abs. 1 und des §. 241 des St.G.B. ist der Verletzte befugt, die Privatklage zu erheben, wenn die Staatsanwaltschaft die Erhebung der öffentlichen Klage mangels öffentlichen Interesses abgelehnt hat.

und führte zur Begründung an:

Man müsse davon ausgehen, daß in der Regel bei allen strafbaren Handlungen die Strafverfolgung im öffentlichen Interesse liege. Daher sei grundsätzlich zunächst die Staatsanwaltschaft in jedem Falle zur Einleitung der Strafverfolgung berufen. Nur ausnahmsweise, wenn wegen der besonderen Lage der Sache, namentlich wegen ihrer Geringfügigkeit, ein Interesse der Allgemeinheit an der Strafverfolgung nicht bestehe, dürfe die Staatsanwaltschaft die Erhebung der Klage dem Privatkläger überlassen. Abgesehen von diesen mehr theoretischen Erwägungen habe die subsidiäre Privatklage auch mannigfache praktische Vorzüge. Hierin gehöre namentlich, daß alle der subsidiären Privatklage zugewiesenen Straftaten von den Polizeibehörden aufgeklärt und der Staatsanwaltschaft angezeigt werden müssen, während bei der prinzipalen Privatklage die Polizei zunächst nicht einzuschreiten pflege und die Staatsanwaltschaft in der Regel den Sachverhalt gar nicht erfahre, also auch nicht prüfen könne, ob im Einzelfalle das öffentliche Interesse die Strafverfolgung verlange. Außerdem sei es für den Verletzten von Wert, daß er bei der subsidiären Privatklage, wenn die Staatsanwaltschaft nach Abschluß der Ermittelungen die Erhebung der Anklage mangels öffentlichen Interesses ablehne, in jenen Ermittelungen ein Beweismaterial finde, das er sich bei der prinzipalen Privatklage selbst sammeln müsse und oft nur mit großen Schwierigkeiten sammeln könne. Endlich ermögliche es die subsidiäre Privatklage, daß eine beträchtlich größere Zahl von Delikten dem Privatklageverfahren zugängig gemacht und somit das Ziel, die Einschränkung der Strafverfolgungen, im weiteren Umfang erreicht werde. Allerdings müsse es für Beleidigungen und leichte Körperverletzungen bei der heute bereits bestehenden und in Ansehung dieser Delikte aus der actio injuriarum historisch erwachsenen prinzipalen Privatklage sein Bewenden behalten. Daß dann zwei Arten von Privatklagen bestünden, verschlage nichts. In der österreichischen Strafprozeßordnung (§§. 2, 46, 88) sei dies ebenso, und auch der Entwurf unserer Strafprozeßordnung (§§. 335 flg., §§. 356 flg.) habe sowohl die prinzipale als die subsidiäre Privatklage vorgesehen gehabt.

Die Frage, bei welchen Delikten die subsidiäre Privatklage zuzulassen sei, werde in der Spezialdebatte näher zu erörtern sein. Hier sei nur hervorzuheben, daß die Auswahl dieser Delikte, da überall zunächst die Strafverfolgung durch den Staatsanwalt eingeleitet werde, zum Teil nach generellen Gesichtspunkten erfolgen dürfe. Insbesondere werde außer den Delikten, bei welchen auf eine Buße erkannt werden könne, die ganze Gruppe der Antragsdelikte, soweit sie nicht Verbrechen seien, einbezogen werden können.

Die anderen Mitglieder sprachen sich jedoch für eine weitere Ausdehnung der prinzipalen Privatklage aus. Die Zwiespältigkeit, die entstehen würde, wenn man neben der prinzipalen noch eine subsidiäre Privatklage in die Strafprozeßordnung einführe, sei mißlich und mache das Gesetz unübersichtlich, zumal wenn der Rechtsbehelf der §§. 170 flg. der Str.Pr.O., wie der Antragsteller wolle, neben der subsidiären Privatklage noch bestehen bleibe. Richtig sei zwar, daß im österreichischen Rechte neben der prinzipalen auch die subsidiäre Privatklage in ziemlich weitem Umfange zugelassen sei. Sie bilde aber dort lediglich eine den Vorschriften der §§. 170 flg. unserer Strafprozeßordnung entsprechende Sicherheitsmaßregel gegen eine Nichtbefolgung des auch in Österreich anerkannten Legalitätsprinzips. Wenn man in so weitem Umfange, wie der Antragsteller wolle, die Privatklage einführe, werde man schließlich auch die Voruntersuchung für diese Sachen zulassen müssen, da man dem Privatkläger das Recht auf polizeiliche Ermittelungen unmöglich einräumen könne und die Sachen andererseits nicht mangelhaft vorbereitet zur Hauptverhandlung kommen dürften. Abgesehen hiervon habe die subsidiäre Privatklage auch praktische Nachteile. Da die Staatsanwaltschaft sich zunächst mit jeder Sache beschäftigen müsse, so erwachse den Behörden und den Beteiligten viele unnötige Arbeit. Wenn der Staatsanwalt den Verletzten auf den Weg der Privatklage verweise, so erwecke dies leicht Mißstimmung und Beschwerden; es sei besser, wenn der Verletzte von vornherein gewissermaßen vom Gesetze selbst auf die Privatklage verwiesen werde. Ein Übelstand sei es auch, daß der Verletzte mit der Erhebung der subsidiären Privatklage immer erst warten müsse, bis der ablehnende Bescheid des Staatsanwalts ergangen sei. Es könne außerdem leicht vorkommen, daß die Staatsanwaltschaft das Vorliegen eines öffentlichen Interesses an der Strafverfolgung zunächst verneine, dann aber im Laufe des Privatklageverfahrens die Verfolgung dennoch übernehmen müsse; eine derartige Selbstkorrektur werde aber ihrem Ansehen nicht förderlich sein. Um dies zu vermeiden, werde die Staatsanwaltschaft voraussichtlich auch in solchen Fällen die öffentliche Klage erheben, in denen das Vorhandensein eines öffentlichen Interesses zweifelhaft sei. Es ergebe sich somit, daß mit der subsidiären Privatklage die erstrebte Einschränkung der Strafverfolgungen sich kaum erreichen lassen werde. Die Annahme, daß der zur Privatklage verwiesene Verletzte in den Ermittelungen der Staatsanwaltschaft ein wertvolles Material für die Begründung seiner Klage vorfinden werde, sei wohl nicht begründet; diese Ermittelungen würden in der Regel über die Feststellung des öffentlichen Interesses nicht hinausgehen. Ein Vorzug der subsidiären Privatklage sei freilich, daß die Staatsanwaltschaft von allen der Privatklage zugewiesenen Delikten durch die Polizei Kenntnis erhalte. Indessen könne im Wege der Geschäftsanweisung darauf hingewirkt werden, daß die Polizeibehörden auch im Falle der Erweiterung der prinzipalen Privatklage von allen ihr unterliegenden strafbaren Handlungen, die zu ihrer Kenntnis kommen, der Staatsanwaltschaft Anzeige machen. In hohem Maße bedenklich sei schließlich die Ausdehnung, welche nach dem Antrage der subsidiären Privatklage gegeben werden solle. Wenn auch auf die einzelnen Vorschläge noch nicht einzugehen sei, so müsse doch im allgemeinen hervorgehoben werden, daß das Privatklageverfahren leicht Anlaß zu Erpressungen und zu chikanöser Handlungsweise biete und für die Beteiligten mit großen Kosten verbunden sei, seine Zulassung also in gewissen Grenzen gehalten werden müsse.

Bei der Abstimmung ergab sich, daß sämtliche Mitglieder, auch das Mitglied, welches den oben wiedergegebenen Antrag gestellt hatte, die Frage, ob bei einer weiteren Einschränkung des Legalitätsprinzips die subsidiäre Privatklage eingeführt werden solle, verneinten. Der Vorsitzende stellte sodann als einstimmige Ansicht der Kommission fest, daß die weitere Einschränkung des Legalitätsprinzips durch Ausdehnung der prinzipalen Privatklage erfolgen solle.

Mit dieser Abstimmung erübrigte sich die Beratung des für den Fall der Einführung der subsidiären Privatklage noch gestellten Antrags:

Dem Mißbrauche der subsidiären Privatklage ist entgegenzuwirken

a) durch Befristung der Privatklage. Die Frist beträgt bei Vergehen drei Monate, bei Übertretungen zwei Wochen von Zustellung des ablehnenden Bescheids der Staatsanwaltschaft ab gerechnet;

b) durch Prozeßstrafe wegen leichtfertiger Anklage;

c) durch die Vorschrift, daß die Privatklage nur zu Protokoll des Gerichtsschreibers oder mittels Anwaltsschrift erhoben werden kann.

III. Die Kommission ging nunmehr zu der Frage über, auf welche einzelnen Delikte die prinzipale Privatklage auszudehnen sei.

1. Der Antrag,

für das Vergehen des Hausfriedensbruchs in den Fällen des §. 123 Abs. 1, 3 die Privatklage einzuführen,

wurde mit 16 Stimmen gegen eine Stimme ohne Debatte angenommen. Der gleiche Beschluß ist bereits in erster Lesung (zu vergl. Bd. 1 S. 288 flg.) gefaßt worden.

2. In erster Lesung (Bd. 1 S. 289 flg.) hatte die Kommission beschlossen, die fahrlässigen Körperverletzungen nur insoweit der Privatklage zugänglich zu machen, als sie nicht mit Übertretung einer Amts-, Berufs- oder Gewerbspflicht begangen sind, die leichten vorsätzlichen Körperverletzungen dagegen allgemein und ohne Rücksicht auf jenes qualifizierende Moment der Privatklage zuzuweisen.

Die Kommission war darin einig, daß es nicht gerechtfertigt sei, in dieser Beziehung die vorsätzliche und die fahrlässige Körperverletzung verschieden zu behandeln.

Der Antrag,

die Privatklage sowohl bei der leichten vorsätzlichen als auch bei der fahrlässigen Körperverletzung (§§. 223, 230 des St.G.B.) ohne Rücksicht darauf zuzulassen, ob die Verfolgung nur auf Antrag eintritt,

wurde mit 12 gegen 4 Stimmen angenommen.

3. Hinsichtlich der gefährlichen Körperverletzung (§. 223a des St.G.B.) war in erster Lesung (Bd. 1 S. 290 flg.) beschlossen worden, sie nur insoweit der Privatklage zuzuweisen, als nicht der Gebrauch einer Stoß-, Hieb- oder Schußwaffe oder eine das Leben gefährdende Behandlung in Frage komme. Heute wurde der weitergehende, damals abgelehnte Antrag,

a) die Privatklage auf die Körperverletzung in allen Fällen des §. 223a des St.G.B. auszudehnen.

von neuem gestellt und im allgemeinen mit den damals schon vorgebrachten Gründen gerechtfertigt. Insbesondere wurde darauf hingewiesen, daß infolge der weiten Ausdehnung, welche dem Begriffe des „gefährlichen Werkzeugs" in der Rechtsprechung gegeben werde, zahlreiche an sich geringfügige Körperverletzungen von Amtswegen verfolgt werden müßten. Nach den Ergebnissen der Kriminalstatistik seien die Verurteilungen wegen gefährlicher Körperverletzung sehr zahlreich und ein großer Teil der Verurteilten werde unter Annahme mildernder Umstände zu bloßer Geldstrafe oder doch nur geringer Freiheitsstrafe verurteilt.[1]) Man dürfe annehmen, daß bei dem größten Teile der letztgedachten Fälle die Verfolgung durch das öffentliche Interesse nicht geboten gewesen sei. Es werde deshalb, wenn die im §. 223a des St.G.B. bezeichneten Vergehen der Privatklage überwiesen würden, die Zahl der Strafverfolgungen in wirksamer Weise herabgesetzt werden können. Selbstverständlich bleibe es die Aufgabe der Staatsanwaltschaft, in allen schwereren Fällen und auch in leichteren Fällen, wenn an einzelnen Orten die Körperverletzungen überhand nehmen sollten, von Amtswegen einzuschreiten.

---

[1]) Im Jahre 1901 wurden 98 110 Personen auf Grund des §. 223a des St.G.B. verurteilt (fast ein Fünftel aller in demselben Jahre wegen Verbrechen oder Vergehen gegen Reichsgesetze verurteilten Personen — 497 310 —). Nach den Berechnungen über Art und Höhe der erkannten Strafen, die mit Unterscheidung der Erwachsenen und Jugendlichen für den Zeitraum von 1894 bis 1901 vorliegen, wurden bei den Verurteilungen aus §. 223a in ungefähr drei Vierteln der Fälle mildernde Umstände bewilligt. Jugendlichen gegenüber wurde fast in der Hälfte der Fälle auf Geldstrafe oder Verweis, Erwachsenen gegenüber in mehr als zwei Fünfteln der Fälle auf Geldstrafe erkannt (zu vergl. Kriminalstatistik für 1901 S. I. 60, 61).

Eine Reihe von Mitgliedern trug jedoch auch heute Bedenken, dem Antrage zuzustimmen.

Einige von ihnen wollten für die Fälle des §. 223a des St.G.B. eine Privatklage überhaupt nicht zulassen. Es wurde darauf hingewiesen, daß hierdurch die mit der Novelle vom 26. Februar 1876 in Ansehung der Körperverletzungen geschaffene und damals für dringend erforderlich erachtete Verschärfung der Strafbestimmungen in ihrer praktischen Anwendung nahezu wieder aufgehoben würde. Es sei nicht angängig, aus der verhältnismäßig großen Zahl von Verurteilungen zu Geldstrafe den Schluß zu ziehen, daß in den betreffenden Fällen nur geringfügige Verletzungen vorgelegen hätten. Jedenfalls werde die Zulassung der Privatklage zur Folge haben, daß zahlreiche Vergehen wider §. 223a des St.G.B. entweder überhaupt nicht oder doch erst so spät zur Kenntnis der Staatsanwaltschaft gelangen, daß eine zuverlässige Feststellung des Tatbestandes kaum noch möglich sei.

Andere Mitglieder wollten im Anschluß an den Beschluß erster Lesung wenigstens die schwereren der unter den §. 223a fallenden Körperverletzungen von der Privatklage ausschließen. Von einer Seite war beantragt, die Ausnahmen auch heute wieder zu beschließen, sie jedoch in die Form einer Prozeßvorschrift zu kleiden, indem man zu §. 416 der Str.Pr.O. den Zusatz mache:

b) Im öffentlichen Interesse liegt stets die Erhebung öffentlicher Klage in den Fällen der vorsätzlichen Körperverletzung, begangen durch Gebrauch einer Stoß-, Hieb- oder Schußwaffe oder mittels einer das Leben gefährdenden Behandlung.

Von anderer Seite wurde beantragt,

c) in diese Vorschrift hinter dem Worte „Gebrauch" die Worte: „eines Messers", einzuschieben;

da das Messer nicht immer unter den Begriff der Stoß-, Hieb- oder Schußwaffe zu fallen brauche, Körperverletzungen aber, die mittels eines Messers begangen seien, stets von Amts wegen verfolgt werden müßten.

Diesen Vorschlägen wurde entgegen gehalten, daß eine derartige Kasuistik der Rechtsprechung zu Zweifeln Anlaß geben werde. Auch verliere der Antrag durch solche Einschränkungen zum Teil seine praktische Bedeutung. Im allgemeinen könne angenommen werden, daß die Staatsanwaltschaft Körperverletzungen der in den Anträgen bezeichneten Art auch ohne besondere Vorschrift von Amtswegen verfolgen werde.

Bei der Abstimmung wurde mit 10 gegen 6 Stimmen der Antrag a angenommen; die übrigen Anträge waren damit erledigt.

62. Sitzung.

9. November 1904.

Ausdehnung der Privatklage (Fortsetzung).

I. Der bereits in erster Lesung (Bd. 1 S. 292) angenommene Antrag,

die Privatklage auf das Vergehen der Bedrohung (§. 241 des St.G.B.) auszudehnen,

wurde wiederum und zwar einstimmig angenommen.

II. Der weitere Antrag,

die Privatklage auszudehnen auf das Vergehen der Begünstigung (§. 257 des St.G.B.), soweit sich diese auf eine durch Privatklage verfolgbare strafbare Handlung bezieht,

wurde mit 9 gegen 8 Stimmen abgelehnt.

Zur Begründung des Antrags war ausgeführt worden: Die Begünstigung habe, wie man sie auch juristisch qualifiziere, einen akzessorischen Charakter. Dem trage das geltende Recht bereits Rechnung, indem es den gegen den Täter gestellten Strafantrag und dessen Zurücknahme auch gegen den Begünstiger wirken lasse (§. 63 des St.G.B.) und auch sonst die Begünstigung vielfach den gleichen Vorschriften unterstelle wie die Teilnahme (zu vergl. §. 56 Abs. 3, §§. 97, 102 der Str.Pr.O. und §. 247 Abs. 3 des St.G.B.). Insoweit man daher gegen den Täter und den Teilnehmer die Privatklage zulasse, sei es nur folgerichtig, sie auch gegen den Begünstiger zuzulassen. Anderenfalls werde der Staatsanwalt überall da, wo eine Begünstigung vorliege, um ein doppeltes Strafverfahren zu vermeiden, auch wegen der Haupttat die öffentliche Klage erheben müssen. Auch stelle sich nicht selten erst in der Hauptverhandlung heraus, daß die Tat nicht als Beihilfehandlung, sondern als Begünstigung aufzufassen sei. Lasse man die Privatklage für die Begünstigung nicht zu, so müsse in einem solchen Falle das Privatklageverfahren, insoweit es die Begünstigung betreffe, gemäß dem §. 429 der Str.Pr.O. eingestellt werden. Abgesehen von diesen praktischen Erwägungen sei es auch an sich gerechtfertigt, dem durch die Haupttat Verletzten die Privatklage auch gegen den Begünstiger zu gewähren, da die dem Täter durch den Begünstiger geleistete Hilfe für den Verletzten eine Steigerung der Verletzung und eine Erschwerung der Verfolgung seines Ersatzanspruchs bedeute.

Die Mehrheit erwog demgegenüber: Eine Begünstigung, die verübt werde, um dem Täter die Vorteile seines Delikts zu sichern, sei bei Beleidigung und

Körperverletzung ebensowenig denkbar, wie bei denjenigen Vergehen, die nach den bisherigen Beschlüssen der Kommission etwa noch der Privatklage zugänglich zu machen seien. Soweit aber durch eine Begünstigung der Täter der Bestrafung entzogen werden solle, richte sich die Begünstigung nicht gegen den durch die Haupttat Verletzten, sondern gegen den Strafanspruch des Staates; es sei also in diesen Fällen nicht gerechtfertigt, dem Verletzten die Privatklage gegen den Begünstiger zu geben. Übrigens würden auch Begünstigungen der letzteren Art in Ansehung der Privatklagedelikte nur sehr selten vorkommen, sodaß insbesondere das praktische Bedenken, es müsse gegen den Begünstiger auch dann die öffentliche Klage erhoben werden, wenn gegen den Haupttäter die Privatklage eingeleitet sei, tatsächlich nicht in Betracht kommen könne.

III. Der Antrag,

die Privatklage auf das Vergehen der Sachbeschädigung (§. 303 des St.G.B.) auszudehnen,

wurde einstimmig ohne Debatte angenommen. Der gleiche Beschluß war bereits in erster Lesung gefaßt worden (zu vergl. Protokolle Bd. 1 S. 294).

IV. Die Kommission ging sodann über zu dem Antrage,

die Privatklage ferner auszudehnen auf die Vergehen

a) nach §. 14 des Reichsgesetzes, betreffend das Urheberrecht an Mustern und Modellen vom 11. Januar 1876,

b) nach §§. 36, 40 des Patentgesetzes vom 7. April 1891,

c) nach §. 10 des Reichsgesetzes, betreffend den Schutz von Gebrauchsmustern vom 1. Juni 1891,

d) nach §§. 14, 15, 16 des Reichsgesetzes zum Schutze der Warenbezeichnungen vom 12. Mai 1894.

Zu Gunsten des Antrags wurde geltend gemacht: Es handele sich bei den bezeichneten Delikten um Verletzung gewerblicher Sonderinteressen einzelner Privatpersonen; das öffentliche Interesse sei an ihrer Verfolgung in der Regel nicht beteiligt. Dazu komme, daß gerade bei diesen Delikten der Strafantrag, insoweit er zur Strafverfolgung erforderlich sei,[1] in der Regel nicht gestellt werde, um eine Bestrafung des Täters herbeizuführen, sondern nur, um durch die Ermittelungen des Staatsanwalts auf Kosten des Staates die Grundlage für den gegen den Täter anzustrengenden Zivilprozeß zu gewinnen oder um den Beschuldigten zu einer vergleichsweisen Entschädigung geneigt zu machen. Wenn dieses Ziel erreicht sei, werde der Strafantrag meist zurückgezogen und die Sache müsse eingestellt werden. Dem entsprächen die Ergebnisse der Kriminalstatistik, nach welcher die Fälle einer Einstellung durch Urteil gerade bei diesen Delikten verhältnismäßig häufig seien.[2] Gleichwohl müsse sich die Staatsanwaltschaft in nicht geringem Umfange mit ihrer Verfolgung beschäftigen. Solche Verhältnisse seien

[1] Nur die Vergehen gegen §. 40 des Patentgesetzes und gegen §. 16 des Gesetzes zum Schutze der Warenbezeichnungen sind nicht Antragsdelikte.

[2] Zu vergl. Kriminalstatistik für 1901 S. I 77 lfd. Nr. 10.

der Staatsanwaltschaft nicht recht würdig, und es sei deshalb wohl erklärlich, wenn diese nicht gerade mit besonderem Eifer an die Verfolgung jener Sachen herangehe und bei den Antragstellern oft der Wunsch rege werde, die Verfolgung im Wege der Privatklage selbst übernehmen zu können. In einigen Partikulargesetzen habe man früher bereits für Vergehen dieser Art die Privatklage zugelassen, ohne daß sich hieraus Unzuträglichkeiten ergeben hätten.[1] Auch auf dem Gebiete des unlauteren Wettbewerbes, mit dem die Vorschriften des Gesetzes zum Schutze der Warenbezeichnungen und des §. 40 des Patentgesetzes verwandt seien, habe die Reichsgesetzgebung die Privatklage zugelassen. In besonders schweren Fällen, namentlich bei gewohnheitsmäßigen Verfehlungen gegen die im Antrage bezeichneten Vorschriften werde die Staatsanwaltschaft sicherlich von Amtswegen einschreiten. Auf diejenigen Zuwiderhandlungen gegen Urheberrechtsgesetze, bei welchen wissenschaftliche oder künstlerische Interessen mit in Frage kämen, sei der Antrag absichtlich nicht erstreckt worden.

Die Mehrheit trug Bedenken, dem Antrage zuzustimmen. Es wurde insbesondere die Befürchtung ausgesprochen, daß der Schutz, welcher durch die in Betracht kommenden Strafvorschriften nicht blos dem einzelnen Gewerbetreibenden, sondern dem Handel und der Industrie in ihrer Gesamtheit gewährleistet werden solle, erheblich gemindert werden würde, wenn diese Delikte nicht mehr im Wege der öffentlichen Klage verfolgt würden. Lasse man hier die Privatklage zu, so werde sich der Staatsanwalt nur noch selten veranlaßt sehen, einzuschreiten. Insbesondere werde gerade der kleine Gewerbetreibende, dessen Erfindungen u. s. w., wenn sie auch für ihn selbst von großer wirtschaftlicher Bedeutung sein möchten, doch das öffentliche Interesse in der Regel nur wenig berührten, fast regelmäßig zur Privatklage verwiesen werden. Zur Einleitung einer solchen sei er aber schon mit Rücksicht auf die Kosten meist nicht imstande. Für die Privatklage eigneten sich diese Delikte auch deshalb nicht, weil die Sammlung des erforderlichen Beweismaterials für den Privatmann mit großen Schwierigkeiten verknüpft sei. Namentlich Beschlagnahmen und Durchsuchungen könnten nur von der Staatsanwaltschaft wirksam durchgeführt werden. Es handle sich hier im wesentlichen um vermögensrechtliche Interessen; die Kommission habe aber bisher — abgesehen von gewissen durch besondere Umstände gerechtfertigten Ausnahmen — die Privatklage von diesem Gebiete ferngehalten. Endlich komme in Betracht, daß die Schöffengerichte sich zur Beurteilung dieser in rechtlicher Hinsicht meist schwierigen Sachen, zumal wenn sie mittels einer nicht ausreichend vorbereiteten Privatklage verfolgt würden, wenig eigneten und daß die einschlagenden Rechtsfragen der Rechtsprechung der Strafsenate des Reichsgerichts nahezu vollständig entzogen sein würden. Diese Bedenken müßten umsomehr gegen den Antrag ins Gewicht fallen, als derselbe bei der verhältnismäßig kleinen Anzahl der darunter fallenden Delikte die angestrebte Verminderung der Zahl der Strafverfolgungen nur in sehr geringem Maße herbeiführen könne.

Der Antrag wurde mit 13 gegen 4 Stimmen abgelehnt.

---

[1] In Baden (§. 3 der Str.Pr.O. vom 18. März 1864) war der „Gebrauch fremder Warenstempel und Fabrikzeichen", in Sachsen (Art. 31 der rev. Str.Pr.O. vom 1. Oktober 1868) der „Gebrauch fremder Warenbezeichnungen" Privatklagedelikt.

V. Die Kommission ging nunmehr zu der Frage über, bei welchen Übertretungen die Privatklage zuzulassen sei.

1. Von einem Mitgliede war beantragt,

bei Übertretungen jedem Verletzten die Privatklage zu gewähren.

Die Kommission entschied jedoch mit 15 gegen 2 Stimmen, daß dieser Antrag, durch den gestrigen Beschluß, wonach bei Übertretungen das Legalitätsprinzip grundsätzlich ohne Gewährung einer Privatklage aufgehoben werden solle, bereits erledigt sei. Es könne jetzt nur noch in Frage kommen, ob für einzelne Übertretungen ausnahmsweise die Privatklage zuzulassen sei.

2. Der Antrag,

bei den Übertretungen des §. 370 Nr. 5, 6 des St.G.B. (Mundraub und Futterdiebstahl) die Privatklage zuzulassen,

dem die Kommission bereits in erster Lesung zugestimmt hatte (Bd. 1 S. 294) wurde heute wiederum, und zwar mit 11 gegen 6 Stimmen, angenommen.

Die Minderheit hielt ein Bedürfnis für die Zulassung der Privatklage hier nicht für vorliegend und trug auch grundsätzlich Bedenken, dem Antrage zuzustimmen, da es sich bei den darin bezeichneten Übertretungen um Vermögensdelikte handle. Der Antrag habe nur eine geringe praktische Bedeutung, werde aber zu dem unerwünschten Ergebnisse führen, daß, abweichend von der Regel, für diese Privatklagen nach den Beschlüssen der Kommission der Amtsrichter und nicht das Schöffengericht zuständig sei.

3. Von dem Mitgliede, welches den unter 1 bezeichneten Antrag gestellt hatte, war inzwischen der weitere Antrag eingebracht worden,

die Privatklage auch für die Übertretungen des §. 360 Nr. 11, 13 des St.G.B. (Erregung ruhestörenden Lärms und Verübung groben Unfugs, Tierquälerei) zuzulassen.

Der Antragsteller führte aus, er wolle mit dem Antrage nur zum Ausdrucke bringen, daß man nicht für alle Übertretungen das Legalitätsprinzip aufheben könne, ohne dem Verletzten, wo ein solcher vorhanden sei, das Recht zur Privatklage einzuräumen. Er habe zu diesem Zwecke gewissermaßen versuchsweise zwei Übertretungsvorschriften herausgegriffen, bei welchen oft schwerwiegende Interessen Dritter verletzt oder gefährdet seien, ohne damit behaupten zu wollen, daß nicht andere Übertretungen in gleicher Weise für die Privatklage in Betracht kämen.

Die Mehrheit war der Meinung, daß der Antrag in seiner Spezialisierung schon deshalb nicht annehmbar sei, weil andere Übertretungsvorschriften (z. B. das Verbot, Hunde auf Menschen zu hetzen) mindestens mit dem gleichen Rechte der Privatklage zugänglich gemacht werden könnten. Es sei auch zu beachten, daß der durch ruhestörenden Lärm Geschädigte gegenüber der Ablehnung seines Antrags auf Strafverfolgung in der Regel in der Aufsichtsbeschwerde und in dem Rechte der Zivilklage einen genügenden Schutz seiner Interessen finden werde. Immerhin sei der Antrag, wenn er auch von der Kommission nicht mehr in Betracht gezogen werden könne, insofern beachtlich, als er mit Recht darauf hinweise, daß die Frage, ob nicht im Falle der Aufhebung des Legalitätsprinzips für die Übertretungen wenigstens für einzelne, etwa die auf Antrag zu verfolgenden oder noch darüber hinaus, doch die Privatklage zugelassen werden müsse, noch eingehender Erwägung bedürfe.

Der Antrag wurde darauf mit 16 Stimmen gegen die Stimme des Antragstellers abgelehnt.

VI. Die Kommission wandte sich nunmehr zu dem Antrage:

> Wegen Majestätsbeleidigung wird die öffentliche Klage von der Staatsanwaltschaft nur auf Anweisung der obersten Justizverwaltungsbehörde des Landes erhoben. Diese Anweisung darf erst erfolgen, wenn die Entschließung des Staatsoberhaupts ergangen ist, von dem Niederschlagungsrechte keinen Gebrauch machen zu wollen.

Als Material für die Beratung wurde von den Kommissaren des Reichs-Justizamts die anliegende (S. 54) statistische Übersicht vorgelegt. Aus ihr ergibt sich, daß die Zahl der wegen Majestätsbeleidigung verurteilten Personen seit mehreren Jahren ständig abgenommen hat, sodaß im Jahre 1902 nur noch 274 Personen (7 auf je eine Million strafmündiger Personen der Zivilbevölkerung) verurteilt worden sind.

Zur Begründung des Antrags wurde von dem Antragsteller ausgeführt:

Es bestehe in Ansehung der Majestätsbeleidigung heute insofern ein Mißstand, als infolge des Legalitätsprinzips auch viele Sachen von geringer Bedeutung, die mehr auf Ungeschicklichkeit im Ausdruck als auf bösen Willen zurückzuführen seien, verfolgt und zur Bestrafung gebracht werden müßten, obwohl deren Verfolgung nicht im Interesse des Staates liege. Namentlich in aufgeregten Zeiten führe die Unzufriedenheit mit den politischen Zuständen nicht selten zu Kundgebungen, die nur äußerlich gegen die Person des Staatsoberhaupts gerichtet seien. Hieraus erkläre sich, daß die Handhabung des §. 95 des St.G.B. sich vorzugsweise gegen die ungebildeteren Volkskreise, die sich nicht auszudrücken wüßten, richte, während von gebildeten Personen oft eine Kritik geübt werde, die in der Sache viel verletzender sei, aber wegen ihrer Form strafrechtlich nicht verfolgt werden könne. Es sei daher, zumal ein Teil der Presse jeden Fall von Majestätsbeleidigung aufzubauschen und gegen die Monarchie zu verwerten pflege, im Staatsinteresse geboten, daß bei der Einleitung der Majestätsbeleidigungsprozesse mit besonderer Vorsicht verfahren werde. Dies wolle der Antrag einmal dadurch erreichen, daß er die Erhebung der öffentlichen Klage in jedem Falle von der Anweisung der obersten Landesjustizverwaltungsbehörde abhängig mache. Diese Vorschrift, die zum Teil jetzt schon in praktischer Übung sei, werde dahin führen, daß gegen die Majestätsbeleidigungen von einem einheitlichen Gesichtspunkt aus und nicht nach der Auffassung des jeweilig zuständigen Staatsanwalts eingeschritten werde. Ferner solle, insoweit in einzelnen Bundesstaaten noch ein Niederschlagungsrecht des Staatsoberhaupts bestehe, die Anweisung der Landesjustizverwaltung erst erfolgen dürfen, wenn das Staatsoberhaupt von diesem Rechte keinen Gebrauch zu machen beschlossen habe. Durch die Entschließung des Staatsoberhaupts über die Niederschlagung sei Gelegenheit gegeben, dem Interesse des Staates an Nichtverfolgung der Sache Rechnung zu tragen, ohne daß — wie der Antragsteller die Sache auffasse — das Legalitätsprinzip formell durchbrochen würde. Ähnliche

Bestimmungen hätten schon früher gegolten (zu vergl. Berner, Strafrecht 18. Auflage S. 377); insbesondere sei in verschiedenen deutschen Partikular-Strafgesetzbüchern vor dem Inkrafttreten des Reichsstrafgesetzbuchs die Verfolgbarkeit der Majestätsbeleidigungen von einer Ermächtigung des Landesherrn abhängig gewesen, der an einer angemessenen Verminderung dieser Prozesse ein eigenes Interesse habe.

Gegen den Antrag wurde geltend gemacht, daß der erste Satz desselben praktisch bedeutungslos sei, da die Landesjustizverwaltung schon nach dem geltenden Rechte in der Lage sei, durch eine entsprechende allgemeine Verfügung an die Staatsanwaltschaften sich die Ermächtigung zur Erhebung der öffentlichen Klage vorzubehalten. Eine Reihe von Mitgliedern bezweifelte, daß die Kommission für die Beratung dieses Antrags zuständig sei. Denn durch den zweiten Satz des Antrags werde materiellrechtlich die Majestätsbeleidigung zu einem Ermächtigungsdelikte gemacht. Wolle man auch zugeben, daß der Antrag insofern das prozessuale Gebiet berühre, als er für Majestätsbeleidigungen das Legalitätsprinzip beseitigen solle, so sei doch nicht zu verkennen, daß seine Bedeutung überwiegend auf dem Gebiete des materiellen Rechtes liege.

Es wurde deshalb zunächst darüber abgestimmt, ob in eine sachliche Beratung des Antrags eingetreten werden solle. Die Frage wurde von der Kommission mit 9 gegen 7 Stimmen verneint.

VII. Der §. 154 der Str.Pr.O. bestimmt, daß die öffentliche Klage nach Eröffnung der Untersuchung nicht zurückgenommen werden kann. Eine Ausnahme von diesem Grundsatze kennt das geltende Recht nur im §. 451 der Str.Pr.O., wonach bei rechtzeitigem Einspruche gegen einen amtsrichterlichen Strafbefehl die Staatsanwaltschaft die Klage bis zum Beginne der Hauptverhandlung fallen lassen kann.

Die Kommission hatte in der ersten Lesung beschlossen, mehrere weitere Ausnahmen zu empfehlen. Im Falle der Voruntersuchung gegen Unbekannt, welche für zulässig erklärt worden ist, soll nach Abschluß der Ermittelungen die weitere Verfügung der Staatsanwaltschaft gebühren (Bd. 1 S. 174 flg). Im abgekürzten Verfahren soll die Sache, wenn sie sich als nicht spruchreif erwiesen hat, der Staatsanwaltschaft zur weiteren Verfügung überlassen werden (Bd. 1 S. 215 flg., 218). Nach Einlegung des Einspruchs gegen einen amtsrichterlichen Strafbefehl soll künftig die öffentliche Klage mit Zustimmung des Angeklagten auch nach Beginn der Hauptverhandlung zurückgenommen werden können (Bd. 1 S. 337 flg.). Ähnliches ist für das Verfahren bei Strafverfügungen und Strafbescheiden beschlossen worden (Bd. 1 S. 344 flg.).

Auch bei anderer Gelegenheit hatte sich die Kommission in der ersten Lesung mit dem Grundsatze des §. 154 beschäftigt, insbesondere bei den Beschlüssen, wonach in gewissen Fällen der Erlaß des Urteils ohne Hauptverhandlung zulässig sein soll (Bd. 1 S. 219 flg.).

Die Kommission hatte deshalb in Aussicht genommen, die Frage, ob etwa eine völlige Aufhebung der Vorschrift des §. 154 der Str.Pr.O. empfehlenswert sei, in der zweiten Lesung einer besonderen Erörterung zu unterziehen. Die heutige Beratung führte zu dem einstimmig gefaßten Beschlusse,

> den Grundsatz des §. 154 der Str.Pr.O. vorbehaltlich der bereits beschlossenen oder in zweiter Lesung noch zu beschließenden Ausnahmen aufrecht zu erhalten.

Die Kommission erwog:

Durch den §. 154 werde die Stellung der Staatsanwaltschaft zum Gerichte grundsätzlich dahin geregelt, daß zwar der Staatsanwaltschaft bei der Eröffnung der Untersuchung die Initiative zufalle, daß aber das Gericht, wenn es einmal mit der Sache befaßt worden, Herr des Prozesses sei und der Staatsanwalt ihm die Untersuchung nicht wieder entziehen könne. Hieran dürfe nichts geändert werden. Das geltende Recht verbürge eine gleichmäßige und unparteiische Handhabung der Strafgesetze. Es schließe aus, daß nach Erhebung der Klage noch Zweckmäßigkeitserwägungen auf den Fortgang der Sache einwirken könnten. Es gewährleiste, daß nach Schluß der Voruntersuchung die Sache nicht liegen gelassen, sondern entweder das Hauptverfahren eröffnet werde oder ein Gerichtsbeschluß (§. 210 der Str.Pr.O.) ergehe, der den Angeschuldigten gegen eine beliebige Erneuerung der Anklage schütze. Wenn die Staatsanwaltschaft nach Erhebung der öffentlichen Klage sich von der Unschuld des Angeklagten überzeuge, so möge sie in der öffentlichen Verhandlung dessen Freisprechung beantragen. Das Vertrauen des Volkes zur Rechtsprechung müsse sinken, wenn es der Staatsanwaltschaft jederzeit freistünde, dem unabhängigen Gerichte die Sache wieder zu entziehen. Auch für die Staatsanwaltschaft selbst sei es von Vorteil, daß sie die Verantwortung für die Einstellung der Untersuchung nicht selbst zu tragen brauche, sondern dem Gericht überlassen könne.

Ferner sei zu berücksichtigen, daß der Grundsatz des §. 154 für Deutschland historisch erwachsenes Recht sei. Er habe schon vor der Strafprozeßordnung in fast allen Partikularrechten Anerkennung gefunden. Seine Beseitigung werde daher auf Schwierigkeiten stoßen oder doch die Zulassung einer allgemeinen subsidiären Privatklage, wie in Österreich, zur Folge haben müssen.

Endlich sei zu berücksichtigen, daß, wenn man der Staatsanwaltschaft das Recht zur Zurücknahme der öffentlichen Klage einräumen wolle, die Vorschriften der §§. 170 flg. der Str.Pr.O. nahezu jede praktische Bedeutung verlieren würden, und daß für den Fall der Zurücknahme der Klage auch die Stellung eines etwaigen Nebenklägers schwer zu regeln sein werde.

Alle diese Erwägungen müßten dahin führen, daß man es im allgemeinen bei der Regel des §. 154 belasse und nur für gewisse Fälle aus besonderen Zweckmäßigkeitsgründen Ausnahmen zulasse. Für welche Fälle dies geschehen könne, werde bei der weiteren Beratung im einzelnen festzustellen sein.

VIII. Von einem Mitgliede war zur Erwägung gestellt worden, ob nicht die Rechtsprechung des Reichsgerichts in Ansehung des Grundsatzes „ne bis in idem“ den Erlaß bestimmter gesetzlicher Vorschriften erforderlich mache. Die Urteile des II. Senats vom 10. November 1882 (Entsch. in Straff. Bd. 7 S. 229), des IV. Senats vom 4. Juli 1893 (Bd. 24 S. 243), des II. Senats vom 20. September 1892 (Bd. 23 S. 230), des II. Senats vom 24. November 1893 (Bd. 24 S. 419) und des I. Senats vom 23. März 1896 (Bd. 28 S. 283) enthielten eine zu weite Ausdehnung jenes Grundsatzes. Die Entscheidungen beträfen gewohnheitsmäßige oder gewerbsmäßige Delikte. Zu vergleichen seien auch die Urteile des I. Senats vom 25. Februar 1884 (Bd. 10 S. 149), des I. Senats vom 5. Januar 1891 (Bd. 21 S. 276), des II. Senats vom 2. Januar 1900 (Bd. 33 S. 46), betreffend Preßvergehen, und endlich das Urteil des IV. Senats vom 30. September 1902 (Bd. 35 S. 367). Es frage sich, ob es möglich sei, den Grundsatz des „ne bis in idem“ gesetzlich zu formulieren und mit festen Schranken zu versehen.

Ein Antrag wurde indessen nicht gestellt.

Nachdem von anderer Seite darauf hingewiesen war, daß die angeführten Entscheidungen des Reichsgerichts folgerichtig aus der Vorschrift des §. 263 der Str.Pr.O.[1]) hergeleitet seien, und daß die Wirkung der Regel ne bis in idem von der Gesetzgebung in befriedigender Weise wohl nicht umgrenzt werden könne, dies vielmehr der Wissenschaft und Praxis überlassen bleiben müsse, wurde die Anregung im Einverständnisse mit dem Antragsteller für erledigt erklärt.

---

[1]) Nach §. 263 der Str.Pr.O. ist Gegenstand der Urteilsfindung die in der Anklage bezeichnete Tat, wie sich dieselbe nach dem Ergebnisse der Hauptverhandlung darstellt.

Anlage zum Protokolle der 62. Sitzung.

Nach der „Kriminalstatistik für das Deutsche Reich" wurden wegen Majestätsbeleidigung (§§. 94 bis 97 des St.G.B.) von deutschen Gerichten Personen abgeurteilt, und zwar:

im Jahre	verurteilt absolut	verurteilt von je einer Million strafmündiger Personen der Zivilbevölkerung	freigesprochen (absolut)
1882	430	14	94
1883	389	12	103
1884	381	12	85
1885	371	11	108
1886	401	12	83
1887	540	16	127
1888	552	17	144
1889	483	14	147
1890	508	15	179
1891	524	15	170
1892	525	15	177
1893	591	17	202
1894	622	17	206
1895	598	16	182
1896	561	15	197
1897	428	11	154
1898	466	12	138
1899	416	11	123
1900	305	8	78
1901	294	7	83
1902	274	7	54

63. Sitzung.

10. November 1904.

Privatklageverfahren.

Die Kommission beriet über das Verfahren in Privatklagesachen.

I. Es lag zunächst der Antrag vor,

den Abs. 2 des §. 414 der Str.Pr.O.[1]) zu streichen.

Der Antrag wurde wie folgt begründet: Die von dem Ehemann auf Grund des selbständigen Antragsrechts (St.G.B. §. 195) wegen Beleidigung oder Körperverletzung der Ehefrau erhobenen Privatklagen hätten in der Praxis zu erheblichen Mißständen geführt. Es werde damit in der Regel nur der Zweck verfolgt, die Vernehmung der Ehefrau als Zeugin zu ermöglichen und eine Widerklage abzuschneiden; weder das Eine noch das Andere könne aber als berechtigt anerkannt werden. Ein wirkliches Bedürfnis für den Fortbestand des selbständigen Klagerechts des Ehemanns bestehe nicht. Soweit er durch die gegen die Frau begangene Beleidigung mittelbar selbst beleidigt sei, stehe ihm ohnedies die Privatklage zu, und seine Zulassung als Prozeßvertreter der Frau werde nach den Beschlüssen der Kommission (Bd. 1 S. 300 flg.) in der Regel keinem Bedenken unterliegen. Andererseits habe die Anstellung der Privatklage durch den Mann nicht selten das eheliche Verhältnis in nachteiliger Weise beeinflußt, wenn der Ehemann im Vertrauen auf die Angaben seiner Frau mit der Klage vorgegangen sei, sich aber demnächst diese Angaben als unrichtig oder die gegen die Frau vorgebrachten Beschuldigungen als begründet herausgestellt hätten. Allerdings werde eine Aufhebung der Bestimmung des §. 414 Abs. 2 der Str.Pr.O. auch das selbständige Klagerecht des amtlichen Vorgesetzten (§§. 196, 232 des St.G.B.) beseitigen. Indessen seien Privatklagen der Dienstvorgesetzten wegen Beleidigung eines ihnen unterstellten Beamten außerordentlich selten, und ein Bedürfnis für ihre Zulassung sei auch nicht anzuerkennen, weil eine Beamtenbeleidigung, deren Verfolgung der Staatsanwalt nicht übernehmen wolle, auch dem Dienstvorgesetzten keine Veranlassung zur Klageerhebung bieten könne.

Der Antrag wurde mit 11 gegen 6 Stimmen abgelehnt. Die Mehrheit erkannte zwar an, daß die Bestimmung des §. 414 Abs. 2 der Str.Pr.O. in der

---

[1]) Der §. 414 Abs. 2 gibt die Befugnis zur Erhebung der Privatklage auch denjenigen, welchen in den Strafgesetzen das Recht, selbständig auf Bestrafung anzutragen, beigelegt ist; zu vergl. Bd. 1 S. 308.

Praxis zu Mißständen geführt habe. Sie war aber der Meinung, daß die selbständige Befugnis zur Erhebung der Privatklage eine notwendige Folge des geltenden Strafrechts sei. Wenn das Gesetz einer Person das Recht beilege, selbständig neben dem Verletzten auf Bestrafung anzutragen, so müsse es ihr auch die Durchführung des Strafverfolgungsanspruchs in gleicher Weise gewährleisten wie dem Verletzten. Es gehe nicht an, daß die Staatsanwaltschaft jemanden auf die Privatklage verweise, dem die Befugnis zur Erhebung der Privatklage nicht zustehe. Solange also das selbständige Antragsrecht des Ehemanns im materiellen Strafrechte bestehen bleibe, werde man ihm auch die selbständige Klagebefugnis belassen oder aber die Staatsanwaltschaft zwingen müssen, wegen jeder Beleidigung einer Ehefrau auf den Strafantrag des Mannes ohne Rücksicht auf das öffentliche Interesse die öffentliche Klage zu erheben. Das letztere sei aber schlechthin unmöglich. Im übrigen sei es auch keineswegs so selten, wie man anzunehmen scheine, daß der amtliche Vorgesetzte wegen Beleidigung eines Beamten gemäß dem §. 414 Abs. 2 der Str.Pr.O. die Privatklage anstrenge. In Bayern komme dies sogar recht häufig vor. Die vorgesetzte Behörde könne in der Tat ein begründetes Interesse an der Aufklärung der Sache auch in solchen Fällen haben, in denen die Staatsanwaltschaft ein öffentliches Interesse an der Strafverfolgung nicht für vorliegend erachte und der beleidigte Beamte selbst zur Erhebung der Privatklage nicht geneigt sei.

II. Eine Befristung der Privatklage wurde vorgeschlagen mit dem Antrage,

1. dem §. 416 der Str.Pr.O. folgenden Abs. 2 anzufügen:

   Hat die Staatsanwaltschaft die Erhebung der öffentlichen Klage abgelehnt, so darf die Privatklage nur innerhalb einer dreimonatigen Frist von der Zustellung des ablehnenden Bescheids an erhoben werden.

Hierzu war der Unterantrag gestellt,

2. im Antrag 1 hinter den Worten „von der Zustellung" einzufügen:

   oder wenn die Zustellung nicht in der vorgeschriebenen Weise im Deutschen Reiche bewirkt werden kann und eine Befolgung der für Zustellungen im Auslande bestehenden Vorschriften unausführbar oder voraussichtlich erfolglos erscheint, von der Erlassung.

Der Antrag 1 entspricht dem in erster Lesung (Bd. 1 S. 297 flg.) gefaßten Beschlusse; für ihn wurden die von der Mehrheit in der ersten Lesung gebilligten Erwägungen auch heute wieder vorgetragen.

Für den Antrag 2, der sich an die Vorschriften anschließt, welche im §. 40 der Str.Pr.O. über die Voraussetzungen der öffentlichen Zustellung an den Beschuldigten gegeben sind, wurde geltend gemacht: Wenn der Aufenthalt des Antragstellers unbekannt sei, so führe die Verpflichtung der Staatsanwaltschaft, zwecks Zustellung des Bescheids Ermittelungen nach dem Verbleibe desselben anzustellen, zu nutzloser Belästigung einer Reihe von Behörden und zu einer ungerechtfertigten Verlängerung der Klagefrist. Es sei daher angebracht, für solche Fälle eine Ausnahme von der Vorschrift des §. 169 der Str.Pr.O., wonach die Staatsanwaltschaft bei Ablehnung der Klageerhebung den Antragsteller bescheiden muß, zuzulassen und die Klagefrist schon mit dem Tage des Erlasses des Bescheids beginnen zu lassen. Der Antragsteller habe es in der

Hand, sich die Zustellung des Bescheids zu sichern, indem er dafür Sorge trage, daß die Staatsanwaltschaft über seinen Aufenthalt unterrichtet bleibe.

Gegen die Anträge wurde das schon in erster Lesung (Bd. 1 S. 298) berührte Bedenken geäußert, daß damit nicht alle Privatklagen gleichmäßig befristet würden. Bei Antragsdelikten könne sich der Verletzte durch volle Ausnutzung der Antragsfrist eine Verlängerung der Klagefrist um nahezu drei Monate verschaffen, und bei Vergehen, deren Verfolgung von einem Strafantrage nicht abhängig sei, bleibe der Verletzte, sofern er einen Strafantrag nicht stelle, sogar während der ganzen Verjährungszeit in der Lage, die Klage anzustellen. Es sei deshalb eher zu erwägen, ob man nicht, entsprechend der Vorschrift im §. 61 des St.G.B., für alle Privatklagen eine mit der Begehung der Handlung beginnende Frist von drei Monaten einführen solle.

Hiergegen wurde jedoch geltend gemacht, daß man durch eine solche Bestimmung den Verletzten gerade auf den Weg der Privatklage dränge, da er fürchten werde, sonst die Frist zu versäumen. Gerade in der ersten Erregung sei aber mancher zu einer Klage geneigt, die er bei ruhiger Erwägung nicht erheben würde. Habe er sich einmal entschlossen, bei der Staatsanwaltschaft den Strafantrag zu stellen, so möge er sich im Falle eines ablehnenden Bescheids binnen drei Monaten über die Erhebung der Privatklage entscheiden. Im übrigen sei die hervorgehobene Verschiedenheit in der Befristung der Privatklagen in den bestehenden Vorschriften begründet und gebe zu Bedenken keinen Anlaß.

Bei der Abstimmung wurde zunächst der Antrag 2 für den Fall der Annahme des Antrags 1 einstimmig und sodann der Antrag 1 mit 13 gegen 5 Stimmen angenommen. Die Kommission war bei dieser Beschlußfassung dahin einig, daß die Staatsanwaltschaft zur Erhebung der öffentlichen Klage auch nach dem Ablaufe der Privatklagefrist befugt sein (Bd. 1 S. 297) und daß die Bestimmungen über die Verjährung von Übertretungen (St.G.B. §. 67 Abs. 4, 5) unberührt bleiben sollen.

III. Zu dem in erster Lesung (Bd. 1 S. 298) einstimmig angenommenen und auch heute wiederholten Antrage:

> Dem Verletzten oder dessen Vertreter hat die Staatsanwaltschaft, wenn sie die Erhebung der öffentlichen Klage ablehnt, auf Verlangen Einsicht der stattgehabten Verhandlungen zu gestatten,

war der Zusatzantrag gestellt:

> hinter den Worten „auf Verlangen" einzuschalten: „innerhalb der für die Erhebung der Privatklage festgesetzten Frist".

Der Antrag fand mit dem Zusatzantrag einstimmige Annahme.

IV. Zu der Frage, welche Folgen die Übernahme der Privatklage durch die Staatsanwaltschaft haben solle, war beantragt, die Beschlüsse erster Lesung (Bd. 1 S. 508 flg.) aufrechtzuerhalten, welche dahin lauten:

> Die Staatsanwaltschaft hat das durch Privatklage begonnene, von ihr übernommene Verfahren in der Lage fortzuführen, in welcher es sich zur Zeit der Übernahme befindet.

Im Falle der Übernahme sind dem Privatkläger die ihm erwachsenen notwendigen Auslagen zu ersetzen.

Der Abs. 2 wurde vom Antragsteller dahin erläutert, daß die Erstattung der Auslagen erst nach der rechtskräftigen Entscheidung der Sache stattfinden solle.

Während der Abs. 1 des früheren Beschlusses auch heute in der Kommission einhellige Zustimmung fand, wurden gegen den Abs. 2 wie schon in der ersten Lesung (Bd. 1 S. 300) lebhafte Bedenken geäußert. Es wurde ausgeführt: Gegen den Angeklagten habe der Privatkläger für den Fall der Verurteilung einen Anspruch auf Ersatz der notwendigen Auslagen; im Falle der Übernahme der Verfolgung durch den Staatsanwalt trete der Privatkläger ohne weiteres in die Rolle eines Nebenklägers; als solcher bleibe er durchaus in der Lage, seinen Ersatzanspruch gegen den Angeklagten geltend zu machen. Ihm einen gleichen Anspruch auch gegen die Staatskasse zu geben, sei nicht gerechtfertigt. Insbesondere dürfe die Erwägung, daß der Privatkläger die Geschäfte der Staatsanwaltschaft geführt habe, nicht Platz greifen. Die Staatsanwaltschaft werde nicht selten die vom Privatkläger veranstalteten Ermittelungen noch einmal vornehmen müssen. Auch erfolge die Übernahme der Verfolgung in vielen Fällen nur zu dem Zwecke, um eine Freisprechung des Privatbeklagten herbeizuführen. Billigkeitsrücksichten könnten allerdings für diejenigen Fälle anerkannt werden, in denen die Staatsanwaltschaft die Erhebung der öffentlichen Klage abgelehnt und den Verletzten auf den Weg der Privatklage verwiesen habe, im übrigen aber nicht. Sonst werde man dazu gedrängt, einen Anspruch gegen die Staatskasse auf Ersatz von Auslagen auch demjenigen zu geben, der einen Antrag auf Strafverfolgung oder eine Anzeige bei der Staatsanwaltschaft angebracht und hierfür beispielsweise die Hilfe von Anwälten oder Sachverständigen in Anspruch genommen habe.

Demgegenüber wurde von der anderen Seite die Ansicht vertreten, daß der Ersatz der Auslagen aus der Staatskasse wenigstens im Falle der Verurteilung des Angeklagten ein Gebot der Gerechtigkeit sei, da der Privatkläger an Stelle des Staatsanwalts die Verwirklichung des staatlichen Strafanspruchs in die Wege geleitet habe und von dem Staatsanwalt an der weiteren Verfolgung zwangsweise gehindert werde.

Während der Vorsitzende die einhellige Zustimmung der Kommission zu dem Abs. 1 des Antrags feststellen konnte, wurde bei der Abstimmung der Abs. 2 mit 10 gegen 8 Stimmen abgelehnt.

V. Der zu §. 418 der Str.Pr.O. gestellte Antrag:

Als Vertreter des Privatklägers sollen auch die Personen zulässig sein, die nach den allgemeinen Bestimmungen des Buches I Abschnitt 11 der Strafprozeßordnung als Verteidiger auftreten können. Auch an sie sollen Zustellungen mit rechtlicher Wirkung für den Privatkläger erfolgen können,

entspricht dem Beschluß erster Lesung (Bd. 1 S. 300 flg.) und fand auch heute einstimmige Annahme.

VI. Zum §. 420 der Str.Pr.O. war entsprechend dem Beschluß erster Lesung (Bd. 1 S. 301 flg.) beantragt:

> Das Erfordernis des Sühneversuchs ist auf die Fälle der durch Privatklage verfolgbaren Körperverletzung sowie auf die Vergehen des Hausfriedensbruchs und der Bedrohung auszudehnen.
>
> Durch das Gelingen des Versuchs (Vergleichsabschluß) wird die im übrigen statthafte öffentliche Klage nicht ausgeschlossen.

Gegen den Antrag wurde geltend gemacht: Es sei nicht gerechtfertigt, für die bezeichneten Vergehen den Sühneversuch vorzuschreiben, für die Übertretungen wider §. 370 Nr. 5 und 6 des St.G.B. dagegen nicht. Auch werde die Bestimmung des Abs. 2 die Folge haben, daß es fast nie zum Vergleichsabschlusse komme. Allerdings werde auch nach dem geltenden Rechte der Staatsanwalt bei Beleidigungen durch den Vergleichsabschluß nicht gehindert, die öffentliche Klage zu erheben; aber er sei dort immerhin auf die Fälle beschränkt, in welchen ein öffentliches Interesse vorliege, während hier eine ähnliche Schranke für ihn nicht bestehe.

Demgegenüber hielt die Mehrheit es für erwünscht, daß die Erhebung der Privatklage durch den vorgeschriebenen Sühneversuch etwas erschwert werde. Zudem bestehe zwischen wörtlicher Beleidigung und Bedrohung, zwischen tätlicher Beleidigung und Körperverletzung häufig kaum ein Unterschied, und der Hausfriedensbruch treffe in der Regel mit einem dieser Delikte zusammen; es empfehle sich deshalb, den Sühneversuch für alle vorzuschreiben.

Bei der Abstimmung wurde zunächst Abs. 1 mit 16 gegen 2 Stimmen und sodann Abs. 2 einstimmig angenommen.

VII. Der Beschluß erster Lesung (Bd. 1 S. 304):

> Die Staatsanwaltschaft ist zu verpflichten, dem Gericht auf Verlangen die von ihr geführten Verhandlungen zur Einsicht mitzuteilen.

fand wiederum einstimmige Annahme.

VIII. Entsprechend dem Beschluß erster Lesung (Bd. 1 S. 304 flg.) war beantragt:

> Der Privatkläger soll nach Einreichung der Privatklage das Recht haben, die Vornahme einzelner Beweiserhebungen oder Ermittelungen zu beantragen.
>
> Der Angeklagte hat das Recht, zu seiner Entlastung einzelne Beweiserhebungen zu beantragen.
>
> Über den Antrag entscheidet der Amtsrichter endgültig.
>
> Dem Antrag ist zu entsprechen, soweit die Erhebungen zur Vorbereitung der Hauptverhandlung erforderlich erscheinen. Der Amtsrichter kann zur Ausführung seines Beschlusses die Behörden und Beamten des Polizei- und Sicherheitsdienstes, auch den Amtsrichter anderer Bezirke um Vornahme der Ermittelungen oder Beweiserhebungen ersuchen.

Die Abs. 1, 2 und 4 des Antrags wurden einstimmig aus den in der ersten Lesung hervorgehobenen Gründen angenommen.

Gegen den Abs. 3 wurde das Bedenken geäußert, daß es nicht angehe, den Amtsrichter auch über die Anträge des Angeklagten endgültig entscheiden zu lassen, da im öffentlichen Verfahren nach den Beschlüssen erster Lesung (Bd. 1 S. 166 flg.) dem Beschuldigten gegen die Entscheidung des Amtsrichters die Beschwerde zustehen solle. Es wurde zwar von einer Seite hierauf erwidert, daß es sich im Privatklageverfahren regelmäßig um Sachen von geringerer Bedeutung handeln werde. Die Kommission lehnte jedoch den Abs. 3, insoweit er sich auf die Beweisanträge des Angeklagten bezieht, mit 16 gegen 2 Stimmen ab, während sie ihm in Beziehung auf die Anträge des Privatklägers einhellig zustimmte.

IX. Der von der Kommission in erster Lesung gefaßte Beschluß (Bd. 1 S. 305 flg.),

> im Privatklageverfahren die in der 25. Sitzung (Bd. 1 S. 186 flg.) für die Anberaumung des Termins in schöffengerichtlichen Sachen festgesetzten Vorschriften mit der Maßgabe für anwendbar zu erklären, daß die Anberaumung eines Termins zur Hauptverhandlung vom Amtsrichter auch dann abgelehnt werden solle, wenn die Privatklage unzulässig sei oder der erforderliche Sühneversuch nicht stattgefunden habe,

wurde wiederum einstimmig angenommen. Die Kommission war dabei dahin einig, daß die Bezugnahme auf die für das öffentliche Verfahren geltenden Vorschriften auch dann Geltung haben solle, wenn etwa die in erster Lesung hierbei gefaßten Beschlüsse (Bd. 1 S. 186 flg.) in zweiter Lesung abgeändert werden sollten.

X. Zu dem §. 423 der Str.Pr.O. (Entscheidung über die Eröffnung des Hauptverfahrens) war folgender Zusatz beantragt:

> Das Gericht ist befugt, vor der Anberaumung des Termins zur Hauptverhandlung die Parteien zur Vornahme eines Sühneversuchs unter Anordnung des persönlichen Erscheinens zu laden.
>
> Wenn der Privatkläger in diesem Termine weder erscheint noch durch einen Rechtsanwalt vertreten wird, gilt die Privatklage als zurückgenommen.

Für den Antrag wurde geltend gemacht, daß dadurch für eine praktisch bewährte Übung mancher süddeutscher Gerichte die bisher wohl fehlende gesetzliche Grundlage geschaffen werden solle. Der Richter vermöge die Sachlage besser zu übersehen als der Schiedsmann, er habe auch in der Regel ein höheres Ansehen und größeren Einfluß auf die Parteien. Auch seien diese, wenn die erste Erregung nachgelassen habe, zum Abschluß eines Vergleichs eher geneigt. Schwierigkeiten ergäben sich für die Parteien nicht, da die Vertretung durch Rechtsanwälte zugelassen sei. Zu Bedenken könne vielleicht die Frage Anlaß bieten, welche Rechtsfolgen an das Nichterscheinen eines Beteiligten in dem Vergleichstermine zu knüpfen seien. Es sei kaum angängig, im Falle des Nichterscheinens des Beschuldigten dessen Vorführung anzuordnen, da der Zweck des Vergleichstermins dann wohl niemals erreicht werden würde. Dagegen könne man der Bestimmung des §. 431 Abs. 2 der Str.Pr.O. entsprechend vorschreiben, daß die Klage als zurückgenommen gelten solle, wenn der Privatkläger in dem Termin ausbleibe.

Gegen den Antrag wurde ausgeführt: Man dürfe dem Verletzten das Privatklageverfahren nicht allzusehr erschweren. Es hieße dem Kläger zuviel zumuten, wenn man ihn nach dem erfolglosen Sühneversuche vor dem Schiedsmanne sogleich zur Wiederholung des Versuchs vor den Amtsrichter vorlade. Keinesfalls sei es angängig, daß der Amtsrichter auch solche Parteien, die nicht im Bezirke des Amtsgerichts wohnen, zum Sühneversuche vorlade; der Wortlaut des Antrags aber stehe dem nicht entgegen. Die Zulassung der Vertretung durch Rechtsanwälte werde den Abschluß von Vergleichen nicht gerade erleichtern. Andererseits hätten die Rechtsanwälte Grund zu berechtigter Beschwerde, wenn sie, obwohl als Prozeßvertreter zu den Akten legitimiert, zu einem derartigen Termine nicht zugezogen würden. Vor der mündlichen Verhandlung sei der Richter regelmäßig gar nicht in der Lage, die tatsächlichen Vorgänge zu übersehen. Ein vor der Hauptverhandlung abgeschlossener Vergleich gewähre auch dem Privatkläger nicht die Genugtuung, welche eine in der öffentlichen Gerichtssitzung abgegebene Erklärung ihm zu verschaffen vermöge. Es genüge vollkommen, daß der Richter gemäß dem §. 427 Abs. 3 der Str.Pr.O. die Befugnis habe, während des Verfahrens das persönliche Erscheinen der Parteien anzuordnen und einen Vergleich vorzuschlagen.

Der Antrag wurde darauf zurückgezogen.

XI. Die Beschlüsse erster Lesung:

1. Das Gericht kann bei Erhebung einer zweiten oder ferneren Widerklage deren abgesonderte Verhandlung anordnen (Bd. 1 S. 309 flg.).
2. Der §. 428 Abs. 3 der Str.Pr.O. ist dahin zu ergänzen, daß die Übernahme der Hauptklage durch die Staatsanwaltschaft sich auf die Widerklage und umgekehrt die Übernahme der Widerklage sich auf die Hauptklage zu erstrecken hat (Bd. 1 S. 310).
3. Mehrere zur Widerklage Berechtigte unterstehen entsprechend dem §. 415 Abs. 2, 3 (Bd. 1 S. 310).
4. Ist die Widerklage erst im Verhandlungstermin erhoben, so kann der Widerangeklagte zur Vorbereitung seiner Verteidigung Vertagung verlangen (Bd. 1 S. 310).

fanden wiederum einstimmige Annahme.

Bei der Beschlußfassung über die unter 2 vorgeschlagene Ergänzung des §. 428 Abs. 3 der Str.Pr.O. war die Kommission dahin einig, daß in dem dort vorgesehenen Falle der Staatsanwalt sowohl gegen den Privatkläger wie auch gegen den Angeklagten Ankläger werde; es stehe ihm frei, gegebenenfalls die Freisprechung des einen oder des anderen zu beantragen. Ebenso bestand Übereinstimmung darüber, daß sowohl der Privatkläger wie auch der Angeklagte und Widerkläger mit dem Eintritte des Staatsanwalts in die Rolle des Nebenklägers überträten.

XII. Die Kommission wandte sich zur Erörterung der Frage, welchen Einfluß der Tod des Privatklägers auf das Verfahren haben solle.

In erster Lesung war einstimmig der Beschluß gefaßt worden (Bd. 1 S. 312 flg.):

> Im Falle des Todes des Privatklägers soll die Staatsanwaltschaft auch dann zur Übernahme der Verfolgung berechtigt sein, wenn ein öffentliches Interesse nicht vorliegt; die Übernahme hat binnen der im §. 433 Abs. 3 vorgesehenen Frist zu erfolgen.

Die Kommission war hierbei davon ausgegangen, daß schon nach geltendem Rechte die Staatsanwaltschaft, sofern ein öffentliches Interesse vorliegt, im Falle des Todes des Privatklägers, wenn auch nicht zur Übernahme der Verfolgung, so doch zur Erhebung einer neuen öffentlichen Klage befugt ist.[1])

Heute lagen die Anträge vor,

1. den Beschluß erster Lesung aufrechtzuerhalten,
2. dem Beschlusse der ersten Lesung hinzuzufügen:

   Im Falle des Todes des Privatklägers sind dessen Erben berechtigt, die Klage fortzusetzen.

Der Antrag 2 wurde, nachdem ihm entgegengehalten war, daß die Vererblichkeit des Privatklagerechts eine völlige Neuerung des Systems darstelle und daß nicht sowohl die zivilrechtlichen Rechtsnachfolger des Verletzten als vielmehr gewisse durch ethische Bande mit ihm verknüpfte Personen an der Fortsetzung der Privatklage interessiert seien, zurückgezogen.

Statt dessen wurde beantragt

3. a) prinzipaliter: Die Privatklage kann nach dem Tode des Privatklägers von den Angehörigen des Privatklägers (St.G.B. §. 52)[2]) fortgesetzt werden;
   b) eventuell: Die Privatklage kann nach dem Tode des Privatklägers von den Eltern, den Kindern oder dem Ehegatten des Privatklägers fortgesetzt werden.

Für die Anträge unter 3 wurde geltend gemacht:

Den in erster Lesung hervorgehobenen Übelständen des geltenden Rechtes werde dadurch, daß man die Übernahme der Strafverfolgung beim Tode des Privatklägers dem Ermessen des Staatsanwalts überlasse, nicht in genügendem Maße abgeholfen. Es sei besser, auch den Angehörigen des Klägers die Fortführung der Privatklage zu gestatten, wie es für den Fall, daß die Privatklage auf eine verleumderische Beleidigung des Klägers sich gründe, nach §. 433 Abs. 2 der Str.Pr.O. jetzt schon den Eltern, den Kindern und dem Ehegatten des Klägers gestattet sei. Halte man den Kreis der Angehörigen, wie ihn §. 52 des St.G.B. bestimme, für zu groß, so könne man eventuell die Befugnis zur Fortführung auf Eltern, Kinder und Ehegatten beschränken.

Der den Anträgen unter 3 zu Grunde liegende Gedanke fand in der Kommission Anklang. Nur wurde es von einer Anzahl von Mitgliedern als zu weitgehend und durch das praktische Bedürfnis nicht gerechtfertigt bezeichnet, daß das Recht zur Fortführung der Klage allen „Angehörigen“ zustehen solle.

---

[1]) Zu vergl. Löwe, Kommentar zur Strafprozeßordnung, 11. Aufl. Note 1 zu §. 433.

[2]) Der §. 52 versteht unter Angehörigen Verwandte und Verschwägerte auf- und absteigender Linie, Adoptiv- und Pflegeeltern und -Kinder, Ehegatten, Geschwister und deren Ehegatten und Verlobte.

Zu Zweifeln gab die Frage Anlaß, inwieweit im Falle der Annahme eines der unter 3 erwähnten Anträge auch noch die in erster Lesung beschlossene Befugnis der Staatsanwaltschaft zur Übernahme der Privatklage beim Tode des Privatklägers bestehen bleiben solle. Einzelne Mitglieder meinten, daß der Beschluß erster Lesung für jenen Fall keine Bedeutung mehr habe. Dem wurde jedoch entgegengehalten, daß die Befugnis der Staatsanwaltschaft zur Fortführung des Verfahrens für diejenigen Fälle von Wichtigkeit sei, in denen Angehörige entweder nicht vorhanden oder zur Übernahme der Privatklage nicht geneigt seien. Wieder andere Mitglieder waren der Ansicht, daß man die Befugnis der Staatsanwaltschaft zur Übernahme der Verfolgung nunmehr auf diejenigen Fälle beschränken könne, in welchen ein öffentliches Interesse vorliege; insoweit aber sei es zweckmäßig, die Staatsanwaltschaft nicht wie bisher auf die Notwendigkeit der Erhebung einer neuen Klage zu verweisen. In dieser Richtung wurde im Laufe der Beratung der Antrag gestellt,

4. für den Fall der Annahme eines der unter 3 gestellten Anträge zu bestimmen:

> Im Falle des Todes des Privatklägers ist die Staatsanwaltschaft zur Fortführung der Privatklage berechtigt, sofern ein öffentliches Interesse vorliegt. Die Übernahme hat binnen der im §. 433 Abs. 3 der Str.Pr.O. bestimmten Frist zu erfolgen.

Bei der Abstimmung wurde zunächst der Prinzipalantrag 3a mit 9 gegen 9 Stimmen abgelehnt, wobei die Stimme des Vorsitzenden den Ausschlag gab. Darauf wurde der Eventualantrag 3b einstimmig angenommen. Der Antrag 1 (Beschluß der ersten Lesung) wurde alsdann mit 12 gegen 6 Stimmen abgelehnt, und endlich der Antrag 4 einstimmig angenommen.

Die Kommission war bei dieser Beschlußfassung dahin einig, daß die Bestimmung des §. 433 Abs. 2 der Str.Pr.O. durch die mit dem Antrage 3b vorgeschlagene Bestimmung ersetzt werden solle. Ferner wurde von einer Seite darauf hingewiesen, daß demnächst wohl auch eine Abänderung der Vorschrift des §. 444 Abs. 4 der Str.Pr.O. in Erwägung gezogen werden müsse.

Der weitere zu §. 433 in erster Lesung (Bd. 1 S. 313) gefaßte Beschluß:

> Hat der Privatkläger nicht als Verletzter, sondern auf Grund des Rechtes, selbständig auf Bestrafung anzutragen, Klage erhoben, so soll der Tod des Privatklägers die Einstellung des Verfahrens nur dann zur Folge haben, wenn nicht der Verletzte selbst das Verfahren fortsetzt.

wurde auch heute einstimmig angenommen, wobei die Kommission dahin einig war, daß auch hier die zweimonatige Frist des §. 433 Abs. 3 für den Verletzten Platz greifen solle.

XIII. Der Antrag:

> Ein im Privatklageverfahren zu Protokoll des Gerichts abgeschlossener Vergleich gewährt einen vollstreckbaren Titel im Sinne der §§. 104, 794 der Zivilprozeßordnung

entspricht dem Beschluß erster Lesung (Bd. 1 S. 313).

Der Antrag wurde einstimmig angenommen, nachdem das Einverständnis der Kommission darüber festgestellt war, daß auch die Vollstreckung des Vergleichs nach den Vorschriften der Zivilprozeßordnung erfolgen solle.

XIV. Gemäß dem §. 503 der Str.Pr.O. hat in einem Verfahren auf erhobene Privatklage der Verurteilte auch die dem Privatkläger erwachsenen notwendigen Auslagen zu erstatten. Wird der Beschuldigte außer Verfolgung gesetzt oder freigesprochen oder wird das Verfahren eingestellt, so fallen dem Privatkläger auch die dem Beschuldigten erwachsenen notwendigen Auslagen zur Last. Unter den zu erstattenden Auslagen sind nach dem Abs. 5 des §. 503, wenn sich der Gegner der erstattungspflichtigen Partei eines Rechtsanwalts bedient, die Gebühren und Auslagen des Rechtsanwalts insoweit inbegriffen, als solche nach der Bestimmung des §. 87 (jetzt §. 91) der Zivilprozeßordnung die unterliegende Partei der obsiegenden zu erstatten hat. Über die Festsetzung der Kosten enthält die Strafprozeßordnung nur die Vorschrift des §. 496 Abs. 2, daß eine besondere Entscheidung erfolgen soll, wenn über die Höhe der Kosten oder über die Notwendigkeit der unter ihnen begriffenen Auslagen Streit entsteht. Über die Frage, von welchem Gerichte diese Entscheidung zu treffen sei, ob sie auch dann ergehen könne, wenn ein Streit unter den Parteien nicht besteht, der Zahlungspflichtige vielmehr nur die Zahlung weigert, und inwieweit die Vorschriften der Zivilprozeßordnung auch auf das Festsetzungsverfahren entsprechende Anwendung finden, bestehen verschiedene Ansichten. [1])

Es war beantragt,

die Vorschriften der §§. 91, 103 bis 106 [2]) der Zivilprozeßordnung auf das Privatklageverfahren für sinngemäß anwendbar zu erklären.

---

[1]) Zu vergl. Löwe, a. a. O. Note 6 zu §. 496 und Note 4 zu §. 503.

[2]) Die §§. 103 bis 106 der Zivilprozeßordnung lauten:

§. 103.

Im Verfahren vor den Amtsgerichten kann der Betrag der zu erstattenden Prozeßkosten, wenn er sofort zu ermitteln ist, in dem Urteile festgesetzt werden. Gegen diese Festsetzung findet ausschließlich die sofortige Beschwerde statt.

Im übrigen erfolgt die Festsetzung der zu erstattenden Prozeßkosten im besonderen Verfahren nach Maßgabe der §§. 104 bis 106.

§. 104.

Der Anspruch auf Erstattung der Prozeßkosten kann nur auf Grund eines zur Zwangsvollstreckung geeigneten Titels geltend gemacht werden.

Das Gesuch um Festsetzung des zu erstattenden Betrags ist bei dem Gericht erster Instanz anzubringen; es kann vor dem Gerichtsschreiber zu Protokoll erklärt werden. Die Kostenberechnung, die zur Mitteilung an den Gegner bestimmte Abschrift derselben und die zur Rechtfertigung der einzelnen Ansätze dienenenden Belege sind beizufügen.

§. 105.

Die Entscheidung über das Festsetzungsgesuch kann ohne vorgängige mündliche Verhandlung erfolgen.

Das Gericht kann sich bei der Prüfung des Gesuchs der Hilfe des Gerichtsschreibers bedienen.

Der Antrag wurde, soweit er sich auf den §. 91 der Zivilprozeßordnung bezieht, zurückgezogen, nachdem darauf hingewiesen war, daß die Bestimmungen des §. 91 über den Ersatz von Anwaltsgebühren schon jetzt im §. 503 der Str.Pr.O. angezogen sind, und daß die Frage, inwieweit die Vorschriften des §. 91 in vollem Umfang auf das Privatklageverfahren für anwendbar zu erklären seien, bei der Erörterung der Kosten (VI des Programms für die zweite Lesung) zu prüfen sein werde.

Im übrigen wurde für den Antrag geltend gemacht: Der jetzige unsichere Rechtszustand sei wenig befriedigend. Es empfehle sich, Klarheit in dem Sinne zu schaffen, daß die bewährten Vorschriften der Zivilprozeßordnung über das Kostenfestsetzungsverfahren auch hier für entsprechend anwendbar erklärt würden.

Der Antrag fand einstimmige Annahme. Es wurde jedoch von einer Seite darauf hingewiesen, daß auch mit der Annahme des Antrags eine völlige Gleichförmigkeit des Kostenfestsetzungsverfahrens in Zivilsachen und in Privatklagesachen nicht erreicht sei. Man werde zwar bei einer sinngemäßen Anwendung der §§. 103 bis 106 der Zivilprozeßordnung annehmen dürfen, daß auch in Privatklagesachen die Kostenfestsetzung ohne Rücksicht darauf, ob bereits ein Streit unter den Parteien entstanden sei, durch das Gericht erfolgen könne, daß hierfür das Gericht erster Instanz zuständig sei, daß die Festsetzung nicht nur mittels eines besonderen Beschlusses, sondern auch im Urteile bewirkt werden könne, und endlich, daß die Entscheidung in allen Fällen nur mit der sofortigen Beschwerde anfechtbar sei. Dagegen bleibe es, wenn man nicht etwa den §. 353 Abs. 3 der Str.Pr.O. entsprechend dem §. 577 Abs. 3 der Zivilprozeßordnung ändern wolle, auch ferner dabei, daß das Gericht die mit der Beschwerde angefochtene Entscheidung nicht abändern dürfe und daß ferner gegen die Entscheidung der Beschwerdeinstanz gemäß dem §. 352 der Str.Pr.O. eine weitere Beschwerde nicht zulässig sei. Auch die Bestimmung des §. 798 der Zivilprozeßordnung, wonach die Vollstreckung aus einem Kostenfestsetzungsbeschlusse nur beginnen darf, wenn der Schuldtitel mindestens einen Tag vorher zugestellt ist, werde man nicht ohne weiteres auf Kostenfestsetzungsbeschlüsse in Privatklagesachen übertragen können.

Hiermit war die Beratung über die Privatklage beendet.

Zur Berücksichtigung eines Ansatzes genügt, daß derselbe glaubhaft gemacht ist.

Gegen den Festsetzungsbeschluß findet sofortige Beschwerde statt.

§. 106.

Sind die Prozeßkosten ganz oder teilweise nach Quoten verteilt, so hat die Partei den Gegner vor Anbringung des Festsetzungsgesuchs aufzufordern, die Berechnung seiner Kosten binnen einer einwöchigen Frist bei dem Gericht einzureichen. Nach fruchtlosem Ablaufe der Frist erfolgt die Entscheidung ohne Rücksicht auf die Kosten des Gegners, unbeschadet des Rechtes des letzteren, den Anspruch auf Erstattung nachträglich geltend zu machen. Der Gegner haftet für die Mehrkosten, welche durch das nachträgliche Verfahren entstehen.

64. Sitzung.

11. November 1904.

Vorverfahren.

I. Die Kommission wandte sich zur Beratung des Vorverfahrens (IV 2 des Programms für die zweite Lesung, J des Fragebogens). Der Vorsitzende eröffnete zunächst eine Generaldebatte über die Frage, ob sich eine Umgestaltung des Vorverfahrens empfehle und in welcher Richtung sie gegebenen Falles zu erfolgen habe.

Eine Vorbereitung der Hauptverhandlung durch ein mündliches und kontradiktorisches Verfahren im Sinne der Anträge, welche auf S. 141 flg. der Protokolle der ersten Lesung wiedergegeben sind, wurde heute von keiner Seite mehr befürwortet. Auch der Urheber jener Anträge erklärte, daß er angesichts der in der ersten Lesung hervorgetretenen ablehnenden Haltung der überwiegenden Mehrheit der Kommission auf seine Vorschläge nicht mehr zurückkommen wolle, sondern sich entschlossen habe, im allgemeinen den Beschlüssen der ersten Lesung zuzustimmen, obwohl namentlich bei Haftsachen der Mangel eines kontradiktorischen Vorverfahrens sich auch in Zukunft fühlbar machen werde. Maßgebend sei dabei für ihn namentlich die Erwägung, daß einerseits durch den Vortermin, der stattfinden müsse, wenn der Beschuldigte gegen die Anklageschrift Einwendungen erhebe, andererseits durch die Ausdehnung der Berufung immerhin erheblich größere Garantien für eine zutreffende Entscheidung der Sache gegeben seien, als sie zur Zeit bestünden.

Die in der ersten Lesung bereits eingehend erörterte Frage (zu vergl. Bd. 1 S. 150 flg., 157 flg., 164 flg.), ob die Protokollierung im Vorverfahren durch die Aufnahme von bloßen Notizen seitens des Staatsanwalts ersetzt werden solle, wurde auch heute in der allgemeinen Erörterung berührt. Dabei wurde von einem Mitgliede mitgeteilt, daß früher, ebenso wie in Sachsen (Bd. 1 S. 158 und 165), so auch in Hessen mit der Beschränkung auf kurze Vermerke sehr schlechte Erfahrungen gemacht worden seien. Es seien damals zahlreiche Vertagungen nötig geworden, sodaß jene Übung als gänzlich ungeeignet wieder habe aufgegeben werden müssen. Wenn auch die Protokolle zuweilen die Erklärungen der vernommenen Personen nicht zutreffend wiedergäben, so habe man doch bei bloßen Vermerken in dieser Hinsicht noch viel geringere Sicherheit. Hierzu komme, daß diese Aufzeichnungen jeglicher Beweiskraft entbehrten. Selbst wenn der Staatsanwalt, der sie gemacht habe, sich des aufgezeichneten Vorganges noch erinnern sollte, so beweise dies doch für den Richter, der nicht wissen könne, ob der Staatsanwalt ein gutes oder ein schlechtes Gedächtnis habe, so gut wie gar nichts. Vollends undenkbar sei es aber, daß der Vorsitzende ohne jede protokollarische Unterlage im Stande sein werde, die Hauptverhandlung sachgemäß zu leiten. Gerade im Interesse des Angeklagten seien die Protokolle nicht zu entbehren.

Auch für den Vorschlag, daß man das gesamte Vorverfahren ausschließlich in die Hand des Staatsanwalts legen solle, erhob sich heute keine Stimme. Vielmehr wurde von verschiedenen Seiten darauf hingewiesen, daß die Staatsanwaltschaft nach ihrer historischen Entwickelung nun einmal eine richterliche Behörde nicht sei und daß sie auch nicht beim Volke das genügende Vertrauen genieße, um das Vorverfahren ganz in die Hand zu bekommen. Auf diesem Wege werde man eine Verbesserung nicht erreichen, vielmehr nur den Grund zu neuem Mißtrauen in die Unparteilichkeit der Strafrechtspflege legen. Die berechtigten Interessen des Beschuldigten müßten notwendig Schaden leiden, wenn er darauf angewiesen sei, den ganzen Entlastungsbeweis selbst zu sammeln, wenn der Staatsanwalt Beschlagnahmen und Durchsuchungen selbständig vornehmen könne und wenn endlich das Gericht eine vom Staatsanwalt erhobene Anklage nur wegen rechtlicher Mängel, nicht aber mangels ausreichenden Verdachts vor der Hauptverhandlung zurückweisen könne. Es könne deshalb nicht eine völlige Umgestaltung, sondern nur eine wirksame Verbesserung des jetzigen Vorverfahrens in Frage kommen, wie sie bereits nach den Beschlüssen erster Lesung in Aussicht genommen sei.

Nach diesen Beschlüssen soll das bisherige Verfahren hauptsächlich in folgenden Punkten geändert werden:

Während bei der jetzigen Gestaltung des Vorverfahrens weder der Beschuldigte noch die Staatsanwaltschaft, letztere wenigstens nicht im Stadium der Voruntersuchung, hinreichend über den Fortgang und das Ergebnis der Untersuchung unterrichtet werden (zu vergl. Bd. 1 S. 157 flg., 176 flg.), soll in Zukunft der Staatsanwalt die im Vorbereitungsverfahren erforderlichen Ermittelungen in der Regel selbst vornehmen und nach ihrem Abschlusse dem Beschuldigten das gesamte Beweismaterial vorhalten (Bd. 1 S. 163 flg., 169 flg.). Ferner soll das Recht des Beschuldigten auf Vornahme von Verteidigungsmaßnahmen wesentlich erweitert (Bd. 1 S. 166 flg.) und ihm gegen die Ablehnung dahingehender Anträge die Beschwerde gegeben werden (Bd. 1 S. 154, 167).

Um dem zur Zeit bei der Voruntersuchung besonders hervortretenden Mangel der genügenden Kenntnis des Angeschuldigten und der Anklagebehörde von dem Gange des Verfahrens abzuhelfen, hat die Kommission eine allerdings nicht unbeschränkte Parteienöffentlichkeit befürwortet. Bei der Vernehmung von Zeugen und Sachverständigen soll den Parteien, sofern nicht der Untersuchungszweck oder die öffentliche Ordnung gefährdet wird, grundsätzlich die Anwesenheit verstattet sein und auch bei der Vernehmung des Angeschuldigten sollen der Staatsanwalt und der Verteidiger nach dem insoweit freien Ermessen des Untersuchungsrichters zugelassen werden können (Bd. 1 S. 176 flg.). Dem Zwecke einer genügenden Informierung des Angeschuldigten dient ferner die Vorschrift, daß ihm in gewissen Zwischenräumen von den neu ermittelten Beweisen Kenntnis gegeben und vor dem Abschlusse der Voruntersuchung die Gesamtheit der gegen ihn gesammelten Beweise vorzuhalten ist (Bd. 1 S. 180).

In besonderem Maße umgestaltet und teilweise vereinfacht ist nach den Beschlüssen der ersten Lesung das sogenannte Zwischenverfahren.

Erachtet die Staatsanwaltschaft nach dem Schlusse der Voruntersuchung es für angezeigt, daß der Angeschuldigte außer Verfolgung gesetzt werde, so stellt sie ihre Anträge bei dem Untersuchungsrichter; dieser entscheidet, wenn er einverstanden ist, selbst; anderenfalls hat er die Entscheidung des Gerichts herbeizuführen.

Für die Fälle, in denen Anklage erhoben wird, ist der Eröffnungsbeschluß, da er sich nach der einstimmigen Ansicht der Kommission praktisch nicht bewährt hat, in Wegfall gebracht. Eine vorläufige Gerichtsentscheidung über die Zulassung der Anklage ist nur für die landgerichtlichen Sachen und auch für diese nur insofern vorgesehen, als der Angeschuldigte gegen das Stattfinden der Hauptverhandlung Einwendungen erhebt.

Das Zwischenverfahren gestaltet sich demnach folgendermaßen: Zunächst wird die Anklageschrift eingereicht, die ausführlicher als jetzt zu fassen ist (Bd. 1 S. 193 flg.). In den vor das kleine Schöffengericht gehörenden Sachen erhält der Angeklagte gemäß der von der Kommission unverändert gelassenen Vorschrift des §. 199 Abs. 4 der Str.Pr.O. eine Abschrift der Anklageschrift nicht. Der Amtsrichter beraumt vielmehr, wenn er rechtliche Bedenken nicht hat und den Angeschuldigten für ausreichend verdächtig hält, ohne weiteres Termin zur Hauptverhandlung an. Mit der Ladung des Angeklagten zur Hauptverhandlung gilt die Untersuchung im Sinne des §. 154 der Str.Pr.O. als eröffnet. Bei den mittleren und großen Schöffengerichten sowie dem Reichsgerichte wird dem Angeschuldigten und, falls er in Haft ist, auch dem Verteidiger die Anklageschrift unter Bestimmung einer Frist und unter Hinweis auf das Recht zur Erhebung etwaiger Einwendungen zugestellt. Beantragt der Angeschuldigte in Fällen, wo diese noch nicht stattgefunden hat, die Voruntersuchung, so wird die Sache an den Untersuchungsrichter abgegeben. Macht der Angeschuldigte Einwendungen geltend, so entscheidet hierüber das Gericht in einer nichtöffentlichen Sitzung, in welcher die Parteien Ausführungen machen und Anträge stellen und vom Gericht an den Angeschuldigten Fragen gerichtet werden können. Verhaftete Angeschuldigte werden zu dem Termine vorgeführt, sofern sie am Sitze des Gerichts in Haft sind und die Vorführung nicht ablehnen. Ergibt sich in diesem Termine, daß der Angeschuldigte einer strafbaren Handlung dringend verdächtig ist, so ergeht der Beschluß nur dahin, daß Hauptverhandlung stattzufinden hat, ohne daß dabei über das Maß des Verdachts ein Ausspruch erfolgt (Bd. 1 S. 194); zu einer Begründung des Beschlusses ist nur dann Veranlassung gegeben, wenn die Hauptverhandlung entgegen dem Antrage der Staatsanwaltschaft nicht vor dem mittleren, sondern vor dem großen Schöffengerichte stattfinden soll (Bd. 1 S. 191 flg.). Im übrigen kann das Gericht je nach der Lage der Sache die Führung einer Voruntersuchung, die Ergänzung der Voruntersuchung, die Vornahme einzelner Beweiserhebungen oder die Einstellung des Verfahrens beschließen und die einzelnen Beweiserhebungen auch selbst vornehmen (Bd. 1 S. 191 flg.).

Wenn der Angeschuldigte keine Einwendungen erhebt, so beraumt der Vorsitzende Termin zur Hauptverhandlung an. Er kann jedoch auch einzelne Beweiserhebungen anordnen oder, falls nach seiner Annahme eine Verurteilung nicht zu erwarten ist, einen die Ablehnung der Terminsbestimmung aussprechenden Beschluß des Gerichts herbeiführen.

Gegen eine Gestaltung des Vorverfahrens im Sinne dieser Beschlüsse wurden in der allgemeinen Erörterung Bedenken einmal nach der Richtung geäußert, ob nicht die mehrfach vorgeschriebenen Mitteilungen an den Beschuldigten über den Stand der Untersuchung, die Bestimmungen über die Angabe der Beweismittel für jede einzelne Behauptung in der Anklageschrift, die Vorschrift, daß der Angeschuldigte im Zwischenverfahren ein Recht auf mündliches Gehör und Beschwerde gegen den Gerichtsbeschluß wegen dessen Verletzung habe, zu einer Verzögerung des Verfahrens, sowie zu einer großen Belastung der Staatsanwälte und der Richter und folgeweise zu einer erheblichen Vermehrung der Zahl dieser Beamten führen müßten. Ferner wurde darauf hingewiesen, daß das dem Angeschuldigten zugedachte Recht der Beschwerde gegen die Ablehnung von Beweisanträgen leicht mißbraucht werden könne, um das Verfahren hinzuziehen. Dies falle umsomehr ins Gewicht, als durch die Ausdehnung der Berufung die Dauer des Strafverfahrens ohnedies verlängert werde.

Endlich wurde es als bedenklich bezeichnet, das Vorbereitungsverfahren auch nur in dem von der Kommission vorgeschlagenen Maße in die Hand des Staatsanwalts zu legen, da die richterlichen Vernehmungen auch im Vorbereitungsverfahren den Vorzug verdienten und die Einrichtung der Staatsanwaltschaft für die Vornahme von ausgedehnteren Vernehmungsverhandlungen sich wenig eigne. Es werde daher bei der Spezialdebatte im Einzelnen zu prüfen sein, ob nicht einige der in der ersten Lesung beschlossenen Bestimmungen ohne Schaden für den Beschuldigten wieder aufgegeben werden könnten.

Dem wurde von der anderen Seite entgegengehalten, daß es doch wohl bedenklich sei, an den Beschlüssen der ersten Lesung, die ein organisches Ganzes bildeten, im einzelnen zu ändern. Die vorgeschlagene Bestimmung, daß der Staatsanwalt die Vernehmungen im Vorverfahren in der Regel selbst vornehmen solle, beruhe auf der Erwägung, daß hierdurch der Gang des Verfahrens beschleunigt und der Staatsanwalt eher in die Lage versetzt werde, die ihm allein auferlegte Verantwortung für die Erhebung der Anklage zu tragen. Im übrigen dürfe man nicht übersehen, daß es sich hierbei nicht um eine zwingende, sondern nur um eine instruktionelle Vorschrift handele, wennschon die Betonung der Regel im Gesetze die Erörterungspflicht der Staatsanwaltschaft in erste Linie setzen wolle.

Als Ergebnis der Generaldebatte stellte der Vorsitzende, ohne Widerspruch zu finden, fest, daß die Kommission zwar die Frage, ob eine Umgestaltung des Vorverfahrens sich empfehle, bejahe, daß sie aber nicht eine grundsätzliche Änderung, sondern nur eine Verbesserung des zur Zeit bestehenden Verfahrens befürworten könne.

II. Die Kommission trat in die Einzelberatung ein, wobei wiederum die Reihenfolge der in Betracht kommenden Vorschriften der Strafprozeßordnung eingehalten wurde, und wandte sich hierbei zunächst zum §. 156 der Str.Pr.O. Nach Abs. 1 dieses Paragraphen können Anzeigen und Anträge auf Strafverfolgung bei der Staatsanwaltschaft, den Behörden und Beamten des Polizei-

und Sicherheitsdienstes und den Amtsgerichten mündlich und schriftlich angebracht werden. Nach Abs. 2 des §. 156 müssen bei strafbaren Handlungen, deren Verfolgung nur auf Antrag eintritt, die Anträge bei einem Gericht oder der Staatsanwaltschaft schriftlich oder zu Protokoll, bei anderen Behörden schriftlich angebracht werden.

Es war beantragt,

dem Abs. 2 des §. 156 der Str.Pr.O. folgende Fassung zu geben:

Bei strafbaren Handlungen, deren Verfolgung nur auf Antrag eintritt, muß der Antrag bei einem Gericht oder einer der im ersten Absatze genannten Behörden schriftlich oder zu Protokoll angebracht werden. Das von einer nichtgerichtlichen Behörde aufgenommene Protokoll muß von dem Antragsteller unterzeichnet werden.

Der Antrag entspricht einer im Entwurfe von 1895[1]) vorgeschlagenen Bestimmung in der Fassung, welche ihr bei der Beratung des Antrags Rintelen von der VI. Kommission des Reichstags[2]) gegeben ist. Die Bestimmung war damals wie folgt begründet worden: Nachdem das Reichsgericht die protokollierte und unterzeichnete mündliche Erklärung des Antragstellers in ständiger Rechtsprechung für einen schriftlichen Antrag im Sinne des §. 156 erklärt habe, bestehe kein Bedürfnis mehr für die Aufrechterhaltung der bisherigen Bestimmung, welche bei nichtgerichtlichen Behörden die Anbringung des Antrags zu Protokoll ausschließe, die schriftliche Anbringung dazu in einen Gegensatz stelle und damit zu Zweifeln Anlaß gebe.[3]) Andererseits empfehle sich die Vorschrift, daß ein von einer nichtgerichtlichen Behörde aufgenommenes Protokoll unterzeichnet sein müsse.

Der Antrag wurde einstimmig angenommen.

III. Zu dem §. 158 der Str.Pr.O., wonach die Staatsanwaltschaft den Sachverhalt zu erforschen hat, sobald sie durch eine Anzeige oder auf anderem Wege von dem Verdacht einer strafbaren Handlung Kenntnis erhält, war beantragt:

1. a) Von Unbekannten herrührende Anzeigen berechtigen nur zu solchen auf Erforschung des Grundes oder Ungrundes ihres Inhaltes abzielenden Schritten, welche der Ehre und anderen Rechten des Beschuldigten keinen Nachteil bringen.

   b) Das Gleiche gilt, wenn ein Angeber, der nicht zugleich Zeuge der angezeigten Handlung ist, die Verschweigung seines Namens verlangt.

   c) Die Verschweigung des Namens kann dem Angeber nur auf so lange zugesichert werden, als nicht der Beschuldigte die Benennung des Angebers verlangt.

---

[1]) Reichstagsdrucks. von 1895/96 Nr. 73 S. 8 und S. 41.

[2]) Reichstagsdrucks. von 1898/99 Nr. 203 S. 24. — Auch die XI. und die VIII. Kommission des Reichstags haben die gleiche Bestimmung angenommen (Drucksachen von 1895/96 Nr. 294 S. 40, 110, 111, von 1900/01 Nr. 220 S. 4 und ad Nr. 220 S. 28/29).

[3]) Zu vergl. Löwe, Kommentar zur Strafprozeßordnung, 11. Aufl. Note 6 und 10a zu §. 156 und Anm. 9 b zu Buch 1.

Ähnliche Vorschriften waren, wie der Antragsteller hervorhob, früher in verschiedenen Partikularrechten in Geltung.[1]) Zur Begründung des Antrags wurde ausgeführt: Was der Antrag vorschreiben wolle, werde von erfahreneren Staatsanwälten jetzt schon tatsächlich geübt. Es empfehle sich jedoch, auch im Gesetze selbst darauf hinzuweisen, daß auf Grund der im Antrage bezeichneten Anzeigen, die sich häufig als ganz unbegründet herausstellten, nur mit besonderer Vorsicht und unter Vermeidung einer Benachteiligung des Angezeigten vorgegangen werden dürfe. Der Antrag 1a sei dahin zu verstehen, daß der Staatsanwalt, sobald die auf Grund der Anzeige in vorsichtiger Weise angestellten vorläufigen Ermittelungen weiteres Material ergeben hätten, in seinem Vorgehen nicht weiter beschränkt sein solle. Die Anträge 1b und 1c beruhten auf der Erwägung, daß einerseits ein feiges und verächtliches Denunziantentum möglichst niedergehalten werden und daß andererseits der zu Unrecht Angezeigte gegebenenfalls in der Lage sein müsse, mit der Verleumdungsklage gegen den Anzeiger vorzugehen.

Nachdem von einem Mitgliede darauf hingewiesen war, daß der Antrag 1c seiner Fassung nach auch bei Anzeigen, die sich als begründet erwiesen hätten, die Zusage der Verschweigung des Namens ausschließe, änderte der Antragsteller den Antrag 1c dahin ab:

> Die Verschweigung kann dem Angeber nur auf solange zugesichert werden, als sich die Anzeige nicht als unbegründet herausgestellt hat.

Der Antragsteller betonte, daß hiermit nicht etwa dem Angezeigten das Recht eingeräumt werden solle, unter allen Umständen den Namen des Anzeigenden zu erfahren, sobald sich die Anzeige als unbegründet erwiesen habe.[2]) Es solle vielmehr nur verhindert werden, daß durch eine unbedingte Zusicherung gegenüber dem Anzeiger der Angezeigte jeder Möglichkeit, den Namen zu erfahren, beraubt werde.

Die Kommission erklärte sich einhellig mit dem Grundgedanken des Antrags 1a einverstanden, indem sie der Meinung war, daß, solange nur eine Anzeige ohne Namen oder mit einem falschen Namen oder eine Anzeige einer der Behörde nicht bekannten Person vorliege, die Staatsanwaltschaft und ihre Hilfsorgane nur mit besonderer Vorsicht und unter tunlichster Schonung des Angezeigten vorgehen dürften. Gleichwohl wurden gegen die Aufnahme einer solchen Vorschrift in das Gesetz von vielen Seiten Bedenken geäußert. Es wurde ausgeführt: Wie sich der Staatsanwalt gegenüber derartigen Anzeigen verhalten

---

[1]) Württembergische Strafprozeßordnung vom 17. April 1868 (Regierungs-Bl. Nr. 18) Art. 70; ähnlich die gemeinschaftliche Strafprozeßordnung für die Thüringischen Staaten vom 20. März 1850 (Regierungs-Bl. für das Großherzogtum Sachsen-Weimar S. 283 flg.) Art. 84; die badische Strafprozeßordnung vom 18. März 1864 (§. 57) und die hannoversche Strafprozeßordnung vom 5. April 1859 (Gesetz-Sammlung 1. Abt. S. 275 flg.) §. 58 Abs. 2. Zu vergl. auch Art. 63 des 2. Teils des bayerischen Strafgesetzbuchs vom 16. Mai 1813, sowie die Protokolle der Kommission zur Beratung der Strafprozeßordnung S. 206, 208 bis 210 (Hahn, Materialien, 2. Aufl., Bd. I S. 716 flg.).

[2]) Nach französischem Rechte ist im Falle der Freisprechung der Generalprokurator verpflichtet, dem Freigesprochenen den Namen des Anzeigers mitzuteilen, Code d'instruction criminelle Art. 358.

solle, sei wesentlich eine Frage des Taktes; allgemeine Regeln ließen sich darüber kaum aufstellen; sie gehörten jedenfalls nicht in das Gesetz, müßten vielmehr den Aufsichtsbehörden überlassen bleiben. Ein Bedürfnis für den Erlaß solcher Vorschriften sei auch in der Praxis nicht hervorgetreten; vielmehr befleißige sich die Staatsanwaltschaft schon jetzt einer großen Vorsicht gegenüber anonymen und ähnlichen Anzeigen. Es sei zwar richtig, daß gerade diese Anzeigen häufig auf unlautere Beweggründe zurückzuführen seien; aber dies treffe auch auf viele andere Anzeigen zu, ohne daß der Staatsanwalt bei diesen durch bestimmte gesetzliche Vorschriften in seinem Vorgehen beschränkt sei. Andererseits müsse anerkannt werden, daß ein Anzeigender die Nennung seines Namens nicht selten auch aus durchaus begreiflichen und keineswegs verächtlichen Rücksichten unterlasse; z. B. ein Geistlicher, der Kenntnis von einem die Sittlichkeit in seiner Gemeinde schwer gefährdenden verbrecherischen Treiben erhalten habe, aber im Interesse seines Ansehens und um nicht das Vertrauen zu verlieren, als Anzeigender nicht bekannt werden wolle, oder etwa eine Frau, die rohe Mißhandlungen eines Kindes durch die Eltern wahrgenommen habe, jedoch aus Scheu vor der Brutalität der Angezeigten mit ihrem Namen nicht hervorzutreten wage. Abgesehen hiervon sei es im Interesse der Strafrechtspflege selbst bedenklich, dem Staatsanwalt in der Weise, wie es der Antrag 1a verlange, die Hände zu binden. Eine Reihe schwerer Straftaten, wie Kindesmord, Sittlichkeitsdelikte von Beamten kämen erfahrungsgemäß häufig durch anonyme Anzeigen zur Kenntnis der Staatsanwaltschaft. Wenn der Staatsanwalt in allen derartigen Fällen nur solche Maßnahmen treffen dürfe, die der Ehre und anderen Rechten des Beschuldigten keinen Nachteil bringen, so bleibe unklar, welche Maßregeln er dann noch ergreifen könne. In dieser Weise dürfe man die Strafverfolgung nicht hemmen.

Um die hervorgetretenen Zweifel über die Tragweite der Bestimmung des Antrags 1a zu beseitigen und die Bedeutung desselben einigermaßen einzuschränken, wurde im Laufe der Beratung der Antrag gestellt,

den Antrag 1a dahin zu fassen:

> Von Unbenannten herrührende Anzeigen verpflichten den Staatsanwalt nicht zur Vornahme von Ermittelungen.

Der Antragsteller führte aus: Der Antrag 1a enthalte sachlich eine Durchbrechung des Legalitätsprinzips; es sei daher zur Vermeidung von Zweifeln besser, dies klar zum Ausdrucke zu bringen.

Hiergegen wurde eingewendet: Wenn man die Entscheidung darüber, ob Ermittelungen vorzunehmen seien oder nicht, ganz in das freie Ermessen des Staatsanwalts lege, so fehle es wiederum an dem genügenden Schutze der Interessen des Beschuldigten. Im übrigen sei schon nach dem geltenden Rechte eine Verpflichtung des Staatsanwalts, auf jede Anzeige einer nicht genannten Person Ermittelungen anzustellen, nicht anzuerkennen. Vielmehr sei der Staatsanwalt ungeachtet des Legalitätsprinzips auch zur Zeit schon berechtigt, einer augenscheinlich unbegründeten Anzeige von vornherein keine weitere Folge zu geben.[1]

---

[1]) Zu vergl. Löwe, a. a. O., Note 3a zu §. 158 der Str.Pr.O.

Gegen die Anträge 1b und c wurde noch geltend gemacht: Wenn der Anzeigende dem Staatsanwalte seinen Namen angebe, diesen aber nicht anderweit bekannt werden lassen wolle, so liege keine Veranlassung vor, die Vornahme von Ermittelungen in der vorgeschlagenen Weise zu beschränken. Man werde sonst bei manchen besonders gearteten Strafsachen auf wertvolle Mitteilungen verzichten müssen oder eine Feststellung des Sachverhalts und Überführung des Täters nicht erreichen können. Mehr noch als bei anonymen Anzeigen treffe hier die Erwägung zu, daß keineswegs in allen Fällen unlautere Gründe die Geheimhaltung des Namens dem Anzeigenden erwünscht machten. Im übrigen werde die vorgeschlagene Bestimmung nur zu einer Vermehrung der anonymen Anzeigen führen, da der Anzeiger, wenn er nicht mehr die Sicherheit habe, daß sein Name verschwiegen bleibe, es vorziehen werde, ohne Namensnennung die Anzeige einzureichen. Andererseits gehe der Antrag 1c anscheinend insofern von einer unrichtigen Voraussetzung aus, als angenommen werde, daß eine Behörde einem Angeber die unbedingte Zusicherung der Verschweigung seines Namens erteilen könne. Eine solche Zusage könne in jedem Falle nur mit der Maßgabe gegeben werden, daß der betreffende Beamte, soweit nicht der §. 53 der Str.Pr.O. seiner Vernehmung entgegenstehe, als Zeuge jederzeit zur Angabe des Namens gezwungen werden könne, und daß ferner der Staatsanwalt nicht der Verpflichtung enthoben werde, gegebenenfalls gegen den Angeber wegen wissentlich falscher Anschuldigung strafrechtlich einzuschreiten.

Bei der Abstimmung wurden sämtliche Anträge abgelehnt, und zwar zunächst der Antrag 1a mit 9 gegen 9 Stimmen, dann der Antrag 2 mit 15 gegen 3 Stimmen und endlich die Anträge 1b und 1c mit je 9 gegen 9 Stimmen. Bei den mit Stimmengleichheit erfolgenden Abstimmungen gab die Stimme des Vorsitzenden den Ausschlag.

IV. Zum §. 159 der Str.Pr.O. war der Antrag gestellt:

> Im vorbereitenden Verfahren hat die Vornahme von Ermittelungen durch die Staatsanwaltschaft selbst die Regel zu bilden. Dies gilt besonders von der Befragung des Beschuldigten, sowie der Zeugen und Sachverständigen.
>
> Die Staatsanwaltschaft hat deshalb das Recht, jedermann vorzuladen und im Falle unentschuldigten Nichterscheinens oder unter den Voraussetzungen des §. 134 der Str.Pr.O.[1]) die zwangsweise Vorführung zu verfügen.

Der Antrag entspricht in der Hauptsache den in erster Lesung (Bd. 1 S. 163 flg. und S. 165 flg.) gefaßten Beschlüssen, von denen er nur insofern abweicht, als besonders zum Ausdrucke gebracht ist, daß auch die Vernehmung des Beschuldigten in der Regel durch die Staatsanwaltschaft selbst erfolgen soll. Wie die Protokolle (Bd. 1 S. 163 flg.) ergeben, ist die Kommission schon bei der Beschlußfassung erster Lesung von dieser Auffassung ausgegangen.

---

[1]) d. h. wenn Gründe vorliegen, welche die Erlassung eines Haftbefehls rechtfertigen würden.

Für den Antrag wurden die in erster Lesung (Bd. 1 S. 154, 163 flg.) geltend gemachten Gründe wiederholt. Zur weiteren Erläuterung desselben bemerkte der Antragsteller:

Die vorgeschlagene Bestimmung wolle die in manchen süddeutschen Bundesstaaten bestehende Gepflogenheit, die erforderlichen Vernehmungen im Vorverfahren in ausgedehnterem Maße durch die Amtsgerichte vornehmen zu lassen, nicht schlechthin verbieten. Immerhin bringe sie zum Bewußtsein, daß der §. 160 der Str.Pr.O. richterliche Vernehmungen nur für den Fall eines besonderen Erfordernisses vorsehe, und daß es auch nicht unbedenklich sei, denselben Amtsrichter, der die Vernehmungen bewirkt habe, nachher in der Sache selbst erkennen zu lassen. Vor allem aber wolle der Antrag gegenüber der namentlich in Norddeutschland bestehenden Praxis, fast alle Vernehmungen durch die Polizeibehörde bewirken zu lassen, es als gesetzliche Regel hinstellen, daß der Staatsanwalt selbst die erforderlichen Vernehmungen vornehme. Diese Regel sei bereits zur Zeit in manchen Bundesstaaten im Wege der Instruktion vorgeschrieben und habe dort zu Unzuträglichkeiten, namentlich zu einer Vermehrung der Beamten der Staatsanwaltschaft, nicht geführt. Mehr als eine instruktionelle, allerdings eine Regelpflicht festsetzende Vorschrift solle auch jetzt nicht befürwortet werden. Es werde vielmehr auch in Zukunft dem Staatsanwalte nicht benommen sein, insbesondere in denjenigen Sachen, in denen es voraussichtlich zur Erhebung der Anklage nicht kommen werde, die Polizeibehörden um die Vornahme der gebotenen Ermittelungen zu ersuchen. Ebensowenig sei beabsichtigt, dem Staatsanwalte persönlich die Vornahme aller Vernehmungen zur Pflicht zu machen; er solle sich hierbei vielmehr auch der Mitwirkung der ihm zur Aushilfe zugewiesenen Beamten und der Amtsanwälte bedienen dürfen. Dies habe dann noch den besonderen Vorteil, daß in den von der Staatsanwaltschaft an die kleinen Schöffengerichte überwiesenen Sachen der dort die Anklage vertretende Amtsanwalt oft schon durch das Vorverfahren in der Sache informiert worden sei. Nur müsse freilich der Staatsanwalt auch in solchen Fällen die Leitung des Verfahrens selbst in der Hand behalten.

Gegen den Antrag wurden, wie in der ersten Lesung und heute bei der allgemeinen Erörterung, mannigfache Bedenken geäußert. Die Staatsanwälte, so wurde ausgeführt, seien zur Aufnahme von Protokollen wenig geeignet. Selbst wenn sie dabei ganz objektiv verführen, werde man im Volke ihren Protokollen nie die Autorität gerichtlicher Protokolle beimessen. Es fehle an der Möglichkeit, die Protokolle der Staatsanwaltschaft im Verfahren als Beweismittel zu verwerten, da ein Gerichtsschreiber nicht zugezogen werde; es werde deshalb in der Hauptverhandlung leicht ein unerfreulicher Streit über die tatsächliche Richtigkeit der vom Staatsanwalt im Protokolle niedergelegten Angaben entstehen. Auch stünden der Staatsanwaltschaft keine Zwangsmittel gegen Zeugnisverweigerung zu. Hinzu komme, daß der von dem Vorschlag erhoffte Vorteil einer wesentlichen Beschleunigung des Verfahrens, wenn man nicht die Zahl der Staatsanwälte beträchtlich vermehre, wohl kaum eintreten werde. Die Staatsanwälte seien jetzt schon mit Geschäften stark belastet; sie würden garnicht die erforderliche Zeit haben, um regelmäßig alle Vernehmungen selbst vorzunehmen. Es werde ihnen daher nichts anderes übrig bleiben, als entweder wie bisher die Polizeibehörden in Anspruch zu nehmen oder die Vernehmungstermine so weit hinauszuschieben, daß in der gleichen Zeit auch eine richterliche Vernehmung hätte bewirkt werden können. Auch sei nicht außer Acht zu lassen, daß die Kosten der Vernehmungen sich erheblich steigern müßten, wenn der Staatsanwalt die sämtlichen Auskunftspersonen an den oft recht entfernt gelegenen Sitz des Landgerichts vorlade oder sich stets selbst an Ort und Stelle begebe. Wenn man aber darauf verweise, daß der Staatsanwalt sich seiner Hilfsorgane bei den Vernehmungen bedienen könne, so werde damit der Vorteil, daß er selbst sich über die Sachlage unterrichten könne, wieder aufgehoben.

Diesen Ausführungen wurde entgegengehalten: Die Frage, ob eine Vermehrung der Zahl der Staatsanwälte nötig werde, könne für die Kommission nicht von entscheidender Bedeutung sein. Die in einigen Bundesstaaten gemachten praktischen Erfahrungen sprächen übrigens gegen die Notwendigkeit einer beträchtlichen Vermehrung, falls den Staatsanwälten zur Bearbeitung minder wichtiger Sachen, natürlich unter ihrer Oberleitung, die erforderlichen juristischen Hilfskräfte beigegeben würden. Es sei auch zu beachten, daß in anderer Beziehung, z. B. infolge der Ausdehnung der Überweisungsfähigkeit, wieder eine Entlastung der Staatsanwaltschaft eintreten werde, und daß jedenfalls, wenn der Staatsanwalt selbst die Vernehmungen bewirke, bei den Gerichten und den Polizeibehörden entsprechend an Arbeit gespart werde. Hinsichtlich der Kosten komme auch in Betracht, daß infolge der besseren Information des Staatsanwalts manche unbegründete Anklage unterbleiben und hierdurch der Staatskasse Kosten erspart würden. Die genaue Information des Staatsanwalts sei aber um so wichtiger, wenn der Eröffnungsbeschluß fortfalle und der Staatsanwalt allein die Verantwortung für die Erhebung der öffentlichen Klage tragen solle. Da die von ihm aufgenommenen Protokolle auch vom Gerichte benutzt würden, so werde er auf deren zuverlässige Abfassung eine besondere Sorgfalt verwenden.

Gegen den Abs. 2 des Antrags wurden besondere Bedenken nicht geäußert.

Bei der Abstimmung wurde zunächst der Abs. 1 mit 15 gegen 4 Stimmen und sodann der Abs. 2 einstimmig angenommen.

V. Nach dem §. 153 des G.V.G. sind die Beamten des Polizei- und Sicherheitsdienstes Hilfsbeamte der Staatsanwaltschaft und in dieser Eigenschaft verpflichtet, den Anordnungen der Staatsanwaltschaft bei dem Landgericht ihres Bezirkes und der diesen vorgesetzten Behörden Folge zu leisten. Die nähere Bestimmung derjenigen Beamtenklassen, auf welche diese Bestimmung Anwendung findet, ist der Landesgesetzgebung überlassen.

Es war beantragt:

> Es ist auf tunlichste Herbeiführung unmittelbaren schriftlichen und mündlichen Verkehrs zwischen der Staatsanwaltschaft und den Exekutivbeamten der Kriminalpolizei Bedacht zu nehmen.

Der Antragsteller bemerkte erläuternd, daß er nicht die Aufnahme einer solchen Bestimmung in das Gesetz beantragen, die Regelung der Sache vielmehr auch weiterhin der Landesgesetzgebung überlassen wolle. Es sei jedoch mit Rücksicht auf die in der Praxis gemachten Erfahrungen dringend wünschenswert, daß die Kommission sich im allgemeinen im Sinne des Antrags ausspreche.

Zur Zeit bestehe zwischen den Staatsanwälten und den polizeilichen Hilfsbeamten kein organischer Zusammenhang. Eine gerichtliche Polizei bestehe nur im Prinzipe. Tatsächlich würden die einzelnen einer größeren Polizeibehörde angehörenden Exekutivbeamten fast überall nur auf Grund einer Anweisung ihrer vorgesetzten Behörde tätig, an welche sich der Staatsanwalt mit seinem Ersuchen zunächst wenden müsse und welcher dann auch die Exekutivbeamten ihren für die Staatsanwaltschaft bestimmten Bericht erstatteten. Dies Verfahren sei unpraktisch, schwerfällig, führe zu vielfachen Verzögerungen und zu nicht selten mißverständlicher Auffassung der Absichten der Staatsanwaltschaft durch die Exekutivbeamten. Wenn der Staatsanwalt dem Hilfsbeamten seine Aufträge direkt mündlich oder schriftlich geben könne, so werde dies der Sache in hohem Grade förderlich sein. Die Erfahrungen, die man in einigen Teilen Deutschlands mit einem derartigen Verfahren gemacht habe, seien sehr günstige. Auf diesem Wege werde auch die der Staatsanwaltschaft auferlegte Pflicht eigener Erörterung sehr erleichtert werden.

Die Kommission nahm den Antrag einstimmig an.

65. Sitzung.

12. November 1904.

Vorverfahren.

Die Kommission setzte die Beratung über das Vorverfahren fort.

I. Im Zusammenhange mit der im §. 164 der Str.Pr.O. gegebenen Vorschrift[1]) war der Antrag gestellt,

den §. 136 der Str.Pr.O. (welcher die erste richterliche Vernehmung des Beschuldigten betrifft) durch folgende Vorschriften zu ergänzen:

Dem Beschuldigten muß bei jeder Vernehmung Gelegenheit gegeben werden, die gegen ihn vorliegenden Verdachtsgründe zu beseitigen, die in der Schuldfrage und bei der Strafzumessung zu seinen Gunsten sprechenden Tatsachen anzuführen und die hierfür zu Gebote stehenden Beweismittel zu benennen.

Er ist bei der ersten Vernehmung darüber zu belehren, daß es ihm freistehe, auch außerhalb der Vernehmungen Ermittelungen und Beweiserhebungen über die zu seiner Entlastung dienlichen Tatsachen zu beantragen.

Dem verhafteten Beschuldigten ist bei der ersten Vernehmung zu eröffnen, daß er zu dem vorerwähnten Zwecke die Abordnung eines Gerichtsschreibers und seine wiederholte Vernehmung beantragen könne.

Zur Begründung des Antrags wurde geltend gemacht, daß die über die Vernehmung des Beschuldigten aufgenommenen richterlichen Protokolle zur Zeit nicht immer vollständig genug seien. Es werde darin nicht selten lediglich auf die polizeiliche Vernehmung Bezug genommen und der Vermerk gemacht, daß der Beschuldigte die ihm zur Last gelegte strafbare Handlung in Abrede stelle. Diese Praxis gebe dem Beschuldigten nicht die genügende Gelegenheit zur Anführung der zu seinen Gunsten sprechenden Tatsachen und führe deshalb in der Hauptverhandlung zu häufigen Vertagungen. Es empfehle sich daher, im Gesetze selbst den Richter zu größerer Sorgfalt bei den Vernehmungen des Beschuldigten zu verpflichten, damit die zu dessen Gunsten sprechenden Tatsachen rechtzeitig zur Kenntnis des Gerichts und der Staatsanwaltschaft gebracht würden. Insbesondere sei es geboten, die bei der Strafzumessung in Betracht kommenden Umstände weit mehr, als es zur Zeit geschehe, schon im Vorverfahren aufzuklären. Da in der Regel nur der raffinierte oder der verteidigte Beschuldigte

---

[1]) Der §. 164 giebt dem vom Amtsrichter vernommenen Beschuldigten unter gewissen Voraussetzungen (zu vergl. Bd. 1 S. 167) ein Recht, zu seiner Entlastung einzelne Beweiserhebungen zu beantragen.

wisse, welche Rechte das Gesetz ihm gewähre, so sei es aber weiter erforderlich, daß der Beschuldigte von Anfang an bei der Vernehmung über seine Befugnisse belehrt werde. Dies solle durch die in Abs. 2 und 3 des Antrags vorgeschlagenen Bestimmungen erreicht werden.

Die Mehrheit der Kommission vermochte jedoch dem Antrage nicht zuzustimmen; Abs. 1 und Abs. 2 wurden mit je 13 gegen 6 Stimmen, Abs. 3 mit 14 gegen 5 Stimmen abgelehnt. Hierfür waren folgende Erwägungen maßgebend:

Der Abs. 1 des Antrags entspreche im wesentlichen der Vorschrift im §. 136 Abs. 2 der Str.Pr.O., wonach die Vernehmung dem Beschuldigten Gelegenheit zur Beseitigung der gegen ihn vorliegenden Verdachtsgründe und zur Geltendmachung der zu seinen Gunsten sprechenden Tatsachen geben solle. Eine noch mehr ins Einzelne gehende Vorschrift, wie sie Abs. 1 des Antrags vorschlage, erscheine für ein Gesetz nicht geeignet und werde auch voraussichtlich eine besondere Wirkung nicht haben. Viel zu weit gehe es, wenn der Antrag im Abs. 1 eine zwingende Vorschrift für jede Vernehmung des Beschuldigten geben wolle. Da nach dem §. 242 Abs. 3 der Str.Pr.O. die Vernehmung des Angeklagten auch in der Hauptverhandlung nach Maßgabe des §. 136 zu erfolgen habe, so werde die Behauptung, daß dem Angeklagten in der Verhandlung nicht Gelegenheit zur Beseitigung der Verdachtsgründe oder zur Anführung der zu seinen Gunsten sprechenden Tatsachen gegeben worden sei, zu zahlreichen unbegründeten Revisionen Anlaß geben. Ein praktisches Bedürfnis für eine derartige Verschärfung des bestehenden Rechtes sei nicht anzuerkennen. Es sei zwar richtig, daß die Protokolle über die Vernehmung des Beschuldigten sich oft auf einige kurze Angaben beschränkten; aber daraus folge noch nicht, daß die Vernehmung selbst eine oberflächliche gewesen sei, da in vielen Fällen der Beschuldigte trotz ausreichender Befragung besondere Beweisanträge oder Entlastungsbehauptungen nicht vorbringe. Was insbesondere die in Abs. 2 und 3 vorgeschlagenen Bestimmungen anlange, so habe die Kommission in erster Lesung es abgelehnt, allgemein eine Belehrung des Beschuldigten über die ihm jeweils zur Vorbereitung seiner Verteidigung zustehenden Rechte vorzuschreiben (Bd. 1 S. 180 flg.). Es sei nicht abzusehen, weshalb hier ausnahmsweise eine solche Belehrung dem Richter zur Pflicht gemacht werden solle. Eine derartige Vorschrift werde zu zahlreichen unnötigen Beweisanträgen führen, da namentlich der unerfahrene Beschuldigte durch den stets wiederholten Hinweis in Verwirrung gebracht und in die Besorgnis versetzt werde, er könnte etwas versäumen, wenn er nicht Anträge stelle. Die verhafteten Beschuldigten würden sich in zahlreichen Fällen ohne sachlichen Grund vorführen lassen, um sich eine Abwechselung zu verschaffen oder Gelegenheit zur Flucht zu finden. Die Erfahrung lehre, daß sie auch jetzt schon oft genug den Antrag auf Vorführung stellen. Zudem hätten sie stets Gelegenheit, sich schriftlich an das Gericht oder die Staatsanwaltschaft zu wenden.

II. Zum §. 164 der Str.Pr.O. war ferner beantragt:

Auch außer dem Falle des §. 164 der Str.Pr.O. hat der Beschuldigte, wenn er als solcher von der Staatsanwaltschaft oder vom Richter vernommen ist, das Recht, einzelne Beweiserhebungen oder Ermittelungen zur Vorbereitung seiner Verteidigung zu beantragen. Über den Antrag befindet, soweit nicht die Staatsanwaltschaft, der ein bei Gericht gestellter Antrag zur Erklärung vorzulegen ist, die erbetenen Beweiserhebungen und Ermittelungen selbst antragsgemäß veranlaßt, derjenige Amtsrichter, der den Beschuldigten vernommen hat, sofern aber eine richterliche Vernehmung noch nicht stattgefunden hat, der Amtsrichter am Sitze der Staatsanwaltschaft (oder der dazu vom Gesetze zu delegierende Untersuchungsrichter, wenn es sich um eine nicht zur ausschließlichen Zuständigkeit des kleinen Schöffengerichts gehörende Anschuldigung handelt). Dem Antrage des Beschuldigten ist zu entsprechen, soweit die Erhebungen oder Ermittelungen zur Vorbereitung der Verteidigung erforderlich oder dienlich erscheinen. Der Amtsrichter (Untersuchungsrichter) kann zur Ausführung seines Beschlusses die Behörden und Beamten des Polizei- und Sicherheitsdienstes, auch den Amtsrichter anderer Amtsbezirke um Vornahme der Ermittelungen oder Beweiserhebungen ersuchen.

Hierzu war der Unterantrag gestellt:

im Satz 1 des Antrags vor den Worten „von der Staatsanwaltschaft" einzuschalten:

„von der Polizei".

Der Hauptantrag entspricht dem von der Kommission in erster Lesung gefaßten Beschlusse (Bd. 1 S. 166 flg.) und wurde heute mit den gleichen Erwägungen begründet. Der Antragsteller erläuterte seine Vorschläge noch in folgender Weise: Das Recht des Beschuldigten, bei dem Staatsanwalte selbst die Erhebung von Beweisen zu beantragen, werde durch den Antrag nicht berührt. Wenn vorgeschlagen sei, daß auch die an den Richter gerichteten Anträge vor der Entscheidung dem Staatsanwalte vorzulegen seien, so solle damit einmal eine doppelte Beweiserhebung sowie eine die Maßnahmen der Staatsanwaltschaft, deren Absichten der Richter nicht kenne, durchkreuzende Beschlußfassung vermieden, sodann aber auch eine Abkürzung und Beschleunigung erzielt werden, da der Staatsanwalt voraussichtlich in vielen Fällen dem Antrage des Beschuldigten entsprechen und hierdurch eine Entscheidung des Gerichts entbehrlich machen werde. Geschehe letzteres nicht, so sei der Amtsrichter am Sitze der Staatsanwaltschaft für die Entscheidung und Erledigung des Antrags am besten geeignet, da er sich mit dem Staatsanwalte mündlich benehmen könne. Sofern am Sitze der Staatsanwaltschaft kein Amtsrichter sei, solle der nächstwohnende Amtsrichter zuständig sein.

Für den Unterantrag wurde geltend gemacht: Das Recht, Beweiserhebungen zu beantragen, müsse dem Beschuldigten auch dann zustehen, wenn er von der Polizei vernommen werde. Dies werde, obgleich der Staatsanwalt nach dem gestern von der Kommission gefaßten Beschluß in der Regel die Vernehmungen selbst vornehmen solle, auch in Zukunft, namentlich in geringfügigeren Sachen noch vorkommen. Entscheide sich in solchen Fällen der Staatsanwalt für die sofortige Einstellung des Verfahrens, so werde der Amtsrichter den Antrag als gegenstandslos anzusehen haben.

Um diesen Erwägungen Rechnung zu tragen, wurde der Hauptantrag von dem Antragsteller dahin ausgedehnt, daß hinter den Worten „von der Staatsanwaltschaft“ die Worte:

„auf deren Veranlassung“

eingefügt wurden. Der Unterantrag wurde sodann zurückgezogen.

Der Antrag fand im allgemeinen auch heute wieder die Zustimmung der Kommission. Nur gegen den Satz 2 des Antrags wurde von einer Seite das Bedenken geäußert, daß es der Stellung der Staatsanwaltschaft wohl nicht entspreche, wenn zur Entscheidung über die Beweisanträge des Beschuldigten das Amtsgericht zuständig sein solle. Damit werde ein oft jüngerer und weniger erfahrener Richter in die Lage versetzt, gegen den Widerspruch der zur Leitung des Vorverfahrens berufenen Staatsanwaltschaft in dieses einzugreifen. Dem wurde jedoch entgegenhalten, daß auch jetzt schon in den Fällen des §. 160 der Str.Pr.O. der Amtsrichter Anträge der Staatsanwaltschaft ablehnen könne, und daß gemäß §. 164 der Str.Pr.O. Entscheidungen über Beweisanträge des Beschuldigten sogar ohne jede Kenntnis der Staatsanwaltschaft durch das Gericht getroffen würden.

Bei der Abstimmung wurde der Satz 1 des Antrags mit den später eingeschobenen Worten einstimmig, Satz 2 mit 18 Stimmen gegen eine Stimme, Satz 3 und 4 wiederum einstimmig angenommen.

III. Die Erörterung der Frage, ob der §. 167 der Str.Pr.O. zu ändern sei, wurde bis zur Beratung der Vorschriften über die Voruntersuchung ausgesetzt.

Zum §. 168 der Str.Pr.O. (Erhebung der öffentlichen Klage) war beantragt:

> Bieten die angestellten Ermittelungen genügenden Anlaß zur Erhebung der öffentlichen Klage durch Einreichung der Anklageschrift, so soll die Staatsanwaltschaft zuvor dem nicht in vollem Umfange geständigen Beschuldigten die Gesamtheit der von ihr gesammelten Beweise zur Erklärung vorhalten. Der Vorhaltung bedarf es nicht, wenn seit der Vernehmung des Beschuldigten neue Beweistatsachen nicht ermittelt worden sind. Auch soll eine zwangsweise Vorführung zu jenem Zwecke der Regel nach nicht stattfinden.

Der Antrag entspricht im Satz 1 dem Beschluß erster Lesung und wurde insoweit mit den damals von der Kommission gebilligten Erwägungen (Bd. 1 S. 169 flg.) unterstützt. Im übrigen führte der Antragsteller aus, der frühere Beschluß bedürfe in zweifacher Hinsicht einer Einschränkung. Einmal könne, wenn seit der Vernehmung des Beschuldigten neue Tatsachen nicht ermittelt seien, die Vorhaltung unterbleiben (Satz 2). Des weiteren müsse die von der Kommission in der ersten Lesung bereits im allgemeinen gebilligte Auffassung, daß die Vorhaltung eine Rechtswohltat sein solle (Bd. 1 S. 170 flg.), besonders zum Ausdrucke gebracht werden, indem eine zwangsweise Vorführung des Beschuldigten zu dem Vorhaltungstermine nur insoweit für zulässig erklärt werde, als der Staatsanwalt noch einer Information durch den Beschuldigten bedürfe (Satz 3).

Gegen den Antrag wurde geltend gemacht: Die Verhandlung mit dem Beschuldigten, die dem Staatsanwalte hier zur Pflicht gemacht werden solle, werde dessen Zeit in erheblichem Maße in Anspruch nehmen und daher wohl in vielen Fällen zu einer nutzlosen Formalität herabsinken. In denjenigen Sachen, in denen dem Beschuldigten eine Anklageschrift zugestellt werde, sei es überflüssig, ihm kurz vorher das Ermittelungsergebnis auch noch mündlich auseinanderzusetzen. In den Schöffensachen aber werde es sich vielleicht eher empfehlen, die Mitteilung einer Anklageschrift als eine mündliche Vorhaltung vorzuschreiben; dies habe namentlich den Vorzug, daß der Beschuldigte besser in der Lage sei, den Verteidiger zu informieren. Von einer Seite wurde insbesondere darauf hingewiesen, daß der Staatsanwalt in dem Vorhaltungstermine leicht versucht sein werde, den Beschuldigten zu einem Geständnisse zu bewegen.

Bei der Abstimmung wurde zunächst Satz 2 des Antrags für den Fall der Annahme des Satzes 1 einstimmig, sodann Satz 1 mit 14 gegen 5 Stimmen, endlich Satz 3 wiederum einstimmig angenommen.

IV. Der zum §. 168 der Str.Pr.O. gestellte Antrag:

> Verfügt die Staatsanwaltschaft die Einstellung des Verfahrens, so setzt sie den Beschuldigten, der als solcher vernommen ist, hiervon auch dann in Kenntnis, wenn die Vernehmung durch eine andere Person als einen Richter stattgefunden hat.

entspricht dem Beschlusse erster Lesung (Bd. 1 S. 171) und wurde ohne Debatte einstimmig angenommen.

V. Die Kommission wandte sich zur Beratung der die Voruntersuchung betreffenden Anträge.

In erster Lesung hat die Kommission beschlossen, daß in den zur Zuständigkeit der Landgerichte gehörenden Strafsachen die Voruntersuchung stattfinden muß, wenn der Angeschuldigte sie nach Zustellung der Anklageschrift binnen der ihm gemäß §. 199 der Str.Pr.O. gesetzten Frist beantragt. Dagegen ist damals ein Antrag, wonach der verhaftete Beschuldigte in den zur Zuständigkeit der Landgerichte gehörenden Sachen auch schon vor der Erhebung der Anklage ein Recht auf Voruntersuchung haben solle, abgelehnt worden (Bd. 1 S. 173 flg.). Eine Änderung der Bestimmung des §. 176 Abs. 3 der Str.Pr.O., wonach in den zur Zuständigkeit der (kleinen) Schöffengerichte gehörenden Sachen die Voruntersuchung, außer dem Falle der Verbindung infolge eines Zusammenhanges, unzulässig ist, war in der ersten Lesung von keiner Seite vorgeschlagen worden.

Heute lagen folgende Anträge vor:

1. In den zur Zuständigkeit der mittleren Schöffengerichte gehörenden Strafsachen findet die Voruntersuchung auch dann statt, wenn der Angeschuldigte sie nach Mitteilung der Anklageschrift innerhalb der dabei bestimmten Erklärungsfrist beantragt.

Dieser Antrag entspricht dem Beschluß erster Lesung; er wurde auch heute im wesentlichen mit den gleichen Gründen befürwortet und bekämpft wie früher (Bd. 1 S. 172 flg.). Die Gegner des Vorschlags wiesen namentlich darauf hin, daß man nicht lediglich den Antrag des Angeschuldigten, auch wenn er durch keinerlei sachliche Gründe unterstützt sei, für die Einleitung der Voruntersuchung maßgebend sein lassen könne; dies werde in zahlreichen einfach gelagerten Fällen zu ganz überflüssigen Voruntersuchungen führen. Demgegenüber wurde geltend gemacht, daß in solchen Fällen der Untersuchungsrichter die Voruntersuchung alsbald wieder schließen könne; dem Wunsche des Angeschuldigten, dessen Zurückweisung zu Schwierigkeiten im Zwischenverfahren führen müsse, sei dann Rechnung getragen, ohne daß dem Untersuchungsrichter ein großer Aufwand an Zeit und Arbeit zugemutet werde.

2. Die Voruntersuchung soll auch in denjenigen Strafsachen stattfinden, die zur Zuständigkeit der mittleren Schöffengerichte gehören, sie soll jedoch hier entbehrlich sein, wenn der Beschuldigte die ihm zur Last gelegte Tat zugestanden hat, oder wenn die erforderlichen Ermittelungen durch den Richter gepflogen sind.

Dieser Antrag will das bestehende Recht dahin ausgestalten, daß die Voruntersuchung, von den bezeichneten beiden Ausnahmefällen abgesehen, in allen landgerichtlichen Sachen obligatorisch sein soll. Der Antragsteller führte aus, es solle hiermit der Versuch gemacht werden, eine in Bayern bestehende und bewährte Praxis zur gesetzlichen Einrichtung zu machen. Im Interesse der Wahrheitsermittelung und der sorgfältigen Vorbereitung der Hauptverhandlung sei es erforderlich, daß der Sachverhalt, sofern nicht der Beschuldigte geständig sei, stets durch richterliche Vernehmungen festgestellt werde.

Dem wurde entgegengehalten, daß hierdurch der Staatsanwaltschaft die ihr durch die gestrigen Beschlüsse zugewiesene Leitung des Vorverfahrens wieder entwunden werde. Nach dem Antrage würde der Staatsanwalt auch in dem Falle genötigt sein, Voruntersuchung zu beantragen, in dem die wesentlichen Vernehmungen bereits durch den Amtsrichter erfolgt und nur noch einige ergänzende Feststellungen zu treffen seien.

3. In allen Verbrechens- und Vergehensfällen muß eine Voruntersuchung stattfinden, sobald die beschuldigte Person im Vorverfahren in Haft genommen wird.

   Es bedarf jedoch der Voruntersuchung nicht, wenn der Beschuldigte der ihm zur Last gelegten Tat geständig oder das ihm zur Last gelegte Vergehen nur mit Geldstrafe bedroht ist.

4. a) Der §. 176 Abs. 3 der Str.Pr.O. ist dahin abzuändern:

   In den zur Zuständigkeit der kleinen Schöffengerichte gehörenden Sachen ist, außer dem Falle der Verbindung infolge eines Zusammenhanges, die Voruntersuchung nur dann zulässig, wenn der Angeklagte verhaftet ist.

   b) Dem §. 176 ist folgender Abs. 4 hinzuzufügen:

   Beantragt der verhaftete Beschuldigte, welcher nicht im vollen Umfange geständig ist, die Voruntersuchung, so ist die Sache sofort an den Untersuchungsrichter abzugeben.

Diesen beiden Anträgen ist gemeinsam, daß sie, unter verschiedenartiger Gestaltung der Voraussetzungen, die Voruntersuchung auch für die zur Zuständigkeit der kleinen Schöffengerichte gehörenden Sachen einführen wollen.

Der Antrag 4 wurde vom Antragsteller dahin erläutert, daß er sich nicht auf Übertretungssachen beziehen solle, demnächst aber zu Gunsten des weitergehenden Antrags 3 zurückgezogen. Der Antrag 3 gab zu einer eingehenden Erörterung Anlaß. Zu seiner Erläuterung wurde zunächst vom Antragsteller bemerkt, daß die Bestimmung des §. 176 Abs. 1 der Str.Pr.O., wonach in den zur Zuständigkeit des Reichsgerichts und der Schwurgerichte (großen Schöffengerichte) gehörenden Sachen die Voruntersuchung stets, auch wenn der Beschuldigte nicht verhaftet ist, eine notwendige sei, unberührt bleiben solle.

Sodann wurde der Antrag wie folgt begründet: Die Verhaftung sei ein überaus schwerer Eingriff und gefährde, namentlich wenn sie unerwartet verfügt werde, die wirtschaftliche Existenz des Beschuldigten in hohem Maße; sie erschwere aber besonders seine Verteidigung. Es sei daher geboten, dem verhafteten Beschuldigten in weiterem Umfang als bisher rechtlichen Schutz zu gewähren, indem man bei allen Verbrechen und Vergehen, insoweit nicht ein Geständnis vorliege oder die Tat nur mit Geldstrafe bedroht sei, die Notwendigkeit der Voruntersuchung vorschreibe. Dies sei auch insofern zweckmäßig, als der Untersuchungsrichter dann viel besser als heute der Amtsrichter in der Lage sei, auf Grund der Akten und seiner Kenntnis der Sachlage über die Fortdauer der Haft zu beschließen und die in den Fällen des §. 116 der Str.Pr.O. erforderlichen Verfügungen zu treffen. Nach den gemachten Erfahrungen habe sich das staatsanwaltschaftliche Ermittelungsverfahren in Haftsachen als unpraktisch erwiesen, weil der Amtsrichter eine große Zahl von Entscheidungen, so namentlich über Entlastungsanträge (§. 164 der Str.Pr.O.), über Anwendung von Disziplinarmaßregeln, Zulassung der Absendung und des Empfanges von Briefen, Gewährung von Unterredungen, treffen müsse, die er sachgemäßer Weise ohne Akten nicht treffen könne. Durch Einforderung der Akten vom Staatsanwalte werde das Verfahren ungebührlich verzögert; es habe sich danach als notwendig herausgestellt, daß der Haftrichter die Akten in der Hand behalte. Die Voruntersuchung auch in Haftsachen von einem Antrage des Beschuldigten abhängig zu machen, sei nicht wirksam genug, da nur wenige Beschuldigte darüber unterrichtet sein würden, daß sie die Voruntersuchung verlangen könnten. Allerdings sei es richtig, daß die Dauer der Haft in der Voruntersuchung nicht wie im Vorverfahren (§. 126 der Str.Pr.O.) an kurze Fristen gebunden, der Untersuchungsrichter nicht wie der Staatsanwalt einer Kontrolle unterworfen sei. Aber in Wirklichkeit verliere der Beschuldigte hierdurch nichts, da erfahrungsgemäß die Verlängerung der Haft vom Amtsrichter ohne sachliche Prüfung bis zur äußersten zulässigen Grenze von vier Wochen, die nach den Beschlüssen der ersten Lesung sogar bis auf sechs Wochen ausgedehnt werden solle (Bd. 1 S. 100 flg.), angeordnet zu werden pflege. Neben diesen aus der Sache selbst hergeleiteten Erwägungen komme für den Antrag wesentlich die Tatsache in Betracht, daß nach dem Gesetze, betreffend die Entschädigung für unschuldig erlittene Untersuchungshaft vom 14. Juli 1904 (Reichs-Gesetz-Bl. S. 321 flg.), ein Anspruch auf Entschädigung nur von denjenigen Personen, die im Strafverfahren freigesprochen oder durch Beschluß des Gerichts außer Verfolgung gesetzt worden sind, nicht dagegen von denen geltend gemacht werden kann, welche im staatsanwaltschaftlichen Ermittelungsverfahren verhaftet und demnächst freigelassen worden sind, ohne daß es zur Erhebung der öffentlichen Klage gekommen wäre. Diese Einschränkung sei von den verbündeten Regierungen für notwendig erachtet worden, weil nur durch eine gerichtliche Entscheidung das Verfahren endgültig erledigt werde und weil es im Ermittelungsverfahren an einem geeigneten richterlichen Organe mangele, welches entscheiden könne, ob die gesetzlichen Voraussetzungen für einen Entschädigungsanspruch vorliegen. Bei der Beschlußfassung über das Gesetz habe der Reichstag durch eine Resolution an die verbündeten Regierungen das Ersuchen gerichtet, bei der bevorstehenden Reform des Strafprozesses darauf Bedacht zu nehmen, daß ein Anspruch auf Entschädigung auch den nur im staatsanwaltschaftlichen Ermittelungsverfahren verhaftet gewesenen Beschuldigten gewährt werden könne (Sitzung vom 13. Mai 1904, Stenogr. Ber. S. 2893). Als ein geeignetes Mittel, um dies zu ermöglichen, sei es anzusehen, wenn gemäß der beantragten Bestimmung in allen Verbrechens- und Vergehenssachen, in denen die Untersuchungshaft verhängt werde, Voruntersuchung geführt werden müsse. Denn hierdurch werde bewirkt, daß über die Schuld des Angeschuldigten eine endgültige gerichtliche Entscheidung ergehe. Daß der Entschädigungsanspruch des unschuldig verhafteten Beschuldigten davon abhängen solle, ob es dem Staatsanwalt beliebe, Voruntersuchung führen zu lassen oder nicht, sei ein unhaltbarer Zustand. In den Übertretungssachen sei die obligatorische Voruntersuchung entbehrlich, da hier die Untersuchungshaft nach dem bestehenden Rechte nur in verhältnismäßig wenigen Fällen verhängt werden könne und in der Regel nur von kurzer Dauer sei. Das Gleiche gelte, wenn der Beschuldigte ein Geständnis abgelegt habe, auch für Verbrechens- und Vergehenssachen, da der Beschuldigte selbst in dem Falle, wenn er sein Geständnis später widerrufe, niemals Anspruch auf Entschädigung erheben könne.

Allerdings werde die Annahme des Antrags noch nach zwei Richtungen hin weitere Vorschriften erforderlich machen. Einmal müsse bestimmt werden, in welcher Frist der Staatsanwalt sich zu entschließen habe, ob er den Antrag auf Voruntersuchung stellen oder den Beschuldigten aus der Haft entlassen wolle; man werde diese Frist etwa auf eine Woche festsetzen können.[1] Des weiteren sei zu bestimmen, daß in den zur Zuständigkeit der kleinen Schöffengerichte gehörenden Vergehenshaftsachen die Voruntersuchung vom Amtsrichter geführt werden könne, weil sonst der Untersuchungsrichter am Landgerichte zu stark belastet werden würde. Allerdings ergebe sich hieraus für die nur mit einem Amtsrichter besetzten Amtsgerichte eine unerwünschte Lage, da der Amtsrichter, der die Voruntersuchung geführt habe, nicht wohl auch erkennender Richter in der Sache sein könne. Allein die Zahl dieser kleinen Amtsgerichte sei schon jetzt nicht groß und sie werde sich noch weiter vermindern, wenn die Zuständigkeit der Amtsrichter in Zivil- und Strafsachen, wie zu erwarten stehe, erweitert werde und dann eine Vermehrung der amtsrichterlichen Kräfte sich als notwendig erweise. Vielleicht sei es auch möglich, in solchen Fällen die Verhandlung und Entscheidung der Sache einem benachbarten Amtsgerichte zu übertragen. Im einzelnen werde man sich über diese Frage bei der weiteren

[1]) Zu vergl. das Protokoll der 74. Sitzung unter XI 3 (Antrag c).

Beratung der Vorschriften über die Untersuchungshaft und die Voruntersuchung schlüssig zu machen haben.[1])

Ein Mitglied erklärte, daß es aus dem Grunde für den Antrag 3 stimmen werde, weil er die Staatsanwaltschaft in die Lage versetze, auch in den zur Zuständigkeit der Schöffengerichte gehörenden Vergehenshaftsachen die Voruntersuchung mit unbeschränkter Haftdauer führen zu lassen. Die jetzige Unzulässigkeit der Voruntersuchung in diesen Sachen habe in Verbindung mit den kurzen Haftfristen des §. 126 der Str.Pr.O. häufig zu dem Übelstande geführt, daß es nicht möglich gewesen sei, vor der Erhebung der öffentlichen Klage den Sachverhalt und das Vorleben des verhafteten Beschuldigten genügend aufzuklären. Allerdings werde es seiner Meinung nach nicht angängig sein, in diesen Sachen die Voruntersuchung den Amtsrichtern zu übertragen, da diese hierzu wenig geeignet und auch die amtsgerichtlichen Gefängnisse zur Unterbringung zahlreicher Untersuchungsgefangener nicht eingerichtet seien. Die Voruntersuchungen müßten vielmehr sämtlich vom Landgerichte geführt werden.

Der Antrag 3 stieß bei einer größeren Zahl von Mitgliedern auf lebhaften Widerspruch. Es wurde ausgeführt: Das Gesetz, betreffend die Entschädigung für unschuldig erlittene Untersuchungshaft dürfe zur Begründung des Antrags nicht herangezogen werden; für die systematische Ausgestaltung des Strafprozesses könne es nicht maßgebend sein, ob und inwieweit die sehr geringe Zahl der im Vorverfahren ohne Grund verhafteten Personen Entschädigung zu fordern vermöge. Wolle man die Untersuchungshaft weiter beschränken, so möge man bei der Beratung der Vorschriften über die Haft die geeigneten Mittel vorschlagen; dort sei auch die richtige Stelle, um zu erwägen, wie den im Vorverfahren unschuldig Verhafteten die Vorteile des Gesetzes vom 14. Juli 1904 zugänglich gemacht werden könnten. Aber die notwendige Voruntersuchung dürfe doch nur für diejenigen Fälle vorgeschrieben werden, in denen ein in der Sache selbst liegendes Bedürfnis dafür bestehe. Daß für alle Haftsachen (von den Übertretungen abgesehen) die Voruntersuchung ein sachliches Bedürfnis sei, könne jedoch in keiner Weise als nachgewiesen angesehen werden. Im Gegenteile werde die Voruntersuchung für zahlreiche kleine und geringfügige Sachen eine unvermeidliche Verzögerung bedeuten, ohne daß irgend eine Kontrolle über die Dauer der Haft während der Voruntersuchung bestünde; habe doch ein Mitglied gerade mit Rücksicht auf die unbeschränkt mögliche Ausdehnung der Haft sich für den Antrag ausgesprochen! Die Haftfristen des §. 126 der Str.Pr.O. würden fortan nur noch für diejenigen Übertretungen (Bettelei, Landstreicherei, gewerbsmäßige Unzucht u. s. w.) Bedeutung haben, wegen deren die Untersuchungshaft verhängt werden könne. Zudem müsse auch bei der beabsichtigten Regelung dem Staatsanwalte wieder eine gewisse Frist zur Entschließung über die etwaige Einleitung der Voruntersuchung gelassen werden; für die während dieser Frist erlittene Untersuchungshaft sei auch nach dem Antrag ein Recht auf Entschädigung, falls der Beschuldigte vom Staatsanwalt ohne Erhebung der öffentlichen Klage aus der Haft entlassen werde, nicht vorgesehen. Endlich aber stünden dem Antrag unüberwindliche organisatorische

---

[1]) Zu vergl. das Protokoll der 66. Sitzung unter II (unten S. 87 flg.).

Schwierigkeiten im Wege. Die Befürworter des Antrags hätten selbst nicht verkannt, daß unmöglich alle Voruntersuchungen in Haftsachen dem Untersuchungsrichter beim Landgericht übertragen werden könnten. Die hierfür erforderliche Zahl geeigneter Richter werde sich kaum finden lassen; es würden dadurch erhebliche Kosten an Zeugengebühren und Transportauslagen entstehen, und es widerspreche dem Systeme des Gesetzes, daß der Untersuchungsrichter des Landgerichts in den zur Zuständigkeit der Schöffengerichte gehörenden Sachen die Untersuchung führe. Der von dem Antragsteller zur Vermeidung dieser Schwierigkeiten vorgeschlagene Weg, in den vor die Schöffengerichte gehörenden Sachen die Führung der Voruntersuchung dem Amtsrichter zu übertragen, sei nicht gangbar. Denn der Grundsatz, daß der Untersuchungsrichter nicht auch erkennender Richter sein dürfe, müsse auch hier unbedingt zur Geltung gebracht werden. Ein zweiter Amtsrichter sei aber bei 39 % aller Amtsgerichte nicht vorhanden, und dies werde auch in Zukunft sich nicht wesentlich ändern. Der Vorschlag, einem benachbarten Amtsgerichte die Entscheidung in der Sache zu übertragen, lasse unentschieden, wer das benachbarte Gericht bezeichnen solle; er führe zu unnötigen Transportkosten und Zeugengebühren sowie zu vielfachen Unzuträglichkeiten für alle Beteiligten, und er durchbreche endlich das Prinzip, daß Niemand seinem gesetzlichen Richter entzogen werden dürfe.

Bei der Abstimmung wurde zunächst der Antrag 3 mit 12 gegen 7 Stimmen angenommen. Hiernach hatten die Anträge 1 und 2 nur noch Bedeutung für diejenigen Nicht-Haftsachen, welche zur Zuständigkeit der mittleren Schöffengerichte gehören, sowie für diejenigen Haftsachen, in denen es sich um ein nur mit Geldstrafe bedrohtes Vergehen handelt; der Antrag 1 ferner noch für diejenigen Haftsachen, in denen der Beschuldigte geständig ist. Es wurde der Antrag 2 mit 16 gegen 3 Stimmen abgelehnt, der Antrag 1 mit 15 gegen 4 Stimmen angenommen.

Demgemäß soll die Voruntersuchung nicht nur in den zur Zuständigkeit des Reichsgerichts oder der Schwurgerichte (großen Schöffengerichte) gehörenden Sachen, sondern auch in den zur Zuständigkeit mittleren Schöffengerichte und der kleinen Schöffengerichte gehörenden Verbrechens- und Vergehenssachen obligatorisch sein, sofern der Beschuldigte in Untersuchungshaft genommen wird und nicht geständig, auch die Tat nicht blos mit Geldstrafe bedroht ist.[1]) Im übrigen hat die Voruntersuchung stattzufinden, wenn entweder die Staatsanwaltschaft oder der Angeschuldigte sie gemäß §. 199 der Str.Pr.O. beantragt.

VI. Die Beratung wurde hierauf geschlossen und der Beginn der nächsten Tagung auf den 13. Dezember 1904 anberaumt. Auf die Tagesordnung wurde der nicht erledigte Teil der diesmaligen Tagesordnung (Punkt IV 2 bis 5 des Programms), sowie die Frage der Verteidigung (IV 6 des Programms, G des Fragebogens) gesetzt.

---

[1]) Zu vergl. jedoch das Protokoll der 66. Sitzung unter II und der 74. Sitzung unter XI 3.

66. Sitzung.

13. Dezember 1904.

Voruntersuchung.

Die Kommission setzte die Beratung der Vorschriften über die Voruntersuchung fort.

I. Zum §. 177 der Str.Pr.O. war der Antrag gestellt:

Voruntersuchung kann von der Staatsanwaltschaft auch „gegen Unbekannt" beantragt werden. Dieser Antrag ist nicht Erhebung der öffentlichen Klage. Vielmehr gebührt solchenfalls der Staatsanwaltschaft nach Abschluß der Untersuchung die weitere freie Verfügung im Sinne von §. 189 Abs. 2 der Str.Pr.O.

Der Antrag wurde wie in der ersten Lesung (Bd. 1 S. 174 flg.), so auch heute einstimmig angenommen.

Ein Mitglied hatte darauf hingewiesen, daß in einer Voruntersuchung gegen Unbekannt das Zeugnisverweigerungsrecht der Angehörigen des Täters sowie unter Umständen auch das Recht, mit einer Beschlagnahme verschont zu bleiben, hinfällig werden könne. Das Bedenken wurde jedoch nicht weiter verfolgt, nachdem von anderer Seite hervorgehoben war, daß ja die gleichen Folgen sich auch bei einem staatsanwaltschaftlichen Ermittelungsverfahren gegen Unbekannt ergeben könnten.

II. Nach §. 182 der Str.Pr.O. wird die Voruntersuchung von dem Untersuchungsrichter eröffnet und geführt. Hierzu war folgender Zusatz beantragt:

In den vor die kleinen Schöffengerichte gehörenden Sachen kann die Voruntersuchung auf Antrag der Staatsanwaltschaft vom Amtsrichter geführt werden.

Der Antrag wurde von dem Antragsteller, wie bereits früher[1]), als eine notwendige Ergänzung zu dem in der vorigen Sitzung gefaßten Beschlusse bezeichnet, wonach in allen Verbrechens- und Vergehenshaftsachen die Voruntersuchung stattfinden muß (Bd. 2 S. 82 flg., 86). Da hierdurch auch in den zur Zuständigkeit der kleinen Schöffengerichte gehörenden Vergehenshaftsachen die Voruntersuchung eingeführt werde, so müsse man zur Entlastung der Untersuchungsrichter am Landgericht zulassen, daß die Voruntersuchung in diesen Sachen auch durch den Amtsrichter geführt wird. Die in der letzten Sitzung

[1]) Zu vergl. das Protokoll der 65. Sitzung unter V (S. 84).

(S. 85 flg.) hiergegen geäußerten Bedenken könnten nicht als durchschlagend anerkannt werden. Es sei namentlich nicht richtig, daß die Amtsrichter sich zur Führung von Voruntersuchungen weniger eigneten. In Württemberg habe man vor dem Jahre 1879 die Voruntersuchungen fast ausschließlich von den Amtsgerichten führen lassen und damit sehr gute Erfahrungen gemacht. Auch jetzt werde dort von der Bestimmung des §. 183 der Str.Pr.O., wonach dem Amtsrichter die Führung der Voruntersuchung durch Beschluß der Strafkammer übertragen werden kann, in ausgedehntem Maße Gebrauch gemacht.[1]) Von Bedeutung sei nur der Einwand, daß bei den mit einem Amtsrichter besetzten Amtsgerichten dieser Richter nicht zugleich die Voruntersuchung führen und demnächst in der Sache entscheiden könne. Aber es sei bereits bemerkt worden, daß die Zahl dieser kleinen Amtsgerichte sich fortgesetzt vermindern werde und daß nötigenfalls in allen zu ihrer Zuständigkeit gehörenden Haftsachen der Untersuchungsrichter am Landgerichte die Führung der Voruntersuchung übernehmen müsse. Daß die Zahl dieser Sachen eine besonders große sein werde, sei kaum anzunehmen, da bei allen Übertretungen, bei den nur mit Geldstrafe bedrohten Vergehen und im Falle des Geständnisses des Beschuldigten die Voruntersuchung ausgeschlossen bleibe, auch wenn der Beschuldigte sich in Haft befinde.

Bei der Beratung des Antrags wurde allseitig anerkannt, daß es nicht angängig sei, dem Untersuchungsrichter am Landgerichte die Führung der Voruntersuchung auch in allen zur Zuständigkeit der kleinen Schöffengerichte gehörenden Haftsachen zu übertragen. Hierzu würden die vorhandenen Kräfte nicht entfernt ausreichen, da die Zahl der in Frage kommenden Sachen keineswegs unbedeutend sei. Auch ergäben sich daraus mannigfache praktische Unzuträglichkeiten. Es würden zahlreiche kostspielige und die Flucht erleichternde Transporte der verhafteten Beschuldigten vom Sitze des Amtsgerichts an das Landgericht und zur Hauptverhandlung wieder an das Amtsgericht erforderlich werden und es lasse sich die erwünschte persönliche Verbindung zwischen dem Untersuchungsrichter und dem in der Sache zuständigen, in der Regel entfernt wohnenden Amtsanwalte kaum aufrecht erhalten.

Indessen fand der Vorschlag, zur Vermeidung dieser Schwierigkeiten in den zur Zuständigkeit der kleinen Schöffengerichte gehörenden Sachen die Führung der Voruntersuchung durch den Amtsrichter für zulässig zu erklären, nicht die Zustimmung der Mehrheit; er stieß vielmehr auf erheblichen Widerspruch auch bei einem Teile derjenigen Mitglieder, welche in der vorigen Sitzung sich für die obligatorische Voruntersuchung in allen Verbrechens- und Vergehenshaftsachen ausgesprochen hatten. Die Gründe, welche damals bereits gegen die Durchführbarkeit dieses Beschlusses vorgebracht worden waren, wurden erneut geltend gemacht. Insbesondere wurde betont, daß der Antragsteller für die nur mit einem Richter besetzten Amtsgerichte, deren Zahl voraussichtlich auch in Zukunft eine recht beträchtliche bleiben werde, einen gangbaren Weg zur Durchführung des Beschlusses nicht zu zeigen vermöge. Daß der Untersuchungsrichter am Landgericht auch in allen zur Zuständigkeit dieser kleinen Amtsgerichte gehörenden

[1]) Nach der Justizstatistik (Bd. XI. S. 204 flg.) sind im Jahre 1901 im Bezirke des Oberlandesgerichts Stuttgart von je 1000 beendeten Voruntersuchungen 420 vom Amtsrichter geführt worden. Die Durchschnittszahl für das Reich ist 134.

Haftsachen die Voruntersuchung führe, sei aus den angeführten Gründen nicht tunlich. Übertrage man aber die Voruntersuchung dem Amtsrichter, so führe der Grundsatz des §. 23 der Str.Pr.O., wonach der Untersuchungsrichter nicht auch erkennender Richter sein dürfe, zu unüberwindlichen Schwierigkeiten. Auch fehle es in diesem Falle gänzlich an dem „Gericht", welches in den §§. 178 flg. der Str.Pr.O. in zweckmäßiger Weise zwischen den Untersuchungsrichter und die Beschwerdeinstanz eingeschoben sei. Wenn darauf hingewiesen werde, daß in Württemberg vor dem Jahre 1879 sämtliche Voruntersuchungen durch die Amtsgerichte geführt worden seien, so dürfe nicht übersehen werden, daß damals alle diese Gerichte mit mehr als einem Richter besetzt gewesen seien. Im übrigen stünden den in Württemberg hierbei erzielten günstigen Ergebnissen die weniger guten Erfahrungen anderer Bundesstaaten gegenüber; z. B. sei man in Hessen, wo früher ebenfalls die Voruntersuchungen durch die Amtsrichter geführt worden seien, hiervon fast ganz zurückgekommen.[1])

Im Hinblick auf die großen Schwierigkeiten, welche der praktischen Durchführung des Beschlusses über die notwendige Voruntersuchung in allen Verbrechens- und Vergehenshaftsachen im Wege stehen, wurde von verschiedenen Seiten die Frage aufgeworfen, ob die Kommission nicht in eine nochmalige Prüfung dieses Beschlusses und erneute Abstimmung darüber eintreten könne. Die Kommission nahm hiervon Abstand, weil sie eine Revision des in zweiter Lesung gefaßten Beschlusses nur auf Grund einstimmigen Beschlusses für zulässig erachtete, von einem Mitglied aber Widerspruch dagegen erhoben wurde. Andererseits ging die Kommission davon aus, daß sie bei der Abstimmung über den vorliegenden Antrag völlig frei sei und nicht etwa durch den früheren Beschluß genötigt werde, die zu seiner Ausführung gestellten weiteren Anträge anzunehmen, wenn sie sich von seiner Undurchführbarkeit überzeugt habe.

Bei der Abstimmung wurde sodann der Antrag mit 13 gegen 5 Stimmen abgelehnt. Die Kommission war hierbei dahin einig, daß der §. 183 der Str.Pr.O. durch diese Abstimmung nicht berührt werden solle.

III. Zum §. 186 der Str.Pr.O. lag der Antrag vor:

Das Protokoll über die Vernehmung des Angeschuldigten muß ersichtlich machen, daß den Vorschriften des §. 136 genügt ist.

Die vom Angeschuldigten zugestandenen, bestrittenen oder zu seiner Entlastung angeführten Tatsachen sind im Protokoll im Einzelnen anzuführen.

Das Protokoll muß ferner über die von dem Angeschuldigten bezeichneten Beweismittel Auskunft geben.

Der Antrag wurde, wie der in der 65. Sitzung zu den §§. 164, 136 der Str.Pr.O. gestellte, von der Kommission abgelehnte Antrag ähnlichen Inhalts (S. 77 flg.), mit der Erwägung begründet, daß es geboten sei, durch eine gesetzliche Bestimmung den Richter zu einer genauen Wiedergabe der

---

[1]) Nach der Justizstatistik (Bd. XI. S. 204) sind im Bezirke des Oberlandesgerichts Darmstadt im Jahre 1901 nur 15 von je 1000 beendeten Voruntersuchungen vom Amtsrichter geführt worden.

Erklärungen des Angeschuldigten im Vernehmungsprotokoll anzuhalten und insbesondere die häufigen Bezugnahmen auf früher aufgenommene Protokolle einzuschränken.

Nachdem darauf hingewiesen war, daß es bedenklich sei, eine derartige zwingende Vorschrift auch auf das in der Hauptverhandlung über die Vernehmung des Angeklagten aufzunehmende Protokoll anwendbar zu erklären, weil damit für die Einlegung sachlich ungerechtfertigter Revisionen eine Handhabe geboten werde, wurde von anderer Seite der Antrag gestellt,

die Vorschrift auf das Vorverfahren zu beschränken.

Der Antrag wurde jedoch wieder zurückgezogen, nachdem der Antragsteller selbst, um jenem Bedenken Rechnung zu tragen und zum Ausdrucke zu bringen, daß die Vorschriften des Antrags für das Protokoll über die Hauptverhandlung nicht anwendbar sein sollten, hinter dem Worte „die" im Abs. 1 das Wort „erste" eingeschoben hatte.

Der Abs. 1 des Antrags fand auch in dieser engeren Fassung nicht die Zustimmung der Kommission; er wurde mit 9 gegen 8 Stimmen abgelehnt. Die Mehrheit vermochte ein Bedürfnis für die vorgeschlagene Bestimmung nicht anzuerkennen und versprach sich von ihr keinen besonderen Erfolg. Sie hielt es für ausreichend, wenn im Wege der Dienstaufsicht auf die genaue Beachtung der jetzt geltenden Bestimmungen hingewirkt werde.

Ähnliche Gründe wurden auch gegen die in den Abs. 2 und 3 des Antrags enthaltenen Vorschläge geltend gemacht; es erschien einer Reihe von Mitgliedern nicht zweckmäßig, den Richter durch solche in das Einzelne gehende Vorschriften zu binden; zudem sei es keineswegs immer durch ein sachliches Bedürfnis geboten, daß sämtliche von dem Beschuldigten angegebenen Beweismittel, auch wenn sie für die Beurteilung der Sache nicht in Betracht kämen, im Protokoll Aufnahme fänden.

Die Mehrheit entschied sich jedoch für die Annahme dieser Vorschläge, und zwar bei dem Abs. 2 mit 13 gegen 4, bei dem Abs. 3 mit 11 gegen 6 Stimmen. Hierbei wurde davon ausgegangen, daß auch Abs. 2 und Abs. 3 nur für die erste Vernehmung des Angeschuldigten in der Voruntersuchung Geltung haben sollten. Für diese Vernehmung aber glaubte die Mehrheit der Kommission im Gesetze selbst dem Richter eine den Angaben des Angeschuldigten genau entsprechende Protokollierung zur Pflicht machen zu sollen. Die häufig vorkommende Bezugnahme auf frühere Aussagen habe sich in der Praxis als Mißstand erwiesen. Es dürfe auch nicht zugelassen werden, daß im Protokolle nur im allgemeinen vermerkt werde, der Angeschuldigte gestehe die Beschuldigung ein oder er bestreite sie; vielmehr müßten die einzelnen Tatsachen angegeben sein, die bestritten oder zugegeben würden. Endlich müsse das Protokoll erkennen lassen, welche Beweismittel der Angeschuldigte für die zu seiner Entlastung von ihm behaupteten Tatsachen angegeben habe.

IV. Der zum §. 188 der Str.Pr.O. gestellte Antrag:

Aufgabe der Voruntersuchung ist auch, die Durchführung der Hauptverhandlung vorzubereiten.

wurde, wie schon in erster Lesung (Protokolle Bd. 1 S. 175), einstimmig angenommen. Die Kommission war der Meinung, daß die jetzige Bestimmung des §. 188, wonach die Voruntersuchung nicht weiter auszudehnen ist, als zur Entscheidung über die Eröffnung des Hauptverfahrens oder die Außerverfolgungsetzung des Angeschuldigten erforderlich erscheint, sich als unzureichend namentlich insofern erwiesen habe, als zur Zeit die für die Strafzumessung in Betracht kommenden Umstände in der Voruntersuchung nicht genügend aufgeklärt werden.

V. Zum §. 190 der Str.Pr.O. war zunächst der Antrag gestellt:

1. Der Untersuchungsrichter soll verpflichtet sein, den vor Eröffnung der Voruntersuchung noch nicht richterlich vernommenen Angeschuldigten so zeitig zu vernehmen, daß sein Vorbringen bei der Führung der Voruntersuchung berücksichtigt werden kann.

Zur Begründung wurde ausgeführt:

Es komme in der Praxis zuweilen vor, daß der Untersuchungsrichter zunächst das Beweismaterial sammle und dann erst den Angeschuldigten vernehme. Ein solches Verfahren entspreche nicht dem Sinne des Gesetzes und erschwere dem Angeschuldigten die Verteidigung; es sei auch geeignet, den Ruf des Angeschuldigten ohne genügenden Grund zu schädigen, da die Beschuldigung durch zahlreiche Vernehmungen und sonstige Ermittelungen in weiteren Kreisen bekannt werde, während vielleicht der Angeschuldigte bei alsbaldiger Vernehmung die Beschuldigung unschwer hätte entkräften können. Man müsse daher, soweit eine richterliche Vernehmung des Angeschuldigten noch nicht stattgefunden habe, dem Untersuchungsrichter zur Pflicht machen, den Angeschuldigten so zeitig zu vernehmen, daß seine Aussage den Gang der Voruntersuchung beeinflussen und beschleunigen könne.

Demgegenüber wurde geltend gemacht, daß ein Bedürfnis für eine solche Vorschrift nicht anerkannt werden könne. In Haftsachen sei der Angeschuldigte ohnehin stets richterlich vernommen. Im übrigen werde jetzt schon die Voruntersuchung regelmäßig mit der Vernehmung des Angeschuldigten begonnen. Es lasse sich aber nicht verkennen, daß es Ausnahmefälle gebe, in denen ohne Gefährdung des Untersuchungszwecks die Vernehmung des Angeschuldigten nicht sogleich vorgenommen werden könne. Der Antrag sei aber auch nicht einmal geeignet, den behaupteten Übelständen in wirksamer Weise abzuhelfen, da er den Zeitpunkt der Vernehmung doch wieder in das Ermessen des Untersuchungsrichters stelle. Die letztere Erwägung wurde auch von solchen Mitgliedern als gerechtfertigt anerkannt, die an sich mit dem Antragsteller übereinstimmten.

Um diesen Bedenken Rechnung zu tragen, wurde im Laufe der Beratung von anderer Seite eine Vorschrift dahin vorgeschlagen:

2. Die Eröffnung der Voruntersuchung ist dem Angeschuldigten sofort mitzuteilen.

Der Antragsteller führte aus: Wenn auch zuzugeben sei, daß die Vernehmung des Angeschuldigten in der Voruntersuchung unter Umständen hinausgeschoben werden müsse, so könne der Angeschuldigte doch beanspruchen, daß ihm wenigstens die Eröffnung der Voruntersuchung sofort mitgeteilt werde. Er sei sonst nicht in der Lage, gegen die Eröffnung soweit zulässig alsbald die Beschwerde einzulegen und gehe auch des Rechtes der Anwesenheit bei den Beweisverhandlungen tatsächlich verlustig. Erhalte er aber von der Eröffnung der Voruntersuchung Kenntnis, so sei er in der Lage, jederzeit seine Vernehmung in Antrag zu bringen und zur Aufklärung der Sache mitzuwirken.

Auch dieser Vorschlag stieß bei der Mehrheit der Kommission auf erheblichen Widerspruch. Man hielt es nicht für angängig, daß der Untersuchungsrichter gehindert sein solle, Beschlagnahmen, Durchsuchungen und die Verhaftung des Angeschuldigten anzuordnen, wenn er nicht mindestens gleichzeitig dem Angeschuldigten von der Eröffnung der Voruntersuchung Mitteilung mache. Hierdurch werde der Erfolg jener Maßnahmen ernstlich in Frage gestellt.

Demnächst wurde der Antrag 1 vom Antragsteller zurückgezogen und durch den folgenden Antrag ersetzt:

3. Der Angeschuldigte ist sofort nach Eröffnung der Voruntersuchung zu vernehmen, sofern nicht durch die Vernehmung der Untersuchungszweck gefährdet wird.

   Sieht der Untersuchungsrichter länger als einen Monat von der Vernehmung ab, so hat er die Gründe aktenkundig zu machen.

Bei der Abstimmung wurde der Antrag 2 mit 12 gegen 5 Stimmen abgelehnt, der Antrag 3 dagegen mit 9 gegen 8 Stimmen angenommen.

Die Minderheit hatte gegen den Antrag 3 geltend gemacht, daß die im Abs. 1 desselben vorgeschlagene Bestimmung überflüssig sei, weil die Vernehmung des Angeschuldigten in der großen Mehrzahl der Fälle schon jetzt sogleich nach der Eröffnung erfolge, für Ausnahmefälle aber auch in Zukunft dem Untersuchungsrichter freie Hand gelassen werden solle. Die Bestimmung im Abs. 2 des Antrags erscheine jedoch bedenklich, da der Untersuchungsrichter gerade in besonders wichtigen Sachen (z. B. wegen Landesverrats) auch in einem Monat oft nicht in der Lage sei, die ohne Wissen des Angeschuldigten vorzunehmenden Ermittelungen zum Abschlusse zu bringen, der Untersuchungszweck aber in hohem Maße gefährdet werde, wenn nach Ablauf eines Monats die Gründe der Verzögerung aktenkundig gemacht werden müßten und hierdurch zur Kenntnis des Angeschuldigten gelangten.

Die Mehrheit hielt jedoch diese Bedenken nicht für durchschlagend und war im übrigen der Meinung, daß durch die Fassung des Antrags 3 den begründeten Bedenken, die gegen eine ausnahmslose Verpflichtung des Untersuchungsrichters zu sofortiger Vernehmung oder doch Benachrichtigung des Angeschuldigten vorgebracht worden seien, in genügendem Maße Rechnung getragen werde.

VI. Die Kommission wandte sich zur Beratung der Frage, ob in der Voruntersuchung den Beteiligten die Anwesenheit bei gerichtlichen Handlungen in weiterem Umfang als bisher zu gestatten sei.

Es lagen die Anträge vor:

a) Die Zulassung des Staatsanwalts und des Verteidigers zur Vernehmung des Angeschuldigten unterliegt dem freien Ermessen des Untersuchungsrichters.

b) Bei Vernehmungen von Zeugen und Sachverständigen hat der Untersuchungsrichter der Staatsanwaltschaft, dem Angeschuldigten und dem Verteidiger auf ihr Verlangen die Anwesenheit auch in anderen Fällen als denen des §. 191 Abs. 2 der Str.Pr.O. zu gestatten. Die Gestattung kann versagt werden bei Gefährdung des Untersuchungszwecks oder der öffentlichen Ordnung. Vor der Beschlußfassung ist der Staatsanwalt zu hören.

Die Anträge entsprechen den Beschlüssen der ersten Lesung (Bd. 1 S. 176 flg.) und fanden auch heute einstimmige Annahme.

In der Beratung ergab sich Einverständnis darüber, daß an den Bestimmungen des §. 191 der Str.Pr.O. nichts geändert werden solle, daß die Verfügung des Untersuchungsrichters hinsichtlich der Zulassung zur Vernehmung des Angeschuldigten unanfechtbar sein, dagegen die Verfügung betreffs der Zulassung zur Vernehmung von Zeugen und Sachverständigen dem Rechtsmittel der Beschwerde unterliegen solle, und endlich daß die Zulassung allgemein bewilligt, die Verweigerung derselben aber nur für einzelne Termine ausgesprochen werden könne.

Ein Mitglied hatte erklärt, nur unter der Voraussetzung für die Anträge stimmen zu können, daß der Beschluß der Kommission über die notwendige Voruntersuchung in allen Verbrechens- und Vergehenshaftsachen eine gesetzliche Verwirklichung nicht erfahre. Wenn die Voruntersuchung auf so zahlreiche Sachen ausgedehnt werden sollte, so führe die Notwendigkeit, von allen Terminen die zur Anwesenheit Berechtigten vorher zu benachrichtigen und gegebenenfalls dem vielleicht entfernt wohnenden Staatsanwalte Gelegenheit zur Erklärung zu geben, zu zahlreichen praktischen Unzuträglichkeiten, die ihm die Zustimmung unmöglich machen würden.

VII. Wie in der ersten Lesung (Bd. 1 S. 179 flg.), sprach sich die Kommission auch heute einstimmig dafür aus, daß die unter VI beschlossenen Vorschriften auch für die Teilnahme an den richterlichen Verhandlungen im vorbereitenden Verfahren entsprechende Anwendung finden sollen. Jedoch sei dem Beschuldigten ein Recht zur Anwesenheit nicht nur, wie jetzt im §. 167 Abs. 2 der Str.Pr.O. vorgesehen, in dem Falle einzuräumen, wenn er als Beschuldigter vom Richter vernommen sei oder sich in Untersuchungshaft befinde, sondern auch dann, wenn er von der Staatsanwaltschaft oder auf deren Veranlassung vernommen worden sei.

VIII. Die Kommission war ferner einhellig der Meinung, daß die Vorschrift des §. 191 Abs. 3 der Str.Pr.O., wonach die zur Anwesenheit Berechtigten von den Terminen vorher zu benachrichtigen sind, soweit dies ohne Aufenthalt für die Sache geschehen kann, auf alle Termine auszudehnen sein werde, in denen nach den unter VI und VII dieses Protokolls gefaßten Beschlüssen den Parteien die Anwesenheit gestattet sei. Auch darüber herrschte Einverständnis, daß die Bestimmungen des §. 191 Abs. 4, 5 der Str.Pr.O. für diese Termine Anwendung finden sollen.

IX. Dagegen gingen die Meinungen darüber auseinander, welche Rechte den Beteiligten zuzugestehen seien, falls ihnen nach den gefaßten Beschlüssen die Anwesenheit bei Vernehmungsverhandlungen gestattet werde.

Es lag zunächst der Antrag vor, in diesem Falle

1. den Prozeßbeteiligten dieselben Befugnisse beizulegen, wie in den Fällen des §. 191 Abs. 1 und 2 der Str.Pr.O.

Von anderer Seite wurde dies nicht für ausreichend erachtet und deshalb beantragt,

2. vorzuschreiben, daß der Richter — unter den Beschränkungen des §. 192 und des §. 240 Abs. 1 der Str.Pr.O.[1]) — dem Staatsanwalte, dem Angeschuldigten (Beschuldigten) und dem Verteidiger auf Verlangen zu gestatten habe, Fragen an die Zeugen und Sachverständigen zu richten.

Zur Begründung dieses Antrags wurde ausgeführt:

Die von der Kommission beschlossene Erweiterung der Parteiöffentlichkeit im Vorverfahren werde nur dann eine wirkliche Bedeutung erlangen, wenn man den Parteien ein direktes Fragerecht einräume und sie hierdurch in die Lage versetze, auf Grund ihrer Kenntnis des Sachverhalts durch geeignete Fragen zur Aufklärung der Sache und zur Erforschung der objektiven Wahrheit beizutragen. Es entspreche nicht der Stellung des Staatsanwalts und des Verteidigers, wenn sie nur das Recht der Anwesenheit und nicht das der Fragestellung besäßen. Die Befugnis, den Richter um die Vorlegung einer Frage zu ersuchen, genüge nicht; denn die Ansichten darüber, was zur Sache von Bedeutung sei, gingen oft sehr auseinander, und es zeige sich manchmal erst bei der Beantwortung einer Frage, daß sie für die Feststellung des Sachverhalts wesentlich gewesen sei. Einer mißbräuchlichen Benutzung des Fragerechts werde der Richter im Vorverfahren in derselben Weise wirksam entgegentreten können, wie der Vorsitzende in der Hauptverhandlung.

Die Mehrheit der Kommission hielt jedoch den Antrag 2 für zu weitgehend. Es wurde darauf hingewiesen, daß man im Interesse des Ansehens des Untersuchungsrichters und zur Ermöglichung eines gedeihlichen Fortganges der Untersuchung es vermeiden müsse, Streitigkeiten über die Fragestellung in das Vorverfahren hineinzutragen; der Untersuchungsrichter müsse vielmehr Herr über die Verhandlung bleiben. Die Einräumung eines direkten Fragerechts namentlich an den Beschuldigten selbst werde es diesem ermöglichen, die Zeugen zu verwirren und einzuschüchtern oder zu falschen Aussagen zu verleiten. Es sei nicht richtig, daß der Untersuchungsrichter dem Mißbrauche des Fragerechts mit der gleichen Wirksamkeit entgegentreten könne, wie der Vorsitzende in der Hauptverhandlung; denn dort sei das Gericht sofort in der Lage, Zweifel über die Zulässigkeit einer beanstandeten Frage zu entscheiden, während hier eine solche Instanz fehle und über die Zulassung der Frage erst in der Beschwerdeinstanz befunden werden könne. Hieraus ergebe sich die Notwendigkeit, die

---

[1]) §. 192 gestattet die Ausschließung des Angeschuldigten, wenn zu befürchten ist, daß ein Zeuge in seiner Gegenwart die Wahrheit nicht sagen werde, der §. 240 Abs. 1 die Entziehung des Fragerechts bei mißbräuchlicher Benutzung.

Frage selbst und die Gründe für ihre Zurückweisung in das Protokoll aufzunehmen, und dies müsse zu unerquicklichen Streitigkeiten und zu unliebsamen Verzögerungen führen. Vor allem könne aber ein Bedürfnis für die Einräumung des direkten Fragerechts nicht anerkannt werden. Auch nach der Zivilprozeßordnung sei die Einräumung eines solchen Fragerechts an die Parteien von dem freien Ermessen des Richters abhängig, ohne daß dies zu Mißständen geführt habe. Wie die Erfahrung lehre, sei das Recht der Beteiligten auf Anwesenheit bei den Vernehmungsverhandlungen auch ohne Fragerecht keineswegs bedeutungslos. Zudem habe sich wohl überall eine Praxis dahin ausgebildet, daß die Prozeßparteien bei den gemäß §§. 191, 222 der Str.Pr.O. zu bewirkenden Vernehmungen für befugt erachtet würden, durch Vermittelung des Richters dem Zeugen Fragen vorlegen zu lassen. Dies habe dem Bedürfnis um so mehr genügt, als die Frage, selbst wenn der Richter sie für ungeeignet halte, durch das Ersuchen um Vorlegung stets auch dem Zeugen bekannt werde und von ihm beantwortet werden könne. Es sei unbedenklich, eine derartige Befugnis den Prozeßparteien im Gesetze selbst einzuräumen, mit der Maßgabe jedoch, daß der Untersuchungsrichter nach freiem Ermessen und ohne daß eine Anfechtung seiner Entscheidung möglich sei, über die Zulassung einer Frage zu befinden habe. Hiermit werde dem praktischen Bedürfnisse völlig genügt sein.

Dementsprechend wurde zu dem Antrag 1 der folgende Zusatz beantragt:

3. Der Staatsanwalt, der Angeschuldigte (Beschuldigte) und der Verteidiger sind berechtigt, den Zeugen und Sachverständigen diejenigen Fragen vorlegen zu lassen, welche zur Aufklärung der Sache oder der Verhältnisse der Zeugen und Sachverständigen dienlich sind.

   Zweifel über die Zulassung einer Frage entscheidet der Untersuchungsrichter (vernehmende Richter). Eine Anfechtung der Entscheidung findet nicht statt.

Bei der Abstimmung wurde der Antrag 2 mit 12 gegen 4 Stimmen abgelehnt, dagegen der Antrag 1 mit dem Zusatzantrag 3 einstimmig angenommen.

X. Es lagen weiter die folgenden Anträge vor:

1. Der Untersuchungsrichter soll dem Angeschuldigten, soweit es nicht der Untersuchungszweck verbietet, mindestens zweimal in jedem Monate Kenntnis von den neu ermittelten Beweisen geben; es sei denn, daß der Angeschuldigte oder sein Verteidiger den Vernehmungen beigewohnt hat.
2. Der Untersuchungsrichter hat die Vernehmung des Beschuldigten zu wiederholen, so oft neue Tatsachen ermittelt oder neue Beweismittel benutzt worden sind, die dem Angeschuldigten zu weiterer Verteidigung Veranlassung geben können und über die er sich noch nicht hatte äußern können.

Der Antrag 1 entspricht bis auf den beschränkenden Zusatz: „es sei denn, daß der Angeschuldigte oder sein Verteidiger den Vernehmungen beigewohnt hat" dem Beschluß erster Lesung (Bd. 1 S. 180). Der Antrag wurde zurückgezogen, nachdem der Antragsteller ausgeführt hatte: Wenn gemäß den Beschlüssen der Kommission die Parteiöffentlichkeit für die Voruntersuchung eingeführt werde, so bedürfe es der fortlaufenden Mitteilung über das Ergebnis der Ermittelungen nicht mehr. Insoweit der Antrag auch den Zweck verfolge, den Untersuchungsrichter zu möglichster Beschleunigung des Verfahrens zu veranlassen, stehe die aus der wiederholten Vorladung für den Richter wie für den Angeschuldigten sich ergebende erhebliche Belästigung mit dem möglichen Erfolge nicht in rechtem Verhältnisse.

Der Antrag 2 wurde darauf gleichfalls zurückgezogen, indem der Antragsteller erklärte, daß er nur beabsichtigt habe, anstatt des auch von ihm für unzweckmäßig erachteten Antrags 1 eine andere Vorschrift vorzuschlagen.

XI. Der Antrag:

Vor Abschluß der Voruntersuchung soll der Untersuchungsrichter dem Angeschuldigten die Gesamtheit der gegen ihn gesammelten Beweise vorhalten. Der Vorhaltung bedarf es nicht, wenn seit der Vernehmung des Angeschuldigten neue Beweismittel nicht ermittelt sind. Auch soll eine zwangsweise Vorführung zu jenem Zwecke der Regel nach nicht stattfinden.

entspricht dem Beschluß erster Lesung (Bd. 1 S. 180) und fand wiederum einstimmige Annahme.

XII. Ein zu den §§. 158 und 188 der Str.Pr.O. gestellter Antrag:

Staatsanwalt und Untersuchungsrichter sollen, wenn sie von Ermittelungen über die vom Beschuldigten zu seiner Entlastung vorgebrachten Tatsachen oder von einer von ihm beantragten Beweiserhebung absehen, verpflichtet sein, die Gründe hierfür aktenkundig zu machen. Vom Staatsanwalte hat dies in der Begründung der Anklageschrift zu geschehen.

Das Gleiche soll gelten, wenn von einer beantragten wiederholten Vernehmung abgesehen wird.

wurde, bevor eine Beratung stattfand, zurückgezogen.

67. Sitzung.

14. Dezember 1904.

Zwischenverfahren.

I. Die Kommission schritt zur Beratung der Vorschriften, welche die Entscheidung über die Eröffnung des Hauptverfahrens betreffen.

Es lagen die Anträge vor:

1. Erachtet die Staatsanwaltschaft nach stattgehabter Voruntersuchung, daß der Angeschuldigte außer Verfolgung zu setzen oder das Verfahren einzustellen sei, so stellt sie entsprechenden Antrag beim Untersuchungsrichter; hält dieser den Antrag für gerechtfertigt, so verfügt er demgemäß durch Beschluß. Anderenfalls legt er die Akten dem Landgerichte zur Beschlußfassung vor. Dieses beschließt nach Vortrag des Berichterstatters in nichtöffentlicher Sitzung, in der die Prozeßbeteiligten, dafern sie erschienen sind, mit ihren Ausführungen gehört werden. Des Erscheinens der Prozeßbeteiligten bedarf es nicht. Der Angeschuldigte ist in der Benachrichtigung vom Termine darauf hinzuweisen, daß er die Vornahme einzelner Beweiserhebungen bis zum Termin oder im Termine beantragen könne. Das Gericht kann von Amtswegen eine Ergänzung der Voruntersuchung anordnen. Beschließt es, daß Hauptverhandlung stattzufinden habe, so bezeichnet es in dem Beschlusse die dem Angeschuldigten zur Last gelegte Tat. Die Staatsanwaltschaft hat eine dem entsprechende Anklageschrift einzureichen, die dem Angeschuldigten mitzuteilen ist.
2. Ist die Voruntersuchung nur wegen einer zur Zuständigkeit der kleinen Schöffengerichte gehörenden Anschuldigung geführt, so hat der Untersuchungsrichter die Akten dem Landgerichte nur dann vorzulegen, wenn er die Fortsetzung des Verfahrens vor einem Gerichte höherer Ordnung für geboten erachtet. Hält er die Fortsetzung vor dem kleinen Schöffengericht oder dem Einzelrichter für geboten, so gibt er dies durch Beschluß der Staatsanwaltschaft bekannt. Diese hat dann entsprechende Anklageschrift einzureichen.

Der Antrag 1 entspricht dem Beschluß erster Lesung (Bd. 1 S. 183 flg.) und fand einstimmige Annahme.

Der Antrag 2 wurde von dem Antragsteller dahin erläutert, daß er eine unabweisliche Konsequenz des Beschlusses der Kommission über die notwendige

Voruntersuchung in Haftsachen darstelle. Der Antragsteller erklärte, daß er selbst gegen den Antrag stimmen werde, da er diesen nur gestellt habe, um auch hieran die praktische Undurchführbarkeit jenes Beschlusses zu beweisen.

Bei der Abstimmung wurde der Antrag 2 mit 10 gegen 6 Stimmen abgelehnt.

II. Bezüglich der von der Staatsanwaltschaft einzureichenden Anklageschrift war zunächst

A. im allgemeinen vorgeschlagen:

> Erachtet die Staatsanwaltschaft nach durchgeführter Voruntersuchung oder ohne solche die Aburteilung durch das erkennende Gericht für geboten, so hat sie eine Anklageschrift mit Anklageformel in Gemäßheit der §§. 197, 198 der Str.Pr.O. einzureichen. Wenn die Verhandlung und Entscheidung dem kleinen Schöffengericht überwiesen werden soll, ist die Anklageschrift bei dem Amtsgericht einzureichen.

Der Antrag entspricht im Satz 1 dem Beschluß erster Lesung. Der Satz 2 will, wie der Antragsteller erläuternd bemerkte, die früher bereits wiederholt ausgesprochene Meinung der Kommission (Bd. 1 S. 436, Bd. 2 S. 27) dahin klarstellen, daß die Staatsanwaltschaft auch nach geführter Voruntersuchung befugt sein soll, eine Sache zur Verhandlung und Entscheidung dem Schöffengerichte zu überweisen.

Der Antrag fand bei Anwesenheit von 16 Mitgliedern einstimmige Annahme.

B. Hinsichtlich des Inhalts der Anklageschrift hatte die Kommission in der ersten Lesung (Bd. 1 S. 192 flg.) eine Erweiterung des geltenden Rechtes dahin beschlossen, daß die Anklageformel Ort, Zeit und Tatumstände der dem Angeklagten zur Last gelegten Straftat zu bezeichnen, und die Anklageschrift im übrigen anzugeben habe, in welchen Tatsachen die einzelnen gesetzlichen Merkmale der strafbaren Handlung gefunden und durch welche Beweismittel die einzelnen Tatsachen dargetan werden sollen.

Heute lag zunächst der Antrag vor:

1. Die Anklageformel hat Ort, Zeit und Tatumstände der dem Angeklagten zur Last gelegten Straftat zu bezeichnen. Auch hat die Anklageschrift in den vor dem Reichsgerichte, den großen oder den mittleren Schöffengerichten zu verhandelnden Strafsachen anzugeben, in welchen Tatsachen die einzelnen gesetzlichen Merkmale der strafbaren Handlung gefunden werden.

Der erste Satz dieses Antrags fand, wie in erster Lesung, in der Erwägung einstimmige Annahme, daß der Praxis, in der Anklageformel die gesetzlichen Tatbestandsmerkmale nur in abstrakter Form wiederzugeben, entgegenzutreten sei.

Der zweite Satz des Antrags will von der in erster Lesung beschlossenen Vorschrift über die Notwendigkeit einer speziellen Angabe der Tatsachen, in welchen die einzelnen gesetzlichen Merkmale der strafbaren Handlungen gefunden werden, die vor den kleinen Schöffengerichten zu verhandelnden Sachen ausnehmen, dagegen die beschlossene Spezialisierung des Beweisantritts in der Anklageschrift für sämtliche Sachen wieder fallen lassen.

Hiergegen richteten sich die Anträge:

2. a) entsprechend dem Beschlusse der ersten Lesung (Bd. 1 S. 192 flg.) den zweiten Satz des Antrags 1 dahin zu fassen:

Die Anklageschrift hat ferner anzugeben, in welchen Tatsachen die einzelnen gesetzlichen Merkmale der strafbaren Handlung gefunden werden und durch welche Beweismittel die einzelnen Tatsachen dargetan werden sollen,

b) oder, falls jener Beschluß nicht aufrecht erhalten werden sollte, dem zweiten Satze des Antrags 1 hinzuzufügen:

und durch welche Beweismittel die einzelnen Tatsachen dargetan werden sollen.

Die beiden Anträge (2a und 2b) waren schriftlich, wie folgt, begründet: In erster Linie (Antrag 2a) werde Aufrechterhaltung des Beschlusses erster Lesung, also abweichend von dem Antrag 1 verlangt, daß die Anklageschrift auch in den vor die kleinen Schöffengerichte gehörenden Strafsachen angibt, in welchen Tatsachen die einzelnen gesetzlichen Merkmale der strafbaren Handlung gefunden werden (Spezialisierung der Anklage), und daß sie in allen Strafsachen angibt, durch welche Beweismittel die einzelnen Anklagetatsachen dargetan werden sollen (Spezialisierung des Beweisantritts).

Der Antrag 2b begnüge sich mit der Spezialisierung des Beweisantritts in den nicht vor den kleinen Schöffengerichten zu verhandelnden Sachen.

Die Spezialisierung des Beweisantritts sei in der ersten Lesung mit 11 gegen 7 Stimmen beschlossen worden. Gegen den Beschluß sei namentlich geltend gemacht worden, daß hierdurch das Schreibwerk bei der Staatsanwaltschaft übermäßig vermehrt werde. Dies könne für größere Sachen, in denen schon nach jetzigem Rechte (§. 198 Abs. 2) eine Sachdarstellung vorgeschrieben ist, nicht zugegeben werden. Hier werde es in den meisten Fällen genügen, wenn bei den einzelnen Anklagetatsachen die Beweismittel am Rande vermerkt würden, wie das schon jetzt öfters in sehr zweckmäßiger Weise geschehe. Der Eventualantrag führe also nicht zu einer nennenswerten Vermehrung des Schreibwerks. Die hier verlangte Spezialisierung sei für den Verteidigungsbeweis unentbehrlich. In vielen Fällen werde der Beschuldigte allerdings teils aus eigener Kenntnis, teils durch die Vorhaltung des Staatsanwalts am Schlusse des Ermittelungsverfahrens, des Untersuchungsrichters am Schlusse der Voruntersuchung wissen, durch welche Beweismittel die einzelnen ihm zur Last gelegten Tatsachen dargetan werden sollen. Öfters werde das aber nicht der Fall sein, z. B. wenn die blos instruktionell vorgeschriebene Vorhaltung nicht erfolgt oder hierbei die Beweismittel nicht angegeben seien, oder der Beschuldigte den betreffenden Teil der Vorhaltung nicht verstanden oder nicht im Gedächtnisse behalten habe oder die betreffende Tatsache erst nach der Vorhaltung ermittelt sei. Jene Kenntnis sei aber für den Angeklagten erforderlich, weil ein erheblicher Teil der Verteidigung auf dem Nachweise beruhe, daß ein Belastungszeuge eine bestimmte Tatsache nicht wahrgenommen habe oder in Bezug auf einen bestimmten Punkt unglaubhaft sei.

Aber auch in den vor die kleinen Schöffengerichte gehörenden Sachen werde durch die geforderte Spezialisierung der Anklage das Schreibwerk bei der

Staatsanwaltschaft nicht in einer das Bedüfnis übersteigenden Weise vermehrt. Bei den wirklich einfachen Sachen werde sich die Darstellung einschließlich der Spezialisierung auf wenige Sätze beschränken können; bei verwickelteren sei die Ausführlichkeit für die Verteidigung des Angeklagten erforderlich. Es erscheine nicht mehr angemessen, die vor die kleinen Schöffengerichte gehörenden Sachen derart summarisch zu behandeln, wie es bei Beratung der Strafprozeßordnung mit Rücksicht auf die nur für diese Sachen erfolgte Zulassung der Berufung geschehen ist. Denn einerseits schieden durch den Wegfall der Übertretungen, die Ausdehnung des Strafbefehls und des abgekürzten Verfahrens viele einfache Fälle aus; andererseits träten durch die Erweiterungen der Zuständigkeit viele Vergehen mit schwierigen verwickelten Tatbeständen hinzu, bei denen eine Spezialisierung der Anklage für die Verteidigung erforderlich sei.

Die überwiegende Mehrheit der Kommission vermochte sich jedoch nicht für die Aufrechterhaltung der in erster Lesung gefaßten Beschlüsse auszusprechen.

Bei der Abstimmung wurde zunächst die Frage,

> ob die Anklageschrift in allen Strafsachen die Tatsachen, in welchen die einzelnen gesetzlichen Merkmale der strafbaren Handlung gefunden werden, angeben müsse,

mit 14 gegen 2 Stimmen verneint und die einstimmige Annahme des zweiten Satzes des Antrags 1 festgestellt, wonach eine derartige Spezialisierung der Anklageschrift nur in den vor dem Reichsgerichte, den mittleren und den großen Schöffengerichten zu verhandelnden Sachen vorgeschrieben werden soll. Alsdann wurde die Frage,

> ob die Anklageschrift in allen Strafsachen angeben müsse, durch welche Beweismittel die einzelnen Tatsachen dargetan werden sollen,

mit 15 Stimmen gegen eine Stimme verneint. Endlich wurde auch der unter 2b gestellte Eventualantrag, wonach diese Spezialisierung des Beweisantritts wenigstens für die Anklageschrift in den vor dem Reichsgerichte, den großen oder den mittleren Schöffengerichten zu verhandelnden Sachen vorgeschrieben werden soll, mit 14 gegen 2 Stimmen abgelehnt.

Hierbei waren für die Mehrheit folgende Erwägungen maßgebend: Die Spezialisierung der Anklageschrift habe für den Angeschuldigten nur insoweit Bedeutung, als ihm die Anklageschrift zugestellt werde. Diese Zustellung sei aber nach geltendem Rechte in den vor die kleinen Schöffengerichte gehörenden Sachen nicht vorgeschrieben und könne auch für die Zukunft wegen der damit verbundenen großen Vermehrung des Schreibwerkes und, falls nicht die Zustellung der Anklageschrift mit der Ladung verbunden werden sollte, auch wegen der Vermehrung der Zustellungen nicht empfohlen werden. Es habe sich bisher als völlig ausreichend erwiesen, daß dem Angeschuldigten in diesen Sachen nur der Eröffnungsbeschluß mitgeteilt werde. Wenn er in Zukunft statt dessen in der Ladung die Anklageformel zugestellt erhalte, so werde dies um so mehr genügen, als die Anklageformel auch die Angabe der Tatumstände enthalte und der Angeschuldigte durch die am Schlusse des Vorverfahrens erfolgte Vorhaltung des Staatsanwalts bereits unterrichtet worden sei. Die Spezialisierung der Anklageschrift führe in diesen kleinen Sachen zu unnötigem Formalismus und werde es, wenn sie gemäß §. 421 der Str.Pr.O. auch auf die Klageschriften im Privatklageverfahren angewandt werde, dem Verletzten nahezu unmöglich machen, die Klage ohne Rechtsbeistand anzufertigen. Endlich werde eine derartige Vorschrift nicht selten zu unerwünschten Streitigkeiten zwischen der Staatsanwaltschaft und dem Gerichte führen, da dieses eine den gesetzlichen Erfordernissen nicht entsprechende Anklageschrift zurückzuweisen habe und über das Maß der erforderlichen Spezialisierung leicht Meinungsverschiedenheiten bestehen könnten. Es sei daher bedenklich, die Spezialisierung im weiteren Umfange vorzuschreiben, als es das Interesse des Angeschuldigten unbedingt erfordere. Was sodann die Spezialisierung des Beweisantritts in der Anklageschrift anlange, so würden, wie der Antragsteller selbst anerkenne, in verwickelteren Sachen die Beweismittel jetzt schon für die einzelnen Tatsachen getrennt angeführt. Eine solche Spezialisierung aber für alle Sachen gesetzlich vorzuschreiben, sei nicht angängig, da hierdurch die Staatsanwaltschaft in hohem Maße belastet würde, ohne daß ein praktisches Bedürfnis dafür vorläge. Von seltenen Ausnahmen abgesehen werde der Angeschuldigte, namentlich wenn ihm der Staatsanwalt das Beweisergebnis vorgehalten habe, schon durch die Benennung eines Zeugen darüber unterrichtet werden, was derselbe bekunden solle. Zudem sei auch hier zu befürchten, daß die Befugnis des Gerichts, eine Anklageschrift wegen nicht ausreichender Spezialisierung der Beweismittel zurückzuweisen, zu Meinungsverschiedenheiten zwischen Gericht und Staatsanwaltschaft und dadurch zu einer häufig auch dem Angeschuldigten unerwünschten Verzögerung der Sache Anlaß geben werde.

III. Hinsichtlich der weiteren Gestaltung des Verfahrens nach Einreichung der Anklageschrift war zunächst für die kleinen Schöffengerichte beantragt:

1. In den vor den kleinen Schöffengerichten zu verhandelnden Sachen beraumt der Amtsrichter Termin zur Hauptverhandlung an, es sei denn, daß die Voraussetzungen des §. 178 Abs. 1 der Str.Pr.O. vorliegen oder der Beschuldigte nicht dringend verdächtig erscheint, oder die Anklageschrift nicht den gesetzlichen Erfordernissen, wie sie unter II dieses Protokolls festgestellt sind, entspricht; solchenfalls lehnt er die Anberaumung einer Hauptverhandlung durch Beschluß ab. Dagegen steht der Staatsanwaltschaft sofortige Beschwerde zu.

   Der Amtsrichter ist befugt, vor der Beschlußfassung einzelne Beweiserhebungen anzuordnen. Er beschließt über den Antrag auf Fortdauer oder Anordnung der Untersuchungshaft.

Der Antragsteller führte erläuternd aus: Von den Beschlüssen erster Lesung (Bd. 1 S. 186 und 192 flg.) weiche der Antrag nur insofern ab, als er einmal, um die Auffassung der Kommission (Bd. 1 S. 194) zutreffender zum Ausdruck zu bringen, statt des „ausreichenden" Verdachts einen „dringenden" Verdacht erfordere, und als er ferner, einer Anregung aus der ersten Lesung folgend, hervorhebe, daß der Amtsrichter den gesetzlichen Vorschriften nicht entsprechende Anklageschriften zurückzuweisen habe. Dagegen sei hier — im Gegensatze zu den vor den höheren Gerichten zu verhandelnden Sachen — an dem Standpunkte der ersten Lesung insoweit festgehalten, als vorgeschrieben werden solle, daß der Amtsrichter bei der Anberaumung des Hauptverhandlungstermins stets auch über die Fortdauer der Haft zu beschließen habe. Letzteres erscheine geboten, weil dem Amtsanwalt eine zutreffende Beurteilung der Frage, ob die Fortdauer der Haft notwendig sei, nicht immer zugetraut werden und andererseits die Entscheidung durch den Amtsrichter ohne jeden Zeitverlust erfolgen könne.

Gegen den Antrag wurde von verschiedenen Seiten das Bedenken erhoben, ob es nicht zu unerwünschten Mißhelligkeiten zwischen der Staatsanwaltschaft und dem Amtsgerichte führen könne, wenn der Amtsrichter eine Anklageschrift auch deshalb zurückweisen dürfe, weil in der Anklageformel die Tatumstände nicht genau genug angegeben seien. Das Bedenken wurde jedoch fallen gelassen, nachdem darauf hingewiesen war, daß mit der Annahme des Antrags der Frage nicht vorgegriffen werde, ob im Gesetze selbst eine ausdrückliche Vorschrift hierüber aufzunehmen sei. Vielleicht möge es zweckmäßiger sein, dies zu vermeiden, um nicht die Gerichte zu einer übertrieben ängstlichen Prüfung jenes Erfordernisses der Anklageschrift zu veranlassen. Andererseits könne das Gericht, zumal bei dem Wegfalle des Eröffnungsbeschlusses, keinesfalls verpflichtet werden, auch auf eine unvollständige Anklageschrift Termin anzusetzen. Eine ordnungsmäßige Anklageschrift sei Prozeßvoraussetzung.

Bei der Abstimmung wurde der Antrag einstimmig angenommen. Die Kommission war dabei dahin einig, daß der ablehnende Beschluß des Amtsgerichts, falls eine Voruntersuchung stattgefunden hat, den Angeschuldigten außer Verfolgung zu setzen habe.

2. Zu dem unter 1 bezeichneten Antrage war der Unterantrag gestellt,

hinter den Worten „beraumt der Amtsrichter" einzufügen „unter Mitteilung einer Abschrift der Anklageschrift an den Angeklagten."

Diesem Antrage war eine schriftliche Begründung folgenden Inhalts beigegeben worden: Die hier beantragte Ergänzung erscheine notwendig; denn da in diesen Sachen der nach dem bisherigen Rechte (Str.Pr.O. §. 214) dem Angeklagten zuzustellende Eröffnungsbeschluß wegfalle, so würde der Angeklagte ohne Zustellung der Anklageschrift nicht mit Sicherheit erfahren, welche Tat abgeurteilt werden solle.

Der Antragsteller zog jedoch, ohne daß eine Beratung stattfand, den Antrag zurück, indem er bemerkte, daß der Antrag an Bedeutung erheblich verloren habe, nachdem für schöffengerichtliche Sachen eine Spezialisierung der Anklageschrift abgelehnt sei, und daß andererseits die Aufnahme der individualisierten Anklageformel in die Ladung geeignet sein werde, die bisherige Zustellung des Eröffnungsbeschlusses zu ersetzen.

3. Ein weiterer Antrag,

dem Antrag 1 folgenden Abs. 3 hinzuzufügen,

Ist die Anberaumung der Hauptverhandlung aus den im §. 178 Abs. 1 der Str.Pr.O. angeführten Gründen oder wegen Mangels eines dringenden Verdachts abgelehnt, so kann die Klage nur auf Grund neuer Tatsachen oder Beweismittel wieder aufgenommen werden.

war schriftlich damit begründet worden, daß es notwendig erscheine, auch in das neue Recht eine die Rechtskraft der betreffenden Entscheidungen sichernde, dem bisherigen Rechte (Str.Pr.O. §. 210)[1]) entsprechende Bestimmung aufzunehmen.

Auch dieser Antrag wurde zurückgezogen, nachdem sich in der Kommission Einverständnis darüber ergeben hatte, daß die Bestimmung des §. 210 der Str.Pr.O. in den Grenzen, die ihrer Anwendung durch die Rechtsprechung des Reichsgerichts gezogen seien,[2]) in Zukunft für diejenigen Beschlüsse maßgebend sein solle, durch welche die Terminsansetzung abgelehnt werde.

IV. Der Antrag:

> In den nicht vor den kleinen Schöffengerichten zu verhandelnden Strafsachen hat der Vorsitzende die Anklageschrift dem Angeschuldigten, und dafern dieser in Haft ist, auch seinem Verteidiger mitzuteilen. Sind mehrere Verteidiger benannt, so genügt die Mitteilung an einen derselben.
>
> Der Angeschuldigte ist gleichzeitig aufzufordern, sich innerhalb einer Frist von einer Woche, dafern er aber am Sitze des Gerichts in Haft ist, innerhalb einer Frist von drei Tagen zu erklären, ob er eine Voruntersuchung, falls eine solche nicht stattgefunden hat, oder die Vornahme einzelner Beweiserhebungen vor der Hauptverhandlung beantragen oder Einwendungen gegen die Abhaltung der Hauptverhandlung oder gegen die Fortdauer der Haft vorbringen wolle. Die Frist kann auf Antrag verlängert werden.

wurde vom Antragsteller dahin erläutert: Eine Abweichung von den Vorschriften des §. 199 der Str.Pr.O. liege nur insofern vor, als einmal, entsprechend dem Beschluß erster Lesung (Bd. 1 S. 187 flg.), die Mitteilung der Anklageschrift auch an den Verteidiger des verhafteten Angeklagten vorgeschrieben sei, ferner die Dauer der Erklärungsfrist im Gesetze selbst bestimmt werden und endlich ein ausdrücklicher Hinweis des Angeschuldigten darauf erfolgen solle, daß er Einwendungen gegen die Fortdauer der Untersuchungshaft vorbringen könne. Eine gesetzliche Erklärungsfrist empfehle sich deshalb, weil in der Praxis zuweilen über die Kürze der vom Vorsitzenden bestimmten Fristen Klage geführt worden sei. Allerdings werde in diesem Falle auch die Möglichkeit einer Verlängerung der gesetzlichen Fristen durch den Vorsitzenden im Gesetze vorgesehen werden müssen, weil die Strafprozeßordnung seither eine Befugnis des Richters, gesetzliche Fristen zu verlängern, nicht kenne.

Die Kommission nahm zunächst den Abs. 1 des Antrags einstimmig an, bejahte alsdann einstimmig die ihr vom Vorsitzenden vorgelegte Frage,

> ob für die Einwendungen des Angeschuldigten bestimmte Fristen im Gesetze selbst vorgesehen werden sollen,

und nahm endlich auch den Abs. 2 des Antrags einstimmig an.

---

[1]) Der §. 210 lautet:

> Ist die Eröffnung des Hauptverfahrens durch einen nicht mehr anfechtbaren Beschluß abgelehnt, so kann die Klage nur auf Grund neuer Tatsachen oder Beweismittel wieder aufgenommen werden.

[2]) Zu vergl. das Urteil des dritten Strafsenats vom 20. Februar 1899 (Entsch. in Straff. Bd. 32 S. 50 flg.).

V. Die Anträge,

1. Der Angeschuldigte, der keinen Verteidiger hat, kann verlangen, daß er zur Aufnahme von Einwendungen und Anträgen (IV dieses Protokolls) von einem Richter oder einer Gerichtsperson, welche die erste juristische Prüfung bestanden hat, vernommen werde.

2. Beantragt der Angeschuldigte Voruntersuchung, so ist die Sache ohne weiteres an den Untersuchungsrichter abzugeben.

entsprechen den Beschlüssen der ersten Lesung (Bd. 1 S. 188 flg. und 190) und wurden ohne Debatte einstimmig angenommen.

VI. Auch der Antrag,

Hat der Angeschuldigte Einwendungen erhoben oder Anträge gestellt, die nicht bloß die Hauptverhandlung betreffen, so entscheidet das Landgericht in nicht öffentlicher Sitzung durch Beschluß nach Vortrag eines Berichterstatters und mündlichem Gehöre der Prozeßbeteiligten, dafern diese erschienen sind. Letztere und ihre Vertreter sind vom Termine zu benachrichtigen. Ihres Erscheinens bedarf es nicht. Doch ist der verhaftete Angeschuldigte vorzuführen, wenn er am Sitze des Gerichts in Haft ist und die Vorführung nicht ablehnt. Die Mitglieder des Gerichts können an den Angeschuldigten Fragen richten.

entspricht dem Beschlusse der ersten Lesung (Bd. 1 S. 190 flg.) und wurde einstimmig zum Beschluß erhoben. Dabei bestand Einverständnis darüber, daß unter Anträgen, die bloß die Hauptverhandlung betreffen und vom Vorsitzenden allein beschieden werden können, solche zu verstehen seien, die sich nicht auf die Abwendung der Hauptverhandlung, sondern für den Fall einer Hauptverhandlung auf das in derselben zu beobachtende Verfahren, namentlich den Umfang der darin vorzunehmenden Beweisaufnahme, beziehen.

VII. Es lag ferner der Antrag vor:

Das Landgericht kann, wenn es durch Einwendungen oder Anträge mit der Sache befaßt ist, die Einleitung der Voruntersuchung, ihre Ergänzung oder die Vornahme einzelner Beweiserhebungen verfügen, letztere auch selbst vornehmen. In Bezug auf das Recht der Prozeßbeteiligten, den Beweiserhebungen beizuwohnen, gelten die Bestimmungen, welche für die gerichtliche Voruntersuchung getroffen sind. Nach Erledigung ist in derselben Weise zu verfahren, wie dies unter VI beschlossen ist.

Der Antrag entspricht dem Beschluß erster Lesung (Bd. 1 S. 191). Gegen Satz 1 und 3 des Antrags erhob sich auch heute kein Widerspruch. Gegen Satz 2 wurde geltend gemacht, daß bei der Vernehmung des Angeschuldigten, welcher Einwendungen erhoben habe, die Anwesenheit nicht nur für den Staatsanwalt und den Verteidiger in der Regel besonders erwünscht, sondern häufig auch der Aufklärung der Sache förderlich sein werde. Es empfehle sich daher, nicht das freie Ermessen des Gerichts über die Zulassung des Staatsanwalts und des Verteidigers zur Vernehmung des Angeschuldigten entscheiden zu lassen, vielmehr die für die Vernehmung von Zeugen und Sachverständigen in der

Voruntersuchung geltenden Grundsätze hier auch auf die Vernehmung des Angeschuldigten anzuwenden. Nachdem infolgedessen der Antragsteller den Satz 2 seines Antrags dahin geändert hatte:

> In Bezug auf das Recht der Prozeßbeteiligten, den Beweiserhebungen beizuwohnen, finden die Bestimmungen, welche für die Teilnahme an der Vernehmung von Zeugen und Sachverständigen in der Voruntersuchung getroffen sind, entsprechende Anwendung, und zwar auch hinsichtlich der Vernehmung des Angeschuldigten.

wurde der Antrag in dieser Fassung einstimmig angenommen.

VIII. Der Antrag:

> Das Landgericht kann in Verfolg der Einwendungen oder Anträge Einstellung des Verfahrens, Außerverfolgungsetzung, Ablehnung der Hauptverhandlung oder Verweisung des Angeschuldigten vor das sachlich zuständige Gericht sowie Aufhebung der Haft oder Verschonung mit Haft gegen Sicherheitsleistung beschließen. Eine Verweisung vor das Reichsgericht steht dem Landgerichte nicht zu.

entspricht im wesentlichen den Beschlüssen erster Lesung (Bd. 1 S. 191 flg.) und fand auch heute einstimmige Annahme. Hierbei bestand Einverständnis darüber, daß das Gericht einen Beschluß auf Fortdauer der Haft zur Vermeidung einer sonst eintretenden Verzögerung nur zu erlassen brauche, falls der Angeschuldigte gegen die Fortsetzung der Haft Einwendung erhoben habe.

IX. Die Anträge:

1. Gilt der die Einstellung, Außerverfolgungsetzung, Ablehnung der Hauptverhandlung oder Verweisung an ein anderes Gericht bedingende Grund in gleicher Weise für Mitangeklagte, die keine Einwendungen erhoben haben, so hat das Landgericht auch bezüglich ihrer so zu beschließen, als wenn auch sie Einwendungen erhoben hätten.
2. Erscheint der Angeschuldigte, der Einwendungen gegen das Stattfinden der Hauptverhandlung erhoben hat, einer strafbaren Handlung dringend verdächtig, so beschließt das Landgericht, daß Hauptverhandlung stattzufinden habe. Der Beschluß hat sich, ohne über das Maß von Verdacht sich auszusprechen, auf die Erklärung zu beschränken, daß auf die Anklage Hauptverhandlung stattzufinden habe. Eine Formulierung der Anschuldigung findet nur dann statt, wenn dies zur Begründung einer von den Anträgen der Staatsanwaltschaft abweichenden Zuständigkeitsbestimmung erforderlich ist.
3. Lehnt das Landgericht Beweisanträge des Angeschuldigten ab, so hat es ihm zu eröffnen, daß er diese Beweisanträge bei dem Vorsitzenden des erkennenden Gerichts oder in der Hauptverhandlung wiederholen, auch die Zeugen und Sachverständigen selbst laden lassen könne.

entsprechen den Beschlüssen erster Lesung (Bd. 1 S. 192 flg.) und fanden einstimmige Annahme.

Dabei wurde als die einstimmige Meinung der Kommission vom Vorsitzenden festgestellt, daß eine dem Antrag 3 entsprechende Vorschrift auch gelten solle, wenn der Vorsitzende gemäß dem §. 219 der Str.Pr.O. Anträge auf Ladung einer Person ablehnt.

X. Entsprechend dem Beschlusse der ersten Lesung (Bd. 1 S. 195) war beantragt:

> Hat der Angeschuldigte fristgemäß Einwendungen nicht erhoben oder auf sie ausdrücklich verzichtet, so beraumt der Vorsitzende des erkennenden Gerichts sofort Termin zur Hauptverhandlung an. Er kann jedoch zuvor zur besseren Aufklärung der Sache noch einzelne Beweiserhebungen anordnen. Auch kann er einen die Ablehnung der Terminsbestimmung oder die Verweisung an das sachlich zuständige Gericht oder die Einstellung des Verfahrens aussprechenden Beschluß des Gerichts aus den im §. 178 Abs. 1 der Str.Pr.O. vorgesehenen Gründen oder dann herbeiführen, wenn nach seiner Annahme eine Verurteilung nicht zu erwarten steht oder die Anklageschrift den Erfordernissen des unter II B dieses Protokolls wiedergegebenen Beschlusses nicht entspricht.

Der Antrag fand einstimmige Annahme, nachdem zur Vermeidung von Mißverständnissen das Wort „sofort“ im Satz 1 gestrichen und im übrigen hervorgehoben war, daß, sofern Voruntersuchung geführt ist, durch den Beschluß der Angeschuldigte außer Verfolgung gesetzt werden müsse.

XI. Die Anträge:

1. Dem Angeschuldigten steht gegen die Beschlüsse des Landgerichts nur insoweit sofortige bezw. einfache Beschwerde zu, als sie die Einwände wegen Unzuständigkeit oder die Untersuchungshaft betreffen, oder die Vorschriften über das rechtliche Gehör im Zwischenverfahren verletzt worden sind.
2. Die Staatsanwaltschaft hat gegen die Beschlüsse des Gerichts insoweit sofortige Beschwerde, als die Anberaumung eines Termins zur Hauptverhandlung abgelehnt oder abweichend vom Antrage der Staatsanwaltschaft die Verweisung vor ein Gericht niederer Ordnung ausgesprochen worden ist.

fanden wie in erster Lesung (Bd. 1 S. 195 und S. 196) einstimmige Annahme.

XII. Es war ferner beantragt,

> das der Staatsanwaltschaft gegebene Beschwerderecht auch dem Verletzten, welcher bei ihr die Erhebung der öffentlichen Klage beantragt hatte, im Falle der Ablehnung der Anberaumung eines Termins zur Hauptverhandlung zu gewähren.

Der Antrag entspricht einem Beschlusse, dem die VIII. Kommission des Reichstags bei der Beratung des Antrags Lenzmann-Munckel gefaßt hat,[1]) und wurde heute damit begründet, daß dem Verletzten die Möglichkeit gewährt werden

---

[1]) Reichstagsdrucks. 1900/1901 Nr. 220 S. 25.

müsse, auch nach der Erhebung der öffentlichen Klage auf die weitere Durchführung des Strafverfahrens hinzuwirken.

Die Mehrheit der Kommission stand zwar der mit dem Antrage verfolgten Absicht, die Stellung des Verletzten im Strafprozesse zu verbessern, nicht unsympathisch gegenüber, konnte sich jedoch nicht davon überzeugen, daß mit dem beantragten Beschwerderechte berechtigten Interessen des Verletzten gedient sei. Das geltende Recht habe zu besonderen Mißständen in dieser Beziehung nicht geführt. Die Beschwerden darüber, daß die Staatsanwaltschaft von dem ihr zustehenden Rechtsmittel gegen die Nichteröffnung des Hauptverfahrens keinen Gebrauch gemacht habe, verdienten in der großen Mehrzahl der Fälle keine Berücksichtigung. Denn sie gingen in der Regel von besonders gehässigen oder von solchen Personen aus, die mit Hilfe der Staatsanwaltschaft sich das erforderliche Material für einen beabsichtigten Zivilprozeß beschaffen wollten. Zudem lasse der Antrag den gleichliegenden Fall einer Zurückweisung des Antrags auf Voruntersuchung unberücksichtigt, und man könne sich von ihm eine nennenswerte Verbesserung der Rechtsstellung des Verletzten im Prozeß überhaupt nicht versprechen, da das Verfahren, wenn der Staatsanwalt selbst von der Einlegung der Beschwerde abgesehen habe, in der Regel zu einer Verurteilung des Angeklagten auch nicht führen werde. Endlich müsse die erweiterte Bedeutung ins Auge gefaßt werden, die der §. 435 der Str.Pr.O. (Anschluß als Nebenkläger) bei Ausdehnung der Privatklage erlange.

Bei der Abstimmung wurde der Antrag mit 14 gegen 2 Stimmen abgelehnt.

XIII. Der Antrag,

auch für das landgerichtliche Verfahren vorzuschreiben:

> Ist durch einen nicht mehr anfechtbaren Beschluß der Angeklagte außer Verfolgung gesetzt oder die Anberaumung der Hauptverhandlung aus den im §. 178 Abs. 1 der Str.Pr.O. angegebenen Gründen oder wegen Mangels eines dringenden Verdachts abgelehnt, so kann die Klage nur auf Grund neuer Tatsachen oder Beweismittel wieder aufgenommen werden.

wurde zurückgezogen, nachdem auch hier die einhellige Meinung der Kommission dahin festgestellt worden war, daß die Vorschrift des §. 210 der Str.Pr.O. entsprechende Anwendung finden solle.

XIV. Die den Beschlüssen erster Lesung entsprechenden Anträge:

1. In den Fällen des §. 208 der Str.Pr.O. steht der Beschluß auf vorläufige Einstellung des Verfahrens, dafern keine Voruntersuchung stattgefunden hat, der Staatsanwaltschaft, sonst auf ihren Antrag dem Untersuchungsrichter zu (Bd. 1 S. 196).
2. Die endgültige Einstellung des Verfahrens kann in gleicher Weise beschlossen werden, wenn einer zu Freiheitsstrafe rechtskräftig verurteilten Person eine strafbare Handlung zur Last gelegt wird, und die Feststellung dieses Straffalls mit Rücksicht auf die noch nicht vollständig verbüßte Strafe unwesentlich erscheint (Bd. 1 S. 196 flg.).
3. Die vorläufige Einstellung ist auch dann zulässig, wenn der Beschuldigte in einen körperlichen Zustand verfällt, der sein Erscheinen

vor Gericht dauernd oder für nicht absehbare Zeit unmöglich macht, oder wenn dem Verfahren sonst ein unüberwindliches Hindernis entgegensteht (Bd. 1 S. 197).

wurden ohne Debatte einstimmig angenommen.

XV. Es war ferner beantragt:

Vor der Hauptverhandlung kann die Staatsanwaltschaft auf Grund neu hervorgetretener Umstände zu Gunsten des Angeklagten die Wiederaufhebung des die Hauptverhandlung anordnenden Beschlusses (zu vergl. Ia, VIII, IX2 dieses Protokolls) und anderweitige Beschlußfassung beantragen. Die Beschlußfassung kann ohne weiteres Gehör der Prozeßbeteiligten erfolgen.[1])

Der Antrag entspricht inhaltlich dem in der Regierungsvorlage von 1895[2]) vorgeschlagenen §. 244a, der auch die Billigung der Reichstagskommissionen von 1896, 1899 und 1900 gefunden hat, sowie dem §. 272 der Militärstrafgerichtsordnung. Erläuternd wurde bemerkt, daß es einer entsprechenden Vorschrift für die unter III 1 und X des Protokolls erörterten Fälle nicht bedürfe, weil es selbstverständlich sei, daß der Amtsrichter bezw. Vorsitzende seine lediglich prozeßleitende Verfügung, durch welche er Termin anberaumt hat, zurücknehmen und die unter III 1 und X nachgelassene ablehnende Beschlußfassung bewirken oder herbeiführen könne, sowie daß die Staatsanwaltschaft befugt sei, hierzu durch einen Antrag die Anregung zu geben.

Zur Begründung des Antrags wurde ausgeführt: Es komme nicht selten vor, daß neu hervorgetretene Umstände, z. B. die Feststellung, daß der Angeklagte zur Zeit der Tat geisteskrank gewesen oder daß die Erhebung der Anklage auf einer Verwechselung beruhe, eine Hauptverhandlung überflüssig erscheinen ließen. Für solche Fälle müsse dem Gerichte die Möglichkeit gegeben werden, die Sache ohne Hauptverhandlung zur Erledigung zu bringen. Die Kommission habe in der ersten Lesung für solche Fälle, ohne Unterschied, ob in der Sache schon Hauptverhandlung stattgefunden habe oder nicht, die Erledigung durch Urteil vorgesehen und auch zulassen wollen, daß in diesem Urteil auf Einziehung oder Unbrauchbarmachung erkannt werde (Bd. 1 S. 219 flg.). Dies letztere sei jedoch bedenklich, da so einschneidende Maßnahmen nicht ohne Anhörung des Angeklagten getroffen werden dürften. Abgesehen hiervon entspreche ein Urteil ohne Hauptverhandlung nicht dem Systeme des Gesetzes, das eine Durchbrechung nur im §. 411 der Str.Pr.O. erfahren habe. Es empfehle sich deshalb, wenigstens für die Fälle, in denen eine Hauptverhandlung noch nicht stattgefunden habe, vorzuschreiben, daß das Gericht unter Wiederaufhebung seines die Hauptverhandlung anordnenden Beschlusses die Einstellung des Verfahrens, Außerverfolgungsetzung oder Ablehnung der Hauptverhandlung durch Beschluß auszusprechen habe, die Einziehung oder Unbrauchbarmachung aber grundsätzlich auszuschließen.

---

[1]) In erster Lesung (Bd. 1 S. 197) ist ein entsprechender Antrag vor der Beratung zurückgezogen worden.

[2]) Reichstagsdrucks. von 1895/96 Nr. 73 S. 9 und 44.

Von anderer Seite wurde zunächst eingewendet: Wenn dem Angeschuldigten die Anklageschrift zugestellt sei, könne er beanspruchen, daß nicht nur der die Hauptverhandlung anordnende Beschluß wieder aufgehoben, sondern durch ein Urteil in unanfechtbarer Weise seine Unschuld ausgesprochen werde. Nachdem jedoch hiergegen bemerkt worden war, daß auch der Ablehnungsbeschluß, wie ihn der Antrag vorsehe, die im §. 210 der Str.Pr.O. bezeichneten Rechtswirkungen haben solle und daß vor der ersten Hauptverhandlung ein Recht des Angeklagten auf Erlaß eines Urteils nicht anzuerkennen sei, wurde das Bedenken fallen gelassen.

Der Antrag fand sodann einstimmige Annahme.

XVI. Durch die bisherige Beratung waren die Fragen J I 1 und J I 2a bis c des Fragebogens erledigt. Die unter J I 2d des Fragebogens gestellte Frage:

> Soll, wenn sich in der Hauptverhandlung der tatsächliche Inhalt des Beschlusses (über die Eröffnung des Hauptverfahrens) als mangelhaft oder unvollständig ergibt, auf Antrag des Angeklagten die Aussetzung zu erfolgen haben?

wurde wie in erster Lesung (Bd. 1 S. 198) einstimmig verneint.

XVII. Es war schließlich noch die Frage zu beantworten (J II und U III des Fragebogens), inwieweit von den für erforderlich erachteten Maßnahmen zur Umgestaltung des Vorverfahrens im Falle der Ausdehnung der Berufung abgesehen, ob insbesondere die Mitteilung der Anklageschrift an den Angeschuldigten vor der Entscheidung über die Eröffnung des Hauptverfahrens beseitigt werden könne. Hierzu lagen die folgenden Anträge vor:

1. Die in Ansehung des Vorverfahrens gefaßten Beschlüsse sollen auch für den Fall gelten, daß die von der Kommission beschlossene Berufung gegen alle Schöffengerichtsurteile zugelassen wird.
2. Es erscheint nicht angängig, im Falle der Einführung der Berufung die Mitteilung der Anklageschrift an den Angeschuldigten vor der Entscheidung über die Anberaumung des Termins zur Hauptverhandlung zu beseitigen.

Die Anträge entsprechen den Beschlüssen der ersten Lesung und fanden ohne Debatte einstimmige Annahme (zu vergl. Bd. 1 S. 198 und 494).

Hiermit war die Beratung über das Vorverfahren beendet.

XVIII. Die Kommission wandte sich zu Nr. IV 3 des Programms für die zweite Lesung „Hauptverfahren", und zwar zunächst zur Frage der Teilnahme des Berichterstatters an der Hauptverhandlung (U III 2 des Fragebogens).

Der Antrag:

> Der Richter, welcher bei der Entscheidung, ob Hauptverhandlung stattfinden solle, als Berichterstatter mitgewirkt hat, ist zur Teilnahme an dem Hauptverfahren zuzulassen.

entspricht dem Beschlusse der ersten Lesung (Bd. 1 S. 491 flg.) und fand einstimmige Annahme.

XIX. Es folgte die Beratung der Vorschriften über die Hauptverhandlung (L des Fragebogens).

In der ersten Lesung war beschlossen worden, daß mit Zustimmung der Staatsanwaltschaft ohne Hauptverhandlung die Freisprechung, die Einstellung des Verfahrens oder die Unzulässigkeit der Strafverfolgung, allein oder in Verbindung mit einer Einziehung oder Unbrauchbarmachung durch Urteil ausgesprochen werden könne, wenn Umstände, die erst nach der Terminsanberaumung hervorgetreten seien, dies gerechtfertigt erscheinen ließen; daß es ferner auch der Zustimmung des Angeklagten zu diesem Verfahren bedürfen solle, wenn eine Hauptverhandlung schon stattgefunden habe, diese aber wieder ausgesetzt worden sei (Bd. 1 S. 219 flg.). Ein diesem Beschluß entsprechender Antrag war ursprünglich auch heute gestellt worden. Im Hinblicke darauf jedoch, daß die Kommission für diejenigen Fälle, in denen eine Hauptverhandlung überhaupt noch nicht stattgefunden hat, heute diesen Beschluß bereits fallen gelassen hat (vergl. unter XV dieses Protokolls) wurde der Antrag nur noch in der nachstehenden beschränkten Fassung aufrechterhalten:

> Sind nach einer Aussetzung der Hauptverhandlung Tatsachen eingetreten oder ermittelt worden, die allein oder in Verbindung mit den bisherigen Ergebnissen des Verfahrens die Freisprechung, die Einstellung des Verfahrens oder die Unzulässigkeit der Strafverfolgung, allein oder in Verbindung mit einer Einziehung oder Unbrauchbarmachung begründen, so kann das Urteil mit Zustimmung des Staatsanwalts und des Angeklagten ohne Hauptverhandlung erlassen werden. Der Zustimmung des Angeklagten bedarf es nicht, wenn er geisteskrank ist, wenn sein Aufenthalt nicht zu ermitteln ist, wenn er sich im Ausland aufhält oder wenn er nicht auf freiem Fuße und das Urteil nicht von dem Gerichte des Ortes zu erlassen ist, an dem er sich in Verwahrung befindet.

Der Antragsteller führte aus, daß die vorgeschlagene Bestimmung durch das praktische Bedürfnis gerechtfertigt sei. Demgegenüber müßten die Bedenken, die gegen den Erlaß eines Urteils ohne vorangegangene Hauptverhandlung vorgebracht worden seien, ebenso wie im Falle des §. 411 der Str.Pr.O., zurücktreten. Allerdings müsse der Angeklagte, da schon einmal mündlich verhandelt worden sei, die Erneuerung der Hauptverhandlung verlangen können. Dem sei jedoch durch das Erfordernis der Zustimmung des Angeklagten Rechnung getragen. Auch dagegen, daß eine Einziehung oder Unbrauchbarmachung ausgesprochen werden könne, ließen sich begründete Einwendungen nicht geltend machen, da diese Maßregeln sogar durch Strafbefehl ohne vorheriges Gehör des Beschuldigten getroffen werden könnten.

Die überwiegende Mehrheit der Kommission hielt es jedoch grundsätzlich für bedenklich, wenn einmal eine Hauptverhandlung unter Zuziehung von Schöffen stattgefunden habe, die Erledigung der Sache ohne Erneuerung der Hauptverhandlung durch ein Urteil zuzulassen, bei dem die Mitwirkung der Schöffen ausgeschlossen sei; auch bleibe es unklar, wie das Urteil verkündet werden solle. Insbesondere aber sei es untunlich, so einschneidende Maßregeln wie die Einziehung oder Unbrauchbarmachung ohne Erneuerung der Hauptverhandlung auszusprechen. Der Hinweis auf das Strafbefehlsverfahren treffe nicht zu, weil dort durch den Einspruch der Strafbefehl ohne weiteres beseitigt werden könne.

Um den gegen die Zulässigkeit der Einziehung und Unbrauchbarmachung erhobenen besonderen Bedenken Rechnung zu tragen, wurde zunächst über den Antrag ohne die Worte: „allein oder in Verbindung mit einer Einziehung oder Unbrauchbarmachung" abgestimmt. Nachdem der Antrag schon mit dieser Beschränkung mit 13 gegen 3 Stimmen abgelehnt war, wurde festgestellt, daß es einer weiteren Abstimmung nicht bedürfe, der Antrag vielmehr auch im übrigen als abgelehnt anzusehen sei.

XX. Der Antrag:

> Der §. 228 der Str.Pr.O. ist dahin abzuändern, daß eine unterbrochene Hauptverhandlung spätestens eine Woche nach der Unterbrechung fortgesetzt werden muß.

entspricht dem Beschlusse der ersten Lesung (Bd. 1 S. 257 flg.). Ein Mitglied äußerte auch heute die Befürchtung, daß in der verlängerten Zwischenzeit leicht eine Beeinflussung der Laienrichter stattfinden könne. Der Antrag wurde jedoch mit 15 Stimmen gegen eine Stimme angenommen.

XXI. Zu den §§. 229 bis 231 der Str.Pr.O. war beantragt:

Die Hauptverhandlung gegen einen ausgebliebenen Angeklagten ist zuzulassen:

1. wenn seit der Verweisung zur Hauptverhandlung Tatsachen ermittelt worden sind, die allein oder in Verbindung mit den bisherigen Ergebnissen des Verfahrens die Freisprechung, die Einstellung des Verfahrens oder die Unzulässigkeit der Strafverfolgung, allein oder in Verbindung mit einer Einziehung oder Unbrauchbarmachung begründen und die Staatsanwaltschaft zustimmt;
2. wenn wegen der den Gegenstand der Untersuchung bildenden Tat kraft Gesetzes oder nach dem Ermessen des Gerichts keine andere Strafe als Freiheitsstrafe bis zu sechs Wochen oder Geldstrafe oder Einziehung oder Unbrauchbarmachung allein oder in Verbindung miteinander erwartet werden darf.

   Die Zulässigkeit des Verfahrens soll dadurch nicht ausgeschlossen werden, daß

   a) auf eine höhere als die im Abs. 1 unter 2 bezeichnete Strafe nur deshab zu erkennen ist, weil gemäß §. 74 oder 79 des St.G.B. eine Gesamtstrafe festzusetzen ist;

   b) das Urteil auch auf Zuerkennung einer Buße, auf die Ermächtigung zur öffentlichen Bekanntmachung des Urteils oder auf öffentliche Bekanntmachung desselben zu lauten hat oder lauten kann.

Die Anträge entsprechen den Beschlüssen der ersten Lesung (Bd. 1 S. 222 flg.). Der Antrag 1 wurde heute zurückgezogen, weil der Antragsteller von der Auffassung ausging, daß die Kommission durch die Ablehnung des unter XIX dieses Protokolls besprochenen Antrags auch zu dem vorliegenden Antrage bereits

Stellung genommen habe. Dieser Auffassung wurde jedoch von anderer Seite widersprochen; die Kommission habe es allerdings als nicht angängig erachtet, daß ein Urteil ohne Hauptverhandlung oder, im Falle der Aussetzung, ohne Erneuerung der Hauptverhandlung erlassen werde; hierdurch sei aber keineswegs ausgeschlossen, daß gegen einen ausgebliebenen Angeklagten nach vorangegangener Hauptverhandlung auf Freisprechung oder auf Einstellung des Verfahrens erkannt werde. Es wurde daher an Stelle des zurückgezogenen Antrags 1 vorgeschlagen, die Hauptverhandlung gegen einen ausgebliebenen Angeklagten auch dann zuzulassen,

> wenn die Freisprechung oder Einstellung des Verfahrens zu erwarten ist und die Staatsanwaltschaft zustimmt.

Zur Erläuterung dieses Antrags wurde noch bemerkt, daß das Gericht, wenn sich in der Verhandlung herausstelle, daß auf Freisprechung oder Einstellung des Verfahrens nicht erkannt werden könne, die Vertagung zu beschließen habe.

Beide Anträge wurden sodann einstimmig zum Beschluß erhoben.

XXII. Entsprechend den Beschlüssen der ersten Lesung gelangten die folgenden Anträge zu einstimmiger Annahme:

> An die Stelle der beiden ersten Absätze des §. 232 der Str.Pr.O. treten folgende Vorschriften:
>
> 1. Der Angeklagte kann auf seinen Antrag von der Verpflichtung zum Erscheinen in der Hauptverhandlung vor dem kleinen und vor dem mittleren Schöffengericht entbunden werden, wenn sein Erscheinen nach dem Ermessen des Gerichts besonders erschwert ist, das Gericht seine Anhörung nicht für erforderlich erachtet und wegen der den Gegenstand der Untersuchung bildenden Tat kraft Gesetzes oder nach dem Ermessen des Gerichts keine andere Strafe als Freiheitsstrafe bis zu vier Monaten oder Geldstrafe oder Einziehung oder Unbrauchbarmachung allein oder in Verbindnng miteinander erwartet werden darf.
>
>   Als besonders erschwert gilt auch das Erscheinen eines außerhalb des Gerichtssitzes nicht auf freiem Fuße befindlichen Angeklagten.
>
>   Beabsichtigt das Gericht, dem Antrage stattzugeben, so hat es, wenn der Angeklagte nicht schon gerichtlich über die Beschuldigung vernommen ist, eine solche Vernehmung herbeizuführen.
>
>   Die Vorschriften des Beschlusses unter XXI zu 2 sollen (zu a sinngemäß) auch hier gelten (zu vergl. Bd. 1 S. 229 bis 232).
>
> 2. Gegen einen Abwesenden soll die Hauptverhandlung nur dann stattfinden können, wenn nach dem Ermessen des Gerichts voraussichtlich keine andere Strafe als Geldstrafe oder Einziehung, allein oder nebeneinander, unbeschadet sonstiger Nebenstrafen oder Nebenfolgen der Verurteilung, zu erwarten steht.
>
>   Wenn die öffentliche Ladung des Angeklagten zur Hauptverhandlung erforderlich ist, so ist sie auf Antrag des Staatsanwalts vom Gerichte zu bewilligen (zu vergl. Bd. 1 S. 232 flg.).

3. Der Vorsitzende soll befugt sein, in einzelnen Sachen die Vernehmung des Angeklagten und die Aufnahme des Beweises ganz oder teilweise einem beisitzenden Richter zu übertragen.

   Eine Beanstandung dieser Anordnung soll unzulässig sein (zu vergl. Bd. 1 S. 257 flg.).

4. Den beisitzenden Richtern hat der Vorsitzende auf Verlangen zu gestatten, Fragen an den Angeklagten zu stellen (zu vergl. Bd. 1 S. 260).

5. Auf das Kreuzverhör kann verzichtet werden (zu vergl. Bd. 1 S. 235 flg.).

XXIII. Zum §. 240 der Str.Pr.O. war entsprechend dem Beschluß erster Lesung (Bd. 1 S. 244 flg.) beantragt:

1. Fragen an Zeugen oder Sachverständige, deren Beantwortung ihnen selbst oder einem der im §. 51 Nr. 1 bis 3 der Str.Pr.O. bezeichneten Angehörigen oder einem anderen Zeugen oder Sachverständigen zur Unehre gereichen würde, soll der Vorsitzende zurückweisen können, wenn der zu bekundende Umstand als für die Entscheidung unerheblich anzusehen ist.

Hierzu waren, um den Zeugen in noch wirksamerer Weise zu schützen, die Unteranträge gestellt,

2. a) an Stelle der Worte: „soll der Vorsitzende“ bis „anzusehen ist“ zu sagen:

   soll der Vorsitzende nur zulassen, wenn der zu bekundende Umstand für die Entscheidung von erheblicher Bedeutung ist;

   b) für den Fall der Ablehnung des Antrags 2a im Antrag 1 das Wort „können“ zu streichen.

Zur Begründung der Unteranträge wurde ausgeführt: Dem in erster Lesung allseitig anerkannten Bedürfnis, eine unnötige Bloßstellung von Zeugen und Sachverständigen tunlichst zu vermeiden, werde durch den in dem Hauptantrage wiedergegebenen Beschluß erster Lesung nicht genügend abgeholfen. Es sei vor der Beantwortung einer Frage schwer zu beurteilen, ob der zu bekundende Umstand für die Entscheidung unerheblich sein werde. Wirksamer werde es sein, wenn der Vorsitzende durch das Gesetz angewiesen werde, Fragen der in Rede stehenden Art nur dann zuzulassen, falls der zu bekundende Umstand für die Entscheidung von erheblicher Bedeutung sei. Durch diese Formulierung werde es ermöglicht, eine Frage auch dann abzuschneiden, wenn der zu bekundende Umstand für die Sache zwar nicht völlig unerheblich sei, die Bedeutung desselben jedoch in keinem Verhältnisse zu dem Nachteile stehe, der dem Zeugen aus der Beantwortung der Frage erwachsen könne. Jedenfalls möge man in dem Hauptantrage das Wort „können“ streichen, um die Weisung an den Vorsitzenden etwas bestimmter zu fassen.

Der letzteren Anregung gab der Urheber des Antrags 1 Folge, so daß der Eventualantrag 2b sich erledigte. Auch änderte der Antragsteller, einem Hinweise von anderer Seite entsprechend, das Wort „würde“ in dem Hauptantrag in „könnte“, um beispielsweise die Zurückweisung einer Frage nach den

Vorstrafen eines Zeugen auch dann zu ermöglichen, wenn der Zeuge vielleicht in der Lage wäre, die Frage zu verneinen, ihre Beantwortung ihm somit nicht zur Unehre gereichen würde.

Bei der Abstimmung wurde der Antrag 2a mit 9 gegen 7 Stimmen abgelehnt und hierauf der Hauptantrag 1 in der veränderten Fassung einstimmig angenommen.

Die Mehrheit erkannte zwar ein Bedürfnis für einen möglichst wirksamen Schutz der Zeugen gegen ein in der Sache selbst nicht begründetes Eindringen in ihre privaten Verhältnisse an. Sie glaubte aber im Interesse des Angeklagten eine über den Beschluß erster Lesung hinausgehende Bestimmung nicht befürworten zu können. Der Vorsitzende werde zwar in der Regel beurteilen können, ob eine Frage für die Entscheidung unerheblich sei; ob aber, wenn einmal der zu bekundende Umstand für die Entscheidung von Bedeutung sei, diese Bedeutung eines Umstandes eine erhebliche oder minder erhebliche sei, dafür fehle es an einem sicheren Maßstabe. Man werde sich daher mit der in erster Lesung angenommenen Vorschrift begnügen müssen, zumal auch der weitergehende Antrag nicht im Stande sein würde, überflüssige für den Zeugen verletzende Fragen gänzlich unmöglich zu machen.

XXIV. Die zum §. 242 der Str.Pr.O. gestellten Anträge:

1. Ohne Antrag soll die Feststellung von Vorbestrafungen des Angeklagten nur erfolgen, wenn sie nach dem Ermessen des Vorsitzenden für die Entscheidung von Bedeutung ist.
2. Der §. 242 Abs. 2 soll wie folgt gefaßt werden:

   Hieran schließt sich die Vernehmung des Angeklagten über seine persönlichen Verhältnisse und die Erklärung des Vorsitzenden, welche Tat dem Angeklagten zur Last gelegt wird, unter Hervorhebung ihrer gesetzlichen Merkmale und des anzuwendenden Strafgesetzes.

entsprechen Beschlüssen der ersten Lesung (Bd. 1 S. 260 flg.) und wurden einstimmig angenommen.

XXV. Zum §. 243 der Str.Pr.O. war der Antrag gestellt:

1. Erfordert die Durchführung der Hauptverhandlung erster Instanz außerhalb des kleinen Schöffengerichts eine bessere Aufklärung der Sache, so soll das Gericht befugt sein, eine Ergänzung der Voruntersuchung oder die Eröffnung einer Voruntersuchung oder die Vornahme einzelner Beweiserhebungen zu verfügen. Mit letzteren soll das Gericht auch den Untersuchungsrichter beauftragen können.

   Im Falle der Eröffnung oder Wiedereröffnung der Voruntersuchung soll eine Außerverfolgungsetzung durch den Untersuchungsrichter nur mit Einwilligung des Angeklagten erfolgen dürfen.

Der Antrag unterscheidet sich von dem Beschlusse der ersten Lesung (Bd. 1 S. 262 flg.) nur dadurch, daß er auf das Verfahren in erster Instanz beschränkt ist.

Im Laufe der Beratung wurden noch folgende Anträge gestellt,

2. an Stelle des Antrags 1 vorzuschreiben:

   Erfordert die Durchführung der Hauptverhandlung erster Instanz eine bessere Aufklärung der Sache, so soll das Gericht befugt sein, eine Ergänzung der stattgefundenen Ermittelungen, insbesondere die Vornahme einzelner Beweiserhebungen zu verfügen. Mit solchen Ermittelungen kann das Gericht auch den Untersuchungsrichter beauftragen.

3. dem Abs. 1 des Antrags 1 hinzuzufügen:

Die Prozeßbeteiligten sind berechtigt, allen richterlichen Verhandlungen beizuwohnen.

4. dem Abs. des Antrags 1 ferner hinzuzufügen:

auch fallen alle Beschränkungen des Verkehrs des verhafteten Angeklagten mit seinem Verteidiger fort.

5. den Abs. 2 des Antrags 1 dahin zu fassen:

Im Falle der Eröffnung oder Wiedereröffnung der Voruntersuchung soll nach deren Abschluß Außerverfolgungsetzung oder Einstellung des Verfahrens durch Beschluß nicht zulässig sein und die Sache ohne neue Anklageschrift wieder zur Hauptverhandlung gebracht werden müssen.

Der Antrag 1 wurde wie in der ersten Lesung mit der Ausführung begründet, daß sich in der Praxis wiederholt das Bedürfnis herausgestellt habe, aus der Hauptverhandlung heraus die Sache in die Voruntersuchung zu geben, damit der Untersuchungsrichter, ohne an bestimmte Aufträge des Gerichts gebunden zu sein, nach eigenem Ermessen den Sachverhalt aufkläre. Der von der Kommission beschlossene Vortermin werde zwar dazu beitragen, daß jenes Bedürfnis sich nicht mehr in dem bisherigen Maße geltend mache; aber ein Vortermin könne doch nur stattfinden, wenn der Angeklagte Einwendungen gegen die Anklageschrift erhebe, und es werde auch in Zukunft damit gerechnet werden müssen, daß umfassende Beweisanträge, die das Bild der Sache wesentlich veränderten, erst in der Hauptverhandlung angebracht würden. In solchen Fällen könne oft nur eine Voruntersuchung zum Ziele führen.

Demgegenüber wurde es von anderer Seite als prinzipwidrig bezeichnet, wenn neben dem Hauptverfahren noch eine Voruntersuchung einhergehen könne. Dies führe dazu, daß der Angeklagte, der schon in der Hauptverhandlung gestanden habe, durch Beschluß des Untersuchungsrichters außer Verfolgung gesetzt werden könne und demnächst einer weiteren Anklage nach Maßgabe des §. 210 der Str.Pr.O. ausgesetzt bleibe. Es ergebe sich weiter, daß die Prozeßbeteiligten hinsichtlich des Rechtes auf Teilnahme an den Beweiserhebungen und auf Akteneinsicht, der verhaftete Angeklagte auch in Ansehung seines Verkehrs mit dem Verteidiger wieder den für die Voruntersuchung geltenden Beschränkungen unterworfen würden. Dem praktischen Bedürfnisse werde völlig genügt, wenn der §. 243 der Str.Pr.O. im Sinne des Antrags 2 dahin erweitert würde, daß das Gericht einen Richter, insbesondere auch den Untersuchungsrichter, nicht bloß mit bestimmten Beweiserhebungen, sondern auch mit Ermittelungen beauftragen könne. Dieser Vorschlag vermeide die hervorgehobenen Bedenken und habe den weiteren Vorzug, daß er auch auf die kleinen Schöffengerichte Anwendung finden könne.

Einige Mitglieder vertraten die Auffassung, daß für den Fall der Zulassung einer Voruntersuchung gemäß dem Beschluß erster Lesung jedenfalls den

Prozeßbeteiligten das unbeschränkte Recht der Teilnahme an allen richterlichen Verhandlungen und dem verhafteten Angeklagten unbeschränkter Verkehr mit dem Verteidiger eingeräumt werden müsse, da sie in dieser Beziehung infolge der Veränderung der Prozeßlage nicht ungünstiger gestellt werden dürften, als in dem vorangegangenen Hauptverfahren. Diese Erwägungen führten zu den Unteranträgen unter 3 und 4; sie wurden jedoch mit der Ausführung bekämpft, daß in einer vom erkennenden Gerichte beschlossenen Voruntersuchung die gleichen Gründe für eine Beschränkung der Prozeßbeteiligten in der gedachten Richtung maßgebend seien wie in jeder anderen Voruntersuchung.

Im übrigen hielten die Mitglieder, welche an dem Beschlusse der ersten Lesung festhalten wollten, den mit dem Antrage 2 gemachten Vorschlag nicht für ausreichend, da es nicht immer möglich sei, dem zu beauftragenden Richter eine für jeden Fall passende Direktive zu geben, somit neue Hauptverhandlungen und wiederholte Beschlüsse nötig werden würden.

Um jedoch dem Bedenken Rechnung zu tragen, welches dagegen erhoben war, daß nach der Hauptverhandlung noch der Angeklagte durch Beschluß des Untersuchungsrichters außer Verfolgung gesetzt werden könne, erklärte sich der Urheber des Antrags 1 bereit, den Abs. 2 seines Antrags zu Gunsten des Antrags 5 zurückzuziehen, wonach beim Abschlusse der Voruntersuchung die Sache in jedem Falle wieder zur Hauptverhandlung gebracht werden muß.

Bei der Abstimmung wurden zunächst die Unteranträge 3 und 4 für den Fall der Annahme des Antrags 1 abgelehnt, und zwar der Antrag 3 mit 8 gegen 7 und der Antrag 4 mit 9 gegen 6 Stimmen. Alsdann wurde der Antrag 1 Abs. 1 mit 9 gegen 6 Stimmen angenommen, womit der Antrag 2 erledigt war. Endlich wurde der Antrag 5 mit 14 Stimmen gegen eine Stimme angenommen.

68. Sitzung.

15. Dezember 1904.

Hauptverhandlung (Fortsetzung).

I. Die Kommission wandte sich zur Beratung der Vorschriften über den Umfang der Beweisaufnahme in der ersten Instanz. Die Erörterung der Frage, wie diese Vorschriften für die Berufungsinstanz zu gestalten seien, wurde bis zur Beratung des gesamten Berufungsverfahrens ausgesetzt. [1])

Nach §. 244 der Str.Pr.O. ist die Beweisaufnahme auf die sämtlichen vorgeladenen Zeugen und Sachverständigen sowie auf die anderen herbeigeschafften Beweismittel zu erstrecken; doch kann, wenn die Staatsanwaltschaft und der Angeklagte zustimmen, von der Erhebung einzelner Beweise abgesehen werden. Nur in der Hauptverhandlung vor den Schöffengerichten bestimmt das Gericht den Umfang der Beweisaufnahme nach freiem Ermessen.

In erster Lesung (Bd. 1 S. 237 flg.) hatte die Kommission es abgelehnt, eine Änderung dieses Rechtszustandes zu befürworten. Der Vorschlag des Entwurfs von 1895, wonach das völlig freie Ermessen des Gerichts in Ansehung der Benutzung herbeigeschaffter Beweismittel auf alle Verhandlungen vor den Strafkammern ausgedehnt werden sollte, war von keiner Seite gebilligt worden. Eine Anzahl von Mitgliedern hatte zwar in Anlehnung an die Beschlüsse der Reichstagskommissionen und an den §. 299 Abs. 2 der Militärstrafgerichtsordnung eine etwas freiere Stellung auch der höheren Gerichte als erwünscht bezeichnet. Die Mehrheit war indessen den dahingehenden Anträgen nicht beigetreten.

1. Heute herrschte zunächst darüber Einverständnis, daß die Vorschrift des §. 244 Abs. 2, wonach das Gericht in den geringfügigeren Sachen den Umfang der Beweisaufnahme nach freiem Ermessen bestimmen kann, beizubehalten sei. Es fand deshalb der Antrag:

> In den Verhandlungen vor dem Amtsrichter und vor den kleinen Schöffengerichten sowie in der Berufungsinstanz, sofern die Verhandlung in dieser eine Übertretung betrifft oder auf erhobene Privatklage ergeht, bestimmt das Gericht den Umfang der Beweisaufnahme, ohne hierbei durch Anträge, Verzichte oder frühere Beschlüsse gebunden zu sein.

einstimmige Annahme.

2. Für die Verhandlungen vor den anderen Gerichten wurde eine gänzliche Beseitigung der Vorschrift des §. 244 Abs. 1 auch in dieser Lesung von keiner

[1]) Vgl. jedoch den hier unter 1 zu §. 244 Abs. 2 der Str.Pr.O. gefaßten Beschluß.

Seite verlangt. Dagegen hielten es mehrere Mitglieder für geboten, dem Gericht im allgemeinen die Befugnis zu geben, unter bestimmten engbegrenzten Voraussetzungen von der Erhebung einzelner Beweise absehen zu dürfen. Es wurde vorgeschlagen,

> im §. 244 der Str.Pr.O. die Bestimmung einzufügen, daß in den Hauptverhandlungen vor den mittleren und großen Schöffengerichten das Gericht die Erhebung einzelner Beweise ablehnen kann, wenn es die Tatsachen, die dadurch bewiesen werden sollen, zu Gunsten des Angeklagten für erwiesen oder einstimmig für unerheblich erachtet; sowie daß die Gründe für die Unerheblichkeit im Beschluß anzugeben sind.

Dieser Antrag wurde, soweit er die für erwiesen erachteten Tatsachen betrifft, mit 10 gegen 8 Stimmen, soweit er die für unerheblich erachteten Tatsachen betrifft, mit 9 gegen 9 Stimmen angenommen. Bei der letzteren Abstimmung gab die Stimme des Vorsitzenden den Ausschlag. In Ansehung der Schlußvorschrift, daß die Gründe für die Unerheblichkeit im Protokoll anzugeben sind, herrschte Einverständinis.

Für die Mehrheit waren folgende Erwägungen maßgebend:

Das geltende Recht führe insofern zu Unzuträglichkeiten, als die Gerichte häufig gezwungen seien, völlig überflüssige Beweise nur deshalb zu erheben, weil der Angeklagte auf die Benutzung der von ihm oder auch auf die von der Staatsanwaltschaft herbeigeschafften Beweismittel nicht verzichte. Derartige Mißstände seien namentlich da hervorgetreten, wo der Versuch unternommen werde, durch das Vorbringen weit zurückliegender, gänzlich unwesentlicher Vorkommnisse die Unglaubwürdigkeit von Belastungszeugen darzutun oder Zweifel an der Zurechnungsfähigkeit des Angeklagten zu begründen. Die Vorschrift des §. 244 Abs. 1 werde zuweilen lediglich zu dem Zwecke mißbraucht, um die Belastungszeugen zu verwirren, die Beweisaufnahme zu verwickeln und das Vorbringen von Dingen zu ermöglichen, die mit dem Gegenstande der Verhandlung nur in losem Zusammenhange stünden, deren Bekanntwerden aber für die Belastungszeugen peinlich sei. In anderen Fällen habe die Vorladung einer Reihe von angeblichen Sachverständigen aus dem Kreise der Berufsgenossen des Angeklagten (z. B. bei Nahrungsmittelfälschungen oder Patentrechtsverletzungen) dazu geführt, daß die Vorschrift des §. 73 der Str.Pr.O., wonach die Auswahl der zuzuziehenden Sachverständigen und die Bestimmung ihrer Zahl durch das Gericht erfolge, gänzlich illusorisch geworden sei. Diese Mißstände zeigten sich in besonders hohem Maße in Berlin und anderen großen Städten; sie träten aber in neuerer Zeit auch anderwärts auf und gäben zu Klagen Anlaß. Es könne deshalb nicht mehr aufrecht erhalten bleiben, wenn in dem Protokolle zur ersten Lesung (Bd. 1 S. 240) die einstimmige Meinung der Kommission dahin festgestellt worden sei, daß sich in der Praxis ein Bedürfnis für eine Abänderung des §. 244 Abs. 1 nicht ergeben habe.

Allerdings sei die Vorschrift des §. 244 Abs. 1 in besonderem Grade geeignet, das Vertrauen in die Rechtsprechung zu stärken, indem sie es dem Angeklagten ermögliche, durch Herbeischaffung der Beweismittel sich deren Benutzung unter allen Umständen zu sichern. Dies schließe aber nicht aus, daß in den vorgeschlagenen engen Grenzen und unter den in dem Antrage vorgesehenen Kautelen dem Gerichte die Befugnis zur Ablehnung einzelner Beweiserhebungen eingeräumt werde, um wenigstens offensichtlichen Mißbräuchen der Vorschrift des §. 244 entgegenzutreten. Eine Schädigung der berechtigten Interessen des Angeklagten könne dabei nicht in Frage kommen. Denn es solle die Ablehnung der Beweiserhebung über eine bereits erwiesene Tatsache nur zulässig sein, wenn die Tatsache zu Gunsten des Angeklagten spreche. Ferner solle nicht die Unerheblichkeit des beigebrachten Beweismittels, sondern nur die Unerheblichkeit der behaupteten Tatsache das Gericht zur Ablehnung berechtigen. Sei aber das Gericht der Ansicht, daß die zu beweisende Tatsache für die Beurteilung der Sache ohne alle Bedeutung sei, so sei eine Beweisaufnahme darüber völlig zwecklos; insbesondere sei nicht abzusehen, inwiefern eine etwaige Bestätigung der Behauptung durch die Beweisaufnahme das Gericht zu einer anderen Auffassung hinsichtlich ihrer Erheblichkeit führen könne. Die vorgeschlagene Bestimmung sei aber um so weniger geeignet, die Verteidigung des Angeklagten zu beeinträchtigen, als die Unerheblichkeit der Tatsache durch einstimmigen Beschluß des Gerichts festgestellt werden müsse und die Gründe für die Unerheblichkeit im Beschluß anzugeben seien. Denn dadurch sei das Gericht gezwungen, sich über die Gründe seiner Auffassung genaue Rechenschaft zu geben, und verhindert, von unbestimmten Erwägungen aus sich für die Unerheblichkeit einer Tatsache zu entscheiden; auch sei danach dem Revisionsgerichte die Möglichkeit einer Nachprüfung gegeben. Die Annahme des Antrags unterliege heute einem begründeten Bedenken um so weniger, als die Kommission inzwischen nicht nur die Ausdehnung der Berufung, sondern auch die Umwandlung der Strafkammern und Schwurgerichte in Schöffengerichte beschlossen habe. Eine sichere Gewähr dafür, daß durch die Beweisablehnung wegen Unerheblichkeit die berechtigten Interessen des Angeklagten nicht gefährdet würden, liege schon darin, daß sowohl die Laienrichter als auch die gelehrten Richter einstimmig die behauptete Tatsache für unerheblich erachten müßten; sollte dennoch in einem einzelnen Falle eine unzutreffende Beurteilung Platz gegriffen haben, so werde der Irrtum in der Berufungsinstanz unschwer wieder gut gemacht werden können. Wenn die Gerichte, soweit es sich um nicht herbeigeschaffte Beweismittel handele, schon nach geltendem Rechte (§§. 243, 245 der Str.Pr.O.) einen Beweisantrag mit einfacher Stimmenmehrheit als unerheblich ablehnen könnten, ohne daß sich daraus Unzuträglichkeiten ergeben hätten, so dürfe man ihnen das Vertrauen schenken, daß sie auch von der neu vorgeschlagenen Bestimmung in einer das Verteidigungsinteresse irgendwie schädigenden Weise nicht Gebrauch machen würden.

Von einer Seite war anfänglich beantragt worden, die neue Vorschrift auch auf die vor dem Reichsgerichte stattfindenden erstinstanzlichen Verhandlungen auszudehnen. Der Antrag wurde zurückgenommen, nachdem darauf hingewiesen war, daß die Vorschrift für das Reichsgericht wegen des Mangels einer zweiten Instanz nicht in gleichem Maße gerechtfertigt, auch wegen der Seltenheit der in Betracht kommenden Fälle praktisch bedeutungslos sein würde.

Von anderer Seite war ursprünglich beantragt worden, das Erfordernis der Einstimmigkeit auf die Verhandlungen in der Berufungsinstanz zu beschränken, für die Verhandlungen erster Instanz dagegen einfachen Mehrheitsbeschluß zuzulassen. Auch dieser Antrag war zurückgezogen worden, nachdem ihm entgegengehalten worden war, daß das Verfahren der ersten Instanz nicht mit geringeren Garantien umgeben sein dürfe als das der zweiten, und daß es nicht angängig sei, einem Richter durch Mehrheitsbeschluß ein Beweismittel vorzuenthalten, das er bei der Bildung seines Urteils nicht entbehren zu können erklärt habe.

Gegen den Antrag war seitens der Minderheit Folgendes ausgeführt worden: Es könne zunächst nicht anerkannt werden, daß das geltende Recht in der Praxis zu erheblichen Mißständen geführt habe. In der ersten Lesung sei diese Frage bereits eingehend erörtert und damals von der Kommission nahezu einstimmig verneint worden (Bd. 1 S. 239 flg.). Allerdings sei es richtig, daß einzelne Verteidiger es liebten, die Beweisaufnahme in sensationeller Weise aufzubauschen; aber hierdurch lasse sich das Gericht in seiner Beurteilung der Sache nicht irre machen. Es könne auch vorkommen, daß durch einzelne Beweiserhebungen ein Zeuge bloßgestellt oder daß durch überflüssige Zeugenvernehmungen das Gericht einmal unnötig belästigt werde; aber dann müsse das Interesse des Zeugen und die Rücksicht auf das Gericht vor dem Interesse des Angeklagten und der Wahrheitsermittelung zurücktreten. In der Regel erkläre sich der Angeklagte, wenn sich wirklich die Entbehrlichkeit einer Beweiserhebung in der Verhandlung herausstelle, auf Anregung des Vorsitzenden gern bereit, auf die Beweisaufnahme zu verzichten. Sei er ausnahmsweise zu einem Verzichte nicht zu bewegen, so müsse allerdings das Gericht Zeit und Mühe unter Umständen unnötig aufwenden; indessen werde durch die Ablehnung der Beweiserhebung und die Niederlegung der Gründe im Sitzungsprotokoll in den meisten Fällen ungefähr ebensoviel Zeit verloren gehen wie durch die beantragte Beweisaufnahme selbst. Jedenfalls seien die etwa vorgekommenen Mißstände nicht so schwerwiegend, daß man deshalb die große Schädigung in den Kauf nehmen dürfe, welche die Rechtspflege von der beantragten Abänderung des §. 244 zu erwarten habe. Für den Angeklagten sei es die wichtigste Garantie, daß er unter allen Umständen die Erhebung der von ihm zur Sitzung herbeigeschafften Beweismittel zu verlangen berechtigt sei. Das Vertrauen in die Rechtspflege werde stark erschüttert werden, wenn man ihm dieses Recht verkürzen wolle. Der Angeklagte nehme die ihm auferlegte Strafe ruhiger an, wenn alle von ihm vorgeladenen Zeugen vom Gericht auch gehört worden seien. Werde ihm aber eine Beweisführung, von der er nun einmal glaube, daß sie ein für ihn günstiges Ergebnis erbracht haben würde, abgeschnitten, so werde er sich für ungerecht behandelt und unschuldig verurteilt halten. Die Einführung der Berufung dürfe nicht dazu führen, daß eine der wichtigsten Garantien des gegenwärtigen Verfahrens preisgegeben würde; dies sei die Meinung namentlich in weiten Kreisen der Anwaltschaft. Wenn man sage, die vorgeschlagene Einschränkung des §. 244 Abs. 1 sei so geringfügig, daß sie eine wirkliche Beeinträchtigung der Verteidigung für den Angeklagten unmöglich herbeiführen könne, so sei dies keineswegs zutreffend. Es müsse schon als bedenklich bezeichnet werden, daß gegen den Willen des Angeklagten von einer Beweiserhebung abgesehen werden dürfe, weil die Beweistatsache zu seinen

Gunsten als erwiesen angenommen werde. Es sei ein großer Unterschied, ob das Gericht eine von dem Angeklagten angeführte Tatsache, beispielsweise die Behauptung, er sei zu der ihm vorgeworfenen Mißhandlung von dem Mißhandelten gereizt worden, häufig nur um Zeit zu ersparen, als wahr unterstellen wolle, oder ob der Angeklagte in der Lage sei, durch Vernehmung seiner Entlastungszeugen dem Gericht einen wirklichen Beweis zu erbringen, in dem angeführten Beispiel also nachzuweisen, wie und unter welchen Umständen er gereizt worden sei. Außerdem enthalte die Ablehnung einer Beweiserhebung mit der Begründung, daß die behauptete Tatsache bereits erwiesen sei, stets eine Vorentscheidung, die dem Urteile vorgreife; hierin liege aber eine gewisse Gefahr, weil das Gericht durch die Vorentscheidung sich leicht auch dann noch innerlich gebunden fühlen könne, wenn sie durch die weitere Beweisaufnahme erschüttert werde.

Vollends unannehmbar sei jedoch, daß die Erhebung des Beweises wegen Unerheblichkeit der zu beweisenden Tatsache zulässig sein solle. Die Bedeutung einer Tatsache für die Beurteilung der Sache lasse sich in der Regel nicht schon während der Beweisaufnahme, sondern erst bei der Urteilsfällung und nur dann übersehen, wenn die behauptete Tatsache durch die darüber beantragte Beweiserhebung klargestellt worden sei. Dies gelte insbesondere vom Indizienbeweise. Aber auch beim Beweise durch Sachverständige sei das Gericht zu einer Beurteilung der Erheblichkeit der gutachtlichen Äußerung regelmäßig erst im Stande, wenn es den Sachverständigen vernommen habe. Durch die Erörterung über die Erheblichkeit einer einzelnen Tatsache werde der Verteidiger oft genötigt sein, seine Absichten vorzeitig und in Gegenwart der zu befragenden Zeugen zu enthüllen, und hierdurch den Erfolg der ganzen Beweisführung in Frage zu stellen. Man werde auch nicht übersehen dürfen, daß namentlich ein durch angestrengte Tätigkeit ermüdetes Gericht einer gewissen Gefahr ausgesetzt sei, Tatsachen für unerheblich zu erklären, die für die Beurteilung der Sache doch vielleicht nicht ganz bedeutungslos gewesen wären. Gerade der gewissenhafte Angeklagte und Verteidiger, der es vermeide, übertriebene Behauptungen über das, was ein Zeuge bekunden könne, aufzustellen, werde voraussichtlich am meisten unter der vorgeschlagenen Bestimmung zu leiden haben. Das Erfordernis der Einstimmigkeit des Gerichts könne als eine genügende Garantie für den Angeklagten nicht angesehen werden, da, wenn die übrigen und namentlich das Richterkollegium einig seien, ein einzelner Schöffe nur ungern Widerspruch erheben werde.

Ein Mitglied hatte zu dem Antrag in der Weise Stellung genommen, daß es eine Verpflichtung des Gerichts zur Benutzung aller herbeigeschafften Beweismittel nur für eine Instanz und zwar für die erste Instanz erforderlich erachtete, während für die zweite Instanz dem Gericht ein gewisses Ermessen in der Bestimmung des Umfanges der Beweisaufnahme eingeräumt werden könne. Ein in dieser Richtung eingebrachter Antrag wurde bis zur Beratung über das Berufungsverfahren zurückgestellt.

3. Auf der anderen Seite wurde nach mehreren Richtungen hin eine Erweiterung der Vorschrift des §. 244 Abs. 1 zu Gunsten der Prozeßparteien vorgeschlagen.

a) Es lag zunächst der Antrag vor,

im §. 244 Abs. 1 hinter dem Worte „vorgeladenen" zu setzen: „oder bis zum Beginne der Sitzung gestellten."

Der Antrag wurde mit 9 gegen 9 Stimmen abgelehnt, wobei die Stimme des Vorsitzenden den Ausschlag gab.

Der Antrag war schriftlich, wie folgt, begründet worden:

Die Rechtsprechung des Reichsgerichts (zu vergl. besonders die Urteile vom 10. Februar 1880, 14. Februar 1880, 19. April 1880, Entsch. in Strafs. Bd. 1 S. 198, 297, 383, vom 4. Januar 1882 und 9. Juni 1885, Rechtsprechung Bd. 4 S. 14, Bd. 7 S. 24) lege die Vorschrift des §. 244 Abs. 1, wonach die Beweisaufnahme auf sämtliche vorgeladene Zeugen zu erstrecken ist, dahin aus, daß nur die Vernehmung der durch Gerichtsvollzieher geladenen, also nicht auch die der gestellten Zeugen obligatorisch sei. Diese in der Literatur (Löwe, Strafprozeßordnung 11. Aufl. S. 598 flg.; Stenglein, Strafprozeßordnung 3. Aufl. S. 423 Anm. 1; John, Strafprozeßordnung Bd. 3 S. 149 flg. — abweichend Glaser, Handbuch des Strafprozesses Bd. 1 S. 401) meist gebilligte Auffassung werde zwar dem Wortlaute, nicht aber der Absicht des Gesetzes gerecht, die dahin gehe, die Aufnahme der sämtlichen produzierten Beweismittel obligatorisch zu machen. Mißbräuche, besonders die Vorführung überflüssiger oder solcher Zeugen, welche der Staatsanwaltschaft nicht gemäß §. 221 rechtzeitig namhaft gemacht sind, könnten bei geladenen Zeugen ebenso vorkommen wie bei gestellten. Die Unterscheidung der beiden im §. 221 gleich behandelten Gruppen habe keinen sachlichen Grund und begünstige lediglich den wohlhabenden Angeklagten gegenüber dem unbemittelten. Dem von Löwe befürchteten Mißbrauche, daß der Angeklagte noch im Laufe der Verhandlung Zeugen etwa aus dem Zuschauerraume herbeiholen könnte, werde durch die Fassung des Antrags vorgebeugt.

Während der Beratung wurde ferner noch zu Gunsten des Antrags geltend gemacht: Der gegenwärtige Rechtszustand sei geeignet, das Vertrauen in die Rechtspflege zu schädigen. Denn der unerfahrene Angeklagte wisse nicht, daß er die Zeugen, auf deren Vernehmung er Wert lege, durch den Gerichtsvollzieher vorladen müsse. Er werde verbittert und empfinde es geradezu als Chikane seitens des Gerichts, wenn mangels Nachweises der erfolgten Ladung die Vernehmung der von ihm mitgebrachten Zeugen, oft seiner nahen Angehörigen, abgelehnt werde. Dies gelte um so mehr, wenn die Zeugen ordnungsmäßig geladen seien, der Angeklagte aber die Zustellungsurkunden nicht rechtzeitig erhalten habe und somit den Nachweis der Ladung nicht führen könne. Bei manchen Gerichten würden jetzt schon auch die nur gestellten Zeugen regelmäßig vernommen, ohne daß hieraus Unzuträglichkeiten entstanden wären. Nicht selten hätten gerade solche Zeugen, die erst während der Verhandlung aus dem Zuschauerraume herbeigerufen seien, durch ihre Aussage zur Aufklärung der Sache wesentlich beigetragen. Da der Angeklagte auch die von ihm gestellten Zeugen dem Staatsanwalte vorher anzuzeigen verpflichtet sei, so könnten sich im Hinblick auf das durch §. 245 Abs. 2 der Str.Pr.O. dem Staatsanwalt eingeräumte Recht auf Vertagung Mißstände kaum ergeben.

Einige Mitglieder erklärten, daß sie dem Antrage nur unter der Voraussetzung zustimmen könnten, wenn das Gericht dem zuvor erörterten Antrag entsprechend allgemein ermächtigt werde, die Vernehmung von Zeugen durch einstimmigen Beschluß wegen Unerheblichkeit der zu beweisenden Tatsache abzulehnen.

Gegen den Antrag wurde ausgeführt: Das Erfordernis der förmlichen Ladung sei ein sehr geeignetes Mittel, um den Angeklagten zu nötigen, sich klar zu machen, welche Zeugen für die Beurteilung der Sache wirklich wesentlich seien. Die geringen Zustellungskosten sei auch der unbemitteltere Angeklagte auszulegen im Stande. Es entspreche nicht der Stellung des Gerichts, daß es gezwungen sein solle, eine beliebige Zahl von Zeugen, selbst wenn sie nur Unerhebliches bekunden könnten, lediglich deshalb zu vernehmen, weil der Angeklagte sie zur Sitzung mitgebracht habe. Wären die gestellten Zeugen wesentlich für die Sache, so müßten sie auch nach geltendem Rechte vom Gerichte gehört werden, da ihre Vernehmung nur nach Maßgabe des §. 243 Abs. 2 durch Gerichtsbeschluß abgelehnt werden dürfe. Lasse man aber die gestellten Zeugen ohne jede Beschränkung zu, so gefährde man den geordneten Gang des Verfahrens.

Ein Mitglied hatte sich zwar für den Antrag ausgesprochen, jedoch zur Verhütung von Mißbräuchen es für erforderlich erklärt, daß der Angeklagte verpflichtet werde, die von ihm zu stellenden Zeugen rechtzeitig namhaft zu machen, widrigenfalls das Gericht ihre Vernehmung ohne weiteres ablehnen dürfe. Es war deshalb für den Fall der Annahme des oben bezeichneten Antrags der Unterantrag gestellt:

> Die Zeugen und Sachverständigen, die zur Hauptverhandlung geladen oder gestellt werden sollen, sind dem Gegner spätestens drei Tage vor der Hauptverhandlung zu bezeichnen.
>
> Geschieht dies nicht, so kann das Gericht die Vernehmung (wie nach §. 243 der Str.Pr.O.) ablehnen und kann der Gegner Aussetzung der Hauptverhandlung verlangen.

Hiergegen wurde jedoch geltend gemacht, daß die Vernehmung der gestellten Zeugen von der Innehaltung einer Anzeigefrist nicht abhängig sein dürfe, zumal der Angeklagte für die Wahrung der Frist nicht einmal immer selbst einstehen könne.

Zu einer Abstimmung über den Unterantrag kam es nicht, weil der Hauptantrag abgelehnt wurde.

b) Eine Erweiterung des §. 244 Abs. 1 bezweckte auch der Antrag,

> in dieser Vorschrift statt des Wortes „herbeigeschafften" zu setzen: „von der Staatsanwaltschaft und von dem Vorsitzenden herbeigeschafften und auf die von dem Angeklagten oder auf dessen Veranlassung rechtzeitig vor dem Termine zu den Akten eingereichten".

Dem Antrage war folgende schriftliche Begründung beigegeben: Unter „herbeigeschafften" Beweismitteln verstehe das Reichsgericht (Urteil vom 19. April 1880, Entsch. in Straff. Bd. 1 S. 380) diejenigen, welche auf eine „gesetzlich vorgeschriebene Art", also entweder durch die Staatsanwaltschaft (§§. 198, 213) oder durch den Vorsitzenden, sei es auf Antrag des Angeklagten (§. 218) oder von Amtswegen (§. 220) oder auf Grund eines Gerichtsbeschlusses (§. 243 der Str.Pr.O.) herbeigeschafft sind. Gegen diese Auffassung seien in der Literatur (Löwe, Strafprozeßordnung 11. Aufl. S. 600 Note 5b und die dort angeführten Schriftsteller; John, Strafprozeßordnung Bd. 3 S. 158flg.) mehrfach Bedenken geäußert worden, einerseits, weil das Gesetz eine Herbeischaffung „auf gesetzliche

Art" nicht fordere, andererseits, weil es bestimmte Vorschriften über die „gesetzliche Art der Herbeischaffung" nicht gebe. Bei einer anderweitigen Regelung werde man nicht soweit gehen können, der Absicht des jetzigen Rechtes voll zu entsprechen. Es würde zu Mißbräuchen Veranlassung geben, wenn man die Verlesung aller vom Angeklagten im Hauptverhandlungstermin überreichten, den Vorsitzenden und dem Staatsanwalte noch unbekannten Urkunden obligatorisch machen wollte, zumal immer erst geprüft werden müsse, ob das Schriftstück überhaupt eine Urkunde, und ob es besonders mit Rücksicht auf die §§. 249, 255 überhaupt verlesbar sei. Andererseits werde man nicht mit dem Reichsgerichte neben dem Vorsitzenden ausschließlich den Staatsanwalt zur Herbeischaffung von solchen Beweismitteln mit der Rechtsfolge des §. 244 Abs. 1 für befugt erachten. Vielmehr erscheine es unbedenklich, diese Befugnis auch dem Angeklagten zu gewähren; nur müsse die Herbeischaffung rechtzeitig vor dem Termin im Sinne des §. 221 erfolgen. Die Benachrichtigung an die Staatsanwaltschaft sei in solchen Fällen nicht — wie Löwe wolle — durch den Angeklagten, sondern durch das Gericht zu bewirken.

In der Beratung wurde der Antrag von dem Antragsteller noch dahin erläutert, daß ein Beweismittel in jedem Falle nur dann als „herbeigeschafft" gelten könne, wenn auch in der Hauptverhandlung selbst von beteiligter Seite darauf Bezug genommen werde, da es sonst überhaupt nicht zur Kenntnis des Gerichts komme.

Auch von anderer Seite war zur Erwägung gestellt worden, ob nicht die Rechtsprechung des Reichsgerichts auf dem durch den Antrag berührten Gebiet ein gesetzgeberisches Eingreifen erfordere. Nach dem Urteile des ersten Senats des Reichsgerichts vom 19. April 1880 (Entsch. in Straff. Bd. 1 S. 383) gälten die vom Verteidiger vor dem Verhandlungstage zu den Akten eingereichten Schriftstücke nicht als herbeigeschaffte Beweismittel. Dem entgegen sei im Urteile des dritten Senats vom 3. März 1880 (Entsch. in Straff. Bd. 1 S. 241) angenommen, daß die auf Antrag des Verteidigers vom Zivilgericht abgesandten vor dem Verhandlungstermin eingegangenen Akten herbeigeschaffte Beweismittel seien. Ferner sei im Urteile des zweiten Senats vom 16. Dezember 1881 (Entsch. in Straff. Bd. 5 S. 268) angenommen, daß die in der Anklageschrift bezeichneten, zu den Akten gebrachten Urkunden nicht als beigebrachte Beweismittel gelten, wenn nicht die Staatsanwaltschaft in der Hauptverhandlung die Herbeischaffung konstatiert habe.

Der Antrag wurde jedoch mit 10 gegen 8 Stimmen abgelehnt. Die Mehrheit war der Meinung, daß ein praktisches Bedürfnis für die vorgeschlagene Änderung nicht bestehe, da die neuere Rechtsprechung des Reichsgerichts den §. 244 Abs. 1 ständig im Sinne des Antrags ausgelegt habe.

II. Nach §. 245 Abs. 1 der Str.Pr.O. darf eine Beweiserhebung nicht deshalb abgelehnt werden, weil das Beweismittel oder die zu beweisende Tatsache zu spät vorgebracht sei. Hierzu war beantragt,

> an Stelle dieser Vorschrift zu bestimmen, daß eine Beweiserhebung abgelehnt werden kann, wenn das Beweismittel oder die zu beweisende Tatsache erst nach Zustellung der Ladung zur ersten Hauptverhandlung

in der Instanz vorgebracht ist, es sei denn, daß der Antragsteller glaubhaft macht, das Beweismittel oder die zu beweisende Tatsache vorher nicht gekannt zu haben, oder daß sich der Anlaß zu der Beweiserhebung erst in der Hauptverhandlung ergibt.

Zur Begründung dieses Antrags wurde ausgeführt:

Nicht selten würden seitens des Angeklagten umfangreiche Beweisanträge erst kurz vor der Hauptverhandlung oder gar noch unmittelbar vor der Urteilsverkündung gestellt. Dies führe zu Verschleppungen und nötige das Gericht unter Umständen zur Wiederholung der gesamten Beweisaufnahme in einer neuen Verhandlung. Die Vorhaltung am Schlusse des Vorverfahrens und die Mitteilung der Anklageschrift setze den Angeklagten in die Lage, seine Beweisanträge spätestens bis zur Zustellung der Ladung zur Hauptverhandlung anzubringen. Verzögere er die Anträge über diesen Zeitpunkt hinaus, so könne man verlangen, daß er besondere Gründe, wie sie im Antrage vorgesehen würden, glaubhaft mache. Es bleibe dem Angeklagten unbenommen, auch nach der Zustellung der Ladung bei dem Vorsitzenden die Vorladung von Zeugen zu beantragen oder diese selbst zu laden; auch werde das Gericht Beweisanträge, die für die Sache wesentlich seien, nicht abschneiden. Die vorgeschlagene Bestimmung sei deshalb unbedenklich, zumal wenn die Berufung eingeführt werde und damit dem Angeklagten die Nachholung der Beweisführung ermöglicht sei.

Gegen den Antrag wurde geltend gemacht: Es sei mißlich, Beweisanträge lediglich deshalb abzulehnen, weil der Angeklagte sie früher habe anbringen können. Erheblichen Anträgen gegenüber werde das Gericht, wie der Antragsteller selbst zugebe, von seiner Befugnis niemals Gebrauch machen; Anträge, die lediglich in der Absicht, das Verfahren zu verschleppen, erst spät vorgebracht würden, könnten schon nach geltendem Rechte zurückgewiesen werden. Es bestehe deshalb kein Bedürfnis für die vorgeschlagene Bestimmung. Andererseits sei es bedenklich, von dem Angeklagten, wie es der Antrag wolle, die Glaubhaftmachung des Umstandes, daß er das Beweismittel oder die Tatsache nicht gekannt habe, also einer Negative zu verlangen.

Der Antrag wurde hierauf zurückgezogen.

III. Ist ein zu vernehmender Zeuge oder Sachverständiger dem Gegner des Antragstellers so spät namhaft gemacht, daß es dem Gegner an der zur Einziehung von Erkundigungen erforderlichen Zeit gefehlt hat, so kann dieser nach §. 245 Abs. 2 der Str.Pr.O. die Aussetzung der Hauptverhandlung verlangen. Dieselbe Befugnis haben nach §. 245 Abs. 3 die Staatsanwaltschaft und der Angeklagte inbetreff der auf Anordnung des Vorsitzenden oder des Gerichts geladenen Zeugen oder Sachverständigen.

Der Antrag,

> den §. 245 Abs. 2 auf alle angegebenen Beweismittel, den Abs. 3 auf die herbeigeschafften Beweismittel auszudehnen,

wurde mit 16 gegen 2 Stimmen angenommen.

Der Antrag entspricht einem von den Reichstagskommissionen wiederholt gefaßten Beschlusse (Reichstagsdrucks. Nr. 203 von 1898/1900 S. 29, Nr. 220

von 1900/1901 S. 27, ad Nr. 220 S. 39). Die Mehrheit hielt die Vorschrift für zweckmäßig und der Absicht des Gesetzes entsprechend. Die Minderheit erachtete sie für überflüssig, da die Rechtsprechung das Gesetz jetzt bereits im Sinne des Antrags handhabe.

IV. Nach §. 248 Abs. 1 Satz 1 werden Urkunden und andere als Beweismittel dienende Schriftstücke in der Hauptverhandlung verlesen. Er lag der Antrag vor,

> hierbei zu bestimmen, daß bloße Mitteilungen über den Inhalt von Urkunden oder Schriftstücken zum Zwecke der Beweisaufnahme unzulässig sind.

Der Antragsteller führte aus, daß die Vorsitzenden häufig aus den zu den Akten gelangten Urkunden oder aus Beiakten Mitteilungen machten, die dann der Entscheidung zu Grunde gelegt würden, daß aber derartige Mitteilungen ohne förmliche Verlesung der betreffenden Urkunden keinerlei Garantie für eine vollständige und zutreffende Wiedergabe ihres Inhalts böten; der Antrag habe auch in den Reichstagskommissionen (Reichstagsdrucks. Nr. 294 von 1895/96 S. 50, Nr. 203 von 1898/1900 S. 29, ad Nr. 220 von 1900/1901 S. 40, 41) Annahme gefunden.

Es wurde entgegnet: Bereits nach geltendem Rechte sei der Vorsitzende nicht befugt, ohne Verlesung der als Beweismittel dienenden Schriftstücke Tatsachen zu konstatieren, die sich nach seiner subjektiven Meinung im Wege der Schlußfolgerung aus dem Inhalte der Urkunden ergäben; dies sei in der Rechtsprechung des Reichsgerichts wiederholt anerkannt worden (zu vergl. Entsch. in Straff. Bd. 35 S. 198). Insoweit sei der Antrag überflüssig. Dagegen gehe er viel zu weit, wenn er jede objektiv gehaltene Angabe des Vorsitzenden über den tatsächlichen Inhalt der als Beweismittel dienenden Schriftstücke ausschließen wolle. Ein solches Verbot müsse zu einem unerträglichen Formalismus und zu einer schweren Belästigung aller Beteiligten führen. In vielen Fällen sei es ganz unausführbar, alle als Beweismittel dienenden Schriftstücke in vollem Umfange zur Verlesung zu bringen. Beispielsweise müßten bei einer Anklage wegen Verbreitung unzüchtiger Schriften unter Umständen ganze Bücher verlesen werden, oder es müßte, wenn die Tatsache der Zahlungseinstellung des Angeklagten festgestellt werden solle, der Inhalt umfangreicher Akten zur Verlesung gebracht werden. In solchen Fällen müsse es genügen, daß der Vorsitzende aus den Büchern oder Aktenstücken diejenigen Stellen, auf die es ankomme, verlese und im übrigen über den tatsächlichen Inhalt der Urkunden eine kurze Mitteilung mache. Zu einer Schädigung des Angeklagten könne ein solches Verfahren nicht führen, da dieser zweifellos berechtigt sei, die förmliche Verlesung weiterer Stellen aus den Urkunden zu verlangen.

Der Antrag wurde darauf zurückgezogen.

V. Nach §. 251 der Str.Pr.O. darf die Aussage eines vor der Hauptverhandlung vernommenen Zeugen, welcher erst in der Hauptverhandlung von seinem Rechte, das Zeugnis zu verweigern, Gebrauch macht, nicht verlesen werden.

In erster Lesung (Bd. 1 S. 36 flg.) war beschlossen worden, falls das im §. 251 ausgesprochene Verbot überhaupt aufrecht erhalten werden sollte, den Zusatz zu machen, daß die Aussage auch nicht in anderer Weise festgestellt werden dürfe. Bei der späteren Beratung der Vorschriften über die Hauptverhandlung war dann eine Aufhebung der Vorschrift des §. 251 von keiner Seite beantragt worden.

Heute wurde unter Anführung der bereits in erster Lesung geltend gemachten Gründe wiederum beantragt,

dem §. 251 jenen Zusatz zu geben.

Von anderer Seite wurde aber nunmehr beantragt,

den §. 251 zu streichen.

Auf Wunsch mehrerer Mitglieder wurde die Erörterung der beiden Anträge ausgesetzt, weil es zweckmäßig erschien, sie im Zusammenhange mit den Vorschriften über die Zeugnisverweigerung zu beraten.[1])

---

[1]) Zu vergl. das Protokoll der 76. Sitzung unter VII.

69. Sitzung.

16. Dezember 1904.

Hauptverhandlung (Fortsetzung).

I. Nach §. 252 der Str.Pr.O. kann in der Hauptverhandlung das Protokoll über die frühere Vernehmung eines Zeugen oder Sachverständigen zur Unterstützung seines Gedächtnisses und zur Feststellung oder Behebung von Widersprüchen zwischen der gegenwärtigen und der früheren Aussage verlesen werden.

Es war beantragt,

> die Vorschrift auf „gerichtliche" Protokolle oder doch auf „gerichtliche und von der Staatsanwaltschaft aufgenommene" Protokolle zu beschränken.

Der Antrag war, wie folgt, schriftlich begründet worden: Der §. 252 lasse zu den dort angegebenen Zwecken die Verlesung aller, also wie das Reichsgericht (Urteil vom 7. Mai 1880 Entsch. in Strafs. Bd. 1 S. 409) zutreffend annehme, auch polizeilicher Protokolle zu. Nun stünden dem §. 252 schon an sich erhebliche Bedenken gegenüber (zu vergl. die Reden der Abgeordneten Herz, Gneist, Eißoldt, Klotz, Völk, von Puttkamer, Protokolle der Reichsjustizkommission, Erste Lesung, S. 384 flg., Hahn, Materialien S. 858 flg.; von Forcade de Biaix, Protokolle der zweiten Lesung S. 964, Hahn, ebenda S. 1369), die in der ersten Lesung der Reichsjustizkommission zu einer Streichung der Vorschrift geführt hätten (Protokolle S. 390, Hahn, ebenda S. 863). Diese Bedenken verstärkten sich bei einer Ausdehnung auf polizeiliche Protokolle. Zu Gunsten der Bestimmung sei geltend gemacht worden, daß Vorhaltungen früherer, also auch polizeilicher Aussagen doch nicht zu entbehren seien; daß es dann schon besser sei, die Aussage, wie sie urkundlich festgestellt sei, zu verlesen (Hanauer in der Reichsjustizkommission, Protokolle S. 385, Hahn, Materiatien S. 859). Das sei aber nur zum Teil richtig. Denn allerdings seien die Verlesungen zur Unterstützung des Gedächtnisses und zur Hebung von Widersprüchen bestimmt, sollten also eine anderweitige, als Grundlage für das Urteil dienende Aussage herbeiführen. Das könne aber auch durch bloße Vorhaltungen geschehen. Die Verlesung könne weiter nach einem zutreffenden Urteile des Reichsgerichts vom 30. Januar 1890 (Entsch. in Strafs. Bd. 20 S. 220) die Wirkung haben, daß, wenn auch der Zeuge trotz der Verlesung und trotz aller Vorhaltungen bei seiner späteren abweichenden Bekundung bleibe, doch die frühere durch die Verlesung zu einem Bestandteile der Verhandlung (§. 260) gewordene Aussage an Stelle der späteren für das Urteil verwertet werden dürfe. Das Urteil werde also hier nicht auf Grund der Aussage des Zeugen in der mündlichen Hauptverhandlung, sondern auf Grund eines früher mit ihm aufgenommenen Protokolls gefällt. Eine solche Wirkung dürfe zum mindesten bloß polizeilichen Vernehmungen nicht beigelegt werden, welche uneidlich, ohne Parteiöffentlichkeit vielfach von nicht ausreichend hierzu vorgebildeten Beamten, oft auch nicht mit der erforderlichen Ruhe und Unbefangenheit bewirkt würden. Es empfehle sich deshalb, die Befugnis des §. 252 in Übereinstimmung mit den §§. 250, 253 auf gerichtliche Protokolle zu beschränken, eventuell wenigstens die polizeilichen auszuschließen.

Insoweit der Antrag den §. 252 auf gerichtliche Protokolle beschränkte, also auch die Verlesung staatsanwaltschaftlicher Protokolle untersagen wollte, fand er in der Kommission nirgends Zustimmung. Auch der Antragsteller verkannte nicht, daß diesen Protokollen, wenngleich sie ohne Zuziehung eines Gerichtsschreibers aufgenommen würden, im allgemeinen doch dieselbe Zuverlässigkeit innewohne wie den gerichtlichen Protokollen, und daß es zu großen Unzuträglichkeiten führen würde, wenn statt der Verlesung des Protokolls immer zur Vernehmung des Staatsanwalts als Zeugen geschritten werden müßte. Er erklärte daher, den Antrag nur noch insoweit aufrecht erhalten zu wollen, als er auf die Ausschließung polizeilicher Protokolle gerichtet sei. In dieser Beschränkung fand der Antrag auch bei anderen Mitgliedern Unterstützung. Es wurde ausgeführt: Die polizeilichen Protokolle seien von sehr verschiedenem Werte; neben Protokollen, die von erfahrenen Beamten der Kriminalpolizei mit aller Sorgfalt in Gegenwart des Vernommenen aufgenommen und von diesem auf Verlesen genehmigt seien, fänden sich flüchtige Niederschriften, die von untergeordneten Polizeiorganen, häufig erst nach der Entlassung des Vernommenen, entworfen und von diesem garnicht kontroliert seien, gleichwohl aber als „Protokolle" bezeichnet würden. Der ungleiche Wert der polizeilichen Protokolle beruhe auf der verschiedenartigen Vorbildung und Befähigung der in Betracht kommenden Beamten und auf dem Mangel einheitlicher Formvorschriften über die Aufnahme dieser Protokolle. Die Vorschriften des §. 186 der Str.Pr.O. über den notwendigen Inhalt und die Form von Protokollen in der Voruntersuchung fänden auf sie keine Anwendung und sie hätten überhaupt nicht den Zweck, eine Beurkundung der von dem Vernommenen abgegebenen Aussage herbeizuführen, dienten vielmehr nur dazu, das Ergebnis der Ermittelungen, soweit es für die Entschließungen der Polizeibehörde und demnächst der Staatsanwaltschaft in Betracht komme, festzustellen. Hiernach sei es höchst bedenklich, die polizeilichen Protokolle in dem Sinne als Beweismittel zu benutzen, daß ihr Inhalt von dem Gerichte bei den tatsächlichen Feststellungen zu berücksichtigen sei. Allerdings müßten die Protokolle in der Hauptverhandlung zur Auffrischung des Erinnerungsvermögens des Zeugen und unter Umständen auch zur Behebung von Widersprüchen mit der früheren Aussage gebraucht werden dürfen, wenngleich ein allzu häufiger Gebrauch zu letzterem Zwecke nicht unbedenklich sei, da die Zeugen dadurch leicht in Verwirrung gesetzt würden. Für beide Zwecke aber reiche es vollständig aus, daß der Vorsitzende die Befugnis habe, dem Zeugen aus den früheren Protokollen Vorhaltungen zu machen, und dieses Recht solle auch durch den Antrag nicht berührt werden.

Für die tatsächlichen Feststellungen des Gerichts dürfe dagegen nach den Grundsätzen der Mündlichkeit und Unmittelbarkeit immer nur dasjenige maßgebend sein, was der Zeuge nach der ihm gemachten Vorhaltung in der Hauptverhandlung selbst ausgesagt habe.

Von einer Seite wurde hervorgehoben: Solange nicht mindestens im Gesetze bestimmt werde, daß auch ein polizeiliches Vernehmungsprotokoll vorgelesen, genehmigt und unterschrieben werden müsse, könne die Vorschrift des §. 252 nicht aufrecht erhalten werden.

Der Antrag fand jedoch auch in der Beschränkung auf polizeiliche Protokolle nicht die Zustimmung der Kommission; er wurde mit 10 gegen 7 Stimmen abgelehnt. Dabei bestand Einverständnis darüber, daß bloße Registraturen oder Polizeiberichte über die Aussage eines polizeilich gehörten Zeugen unter keinen Umständen als „Protokolle“ im Sinne des §. 252 angesehen werden dürften; daß vielmehr hierunter immer nur eine in Gegenwart des Vernommenen angefertigte, ihm inhaltlich bekanntgegebene und von ihm genehmigte Niederschrift zu verstehen sei. Von einigen Mitgliedern wurde in Anlehnung an den §. 186 Abs. 3 der Str.Pr.O. noch weiter für erforderlich angesehen, daß der Zeuge das Protokoll auch unterschrieben habe.

In diesem Sinne aufgefaßt erschien die Bestimmung des §. 252 der Mehrheit der Kommission praktisch unentbehrlich und ganz unbedenklich. Wolle man, so wurde ausgeführt, statt der Verlesung jedesmal den tätig gewesenen Polizeibeamten als Zeugen vernehmen, so führe dies zu zahlreichen Weiterungen, verspreche aber nicht einmal Erfolg, da der Beamte in den meisten Fällen sich der Vorgänge bei der Vernehmung gleichfalls nicht mehr genau entsinnen werde. Bloße Vorhaltungen auf Grund der früheren Aussage seien vielleicht bedenklicher als die Verlesung des Protokolls, da sie immer nur die subjektive Anschauung des Vorsitzenden über das, was der Zeuge früher ausgesagt habe, enthielten. Jedenfalls führten sie dann nicht zum Ziele, wenn der Zeuge überhaupt bestreite, so ausgesagt zu haben, wie ihm vorgehalten werde. Die Möglichkeit, Widersprüche mit der früheren Aussage durch die Verlesung des bezüglichen Teiles des Protokolls zu beheben oder das Gedächtnis des Zeugen hierdurch zu unterstützen, sei im Interesse der Verteidigung nicht minder unentbehrlich als zur Führung des Schuldbeweises. Allerdings könne die durch die Verlesung festgestellte Tatsache, daß der Zeuge früher eine bestimmte andere Aussage gemacht oder doch das hierüber aufgenommene polizeiliche Protokoll genehmigt habe, vom Gericht auch bei der Urteilsfindung berücksichtigt werden. Aber das Gericht sei völlig frei in der Beurteilung der Frage, welcher Wert der früher protokollierten Aussage gegenüber der abweichenden neueren Aussage beigemessen werden dürfe. Die Bedenken, die erhoben seien, richteten sich daher weniger gegen die Verlesbarkeit selbst, als vielmehr gegen eine unzutreffende Würdigung der verlesenen Aussage durch das Gericht. In dieser Beziehung dürfe man aber dem Gerichte das Recht der freien Beweiswürdigung nicht verschränken. Die Vorschrift des §. 252 wirke in besonderem Grade auch zu Gunsten des Zeugen selbst, indem die Möglichkeit der Verlesung einer früheren gegenteiligen Aussage ihn vor irrtümlichen Angaben und unter Umständen vor der Gefahr, wegen fahrlässigen Falscheids zur Untersuchung gezogen zu werden, bewahre.

Endlich aber werde auch die Aufhebung des §. 252 das Gericht nicht daran hindern können, dem Zeugen die frühere Aussage zur Durchsicht vorzulegen; diesem Verfahren sei aber die Verlesung entschieden vorzuziehen.

II. Zu der Vorschrift des §. 253 Abs. 1 der Str.Pr.O., wonach Erklärungen des Angeklagten, welche in einem richterlichen Protokoll enthalten sind, zum Zwecke der Beweisaufnahme über ein Geständnis verlesen werden dürfen, lag der Antrag vor,

> den richterlichen Protokollen die von der Staatsanwaltschaft aufgenommenen gleichzustellen.

Der Antrag wurde mit 10 gegen 7 Stimmen angenommen.

Die Mehrheit hielt die beantragte Gleichstellung für eine notwendige Folge des Beschlusses, wonach künftig im vorbereitenden Verfahren die Staatsanwaltschaft in der Regel selbst die Ermittelungen vornehmen und insbesondere den Beschuldigten vernehmen soll. Sonst werde der Staatsanwalt im Falle des Widerrufs eines vor ihm abgelegten Geständnisses stets als Zeuge in der Hauptverhandlung vernommen werden müssen. In Sachsen, wo bereits heute die Staatsanwaltschaft den Beschuldigten im Ermittelungsverfahren in der Regel selbst vernehme, habe sich ein Bedürfnis für die vorgeschlagene Bestimmung herausgestellt.

Die Minderheit war der Meinung, daß ein zu Protokoll der Staatsanwaltschaft erklärtes Geständnis nicht den gleichen Wert habe wie ein vor dem Richter abgelegtes; denn die Staatsanwaltschaft sei, wenn sie auch nach dem Gesetze die zu Gunsten des Beschuldigten sprechenden Umstände in gleicher Weise wie die belastenden berücksichtigen solle, doch ihrer Stellung nach mehr auf die Überführung des Beschuldigten bedacht. Auch komme in Betracht, daß ihre Protokolle ohne Gerichtsschreiber aufgenommen würden. Ferner müßten unter die Protokolle der Staatsanwaltschaft auch die von den Amtsanwälten aufgenommenen Protokolle gerechnet werden, die noch weniger zur Führung des Beweises für ein Geständnis geeignet seien. Übrigens habe sich in Hessen, wo gleichfalls die Staatsanwaltschaft die Beschuldigten im Vorverfahren zu vernehmen pflege, das in Sachsen hervorgetretene Bedürfnis für eine Änderung des §. 253 nicht bemerklich gemacht.

III. Der Antrag,

> als §. 254a eine Vorschrift des Inhalts einzuschalten:
>
> > Schreitet das Gericht gegen einen ausgebliebenen Angeklagten in den Fällen, wo dies zulässig ist,[1]) zur Hauptverhandlung, so können die in einem richterlichen Protokoll enthaltenen Erklärungen des Angeklagten auch dann verlesen werden, wenn damit die Beweisaufnahme über ein Geständnis nicht bezweckt wird.

entspricht einem Vorschlage des Entwurfs von 1895, der damals bereits als notwendige Ergänzung der erweiterten Vorschriften über das Kontumazialverfahren bezeichnet wurde. Er fand einstimmige Annahme. Auf Anregung eines

[1]) Zu vergl. die Beschlüsse der Kommission im Protokoll der 67. Sitzung unter XXI Bd. 2 S. 111.

Mitglieds wurde die Ansicht der Kommission festgestellt, daß nur die in derselben Sache mit dem Angeklagten aufgenommenen Protokolle verlesen werdeu dürften, nicht auch Erklärungen, die der Angeklagte etwa in anderen Sachen als Beschuldigter oder als Zeuge zu richterlichem Protokoll abgegeben habe. Ein Kommissar des Reichs-Justizamts erklärte, daß in diesem Sinne auch der Vorschlag des Entwurfs von 1895 aufzufassen gewesen sei.

IV. Der §. 258 der Str.Pr.O. bestimmt, daß einem der Gerichtssprache nicht mächtigen Angeklagten aus den Schlußvorträgen mindestens die Anträge der Staatsanwaltschaft und des Verteidigers durch den Dolmetscher bekannt gemacht werden müssen. In dem Urteile des Reichsgerichts vom 27. April 1880 (Entsch. in Straff. Bd. 1 S. 397) ist angenommen, daß es einer besonderen Feststellung der Beobachtung dieser Vorschrift durch das Protokoll nicht bedürfe, weil sie lediglich die Bedeutung habe, daß nicht der Gesamtinhalt der Schlußvorträge in die fremde Sprache übersetzt zu werden brauche, vielmehr die Bekanntgabe der darin gestellten Anträge durch den Dolmetscher genüge.

Ein Mitglied führte aus, daß diese Auffassung nicht als zutreffend erachtet werden könne. Da weder von diesem Mitgliede noch von anderer Seite ein Antrag auf Abänderung des §. 258 gestellt wurde, erachtete es die Kommission für nicht in ihrer Aufgabe liegend, zu dieser Frage Stellung zu nehmen.

V. Seitens des Reichs-Justizamts war der Kommission im Anschluß an die Verhandlungen des Reichstags in der Sitzung vom 12. April 1904 (Sten. Ber. S. 2014 D, 2015 A. B. C.) für die zweite Lesung noch die Frage vorgelegt worden:

> Empfiehlt es sich, den §. 259 der Str.Pr.O.[1]) dahin zu erweitern, daß die Einstellung eines wegen Beleidigung anhängigen Verfahrens auszusprechen ist, wenn die Genehmigung zur Ablegung des Zeugnisses auf Grund des §. 53 der Str.Pr.O. versagt und hierdurch dem Angeklagten die Möglichkeit abgeschnitten wird, den Beweis der Wahrheit der von ihm behaupteten Tatsache zu erbringen?

Hierzu war von einem Mitgliede der Antrag gestellt:

> Wird bei einer Anklage auf Grund des §. 186 des St.G.B. die Genehmigung zur Ablegung des Zeugnisses auf Grund des §. 53 der Str.Pr.O. versagt und hierdurch die Erbringung des Wahrheitsbeweises abgeschnitten, so ist, falls nicht nach Lage der Sache auf Freisprechung erkannt wird, die Einstellung des Verfahrens auszusprechen.

Zur Begründung des Antrags wurde ausgeführt: Es sei bereits bei der Beratung eines in erster Lesung (Bd. 1 S. 265) gestellten allgemeiner gehaltenen Antrags auf die Unzuträglichkeiten hingewiesen worden, die sich in der Praxis ergäben, wenn sich der Angeklagte zur Führung eines Entlastungsbeweises auf das Zeugnis eines öffentlichen Beamten berufe und diesem gemäß §. 53

---

[1]) Der §. 259 bestimmt in Abs. 2, unter welchen Voraussetzungen die Einstellung des Verfahrens zu erfolgen hat.

der Str.Pr.O. von seiner vorgesetzten Dienstbehörde die Genehmigung zur Aussage verweigert werde. Derartige Unzuträglichkeiten seien namentlich in Beleidigungsprozessen zu Tage getreten. Es sei vorgekommen, daß ein Beamter durch die Behauptung, er habe sich gegenüber den ihm untergeordneten Beamten Wahlbeeinflussungen zu Schulden kommen lassen, beleidigt worden sei, daß der Täter, deswegen angeklagt, unter Berufung auf das Zeugnis der untergebenen Beamten den Wahrheitsbeweis angetreten habe und daß dann der Beleidigte selbst als der Dienstvorgesetzte der Zeugen diesen untersagt habe, Aussagen zu machen. Nach Lage der Gesetzgebung habe das Gericht den Angeklagten, weil er den ihm nach §. 186 des St.G.B. obliegenden Wahrheitsbeweis nicht erbracht habe, verurteilen müssen. Dieses Ergebnis verletze das Rechtsbewußtsein des Volkes, das nicht begreife, wie der Staat durch das eine Organ jemanden anklagen und durch ein anderes Organ ihm die Führung des Entlastungsbeweises unmöglich machen könne. Mittels Abänderung des §. 53 Abhilfe zu schaffen, sei nicht angängig. Denn es müsse der Dienstbehörde das Recht verbleiben, mit Rücksicht auf das Wohl des Staates den ihr unterstellten Beamten die Aussage über Umstände, auf welche sich die Pflicht zur Amtsverschwiegenheit bezieht, zu untersagen und nach freiem pflichtmäßigem Ermessen im einzelnen Falle zu entscheiden, ob die Aussage dem Staatswohle Nachteil bereiten würde. In dieser Beziehung werde man sich mit der parlamentarischen Verantwortlichkeit der obersten Verwaltungsbehörden begnügen müssen. Dagegen sei es möglich, auf dem vorgeschlagenen Wege solche dem Billigkeitsgefühle nicht entsprechende Verurteilungen wegen Beleidigung zu verhindern. Wenn das Interesse des Staates an der Wahrung eines Amtsgeheimnisses mit dem Interesse des Angeklagten an der Führung des Wahrheitsbeweises in Konflikt gerate, so müsse der Staat seinen Strafanspruch aufgeben und damit einverstanden sein, daß das Verfahren, falls nicht ohnehin auf Freisprechung zu erkennen sei, eingestellt werde.

Gegen den Antrag wurde zunächst bemerkt, daß die billige Rücksichtnahme auf den angeklagten Beleidiger, wie sie der Antrag vorschlage, leicht zu einer unbilligen Behandlung des Beleidigten führen könne. Denn es werde ihm durch die Einstellung des Verfahrens unmöglich gemacht, eine Verurteilung des Beleidigers zu erzielen, selbst wenn die üble Nachrede völlig auf Unwahrheit beruhe und der Beleidigte der von der vorgesetzten Dienstbehörde des Zeugen ausgesprochenen Verweigerung der Genehmigung zur Aussage gänzlich fernstehe. Diese Unbilligkeit gegenüber dem Beleidigten trete besonders stark hervor, wenn er die Privatklage angestrengt habe und diese nunmehr auf seine Kosten eingestellt werden müßte.

Um diesem Bedenken Rechnung zu tragen, erklärte der Antragsteller, daß er den Antrag nur auf öffentliche Anklagen angewendet wissen wolle.

Die Gegner des Antrags vermochten jedoch nicht anzuerkennen, daß durch diese Einschränkung das Bedenken in vollem Umfange beseitigt werde. Sie hielten aber auch abgesehen hiervon den Antrag für unannehmbar. Es sei davon auszugehen, daß nach §. 186 des St.G.B. die üble Nachrede die Schuld begründe und die Erbringung des Wahrheitsbeweises nur einen Strafausschließungsgrund darstelle. Der Beleidiger müsse daher von vornherein der

Erweislichkeit der von ihm behaupteten ehrenrührigen Tatsachen sich versichert haben. Wenn der Beweis nur durch das Zeugnis von Beamten über Umstände, die dem Amtsgeheimnis unterliegen, zu führen sei, müsse der Beleidiger mit der Möglichkeit rechnen, daß es ihm nicht gelinge, den Wahrheitsbeweis zu führen, und er setze sich in diesen Fällen selbst der Gefahr einer Bestrafung aus. Übrigens sei, wenn in dem von dem Antrage bezeichneten Falle eine Berücksichtigung der besonderen Lage des Beleidigers überhaupt der Billigkeit entspräche, gar nicht abzusehen, weshalb statt der Bestrafung die Einstellung des Verfahrens gerade nur in dem Falle eintreten solle, wenn der Wahrheitsbeweis wegen Anwendung des §. 53 der Str.Pr.O. mißlinge. Dieselben Rücksichten würden sich gegen eine Bestrafung auch dann anführen lassen, wenn ein Zeuge sein Zeugnis verweigere oder verschollen oder verstorben sei oder seine früher dem Angeklagten gegenüber gemachten Angaben unter dem Eide als unwahr widerrufe und die Führung des Wahrheitsbeweises an einem dieser Umstände scheitere. Vor allem aber erweise sich die vorgeschlagene Bestimmung um deswillen als undurchführbar, weil das Gericht niemals in der Lage sei, ohne den Zeugen vorher gehört zu haben, eine Feststellung dahin zu treffen, daß er, zur Zeugenaussage von seiner vorgesetzten Behörde ermächtigt, die Wahrheit der behaupteten ehrenrührigen Tatsache bestätigt haben würde; das Gericht könne somit gar nicht beurteilen, ob in der Tat durch die Verweigerung der Genehmigung zur Aussage die Erbringung des Wahrheitsbeweises abgeschnitten worden sei. Sollte aber der Antrag etwa dahin aufzufassen sein, daß auch ohne eine derartige Feststellung das Gericht stets die Einstellung des Verfahrens auszusprechen habe, sobald einem von dem Angeklagten benannten Zeugen gemäß §. 53 der Str.Pr.O. die Genehmigung zur Aussage versagt werde, so müsse der Antrag dahin führen, daß ehrenrührige Behauptungen über Behörden und Beamte überhaupt nicht gesühnt werden könnten. Der Angeklagte brauche sich nur für seine unwahren Behauptungen auf das Zeugnis von Beamten zu berufen, von denen er annehmen könne, daß ihnen die Aussage nicht gestattet werde; dann müsse das Verfahren eingestellt werden und es sei dem Angeklagten ein Leichtes, in der Öffentlichkeit den Glauben zu erwecken, daß seine Behauptungen nicht unrichtig gewesen seien.

Bei der Abstimmung wurde der Antrag, nachdem vor „Anklage" das Wort „öffentlichen" eingeschoben war, mit 13 gegen 4 Stimmen abgelehnt. Die vom Reichs-Justizamte vorgelegte Frage war hierdurch insoweit noch nicht beantwortet, als sie sich auch auf die Einstellung eines wegen Beleidigung eingeleiteten Privatklageverfahrens bezieht. Die Kommission sprach sich jedoch mit dem gleichen Stimmenverhältnisse dahin aus, daß die Frage auch insoweit zu verneinen sei.

VI. Die Frage der bedingten Verurteilung, deren Beratung bei §. 259 der Str.Pr.O. in Aussicht genommen war, wurde auf Wunsch mehrerer Mitglieder von der diesmaligen Tagesordnung abgesetzt. Sie soll, um die Benutzung der Statistik für 1904 zu ermöglichen, erst am Schlusse dieser Lesung erörtert werden.[1])

---

[1]) Zu vergl. die Protokolle der 85. und 86. Sitzung.

VII. Zu §. 262 der Str.Pr.O. wurde von einem Mitgliede bemerkt, daß seiner Ansicht nach über den Abstimmungsmodus für den Fall, daß die mehreren gesetzlichen Merkmale eines Delikts zwar die erforderlichen Mehrheiten erhalten, diese sich aber aus verschieden Stimmenden zusammensetzen, die Urteile des III. Senats vom 13. Oktober 1880 (Entsch. in Straff. Bd. 2 S. 379) und des II. Senats vom 17. April 1883 (Entsch. in Straff. Bd. 8 S. 218) von einander abweichende Grundsätze aufgestellt hätten. In der ersteren Entscheidung habe das Reichsgericht es auf die Gesamtabstimmung ankommen lassen, in der letzteren dagegen auf die Einzelabstimmung. Es sei daher eine gesetzliche Regelung erwünscht.

Diese Anregung wurde jedoch nicht weiter verfolgt, nachdem von anderer Seite dargelegt worden war, daß zwischen den beiden Urteilen des Reichsgerichts durchaus kein Widerspruch bestehe, da in dem einen wie in dem anderen Falle das Reichsgericht mit Recht davon ausgehe, daß die Schuldfrage einheitlich zu beantworten sei.

VIII. Der Vorsitzende stellte ausdrücklich fest, daß von keinem Mitgliede eine Änderung der Vorschrift des §. 262 Abs. 1 befürwortet werde, wonach zu jeder dem Angeklagten nachteiligen Entscheidung, welche die Schuldfrage betrifft, eine Mehrheit von zwei Dritteilen der Stimmen erforderlich ist und genügt.

IX. Der Antrag:

> Der §. 264 Abs. 1 der Str.Pr.O. ist dahin zu ändern, daß der Hinweis auf die Veränderung des rechtlichen Gesichtspunkts dann erfolgen muß, wenn eine für die Verteidigung des Angeklagten erhebliche Abweichung von der der Anklage zu Grunde liegenden rechtlichen Beurteilung in Frage steht.

wurde wie in erster Lesung (Bd. 1 S. 265 flg.) einstimmig angenommen.

X. Der Antrag,

> im §. 264 ferner zu bestimmen, daß der Hinweis auf die Veränderung des rechtlichen Gesichtspunkts vom Vorsitzenden ausdrücklich geschehen müsse,[1])

wurde mit 16 Stimmen gegen eine Stimme angenommen.

Die Mehrheit erachtete es im Interesse des Angeklagten für bedenklich, daß nach der Auslegung, welche der §. 264 durch die Rechtsprechung des Reichsgerichts erfahren habe (zu vergl. Entsch. in Straff. Bd. 2 S. 55 und S. 92, Bd. 12 S. 347, Bd. 19 S. 224), im schwurgerichtlichen Verfahren der im §. 264 erforderte besondere Hinweis durch die Fragestellung ersetzt werde. Dabei herrschte jedoch Einverständnis darüber, daß ein etwaiger Verstoß gegen die neu vorgeschlagene Bestimmung die Revision nicht ohne weiteres, sondern der allgemeinen Vorschrift des §. 376 der Str.Pr.O. entsprechend nur dann begründen solle, wenn das angefochtene Urteil auf dem Verstoße beruhe.

---

[1]) Zu vergl. Reichstagsdrucks. Nr. 294 von 1895/96 S. 51, Nr. 203 von 1898/1900 S. 30, ad Nr. 220 von 1900/01 S. 40, 41.

XI. Der Antrag:

> Die Bestimmung des §. 265 Abs. 1 der Str.Pr.O. soll auch auf solche Verbrechen Anwendung finden, die sich nur deshalb als Verbrechen darstellen, weil die strafbare Handlung im Rückfalle begangen ist.

wurde wie in erster Lesung (Bd. 1 S. 266 flg.) einstimmig angenommen.

XII. Die Kommission ging zu §. 266 der Str.Pr.O. und damit zur Frage L IV des Fragebogens über.

1. Es lag der Antrag vor,

den §. 266 Abs. 1 durch folgende Bestimmung zu ersetzen:

> Wird der Angeklagte verurteilt, so müssen die Urteilsgründe die für erwiesen erachteten Tatsachen, in denen die gesetzlichen Merkmale der strafbaren Handlung gefunden worden sind, so angeben, daß ersichtlich ist, auf welche Tatsachen sich die Feststellung jedes einzelnen Merkmals der strafbaren Handlung stützt.
>
> Die Urteilsgründe müssen ferner angeben, weshalb die für erwiesen erachteten Tatsachen für erwiesen erachtet worden sind.
>
> Dies gilt für die Feststellung eines zu den Merkmalen der strafbaren Handlung gehörenden vorsätzlichen oder absichtlichen Handelns auch dann, wenn das angewendete Strafgesetz den Vorsatz oder die Absicht nicht ausdrücklich als Tatbestandsmerkmal aufgestellt hat.

Der Antrag wurde angenommen, und zwar Abs. 1 und Abs. 3 mit 17 Stimmen gegen eine Stimme, Abs. 2 mit 14 gegen 4 Stimmen.

Der Antrag soll nach der Erklärung des Antragstellers die in erster Lesung gefaßten Beschlüsse über die Abänderung des §. 266 Abs. 1 (Bd. 1 S. 246 flg., 250) mit einigen redaktionellen Abweichungen wiedergeben.

Ein Mitglied hielt schon die im ersten Absatze vorgeschlagene Bestimmung nicht für durchführbar, weil sich in zahlreichen Fällen bei der Beratung des Gerichts gar nicht feststellen lasse, auf welche Tatsachen von den Schöffen die einzelnen Merkmale der strafbaren Handlung und insbesondere der Vorsatz gestützt werde. Von mehreren Mitgliedern wurde mindestens die Vorschrift des Abs. 2 für zuweitgehend erachtet; sie werde die Richter in erheblichem Maße belasten und sei durch ein praktisches Bedürfnis nicht geboten; zudem sei es für den Verfasser des Urteils eine fast unlösbare Aufgabe, auch nur in Ansehung der gelehrten Richter die Gründe anzugeben, aus denen eine bestimmte Tatsache für erwiesen angesehen worden sei; für den einen Richter seien oft diese, für den anderen jene Gründe maßgebend gewesen.

Die Mehrheit glaubte aber an den Beschlüssen der ersten Lesung festhalten zu sollen. Die neue Vorschrift solle den Strafgerichten das zur Pflicht machen, was für die Zivilgerichte bereits vorgeschrieben sei und auch bei den meisten Strafgerichten tatsächlich jetzt schon gehandhabt werde. Es sei nicht beabsichtigt, eine übertriebene Weitläufigkeit in der Darlegung der für das Urteil maßgebenden Gründe zu fordern. Wenn z. B. gegen die Glaubwürdigkeit eines Zeugen in der Verhandlung Bedenken nicht erhoben seien, so solle es auch in Zukunft genügen, daß in der Urteilsbegründung lediglich festgestellt werde, die

Zeugen seien für glaubwürdig erachtet worden; mehr werde das Gericht ja auch kaum angeben können. Dasselbe habe bei der im Abs. 3 des Antrags vorgeschriebenen Feststellung des Vorsatzes zu gelten, wenngleich die Fassung hier vielleicht etwas weiterzugehen scheine. Die praktischen Schwierigkeiten, die für den Urteilsverfasser aus der vorgeschlagenen Bestimmung sich ergeben sollen, würden überschätzt. Es sei aber geboten, der hier und da bei den Gerichten sich bemerklich machenden Oberflächlichkeit in der Beweiswürdigung entgegenzutreten, und auch für die Berufungsinstanz, das Wiederaufnahmeverfahren und etwaige spätere Meineidsuntersuchungen werde es von Nutzen sein, wenn die Urteilsgründe dem Antrag entsprechend abgefaßt würden.

2. Ein Mitglied vertrat die Ansicht, daß eine so eingehende Urteilsbegründung, wie sie der Antrag vorschreiben wolle, jedenfalls dem Amtsrichter nicht zugemutet werden könne und für die vor den kleinen Schöffengerichten und den Amtsgerichten verhandelten Sachen, vielleicht sogar für alle Urteile, die mit Berufung anfechtbar seien, durch ein praktisches Bedürfnis nicht geboten sei. Es wurde daher beantragt,

> im Abs. 1 des Antrags hinter „gefunden worden sind," einzufügen: „angeben und zwar in den vor den mittleren und großen Schöffengerichten verhandelten Fällen so, daß ersichtlich ist"; ferner im Abs. 2 hinter „Die Urteilsgründe müssen ferner", einzufügen: „in den ebenbezeichneten Fällen".

Die Kommission lehnte jedoch diesen Antrag mit 16 gegen 2 Stimmen ab. Die Mehrheit hielt es nicht für gerechtfertigt, in der vorliegenden Frage einen Unterschied zwischen den Amtsgerichten und den kleinen Schöffengerichten einerseits und den übrigen Schöffengerichten andererseits zu machen. Die etwaige Schwierigkeit, von den Schöffen die Gründe, die für ihre Überzeugung maßgebend gewesen seien, zu erfahren, sei bei allen Schöffengerichten die gleiche. Zudem komme in Betracht, daß die kleinen Schöffengerichte sich in Zukunft noch mit wichtigeren Sachen zu befassen haben würden als zur Zeit, sodaß auch bei ihnen eine sorgfältige Begründung der Urteile verlangt werden müsse.

XIII. Der Antrag:

> Nach den gleichen Vorschriften, wie sie soeben beschlossen sind, haben sich die Urteilsgründe unter den im §. 266 Abs. 2 der Str.Pr.O. angegebenen Voraussetzungen darüber auszusprechen, ob und aus welchen Gründen die dort bezeichneten Umstände für festgestellt oder nicht für festgestellt erachtet worden sind.

entspricht dem Beschluß erster Lesung (Bd. 1 S. 249 flg.) und wurde als eine Konsequenz der soeben gefaßten Beschlüsse einstimmig angenommen.

XIV. Ein Mitglied beantragte,

> dem §. 266 als Abs. 5 zuzufügen:
>
> > Wird der Angeklagte zu einer Gesamtstrafe verurteilt, so muß die Urteilsformel auch die für jede einzelne Straftat festgesetzte Einzelstrafe enthalten.

Der Antrag war in erster Lesung von der Kommission abgelehnt worden (Bd. 1 S. 267 flg.) und wurde nunmehr wie folgt begründet:

Gegen den Antrag und dessen Begründung sei in erster Lesung der Beschluß der vereinigten Strafsenate vom 18. April 1894 geltend gemacht worden. Danach gingen die Einzelstrafen, wenngleich nur in den Gründen festgestellt, soweit das Urteil nicht angefochten sei, in Rechtskraft über. Allein dieser Beschluß sei nur ein Notbehelf gewesen, veranlaßt durch einen im Gesetze liegenden Mangel. Er könne vorkommenden Falles einem anderen Beschlusse der vereinigten Strafsenate weichen müssen, er habe nicht die Kraft eines Gesetzes, sei auch nicht für die anderen Revisionsgerichte bindend. Er sei überdies prinzipwidrig; denn er durchbreche das Prinzip, daß nur die Urteilsformel der Rechtskraft fähig ist. Endlich überlasse er dem Reichsgerichte, nach seinem Ermessen die Festsetzung der Einzelstrafen nicht rechtskräftig sein zu lassen. Das sei kein geordneter Rechtszustand.

Weiter sei in erster Lesung gegen den Antrag geltend gemacht worden, daß er die Dauer der Verhandlungen unnötig verlängern würde. Dieser lediglich die Praxis berühende Punkt komme aber nicht in Betracht, wo eine legislatorische Notwendigkeit für die Abänderung eines Gesetzes in Frage stehe. Außerdem treffe er tatsächlich nur selten zu. Der Antragsteller habe über zehn Jahre der Strafabteilung bei drei Kreisgerichten vorgesessen, ihm sei der Fall, daß 20, 30, 40 real konkurrierende Delikte, wie in der Kommission als möglich angeführt wurde, abzuurteilen gewesen wären, nie vorgekommen; kaum seien es deren 10, in der Regel nur 2, 3, 4 gewesen. Seien es deren mehrere, so dauere die Verhandlung selbst derart lange, daß die Zeit, welche die Niederschrift der Einzelstrafen in Anspruch nehme, dagegen gar nicht in Betracht kommen könne.

Der Antrag wurde mit 16 Stimmen gegen eine Stimme abgelehnt. Die Mehrheit war der Ansicht, daß für den Antrag, da sich in der Praxis Schwierigkeiten nicht ergeben hätten, ein Bedürfnis nicht vorliege, daß aber die beantragte Vorschrift selbst zu erheblichen Unzuträglichkeiten führen würde.

XV. Der Antrag:

> Die Vorschrift des §. 267 Abs. 2 der Str.Pr.O., wonach im Falle einer Aussetzung der Verkündung des Urteils die Urteilsgründe vor der Verkündung schriftlich festzustellen sind, ist in Wegfall zu bringen.

wurde einstimmig ohne Debatte angenommen (zu vergl. Bd. 1 S. 268 flg.).

XVI. Nach §. 273 Abs. 2 sind aus der Verhandlung vor den Schöffengerichten die wesentlichen Ergebnisse der Vernehmungen in das Protokoll aufzunehmen.

Es war der in erster Lesung (Bd. 1 S. 254) zurückgezogene Antrag gestellt,

1. entsprechend dem Vorschlage des Entwurfs von 1895 diese Vorschrift auf die Verhandlungen vor allen Gerichten auszudehnen.

Vom Antragsteller wurde ausgeführt: Es habe sich in der Praxis bei der Wiederaufnahme des Verfahrens und bei Meineidsuntersuchungen oft als ein Mangel herausgestellt, daß die in der Verhandlung von den einzelnen Zeugen gemachten Aussagen nicht zuverlässig feststünden. Der Antrag solle diesem Mangel abhelfen.

Der Antrag fand in der Kommission keinen Beifall. Es wurde ausgeführt: Von den Gründen, die früher für die vorgeschlagene Bestimmung geltend gemacht worden seien, könne der Hinweis auf die Berufungsinstanz nicht mehr in Betracht kommen, nachdem die Kommission beschlossen habe, daß die Beweisaufnahme in der zweiten Instanz in demselben Maße von den Grundsätzen der Mündlichkeit und Unmittelbarkeit beherrscht sein solle wie in der ersten Instanz. Die Rücksicht auf ein etwa später einzuleitendes Wiederaufnahme- oder Meineidsverfahren könne aber für sich allein den Antrag nicht rechtfertigen. Dieser werde das Schreibwerk in erheblichem Maße vermehren und eine wirklich zuverlässige Feststellung des Inhalts der Zeugenaussagen doch nicht herbeiführen. Zudem würden die Urteilsgründe in Zukunft mehr als bisher ersehen lassen, was die Zeugen bekundet haben. Im Falle eines Widerspruchs zwischen den Urteilsgründen und dem Sitzungsprotokolle würden doch die ersteren für maßgebend erachtet werden; sie könnten daher auch für sich allein als dem Bedürfnisse genügend angesehen werden.

Dagegen war die Kommission einhellig der Meinung, daß die bisherige Unterscheidung des Gesetzes zwischen schöffengerichtlichen und anderen Sitzungsprotokollen für den Fall der Ausdehnung der Berufung nicht mehr gerechtfertigt sei, die Frage vielmehr für alle Gerichte in gleicher Weise beantwortet werden müsse. Es wurde daher von anderer Seite beantragt,

2. den §. 273 Abs. 2 zu streichen.

Bei der Abstimmung wurde zunächst der Antrag 1 mit 15 Stimmen gegen eine Stimme abgelehnt und sodann der Antrag 2 einstimmig angenommen.

Im Laufe der Beratung war auch der in der Literatur und Presse mehrfach gemachte Vorschlag, die Zeugenaussagen stenographisch aufnehmen zu lassen, erörtert worden. Es herrschte jedoch in der Kommission Übereinstimmung darüber, daß dieser Vorschlag praktisch undurchführbar sei. Es stehe nur eine beschränkte Zahl von Stenographen, welche die Fähigkeit besäßen, eine längere Verhandlung wortgetreu aufzunehmen, den Gerichten zur Verfügung. Ferner fehle die genügende Gewähr für die Richtigkeit der Stenogramme, wenn sie nicht den Zeugen vorgelesen und von ihnen genehmigt würden; das Vorlesen sei aber so zeitraubend, daß es ernsthaft nicht in Frage kommen könne. Der Vorsitzende würde außerdem eine Verantwortung für die stenographisch aufgenommenen Protokolle niemals übernehmen können, selbst wenn er der Stenographie mächtig sei. Endlich müßten die Stenogramme, wenn sie praktisch verwertbar sein sollten, nach der Sitzung stets in gewöhnliche Schrift übertragen werden, was eine große Vermehrung des Schreibwerkes und erhebliche Kosten verursachen würde.

XVII. Die ferner zu §. 273 gestellten Anträge:

1. Der Staatsanwalt, der Verteidiger und der Angeklagte sollen berechtigt sein, die von ihnen gestellten Anträge schriftlich als Anlagen zum Protokolle zu überreichen. Diese Anlagen gelten als Teile des Protokolls.

Die schriftliche Begründung der Anträge und die Überreichung von Schriftsätzen soll nicht zulässig sein.

2. Die Vermerke im Protokoll über die Stellung von Beweisanträgen und über die daraufhin verkündeten Beschlüsse sind zu verlesen.
3. Erfolgt die Beobachtung der vorgeschriebenen Förmlichkeiten nach Ansicht eines bei der Verhandlung Beteiligten in mangelhafter oder ungenügender Weise, so ist dieser berechtigt, die Feststellung des Vorganges und dessen Aufnahme in das Protokoll zu verlangen.
4. Dem Angeklagten oder dem Verteidiger ist auf Antrag eine Abschrift des Protokolls zu erteilen.

entsprechen den bereits in erster Lesung gefaßten Beschlüssen (Bd. 1 S. 252 flg.) und wurden einstimmig ohne Debatte angenommen.

XVIII. Die Kommission wandte sich zur Frage L V des Fragebogens, ob gegen den die Förmlichkeiten der Hauptverhandlung betreffenden Inhalt des Protokolls der Nachweis der Unrichtigkeit zuzulassen sei.

Die Kommission beschloß wie in erster Lesung einstimmig, diese Frage zu verneinen, hielt es aber auch heute für geboten, daß durch ausdrückliche Vorschriften im Gesetze den Prozeßbeteiligten das Recht gewahrt bleibe, rechtzeitig von dem Protokoll Einsicht zu nehmen und auf die Berichtigung etwaiger Fehler hinzuwirken.

Es lagen in dieser Beziehung zwei Anträge vor.

Der eine Antrag begnügte sich mit einer Wiedergabe des Beschlusses der ersten Lesung (Bd. 1 S. 256), indem er vorschlug, auszusprechen:

Es empfiehlt sich die Aufnahme von Bestimmungen in das Gesetz, welche

a) die Fertigstellung des Protokolls innerhalb angemessener Frist und die Möglichkeit der Einsichtnahme durch die Prozeßbeteiligten sichern;
b) die Zulässigkeit einer Berichtigung des Protokolls auf Antrag und von Amtswegen mit der Maßgabe sichern, daß die Berichtigung nur im Einverständnisse beider Urkundspersonen erfolgen darf.

Von anderer Seite wurde dies nicht für ausreichend erachtet, sondern ein bestimmterer Vorschlag dahin gemacht:

Das Protokoll soll spätestens am fünften Werktage nach dem Tage, an welchem die Hauptverhandlung geschlossen ist, fertiggestellt und von dem Vorsitzenden und dem Gerichtsschreiber unterzeichnet werden.

Während der auf die fünf Werktage folgenden zwei Werktage sind die Prozeßbeteiligten zur Durchsicht der Protokolle und zur Stellung von Anträgen auf Berichtigung oder Ergänzung befugt. Der Vorsitzende und der Gerichtsschreiber haben spätestens am dritten Werktage nach dem Tage, an welchem der Antrag gestellt ist, über den Antrag zu befinden. In einem Nachtrage zum Protokolle sind der Antrag und der ergangene Beschluß zu verzeichnen.

Der Vorsitzende und der Gerichtsschreiber sind, auch ohne daß ein dahingehender Antrag gestellt ist, befugt, das bereits unterzeichnete Protokoll durch einen Nachtrag zu ergänzen oder zu berichtigen. Falls die Prozeßbeteiligten nicht schon bei Durchsicht des Protokolls von dem von Amtswegen beigefügten Nachtrage Kenntnis erhalten haben, ist ihnen anzuzeigen, daß eine Ergänzung oder Berichtigung vorgenommen ist.

Dieser Antrag fand einstimmige Annahme. Die Kommission war der Ansicht, daß die vorgeschlagenen Fristen einerseits zur Fertigstellung des Protokolls, andererseits zur Durchführung des etwaigen Berichtigungsverfahrens noch vor dem Ablaufe der Revisionsrechtfertigungsfrist ausreichen würden. Es bestand Einverständnis darüber, daß eine Nichteinhaltung der im Abs. 1 des Antrags vorgesehenen Frist von fünf Tagen, wie schon die Anwendung des Wortes „soll" andeute, nicht etwa als Revisionsgrund geltend gemacht werden könne. Auch wurde gegenüber einer Bemerkung im Protokolle der ersten Lesung (Bd. 1 S. 256), daß eine Beschwerde gegen die Ablehnung der Berichtigung nicht zulässig sein solle, von einem Mitgliede, ohne daß Widerspruch erhoben wurde, festgestellt: Die Beschwerde solle nicht auch in dem Falle als unzulässig angesehen werden, wenn etwa das Gericht den Berichtigungsantrag lediglich deshalb verworfen habe, weil ein solcher gesetzlich überhaupt nicht zulässig sei.

Die Frage, inwieweit dem Vorsitzenden und dem Gerichtsschreiber in Bezug auf einen durch die Revision bereits gerügten Mangel noch ein Recht zur Berichtigung zustehen solle, wurde wie in erster Lesung (Bd. 1 S. 507) bis zur Beratung des Verfahrens in der Revisionsinstanz ausgesetzt.[1])

Im Laufe der Beratung war von einer Seite angeregt worden, ob man nicht im Anschluß an die Einführung eines förmlichen Berichtigungsverfahrens vorschreiben solle, daß die angebliche Nichtbeachtung einer Formvorschrift (z. B. der Beeidigung der Zeugen), die in der Verhandlung tatsächlich beachtet, deren Beachtung aber versehentlich im Protokolle nicht vermerkt sei, mittels der Revision jedenfalls dann nicht gerügt werden könne, wenn der Angeklagte oder sein Verteidiger von dem Rechte der Protokolleinsicht Gebrauch gemacht, eine Berichtigung oder Ergänzung des Protokolls aber nicht beantragt hätten. Es wurde als ein Mißstand bezeichnet, daß in dieser Weise begründete Revisionen zur Zeit nicht selten zur Aufhebung von Urteilen führten, die weder materiell noch formell auf einem wirklichen Mangel beruhten.

Hiergegen wurde jedoch bemerkt: Dieser Mißstand sei zwar bedauerlich, aber nicht zu ändern. Wenn infolge eines Versehens sich die Beobachtung einer bestimmten wesentlichen Förmlichkeit aus dem Sitzungsprotokolle nicht ergebe und die Ergänzung des Protokolls von Amtswegen nicht mehr zulässig sei, so müsse es dabei bleiben, daß die Formvorschrift als verletzt zu gelten habe. Anderenfalls gelange man dazu, den Beweis der Unrichtigkeit gegen das Protokoll zuzulassen, was die Kommission soeben einhellig als nicht angängig erklärt habe. Es sei zu hoffen, daß nach der Einführung der Berufung in dieser Weise begründete Revisionen nur noch selten vorkommen würden.

Die Anregung wurde darauf nicht weiter verfolgt.

---

[1]) Zu vergl. das Protokoll der 71. Sitzung unter XI.

70. Sitzung.

17. Dezember 1904.

Verfahren in zweiter Instanz

I. Die Kommission ging zur Beratung des Verfahrens in der zweiten Instanz über (Punkt IV 4 des neuen Programms) und wandte sich zunächst zu der Rechtfertigung der Berufung durch Aufstellung bestimmter Beschwerdepunkte (U II 2a des Fragebogens).

1. Hinsichtlich der Frage, inwieweit und mit welcher rechtlichen Wirkung eine Beschränkung der Berufung auf einzelne Teile des Urteils zulässig sein solle, waren die folgenden Anträge gestellt:

a) Der §. 368 der Str.Pr.O. ist durch Bestimmungen dahin zu ergänzen, daß eine Anfechtung nur im Strafpunkte sowie eine teilweise Anfechtung der Strafe, auch der Nebenfolgen zulässig sein soll.

Dagegen soll eine Trennung der Berufung dahin, daß nur der Rechtspunkt, nicht die tatsächlichen Feststellungen angegriffen werden, nicht zulässig sein.

b) Hat die Staatsanwaltschaft nur gegen einen Teil des Urteils Berufung eingelegt, so soll der Berufungsrichter auch über die Grenzen der Berufung der Staatsanwaltschaft hinaus zu Gunsten des Angeklagten erkennen dürfen.

Beide Anträge entsprechen den in erster Lesung gefaßten Beschlüssen (Bd. 1 S. 472 flg.) und wurden wiederum angenommen; der Antrag a einstimmig, der Antrag b mit 16 gegen 2 Stimmen. Dabei wurde die einstimmige Meinung der Kommission dahin festgestellt, daß durch die Vorschrift zu b nur der Fall getroffen werden solle, in dem ein wegen einer Straftat ergangenes Urteil von der Staatsanwaltschaft zum Teil angefochten sei, nicht aber auch der Fall, in dem wegen mehrerer real konkurrierenden Straftaten Urteil ergangen sei und die Berufung des Staatsanwalts sich nur auf eine dieser Straftaten beziehe. In dem letztgedachten Falle solle das Berufungsgericht auch nach dem Antrage b nicht befugt sein, das Urteil in Ansehung der von der Berufung nicht berührten Straftaten zu Gunsten des Angeklagten zu ändern.

2. Bezüglich der Rechtfertigung der Berufung wurde der Antrag:

Dem Gerichtsschreiber ist im Gesetze die Verpflichtung aufzuerlegen, den Angeklagten, dafern er die Berufung zu Protokoll einlegt oder nach Einlegung der Berufung sonstige Erklärungen zu Protokoll abgibt, zu befragen, inwieweit das Urteil angefochten und womit die Berufung gerechtfertigt werden soll.

wie in erster Lesung (Bd. 1 S. 477 flg.) einstimmig angenommen. Sodann wurde die Frage,

ob im übrigen eine Rechtfertigung der Berufung durch Anführung bestimmter Beschwerdepunkte vorgeschrieben werden solle,

in Übereinstimmung mit den in erster Lesung gefaßten Beschlüssen (Bd. 1 S. 475 flg.), mit 14 gegen 4 Stimmen verneint.

Die Minderheit hielt eine Verpflichtung zur Rechtfertigung der Berufung für notwendig, um einer mißbräuchlichen Anwendung des Rechtsmittels vorzubeugen und die Verhandlung in der Berufungsinstanz in geeigneter Weise vorbereiten zu können. Die Mehrheit war dagegen auch heute der Meinung, daß der Rechtfertigungszwang mit präklusivischer Wirkung für den weniger erfahrenen Angeklagten in hohem Maße gefährlich sei, im übrigen aber dadurch, daß das Urteil im ganzen Umfang angefochten werde, seiner praktischen Bedeutung leicht entkleidet werden könne.

3. Als ein geeignetes Mittel, um frivole Berufungen zu verhüten, sah die Kommission auch heute (zu vergl. Bd. 1 S. 476 flg.) die Anschlußberufung an.

Der Antrag:

Auch nach Ablauf der Berufungsfrist ist Anschlußberufung zulässig; sie verliert ihre Wirkung, wenn die Berufung zurückgenommen oder als unzulässig verworfen wird.

wurde einstimmig angenommen.

II. Die Anträge,

a) dem §. 357 der Str.Pr.O. als Abs. 3 beizufügen:

Ist der Angeklagte verhaftet, so ist das Urteil auch dem bestellten oder gewählten Verteidiger zuzustellen. Hat der Angeklagte mehrere Verteidiger, so genügt die Zustellung an einen von ihnen.

b) dem §. 358 der Str.Pr.O. als Abs. 2 beizufügen:

Erfolgte die Zustellung an den Angeklagten und den Verteidiger, so ist für die Fristberechnung die zuletzt erfolgte Zustellung maßgebend.

fanden gleichfalls einstimmige Annahme (zu vergl. Bd. 1 S. 479).

III. In Ansehung des Umfanges und der Art der Beweisaufnahme (U II 2b des Fragebogens) war entsprechend den Beschlüssen erster Lesung Bd. 1 S. 481 flg.) wiederum beantragt:

a) Für das Verfahren in der Berufungsinstanz sollen die Grundsätze des §. 244 Abs. 1 und des §. 249 der Str.Pr.O. gelten. Die Verlesung von Zeugen- und Sachverständigenaussagen ist nur in dem durch die §§. 250, 252 der Str.Pr.O. bestimmten Umfange zuzulassen. Der §. 366 der Str.Pr.O. ist zu streichen.

b) Im Abs. 3 des §. 364 der Str.Pr.O. ist zu bestimmen, daß das Vorbringen neuer Tatsachen und neuer Beweismittel zulässig und sowohl dem Beschwerdeführer als auch dem Gegner gestattet ist.

Der Antrag b gab zu Erörterungen keinen Anlaß und wurde einstimmig angenommen.

Auch hinsichtlich des Antrags a war die Kommission darüber einig, daß die Beweisaufnahme in der Berufungsinstanz, insbesondere die Verlesung von

Zeugen- und Sachverständigenaussagen, genau so nach dem Grundsatze der Mündlichkeit geregelt werden solle, wie die Beweisaufnahme in erster Instanz, und daß hiernach die in den §§. 365, 366 der Str.Pr.O. vorgesehene Berichterstattung ganz in Wegfall zu kommen habe.

Meinungsverschiedenheiten ergaben sich nur bezüglich der Frage, ob für das Verfahren in der Berufungsinstanz die Vorschrift des §. 244 Abs. 1[1]) der Str.Pr.O., wie es der Antrag a vorschlägt, in ihrer jetzigen Gestaltung, oder nach Maßgabe der Abänderungen gelten solle, welche die Kommission für die erste Instanz in der gestrigen Sitzung befürwortet hat.

In der letztgedachten Richtung bewegte sich der Antrag,

> auch für die Berufungsinstanz zu bestimmen, daß das Gericht die Erhebung einzelner Beweise ablehnen kann, wenn es die Tatsachen, die dadurch bewiesen werden sollen, zu Gunsten des Angeklagten für erwiesen oder einstimmig für unerheblich erachtet, sowie daß die Gründe für die Unerheblichkeit im Beschluß anzugeben sind.

Die Mehrheit entschied sich für die Annahme dieses Antrags, und zwar insoweit er die für erwiesen erachteten Tatsachen betrifft, mit 14 gegen 4, soweit er die unerheblichen Tatsachen betrifft, mit 12 gegen 6 Stimmen.

Seitens der Minderheit war ausgeführt worden: Die Gründe, welche gegen eine Einschränkung des §. 244 Abs. 1 für die erste Instanz geltend gemacht seien, träfen hier in erhöhtem Maße zu. Es müsse dem Angeklagten wenigstens für die zweite Instanz das Recht gewahrt bleiben, die Erhebung der sämtlichen von ihm herbeigeschafften Beweise zu verlangen. Dies entspreche auch dem geltenden Rechte, da nach §. 244 Abs. 2 der Str.Pr.O. das freie Ermessen des Gerichts über den Umfang der Beweisaufnahme in der Berufungsinstanz nur Platz greife, wenn es sich um Übertretungen und Privatklagen handele, nicht aber bei den im Wege der öffentlichen Klage verfolgten Vergehen. Namentlich sei es bedenklich, wenn in der Berufungsinstanz die Erhebung eines Beweises auch wegen vermeintlicher Unerheblichkeit der zu beweisenden Tatsache abgelehnt werden könne, weil es an der Möglichkeit, einen etwaigen Irrtum wieder gut zu machen, hier gänzlich mangele.

Die Mehrheit erwog dagegen: Da beide Instanzen die Aufgabe hätten, die objektive Wahrheit zu erforschen, so müßten die Vorschriften über die Beweisaufnahme für beide gleichmäßig geregelt werden; sonst werde die Bedeutung der ersten Instanz herabgedrückt und der Schwerpunkt in unerwünschter Weise in die zweite Instanz verlegt. Deshalb sei es nur folgerichtig, daß man die für die erste Instanz vorgeschlagene Einschränkung des §. 244 Abs. 1 auch auf die Berufungsinstanz erstrecke. Eine wirkliche Beeinträchtigung der Verteidigung des Angeklagten sei hiervon ebensowenig zu befürchten wie in der ersten Instanz. Insbesondere dürfe, was die Ablehnung einer Beweiserhebung wegen Unerheblichkeit der Beweistatsache betreffe, mit Sicherheit angenommen werden, daß eine Tatsache, die von zwei Richterkollegien einstimmig als unerheblich bezeichnet worden sei, für die Entscheidung der Sache auch wirklich keine Bedeutung habe.

---

[1]) Zu §. 244 Abs. 2 der Str.Pr.O. ist der in der 68. Sitzung unter I 1 (S. 117) gefaßte Beschluß zu vergleichen.

IV. Leidet das Urteil an einem Mangel, welcher die Revision wegen Verletzung einer Rechtsnorm über das Verfahren begründen würde, so kann nach §. 369 Abs. 2 der Str.Pr.O. das Berufungsgericht unter Aufhebung des Urteils die Sache, wenn die Umstände des Falles es erfordern, zur Entscheidung an die erste Instanz zurückverweisen.

Im Hinblicke hierauf wurde die Frage aufgeworfen, ob es sich nicht empfehle, den bei der Beratung des Verfahrens in der Revisionsinstanz in erster Lesung gefaßten Beschluß (Bd. 1 S. 507):

> Das Recht, das unterzeichnete Protokoll durch einen Nachtrag zu ergänzen oder zu berichtigen, steht den Urkundspersonen, sobald eine Revisionsbegründung eingegangen und auf einen bestimmten Mangel in der Hauptverhandlung gestützt ist, in Bezug auf den durch die Revision gerügten Mangel nur zu, insofern durch die Ergänzung oder Berichtigung die Rüge der Revision bestätigt wird.

für das Verfahren in der Berufungsinstanz und hinsichtlich des Protokolls der erstinstanzlichen Verhandlung entsprechend anwendbar zu erklären.

Die Kommission hatte hiergegen an sich keine Bedenken. Es wurde jedoch im Laufe der Erörterungen von mehreren Mitgliedern ausgeführt: In der Praxis werde von der Bestimmung des §. 369 Abs. 2 kaum jemals Gebrauch gemacht; sie übertrage dem Berufungsgericht eine revisionsgerichtliche Befugnis, wofür ein Bedürfnis um so weniger vorliege, als eine Beschränkung der Berufung allein auf den Rechtspunkt nach den Beschlüssen der Kommission nicht zulässig sein solle. Die Vorschrift führe nur zu unnötigen Verzögerungen des Verfahrens und es sei zweckmäßig, sie aufzuheben, zumal es in Zukunft kaum angängig sein werde, daß die eine Abteilung des Landgerichts das Urteil einer anderen Abteilung wegen eines Formfehlers aufhebe und die Sache an diese Abteilung zurückverweise. Dementsprechend wurde beantragt,

> den §. 369 Abs. 2 der Str.Pr.O. zu streichen.

Es bestand Einverständnis darüber, daß die Frage, ob die obenbezeichnete Vorschrift über die Beschränkung der Protokollberichtigung auch für das Berufungsverfahren gelten solle, gegenstandslos sein würde, sofern der letzterwähnte Antrag angenommen werden sollte.

Die Mehrheit vermochte jedoch diesen Antrag nicht als gerechtfertigt anzuerkennen. Die Aufhebung des §. 369 Abs. 2 werde dazu führen, daß das Berufungsgericht auch dann in der Sache selbst entscheiden müsse, wenn die erste Instanz nur eine formale, die Anklage sachlich nicht erledigende Entscheidung getroffen habe, z. B. wenn das Schöffengericht in erster Instanz eine polizeiliche Strafverfügung gemäß §. 458 der Str.Pr.O. als unzulässig aufgehoben habe, das Berufungsgericht jedoch die Strafverfügung für zulässig halte. In einem solchen Falle gehe dem Angeklagten eine Instanz verloren.

Bei der Abstimmung wurde zunächst der auf Streichung des §. 369 Abs. 2 gerichtete Antrag mit 10 gegen 8 Stimmen abgelehnt und sodann die einstimmige Meinung der Kommission dahin festgestellt, daß der obenbezeichnete Beschluß über die Protokollberichtigung, sofern er für das Revisionsverfahren auch in zweiter

Lesung aufrechterhalten werde,[1]) für das Berufungsverfahren entsprechende Anwendung finden solle.

V. Hinsichtlich der Verpflichtung des Angeklagten zum Erscheinen in der Hauptverhandlung der Berufungsinstanz und der Folgen seines unentschuldigten Ausbleibens (Frage U II 2 c des Fragebogens) wurden die in erster Lesung (Bd. 1 S. 484 flg., 513 flg.) angenommenen Anträge wiederholt,

a) dem §. 370 der Str.Pr.O. folgende Vorschrift voranzuschicken:

> Ist das Erscheinen des Angeklagten nach dem Ermessen des Gerichts besonders erschwert oder befindet er sich nicht auf freiem Fuße, so kann das Gericht auf seinen Antrag beschließen, daß in seiner Abwesenheit zu verhandeln sei.

b) dem bisherigen Abs. 2 folgende Fassung zu geben:

> Wenn der Angeklagte durch Naturereignisse oder durch andere, auch bei Anwendung der im Verkehr erforderlichen Sorgfalt unabwendbare Zufälle am Erscheinen in der Hauptverhandlung oder an der rechtzeitigen Mitteilung genügender Entschuldigung verhindert ist, so kann er binnen einer Woche nach Zustellung des Urteils die Wiedereinsetzung in den vorigen Stand beanspruchen.

Die Kommission nahm heute den Antrag a einstimmig, den Antrag b mit 17 Stimmen gegen eine Stimme ohne Debatte an.

VI. In erster Lesung (Bd. 1 S. 489 flg.) war beschlossen worden, daß es sich empfehle, Bestimmungen zu treffen, welche dem Grundsatze des §. 397 der Str.Pr.O. für die Berufung entsprechende Anwendung geben. Ein dahingehender Antrag war auch heute wieder gestellt. Es wurde jedoch von anderer Seite als wünschenswert bezeichnet, daß die Kommission selbst in dieser Richtung bestimmte Vorschläge mache, zumal die Regelung der Sache zu mannigfachen praktischen Schwierigkeiten führe. Nach längerer Erörterung wurde die Erledigung dieser Frage bis zur Beratung der Vorschriften über die Revision ausgesetzt.[2])

VII. Die Kommission wandte sich nunmehr zu den Vorschriften über die Beschwerde.

Nach §. 81 der Str.Pr.O. kann das Gericht auf Antrag eines Sachverständigen anordnen, daß der Angeschuldigte zur Vorbereitung eines Gutachtens über seinen Geisteszustand bis zur Dauer von sechs Wochen in einer öffentlichen Irrenanstalt untergebracht und dort beobachtet werde. Gegen den Beschluß findet nach §. 81 Abs. 3 sofortige Beschwerde statt, der aufschiebende Wirkung beigelegt ist.

In der Literatur und Rechtsprechung ist es bestritten, ob die Beschwerde auch dann zulässig ist, wenn diese Anordnung von dem erkennenden Gerichte getroffen wird (zu vergl. Löwe, Kommentar zur Strafprozeßordnung, 11. Aufl. Note 9 zu §. 81). Die herrschende Ansicht, der auch das Reichsgericht (Entsch. in Straff. Bd. 20 S. 378) folgt, verneint für diesen Fall die Zulässigkeit der Beschwerde, weil nach der allgemeinen Vorschrift des §. 347 der Str.Pr.O. Entscheidungen der erkennenden Gerichte, welche der Urteilsfällung vorausgehen,

---

[1]) Dies ist geschehen. Zu vergl. das Protokoll der 71. Sitzung unter X, Bd. 2 S. 158.

[2]) Zu vergl. das Protokoll der 71. Sitzung unter IX 2, Bd. 2 S. 155 flg.

mit Ausnahme der Entscheidungen über Verhaftungen, Beschlagnahmen oder Straffestsetzungen sowie aller Entscheidungen, durch welche dritte Personen betroffen werden, der Beschwerde nicht unterliegen.

Es lag der Antrag vor,

> durch Hinzufügung einer weiteren Ausnahme im §. 347 der Str.Pr.O. vorzuschreiben, daß auch die Entscheidungen der erkennenden Gerichte über die Unterbringung des Angeklagten in einer öffentlichen Irrenanstalt der Beschwerde unterliegen.

Der Antrag wurde mit 12 gegen 5 Stimmen angenommen.

Seitens der Minderheit wurde gegen den Antrag ausgeführt:

Der Mangel eines Beschwerderechts habe in der Praxis zu Mißständen nicht geführt. An sich sei die Beobachtung des Angeklagten in einer öffentlichen Irrenanstalt in vielen Fällen nicht zu entbehren und namentlich auch nicht durch eine Beobachtung in der Wohnung oder in einer Privatanstalt zu ersetzen; denn es fehle dort an den notwendigen Garantien dafür, daß der Angeklagte sich rechtzeitig zur Untersuchung stelle und nicht durch künstliche Mittel das Ergebnis der Beobachtung beeinflusse. Die Maßregel enthalte auch nur selten eine ungerechtfertigte Beeinträchtigung des Angeklagten, weil sie in der Regel dann verhängt werde, wenn der Angeklagte selbst seine Unzurechnungsfähigkeit behaupte; in einem solchen Falle könne er sich aber auch nicht beklagen, daß das Gericht ihn in einer öffentlichen Irrenanstalt beobachten lasse. Werde ausnahmsweise die Maßregel angeordnet, obgleich der Angeklagte selbst gesund zu sein behaupte, so sei er, wie die Erfahrung lehre, meist geisteskrank und könne deshalb durch die Unterbringung in der Anstalt an seiner Gesundheit nicht Schaden leiden. Abgesehen hiervon sei es auch aus prozeßtechnischen Gründen durchaus gerechtfertigt, wenn das Gesetz gegen den vom erkennenden Gericht erlassenen Beschluß auf Unterbringung in der Irrenanstalt eine Beschwerde nicht zulasse. Wenn das Beschwerdegericht diesen Beschluß aufhebe, so greife es in unzulässiger Weise in die selbständige Urteilsfindung des erkennenden Gerichts ein, und zwar nicht in einer Rechtsfrage, sondern in einer der tatsächlichen Würdigung unterliegenden Frage. Es gehe nicht an, daß das Beschwerdegericht dem erkennenden Gericht eine Erkenntnisquelle nehme, deren dieses bei der Beantwortung der Schuldfrage zu bedürfen glaube. Das erkennende Gericht sei zwar durch die Aufhebung seines Beschlusses an sich nicht gehindert, demnächst den gleichen Beschluß noch einmal zu fassen; aber schließlich werde ihm doch eine Entscheidung, insbesondere die Freisprechung des Angeklagten wegen begründeter Zweifel an seiner Zurechnungsfähigkeit, aufgenötigt, die es sonst vielleicht nicht getroffen haben würde. Es komme hinzu, daß das erkennende Gericht, welches den Angeklagten selbst und den sachverständigen Arzt vernommen, auch den Verteidiger gehört habe, weit besser über die Notwendigkeit der Unterbringung zu urteilen vermöge, als das Beschwerdegericht, das lediglich aus den Akten schöpfe.

Die Mehrheit machte demgegenüber geltend: Es sei nicht richtig, daß durch die Entscheidung des Beschwerdegerichts dem erkennenden Gerichte die Möglichkeit der Urteilsbildung beschränkt werde, da eine Beobachtung des Angeklagten auch ohne Unterbringung in einer öffentlichen Irrenanstalt in vielen Fällen recht wohl möglich sei. Ebensowenig sei es zutreffend, daß das Beschwerdegericht zu einer Entscheidung weniger geeignet sein solle als das erkennende Gericht; denn auch dieses entscheide fast ausschließlich auf Grund des ärztlichen Gutachtens, welches entweder schon bei den Akten sei oder leicht beigebracht werden könne. Andererseits sei das Beschwerdegericht in der Lage, auch noch andere Sachverständige zu hören und hierdurch die Gewähr für eine zutreffende Entscheidung zu erhöhen. Für den Antrag spreche in durchschlagender Weise die Erwägung, daß eine für die Freiheit, die Gesundheit und die wirtschaftlichen Verhältnisse des Angeklagten so einschneidende Maßregel wie die Unterbringung in einer öffentlichen Irrenanstalt nicht auf den Antrag eines einzelnen Arztes von einem möglicherweise nur mit einem einzigen Richter besetzten Gerichte beschlossen werden dürfe, ohne daß dagegen ein Rechtsmittel gegeben sei. Darin liege eine Härte, die durch sachliche Gründe nicht zu rechtfertigen sei. Die gleichen Erwägungen, die dazu geführt hätten, im §. 81 der Str.Pr.O. gegen die entsprechende Anordnung des Untersuchungsrichters die sofortige Beschwerde sogar mit aufschiebender Wirkung zuzulassen, müßten auch hier für die Zulassung einer Beschwerde sprechen, zumal es mehr oder weniger vom Zufall abhänge. in welchem Stadium des Prozesses die Zweifel an der Zurechnungsfähigkeit des Angeklagten aufträten und eine Beobachtung erforderlich machten. Wenn man sage, das Beschwerdegericht greife mit der Aufhebung des Beschlusses vorzeitig in die Erwägungen ein, welche für das erkennende Gericht bei der Urteilsbildung in Betracht kämen, so sei dies zwar in einem gewissen Maße richtig; es treffe aber nicht minder in dem Falle zu, wenn eine Beschlagnahmeanordnung des erkennenden Gerichts mit der nach §. 347 der Str.Pr.O. zulässigen Beschwerde erfolgreich angegriffen worden sei.

Dir Kommission war, indem sie sich für die Zulassung der Beschwerde entschied, der Auffassung, daß nicht nur die Frage der Unterbringung selbst, sondern jeder Teil des Beschlusses, insbesondere auch die Anordnung, in welcher Anstalt und auf wie lange Zeit die Unterbringung erfolgen solle, dem Beschwerdegerichte zur Nachprüfung unterbreitet werden dürfe.

VIII. Nach §. 352 der Str.Pr.O. können Beschlüsse, welche vom Landgericht in der Beschwerdeinstanz erlassen sind, durch weitere Beschwerde nur insofern angefochten werden, als sie Verhaftungen betreffen.

Der Antrag,

> die weitere Beschwerde auch gegen diejenigen Beschlüsse zuzulassen, welche die Unterbringung in einer öffentlichen Irrenanstalt betreffen,

wurde als eine angemessene Ergänzung des soeben gefaßten Beschlusses bezeichnet und einstimmig angenommen.

IX. Die Beratungen wurden hierauf geschlossen. Der Beginn der nächsten Tagung wurde auf den 17. Januar 1905 anberaumt. Auf die Tagesordnung wurde die weitere Beratung der Vorschriften über die Beschwerde, ferner die Beratung der Punkte IV 5 bis 8 des neuen Programms und endlich die Beratung der Erweiterung des Zeugnisverweigerungsrechts gesetzt.

71. Sitzung.

17. Januar 1905.

Beschwerde. Revision. Verteidigung.

I. In Ansehung der Beschwerde lag noch der Antrag vor,

von dem im §. 347 Satz 1 der Str.Pr.O. ausgesprochenen Grundsatze, wonach Entscheidungen der erkennenden Gerichte, die der Urteilsfällung vorausgehen, der Beschwerde nicht unterliegen, im Satze 2 eine weitere Ausnahme zu Gunsten derjenigen Entscheidungen vorzusehen, durch welche eine vorläufige Einstellung des Verfahrens oder eine einstweilige Aussetzung der Hauptverhandlung angeordnet wird.

Der Antrag war, wie folgt, schriftlich begründet worden: Der innere Grund der im §. 347 enthaltenen Vorschrift sei der, daß die hier in Frage kommenden Entscheidungen regelmäßig zur Vorbereitung des Urteils dienen und daher mit diesem angefochten werden können. Deshalb sei in der Literatur, u. a. von Löwe (Kommentar zur Strafprozeßordnung 11. Aufl. Note 4 zu §. 347), der Versuch gemacht worden, die Vorschrift auf die zur Vorbereitung des Urteils bestimmten Entscheidungen zu beschränken. Es fehle jedoch an einem ausdrücklichen Ausspruche des Gesetzes, welcher Beschlüsse anderer Art, besonders die vorläufigen Einstellungen des Verfahrens, von dem Anwendungsgebiete des §. 347 ausschließe. Aber auch unter den zur Vorbereitung des Urteils bestimmten Entscheidungen seien manche, gegen welche die Beschwerde zugelassen werden müsse, namentlich diejenigen, durch welche die Sache vertagt und die Anberaumung eines neuen Verhandlungstermins von einer bestimmten Voraussetzung, z. B. dem Eingang einer Auskunft oder eines Aktenstücks, abhängig gemacht werde. Hierher gehörten auch die Entscheidungen auf Grund des §. 261, von dem in der Praxis vielfach ein zu weit gehender Gebrauch gemacht werde. So sei vor kurzem, anscheinend gestützt auf ein mißverstandenes Urteil des Reichsgerichts (Entsch. in Straff. Bd. 18 S. 436), in einer Sache wegen Übertretung von Polizeivorschriften über die Straßenreinigung der am Verfahren gar nicht beteiligten Ortsgemeinde aufgegeben worden, die Straßenreinigungspflicht des angeklagten Anliegers durch Klage im Verwaltungsstreitverfahren festzustellen. Diese Klage sei nach preußischem Verwaltungsrecht unzulässig gewesen, trotzdem habe der Angeklagte mit seiner Beschwerde gegen diesen Beschluß mit Rücksicht auf §. 347 nicht durchdringen können. Ferner gehöre hierher der §. 431 Abs. 2 der Str.Pr.O. Nicht selten werde dem Privatkläger ohne ausreichenden sachlichen Grund die Angabe von Tatsachen oder Beweismitteln, die Herbeischaffung von Urkunden, die Leistung eines Kostenvorschusses aufgegeben und für den Fall einer Nichterfüllung dieser Auflage die Einstellung des Verfahrens angedroht. Hierdurch würden vielfach ungerechtfertigte Verzögerungen, im letzteren Falle auch sachwidrige Einstellungen des Verfahrens herbeigeführt, die bei entsprechender Einschränkung des §. 347 vermieden werden könnten.

Gegen den Antrag wurden, soweit er die Zulässigkeit der Beschwerde gegen die vorläufige Einstellung des Verfahrens betrifft, Bedenken nicht erhoben.

Dagegen wurde von einer Reihe von Mitgliedern bestritten, daß sich für die Zulassung der Beschwerde gegen eine einstweilige Aussetzung der Hauptverhandlung ein praktisches Bedürfnis herausgestellt habe. Der Antrag führe dazu, daß das Beschwerdegericht, ohne über die Gründe des Aussetzungsbeschlusses durch die Akten ausreichend informiert zu sein, in die Lage komme, dem erkennenden Gericht eine Erkenntnisquelle zu verschließen, deren es für die Urteilsfällung zu bedürfen glaube. Für die Anwendung des §. 431 komme namentlich in Betracht, daß das untere Gericht die beteiligten Personen besser kenne und über die Zweckmäßigkeit der ihnen gemachten Auflage zutreffender urteilen könne als das Beschwerdegericht. Es genüge daher, wenn wie bisher für den Fall einer Pflichtvernachlässigung des Gerichts die Dienstaufsichtsbeschwerde gegeben sei.

Dem wurde entgegengehalten, daß auch sonst das Beschwerdegericht lediglich auf Grund der Akten zu entscheiden habe, vielfach aber schon aus diesen sich ergebe, daß die einstweilige Aussetzung nicht gerechtfertigt gewesen sei. Die Aufsichtsbeschwerde werde nur in seltenen Fällen zum Ziele führen. Dagegen sei zu erwarten, daß die Zulassung des Rechtsmittels für sich allein schon ungerechtfertigte Aussetzungsbeschlüsse verhüten werde.

Bei der Abstimmung wurde der Antrag, soweit er sich auf die vorläufige Einstellung des Verfahrens bezieht, einstimmig, im übrigen mit 10 gegen 9 Stimmen angenommen.

II. Nach §. 351 Abs. 1 der Str.Pr.O. erfolgt die Entscheidung über die Beschwerde ohne vorgängige mündliche Verhandlung, in geeigneten Fällen nach Anhörung der Staatsanwaltschaft.

Von einem Mitgliede wurde angeregt, ob nicht in Ausdehnung der Vorschrift im §. 122 Abs. 2 Satz 3 dem Beschwerdegerichte das Recht zuzusprechen sei, vor Entscheidung über die Beschwerde den Beteiligten Gelegenheit zur mündlichen Begründung ihrer Anträge zu geben. Es wurde auf die Konsequenzen aus den in der 67. Sitzung unter I und VI gefaßten Beschlüssen (Bd. 2 S. 97 flg., 104) hingewiesen. Nachdem jedoch von anderen Mitgliedern ausgeführt war, daß das Gericht durch den §. 351, welcher nur eine mündliche Verhandlung ausschließen wolle, schon jetzt nicht gehindert sei, auch den Beschuldigten zu hören, wurde die Anregung nicht weiter verfolgt.

III. Die Kommission wandte sich zu den Vorschriften über die Revision. Nach §. 377 Nr. 1 der Str.Pr.O. ist das Urteil stets als auf einer Verletzung des Gesetzes beruhend anzusehen, wenn das erkennende Gericht oder die Geschworenenbank nicht vorschriftsmäßig besetzt war. Von einem Mitgliede wurde darauf hingewiesen, daß die Strafsenate des Reichsgerichts diese Vorschrift in verschiedenem Sinne ausgelegt hätten. Während in Urteilen des I. und III. Senats die Vorschrift nur auf die Zahl der Richter bezogen sei, hätten der II. und der IV. Senat sie auch auf die Zusammensetzung und Bildung der Kammern (§§. 62 flg. des G.V.G.) erstreckt. Es empfehle sich, die Bestimmung im letzteren Sinne gesetzlich klarzustellen. Demgegenüber wurde von anderer Seite darauf hingewiesen, daß die Rechtsprechung aller Senate des Reichsgerichts zur Zeit dahin gehe, daß auch die Verletzung der Vorschriften der §§. 62 flg. des G.V.G. stets die Revision begründe.

Mit Rücksicht hierauf wurde die Anregung nicht weiter verfolgt.

IV. Die Anträge:

1. Der §. 380 der Str.Pr.O. ist zu streichen.
2. Dem §. 383 Abs. 2 ist folgender Zusatz zu geben:

   Ist der Angeklagte verhaftet, so ist das Urteil auch dem Verteidiger zuzustellen. Sind mehrere Verteidiger benannt, so genügt die Zustellung an einen derselben.
3. Der §. 385 Abs. 1 erhält folgenden Zusatz:

   Erfolgt die Zustellung des Urteils an den Angeklagten und den Verteidiger, so ist für die Fristbestimmung die zuletzt erfolgte Zustellung maßgebend.

wurden ohne Debatte einstimmig wie in erster Lesung (Bd. 1 S. 501, 503) angenommen.

V. Die Revisionsanträge und deren Begründung können nach §. 385 Abs. 2 seitens des Angeklagten nur in einer von dem Verteidiger oder einem Rechtsanwalt unterzeichneten Schrift oder zu Protokoll „des" Gerichtsschreibers, d. h. des Gerichtsschreibers desjenigen Gerichts, von welchem das angefochtene Urteil erlassen ist, angebracht werden.

Es lag der Antrag vor,

> die Anbringung zu Protokoll eines jeden Gerichtsschreibers zuzulassen und im Zusammenhange damit vorzuschreiben,
>
> > daß es zur Wahrung der im §. 385 bezeichneten Frist genügt, wenn innerhalb derselben das Protokoll aufgenommen wird;
> >
> > eventuell:
> >
> > daß der Gerichtsschreiber, welcher das Protokoll aufgenommen hat, verpflichtet ist, es sofort dem zuständigen Gericht einzusenden.

Zur Begründung des Antrags wurde ausgeführt: Es sei eine unbillige Härte, daß der auswärts wohnende Angeklagte behufs Rechtfertigung der Revision sich entweder der Hilfe eines Rechtsanwalts bedienen oder an den Sitz des Gerichts begeben müsse. Auch der am Gerichtsorte wohnende Angeklagte könne in eine üble Lage kommen, wenn er sich auf Reisen befinde und sein Verteidiger kurz vor Ablauf der Rechtfertigungsfrist die Verteidigung niederlege. Diese

Unbilligkeit solle der Antrag beseitigen. Allerdings sei der zuständige Gerichtsschreiber, weil er die Akten zur Hand habe, in der Regel besser als ein anderer zur Aufnahme des Protokolls geeignet. Abgesehen davon aber, daß auch ihm die Akten nicht immer zur Verfügung stünden und daß er in manchen Fällen ein persönliches Interesse daran habe, wenn ein Mangel des Verfahrens ungerügt bliebe, werde es meistens genügen, daß der auswärtige Gerichtsschreiber in die Urteilsausfertigung und in die Protokollabschrift, die sich der Angeklagte jederzeit verschaffen könne, Einsicht nehme.

Die Mehrheit der Kommission war jedoch der Meinung, daß sich in der Praxis ein Bedürfnis für die beantragte Gesetzesänderung nicht ergeben habe. Es sei um so weniger geboten, die Durchführung des Rechtsmittels der Revision noch zu erleichtern, wenn man die Berufung einführe. Die vorgeschlagene Bestimmung werde aber zu einer erheblichen Vermehrung der ungerechtfertigten und der nicht sachgemäß begründeten Revisionen führen, da dem auswärtigen Gerichtsschreiber jede Gelegenheit, sich aus den Akten zu orientieren, fehle. Auch bestehe die Gefahr, daß durch unrichtige Bezeichnung der Sache und des Gerichts dem Angeklagten Nachteil erwachse. Vor allem aber werde, falls zur Wahrung der Rechtfertigungsfrist die Aufnahme des Protokolls vor irgend einem Gerichtsschreiber genügen sollte, der Eintritt der Rechtskraft des Urteils völlig unsicher. Denn der Gerichtsschreiber des zuständigen Gerichts werde auch nach dem Ablaufe der Frist noch eine gewisse Zeit abwarten müssen, ob etwa noch ein vor einem fremden Gerichtsschreiber aufgenommenes Rechtfertigungsprotokoll eingehe. Folgerichtig müßte auch bei dem Antrag auf Wiederaufnahme des Verfahrens (§. 406 Abs. 2 der Str.Pr.O.) die Aufnahme des Protokolls durch einen auswärtigen Gerichtsschreiber zugelassen werden. Gerade hier habe aber schon die Bestimmung, daß verhaftete Verurteilte den Antrag bei dem Gerichtsschreiber desjenigen Gerichts, in dessen Gefängnis sie sich befinden (§§. 341, 405 der Str.Pr.O.), anbringen können, zu zahlreichen ganz unbegründeten Anträgen geführt. Im Notfalle könne dem auswärts wohnenden Angeklagten zur Rechtfertigung der Revision ein Verteidiger bestellt werden.

Einige Mitglieder hielten diese Bedenken für gerechtfertigt, erklärten aber dem Antrage dann zustimmen zu können, wenn neben dem zuständigen Gerichtsschreiber nur noch der Gerichtsschreiber des Wohnorts- oder gewöhnlichen Aufenthaltsorts des Angeklagten zur Aufnahme des Protokolls für befugt erklärt werde.

Der Antragsteller schränkte darauf den Antrag in diesem Sinne ein. Bei der Abstimmung wurde jedoch der Antrag auch in der beschränkten Fassung mit 14 gegen 5 Stimmen abgelehnt.

VI. Auf Anregung eines Mitglieds wurde als einhellige Ansicht der Kommission festgestellt, daß sich eine Vorschrift empfehle, wonach der Angeklagte, wenn er zu Protokoll des Gerichtsschreibers Revision einlegt, zu belehren ist, daß das Rechtsmittel binnen bestimmter Frist zu begründen sei. Dagegen wurde eine allgemeine Vorschrift, wonach der Angeklagte auf die ihm jeweils zustehenden Rechtsmittel besonders hinzuweisen sei (Bd. 1 S. 504), nicht als wünschenswert bezeichnet.

VII. Wie in erster Lesung (Bd. 1 S. 502) wurde auch heute zur Sprache gebracht, ob das Revisionsgericht für befugt erklärt werden solle, auch das vor dem Urteile liegende Verfahren, insoweit es vom Revisionsgrunde betroffen sei, aufzuheben. Anträge waren in dieser Richtung von keiner Seite gestellt, die Kommission war vielmehr darin einig, daß die Frage, wie bisher, der Rechtsprechung überlassen werden könne. Eine Aufhebung des vor der Einreichung der Anklageschrift liegenden Verfahrens werde allerdings nicht für zulässig zu erachten sein. Einem Mitglied erschien es überhaupt nicht angängig, die Aufhebung des vor dem Urteile liegenden Verfahrens zuzulassen und hierdurch dem Revisionsgerichte die Möglichkeit zu gewähren, auch die Ergebnisse einer von dem erkennenden Gerichte gemäß den Beschlüssen der Kommission noch in der Hauptverhandlung angeordneten Voruntersuchung wieder zu beseitigen.

VIII. Nach §. 394 Abs. 2 hat das Revisionsgericht die Sache zur anderweitigen Verhandlung und Entscheidung entweder an das Gericht, dessen Urteil aufgehoben ist, oder an ein demselben Bundesstaat angehöriges benachbartes Gericht gleicher Ordnung zurückzuverweisen.

1. Der Antrag,

   die Zurückverweisung auch an eine andere Kammer desselben Gerichts zuzulassen,

wurde einstimmig wie in erster Lesung (Bd. 1 S. 506) angenommen.

2. Es lag ferner der Antrag vor,

   a) im §. 394 Abs. 2 die Worte „demselben Bundesstaat angehöriges“ zu streichen.

Vom Antragsteller wurde darauf hingewiesen, daß in manchen Bundesstaaten nur ein Landgericht bestehe. Nach dem geltenden Rechte könne das Reichsgericht, wenn es das Urteil dieses Landgerichts aufhebe, die Sache zur anderweitigen Verhandlung nur an dasselbe Gericht zurückverweisen; dies entspreche aber zuweilen nicht dem Interesse einer unbefangenen Rechtspflege. Der Antrag solle deshalb, indem er allgemein die Verweisung an ein benachbartes Gericht zulasse, einem praktischen Bedürfnis abhelfen.

Von anderer Seite wurde dies als zu weit gehend erachtet: Die Verweisung einer Sache an das Gericht eines anderen Bundesstaats bedeute immerhin einen wesentlichen Eingriff in dessen Justizhoheit; sie könne namentlich in Prozessen von politischer Bedeutung zu mannigfachen Verstimmungen Anlaß geben, und sie bürde dem Nachbarstaate, dessen Gericht die Sache übernehmen müsse, unter Umständen beträchtliche Kosten auf, ohne daß ein Ausgleich immer möglich sein werde. Es werde dem praktischen Bedürfnisse völlig genügen, wenn die Verweisung an das Gericht eines anderen Bundesstaats nur in Notfällen zugelassen werde. Auf diesen Erwägungen beruhte der fernere Antrag,

   b) im §. 394 Abs. 2 statt „demselben Bundesstaat“ die Worte zu setzen: „womöglich demselben Bundesstaat.“

Einige Mitglieder verhielten sich den Anträgen gegenüber grundsätzlich ablehnend, indem sie es für genügend erklärten, daß die Zurückverweisung an eine andere Kammer desselben Gerichts zulässig sei.

Die Mehrheit der Kommission erkannte dagegen an, daß unter Umständen die Verweisung an das Gericht eines anderen Bundesstaats geradezu geboten erscheinen könne und das bestehende Gesetz deshalb einer Ergänzung in diesem Sinne bedürfe. Indessen erschienen ihr die vorgebrachten politischen Erwägungen doch so erheblich und in ihrer Tragweite zur Zeit so wenig übersehbar, daß sie Bedenken trug, einem der beiden Anträge zuzustimmen. Es wurde deshalb vorgeschlagen, die Kommission möge sich darauf beschränken, auszusprechen, daß ihrer Ansicht nach vom prozeßtechnischen Standpunkt eine Bestimmung sich empfehle, welche es dem Reichsgericht ermögliche, eine Sache zur anderweitigen Verhandlung und Entscheidung an das benachbarte Gericht eines anderen Bundesstaats zu verweisen.

Dieser Vorschlag wurde, nachdem der Antrag a und der Antrag b mit 13 gegen 6 Stimmen abgelehnt waren, mit 15 gegen 4 Stimmen angenommen.

IX. Erfolgt zu Gunsten eines Angeklagten die Aufhebung eines Urteils wegen Gesetzesverletzung bei Anwendung des Strafgesetzes und erstreckt sich das Urteil, soweit es aufgehoben wird, noch auf andere Angeklagte, welche die Revision nicht eingelegt haben, so ist nach §. 397 der Str.Pr.O. zu erkennen, als ob sie gleichfalls die Revision eingelegt hätten.

1. Hierzu war beantragt,

   diese Vorschrift entsprechend dem §. 414 der Militärstrafgerichtsordnung zu erweitern.

Im §. 414 der Militärstrafgerichtsordnung ist zunächst über den Wortlaut des §. 397 hinaus vorgeschrieben, daß die Aufhebung des Urteils nicht bloß auf solche Angeklagte, die die Revision nicht eingelegt haben, sondern auch auf diejenigen, welche sie „wegen anderer Beschwerdepunkte" eingelegt haben, zu erstrecken sei. Das Reichsgericht hat zwar in Übereinstimmung mit der in der Literatur vorherrschenden Meinung (zu vergl. Löwe, a. a. O. Note 4 zu §. 397) den §. 397 bereits in jenem weitergehenden Sinne ausgelegt; der Antragsteller bezeichnete es jedoch als erwünscht, diese Rechtsprechung durch eine ausdrückliche Vorschrift im Gesetze selbst sicherzustellen, und die Kommission trat ihm darin einstimmig bei.

Des Weiteren ist im §. 414 Abs. 2 der Militärstrafgerichtsordnung bestimmt, daß im Falle der Beteiligung mehrerer Personen an der strafbaren Handlung die zu Gunsten eines der Beteiligten erfolgende Aufhebung für die übrigen auch dann Wirkung haben solle, wenn sie bereits durch vorausgegangene militärgerichtliche Erkenntnisse rechtskräftig abgeurteilt waren.

Der Antragsteller hielt es für gerechtfertigt, eine entsprechende Bestimmung auch in die Strafprozeßordnung einzufügen, da sie lediglich eine folgerichtige Ausgestaltung des im §. 397 ausgesprochenen Rechtsgedankens darstelle.

Hiergegen wurde von anderer Seite geltend gemacht, daß durch eine solche Vorschrift der Grundsatz der Rechtskraft völlig preisgegeben werde. Sie sei im Militärstrafprozeß um deswillen weniger bedenklich, weil das Reichsmilitärgericht ohnehin sämtliche Urteile der Oberkriegsgerichte im Aufsichtswege einer Nachprüfung zu unterziehen habe (§. 113 der Militärstrafgerichtsordnung). Dem Reichsgerichte könne eine so weitgehende Befugnis nicht gegeben werden. Sonst werde man dazu gedrängt, auch bei Strafbefehlen und bei polizeilichen Strafverfügungen die nachträgliche Aufhebung zuzulassen, obwohl die davon Betroffenen sich bei der Strafe beruhigt hätten.

Die Mehrheit hielt jedoch diese Bedenken nicht für durchschlagend. Bei der Abstimmung wurde der Antrag mit 11 gegen 7 Stimmen angenommen.

Die Mehrheit der Kommission war darüber einverstanden, daß sich die beantragte Vorschrift nicht nur auf die frühere Verurteilung von Teilnehmern in einem selbständigen Verfahren oder in einem vorausgegangenen Urteile gleicher Instanz in demselben Verfahren, sondern insbesondere auch auf den Fall zu erstrecken haben werde, daß, nach Verurteilung aller Teilnehmer in einem Urteile, nur einer derselben Berufung einlegt und nach deren Verwerfung die Aufhebung des Berufungsurteils wegen Gesetzesverletzung bei Anwendung des Strafgesetzes in der Revisionsinstanz erzielt.

2. In der ersten Lesung (Bd. 1 S. 489 flg.) hatte die Kommission beschlossen, daß es sich empfehle, Bestimmungen zu treffen, welche dem Grundsatze des §. 397 der Str.Pr.O. für die Berufung entsprechende Anwendung geben.

In der 70. Sitzung (Bd. 2 S. 146) war die Beratung darüber, ob dieser Beschluß in zweiter Lesung aufrechtzuerhalten sei, ausgesetzt worden; sie wurde heute zu Ende geführt.

Es war beantragt,

a) den Beschluß der ersten Lesung wieder aufzuheben.

Der Antrag war schriftlich begründet worden, wie folgt: Die Versuche, den Beschluß der ersten Lesung in legislatorisch brauchbare Vorschläge umzusetzen, hätten den Antragsteller zu der Überzeugung gebracht, daß er undurchführbar sei. Nehme man an, in erster Instanz seien A. und B. verurteilt, A. wende allein Berufung ein und habe Erfolg, so kämen in der Hauptsache zwei Möglichkeiten in Betracht.

α) Das Berufungsgericht würde nach dem Ergebnisse der Berufungsverhandlung sofort auch bezüglich des B. auf Freisprechung, Einstellung des Verfahrens, Fortfall einer strafschärfenden Qualifikation oder der Verurteilung wegen eines ideal konkurrierenden Reats zu erkennen in der Lage sein. Hier könnte der Rechtsgedanke des §. 397 unmittelbar Anwendung finden. Aber auch hier erhöben sich gegenüber der Anwendung in der Revisionsinstanz daraus Schwierigkeiten, daß das Berufungsurteil kein endgültiges sei, vielmehr auf die Revision der Staatsanwaltschaft und des Privatklägers wieder aufgehoben werden könne. Diese Schwierigkeiten seien zwar, soweit die Möglichkeit einer weiteren Kostenbelastung desjenigen, der sich bei dem ersten Urteile beruhigt hatte, oder einer diesem selbst unerwünschten Hinausschiebung der Strafvollstreckung ins Auge zu fassen sei, nicht entscheidend. Sie ergäben sich gleichermaßen gegenüber dem geltenden §. 397, falls das Revisionsgericht nicht sofort freisprechen könne, sondern zu anderweitiger Verhandlung zurückverweise. Bezüglich der Kosten würde auf dem Wege des in der 56. Sitzung (Bd. 1 S. 515 flg.) gefaßten Beschlusses und durch Behandlung des Falles analog dem, daß die Staatsanwaltschaft ein Rechtsmittel zu Gunsten des Angeklagten ergriffen hat, in der Hauptsache zu helfen sein. Dagegen würde es ein außerhalb des Wiederaufnahmeverfahrens kaum zu rechtfertigender Einbruch in die Grundsätze der Urteilsrechtskraft sein, wenn das Berufungsgericht ein rechtskräftiges Urteil bedingt aufheben könnte. Die Aufhebung könnte ja stets nur unter der gesetzlichen Bedingung erfolgen, daß nicht das Berufungsurteil seinerseits im Revisionsverfahren wieder aufgehoben würde. Diese Erwägung dränge zu der Überzeugung, daß die außerordentliche Befugnis des §. 397 nur einem endgültig entscheidenden Gerichte zugestanden werden könne.

β) Die Schwierigkeiten mehrten sich aber noch ganz erheblich, wenn das Berufungsgericht nicht sofort ohne Gehör des B. zu dessen Gunsten entscheiden könne. Für die Zuziehung des B. zum Berufungsverfahren (zu vergl. Bd. 1 S. 490) würden sich zwei Möglichkeiten eröffnen: Das Berufungsgericht hätte, wenn es in der Hauptverhandlung zu der Auffassung gelange, die Voraussetzungen der im §. 397 dem Revisionsgerichte zugesprochenen Befugnis seien gegeben, durch Beschluß die Zuziehung des B. zum Verfahren in einer anderweit anzuberaumenden Hauptverhandlung auszusprechen und dort die ganze Sache neu zu verhandeln, oder in dem zu erlassenden Berufungsurteile das erste Urteil auch bezüglich des B. mit aufzuheben, für diesen allein aber die Aburteilung in einer zweiten Berufungshauptverhandlung vorzubehalten. Beide Gestaltungen könnten aber nur Platz greifen, wenn man das in der zweiten Hauptverhandlung tagende Berufungsgericht in Ausdehnung des §. 398 Abs. 1 der Str.Pr.O. an die jenem Beschlusse oder Urteile zu Grunde gelegte rechtliche Beurteilung gebunden erkläre. Das wäre eine weitere Anomalie, und zwar eine umsoweniger annehmbare, als ja jene rechtliche Beurteilung in der Revisionsinstanz anfechtbar bliebe. Und dann wäre in jedem Falle eine fernere Verzögerung, fernere Belästigung der Zeugen und Sachverständigen geboten — mit unsicherem Ergebnisse, weil das schließliche Berufungsurteil ja immer noch, wie zu α ausgeführt, der Aufhebung durch das Revisionsgericht ausgesetzt bliebe.

Es ergebe sich somit, daß der im §. 397 ausgesprochene Rechtsgedanke theoretisch und praktisch nur gegenüber einer die Rechtsfrage endgültig entscheidenden Instanz berechtigt sei. Deshalb eigne er sich nicht für die Berufungsinstanz.

Schließlich wurde insbesondere noch darauf hingewiesen, daß die Kommission sich nicht mit einem so allgemein gehaltenen Ausspruche, wie es der Beschluß der ersten Lesung sei, begnügen dürfe, daß sie vielmehr auch Vorschläge für die prozessuale Gestaltung desselben zu machen habe und den Beschluß wieder aufheben müsse, wenn sie sich von seiner praktischen Undurchführbarkeit überzeuge. Der §. 397 sei an sich eine Anomalie, er enthalte streng genommen nicht einen in die Rechtsmittelvorschriften, sondern einen in das Wiederaufnahmeverfahren gehörenden Rechtsgedanken. Seine Anwendung habe bisher zu besonderen Schwierigkeiten nicht geführt, weil das Reichsgericht in der Rechtsfrage endgültig entscheide. Es solle deshalb auch die Aufhebung des §. 397 nicht angeregt werden. Wenn man aber nunmehr den ihm zu Grunde liegenden Gedanken noch weiter ausdehnen wolle, so könne dies nur in der Weise geschehen, daß für den in Rede stehenden Fall einer aus Rechtsgründen erfolgten Freisprechung in der Berufungsinstanz dem in der ersten Instanz rechtskräftig Verurteilten aus Billigkeitsgründen ein Recht auf Wiederaufnahme des Verfahrens gegeben werde. Einem nur bedingt entscheidenden Gerichte könne man eine dem §. 397 entsprechende Befugnis nicht geben.

Diese Ausführungen fanden jedoch nicht die Zustimmung der Mehrheit der Kommission; diese glaubte vielmehr an der in der ersten Lesung beschlossenen Ausdehnung des §. 397 auf die Urteile der Berufungsgerichte festhalten zu sollen. Es wurde ausgeführt: Der §. 397 enthalte keineswegs eine Anomalie, sondern einen prinzipiellen Rechtsgedanken; es sei ein Gebot der Gerechtigkeit, daß nicht bei gleicher Sachlage der eine Teilnehmer an der Straftat freigesprochen werde, der andere verurteilt bleibe. Demgegenüber müsse die Rücksicht auf die formale Rechtskraft zurücktreten. Daß das freisprechende Urteil des Berufungsgerichts durch das Revisionsgericht wieder aufgehoben werden könne, sei zwar richtig, aber nicht bedenklich. Es erscheine in besonderem Maße geboten, dem Gedanken des §. 397 Eingang auch in das Berufungsverfahren zu verschaffen, wenn den Beschlüssen der Kommission entsprechend die Berufung ausgedehnt werde. Die Zulassung des Wiederaufnahmeverfahrens zu Gunsten des in der ersten Instanz rechtskräftig Verurteilten für den Fall, daß ein Mitangeklagter in der Berufungsinstanz freigesprochen werde, sei nur selten von praktischem Werte, da jener beim Eintritte der Rechtskraft des freisprechenden Urteils der Berufungsinstanz die ihm auferlegte Strafe in der Regel bereits verbüßt haben werde.

Im Einzelnen gingen die Ansichten innerhalb der Mehrheit auseinander. Während von einer Seite die Auffassung vertreten wurde, es sei genügend, wenn dem in erster Instanz rechtskräftig verurteilten Angeklagten nach der Freisprechung des Mitangeklagten in der Berufungsinstanz die Wahl gelassen werde, ob er eine neue Verhandlung der Berufungsinstanz gegen sich und die einstweilige Aussetzung der Strafvollstreckung verlangen oder es bei dem erstinstanzlichen Urteil bewenden lassen wolle, hielten andere Mitglieder es für geboten, daß das Berufungsgericht von Amtswegen den Verurteilten in das Berufungsverfahren mit hineinziehe, weil es nicht von dem Belieben eines Angeklagten abhängen könne, ob er eine vielleicht ungerechtfertigte Verurteilung auf sich nehmen wolle oder nicht.

Des weiteren wurde es von einigen Mitgliedern für ausreichend erachtet, wenn dem Berufungsgericht eine dem §. 397 entsprechende Befugnis nur für den Fall eingeräumt werde, daß es aus Rechtsgründen zur Freisprechung des in erster Instanz Verurteilten gelange. Andere dagegen wollten jene Befugnis auch auf diejenigen Fälle ausdehnen, in welchen die Freisprechung wegen abweichender tatsächlicher Beurteilung erfolge.

Der letzteren Auffassung entsprach der nachstehende Antrag:

b) Erfolgt zu Gunsten eines Angeklagten, welcher die Berufung eingelegt hat, eine Abänderung des Urteils und erstreckt sich das Urteil, soweit es abgeändert wird, auch auf Angeklagte, welche die Berufung nicht eingelegt haben, so ist, soweit ein innerer Widerspruch zwischen dem ersten und dem zweiten Urteile bestehen würde, so zu erkennen, als ob die Berufung auch von den anderen Angeklagten eingelegt wäre.

Hiermit sollte zugleich, um einem Einwande der Minderheit zu begegnen, der Versuch gemacht werden, das vom Berufungsgericht einzuschlagende Verfahren zu regeln. Es wurde jedoch darauf hingewiesen, daß der Antrag insoweit nur diejenigen Fälle treffe, in denen das Gericht nach dem Ergebnisse der Berufungsverhandlung ohne Gehör des in dieser Verhandlung nicht beteiligten Dritten zu dessen Gunsten entscheiden könne, nicht dagegen auch diejenigen Fälle, in denen nach Lage der Sache erst noch eine neue Verhandlung vor dem Berufungsgericht unter Zuziehung des Dritten stattfinden müsse.

Die Mehrheit der Kommission hielt es deshalb wie in der ersten Lesung für angezeigt, sich darauf zu beschränken, die Ausdehnung des §. 397 der Str.Pr.O. auf die Berufungsinstanz zu empfehlen. Es werde bei der Aufstellung des Entwurfs entweder eine Vorschrift gefunden werden müssen, die das Verfahren für alle in Betracht kommenden Fälle in angemessener Weise regele, oder es werde in das Gesetz selbst nur der Grundsatz aufzunehmen, die Anwendung im Einzelnen aber der gerichtlichen Praxis zu überlassen sein.

Bei der Abstimmung wurde der Antrag b mit 12 gegen 6 Stimmen, der Antrag a mit dem gleichen Stimmenverhältnis abgelehnt. Es soll mithin bei dem Beschlusse der ersten Lesung sein Bewenden behalten.

X. Der bereits in erster Lesung (Bd. 1 S. 507) gefaßte Beschluß:

> Das Recht, das unterzeichnete Protokoll durch einen Nachtrag zu ergänzen oder zu berichtigen, steht den Urkundspersonen, sobald eine Revisionsbegründung eingegangen und auf einen bestimmten Mangel in der Hauptverhandlung gestützt ist, in Bezug auf den durch die Revision gerügten Mangel nur zu, insofern durch die Ergänzung oder Berichtigung die Rüge der Revision bestätigt wird.

wurde einstimmig aufrechterhalten.

XI. In einer an die Kommission gelangten Eingabe des Innungsverbandes Deutscher Baugewerksmeister war angeregt worden, ob nicht unter gewissen Voraussetzungen gegen die Revisionsentscheidungen der Oberlandesgerichte im Interesse der Rechtseinheit noch ein weiteres Rechtsmittel an das Reichsgericht gewährt werden könne. Der Vorsitzende stellte fest, daß Anträge von keiner Seite gestellt seien, die Kommission vielmehr der Meinung sei, daß der Anregung eine Folge nicht gegeben werden solle.

XII. Die Kommission ging sodann zu den Vorschriften über die Verteidigung (Punkt IV 6 des neuen Programms) über.

Es war zunächst beantragt:

> Der §. 140 Abs. 1 der Str.Pr.O. erhält folgende Fassung:
>
> > Die Verteidigung ist notwendig in den Sachen, welche vor dem Reichsgericht in erster Instanz, vor dem großen Schöffengericht in erster Instanz und vor dem Schöffengerichte, das über die gegen Urteile des großen Schöffengerichts eingelegten Berufungen entscheidet, zu verhandeln sind.

Der Antrag wurde einstimmig angenommen. Die Kommission erwog: Wenn auch die besonderen Schwierigkeiten, die das schwurgerichtliche Verfahren zur Zeit für den Angeklagten mit sich bringe, künftig in Wegfall kämen, so dürfe doch der Angeklagte bei den schwersten Verbrechen nicht ohne Verteidiger sein.

XIII. Es lag der Antrag vor:

Der Eingang und die Nr. 1 des §. 140 Abs. 2 der Str.Pr.O. erhalten die folgende Fassung:

In Sachen, welche vor dem mittleren Schöffengericht in erster Instanz oder vor dem großen Schöffengericht als Berufungsinstanz zu verhandeln sind, ist die Verteidigung notwendig,

1. wenn der Angeklagte taub oder stumm ist oder zu der Zeit, wo die Bestellung der Verteidigung zu erfolgen hat, das achtzehnte Lebensjahr noch nicht vollendet hat.

Der Antrag geht in mehrfacher Beziehung über das geltende Recht hinaus.

1. Gegenwärtig ist nach der Vorschrift des §. 140 Abs. 2 die Notwendigkeit der Verteidigung beschränkt auf die „vor dem Landgericht in erster Instanz“ zu verhandelnden Sachen. Der Antrag will die Notwendigkeit der Verteidigung ausdehnen auf die vor dem großen Schöffengericht als Berufungsinstanz zu verhandelnden Sachen. Dies wurde einstimmig gebilligt.

Dagegen wurde ein von anderer Seite gestellter Unterantrag,

die Notwendigkeit der Verteidigung auch für die vor den mittleren Schöffengerichten in der Berufungsinstanz zu verhandelnden Sachen vorzuschreiben.

mit 13 gegen 4 Stimmen abgelehnt.

Zur Begründung dieses Antrags war ausgeführt worden: Im Hinblick auf die erhebliche Erweiterung der Zuständigkeit der kleinen Schöffengerichte sei es erwünscht, daß die tauben, stummen oder jugendlichen Angeklagten auch vor diesen Gerichten stets einen Verteidiger hätten. Hierfür werde allerdings die Zahl der bei den Amtsgerichten zugelassenen Rechtsanwälte kaum ausreichen. Dagegen sei es wohl ausführbar, die notwendige Verteidigung in diesen Sachen wenigstens für die Berufungsinstanz vorzuschreiben. Die Mehrheit erachtete jedoch die Notwendigkeit der Verteidigung auch für die zweite Instanz nicht für nachgewiesen, zumal das Verfahren in zweiter Instanz unter den gleichen Vorschriften stehe wie das in erster Instanz.

2. Des weiteren soll nach dem Antrage die im §. 140 Abs. 2 für die Notwendigkeit der Verteidigung vorgesehene Altersgrenze von sechzehn Jahren auf achtzehn Jahre heraufgesetzt werden. Auch insoweit wurde der Antrag einstimmig angenommen.

Dagegen gingen die Ansichten darüber auseinander, welcher Zeitpunkt für die Berechnung des Alters maßgebend sein solle. Die Kommission hatte in erster Lesung (Bd. 1 S. 122) beschlossen, daß der Zeitpunkt der Tat entscheidend sein solle. Der Antrag,

a) diesen Beschluß aufrecht zu erhalten,

wurde mit 12 gegen 5 Stimmen abgelehnt, wobei die Mehrheit erwog, daß der Zeitpunkt der Tat nicht immer mit Sicherheit festzustellen sei und daß als der innere Grund für die Notwendigkeit der Verteidigung weniger die geringere Einsicht bei der Begehung der Tat als vielmehr die mangelnde Fähigkeit des Jugendlichen, sich selbst zu verteidigen, angesehen werden müsse.

Von anderer Seite war beantragt,

b) auf die Zeit des Beginns des Strafverfahrens Rücksicht zu nehmen,

während ein fernerer Vorschlag dahin ging,

c) den Zeitpunkt der Hauptverhandlung maßgebend sein zu lassen.

Die Kommission erachtete jedoch den „Beginn des Strafverfahrens" als einen zu unbestimmten Begriff und hielt andererseits den Vorschlag unter c für nicht genügend, da die Verteidigung auch schon vor der Hauptverhandlung in der Lage sein müsse, sich geltend zu machen.

Bei der Abstimmung entschied sich die Kommission einstimmig auch in dieser Hinsicht für den Hauptantrag, wonach wie nach geltendem Rechte der Zeitpunkt entscheidend sein soll, in dem die Bestellung zu erfolgen hat.

XIV. Die Frage G I 2 des Programms,

ob bei den vor dem Landgerichte zu verhandelnden Verbrechen die notwendige Verteidigung auch dann eintreten solle, wenn ein Antrag des Beschuldigten oder seines gesetzlichen Vertreters nicht vorliegt,

wurde einstimmig ohne Debatte verneint (zu vergl. Bd. 1 S. 124).

XV. Die Anträge:

a) In den Fällen der notwendigen Verteidigung — mit Ausnahme des im §. 140 Abs. 2 Nr. 2 bezeichneten Falles — ist dem Angeschuldigten, welcher einen Verteidiger noch nicht gewählt hat, ein solcher von Amtswegen zu bestellen, sobald die Voruntersuchung eröffnet worden ist oder, falls eine solche nicht stattgefunden hat, die im §. 199 der Str.Pr.O. vorgeschriebene Aufforderung erfolgt.

b) In dem im §. 140 Abs. 2 Nr. 2 der Str.Pr.O. bezeichneten Falle ist der Antrag auf Bestellung eines Verteidigers binnen einer Frist von drei Tagen nach der im §. 199 vorgeschriebenen Aufforderung zu stellen; er kann aber, falls eine Voruntersuchung stattfindet, auch schon während der Voruntersuchung gestellt werden.

c) Zugleich mit der im §. 199 (bezw. nach dem in der 67. Sitzung unter IV gefaßten Beschlusse, Bd. 2 S. 103) vorgeschriebenen Aufforderung an den Angeschuldigten ist derselbe darauf hinzuweisen, daß ihm das Recht zusteht, die Bestellung eines Verteidigers zu verlangen.

entsprechen den in erster Lesung gefaßten Beschlüssen (Bd. 1 S. 124 bis 126) und wurden zu a und b mit 16 Stimmen gegen eine Stimme, zu c darauf einstimmig angenommen.

Ein Mitglied hielt es nicht für gerechtfertigt, daß der notwendige Verteidiger sogleich nach Eröffnung der Voruntersuchung bestellt werden solle. Die Beschuldigung, die dem Antrag auf Voruntersuchung zu Grunde liege, werde in vielen Fällen später durch eine minder schwere rechtliche Qualifikation der Tat ersetzt. Es bestehe dann kein Bedürfnis für eine Verteidigung im Hauptverfahren; die etwaige Zurücknahme der früheren Bestellung werde aber vom Angeklagten als Härte empfunden. Ein Übermaß von notwendiger Verteidigung sei eine große Last für die Rechtsanwälte und für die Staatskasse sehr kostspielig. Für die berechtigten Verteidigungsinteressen der Beschuldigten in der Voruntersuchung sei durch die allgemeinen Vorschriften, welche die Kommission vorgeschlagen habe, ausreichend Sorge getragen.

Demgegenüber hielt die Mehrheit aus den bereits in der ersten Lesung vorgebrachten Gründen an den früheren Beschlüssen fest.

XVI. Im Zusammenhange hiermit stand der Antrag,

a) dem §. 140 der Str.Pr.O. folgenden Abs. 4 zuzufügen:

> Erhebt in den Fällen des Abs. 2 nach Schluß der Voruntersuchung die Staatsanwaltschaft die öffentliche Klage nur vor dem kleinen Schöffengerichte, so hat der Amtsrichter bei der Anberaumung des Termins zur Hauptverhandlung die Bestellung des Verteidigers zurückzunehmen, es sei denn, daß die Verteidigung aus anderen als den im Abs. 2 ausgeführten Gründen für erforderlich erachtet wird.

Zur Begründung des Antrags wurde ausgeführt, daß es die Staatskasse unnötig belasten und eine überflüssige Vergeudung von Arbeitskraft bedeuten würde, wenn eine durch das sachliche Bedürfnis nicht mehr gebotene Verteidigung lediglich deshalb, weil sie in einem früheren Abschnitte des Verfahrens notwendig gewesen sei, weiter bestehen bleiben müsse. Dies gelte namentlich in den Fällen, in welchen der Verteidiger schon während der Voruntersuchung bestellt worden sei, die Anklage jedoch beim kleinen Schöffengerichte erhoben werde, weil dann dem am Landgerichtssitze wohnhaften Verteidiger die Kosten der Reise zur Hauptverhandlung vor dem Schöffengericht aus der Staatskasse vergütet werden müßten.

Gegen den Antrag wurden von verschiedenen Gesichtspunkten aus Bedenken erhoben.

Von einigen Mitgliedern wurde es überhaupt nicht für angängig erachtet, daß die Bestellung eines Verteidigers wegen veränderter Sachlage später zurückgenommen werde. Dies verletze nicht nur die Interessen des Angeklagten, der seinen ihm vertraut gewordenen Rechtsbeistand wieder verliere, sondern schädige auch die Stellung des Verteidigers selbst, der vielleicht gerade durch seine Tätigkeit es bewirkt habe, daß die Anklage nur wegen einer leichteren Beschuldigung erhoben werde. Die Kosten, welche infolge der Reise des Verteidigers zur Hauptverhandlung entstehen würden, könnten dadurch vermieden werden, daß man ihm die Befugnis gewähre, einen am Sitze des Schöffengerichts wohnhaften Anwalt mit seiner Vertretung zu beauftragen.

Andere hielten den dem Antrage zu Grunde liegenden Gedanken für zutreffend, erachteten es jedoch für notwendig, ihn auf die Fälle des §. 140 Abs. 1 zu erstrecken, und andererseits der Vorschrift den obligatorischen Charakter zu nehmen.

Der Antragsteller änderte darauf den Antrag dahin ab, daß er vor „Abs. 2“ einschob: „Abs. 1“, statt „hat — zurückzunehmen“ setzte: „kann — zurücknehmen“ und den Schlußsatz von „es sei denn“ ab strich.

Gegen diese Fassung wurde jedoch eingewendet, daß sie lediglich das geltende Recht enthalte (zu vergl. Löwe, a. a. O. Note 7 zu §. 140), indessen zu der Mißdeutung Anlaß geben könne, als ob die Zurücknahme der

Bestellung in anderen als den im Antrage vorgesehenen Fällen trotz des Wegfalls der dafür bestimmend gewesenen Gründe nicht zulässig sein solle.

Von der letzteren Erwägung ausgehend wurde deshalb von einem anderen Mitgliede der Antrag gestellt:

b) Die Bestellung eines Verteidigers kann zurückgenommen werden, wenn deren Grund wegfällt.

Der Antrag a wurde nunmehr zu Gunsten des Antrags b zurückgezogen.

Gegen den Antrag b wurde geltend gemacht, daß er lediglich geltendes Recht enthalte. Er wurde bei der Abstimmung mit 10 gegen 6 Stimmen abgelehnt.

72. Sitzung.

18. Januar 1905.

Verteidigung. Befugnisse des Verteidigers.

I. Nach §. 141 der Str.Pr.O. kann, wenn kein Fall der notwendigen Verteidigung (§. 140) vorliegt, das Gericht und bei vorhandener Dringlichkeit der Vorsitzende auf Antrag oder von Amtswegen einen Verteidiger bestellen. Der Antrag,

dieser Vorschrift den Satz beizufügen:

Die Bestellung eines Verteidigers soll erfolgen, wenn das Gericht die Überzeugung gewinnt, daß der Beschuldigte aus Gründen, die in seiner Person oder in der Sache liegen, außer Stande ist, sich selbst zu verteidigen.

wurde damit begründet, daß die Gerichte auf Grund des §. 141 nur selten einen Verteidiger zu bestellen pflegten und es deshalb wünschenswert sei, wenigstens für die in dem Antrage vorgesehenen Fälle sie auf die Pflicht zur Bestellung eines Verteidigers besonders hinzuweisen.

Zwar wurde von anderer Seite in Abrede gestellt, daß ein besonderes Bedürfnis hervorgetreten sei, in jener Richtung dem Gericht eine Direktive zu erteilen; doch fand der Antrag schließlich einstimmige Annahme.

II. Der Antrag:

Wird die Sache an ein Amtsgericht verwiesen, welches nicht am Wohnorte des bestellten Verteidigers sich befindet, so ist der bestellte Verteidiger befugt, die Verteidigung einem am Sitze des Amtsgerichts wohnenden Rechtsanwalte zu übertragen.

wurde zurückgezogen. Der Antragsteller erklärte, den Antrag nur für den Fall gestellt zu haben, daß etwa die Kommission die Zurücknahme der Bestellung eines Verteidigers wegen Fortfalls des Grundes der Bestellung für unzulässig erklärt hätte. Da dies nicht geschehen sei, könne der Antrag als erledigt angesehen werden.

III. Zur Frage G II des Fragebogens beschloß die Kommission einstimmig, daß die Beschlüsse über die Erweiterung der notwendigen Verteidigung auch für den Fall der Ausdehnung der Berufung gelten sollen.

IV. Die Kommission ging sodann zur Beratung der Frage über, ob die Befugnisse des Verteidigers hinsichtlich der Akteneinsicht erweitert werden sollen (G III 1 des Fragebogens).

A. Was zunächst die Voruntersuchung anlangt, so wurde ein Antrag, der dem Verteidiger das unbeschränkte Recht der Akteneinsicht gewährte, von keiner Seite gestellt. Die Kommission hielt vielmehr einhellig an dem in erster Lesung (Bd. 1 S. 127 flg.) eingenommenen Standpunkte fest, daß während der Voruntersuchung dem Verteidiger zwar grundsätzlich das Recht der Akteneinsicht einzuräumen sei, daß aber die Ausübung dieses Rechtes gewissen Beschränkungen unterworfen bleiben müsse. Es fand deshalb der folgende, dem Beschlusse der ersten Lesung entsprechende Antrag im allgemeinen Zustimmung:

Die ersten drei Absätze des §. 147 der Str.Pr.O. sollen die folgende Fassung erhalten:

Der Verteidiger ist nach Eröffnung der Voruntersuchung und, falls eine Voruntersuchung nicht stattgefunden hat, nach Einreichung der Anklageschrift zur Einsicht der Untersuchungsakten sowie der dem Gerichte vorliegenden Akten befugt.

Der Richter ist jedoch während der Dauer der Voruntersuchung berechtigt, dem Verteidiger die Einsicht einzelner Aktenstücke zu versagen, wenn die Gefahr besteht, daß die Kenntnis dieser Aktenstücke seitens des Angeschuldigten oder im Interesse desselben zur Gefährdung des Untersuchungszwecks benutzt werden kann. Zu diesen Aktenstücken gehören keinesfalls die Protokolle über die Vernehmung des Angeschuldigten, die Gutachten der Sachverständigen und die Protokolle über diejenigen gerichtlichen Handlungen, denen der Verteidiger beigewohnt hat oder nach den Bestimmungen des Gesetzes beizuwohnen befugt gewesen wäre.

Während der Beratung wurden jedoch nach verschiedenen Richtungen hin Bedenken gegen den Antrag geltend gemacht.

1. Hinsichtlich des Abs. 1 des Antrags, der sich sowohl auf die Voruntersuchung wie auf das Verfahren nach Abschluß der Voruntersuchung oder nach Einreichung der Anklageschrift bezieht, wurde es allseitig als unbedenklich bezeichnet, daß dem Verteidiger grundsätzlich die Einsicht der Untersuchungsakten gewährt sein soll. Dagegen hielt eine Reihe von Mitgliedern es nicht für angängig, dem Verteidiger auch das Recht auf Einsicht aller anderen dem Gerichte vorliegenden Akten einzuräumen. Für das Verfahren nach Schluß der Voruntersuchung bestehe zwar zur Zeit schon eine dahingehende Befugnis des Verteidigers. Das geltende Recht habe aber in dieser Hinsicht mehrfach zu Unzuträglichkeiten geführt, indem Angeschuldigte den von dem Verteidiger ihnen mitgeteilten Inhalt von Beiakten zu außerhalb des Strafverfahrens liegenden Zwecken mißbraucht hätten. Der Inhalt dieser Beiakten, z. B. Verwaltungsakten, Personalakten, sei häufig ein durchaus vertraulicher. Die Verwaltungsbehörden könnten jedoch deren Auslieferung nach §. 96 der Str Pr.O. nur verweigern, wenn das Bekanntwerden des Inhalts dem Wohle des Reichs oder eines Bundesstaats Nachteil bereiten würde. Insoweit derartige Beiakten zum Gegenstande der Beweisaufnahme in der Hauptverhandlung gemacht würden oder auch nur mit der Untersuchung im Zusammenhange stünden, könne und solle ihre Einsicht dem Verteidiger nicht verwehrt werden; darüber hinaus aber bestehe kein Grund, ihn von dem Inhalte Kenntnis nehmen zu lassen. Es wurde demgemäß beantragt,

a) im Abs. 1 des Hauptantrags hinter den Worten „sowie der dem Gerichte vorliegenden Akten“ einzufügen: „soweit sie mit der Untersuchung im Zusammenhange stehen“.

Von anderer Seite wurde diesen Ausführungen widersprochen. Es sei bedenklich und durch praktische Erfahrungen nicht ausreichend begründet, das dem Verteidiger nach geltendem Gesetze zustehende Recht auf Einsicht auch der Beiakten in der vorgeschlagenen Weise zu beschränken. Der Angeschuldigte könne ein großes Interesse daran haben, auch solche Teile dieser Beiakten kennen zu lernen, die mit dem Gegenstande der Untersuchung zwar nicht unmittelbar zusammenhingen, aber auf ähnliche Verhältnisse Bezug hätten. Die Auffassung darüber, was mit der Untersuchung im Zusammenhange stehe, könne eine sehr verschiedene sein. Es bestehe die Gefahr, daß die Richter auch diejenigen Teile der Beiakten, die nicht zum Gegenstande der Verhandlung gemacht und deshalb der Einsicht des Verteidigers vorenthalten worden seien, bei der Beratung gleichwohl, wenn auch unbewußt, mitberücksichtigten. Denn sie seien dem Vorsitzenden, dem Referenten und, wenn der Verteidiger die Einsicht verlangt und einen Gerichtsbeschluß herbeigeführt habe, dem ganzen Gerichtshofe bekannt geworden. Sei der Inhalt der Beiakten für die Untersuchung bedeutungslos, so möge das Gericht sie von den Akten trennen und zurücksenden; solange dies nicht geschehen sei, dürfe ohne weiteres angenommen werden, daß sie mit der Untersuchung im Zusammenhange stünden.

Eine ähnliche Bestimmung wie der Zusatzantrag a, war von anderer Seite als Zusatz zu dem lediglich auf die Voruntersuchung sich beziehenden Abs. 2 des Hauptantrags vorgeschlagen worden; der Antrag lautete dahin,

b) im Abs. 2 Satz 1 des Hauptantrags hinter den Worten „zu versagen“ einzuschieben: „soweit sie mit der Untersuchung in keinem Zusammenhange stehen oder“.

Dieser Zusatzantrag wurde auch von einem Teile derjenigen Mitglieder als unbedenklich bezeichnet, welche sich gegen den Zusatzantrag a ausgesprochen hatten. Es wurde darauf hingewiesen, daß durch eine auf die Voruntersuchung beschränkte Bestimmung das Interesse des Angeschuldigten nicht gefährdet, andererseits aber eine Möglichkeit geschaffen werde, den vertraulichen Inhalt von Beiakten, soweit diese mit der Untersuchung nicht im Zusammenhange stünden, vor einer mißbräuchlichen Verwertung zu schützen.

Ein dritter Zusatzantrag ging dahin,

c) im Abs. 2 Satz 1 des Hauptantrags hinter dem Worte „Untersuchungszwecks“ einzufügen: „oder der öffentlichen Ordnung.“

Es wurde als notwendig bezeichnet, daß die Einsicht einzelner Aktenteile außer wegen Gefährdung des Untersuchungszwecks auch wegen einer von dem Angeschuldigten zu besorgenden Gefährdung der öffentlichen Ordnung versagt werden könne, wie dies von der Kommission entsprechend auch bezüglich der Anwesenheit des Angeschuldigten und des Verteidigers bei der Beweisaufnahme in der Voruntersuchung beschlossen worden sei.

Hiergegen wurde eingewendet, daß eine Störung der öffentlichen Ordnung von der Einsichtnahme von Akten nicht wohl zu besorgen, der Begriff der

„öffentlichen Ordnung“ in diesem Zusammenhange jedenfalls ein sehr dehnbarer sei.

2. Ein ferneres Bedenken richtete sich gegen die Fassung des Abs. 2 des Hauptantrags insofern, als es danach den Anschein haben könne, daß der Verteidiger auf Grund seines gesetzlich anerkannten Rechtes die Einsicht der Akten auch von dem Gerichtsschreiber verlangen dürfe, ohne daß der Untersuchungsrichter zunächst um seine Zustimmung angegangen und hierdurch in die Lage versetzt würde, einzelne Teile der Akten von der Einsicht auszuschließen. Es wurde deshalb beantragt,

d) zum Abs. 2 des Hauptantrags den Zusatz zu machen: „Die Vorlegung der Akten an den Verteidiger darf nicht ohne Vorwissen des Richters erfolgen.“

Von einzelnen Mitgliedern wurde dieser Zusatz als überflüssig bezeichnet, da der Richter nicht gehindert sei, einzelne Aktenteile, falls er deren Einsicht dem Verteidiger nicht gestatten wolle, sogleich bei ihrer Einverleibung in die Akten dem Gerichtsschreiber als solche zu bezeichnen. Andere hielten die vorgeschlagene Bestimmung für zu weitgehend, da nicht abzusehen sei, weshalb nicht auch der Staatsanwalt befugt sein solle, die zufällig in seiner Hand befindlichen Akten dem Verteidiger zur Einsicht vorzulegen.

3. Endlich war beantragt,

e) den Abs. 2 Satz 2 des Hauptantrags am Schlusse dahin zu fassen, daß zu den Aktenstücken, deren Einsicht dem Verteidiger während der Voruntersuchung unter keinen Umständen verweigert werden dürfen, gehören sollen:

die Protokolle über diejenigen gerichtlichen Handlungen, denen der Verteidiger beigewohnt hat oder gemäß §. 191 Abs. 1, 2 der Str.Pr.O. beizuwohnen befugt gewesen wäre.

Der Antrag wurde wie folgt begründet: Nach den Beschlüssen der Kommission über die Parteiöffentlichkeit in der Voruntersuchung (Bd. 2 S. 92 flg.) solle es zulässig sein, daß dem Verteidiger die Anwesenheit bei den Zeugenvernehmungen auch generell im voraus gestattet werde. Habe der Verteidiger von einer solchen Erlaubnis Gebrauch gemacht, so sei es unbedenklich, ihm auch die Einsicht in die Verhandlungen, bei deren Aufnahme er zugegen gewesen sei, zu gestatten. Sei er jedoch bei einer einzelnen Vernehmung nicht zugegen gewesen und habe sich gerade hierbei herausgestellt, daß das vorzeitige Bekanntwerden der ermittelten Tatsachen dem Angeschuldigten Gelegenheit geben könne, den Zweck der Untersuchung zu gefährden, so müsse der Untersuchungsrichter in der Lage sein, dem Verteidiger die Einsicht in das betreffende Protokoll, sofern es nicht unter §. 191 Abs. 1, 2 der Str.Pr.O. falle, zu versagen. Nach dem Hauptantrage solle jedoch anscheinend auch in solchem Falle der Verteidiger ein unbedingtes Recht auf Einsicht haben.

Demgegenüber wurde jedoch als die einhellige Auffassung der Kommission festgestellt, daß der Untersuchungsrichter, wie er noch im Laufe einer Vernehmungsverhandlung dem erschienenen Verteidiger die fernere Anwesenheit wegen einer zu besorgenden Gefährdung des Untersuchungszwecks untersagen könne, so auch nach Beendigung einer ohne Anwesenheit des Verteidigers bewirkten Vernehmungsverhandlung in den Akten vermerken dürfe: die Kenntnis der ermittelten Umstände würde dem Angeschuldigten Gelegenheit zur Gefährdung des Untersuchungszwecks geben, die Einsicht in das Protokoll werde daher nachträglich untersagt.

Mit Rücksicht auf diese Feststellung wurde der Zusatzantrag e zurückgezogen.

Bei der Abstimmung wurde der Unterantrag a (Recht auf Einsicht der Beiakten nur, soweit sie mit der Untersuchung im Zusammenhange stehen) mit 9 gegen 9 Stimmen angenommen, wobei die Stimme des Vorsitzenden den Ausschlag gab. Darauf wurde der Abs. 1 des Hauptantrags mit dem im Antrag a gegebenen Zusatz einstimmig angenommen.

Nachdem sodann der Unterantrag b (Versagung der Einsicht einzelner Aktenstücke während der Voruntersuchung, soweit sie mit der Untersuchung in keinem Zusammenhange stehen) in Verfolg des soeben gefaßten Beschlusses einstimmig, und der Unterantrag c (Versagung der Einsicht wegen möglicher Benutzung zur Gefährdung der öffentlichen Ordnung) mit 10 gegen 8 Stimmen angenommen war, stellte der Vorsitzende als einstimmige Ansicht der Kommission fest, daß der Abs. 2 Satz 1 des Hauptantrags mit den Zusätzen der Anträge b und c sowie der Abs. 2 Satz 2 des Hauptantrags zum Beschluß erhoben seien.

Schließlich wurde noch der im Unterantrage d vorgeschlagene Zusatz zum Abs. 2 (Akteneinsicht nur mit Vorwissen des Richters) mit 13 gegen 5 Stimmen angenommen.

Ein Mitglied hatte sich vor der Abstimmung entfernt.

B. Für das Ermittelungsverfahren war entsprechend dem Beschlusse der ersten Lesung (Bd. 1 S. 129 flg.) beantragt:

> Die Einsicht der Protokolle über die Vernehmung des Beschuldigten, der Gutachten der Sachverständigen und der Protokolle über diejenigen gerichtlichen Handlungen, denen der Verteidiger beigewohnt hat oder nach den Bestimmungen des Gesetzes beizuwohnen befugt gewesen wäre, darf dem Verteidiger auch im Ermittelungsverfahren nicht versagt werden.

Der Antrag wurde einstimmig angenommen, wobei die in erster Lesung bereits geltend gemachten Erwägungen maßgebend waren.

Von einem Mitgliede war aus denselben Gründen, die zu dem unter A wiedergegebenen Antrag e geführt hatten, vorgeschlagen worden, die Vorschrift dahin einzuschränken:

> Die Einsicht der Protokolle über die Vernehmung des Beschuldigten, der Gutachten der Sachverständigen und der Protokolle über diejenigen gerichtlichen Handlungen, denen der Verteidiger beigewohnt hat oder gemäß §. 167 Abs. 2 der Str.Pr.O. beizuwohnen befugt gewesen wäre, darf dem Verteidiger im Ermittelungsverfahren nicht versagt werden.

Der Antrag wurde jedoch mit Rücksicht auf die bei der Beratung des Antrags e bereits festgestellte einstimmige Auffassung der Kommission wieder zurückgezogen.

V. Die Kommission ging zu der Frage über, ob die Befugnisse des Verteidigers hinsichtlich des Verkehrs mit dem verhafteten Beschuldigten erweitert werden sollen (G III 2 des Fragebogens).

Nach geltendem Rechte ist der schriftliche und mündliche Verkehr des Verhafteten mit dem Verteidiger zwar grundsätzlich frei (§. 148 Abs. 1 der Str.Pr.O.). Solange aber das Hauptverfahren nicht eröffnet ist, kann der Richter schriftliche Mitteilungen, falls deren Einsicht ihm nicht gestattet wird, zurückweisen (§. 148 Abs. 2) und außerdem, sofern die Verhaftung nicht lediglich wegen Fluchtverdachts gerechtfertigt ist, anordnen, daß den Unterredungen des Verhafteten mit dem Verteidiger eine Gerichtsperson beiwohne (§. 148 Abs. 3).

1. Hierzu lag zunächst der Antrag vor:

a) Dem verhafteten Beschuldigten ist schriftlicher Verkehr mit dem Verteidiger gestattet. Der Richter ist auch vor Eröffnung des Hauptverfahrens weder berechtigt, Einsicht in die schriftlichen Mitteilungen des Verteidigers an den Beschuldigten oder des letzteren an den ersteren zu verlangen, noch solche Mitteilungen zurückzuweisen. Der Verteidiger ist jedoch bis zur Eröffnung des Hauptverfahrens verpflichtet, seine an den Beschuldigten gerichteten Briefe dem Richter oder dem Gefängnisvorstande persönlich zu übergeben oder mit einem an den Richter oder den Gefängnisvorstand gerichteten Begleitbriefe zu übersenden.

Dem verhafteten Beschuldigten ist auch vor Eröffnung des Hauptverfahrens unbeaufsichtigter mündlicher Verkehr mit dem Verteidiger gestattet.

Der Antrag war in der ersten Lesung von der Kommission abgelehnt worden (Bd. 1 S. 130 flg.). Zu seiner Begründung wurden heute im wesentlichen die früher gemachten Ausführungen wiederholt. Es wurde namentlich darauf hingewiesen, daß der Verteidiger nur durch freien mündlichen oder schriftlichen Verkehr mit dem Beschuldigten diejenigen Informationen erhalten könne, deren er zur sachgemäßen Führung der Verteidigung bedürfe. Der Beschuldigte sei nur dann in der Lage, sich dem Verteidiger gegenüber offen und wahrheitsgemäß auszusprechen, wenn er sich unbeobachtet wisse. Auch der Verteidiger könne in Anwesenheit von Gerichtspersonen dem Beschuldigten vorsichtiger Weise nicht zu einem Geständnisse raten. Der jetzige Rechtszustand führe dazu, daß die Verteidiger, um sich nicht der Aufsicht des Richters unterwerfen zu müssen, vor der Eröffnung des Hauptverfahrens in der Regel auf schriftlichen oder mündlichen Verkehr mit dem Verhafteten überhaupt verzichteten. Dies sei aber im Interesse der Untersuchung und der rechtzeitigen Ermittelung des wahren Sachverhalts in hohem Grade unerwünscht. Endlich wurde wiederum betont, daß das Mißtrauen, welches in dem bestehenden Gesetze dem Verteidiger gegenüber zum Ausdrucke komme, von der Anwaltschaft als eine schwere Kränkung ihrer Standesehre empfunden werde. Man könne, falls der Verkehr mit dem verhafteten Beschuldigten dem Verteidiger völlig freigegeben werde, erwarten, daß Rechtsanwälte, welche das in sie gesetzte Vertrauen etwa mißbrauchen sollten, auf disziplinarischem Wege aus dem Anwaltsstand entfernt werden würden.

Eine völlige Freigabe des Verkehrs zwischen dem Verteidiger und dem verhafteten Beschuldigten wurde jedoch auch heute von verschiedenen Seiten als unmöglich bezeichnet. Es wurde hervorgehoben, daß gegen den Mißbrauch, der nach den Erfahrungen der Praxis von einzelnen Rechtsanwälten immerhin zu besorgen sei, ein wirksamerer Schutz, als er in einer etwaigen Disziplinarbestrafung liege, geschaffen werden müsse; daß es insbesondere geboten sei, einem etwaigen Mißbrauche des freien Verkehrs von vornherein vorzubeugen. Abgesehen hiervon aber beruhe die Beschränkung des freien Verkehrs, wie sie zur Zeit Rechtens sei, nicht sowohl auf einem Mißtrauen gegen den Anwaltsstand, als auf einem Mißtrauen gegen den Verhafteten selbst, der den mündlichen Verkehr mit seinem Verteidiger auch ohne Zutun des letzteren zu Kollusionen mißbrauchen könne. Namentlich aber würden von einem ungehinderten schriftlichen Verkehre Kollusionen zu befürchten sein; der Anwalt könne eine sichere Gewähr für die Zuverlässigkeit seines Bureaupersonals nicht übernehmen; er sei nicht in der Lage, es unbedingt auszuschließen, daß in den Briefen des Verhafteten enthaltene Mitteilungen an Dritte zu Kollusionszwecken weitergegeben, oder daß in einem Briefe an den Anwalt des Verhafteten auch Nachrichten von solchen Dritten ihm zugesteckt würden. Aber auch wenn die Briefe des Verhafteten zunächst in den Handakten des Anwalts verblieben, habe es der Verhaftete durch Kündigung des Mandats jederzeit in der Hand, die Herausgabe der gesamten Handakten an irgend eine ihm nahestehende Person herbeizuführen und auf diesem Wege die beabsichtigte Kollusion zu erreichen.

2. In Ansehung des mündlichen Verkehrs war für den Fall der Ablehnung des Abs. 2 des Antrags a vom Antragsteller vorgeschlagen, den §. 148 Abs. 3 der Str.Pr.O. wenigstens dahin abzuändern, daß bis zur Eröffnung des Hauptverfahrens

b) der Richter berechtigt ist, den Unterredungen des Beschuldigten mit dem Verteidiger beizuwohnen.

Ein ähnlicher Antrag war in der ersten Lesung von der Kommission angenommen und damals mit der Ausführung begründet worden, daß es in besonderem Maße verletzend für den Anwalt sei, wenn ein untergeordneter Gerichtsbeamter die Unterredungen überwache (Bd. 1 S. 130flg.). Heute wurde für den Antrag b namentlich die Erwägung geltend gemacht: Es sei zwar vom Standpunkte des Angeschuldigten vielleicht vorzuziehen, daß nicht ein richterlicher Beamter den Unterredungen mit dem Verteidiger beiwohne, weil dann die Überwachung eine weniger wirksame sei; andererseits stehe aber zu erwarten, daß der Richter selbst aus Mangel an Zeit von der Überwachung in den meisten Fällen ganz absehen werde; insofern sei auch der Eventualantrag für den Verhafteten von Wert.

Von anderer Seite wurde darauf aufmerksam gemacht, daß der Antrag b weiter gefaßt sei als der in der ersten Lesung angenommene Antrag, insofern in dem letzteren vorgesehen gewesen sei, daß „ein" Richter, nicht aber „der" Richter, d. h. der zuständige Richter, nötigenfalls den Unterredungen beizuwohnen habe. Dem zuständigen Richter sei es allerdings geradezu unmöglich, von seiner Überwachungsbefugnis einen umfassenderen Gebrauch zu machen; die jetzt vorgeschlagene Vorschrift laufe deshalb tatsächlich darauf hinaus, daß auf einem Umwege die völlige Freiheit des mündlichen Verkehrs herbeigeführt werde. Es werde daher geboten sein, dem Antrage b die Fassung des Beschlusses der ersten Lesung wiederzugeben. Geschehe dies, so werde die Kommission auch heute gegen den Antrag Einwendungen nicht geltend zu machen haben.

3. Hinsichtlich des schriftlichen Verkehrs war an Stelle des Antrags a von einem anderen Mitgliede beantragt,

c) den Abs. 2 des §. 148 der Str.Pr.O. durch folgende Vorschrift zu ersetzen:

Solange das Hauptverfahren nicht eröffnet ist, kann der Richter, sofern die Verhaftung nicht lediglich wegen Verdachts der Flucht gerechtfertigt ist, schriftliche Mitteilungen zurückweisen, falls deren Einsicht ihm nicht gestattet wird.

Zur Begründung dieses in der ersten Lesung (Bd. 1 S. 130 flg.) abgelehnten Antrags wurde auch heute ausgeführt, es sei ein Widerspruch in dem bestehenden Rechte, daß der lediglich wegen Fluchtverdachts Verhaftete im mündlichen Verkehre mit dem Verteidiger unbeschränkt, in Ansehung des schriftlichen Verkehrs aber denselben Beschränkungen wie ein wegen Kollusionsverdachts Verhafteter unterworfen sei.

4. Von einem Mitgliede wurde eine besondere Auffassung vertreten, indem er ausführte, daß das geltende Recht den Verkehr zwischen dem Verhafteten und dem Verteidiger vor der Eröffnung des Hauptverfahrens wohl etwas zu sehr beschränke, daß es aber andererseits ungerechtfertigt sei, diesen Verkehr nach der Eröffnung des Hauptverfahrens völlig frei zu geben. Das Richtigste sei, grundsätzlich den Verkehr für das ganze Verfahren freizugeben, daneben aber sowohl für die Zeit vor der Eröffnung des Hauptverfahrens wie auch für das spätere Verfahren vorzuschreiben, daß der Richter Beschränkungen eintreten lassen könne, falls Tatsachen dafür vorlägen, daß der Verhaftete den unbeaufsichtigten Verkehr zu Kollusionszwecken benütze. Von diesen Erwägungen ging der Antrag aus:

d) Der §. 148 der Str.Pr.O. erhält die folgende Fassung:

Dem verhafteten Beschuldigten ist schriftlicher und mündlicher Verkehr mit dem Verteidiger gestattet.

Soweit indessen Tatsachen vorliegen, aus denen zu schließen ist, daß der Beschuldigte den unbeaufsichtigten Verkehr mit seinem Verteidiger dazu benutzt, Spuren der Tat zu vernichten oder Zeugen oder Mitschuldige zu einer falschen Aussage oder Zeugen dazu zu verleiten, sich der Zeugenpflicht zu entziehen, kann der Richter

a) schriftliche Mitteilungen zurückweisen, falls deren Einsicht ihm nicht gestattet wird und

b) anordnen, daß den Unterredungen mit dem Verteidiger eine Gerichtsperson beiwohne.

Die Kollusionstatsachen sind aktenkundig zu machen.

Insoweit dieser Antrag für die Zeit nach der Eröffnung des Hauptverfahrens den Verkehr zwischen dem Verteidiger und Verhafteten Beschränkungen unterwerfen will, fand er in der Kommission nirgends Beifall. Dagegen wurde der Vorschlag, für das Vorverfahren die Beschränkungen von dem Vorhandensein eines im Einzelfall aktenkundig zu machenden Kollusionsverdachts abhängig zu machen, von mehreren Seiten als beachtenswert bezeichnet. Andere

Mitglieder hielten wiederum den Antrag im Falle seiner Beschränkung auf das Vorverfahren für eine nicht ausreichende Änderung des geltenden Rechtes.

Bei der Abstimmung wurde zunächst der Antrag d, soweit er sich auf die Zeit nach der Eröffnung des Hauptverfahrens bezieht, mit 15 Stimmen gegen eine Stimme abgelehnt. Darauf wurde der Antrag a angenommen, und zwar der dem geltenden Rechte entsprechende erste Satz einstimmig, der übrige Teil des Abs. 1 mit 9 gegen 7 Stimmen, der Abs. 2 mit 11 gegen 5 Stimmen. Damit waren der Antrag d im übrigen sowie die Anträge b und c erledigt.

Es wurde als einstimmige Ansicht der Kommission festgestellt, daß im Sinne des angenommenen Antrags unter dem Zeitpunkte der Eröffnung des Hauptverfahrens der Zeitpunkt zu verstehen sei, in welchem künftig entweder der Beschluß ergehe, daß Hauptverhandlung stattfinden solle oder, falls ein solcher Beschluß nicht zu erlassen sei, der Termin zur Hauptverhandlung anberaumt werde.

VI. Es lag endlich noch der Antrag vor,

zu §. 217 der Str.Pr.O.[1]) folgende Zusätze zu machen:

1. Werden in derselben Anzeige mehrere Verteidiger benannt, so genügt die Ladung eines derselben.
2. Wird in einer späteren Anzeige ein anderer Verteidiger benannt, so gilt die frühere Anzeige als zurückgenommen, falls nicht ausdrücklich das Gegenteil erklärt wird.

Zur Begründung wurde ausgeführt: Wenn in derselben Anzeige mehrere Verteidiger benannt würden, so beruhe dies in der überwiegenden Mehrzahl der Fälle darauf, daß sie ihren Beruf gemeinsam und von einem gemeinschaftlichen Bureau ausübten; in solchen Fällen pflege die Zustellung der Ladung ohnehin im Geschäftslokale der Anwälte an einen dort anwesenden Gehilfen zu erfolgen. Jedenfalls aber dürfe man erwarten, daß der geladene Verteidiger seinen etwaigen Mitverteidigern von der Ladung Mitteilung mache. Der zweite Teil des Antrags solle einem namentlich in der Revisionsinstanz häufig beobachteten Übelstand entgegentreten. Es komme vor, daß der verurteilte Angeklagte seinem Verteidiger das Mandat entziehe, einen anderen Anwalt mit der Einlegung des Rechtsmittels beauftrage, die Aufhebung des früheren Mandats jedoch nicht zu den Akten anzeige. Es müsse dann nach geltendem Rechte der frühere Verteidiger auch in dem späteren Verfahren stets noch geladen werden, und die etwaige Nichtbefolgung dieser Vorschrift sei mehrfach im weiteren Verlaufe der Sache als Revisionsgrund verwertet worden.

Der Antrag wurde ohne Debatte einstimmig angenommen.

---

[1]) Der §. 217 der Str.Pr.O. lautet:

Neben dem Angeklagten ist der bestellte Verteidiger stets, der gewählte Verteidiger dann zu laden, wenn die erfolgte Wahl dem Gericht angezeigt worden ist.

73. Sitzung.

19. Januar 1905.

Beschlagnahme.

I. Die Kommission schritt zur Beratung der unter IV 7 des Programms bezeichneten Materien und zwar zunächst zur Frage der Beschlagnahme (D des Fragebogens).

Entsprechend dem in der ersten Lesung (Bd. 1 S. 74 flg..) gefaßten Beschlusse war der Antrag gestellt:

> Bei der Untersuchung solcher strafbarer Handlungen, deren Verfolgung nur auf Antrag eintritt, ist die Beschlagnahme auch vor Stellung des Strafantrags zulässig, wenn Gefahr im Verzuge vorliegt.
>
> Erfolgt die Beschlagnahme, bevor der Antrag gestellt ist, so ist der Antragsberechtigte, von mehreren wenigstens einer derselben, sofort in Kenntnis zu setzen. Wird der Antrag nicht binnen einer Woche seit dem Vollzuge der Beschlagnahme gestellt, so ist die Beschlagnahme von Amtswegen wieder aufzuheben.

Zur Begründung des Antrags wurden die in erster Lesung von der Mehrheit gebilligten Gründe vorgetragen.

Von einer Seite wurde das Bedenken geäußert, ob nicht die im zweiten Absatze des Antrags vorgesehene Frist von einer Woche zu kurz sei. Wolle man auch hier, wie es sonst im Gesetze mehrfach geschehen sei, die Ermächtigungsdelikte den Antragsdelikten gleich behandeln, so werde die Frist keinesfalls ausreichen. Aber auch bei den Antragsdelikten sei es oft schwierig und zeitraubend, den Antragsberechtigten zu ermitteln. Eine längere Frist erscheine um so weniger bedenklich, als nach §. 26 des Reichsgesetzes über die Presse die vorläufige Beschlagnahme einer Druckschrift erst dann wieder aufzuheben sei, wenn nicht binnen zwei Wochen nach der gerichtlichen Bestätigung die Strafverfolgung in der Hauptsache eingeleitet werde.

Dem wurde entgegengehalten, daß die Ermächtigungsdelikte in der beantragten Vorschrift nicht einbegriffen seien, bei den Antragsdelikten aber eine kurze Frist in der Regel genügen werde; jedenfalls könne im Hinblick auf die einschneidende Wirkung der Beschlagnahme eine längere Frist als eine Woche nicht in Frage kommen.

Die von einem anderen Mitgliede gegebene Anregung, dem zu §. 130 der Str.Pr.O. in erster Lesung gefaßten Beschlusse (Bd. 1 S. 103) entsprechend auch hier vorzuschreiben, daß die Benachrichtigung des Antragsberechtigten durch den Amtsrichter erfolgen solle, wurde nicht weiter verfolgt, nachdem darauf hingewiesen war, daß sich Unzuträglichkeiten ergeben könnten, wenn es dem Amtsrichter an dem nötigen Materiale fehle, um in zutreffender Weise festzustellen, wer der Antragsberechtigte sei.

Die Kommission war dahin einig, daß die vor Stellung des Strafantrags bewirkte Beschlagnahme auch in dem Falle nach einer Woche wieder aufzuheben sei, wenn etwa der Antragsberechtigte bis dahin nicht habe ermittelt werden können. Der Antrag fand einstimmige Annahme. Hiermit war die der Kommission unter D vorgelegte Frage erledigt.

II. Zum §. 111 der Str.Pr.O. wurde entsprechend den Beschlüssen der ersten Lesung (Bd. 1 S. 77 flg.) beantragt, an Stelle des Abs. 1 des §. 111 der Str.Pr.O. folgende Vorschriften treten zu lassen:

> Gegenstände, welche durch die strafbare Handlung dem Verletzten entzogen worden sind, ferner Geld oder Inhaberpapiere, die der Täter, ein Teilnehmer, Begünstiger oder Hehler durch Veräußerung solcher Sachen erlangt hat, sind, falls nicht Ansprüche Dritter entgegenstehen, sobald als möglich dem Verletzten auszuhändigen.
>
> Andere durch Veräußerung sträflich erlangter Gegenstände erworbene oder aus dem Erlöse derselben angeschaffte Sachen können unter der gleichen Voraussetzung dem Verletzten ausgehändigt werden.

Der Antragsteller bezog sich im allgemeinen auf die für den Beschluß der Kommission in erster Lesung maßgebend gewesenen Gründe. Hinsichtlich des Abs. 1 regte er an, ob nicht die Vorschrift, soweit sie sich auf Inhaberpapiere jeder Art beziehe, zu weit gehe und besser auf solche Inhaberpapiere, die nach der Verkehrssitte als Zahlungsmittel angesehen werden, beschränkt werde.

In der Debatte über den Antrag wurden in der Hauptsache nur die bereits in der ersten Lesung für und gegen ihn geltend gemachten Gründe wiederholt. Von den Gegnern wurde noch darauf Bezug genommen, daß schon die XI. Kommission des Reichstags einen ähnlichen Antrag wegen der entgegenstehenden zivilrechtlichen Bedenken abgelehnt habe.[1]) Auch könne ein praktisches Bedürfnis für die Änderung des §. 111 nicht anerkannt werden, da die Aushändigung von Sachen, die an die Stelle der dem Verletzten entzogenen getreten seien, an den letzteren ja mit Zustimmung des Täters geschehen könne, dieser aber in der Regel seine Einwilligung nicht versagen werde. Dem wurde seitens der Mehrheit widersprochen unter dem Hinweise, daß insbesondere nicht geständige Angeklagte die Zustimmung zu verweigern pflegten.

Der Anregung des Antragstellers wurde auch von anderer Seite zugestimmt und der Antrag dementsprechend dahin geändert, daß an Stelle von „Inhaberpapiere“ der Ausdruck „Wertpapiere“ tritt. In dieser Fassung wurde der Antrag mit 14 gegen 5 Stimmen angenommen.

---

[1]) Zu vergl. Reichstagsdrucksache 1895/96 Nr. 294 S. 34.

Hinsichtlich der Bedeutung und Tragweite der beschlossenen Vorschrift ist auf Grund der Beratung Folgendes festzustellen:

1. Die Aushändigung anderer Gegenstände an den Verletzten als der durch die strafbare Handlung ihm entzogenen soll immer nur dann erfolgen dürfen, wenn es zweifellos feststeht, daß sie durch Veräußerung oder durch Anschaffung an die Stelle der entzogenen Sachen getreten sind; beispielsweise hat sie zu unterbleiben, wenn mehrere Sachen verschiedenen Personen gestohlen wurden und nicht festzustellen ist, wie der vom Täter erzielte Erlös auf die einzelnen Sachen zu verteilen ist.

2. Die Aushändigung soll nicht nur in solchen Fällen Platz greifen, in denen der Verletzte nach Maßgabe des bürgerlichen Rechtes (zu vergl. §. 687 in Verbindung mit den §§. 681, 667, 816 des Bürgerlichen Gesetzbuchs einen Anspruch auf Herausgabe der Sache hat, sondern darüber hinaus auch dann, wenn er nur einen Anspruch auf Schadensersatz hat (§. 823).

3. Die Aushändigung soll nur zulässig sein, wenn Ansprüche Dritter weder erhoben noch auch nach Lage des Falles zu erwarten sind. Hiernach sollen insbesondere Sachen, auf die ein Dritter Arrest erwirkt hat, nicht ausgehändigt werden.

4. Die Aushändigung soll Rechte an der Sache für den Verletzten nicht begründen, vielmehr nur den Besitzstand einstweilen zu Gunsten des Verletzten regeln und diesem die praktische Durchführung seiner Ansprüche sichern und erleichtern.

5. Da jedoch unter Umständen die Aushändigung mit einer schweren Belästigung des Verletzten verbunden sein kann, so ist es selbstverständlich, daß sie nicht ohne seine Zustimmung eintreten soll. Dem ist dadurch Rechnung getragen, daß in den Fällen des Abs. 2 die Aushändigung nur für zulässig erklärt wird.

III. Nach §. 96 der Str.Pr.O. darf die Vorlegung oder Auslieferung von Akten oder anderen in amtlicher Verwahrung befindlichen Schriftstücken durch Behörden und öffentliche Beamte nicht gefordert werden, wenn deren oberste Dienstbehörde erklärt, daß das Bekanntwerden des Inhalts dieser Akten oder Schriftstücke dem Wohle des Reichs oder eines Bundesstaats Nachteil bereiten würde.

Es lag der Antrag vor, den §. 96 durch folgende Vorschrift zu ergänzen:

> Die Vorlegung oder Auslieferung von Akten oder anderen Schriftstücken, welche sich in Verwahrung einer gesetzgebenden Versammlung befinden, darf nicht gefordert werden, wenn der Vorsitzende der Versammlung oder sein Stellvertreter die Vorlegung oder Auslieferung für untunlich erklärt.

Für den Antrag wurde ausgeführt: Nach dem geltenden Rechte sei es zulässig, die Vorlegung der Akten einer gesetzgebenden Körperschaft gegen deren Willen zu verlangen und, sofern die allgemeinen gesetzlichen Voraussetzungen für die Anordnung einer Beschlagnahme gegeben seien, auch durch Beschlagnahme zu erzwingen; die Ausnahmevorschrift des §. 96 gelte nur für Behörden und öffentliche Beamte, als solche seien aber gesetzgebende Körperschaften nicht anzusehen. Dieser Rechtszustand könne unter Umständen zu einer ernstlichen

Gefährdung des Staatsinteresses führen; es müsse daher dem Vorsitzenden der parlamentarischen Körperschaft die Befugnis gegeben werden, die Herausgabe von Akten als untunlich abzulehnen.

Der dem Antrage zu Grunde liegende Gedanke fand im allgemeinen die Zustimmung der Kommission. Es wurde jedoch von verschiedenen Seiten darauf hingewiesen, daß die Ablehnung der Aushändigung von Akten nicht in das Belieben des Vorsitzenden des Parlaments gestellt werden dürfe, daß es vielmehr im Interesse der Strafverfolgung und der Verteidigung geboten erscheine, eine solche Beschränkung der Beweiserhebung nur im Falle einer Gefährdung des Staatswohls zuzulassen. Mit Rücksicht hierauf änderte der Antragsteller den Schluß des Antrags dahin ab:

> wenn der Vorsitzende der Versammlung oder sein Stellvertreter erklärt, daß das Bekanntwerden des Inhalts dieser Akten oder Schriftstücke dem Wohle des Reichs oder eines Bundesstaats Nachteil bereiten würde.

In dieser Fassung wurde der Antrag einstimmig angenommen.

IV. Nach dem §. 97 der Str.Pr.O. unterliegen schriftliche Mitteilungen zwischen dem Beschuldigten und denjenigen Personen, die wegen ihres Verhältnisses zu ihm nach §§. 51, 52 zur Verweigerung des Zeugnisses berechtigt sind, nicht der Beschlagnahme, falls sie sich in den Händen der letzteren Personen befinden und diese nicht einer Teilnahme, Begünstigung oder Hehlerei verdächtig sind.

In Verfolg einer in der Sitzung des Reichstags vom 1. März 1904 (Sten. Ber. S. 1417 ff.) gegebenen Anregung ist der Kommission nachträglich die Frage vorgelegt worden, ob es sich empfehle, jene Vorschrift dahin zu erweitern, daß

> auch schriftliche Aufzeichnungen über Tatsachen, welche den nach §. 52 der Str.Pr.O. zur Verweigerung des Zeugnisses berechtigten Personen anvertraut sind, insbesondere die von einem Arzte in seinem Krankenjournal eingetragenen Vermerke über den Befund bei der ärztlichen Behandlung des Beschuldigten, der Beschlagnahme nicht unterliegen sollen.

Hierzu war der Antrag gestellt,

1. dem §. 97 der Str.Pr.O. folgenden Abs. 2 hinzuzufügen:

   Schriftstücke, über deren Inhalt derjenige, in dessen Gewahrsam sie sich befinden, nach dem §. 52 der Str.Pr.O. das Zeugnis verweigern darf, unterliegen der Beschlagnahme nicht.

Der Antrag wurde wie folgt begründet:

Nach geltendem Rechte könne zwar ein gemäß §. 52 der Str.Pr.O. zur Zeugnisverweigerung Berechtigter nicht zur Auslieferung von Schriftstücken, die als Beweismittel für die Untersuchung von Bedeutung sind oder der Einziehung unterliegen, angehalten werden (§. 95 Abs. 2); dagegen unterlägen solche Schriftstücke, sofern es sich dabei nicht um die durch §. 97 geschützten schriftlichen Mitteilungen des Beschuldigten handele, der Beschlagnahme. Dies führe im

Ergebnisse zu einer Verletzung des Vertrauensverhältnisses, welches im übrigen vom Gesetze selbst durch die Bestimmung des §. 52 und durch die Strafvorschrift des §. 300 des St.G.B. anerkannt und geschützt werde. Die Beschlagnahme eines ärztlichen Krankenjournals habe insbesondere die unerwünschte Folge, daß auch die Krankheiten gänzlich unbeteiligter Personen zur Kenntnis der Behörden gelangten und damit immerhin der Gefahr einer mißbräuchlichen Kundmachung ausgesetzt würden. Die Ärzte könnten hierdurch leicht versucht werden, entweder die gesetzlichen Vorschriften zu umgehen oder das Krankenjournal unvollständig zu führen. Es empfehle sich deshalb, Schriftstücke, deren Inhalt den im §. 52 bezeichneten Personen vom Beschuldigten anvertraut sei, solange sie sich im Besitze jener Personen befänden, von der Beschlagnahme auszuschließen.

Gegen den Antrag wurden von mehreren Seiten Bedenken erhoben. Es wurde zunächst bestritten, daß sich in der Praxis ein Bedürfnis für die vorgeschlagene Bestimmung herausgestellt habe. Für die Geistlichen habe sie überhaupt kaum eine Bedeutung, da diese wohl nur selten über vertrauliche Mitteilungen sich Aufzeichnungen machen würden. Die Rechtsanwälte hätten in dem §. 97 der Str.Pr.O. einen für die überwiegende Mehrzahl der Fälle ausreichenden Schutz. Bei den Ärzten aber sei die Beschlagnahme des Krankenjournals bisher nur sehr selten und nur in besonders schweren Fällen angeordnet worden. Für solche müsse an der Zulässigkeit der Beschlagnahme des Krankenjournals aber auch weiterhin festgehalten werden, zumal diese für die Verteidigung nicht minder wichtig sei als für die Führung des Belastungsbeweises. Die Kommission habe bereits beschlossen (Bd. 1 S. 27 flg., 32), daß die im §. 52 bezeichneten Personen, insbesondere auch die Ärzte, vor der Vernehmung darauf hinzuweisen seien, daß diese sich nicht auf die ihnen anvertrauten Tatsachen erstrecke, sie hierüber also nicht auszusagen brauchten. Wolle man nun auch noch die Beschlagnahme der Krankenjournale verbieten, so gehe das, was der Arzt bei der Ausübung seines Berufs über die Täterschaft eines Verbrechens erfahre und was für die Sache häufig von außerordentlicher Wichtigkeit sei, für die Strafrechtspflege fast gänzlich verloren. Schließe man alle in dem Antrage bezeichneten Schriftstücke von der Beschlagnahme aus, so sei die Möglichkeit gegeben, daß der Beschuldigte auch ein corpus delicti, z. B. eine gefälschte Urkunde, seinem Verteidiger oder einem Geistlichen, ohne daß diese von der wahren Bedeutung der Urkunde beim Empfange Kenntnis hätten, anvertraue und es dadurch den Behörden entziehe. Hierzu komme, daß die Beurteilung der Frage, ob ein Schriftstück der Beschlagnahme unterliege oder nicht, lediglich dem subjektiven Ermessen der im §. 52 bezeichneten Personen überlassen sein würde, da man nicht einmal die Glaubhaftmachung der zur Verweigerung der Herausgabe berechtigenden Tatsachen werde vorschreiben können, weil eine solche ohne die Preisgabe des Inhalts des Schriftstücks kaum möglich sei. Auch führe der Antrag dazu, daß die Beschlagnahme eines Schriftstücks von den im §. 52 bezeichneten Personen selbst dann mit Erfolg abgewehrt werden könne, wenn das Schriftstück außer dem für die Untersuchung in Betracht kommenden Inhalt noch andere Angaben enthalte und das Recht zur Zeugnisverweigerung sich lediglich auf diese beziehe. Wenn behauptet werde, die Zulässigkeit der Beschlagnahme der in Rede stehenden Schriftstücke sei mit dem im §. 52 vorgesehenen Zeugnisverweigerungsrechte nicht vereinbar, so könne dies als zutreffend nicht anerkannt werden. Das Recht, die Aussage zu verweigern, solle den Zeugen der Notwendigkeit entheben, durch seine eigene Tätigkeit zur Überführung des Beschuldigten beizutragen. Hierdurch werde aber nicht ausgeschlossen, daß die Behörde ohne sein Zutun sich in den Besitz schriftlich von ihm niedergelegter Bekundungen setze, die für die Beweisführung dienlich seien. Das Gesetz lasse deshalb unbedenklich die Beschlagnahme von Beweisstücken auch bei dem Beschuldigten zu, obwohl dieser grundsätzlich zu einer Aussage nicht gezwungen werden könne. Ebensowenig sei es richtig, daß das Gesetz, indem es das Vertrauensverhältnis zwischen dem Arzte und seinem Patienten im §. 300 des St.G.B. unter strafrechtlichen Schutz stelle, folgerichtig auch zu dem Verbote der Beschlagnahme des Krankenjournals gelangen müsse. Denn das Berufsgeheimnis des Arztes werde vom Gesetze keineswegs als völlig unantastbar behandelt. Der Arzt sei vielmehr, wie der §. 52 zeige, nach seinem pflichtmäßigen Ermessen berechtigt, dasselbe als Zeuge sogar ohne die Zustimmung des Patienten straffrei zu offenbaren, und auch sonst werde dem Arzte eine Kundmachung dessen, was er bei der Ausübung seines Berufs wahrgenommen habe, vom Gesetze geradezu zur Pflicht gemacht (zu vergl. §. 139 des St.G.B. und das Gesetz vom 30. Juni 1900, betreffend die Bekämpfung gemeingefährlicher Krankheiten). Wolle man gleichwohl die Beschlagnahme von Schriftstücken dem Antrage gemäß bei den im §. 52 bezeichneten Personen untersagen, so sei nicht abzusehen, weshalb ein gleiches Verbot nicht auch zu Gunsten der im §. 51 erwähnten Angehörigen des Beschuldigten eingeführt werden sollte.

Um diesen Bedenken zum Teil Rechnung zu tragen, wurde im Laufe der Beratung von anderer Seite der Antrag gestellt,

2. die Vorschriften des §. 97 der Str.Pr.O. auszudehnen auf schriftliche Aufzeichnungen der im §. 52 der Str.Pr.O. bezeichneten Personen über Mitteilungen, die ihnen von dem Beschuldigten gemacht worden sind.

Es wurde ausgeführt, daß hiernach die Beschlagnahme von gefälschten Urkunden, die etwa der Beschuldigte seinem Verteidiger übergeben habe, nach wie vor zulässig sein werde; daß auch die Aufzeichnungen des Arztes nur insoweit der Beschlagnahme entzogen würden, als sie die Mitteilungen, die der Beschuldigte dem Arzte anvertraut habe, oder den Befund wiedergäben, den der Arzt bei der Untersuchung festgestellt habe. In dieser Beschränkung aber sei der dem Antrag 1 zu Grunde liegende Gedanke in der Tat berechtigt; denn es sei nicht abzusehen, weshalb schriftliche Mitteilungen des Beschuldigten im Gesetz anders behandelt werden sollten als schriftliche Aufzeichnungen des Arztes, Rechtsanwalts oder Geistlichen über mündlich anvertraute Mitteilungen desselben.

Bei der Abstimmung wurde zunächst der Antrag 1 mit 11 gegen 6 Stimmen abgelehnt und alsdann der Antrag 2 mit 10 gegen 7 Stimmen angenommen.

V. Zum §. 86 in Verbindung mit den §§. 94 und 95 der Str.Pr.O. führte ein Mitglied aus:

In dem Urteile des zweiten Senats des Reichsgerichts vom 11. Juni 1886 (Entsch. in Straff. Bd. 14 S. 189) sei angenommen, daß jeder Augenscheinseinnahme Beschlagnahme des betreffenden Objekts oder Durchsuchung vorangehen müsse. Dieser Satz sei im Gesetze nicht begründet und erschwere den Beweis. Es sei daher zu erwägen, ob nicht eine gesetzliche Klarstellung erforderlich erscheine.

Nachdem entgegengehalten war, daß der beanstandete Satz in dieser Allgemeinheit vom Reichsgerichte nicht ausgesprochen sei, wurde die Anregung nicht weiter verfolgt.

74. Sitzung.

20. Januar 1905.

Durchsuchung von Personen. Untersuchungshaft.

I. Die Kommission wandte sich zur Frage der Durchsuchung von Personen (E des Fragebogens) und beriet zunächst darüber, ob und in welcher Weise die körperliche Untersuchung unverdächtiger Personen angeordnet werden könne.

Zum §. 103 der Str.Pr.O. waren folgende Anträge gestellt:

1. a) Zum Zwecke der Feststellung des Vorhandenseins oder Nichtvorhandenseins von Spuren oder Folgen einer Straftat kann die körperliche Untersuchung unverdächtiger Personen gegen deren Willen angeordnet werden, wenn dieselbe für die Untersuchung der Straftat notwendig ist.

   Die Anordnung steht dem Richter, bei Gefahr im Verzug auch dem Staatsanwalte zu; die Androhung und Anwendung von Zwangsmitteln steht nur dem Richter zu.

   b) Die körperliche Untersuchung einer Frauensperson darf nur durch einen oder mehrere Ärzte erfolgen.

   Zu der Untersuchung ist auf Verlangen der zu Untersuchenden ein Angehöriger oder eine geeignete Frauensperson als Beistand zuzuziehen, wenn hierdurch der Zweck der Untersuchung nicht gefährdet wird.

2. a) Die Untersuchung des Körpers einer unverdächtigen Person zum Zwecke der Verfolgung von Spuren einer strafbaren Handlung gegen den Willen der Person ist unzulässig.

   b) Im Falle der Ablehnung des Antrags 2 a dem Abs. 1 des Antrags 1 a hinzuzufügen:

   Unzulässig ist die Untersuchung gegen den Willen der Person, wenn durch die Untersuchung das Schamgefühl der zu untersuchenden Person verletzt werden würde.

   c) Im Falle der Ablehnung auch des Antrags 2 b den Zusatz zum Abs. 1 des Antrags 1 a dahin zu fassen:

   Die Anwendung von Gewalt gegen die Person ist unzulässig.

3. Dem Abs. 1 des Antrags 1 b hinzuzufügen:

   Bei der Auswahl des Arztes, welcher zur körperlichen Untersuchung einer Frauensperson berufen werden soll, sind Wünsche der zu untersuchenden Person tunlichst zu berücksichtigen.

Die Anträge unter 1 entsprechen den Beschlüssen der ersten Lesung (Bd. 1 S. 80 flg., 84 flg., 86 flg.). Ihre Fassung wurde im Laufe der Beratung in zwei Punkten abgeändert. Zunächst wurden die Worte „die Untersuchung der Straftat“ am Schlusse des Abs. 1 des Antrags 1a durch die Worte „das anhängige Strafverfahren“ ersetzt. Die Kommission war der Ansicht, daß es für die Zulässigkeit der körperlichen Untersuchung immer nur darauf ankommen könne, ob sie für die Feststellung derjenigen Straftat notwendig sei, welche den Gegenstand des anhängigen Strafverfahrens bilde. Diese Straftat brauche aber nicht identisch zu sein mit derjenigen, deren Spuren oder Folgen bei der körperlichen Untersuchung gesucht würden, z. B. wenn die letztere in einem Verfahren wegen Beleidigung oder falscher Anschuldigung festzustellen bezwecke, ob die dem Beleidigten oder fälschlich Bezichtigten vorgeworfene Straftat begangen sei.

Ferner wurden im Abs. 2 des Antrags 1b hinter den Worten „der zu Untersuchenden“ die Worte eingefügt: „oder ihres gesetzlichen Vertreters“.

Auch der Prinzipalantrag unter 2 war bereits in der ersten Lesung gestellt, jedoch abgelehnt worden (Bd. 1 S. 80 flg.). Der Antragsteller vertrat auch heute den Standpunkt, daß in der gegen den Willen des zu Untersuchenden vorgenommenen körperlichen Untersuchung eine Herabwürdigung der menschlichen Persönlichkeit liege. Die von der Kommission in der ersten Lesung eingenommene Stellung führe schließlich dahin, daß eine unverdächtige Person auch zum Einnehmen von Arzneimitteln (Brechmitteln) oder zur Duldung einer Operation gezwungen werden könne, wenn dies für die Untersuchung notwendig erscheine. In dieser Weise dürfe aber das Gesetz über den Körper des Menschen nicht verfügen. Jedenfalls müsse eine Untersuchung dann ausgeschlossen bleiben, wenn dadurch das Schamgefühl der zu untersuchenden Person verletzt würde (Eventualantrag 2b). Dies könne auch bei Männern der Fall sein, werde aber namentlich bei Frauen und Mädchen häufig eintreten. Die sittliche Reinheit eines jungen Mädchens stehe höher als das Interesse der Wahrheitserforschung im Strafprozesse. Unter keinen Umständen dürfe äußere Gewalt angewendet werden, um einen etwaigen Widerstand zu brechen, da hierin namentlich Frauen gegenüber eine durch nichts zu rechtfertigende Brutalität liege (Eventualantrag 2c).

Von anderer Seite wurde zur Unterstützung der Anträge unter 2 noch darauf hingewiesen, daß, wenn man die körperliche Untersuchung zulasse, damit auch die richterliche Augenscheinseinnahme an der Person des zu Untersuchenden von selbst gestattet sei. Durch eine solche könne aber für die betreffende Person eine unerträgliche Lage und eine Bloßstellung vor der Öffentlichkeit geschaffen werden.

Die überwiegende Mehrheit der Kommission verblieb demgegenüber bei der in der ersten Lesung gebilligten Anschauung, daß zwar die körperliche Untersuchung einen schweren Eingriff in die persönlichen Rechte enthalte und daher möglichst zu vermeiden sei, daß aber im Notfall sich auch hier das Interesse des Einzelnen dem Interesse der Allgemeinheit unterordnen müsse. Für die Wahrheitserforschung sei aber häufig die körperliche Untersuchung unverdächtiger Personen unumgänglich notwendig. Dies gelte im besonderen Maße, namentlich bei Sittlichkeitsverbrechen, für die Führung des Entlastungsbeweises sowie bei schweren auf angebliche Sittlichkeitsverbrechen sich stützenden Beleidigungen für den Nachweis der Unwahrheit der behaupteten ehrenrührigen Tatsache. Allerdings müsse im Falle hartnäckigen Widerstandes der zu untersuchenden Person die Möglichkeit gegeben sein, diesen Widerstand, soweit nötig, mit Gewalt zu überwinden. Indessen lehre die Erfahrung, daß die zu untersuchenden Personen es hierauf kaum jemals ankommen ließen. Sei dies ausnahmsweise doch der Fall, so habe sich derjenige, der sich weigere, einer im Interesse der Allgemeinheit bestehenden, ihm persönlich aber unangenehmen Verpflichtung nachzukommen, die in dem körperlichen Zwange liegende Demütigung lediglich selbst zuzuschreiben. Schließe man den physischen Zwang im Gesetz aus, so schaffe man damit eine Art von Weigerungsrecht, was um so bedenklicher erscheine, als gerade der Beschuldigte selbst durch seinen persönlichen Einfluß auf die zu untersuchende Person nicht selten in der Lage sei, diese zum Widerspruche gegen die körperliche Untersuchung zu veranlassen. Daß bei weiblichen Personen die Vornahme einer Untersuchung, die das Schamgefühl verletzen könnte, niemals durch Augenscheinseinnahme, sondern immer nur durch Sachverständige erfolgen solle, darüber sei die Kommission schon in erster Lesung einig gewesen (Bd. 1 S. 86) Im übrigen könne nicht anerkannt werden, daß eine Untersuchung des Körpers für den normal empfindenden Menschen etwas Kränkendes habe oder daß die Untersuchung weiblicher Personen durch Sachverständige, wenn sie in schonender Form vorgenommen werde, geeignet sei, das Schamgefühl zu verletzen. Derartige Untersuchungen seien bei Erkrankungen durchaus üblich und würden auch sonst, wenn sie im eigenen Interesse der zu untersuchenden Person vorgeschrieben seien, z. B. zum Nachweise der Anstellungsfähigkeit oder des Gesundheitszustandes gegenüber Behörden oder Versicherungsgesellschaften, unbedenklich ertragen; sie müßten daher auch im Interesse der Allgemeinheit zugelassen werden.

Der Antag 3 wollte, um speziell den zu untersuchenden weiblichen Personen die Untersuchung annehmbarer zu machen, neben den durch den Antrag 1b vorgesehenen Kautelen im Gesetze noch vorschreiben, daß bei der Auswahl des Arztes, der die Untersuchung vornehmen solle, auf etwaige Wünsche der weiblichen Personen tunlichst Rücksicht zu nehmen sei. Es wurde ausgeführt: Der Gerichtsarzt sei nicht in allen Fällen für derartige Untersuchungen geeignet; es bestehe bei vielen Frauen eine Abneigung dagegen, sich gerade durch den Gerichtsarzt untersuchen zu lassen; eine Untersuchung durch den Hausarzt oder durch einen Spezialarzt würde weniger unangenehm empfunden.

Die Mehrheit der Kommission hielt zwar diese Erwägungen für durchaus zutreffend, meinte aber, daß eine derartige Vorschrift nicht wohl in das Gesetz gehöre. Selbstverständlich müsse der Richter den Wünschen der zu untersuchenden Person, soweit es irgend möglich sei, entgegenkommen; für den einzelnen Fall aber sei die Entscheidung ihm zu überlassen. Eine besondere Vorschrift im Gesetze würde zudem in einen gewissen Widerspruch mit der Bestimmung des §. 73 Abs. 2[1]) treten und die Gefahr in sich bergen, daß die wissenschaftlichen Gegensätze der Ärzte in den Gerichtssaal getragen würden.

---

[1]) Der §. 73 Abs. 2 lautet:

Sind für gewisse Arten von Gutachten Sachverständige öffentlich bestellt, so sollen andere Personen nur dann gewählt werden, wenn besondere Umstände es erfordern.

Bei der Abstimmung wurde zunächst die Frage, ob für den Fall der Annahme des Antrags 1 a (Zulässigkeit der körperlichen Untersuchung unverdächtiger Personen) die Einschränkung im Eventualantrage 2 b (Unzulässigkeit wegen etwaiger Verletzung des Schamgefühls) Platz greifen solle, mit 14 gegen 5 Stimmen, und sodann die weitere Frage, ob für den gleichen Fall die Einschränkung im Eventualantrage 2 c (Unzulässigkeit von Gewaltanwendung) gelten solle, mit 15 gegen 4 Stimmen verneint. Hierauf wurde der Abs. 1 des Antrags 1 a mit 15 gegen 4 Stimmen angenommen, womit der Antrag 2 a erledigt war. Die übrigen Teile des Antrags 1 fanden sodann einstimmige Annahme. Der Antrag 3 wurde mit 15 gegen 4 Stimmen abgelehnt. Als Ergebnis der Abstimmung ergab sich demnach die Annahme der unter 1 gestellten Anträge mit den später hinzugetretenen Fassungsänderungen und die Ablehnung der Anträge unter 2 und 3. Die Kommission war hierbei darüber einig, daß unter den Worten „dem Staatsanwalt" im Abs. 2 des Antrags 1 a die Staatsanwaltschaft mit Einschluß der Amtsanwälte zu verstehen sei, und daß als Ärzte im Sinne des Abs. 1 des Antrags 1 b auch die approbierten weiblichen Ärzte anzusehen seien.

II. Der Antrag:

> Die für die körperliche Untersuchung der unverdächtigen Personen aufgestellten Grundsätze sind auf die der verdächtigen Personen auszudehnen.

entspricht dem einstimmigen Beschlusse der ersten Lesung (Bd. 1 S. 87) und fand auch heute ohne Debatte die einhellige Zustimmung der Kommission.

Die Beratung der unter E des Fragebogens gestellten Fragen war hiermit erledigt.

III. Die Kommission wandte sich zur Beratung der Untersuchungshaft (F des Fragebogens).

Zum §. 112 der Str.Pr.O. lagen die den Beschlüssen der ersten Lesung (Bd. 1 S. 89, 90 flg.) entsprechenden Anträge vor:

a) Die Untersuchungshaft darf wegen Fluchtverdachts nur verhängt werden, wenn bestimmte Tatsachen vorliegen, welche den Angeschuldigten der Flucht verdächtig machen; diese Tatsachen sind aktenkundig zu machen.

b) Der Abs. 2 des §. 112 der Str.Pr.O. ist zu streichen.

Die Anträge fanden heute einstimmige Annahme. Die Kommission war darin einig, daß die Höhe der angedrohten Strafe für die Annahme des Fluchtverdachts zweifellos von Bedeutung sei; doch bilde dieser Umstand für sich allein keine den Fluchtverdacht begründende Tatsache, vielmehr bedürfe es überdies der Feststellung konkreter, in der Person oder den Verhältnissen des Beschuldigten liegender Tatsachen, die ihn der Flucht verdächtig machen.

IV. Nach §. 116 Abs. 1 der Str.Pr.O. soll der Verhaftete, soweit möglich, von anderen gesondert und nicht in demselben Raume mit Strafgefangenen verwahrt werden. Mit seiner Zustimmung kann von dieser Vorschrift abgesehen werden.

Hierzu lagen folgende Anträge vor,

1. dem Abs. 1 folgenden Satz beizufügen:

   Der Verhaftete, der noch nicht das achtzehnte Lebensjahr vollendet hat, ist von anderen gesondert zu verwahren.

2. den Abs. 1 dergestalt zu ändern, daß

   a) Verhaftete nicht mit Strafgefangenen in demselben Raume verwahrt werden dürfen und daß nur mit Zustimmung des Verhafteten von dieser Vorschrift abgesehen werden kann;

   b) Verhaftete in Einzelhaft zu halten sind, sofern nicht der Richter anderes verfügt.

Die Anträge unter 2 entsprechen den Beschlüssen der ersten Lesung (Bd. 1 S. 113 flg.); zu ihrer Begründung wurde erneut hervorgehoben, daß die Trennung der Untersuchungsgefangenen von den Strafgefangenen ein Gebot der Notwendigkeit sei, für dessen Innehaltung unter allen Umständen gesorgt werden müsse.

Der Antrag 1 will dagegen im allgemeinen das bestehende Gesetz aufrechterhalten und nur für die jugendlichen Untersuchungsgefangenen ein unbedingtes Gebot der Einzelhaft einführen, von welchem selbst mit Zustimmung des Jugendlichen nicht abgegangen werden dürfe.

Dieser Vorschlag wurde auch von den Befürwortern der Beschlüsse der ersten Lesung als zuweitgehend bezeichnet. Es wurde bemerkt, daß häufig gerade von jugendlichen Personen die Einzelhaft als eine große Härte empfunden werde und daß sie nicht selten schwere seelische Erschütterungen und Krankheiten zur Folge habe. Man dürfe nicht, um jugendliche Verhaftete vor den möglichen schädlichen Einflüssen anderer Gefangener zu bewahren, Vorschriften treffen, die von ihnen geradezu als eine Grausamkeit betrachtet würden.

Der Antragsteller zog darauf den Antrag 1 zurück, beantragte aber statt dessen, um wenigstens die Trennung zwischen jugendlichen Untersuchungsgefangenen und Strafgefangenen unbedingt sicherzustellen, daß in dem Antrage 2a hinter den Worten „mit Zustimmung des" das Wort „strafmündigen" geschoben werde. Auf die Zustimmung eines jugendlichen Verhafteten dürfe ein besonderes Gewicht nicht gelegt werden. Falls keine anderen Untersuchungsgefangenen im Gefängnisse seien, so sei es immer noch besser, den jugendlichen Verhafteten, selbst wenn er sich ängstige, in Einzelhaft zu halten, als ihn dem verderblichen Einflusse von Strafgefangenen auszusetzen.

Die Anträge unter 2 fanden aber heute nicht die Zustimmung der Mehrheit der Kommission. Es wurde zwar die Trennung der Untersuchungsgefangenen von den Strafgefangenen allseitig als dringend erwünscht bezeichnet. Man hielt es jedoch für bedenklich, diesen Grundsatz schärfer auszusprechen, als es zur Zeit im §. 116 Abs. 1 geschehen sei. Wenn hier vorgeschrieben sei, daß die Untersuchungsgefangenen, soweit möglich, in Einzelhaft und gesondert von den Strafgefangenen verwahrt werden sollen, so genüge dies völlig, um die Justizverwaltung zur tunlichst umfassenden Einrichtung von Einzelzellen, namentlich für Untersuchungsgefangene, zu veranlassen. Tatsächlich seien denn auch seit Jahren, besonders seit der im Jahre 1897 erfolgten Vereinbarung der Bundesregierungen über die bei der Strafvollstreckung zu beobachtenden Grundsätze, zahlreiche Einzelzellen gebaut worden. Immerhin müsse damit gerechnet werden, daß eine zwingende Vorschrift, wie sie die Anträge unter 2 vorschlagen, bei kleineren Gefängnissen im Falle der unerwarteten Einlieferung einer größeren Zahl von Untersuchungsgefangenen nicht durchführbar sein würde. Es könne aber bei dem Neubau und der Einrichtung von Gefängnissen doch immer nur ein gewisser durchschnittlicher Bedarf zu Grunde gelegt werden, wenn man nicht Baukosten und Aufsichtspersonal geradezu verschwenden wolle. Nach den Anträgen unter 2 sei nur im Falle der Zustimmung des Untersuchungsgefangenen seine Verwahrung in demselben Raume mit Strafgefangenen zulässig. Auf diese Zustimmung könne aber gerade bei Notfällen keineswegs gerechnet werden. Man solle es daher bei dem geltenden Gesetze belassen.

Um diesen Bedenken Rechnung zu tragen, wurde im Laufe der Beratung für den Fall der Ablehnung der Anträge unter 2 ein vermittelnder Antrag dahin eingebracht:

3. Verhaftete, die eine Strafhaft noch nicht erduldet haben, dürfen nicht mit Strafgefangenen in demselben Raume verwahrt werden.

Diesem Antrage wurde jedoch entgegengehalten, daß die Vorbestrafung ein geeignetes Unterscheidungsmerkmal nicht bilde, da es sich um ganz unbedeutende Vorstrafen handeln könne, die keineswegs dazu berechtigten, den Verhafteten als bereits verderbt anzusehen.

Die Abstimmung erfolgte zunächst über den zweiten Satz des Antrags 2a, nämlich über die Frage, ob für den Fall der Annahme des ersten Satzes des Antrags 2a oder des Antrags 3 von den darin gegebenen Vorschriften über die geforderte Verwahrung aller oder doch der noch nicht bestraften Untersuchungsgefangenen mit Zustimmung des Verhafteten abgesehen werden könne; diese Frage wurde mit 11 gegen 8 Stimmen bejaht. Damit war der zum Antrag 2a beantragte Zusatz, wonach nur strafmündige Verhaftete eine solche Zustimmungserklärung abgeben können, abgelehnt. Hierauf wurde der erste Satz des Antrags 2a mit 13 gegen 6 Stimmen, und sodann der Antrag zu 3 mit 17 gegen 2 Stimmen abgelehnt; der Antrag 2b wurde zurückgezogen.

Das Ergebnis der Abstimmung war somit die Ablehnung aller auf Änderung des §. 116 Abs. 1 der Str.Pr.O. abzielenden Anträge.

V. Es folgte die Beratung der auf die Behandlung der Untersuchungsgefangenen bezüglichen Vorschriften.

Zunächst war beantragt, an Stelle des §. 116 Abs. 2 der Str.Pr.O. folgendes zu bestimmen:

a) Die Untersuchungshaft ist mit möglichster Schonung der Person und der Ehre des Verhafteten zu vollziehen. Ihm dürfen nur solche Beschränkungen auferlegt werden, welche zur Sicherung des Zweckes der Haft oder zur Aufrechterhaltung der Ordnung im Gefängnisse notwendig sind.

b) Der schriftliche Verkehr des Verhafteten unterliegt der Aufsicht des Richters, unbeschadet der besonderen Bestimmungen über den Verkehr mit dem Verteidiger.

Eingaben an die Gerichte, die Staatsanwaltschaft und die Aufsichtsbehörden dürfen nicht zurückgehalten werden. Eingaben an andere Behörden können zurückgehalten werden, wenn sie beleidigenden oder sonst strafbaren Inhalts sind.

Wird ein für den Verhafteten eingegangener Brief nicht übergeben oder wird eine Eingabe oder ein Brief des Verhafteten zurückgehalten, so ist er davon unter Mitteilung des Grundes in Kenntnis zu setzen.

Diese Anträge entsprechen den Beschlüssen der ersten Lesung (Bd. 1 S. 113, 115 flg.) und wurden ohne Debatte einstimmig angenommen.

VI. Zum Abs. 3 des §. 116 war entsprechend den Beschlüssen der ersten Lesung (Bd. 1 S. 116 flg.) beantragt, der Vorschrift folgende Fassung zu geben:

Bequemlichkeiten und Beschäftigungen darf sich der Verhaftete auf seine Kosten verschaffen, soweit sie mit dem Zwecke der Haft vereinbar sind und weder die Ordnung im Gefängnisse stören noch die Sicherheit gefährden. Mit dieser Maßgabe dürfen Lesen und Beschäftigung mit schriftlichen Arbeiten ihm nicht untersagt werden.

Hierbei wurde die der Kommission mitgeteilte Resolution des Reichstags vom 27. Februar 1904:

Den Herrn Reichskanzler zu ersuchen, dem Reichstag einen Gesetzentwurf vorzulegen, durch welchen den Untersuchungsgefangenen allgemein, sowie den zu Gefängnisstrafen verurteilten Personen, wenn ihre Handlung nach der im Urteile zu treffenden Bestimmung nicht eine ehrlose Gesinnung bekundet hat, gestattet wird, während der Dauer der Untersuchungshaft oder Gefängnisstrafe sich selbst zu beköstigen und in einer ihrem Beruf und Bildungsgrad angemessenen Weise sich zu beschäftigen.

(zu vergl. Bd. 1 S. 349, 354 flg.), soweit sie sich auf die Untersuchungshaft bezieht, mit zur Erörterung gestellt.

Mit Rücksicht hierauf erweiterte der Antragsteller seinen Antrag dahin, daß er vorschlug, statt des letzten Satzes zu sagen:

Mit dieser Maßgabe dürfen Selbstbeköstigung und Selbstbeschäftigung ihm nicht untersagt werden.

Die Kommission war der Ansicht, daß die Resolution des Reichstags, insoweit sie den Untersuchungsgefangenen ein unbedingtes Recht einräumen wolle, während der Dauer der Untersuchungshaft sich selbst zu beköstigen und in einer ihrem Beruf und Bildungsgrad angemessenen Weise sich zu beschäftigen, zu weit gehe. Denn hierdurch könne unter Umständen der Zweck der Haft, der in der Verhinderung der Flucht oder der Kollusion des Beschuldigten bestehe, vereitelt und die unumgängliche Ordnung im Gefängnis oder die Sicherheit gefährdet werden. Hiernach müsse auch hinsichtlich der Selbstbeköstigung und Selbstbeschäftigung an der durch das geltende Recht aufgestellten Schranke festgehalten werden. Dagegen unterliege es keinem Bedenken, durch den zu §. 116 Abs. 3 beantragten Zusatz ausdrücklich festzustellen, daß mit der in dieser

Vorschrift bereits enthaltenen Maßgabe auch die Selbstbeköstigung und Selbstbeschäftigung dem Untersuchungsgefangenen nicht untersagt werden dürfe.

Der Antrag wurde in der erweiterten Fassung einstimmig angenommen.

VII. Die statt des §. 116 Abs. 4 der Str.Pr.O. vorgeschlagenen Bestimmungen:

a) Außer dem Falle der Fesselung als Disziplinarstrafe dürfen dem Verhafteten Fesseln nur dann angelegt werden, wenn es zur augenblicklichen Bewältigung tätlichen Widerstandes oder wegen besonderer Gefährlichkeit seiner Person, namentlich zur Sicherung Anderer erforderlich erscheint, oder wenn er einen Selbstentleibungs- oder Entweichungsversuch gemacht oder vorbereitet hat, auf dem Transport auch, wenn die Fesselung wegen Fluchtgefahr unerläßlich erscheint.

Auf dem Transporte sollen, soweit möglich, Verhaftete nicht mit Strafgefangenen, sowie Verhaftete, die im Besitze der bürgerlichen Ehrenrechte sind, nicht mit solchen, denen die bürgerlichen Ehrenrechte aberkannt sind, zusammengefesselt werden. Bei der Hauptverhandlung soll der Verhaftete ungefesselt sein.

b) Disziplinarstrafen dürfen nur verhängt werden, wenn und soweit es zur Aufrechterhaltung der Ordnung im Gefängnis und der Sicherheit notwendig ist.

entsprechen den Beschlüssen erster Lesung (Bd. 1 S. 118) und fanden ohne Debatte einstimmige Annahme.

VIII. Für den bisherigen Abs. 5 des §. 116 der Str.Pr.O. war entsprechend dem Beschlusse der ersten Lesung (Bd. 1 S. 118 flg.) folgende Fassung beantragt:

Die nach Maßgabe vorstehender Bestimmungen erforderlichen Verfügungen hat der Richter zu treffen. Die in dringenden Fällen von anderen Beamten getroffenen Anordnungen sind unverzüglich zur Kenntnis des Richters zu bringen und unterliegen dessen Genehmigung.

Der Antrag fand wiederum einstimmige Annahme.

Hierbei wurde von einem Mitgliede die Frage aufgeworfen, ob der Staatsanwalt befugt sei, ohne vorherige Genehmigung des Richters einen Untersuchungsgefangenen sich vorführen zu lassen und zu vernehmen.

Es wurde von allen Seiten anerkannt, daß während der Voruntersuchung eine solche Vorführung und Vernehmung durch den Staatsanwalt nur mit Zustimmung des Untersuchungsrichters stattfinden dürfe. Als selbstverständlich wurde dabei erachtet, daß, sofern der Staatsanwalt etwa Vorsteher des Gefängnisses sei, in dem sich der Untersuchungsgefangene befinde, er in der Ausübung der ihm als Gefängnisvorsteher zustehenden Befugnisse an die Zustimmung des Untersuchungsrichters nicht gebunden sei. Dagegen wurde es von vielen Seiten als bedenklich bezeichnet, wenn man in gleicher Weise die Vernehmung eines vor Erhebung der öffentlichen Klage Verhafteten durch den Staatsanwalt von der vorherigen Zustimmung des Amtsrichters, der den Haftbefehl erlassen habe, abhängig machen wolle. Denn einmal sei der Staatsanwalt und nicht der Amtsrichter der Leiter des Vorverfahrens, und ferner müsse es zu Unzuträglichkeiten und namentlich zur Verlängerung der Haft führen, wenn vor jeder Vernehmung des Verhafteten die Einwilligung des mit der Sachlage vielleicht nicht einmal vertrauten und auswärts wohnenden Amtsrichters eingeholt werden solle. Ein Mitglied hielt die Vernehmung des verhafteten Beschuldigten durch den Staatsanwalt ohne vorherige Zustimmung des Richters selbst dann für unbedenklich, wenn der Beschuldigte wegen einer anderen, im Stadium der Voruntersuchung befindlichen Strafsache in Haft genommen sei.

Ein Antrag auf Ergänzung des geltenden Rechtes wurde nicht gestellt.

IX. Es wurde angeregt, ob es sich nicht empfehle, daß die Kommission auch zu der Frage Stellung nehme, inwieweit der mündliche Verkehr des Verhafteten mit anderen Personen als seinem Verteidiger Beschränkungen unterliegen solle. Wenn die Haft nur wegen Fluchtverdachts verhängt sei, bestehe keine Veranlassung, den Verhafteten im Empfange von Besuchen weiter zu beschränken, als es zur Zeit nach den vereinbarten Grundsätzen über den Vollzug von Freiheitsstrafen (§. 32 Abs. 2) bei Festungsgefangenen der Fall sei, welche Besuche empfangen dürften, sofern ein Mißbrauch nicht zu befürchten sei.

Demgegenüber wurde darauf hingewiesen, daß bereits nach §. 116 Abs. 2 dem Untersuchungsgefangenen der Empfang von Besuchen nur untersagt werden dürfe, wenn es zur Sicherung des Zweckes der Haft oder zur Aufrechterhaltung der Ordnung im Gefängnisse notwendig sei. Im übrigen sei ein diese Frage speziell regelnder Antrag nebst anderen auf den Vollzug der Untersuchungshaft im einzelnen bezüglichen Anträgen in der ersten Lesung zurückgezogen worden, weil die Kommission die Meinung vertreten habe, daß derartige Ausführungsvorschriften nicht in das Gesetz, sondern in die Gefängnisordnung gehörten (zu vergl. Bd. 1 S. 120 flg.). Hieran müsse auch hinsichtlich der Regelung des Empfanges von Besuchen festgehalten werden.

Hiermit wurde die Anregung, da Anträge im Sinne derselben nicht gestellt wurden, als erledigt angesehen.

X. Der Antrag,

den Abs. 1 des §. 123 der Str.Pr.O. dahin abzuändern:

Die Untersuchungshaft ist aufzuheben, wenn ein Grund zur Verhaftung nicht mehr besteht.

entspricht dem Beschlusse der ersten Lesung (Bd. 1 S. 96 flg.) und fand heute einstimmige Annahme.

XI. Zu den §§. 125 und 126 der Str.Pr.O., welche den Erlaß und die Aufhebung eines Haftbefehls vor der Erhebung der öffentlichen Klage betreffen, lagen mehrere Anträge vor.

1. Zunächst wurde dem Beschlusse der ersten Lesung (Bd. 1 S. 98 flg.) entsprechend vorgeschlagen:

a) Der Amtsrichter ist zur Aufhebung des vor Erhebung der öffentlichen Klage erlassenen Haftbefehls und zur Freilassung des Beschuldigten gegen Sicherheitsleistung nur mit Zustimmung der Staatsanwaltschaft befugt. Will der Amtsrichter, nachdem die Staatsanwaltschaft ihre Zustimmung versagt hat, die Maßregel dennoch anordnen, so hat er die Entscheidung des übergeordneten Landgerichts einzuholen.

Hiernach soll der Amtsrichter, während er nach dem geltenden Rechte den von ihm erlassenen Haftbefehl jederzeit von Amtswegen wieder aufheben kann, in Zukunft an die vorherige Zustimmung des Staatsanwalts gebunden sein und bei deren Versagung die Entscheidung des Landgerichts einholen können. Eine ähnliche Bestimmung besteht jetzt bereits für den Untersuchungsrichter (§. 124 Abs. 2 der Str.Pr.O.). Die Kommission hielt den dem Antrage zu Grunde liegenden Gedanken, daß der Staatsanwalt, in dessen Hand das ganze Vorverfahren liege, über das Maß des jeweilig vorhandenen Verdachts am besten unterrichtet sei und deshalb die Verantwortung für die Fortdauer der Haft zweckmäßig allein trage, im allgemeinen auch heute für zutreffend. Es wurde jedoch von verschiedenen Seiten als erwünscht bezeichnet, daß unter gewissen besonderen Voraussetzungen der Amtsrichter auch ohne die Zustimmung des Staatsanwalts zur Aufhebung des von ihm erlassenen Haftbefehls befugt bleiben müsse.

In dieser Beziehung lagen die folgenden Unteranträge zum Antrag a vor:

b) Zur Aufhebung eines von Amtswegen erlassenen Haftbefehls ist der Amtsrichter ohne Zustimmung der Staatsanwaltschaft befugt, wenn diese nicht denselben Amtssitz wie der anordnende Richter hat, sie auch noch nicht von der Anordnung der Haft in Kenntnis gesetzt ist;

c) dem Satz 1 des Antrags a hinzuzufügen: wenn sich nicht die Haft als völlig grundlos herausgestellt hat und die Einholung der Zustimmung mit erheblicher Verzögerung verbunden wäre.

Für den Antrag b wurde geltend gemacht: Der Antrag bezwecke, eine grundlose Verlängerung der Haft möglichst zu verhüten. Wenn der Amtsrichter und der Staatsanwalt denselben Amtssitz hätten, so werde sich allerdings durch die Einholung der Zustimmung der Staatsanwaltschaft eine nennenswerte Verzögerung nicht ergeben. Anders liege die Sache, wenn der Amtssitz ein verschiedener und die Verkehrsverbindung mit dem Sitze der Staatsanwaltschaft schlecht sei. Für diese Fälle müsse der Amtsrichter in der Lage bleiben, einen zu Unrecht erlassenen Haftbefehl ohne jeden Verzug wenigstens dann wieder aufzuheben, wenn die Staatsanwaltschaft von dem Erlasse des Haftbefehls noch garnicht in Kenntnis gesetzt worden sei.

Der Antrag c verfolgte den gleichen Zweck, wollte jedoch jede Spezialisierung vermeiden. Demgemäß sei vorzuschreiben, daß eine Verhaftung, die sich als völlig grundlos herausgestellt habe, auch ohne Zustimmung der Staatsanwaltschaft aufgehoben werden könne, wenn die Einholung der Zustimmung eine erhebliche Verzögerung zur Folge haben würde.

Die Mehrheit hielt demgegenüber an dem in der ersten Lesung gefaßten Beschlusse fest. Es wurde darauf hingewiesen, daß auch der Untersuchungsrichter zur Aufhebung des Haftbefehls ausnahmslos der Zustimmung des Staatsanwalts bedürfe, ohne daß Unzuträglichkeiten durch unnötige Verlängerung der Haft hervorgetreten seien. Andererseits seien in Folge davon, daß für den Amtsrichter eine entsprechende Vorschrift nicht bestehe, ungerechtfertigte Haftentlassungen keineswegs selten. Es handele sich nicht immer nur um eine bei der Verhaftung untergelaufene Verwechselung eines Unbeteiligten mit dem richtigen Beschuldigten, sondern häufig um die Frage, ob die Verdachtsgründe in ausreichendem Maße vorhanden seien. Hierüber zu entscheiden sei aber der Amtsrichter, selbst wenn er den Haftbefehl ohne Antrag des Staatsanwalts erlassen habe, oft nicht im Stande, weil er das Ergebnis der von der Staatsanwaltschaft inzwischen angestellten Ermittelungen nicht kenne. Die Fassung des Antrags c sei überdies eine derart unbestimmte, daß die grundsätzlich für erforderlich erklärte Zustimmung der Staatsanwaltschaft tatsächlich wieder in Frage gestellt werde. Ein Bedürfnis für die mit den Anträgen b und c vorgeschlagenen Ausnahmebestimmungen sei um so weniger vorhanden, als bei den heutigen Verkehrsmitteln die Einholung der Zustimmung der Staatsanwaltschaft nirgendwo eine erhebliche Verzögerung verursachen könne.

Bei der Abstimmung wurde zunächst, und zwar für den Fall der Annahme des Antrags a, der Zusatzantrag c mit 12 gegen 5 Stimmen und der Zusatzantrag b mit 11 gegen 6 Stimmen abgelehnt, sodann der Antrag a einstimmig angenommen.

2. Der Antrag,

dem §. 126 der Str.Pr.O. hinzuzufügen:

> Will die Staatsanwaltschaft die Aufhebung des Haftbefehls beantragen, so ist sie schon vor der erfolgten Aufhebung zur unmittelbaren Freilassung des Beschuldigten befugt.

entspricht dem Beschlusse der ersten Lesung (B. 1 S. 101 flg.) und wurde einstimmig angenommen.

3. Zum §. 126 der Str.Pr.O. lagen ferner folgende Anträge vor:

a) An Stelle der im §. 126 gegebenen Vorschrift ist zu bestimmen, daß der vor Erhebung der öffentlichen Klage erlassene Haftbefehl aufzuheben ist, wenn die Staatsanwaltschaft es beantragt oder wenn nicht binnen sechs Wochen nach Vollstreckung des Haftbefehls die erfolgte Erhebung der öffentlichen Klage zur Kenntnis des Amtsrichters gelangt.

Bei Übertretungen, mit Ausnahme der im §. 361 Nr. 3 bis 8 des St.G.B. vorgesehenen, beträgt die Frist zwei Wochen.

b) Im Antrage a anstatt der Frist von sechs Wochen eine solche von vier Wochen zu setzen.

c) Vor Erhebung der öffentlichen Klage kann der Amtsrichter einen Beschuldigten, wenn ein zur Erlassung eines Haftbefehls berechtigender Grund vorhanden ist, vorläufig in Verwahrung nehmen. Die in Verwahrung genommene Person ist in Freiheit zu setzen, wenn die Staatsanwaltschaft es beantragt oder wenn nicht binnen einer Woche die Erhebung der öffentlichen Klage durch den Staatsanwalt erfolgt und zur Kenntnis des Amtsrichters gelangt ist.

Insoweit diese Anträge dem jetzigen Gesetz entsprechend vorschlagen, daß der Amtsrichter auf Antrag der Staatsanwaltschaft den Haftbefehl aufheben müsse, fanden sie auf keiner Seite Widerspruch.

Ferner war die Kommission auch heute einhellig der Meinung, daß die Einrichtung des geltenden Rechtes, wonach zunächst eine kurze Haftfrist von einer Woche, sodann aber die Möglichkeit einer Verlängerung dieser Frist um eine weitere Woche und bei Verbrechen und Vergehen um fernere zwei Wochen vorgesehen sei, sich in der Praxis nicht bewährt habe. Es bestand Einverständnis darüber, daß in Zukunft eine ausreichend bemessene bestimmte Frist vorzuschreiben, von der Möglichkeit einer Verlängerung jedoch abzusehen sei.

Dagegen gingen die Ansichten darüber, wie diese Frist zu bestimmen sei, auseinander.

Der Antrag a schlägt für Verbrechen und Vergehen sowie für die Übertretungen des §. 361 Nr. 3 bis 8 des St.G.B. entsprechend dem Beschlusse der ersten Lesung (Bd. 1 S. 100 flg.) eine Frist von sechs Wochen, für die übrigen Übertretungen eine solche von zwei Wochen vor. Dagegen will der Antrag b an Stelle der sechswöchigen die jetzige Minimalfrist von vier Wochen beibehalten, und der Antrag c die Frist für alle Sachen auf eine Woche herabsetzen.

Der letztgedachte Antrag hatte ursprünglich in Verbindung gestanden mit dem von der Kommission (Bd. 2 S. 82 flg.) zum Beschluß erhobenen, später aber durch Ablehnung einer notwendigen Folge (Bd. 2 S. 88 flg.) als undurchführbar aufgegebenen Vorschlage, für alle Verbrechens- und Vergehenshaftsachen die Voruntersuchung vorzuschreiben. Er sollte jedoch, wie der Antragsteller heute bemerkte, eine selbständige Bedeutung auch abgesehen von jenem Beschlusse für diejenigen Sachen haben, in denen nach dem geltenden Rechte die Voruntersuchung zulässig ist. Zur Begründung des Antrags wurde ausgeführt: Es müsse zwar der Staatsanwaltschaft eine gewisse Frist belassen werden, innerhalb deren sie sich schlüssig zu machen habe, ob sie den Beschuldigten aus der Haft entlassen oder die öffentliche Klage erheben wolle. Diese Frist sei jedoch möglichst kurz zu bemessen, damit der Beschuldigte, sofern er nicht freigelassen werde, tunlichst bald unter die Verfügungsgewalt des Richters komme und gegebenenfalls Anspruch auf Entschädigung wegen unschuldig erlittener Untersuchungshaft erlange. Ob die Frist von einer Woche, wie sie der Antrag vorschlage, immer ausreichen werde, könne allerdings fraglich erscheinen; sie werde aber keinesfalls auf mehr als zwei Wochen bemessen werden dürfen.

Gegen den Antrag c wurde ausgeführt:

In erster Lesung sei die Kommission dahin einig gewesen, daß die Frist von einer Woche, die nach dem §. 126 zunächst als die Regel gelten solle, fast niemals ausreiche. Alle Bedenken, die gegen das geltende Recht in dieser Hinsicht vorgebracht worden seien, richteten sich deshalb auch gegen den Antrag. Dieser werde dazu führen, daß in zahlreichen Fällen frühzeitig und ohne genügenden Grund Anklage erhoben oder die Voruntersuchung beantragt werde. Das eine sei den Interessen des Beschuldigten ebensowenig förderlich wie das andere. Insbesondere müsse die Überleitung der Sache in die Voruntersuchung das Verfahren verzögern; die Kontrolle über die Dauer der Haft höre völlig auf, und es sei auch für den Angeschuldigten, selbst wenn er später außer Verfolgung gesetzt werde, keineswegs gleichgültig, ob gegen ihn nur ein vorbereitendes Verfahren oder eine Voruntersuchung geschwebt habe. In den Fällen aber, in denen eine Voruntersuchung auch nach den Kommissionsbeschlüssen nicht zulässig sei, nämlich bei allen Übertretungen, nötige der Antrag den Staatsanwalt zur Freilassung auch des tat- und fluchtverdächtigten Beschuldigten, falls binnen einer Woche sich das zur Erhebung der Anklage ausreichende Belastungsmaterial nicht habe herbeischaffen lassen.

Andererseits wurde auch die in der ersten Lesung beschlossene und heute mit den gleichen Gründen verfochtene Verlängerung der Maximalfrist von vier auf sechs Wochen von verschiedenen Seiten bekämpft. Es wurde ausgeführt:

Wenn man von vornherein der Staatsanwaltschaft eine Frist von sechs Wochen gebe, so sei zu besorgen, daß diese Frist in den meisten Fällen auch bis zu Ende ausgenutzt werde. In der kürzeren Haftfrist liege dagegen ein Ansporn zu rascherem Arbeiten. Es sei zwar nicht zu leugnen, daß in manchen Fällen die vierwöchige Frist nicht ausreichen werde und schließlich deshalb noch die Voruntersuchung beantragt werden müsse. Allein dieser Übelstand werde auch dann nicht beseitigt, wenn man die Frist auf sechs Wochen erhöhe. Endlich sei die Befürchtung vielleicht nicht ganz von der Hand zu weisen, daß das Gesetz über die Entschädigung für unschuldig erlittene Untersuchungshaft, insofern es den im Ermittelungsverfahren aus der Haft entlassenen und nicht angeklagten Personen einen Rechtsanspruch auf Entschädigung nicht gewähre, für die Staatsanwaltschaft einen gewissen Anlaß zur möglichsten Ausdehnung des Ermittelungsverfahrens geben könne.

Bei der Abstimmung wurde zunächst der Antrag c (Herabsetzung der Haftfrist auf eine Woche) mit 13 gegen 4 Stimmen und sodann der erste Absatz des Antrags a (Verlängerung der Frist bei Verbrechen und Vergehen und den im §. 361 Nr. 3 bis 8 bezeichneten Übertretungen auf sechs Wochen) mit 10 gegen 7 Stimmen abgelehnt. Hierauf wurde der Antrag b (statt sechs Wochen vier Wochen) und ebenso der zweite Absatz des Antrags a (zwei Wochen bei den anderen Übertretungen) einstimmig angenommen.

(b

75. Sitzung.

21. Januar 1905.

Untersuchungshaft. Gerichtsstand. Ablehnung von Gerichtspersonen.

I. Die Kommission setzte die Beratung der auf die Untersuchungshaft bezüglichen Anträge fort.

Zum §. 128 der Str.Pr.O. lagen die Anträge vor:

a) Hat der Amtsrichter, in dessen Bezirk eine vorläufige Festnahme erfolgt, denselben Amtssitz wie der in der Sache selbst zuständige Amtsrichter, so soll die Vorführung vor den letzteren erfolgen.

b) Im §. 128 ist als Abs. 2 folgende Vorschrift einzuschalten:

Befindet sich der Festgenommene in einem körperlichen Zustande, welcher die persönliche Vorführung aus Rücksicht auf seinen Gesundheitszustand unmöglich macht, so wird die Vorführung durch unverzügliche Einsendung der über die Festnahme aufgenommenen Verhandlungen ersetzt. Die Vernehmung darf so lange ausgesetzt werden, als von ihr Gefahr für Leben oder Gesundheit des Festgenommenen zu befürchten steht.

Die Anträge entsprechen den Beschlüssen der ersten Lesung (Bd. 1 S. 102). Hinsichtlich des Antrags b wurde von einer Seite wie in der ersten Lesung bestritten, daß ein praktisches Bedürfnis für den Erlaß einer besonderen Vorschrift vorliege. Beide Anträge wurden angenommen, der Antrag a einstimmig, der Antrag b mit 18 Stimmen gegen eine Stimme.

Der unter VII des Protokolls der 13. Sitzung (Bd. 1 S. 103) wiedergegebene Antrag zum §. 128, der für die erste Lesung zurückgezogen worden war, wurde heute nicht wieder eingebracht. Der damalige Antragsteller erklärte, daß er mit Rücksicht auf die Beschlüsse der Kommission über das abgekürzte Verfahren, über die Einschränkung des Legalitätsprinzips bei Übertretungen sowie über die Aburteilung der Übertretungen durch den Amtsrichter ein praktisches Bedürfnis für den Antrag nicht mehr als vorliegend erachte.

II. Der Antrag,

den §. 130 der Str.Pr.O., entsprechend dem §. 182 der Militärstrafgerichtsordnung, dahin zu fassen:

Bei strafbaren Handlungen, deren Verfolgung nur auf Antrag eintritt, ist weder die vorläufige Festnahme, noch die Verhaftung von der Stellung eines solchen Antrags abhängig.

Ist die Verhaftung vor der Stellung des Antrags erfolgt, so ist der Antragsberechtigte, von mehreren wenigstens einer, sofort von der Verhaftung in Kenntnis zu setzen. Die Freilassung muß erfolgen, wenn nicht spätestens binnen einer Woche seit der Verhaftung ein Strafantrag eingegangen ist.

Die Benachrichtigung des Antragsberechtigten soll durch den Amtsrichter erfolgen.

fand wie in erster Lesung (Bd. 1 S. 103) einstimmige Annahme.

III. Zum §. 132 Abs. 1 der Str.Pr.O. war der folgende, dem Beschlusse der ersten Lesung (Bd. 1 S. 103 flg.) entsprechende Antrag gestellt:

Ist jemand auf Grund eines Haftbefehls oder eines Steckbriefs ergriffen worden und kann er nicht spätestens am Tage nach der Ergreifung vor den zuständigen Richter gestellt werden, so ist der Ergriffene, wenn er selbst oder wenn die verfolgende Behörde ohne Widerspruch des Ergriffenen ein dahin gehendes Verlangen stellt, sofort dem nächsten Amtsrichter vorzuführen. Die verfolgende Behörde kann das Verlangen schon im Haftbefehl oder in dem Steckbriefe stellen. Der §. 128 Abs. 2 der Str.Pr.O. findet entsprechende Anwendung.

Der im Schlußsatze für anwendbar erklärte §. 128 Abs. 2 enthält die unter I b dieses Protokolls von der Kommission beschlossene Vorschrift. Der Antrag fand einstimmige Annahme.

IV. Nach §. 132 Abs. 2 der Str.Pr.O. hat der Amtsrichter den Ergriffenen spätestens am Tage nach der Ergreifung zu vernehmen (Satz 1) und seine Freilassung zu verfügen, wenn der Ergriffene bei der Vernehmung nachweist, daß er nicht die verfolgte Person oder daß die Verfolgung durch die zuständige Behörde wieder aufgehoben sei (Satz 2).

Es lag der Antrag vor,

den zweiten Satz des Abs. 2 des §. 132 dahin zu fassen:

Der Amtsrichter hat die Freilassung des Vorgeführten zu verfügen, wenn erhebliche Zweifel an der Identität mit der verfolgten Person bestehen oder wenn der Vorgeführte nachweist, daß die Verfolgung durch die zuständige Behörde wieder aufgehoben sei.

Zur Begründung wurde geltend gemacht:

Die gegenwärtige Fassung lasse den mit der Vorschrift verfolgten Zweck, nämlich die möglichst baldige Freilassung eines Ergriffenen für den Fall zu sichern, daß die Ergreifung auf einer Personenverwechselung beruhe,[1]) nicht voll zur Geltung kommen. Es sei nicht gerechtfertigt und den Grundsätzen des Strafprozesses entgegen, der ergriffenen Person den unter Umständen sehr schwierigen Nachweis aufzubürden, daß sie nicht die verfolgte Person sei. Die vorgeschlagene Fassungsänderung entspreche der Gerechtigkeit und der ratio legis.

---

[1]) Zu vergl. die Motive zur Strafprozeßordnung S. 78; Hahn, Materialien, 2. Aufl. Bd. 1 S. 137.

Der Antrag fand einstimmige Annahme. Hierbei war jedoch die Kommission darin einig, daß der Amtsrichter nicht etwa ohne weiteres die Freilassung verfügen solle, sobald ihm die Identität des Ergriffenen mit dem Verfolgten zweifelhaft werde, sondern daß er zunächst in geeigneter Weise die Zweifel zu beheben suchen müsse und zur Freilassung erst dann zu schreiten habe, wenn dieser Versuch zu ihrer Beseitigung nicht führe.

Die Beratung der auf die Untersuchungshaft bezüglichen Fragen und Anträge war hiermit beendet.

V. Die Kommission wandte sich zu Punkt IV 8 des Programms für die zweite Lesung und zwar zunächst zur Frage des Gerichtsstandes (A des Fragebogens).

Es war beantragt, dem §. 7 der Str.Pr.O. (Gerichtsstand der begangenen Tat) folgenden Zusatz anzufügen:

> Tritt die Wirkung einer strafbaren Handlung in dem Bezirk eines anderen Gerichts ein oder war die Absicht des Täters einer versuchten strafbaren Handlung dahin gerichtet, daß ihre Wirkung in dem Bezirk eines anderen Gerichts eintreten sollte, so ist der Gerichtsstand auch bei diesem Gerichte begründet.

Vom Antragsteller wurde bemerkt: Der vorgeschlagene Grundsatz sei durch die Rechtsprechung des Reichsgerichts anerkannt. Da er dem praktischen Bedürfnis entspreche, seine Richtigkeit aber in Zweifel gezogen worden sei, so empfehle es sich, ihn gesetzlich festzulegen.

Der Antrag stieß in der Kommission auf mannigfache Bedenken. Es wurde bestritten, daß der Grundsatz, wie er formuliert sei, der Rechtsprechung des Reichsgerichts vollkommen entspreche, und daß eine so weite Ausdehnung des Gerichtsstandes der begangenen Tat, wie sie vom Antrage bezweckt werde, im Bedürfnisse liege. Ferner wurde darauf hingewiesen, daß über den Begriff der Begangenschaft in der Theorie ein lebhafter Streit herrsche, daß aber ein praktisches Bedürfnis, diesen Streit im Sinne einer bestimmten Meinung gesetzlich zu entscheiden, nicht bestehe.

Angesichts der ablehnenden Haltung der Kommission wurde der Antrag zurückgezogen.

VI. Nach dem geltenden Rechte (§. 7 der Str.Pr.O.) können die Verfertiger von nachgemachten oder verfälschten Nahrungs- oder Genußmitteln sowie die Händler mit Waren dieser Art auf Grund des §. 10 Nr. 2 des Gesetzes, betreffend den Verkehr mit Nahrungsmitteln, Genußmitteln und Gebrauchsgegenständen, vom 14. Mai 1879 (Reichs-Gesetzbl. S. 145) bei jedem Gerichte verfolgt werden, in dessen Bezirke sie die verfälschten oder nachgemachten Nahrungs- und Genußmittel unter Verschweigung dieses Umstandes verkauft oder unter einer zur Täuschung geeigneten Bezeichnung feilgehalten haben. Das Gleiche gilt bei dem Verkaufen, Feilhalten und sonstigen Inverkehrbringen von gesundheitsschädlichen Nahrungs- und Genußmitteln oder Gebrauchsgegenständen im Falle einer Verfolgung auf Grund der §§. 12 bis 14 des angeführten Gesetzes.

Der Bund deutscher Nahrungsmittel-Fabrikanten und -Händler E. V. Zentralstelle Nürnberg hat am 12. Februar 1903 in einer Eingabe an den Reichskanzler um die Veranlassung eines Zusatzes zum §. 7 der Str.Pr.O. gebeten,

nach welchem für die von Amtswegen erfolgten Zuwiderhandlungen gegen §. 10 des Gesetzes, betreffend den Verkehr mit Nahrungsmitteln, Genußmitteln und Gebrauchsgegenständen, vom 14. Mai 1879, der Gerichtsstand nur bei demjenigen Gerichte begründet ist, in dessen Bezirke der Angeschuldigte seinen gewerblichen Wohnsitz hat.

Den gleichen Wunsch hat der Vorstand des Verbandes Deutscher Teigwarenfabrikanten E. V. zu Frankfurt a. M. in einer an den Reichskanzler gerichteten Eingabe vom 22. November 1903 geäußert. Ferner ist am 22. November 1904 der Vorstand des Verbandes der Deutschen Kognakbrennereien E. V. zu Berlin bei dem Reichskanzler dahin vorstellig geworden,

daß, wie dies in analoger Weise für die Presse geschehen ist, durch eine Novelle zur Strafprozeßordnung möglichst bald der fliegende Gerichtsstand für die Nahrungs- und Genußmittelindustrie beseitigt werde.

Endlich haben die folgenden Vertretungen der Interessen des Handels und der Industrie in Gesuchen an den Reichskanzler um Beseitigung dieses sogenannten fliegenden Gerichtsstandes für Industrie nnd Handel im Zusammenhange mit dem §. 10 des Nahrungsmittelgesetzes gebeten: die Preußischen Handelskammern in Bonn, Essen, Geestemünde, Insterburg, Coblenz, Mühlhausen i. Th., Münster und Sagan, sowie die Vorsteher der Kaufmannschaft in Stettin; die Bayerischen Handels- und Gewerbekammern für Oberbayern, für Unterfranken und Aschaffenburg, sowie die Pfälzische Handels- und Gewerbekammer in Ludwigshafen; die Württembergische Handelskammer in Heidenheim; die Badische Handelskammer für die Kreise Karlsruhe und Baden; die Hessischen Handelskammern in Bingen und Friedberg; die Handelskammer für das Großherzogtum Sachsen.

Im Sinne der geäußerten Wünsche wurde beantragt,

a) dem §. 7 der Str.Pr.O. folgenden Abs. 3 hinzuzufügen:

Kann die mittels Verkaufs oder Inverkehrbringens inländischer Lebensmittel, Nahrungsmittel, Genußmittel oder Gebrauchsgegenstände begangene strafbare Handlung als im Inland an verschiedenen Orten begangen angesehen werden, so gilt unter den hiernach in Frage kommenden Gerichten nur dasjenige als zuständig, in dessen Bezirke sich zur Zeit der Erhebung der Klage eine gewerbliche Niederlassung des Angeschuldigten befindet.

b) für den Fall der Ablehnung des Antrags a, dem §. 12 Abs. 1 der Str.Pr.O. hinzuzufügen:

Kann die mittels Verkaufs oder Inverkehrbringens inländischer Lebensmittel, Nahrungsmittel, Genußmittel oder Gebrauchsgegenstände begangene strafbare Handlung als im Inland an verschiedenen Orten begangen angesehen werden, so hat auf Verlangen des Angeschuldigten die Verweisung der Untersuchung an dasjenige zuständige Gericht zu erfolgen, in dessen Bezirke sich eine gewerbliche Niederlassung des Angeschuldigten befindet.

Das Verlangen ist bis zum Schlusse der Voruntersuchung oder falls eine solche nicht stattgefunden hat, bis zum Beginne der Beweisaufnahme zulässig. Der Verweisungsbeschluß unterliegt keiner Anfechtung.

Der Antragsteller berichtete über den Inhalt der erwähnten Eingaben und begründete seine Anträge, wie folgt:

Die Fabrikanten von Nahrungs- und Genußmitteln, sowie die Händler mit diesen Waren hätten in der Mehrzahl ein großes Absatzgebiet. Es bestehe daher die Möglichkeit, daß sie wegen etwaiger Verfehlungen gegen das Nahrungsmittelgesetz an den verschiedensten Orten des Reichs zur Verantwortung gezogen würden. Dies habe mannigfache Übelstände im Gefolge. Die Frage, ob eine gewisse Art der Herstellung eines Nahrungsmittels eine Verfälschung enthalte oder ob ein Nahrungsmittel gesundheitsschädlich sei, unterliege nicht selten erheblichen Zweifeln und die Ansichten der Sachverständigen gingen hierüber oft weit auseinander. Infolge dessen komme es vor, daß wegen des Feilhaltens derselben Ware von dem einen Gericht auf eine strenge, von dem anderen nur auf eine geringfügige Strafe, von einem dritten auf Freisprechung erkannt werde, und in Ausnutzung dieses Umstandes werde von gewerblichen Konkurrenten die Anzeige gewöhnlich bei demjenigen Gericht erstattet, bei welchem sie eine besonders strenge Bestrafung erwarteten. Dieser Zustand sei für die Nahrungsmittelindustrie unerträglich, da sie im Interesse der Stetigkeit der Fabrikation vor allem einer gleichmäßigen Rechtsprechung bedürfe.

Abgesehen hiervon bilde der „fliegende Gerichtsstand“ für die davon betroffenen Gewerbetreibenden eine Quelle erheblicher Nachteile und Unbequemlichkeiten. Ohne Aussicht auf Entschädiguug seien sie genötigt, zur Hauptverhandlung nicht selten an ein entferntes Gericht zu reisen oder doch einen Verteidiger dort zu wählen. Bei der Natur der in Frage kommenden Delikte sei aber für die Vertretung eine gewisse technische Sachkunde unentbehrlich, welche den auswärts zu bestellenden Vertretern nicht immer innewohne. Hiernach erscheine der Wunsch der Interessenten nach Beseitigung des „fliegenden Gerichtsstandes“ gerechtfertigt, zumal die Zahl der in Betracht kommenden Betriebe und der darin beschäftigten Personen erheblich sei und die Zahl der mit der Herstellung von Druckschriften beschäftigten Betriebe, für die das Gesetz vom 13. Juni 1902 eine Ausnahmebestimmung getroffen habe, beträchtlich überschreite.

Als einheitliches forum delicti commissi empfehle sich das Gericht, in dessen Bezirke sich die gewerbliche Niederlassung des Beschuldigten befindet. Hier werde in der Regel Beweisbereitschaft vorliegen und seien die Gerichte mit dem in Frage kommenden Herstellungsverfahren, mit den Handelsgebräuchen und mit der Person des Beschuldigten am besten vertraut.

Abweichend von den Interessentenverbänden, die nur die Zuwiderhandlungen gegen den §. 10 des Nahrungsmittelgesetzes im Auge hätten, werde die Sonderregelung sich auch auf das Inverkehrbringen gesundheitsschädlicher Nahrungsmittel 2c. erstrecken müssen, da die vorgebrachten Gründe auch hier zuträfen. Andererseits müsse die Sonderregelung auf den Vertrieb inländischer Erzeugnisse beschränkt bleiben.

Die vorgeschlagene Bestimmung solle nur den Gerichtsstand der begangenen Tat regeln, dagegen die anderen allgemeinen Gerichtsstände unberührt lassen. Seien mehrere gewerbliche Niederlassungen vorhanden, so solle eine jede den Gerichtsstand begründen. Der Begriff der gewerblichen Niederlassung sei im weitesten Sinne zu verstehen und solle insbesondere auch Betriebe der Landwirtschaft mitumfassen.

Die Wünsche der Interessentenkreise fanden von keiner Seite außer dem Antragsteller Unterstützung. Der Antrag a wurde mit 18 Stimmen gegen die Stimme des Antragstellers abgelehnt. Der Antrag b wurde darauf zurückgezogen. Für die Mehrheit der Kommission waren folgende Erwägungen maßgebend:

Eine von den allgemeinen Grundsätzen abweichende Regelung der Zuständigkeit für bestimmte strafbare Handlungen könne nur dann in Betracht gezogen werden, wenn sie nach der besonderen Natur dieser Handlungen sich rechtfertigen lasse und durch ein dringendes praktisches Bedürfnis geboten sei. Dementsprechend habe das Gesetz vom 13. Juni 1902 für solche strafbare Handlungen, deren Tatbestand durch den Inhalt einer im Inland erschienenen Druckschrift begründet wird, den Gerichtsstand der begangenen Tat auf dasjenige Gericht beschränkt, in dessen Bezirke die Druckschrift erschienen ist, weil das Preßdelikt in dem Augenblicke des Erscheinens der Druckschrift als vollendet angesehen werden könne und weil die Annahme, daß die Kenntnisnahme der Druckschrift von Seiten jedes einzelnen noch so entfernt wohnenden Lesers den Tatbestand fortsetze, für Preßdelikte geradezu zu einer Verallgemeinerung des Gerichtsstandes der begangenen Tat führe.

Für die durch §. 10 des Nahrungsmittelgesetzes bedrohten Vergehen ließen sich ähnliche Gründe für eine Sondervorschrift nicht geltend machen. Insoweit die Verfertiger von Nahrungs- und Genußmitteln wegen Nachahmung oder Verfälschung zum Zwecke der Täuschung im Handel und Verkehr auf Grund der Nr. 1 des §. 10 zur Rechenschaft gezogen würden, sei der Gerichtsstand der begangenen Tat selbstverständlich nur am Fabrikationsorte begründet; hier könne also von einem fliegenden Gerichtsstande nicht die Rede sein. Insoweit dagegen die Verfolgung aus Nr. 2 des §. 10 gegen Verfertiger oder Händler stattfinde, die verdorbene, nachgemachte oder verfälschte Waren unter Verschweigung dieses Umstandes verkauft oder unter einer zur Täuschung geeigneten Bezeichnung feilgehalten haben, handele es sich um einzelne Akte eines unlauteren, an den Betrug streifenden Geschäftsgebahrens, die hinsichtlich der Gerichtszuständigkeit anders als eigentliche Betrugsfälle zu behandeln nicht der geringste Grund vorliege. Sei das Verkaufen oder Feilhalten von dem Orte der gewerblichen Niederlassung aus erfolgt, so werde tatsächlich die Verfolgung in der Regel schon jetzt der Staatsanwaltschaft dieses Ortes überlassen. Erstrecke sich das unlautere Geschäftsgebahren auf Orte außerhalb der gewerblichen Niederlassung, so könne die Auswahl unter mehreren zuständigen Gerichten nur nach Rücksichten auf die Zweckmäßigkeit und insbesondere darauf erfolgen, wo die Beweismittel zur Stelle sind. Es sei aber nicht richtig, daß am Orte der Herstellung der Waren die für die Untersuchung in Betracht kommenden Beweise meist besser bereit lägen als auswärts. Denn gerade die als verfälscht befundene Ware sei fast regelmäßig am Orte der Beschlagnahme in gerichtlicher Verwahrung und könne oft nur unter Gefährdung des Beweiszwecks von dort an den Herstellungsort übersandt werden. Hierzu komme, daß es im Interesse einer wirksamen Bekämpfung der Nahrungsmittelverfälschung oft geradezu erwünscht sei, die Strafverfolgung gegen den Hersteller der Ware an einem anderen als dem Gerichte seiner gewerblichen Niederlassung eintreten zu lassen, da er erfahrungsmäßig bei diesem einer größeren Konnivenz in dem Kreise der dort zur Verfügung stehenden Sachverständigen begegne.

Allerdings könne der Umstand, daß die Frage, ob eine Fabrikationsmethode eine Verfälschung enthalte, von verschiedenen Gerichten leicht verschieden beurteilt werden könne, zu einer an sich bedauerlichen, aber bei der Schwierigkeit der Fragen kaum jemals ganz zu vermeidenden Ungleichmäßigkeit der Rechtsprechung führen. Eine Änderung der Zuständigkeit im Sinne der geäußerten Wünsche würde aber diesen Zustand nur verschlimmern, da sie zu einer verschiedenartigen Behandlung der Fabrikanten je nach dem Orte der gewerblichen Niederlassung und den daselbst herrschenden Anschauungen führen würde; es würde nicht ausgeschlossen sein, daß sich die Fabrikanten in Ausnutzung der Verschiedenheit der Rechtsprechung denjenigen Ort für ihre gewerbliche Niederlassung wählten, wo sie einer laxeren Beurteilung ihres Geschäftsgebahrens sicher zu sein glauben. Übrigens sei nicht abzusehen, zu welchen Konsequenzen eine Erfüllung der vorliegenden Wünsche führen könnte; denn mit gleichem Rechte könnte für andere Vergehen, wie etwa Nachdruck, Verletzung von Warenzeichen, des Musterschutzes oder der Vorschriften über den unlauteren Wettbewerb eine ähnliche Regelung der Zuständigkeit verlangt werden. Speziell für die Nahrungsmittelindustrie könnten vielleicht Unzuträglichkeiten daraus abgeleitet werden, daß für sie nicht ausschließlich reichsgesetzliche Normen, sondern daneben auch Polizeivorschriften für einzelne Gebiete mit oft sehr verschiedenartigem Inhalt in Betracht kämen. Jedoch müsse sich der Fabrikant eben um die Polizeivorschriften derjenigen Gebiete bekümmern, in die er seinen Absatz richte. Der Vorteil eines erweiterten Absatzes sei dann an die Voraussetzung einer größeren Achtsamkeit geknüpft. Übrigens beruhe die hieraus erwachsende Unbequemlichkeit auf dem materiellen Rechte. Im Zusammenhange mit der Verschiedenartigkeit dieses Rechtes seien ähnlichen Unzuträglichkeiten auch die Angehörigen anderer Berufskreise, z. B. Loosehändler und Fabrikanten von Apothekerwaren, ausgesetzt. Daß alle in der Berufsstatistik aufgezählten Gewerbebetriebe, die sich mit der Herstellung von Nahrungsmitteln befaßten, an der vorliegenden Frage praktisch interessiert seien, müsse bezweifelt werden, da bei dem größeren Teile jener Gewerbetreibenden das Absatzgebiet über den Gerichtsbezirk ihrer gewerblichen Niederlassung kaum hinausgehen werde. Übrigens könne es auf die Zahl der interessierten Gewerbetreibenden und auf einen Vergleich derselben mit der Zahl der im Preßgewerbe beschäftigten Personen gar nicht ankommen; wie es denn auch dem Gesetze vom 13. Juni 1902 fern gelegen habe, das Preßgewerbe als solches zu begünstigen.

Abgesehen von diesen den geäußerten Wünschen im allgemeinen entgegenstehenden Erwägungen begegneten die vorliegenden Anträge erheblichen Bedenken. Schon die Fassung der Anträge zeige, zu welchen Schwierigkeiten es führe, wenn man versuche, die Zuständigkeitsfrage nach den Wünschen der Interessenten zu regeln. Zutreffend habe der Antragsteller selbst hervorgehoben, daß eine Beschränkung etwaiger Vorschriften auf die Fälle der Zuwiderhandlungen gegen den §. 10 des Nahrungsmittelgesetzes nicht begründet sein würde. Andererseits gingen aber die Erweiterungen, die der Antragsteller vorgeschlagen habe, viel zu weit, da z. B. auch der Fall getroffen werde, daß durch den Verkauf der Ware eine schwere Körperverletzung oder der Tod eines Menschen verursacht worden sei. Nicht minder bedenklich sei der dem Nahrungsmittelgesetz entnommene Ausdruck „Gebrauchsgegenstand", der fast alle gewerblichen Erzeugnisse umfasse. Endlich werde die Feststellung, ob eine Ware eine „inländische" sei, auch mit Hilfe von Sachverständigen oft schwer zu entscheiden sein und namentlich dann zu Zweifeln Anlaß geben, wenn die Herstellung, wie beim Veredelungsverkehre, zum Teil im Ausland und zum Teil im Inland erfolgt sei.

VII. Der Antrag,

dem §. 8 der Str.Pr.O. die folgende Fassung zu geben:

Der Gerichtsstand ist auch bei demjenigen Gerichte begründet, in dessen Bezirke der Angeschuldigte zur Zeit der Erhebung der Klage seinen Wohnsitz oder gewöhnlichen Aufenthalt hat.

Hat der Angeschuldigte einen Wohnsitz oder gewöhnlichen Aufenthalt im Deutschen Reiche nicht, so wird der Gerichtsstand auch durch den letzten Wohnsitz oder letzten gewöhnlichen Aufenthaltsort bestimmt.

entspricht dem in erster Lesung (Bd. 1 S. 14) gefaßten Beschluß und fand heute einstimmige Annahme.

VIII. Zu den §§. 7 flg. der Str.Pr.O. war ferner der Antrag gestellt:

Neben den Fällen der §§. 7 und 8 ist der Gerichtsstand auch bei demjenigen Gerichte begründet, in dessen Bezirke die Ergreifung erfolgt.

Jedoch kann das Gericht auf ausreichend begründeten Antrag des Staatsanwalts, Privatklägers oder Angeschuldigten nach freiem Ermessen die Verweisung der Untersuchung an eines der nach §§. 7 und 8 zuständigen Gerichte beschließen.

Der Antrag ist bis zum Beginne der Beweisaufnahme zulässig, einerlei ob eine Voruntersuchung stattgefunden hatte oder nicht.

Der Verweisungsbeschluß unterliegt keiner Anfechtung.

Der Antrag entspricht in Absatz 1 und 2 dem Beschlusse der ersten Lesung (Bd. 1 S. 10 flg.).

Gegen die Worte „ausreichend begründeten" im Abs. 2 des Antrags wurde eingewendet, es könne damit der Anschein erweckt werden, als ob das Gericht einem nicht ausreichend begründeten Antrage nicht dennoch stattgeben dürfe, falls es die Verweisung der Sache aus anderen als den vom Antragsteller vorgebrachten Gründen für angezeigt erachte. Daß das Gericht nach der Auffassung der Kommission hierzu in der Tat befugt sein solle, habe mit den Worten „nach freiem Ermessen" besonders zum Ausdrucke gebracht werden sollen. Um jedem Mißverständnis in dieser Hinsicht vorzubeugen, wurden die Worte „ausreichend begründeten" vom Antragsteller gestrichen.

Bezüglich der Abs. 3 und 4 des Antrags wurde ausgeführt, daß es sich empfehle, für die Anbringung des Antrags auf Verweisung eine bestimmte Frist vorzuschreiben und die Anfechtbarkeit des Verweisungsbeschlusses auszuschließen. Allerdings dürfe die Frist nicht schon vor der Vernehmung des Angeklagten in der Hauptverhandlung endigen, weil in der Regel gerade diese Vernehmung, z. B. die Zurücknahme des Geständnisses, dem Staatsanwalte den Anlaß zu dem Verweisungsantrage geben werde.

Bei der Abstimmung wurde zunächst der Abs. 2 des Antrags für den Fall der Annahme des Abs. 1 mit 18 Stimmen gegen eine Stimme und sodann der ganze Antrag einstimmig angenommen. Die Kommission war dahin einig, daß das Gericht bei der Verweisung der Sache auch insofern freies Ermessen walten lassen könne, als ihm unter mehreren zuständigen Gerichten die Wahl freistehe.

IX. Endlich lag noch der Antrag vor,

den §. 16 der Str.P.O. dahin zu ändern:

Der Angeschuldigte muß den Einwand der Unzuständigkeit bei Verlust desselben bis zum Schlusse der Voruntersuchung, falls aber eine solche nicht stattgefunden hat, im Verfahren spätestens bis zum Beginne der Beweisaufnahme geltend machen.

Der Antrag entspricht dem Beschlusse der ersten Lesung (Bd. 1 S. 14) mit der Abweichung, daß an Stelle der Verlesung des Eröffnungsbeschlusses, dem soeben gefaßten Beschluß entsprechend, der Beginn der Beweisaufnahme als das Ende der Frist für die Geltendmachung des Einwandes festgesetzt ist; er fand in der abgeänderten Fassung einstimmige Annahme. Die Beratung über die Frage des Gerichtsstandes (A des Fragebogens) war hiermit beendet.

X. Die Kommission schritt zur Beratung der hinsichtlich des Ablehnungsrechts gestellten Fragen und Anträge (B des Fragebogens).

In der ersten Lesung (Bd. 1 S. 15 flg.) war beschlossen worden, zum §. 26 der Str.Pr.O. folgende Vorschrift zu empfehlen:

Ist das Ablehnungsgesuch verspätet oder nicht unter Angabe und Glaubhaftmachung des Ablehnungsgrundes eingebracht worden, so hat das Gericht mit Einschluß des abgelehnten Richters das Ablehnungsgesuch als unzulässig zu verwerfen. Das Gesuch kann auch verworfen werden, wenn das Gericht einstimmig der Ansicht ist, daß dasselbe offenbar nur in der Absicht, das Verfahren zu verschleppen, eingebracht ist.

Die Vorschrift findet, wenn das Ablehnungsgesuch gegen einen Untersuchungsrichter oder einen Amtsrichter gerichtet ist, auf diesen entsprechende Anwendung.

Heute lagen die Anträge vor,

1. den Beschluß erster Lesung mit der Maßgabe aufrechtzuerhalten, daß das Erfordernis der Einstimmigkeit gestrichen wird.
2. den Beschluß erster Lesung in folgender Fassung zu bestätigen:

Ist das Ablehnungsgesuch verspätet eingereicht oder ohne daß ein Ablehnungsgrund angegeben und glaubhaft gemacht ist, so hat das Gericht das Ablehnungsgesuch als unzulässig zu verwerfen. Ein Ausscheiden des abgelehnten Richters ist nicht erforderlich.

Ebenso kann das Gesuch verworfen werden, wenn das Gericht einstimmig der Ansicht ist, daß die Ablehnung nur in der Absicht, das Verfahren zu verschleppen, oder mutwillig erfolgt ist.

Wenn das Ablehnungsgesuch gegen einen Untersuchungsrichter oder einen Amtsrichter eingebracht ist, finden diese Vorschriften entsprechende Anwendung.

Der Abs. 1 des letzterwähnten Antrags unterscheidet sich von dem Beschlusse der ersten Lesung nur insofern, als das Ausscheiden des abgelehnten Richters für nicht erforderlich erklärt wird. Diese Abweichung wurde von dem Antragsteller dahin erläutert, daß sie dem etwaigen Mißverständnisse vorzubeugen bestimmt sei, als ob eine Mitwirkung des abgelehnten Richters bei der Entscheidung über das Ablehnungsgesuch vorgeschrieben sein solle. Im Abs. 2 ist das Wort „offenbar" bei der Verschleppungsabsicht fortgelassen, dagegen neuerdings vorgeschlagen, die Verwerfung des Ablehnungsgesuchs als unzulässig auch dann zu gestatten, wenn nach einstimmiger Ansicht des Gerichts die Ablehnung „mutwillig" erfolgt ist.

Es wurde zunächst von vielen Seiten der Wunsch ausgesprochen, das Wort „offenbar" in den Abs. 2 des Antrags wieder aufzunehmen, um eine größere Gewähr gegen ungerechtfertigte Verwerfung des Ablehnungsgesuchs zu schaffen. Der Antragsteller selbst erklärte sich mit dieser Abänderung des Antrags einverstanden.

Gegen den Abs. 1 und den Abs. 3 des Antrags 2 erhob sich kein Widerspruch. Meinungsverschiedenheiten bestanden nur darüber, ob von dem Erfordernisse der Einstimmigkeit abgesehen werden solle (Antrag 1) und ob eine Verwerfung des Ablehnungsgesuchs als unzulässig auch dann gestattet sein solle, wenn die Ablehnung „mutwillig" erfolgt sei (Abs. 2 des Antrags 2).

a) Für die Beseitigung des Erfordernisses der Einstimmigkeit wurde geltend gemacht: Bei der Beschlußfassung in erster Lesung sei die Kommission von der Absicht geleitet gewesen, den in der Praxis mehrfach hervorgetretenen Mißbräuchen bei der Ablehnung von Richtern wirksamer, als es nach dem geltenden Rechte möglich sei, entgegenzutreten. Tatsächlich enthalte jedoch der gefaßte Beschluß in dieser Richtung nicht eine Verbesserung, sondern eine Abschwächung des geltenden Gesetzes. Denn nach der Rechtsprechung des Reichsgerichts könnten verspätete oder nicht glaubhaft gemachte oder auf Verschleppungsabsicht beruhende Ablehnungsgesuche auch jetzt schon als unzulässig verworfen werden, ohne daß es in dem letzteren Falle eines einstimmigen Gerichtsbeschlusses, wie ihn die Kommission verlangt habe, bedürfe. Es empfehle sich daher, von diesem Erfordernisse wieder abzusehen. Dies sei auch unbedenklich; denn wenn die Mehrheit der Richter der Überzeugung sei, daß Verschleppungsabsicht vorliege, so dürfe man bei der Gewissenhaftigkeit der Richter ohne weiteres annehmen, daß dem Angeklagten mit der Verwerfung des Gesuchs kein Unrecht geschehe.

Die Mehrheit der Kommission glaubte jedoch, an dem Erfordernisse der Einstimmigkeit festhalten zu sollen. Sie erwog:

Abgesehen vom Reichsgericht und von den Strafsenaten der Oberlandesgerichte, bei denen mißbräuchliche Ablehnungen ohnehin nur selten vorkämen, würden nach den Beschlüssen der Kommission in Zukunft bei allen Gerichten nur drei Richter mitsitzen und ihnen allein solle die Entscheidung über die Ablehnungsgesuche zustehen (Bd. 2 S. 18.). Es erscheine aber nicht angängig, daß möglicherweise der abgelehnte Richter, obwohl er vielleicht gerade durch die Ablehnung und die Art ihrer Begründung befangen geworden sei, mit einem zweiten gegen den Widerspruch des dritten Richters das Ablehnungsgesuch als auf Verschleppungsabsicht beruhend ohne weiteres zurückweisen könne. Die Feststellung, daß das Gesuch aus Verschleppungsabsicht gestellt sei, liege, wenn auch die Gründe, die zu dieser Annahme geführt haben, in dem Beschlusse sorgfältig und in einer die Nachprüfung des höheren Gerichts ermöglichenden Weise angegeben werden müßten, doch mehr oder weniger auf dem Gebiete des subjektiven Ermessens. Demgegenüber müsse durch das Erfordernis der Einstimmigkeit eine Garantie geschaffen werden, damit nicht durch eine ungerechtfertigte Anwendung der Bestimmung das Vertrauen in die Rechtspflege erschüttert werde.

b) Aus den gleichen Erwägungen erklärte sich die Mehrheit auch gegen die Zulässung der Verwerfung „mutwilliger“ Ablehnungsgesuche. Der Antragsteller hatte hierfür geltend gemacht, daß neben den in Verschleppungsabsicht angebrachten Ablehnungsgesuchen auch noch andere nicht ernstlich gemeinte Ablehnungsgesuche vorkämen, deren sofortige Zurückweisung möglich sein müsse. Die Mehrheit hielt den Ausdruck für zu dehnbar und glaubte andererseits nicht, daß er alle denkbaren Mißbräuche zu verhindern geeignet sein werde.

c) Wie in erster Lesung (Bd. 1 S. 17 flg.), so wurde auch heute die Frage angeregt, ob es sich nicht empfehle, den Kreis der Personen, die abgelehnt werden könnten, einzuschränken und einzelne Ablehnungsgründe, die in der Praxis besonders häufig zu Mißbräuchen verwertet würden, gesetzlich auszuschließen. In ersterer Hinsicht kämen namentlich die Richter, die lediglich zur Entscheidung über ein Ablehnungsgesuch berufen würden, in letzterer die Ablehnungsgründe, die ausschließlich und ohne Rücksicht auf die einzelne Sache aus der politischen Gesinnung oder der Zugehörigkeit des Richters zu einem bestimmten Religionsbekenntnisse hergeleitet würden, in Betracht.

Die Kommission hielt es jedoch aus den in den Protokollen erster Lesung niedergelegten Erwägungen auch heute nicht für angezeigt, diesen Anregungen Folge zu geben. Anträge waren nicht gestellt.

Bei der Abstimmung wurde zunächst einstimmig der Abs. 1 des Antrags 2 angenommen und beschlossen, in dem Abs. 2 des Antrags 2 das Wort „offenbar“ wieder aufzunehmen. Alsdann wurde der Abs. 2 des Antrags 2 mit Ausschluß der Worte „oder mutwillig“ mit 13 gegen 3 Stimmen angenommen. Damit war der Antrag 1 abgelehnt. Endlich wurde die Einfügung der Worte „oder mutwillig“ in den Abs. 2 mit 10 gegen 7 Stimmen abgelehnt.

XI. Endlich war noch der Antrag zu beraten:

Zum §. 27 der Str.Pr.O. empfiehlt sich ein Zusatz dahin:

Wird das einen erkennenden Richter betreffende Ablehnungsgesuch erst in der Hauptverhandlung oder so kurz vor derselben angebracht, daß bis zu deren Beginn eine Beschlußfassung nicht bewirkt werden kann, so bedarf es einer weiteren Entscheidung nicht, wenn der Abgelehnte das Gesuch dienstlich für unbegründet erklärt und dies von keinem der anderen richterlichen Mitglieder des Gerichts beanstandet wird.

Die dienstliche Äußerung des Abgelehnten und die Nichtbeanstandung sind aktenkundig zu machen.

Diese Vorschriften, die auf den erkennenden Amtsrichter entsprechende Anwendung finden, bleiben jedoch ausgeschlossen, wenn der Ablehnungsberechtigte glaubhaft macht, daß ihm mit Rücksicht auf die Zeit der Entstehung oder der seinerseits erlangten Kenntnis des Ablehnungsgrundes die frühere Anbringung des Gesuchs nicht möglich war.

Zur Begründung wurde ausgeführt:

In der Praxis mehrten sich die Fälle, in denen augenscheinlich unbegründete Ablehnungsgesuche, von denen aber nicht gerade gesagt werden könne, daß sie zum Zwecke der Verschleppung gestellt seien, erst in oder ganz kurz vor der Hauptverhandlung eingebracht würden. Es sei vorgekommen, daß Richter in der Verhandlung abgelehnt worden seien, weil sie im Vorverfahren Haftbefehl gegen den Angeklagten erlassen, weil sie früher einen wegen ähnlicher Beschuldigung Angeklagten streng bestraft hätten und dergleichen mehr. Gegen derartige Mißbräuche schaffe der soeben gefaßte Beschluß keine Abhilfe. Der vorliegende Antrag solle die Möglichkeit geben, ihnen einigermaßen entgegen zu treten, indem nicht etwa das Ablehnungsrecht für Fälle der erwähnten Art überhaupt aufgehoben, sondern nur die Art der Erledigung des Gesuchs vereinfacht würde. Die Notwendigkeit einer solchen Abhilfe werde sich in Zukunft noch stärker als bisher geltend machen, wenn sämtliche Instanzgerichte nur mit einem oder drei Richtern besetzt seien und deshalb durch die Anbringung eines Ablehnungsgesuchs stets beschlußunfähig würden. Um den großen Unzuträglichkeiten, die durch unerwartete Vertagungen oder Verzögerungen für das Gericht und für die zur Sitzung erschienenen Zeugen und anderen Angeklagten entstünden, vorzubeugen, solle nach dem Antrag eine Entscheidung über das Ablehnungsgesuch in dem Falle unnötig sein, daß der Abgelehnte das Gesuch dienstlich für unbegründet erkläre und dies von keinem anderen Mitgliede des Gerichts beanstandet werde. Der Angeklagte werde dadurch, daß eine förmliche Entscheidung auf sein Gesuch nicht ergehe, in keiner Weise geschädigt. In der Regel kenne er die Namen der Richter, die in der Hauptverhandlung tätig sein würden, schon lange vorher und vermöge deshalb ein etwaiges Ablehnungsgesuch zeitig vor der Verhandlung anzubringen. Sei dies ausnahmsweise nicht der Fall, so sollten die neuen Vorschriften nach Abs. 3 des Antrags keine Anwendung finden. Sehe aber das Gericht mit Rücksicht auf die dienstliche Erklärung des Abgelehnten von einer förmlichen Entscheidung über das erst in oder kurz vor der Hauptverhandlung angebrachte Ablehnungsgesuch ab, so werde man mit Recht sagen dürfen, daß die Entscheidung, falls eine solche ergangen wäre, doch auf Zurückweisung des Gesuchs gelautet haben würde. Denn es sei die Regel, daß Ablehnungsgesuche, wenn der abgelehnte Richter sich nicht für befangen erachte, als unbegründet zurückgewiesen würden; trügen die Richter ausnahmsweise einmal Bedenken, der Auffassung des Abgelehnten sich anzuschließen, so würden sie im Falle der Annahme des vorliegenden Antrags in der Lage sein, dessen dienstliche Erklärung zu beanstanden und hierdurch eine förmliche Entscheidung über das Gesuch herbeizuführen.

Von einem Mitgliede wurde angeregt, im Abs. 3 des Antrags die Worte „der Entstehung oder" zu streichen, da sonst auch Äußerungen des Vorsitzenden im Verlaufe der Hauptverhandlung zu mißbräuchlichen Ablehnungsgesuchen, über welche dann eine förmliche Entscheidung ergehen müßte, Anlaß geben könnten. Der Antragsteller erklärte sich mit der Streichung der beanstandeten Worte einverstanden.

In der abgeänderten Fassung wurde der Antrag mit 14 gegen 3 Stimmen angenommen. Von der Minderheit war gegen den Antrag angeführt worden, daß es mißlich sei, einem Richter die Möglichkeit zu geben, die dienstliche Erklärung seines abgelehnten Kollegen zu beanstanden. Dem wurde jedoch entgegengehalten, daß auch zur Zeit schon ein Ablehnungsgesuch im Gegensatze zu der Erklärung des abgelehnten Richters als begründet angenommen werden könne.

XII. Hiermit war die Beratung der Frage B erledigt.

Auf die Tagesordnung der nächsten, am 21. Februar 1905 beginnenden Tagung wurden der nicht erledigte Rest der diesmaligen Tagesordnung (IV, 9 Zeugen und Sachverständige), sowie die Punkte IV, 10 bis 13 des Programms für die zweite Lesung gesetzt.

76. Sitzung.

21. Februar 1905.

Recht der Zeugnisverweigerung.

I. Die Kommission wandte sich zum Zeugnisverweigerungsrechte der Geistlichen und insbesondere zu der Frage C I 2 des Fragebogens, ob ein praktisches Bedürfnis bestehe, dem Beichtgeheimnis einen noch wirksameren Schutz zu sichern.

Die Kommission hielt es wie in erster Lesung (Bd. 1 S. 27 flg.) einhellig für einen Mangel des geltenden Rechtes, daß der Geistliche durch die Geltendmachung des Zeugnisverweigerungsrechts unter Umständen die Tatsache offenbare, daß ihm vom Beschuldigten etwas anvertraut worden sei. Das Bekanntwerden dieser Tatsache könne für sich allein schon dem Beschuldigten zum Nachteile gereichen. Überdies verlange die Pflicht zur Wahrung des Beichtgeheimnisses auch die Geheimhaltung der Tatsache, daß gebeichtet worden sei. Es wurde deshalb allseitig empfohlen, in Anlehnung an die Vorschriften der Zivilprozeßordnung (§. 383 Abs. 3) auch in die Strafprozeßordnung eine Bestimmung aufzunehmen, wonach der Richter es nicht erst darauf ankommen lassen soll, ob der Geistliche von seinem Zeugnisverweigerungsrechte Gebrauch mache, bei der Vernehmung vielmehr von vornherein auf die kirchenamtliche Schweigepflicht des Geistlichen Rücksicht zu nehmen hat. Die Vernehmung des Geistlichen sei auf solche Tatsachen nicht zu richten, in Ansehung welcher, wenn auch nicht gerade „erhelle", so doch erkennbar sei, daß ohne Verletzung der Pflicht zur Verschwiegenheit ein Zeugnis nicht abgelegt werden könne. Da der Richter in den meisten Fällen nicht im Zweifel darüber sein werde, woher die Kenntnis des Geistlichen stamme, so werde durch eine solche Vorschrift dem Geistlichen die Berufung auf sein Zeugnisverweigerungsrecht in der Regel erspart bleiben. Könne der Richter ausnahmsweise nicht annehmen, daß ein Seelsorgegeheimnis in Frage stehe, so verbleibe es bei dem Zeugnisverweigerungsrechte. Als selbstverständlich wurde es bezeichnet, daß das Vernehmungsverbot wegfalle, wenn der Geistliche selbst sich zur Aussage erbiete. Einverständnis herrschte auch darüber, daß die Beschränkung des Gegenstandes der Vernehmung der Geistlichen nur instruktionell vorzuschreiben sei, eine Nichtbeachtung der Vorschrift somit die Revision nicht begründen könne.

Im übrigen gingen die Meinungen darüber, wie im einzelnen auf eine bessere Wahrung des Seelsorgegeheimnisses hinzuwirken sei, auseinander.

1. Zunächst war der Umfang des zu erlassenden Vernehmungsverbots streitig.

Ein Mitglied hatte beantragt:

a) Geistliche sollen nicht als Zeugen über die „in Ausübung der Seelsorge gemachten Wahrnehmungen“ vernommen werden.

Zur Begründung des Antrags wurde ausgeführt: Der Geistliche müsse nicht blos das ihm Anvertraute selbst, sondern auch die Tatsache, daß ihm etwas anvertraut, insbesondere, daß ihm etwas gebeichtet sei, verschweigen können. Wenn man dieses Ziel mittels eines Vernehmungsverbots erreichen wolle, so müsse das Verbot sich auf alles, was der Geistliche bei Ausübung der Seelsorge wahrgenommen habe, erstrecken. Zuzugeben sei, daß damit über das erstrebte Ziel hinausgegangen werde. Allein es sei anzunehmen, daß der Geistliche, wenn Tatsachen in Betracht kämen, auf die sich seine Verpflichtung zur Amtsverschwiegenheit nicht erstrecke, sich stets zur Aussage bereit erklären werde.

Von der überwiegenden Mehrheit wurde eine so weitgehende Beschränkung des Vernehmungsgegenstandes als unannehmbar bezeichnet. Es wurde darauf hingewiesen, daß ein solches Vernehmungsverbot sich auf alle Delikte, die während des Gottesdienstes begangen würden, z. B. auf die vorsätzliche Störung des Gottesdienstes, mit erstrecke. Es liege aber schlechterdings kein Grund vor, den Geistlichen hierüber nicht als Zeugen zu vernehmen. Bei der Beschränkung des Vernehmungsgegenstandes könne es sich vielmehr ebenso wie beim Zeugnisverweigerungsrechte nur um Tatsachen handeln, welche dem Geistlichen bei Ausübung der Seelsorge anvertraut worden seien.

Von anderer Seite und eventuell auch seitens des Urhebers des Antrags a war deshalb der Antrag gestellt:

b) Von der Vernehmung der Geistlichen sollen die Tatsachen ausgeschlossen sein, „die ihnen bei Ausübung der Seelsorge anvertraut sind“.

Der Antrag a wurde mit 14 gegen 4 Stimmen abgelehnt, der Antrag b darauf einstimmig angenommen.

2. Ferner waren die Ansichten darüber geteilt, ob vorzuschreiben sei, daß die Geistlichen vor ihrer Vernehmung über diese Beschränkung des Gegenstandes der Vernehmung belehrt werden sollen. Die Kommission entschied sich mit 16 gegen 2 Stimmen für die Bejahung dieser Frage. Die Mehrheit erwog: Es müsse dem Geistlichen mitgeteilt werden, worauf seine Vernehmung sich erstrecke, damit er sich darüber klar sei, wie weit seine Eidespflicht reiche.

3. Anlangend die rechtlichen Wirkungen einer etwaigen Entbindung des Geistlichen von der Verpflichtung zur Verschwiegenheit, so bestand zunächst Übereinstimmung darüber, daß hierdurch das Vernehmungsverbot in Wegfall gebracht werde. Meinungsverschiedenheiten aber ergaben sich in Ansehung der Frage, ob dem Geistlichen trotz der Entbindung ein Zeugnisverweigerungsrecht zustehen solle. In der Zivilprozeßordnung (§. 383 Abs. 2) ist vorgesehen, daß der Geistliche das Zeugnis im Falle der Entbindung von der Verpflichtung zur Verschwiegenheit nicht verweigern darf. In der Strafprozeßordnung (§. 52 Abs. 2) ist die gleiche Vorschrift zwar für die Verteidiger, Rechtsanwälte und Ärzte, nicht aber für die Geistlichen gegeben.

Die Kommission beschloß mit 14 gegen 4 Stimmen, daß künftig auch im Strafprozesse für die Geistlichen, falls sie von der Verpflichtung zur Verschwiegenheit entbunden seien, das Zeugnisverweigerungsrecht in Wegfall kommen solle.

Für die Mehrheit waren die bereits in erster Lesung ausgeführten Erwägungen maßgebend, daß die Möglichkeit einer wirksamen Entbindung des Geistlichen von der Pflicht zur Geheimhaltung anvertrauter Tatsachen vom Standpunkte der evangelischen Kirche ohne jede Beschränkung, vom Standpunkte der katholischen Kirche jedenfalls insoweit, als es sich nicht um das Beichtgeheimnis handele, allgemein anerkannt sei und auch hinsichtlich der in der Beichte anvertrauten Tatsachen von der überwiegenden Mehrzahl der Kirchenrechtslehrer angenommen werde. Insoweit aber der Geistliche in einer auch kirchenrechtlich wirksamen Weise von seiner kirchenamtlichen Schweigepflicht entbunden sei, bestehe für die staatliche Gesetzgebung kein Grund, ihm noch ein Zeugnisverweigerungsrecht zu geben.

Die Minderheit wollte es dagegen mit Rücksicht auf die Zweifelhaftigkeit der Frage, ob der katholische Geistliche von der Pflicht zur Wahrung des Beichtgeheimnisses wirksam entbunden werden könne, beim geltenden Rechte belassen.

II. Es lag der Antrag vor,

die soeben in Ansehung der Geistlichen beschlossenen Vorschriften, betreffend die Beschränkung des Gegenstandes ihrer Vernehmung und die Belehrung über diese Beschränkung auch auf die nach §. 52 Abs. 1 Nr. 2, 3 zur Zeugnisverweigerung berechtigten Verteidiger, Rechtsanwälte und Ärzte auszudehnen.

Der Antrag entspricht einem Beschlusse der ersten Lesung (zu vergl. Bd. 1 S. 32) und wurde wie früher mit der Ausführung begründet, daß kein Anlaß vorliege, die den Rechtsanwälten und Ärzten anvertrauten Geheimnisse im Strafverfahren weniger zu schützen als die Seelsorgegeheimnisse, zumal da im Zivilprozesse (§. 383 Abs. 1 Nr. 5 und Abs. 3 der Zivilprozeßordnung) die Beschränkung des Gegenstandes der Vernehmung auf die nicht anvertrauten Tatsachen in gleicher Weise für die Rechtsanwälte und Ärzte wie für die Geistlichen bereits vorgeschrieben sei.

Gegen den Antrag wurden jedoch heute von verschiedenen Seiten Bedenken geltend gemacht, die sich namentlich gegen die Beschränkung bei der Vernehmung der Ärzte richteten. Es wurde ausgeführt:

Auszugehen sei davon, daß die Ärzte nach §. 52 der Str.Pr.O. nur ein Recht hätten, in Ansehung desjenigen, was ihnen bei Ausübung ihres Berufs anvertraut sei, das Zeugnis zu verweigern, daß sie aber keineswegs verpflichtet seien, insoweit ihre Zeugenbekundungen zu unterlassen. Das Gesetz rechne also damit, daß die Ärzte, auch wenn sie von der Verpflichtung zur Verschwiegenheit nicht entbunden seien (zu vergl. §. 52 Abs. 2), über das ihnen Anvertraute Aussagen machen. Daraus werde mit Recht gefolgert, daß in einer solchen Aussage eine unbefugte und nach §. 300 des St.G.B. mit Strafe bedrohte Offenbarung des Berufsgeheimnisses nicht gefunden werden könne. Mit Rücksicht hierauf hätten die Ärzte von ihrem Rechte, das Zeugnis zu verweigern, bisher einen durchaus sachgemäßen Gebrauch gemacht, indem sie in der Regel zur Aussage bereit gewesen seien. Dies habe zu Beschwerden nicht geführt und es bestehe daher kein Grund für eine Abänderung des geltenden Rechtes. Wolle man nunmehr dem Richter vorschreiben, vor jeder Vernehmung den Arzt darüber zu belehren, daß die Vernehmung sich auf die ihm bei der Ausübung des Berufs anvertrauten Tatsachen nicht erstrecke, so würden die Ärzte sich in der Mehrzahl der Fälle veranlaßt fühlen, hierüber Aussagen nicht zu machen. Es gehe damit der Strafrechtspflege das in vielen Strafsachen überaus wertvolle Wissen des Arztes nahezu völlig verloren. Der Beschuldigte werde, wenn er fürchte, daß die Aussage des Arztes ihm zum Nachteile gereichen könne, diesen von der Pflicht zur Verschwiegenheit niemals entbinden. In anderen Fällen komme die Möglichkeit einer solchen Entbindung deshalb nicht in Frage, weil die vom Arzte an den Folgen eines Verbrechens, z. B. einer Abtreibung, behandelte Person verstorben sei; für diese Fälle werde eine Überführung des Täters durch die beantragte Vorschrift fast unmöglich gemacht. Endlich aber würden die durch die strafbare Handlung verletzten oder sonst an einer Verurteilung des Angeklagten interessierten Personen, sofern die Aussage des Arztes für den Angeklagten von Vorteil sein könne, den Arzt in vielen Fällen von der Schweigepflicht nicht entbinden wollen, sodaß der Antrag in erheblichem Maße, namentlich bei Sittlichkeitsverbrechen, auch zur Erschwerung des Entlastungsbeweises führen müsse. Hierzu komme, daß nach der Rechtsprechung des Reichsgerichts als „anvertraut“ nicht blos diejenigen Tatsachen zu gelten hätten, welche dem Arzte ausdrücklich als geheim zu haltende anvertraut seien, sondern alle bei Ausübung des Berufs wahrgenommenen Tatsachen, von denen erkennbar sei, daß ihre Geheimhaltung im Zeitpunkte der Vernehmung dem Wunsche und dem Interesse des Patienten dienlich sei (zu vergl. die Entsch. des Reichsgerichts bei Gruchot, Beiträge zur Erläuterung des Deutschen Rechts, Bd. 38 S. 497). Nach dem Antrage würden somit beispielsweise die Wahrnehmungen, die der Arzt hinsichtlich des Geisteszustandes des Beschuldigten bei einer früheren Behandlung desselben gemacht habe, sofern sie für die Annahme der Zurechnungsfähigkeit des Beschuldigten verwertet werden könnten, von der Vernehmung des Arztes ausgeschlossen bleiben müssen. Die Ärzte würden vor Gericht im wesentlichen nur noch als Sachverständige in Betracht kommen und auch in dieser Beziehung würden ihre Bekundungen durch die beantragte Vorschrift an Wert erheblich verlieren, da das Sachverständigengutachten mehr oder weniger mit den Zeugenwahrnehmungen zusammenhänge und sich von diesen oft nur schwer trennen lasse. Der Hinweis darauf, daß in der Zivilprozeßordnung das hier vorgeschlagene Vernehmungsverbot bezüglich der Ärzte bereits gesetzliche Anerkennung gefunden habe, könne nicht entscheiden, da es sich im Zivilprozeß in der Regel um weniger schwerwiegende Rechtsgüter handele als im Strafverfahren und dort auch andere Beweismittel zur Verfügung stünden als hier. Daß im Strafverfahren ein Vernehmungsverbot nur bezüglich der dem Geistlichen in der Seelsorge anvertrauten Tatsachen anerkannt werde, lasse sich durch die Notwendigkeit, dem Beichtgeheimnis einen wirksameren Schutz zu gewähren, und durch die geringere praktische Tragweite einer solchen Beschränkung durchaus rechtfertigen. Nachdem in neuerer Zeit in der Literatur die nicht zu billigende Ansicht, wonach unter Umständen auch in einer Zeugenaussage des Arztes ein Vergehen gegen den §. 300 des St.G.B. zu finden sei, vereinzelt Anerkennung gefunden habe,[1]) sei ohnehin zu besorgen, daß die Ärzte mehr als bisher von ihrem Zeugnisverweigerungsrechte Gebrauch machen werden. Man möge es daher bei dem geltenden Rechte belassen und die Erforschung der objektiven Wahrheit nicht noch weiter erschweren. Bleibe es aber bezüglich der Ärzte bei dem bloßen Zeugnisverweigerungsrechte, so fehle es schon deshalb an jedem Grunde für die Einführung einer Beschränkung des Vernehmungsgegenstandes bei Rechtsanwälten und Verteidigern.

Bei der Abstimmung wurde zunächst die Frage, ob die bezüglich der Geistlichen beschlossene Beschränkung des Gegenstandes der Vernehmung und die Belehrung hierüber auch bei den Ärzten Platz greifen solle, mit 16 gegen 2 Stimmen verneint, und sodann die einstimmige Meinung der Kommission dahin festgestellt, daß es auch bezüglich der Rechtsanwälte und Verteidiger beim geltenden Rechte zu belassen sei.

Von einem Mitgliede war angeregt worden, ob man nicht das Zeugnisverweigerungsrecht der Ärzte überhaupt aufheben solle, um einerseits die Schwierigkeiten, die durch einen zu häufigen Gebrauch dieses Rechtes entstehen könnten, zu beseitigen und andererseits klarzustellen, daß die Ärzte durch eine gerichtliche Zeugenaussage, zu der sie gesetzlich verpflichtet seien, sich niemals gegen den §. 300 des St.G.B. vergehen könnten. Die Anregung wurde indessen, da sie von keiner Seite Unterstützung fand, nicht weiter verfolgt.

III. Nach §. 55 der Str.Pr.O. ist die Tatsache, auf welche der Zeuge die Verweigerung des Zeugnisses in den Fällen der §§. 51, 52, 54 stützt, auf Verlangen glaubhaft zu machen.

Es lag der Antrag vor,

> statt dessen vorzuschreiben, daß der Zeuge in den bezeichneten Fällen nur die Behauptung, daß ihm ein Zeugnisverweigerungsrecht zustehe, glaubhaft zu machen habe.

1. Soweit der Antrag die Fälle des §. 54 betrifft, wurde er einstimmig angenommen. Nach §. 54 kann jeder Zeuge die Auskunft auf solche Fragen verweigern, deren Beantwortung ihm selbst oder einem nahen Angehörigen die Gefahr strafgerichtlicher Verfolgung zuziehen würde. Die Kommission erwog: Wenn der Zeuge die Tatsache, auf welche er das Verweigerungsrecht stützt, angeben müsse, so werde er in der Regel hierdurch allein schon sich oder seine Angehörigen der Gefahr der Verfolgung aussetzen. Man müsse sich deshalb mit der Glaubhaftmachung der Behauptung, daß ihm ein Zeugnisverweigerungsrecht zustehe, begnügen. Auch die Militärstrafgerichtsordnung (§. 191) stehe bereits auf diesem Standpunkte.

2. Soweit der Antrag das Zeugnisverweigerungsrecht von Angehörigen des Beschuldigten in den Fällen des §. 51 der Str.Pr.O. betrifft, wurde er mit 14 gegen 3 Stimmen abgelehnt.

---

[1]) Zu vergl. auch die Anmerkung zu der Entsch. des Reichsgerichts in Zivilsachen Bd. 53 S. 317.

Die Mehrheit vermochte ein Bedürfnis für die vorgeschlagene Änderung des Gesetzes nicht anzuerkennen, hielt es vielmehr im Interesse der Rechtspflege für geboten, daß der Zeuge die das Verweigerungsrecht begründende Tatsache, beispielsweise die konkrete Behauptung, daß er mit dem Beschuldigten verlobt sei, glaubhaft machen müsse.

3. Von der gleichen Auffassung wurde die Mehrheit hinsichtlich des Verweigerungsrechts der Geistlichen, Verteidiger, Rechtsanwälte und Ärzte (§. 52 der Str.Pr.O.) geleitet.

Hierzu war von anderer Seite der Unterantrag gestellt,

> die Geistlichen (§. 52 Abs. 1 Nr. 1) von einer Verpflichtung zur Glaubhaftmachung ganz zu befreien.

Die Kommission beschloß indessen mit 12 gegen 5 Stimmen, bezüglich der Geistlichen es bei der gegenwärtigen Vorschrift des §. 55 zu belassen und erklärte sich sodann einstimmig für die Aufrechterhaltung des geltenden Rechtes auch bezüglich der Verteidiger, Rechtsanwälte und Ärzte (§. 52 Abs. 1 Nr. 2, 3).

Zu Gunsten des Unterantrags war ausgeführt worden: Es sei schon eine Verletzung des Beichtgeheimnisses, wenn der Geistliche erkläre, daß ihm in Ansehung einer Tatsache etwas anvertraut sei und er deshalb das Zeugnis verweigern müsse. Das Gesetz dürfe ihn hierzu nicht zwingen. Auch die Militärstrafgerichtsordnung (§. 191) habe den Geistlichen von jeder Verpflichtung zur Glaubhaftmachung freigelassen.

Seitens der Mehrheit wurde indessen geltend gemacht: Mit der beantragten Vorschrift werde es völlig in das Belieben des Geistlichen gestellt, ob er eine Aussage als Zeuge machen wolle oder nicht. Dies sei um so weniger angängig, als der Zweck, die Tatsache des Anvertrautseins gänzlich geheimzuhalten, mit dem Antrage doch nicht erreicht werde. Denn diese Tatsache werde auch durch die bloße Erklärung des Geistlichen, er verweigere das Zeugnis, offenbart.

IV. Nach §. 55 Satz 2 der Str.Pr.O. genügt zur Glaubhaftmachung die eidliche Versicherung des Zeugen. Der Antrag,

> statt dessen vorzuschreiben:
>
> > Als Mittel der Glaubhaftmachung genügt die Versicherung an Eidesstatt.

entspricht dem bereits in erster Lesung (Bd. 1 S. 36) gefaßten Beschlusse und wurde einstimmig angenommen.

V. Der Vorsitzende stellte fest, daß Anträge, das Zeugnisverweigerungsrecht zu erweitern (zu vergl. Protokoll der 4. Sitzung unter I 2 am Ende und II 1 am Ende, Bd. 1 S. 34, 35) nicht mehr gestellt seien.

VI. Nach §. 51 Abs. 2 sind die auf Grund des Abs. 1 zur Zeugnisverweigerung berechtigten Angehörigen des Beschuldigten vor jeder Vernehmung über dieses Recht zu belehren. Die Vorschrift bezieht sich nur auf Vernehmungen durch den Richter, weil nach der Strafprozeßordnung nur diesem gegenüber eine Zeugnispflicht besteht.

In der Sitzung des Reichstags vom 1. März 1904 (Stenogr. Ber. S. 1418 B, C) ist seitens des Abgeordneten Dr. Ablaß ausgeführt worden, daß manche Staatsanwälte sich diesen Rechtszustand zu Nutze machten; sie ließen die Angehörigen des Beschuldigten durch die Polizei vernehmen, von der sie über ihr Zeugnisverweigerungsrecht nicht belehrt würden, und erlangten auf diese Weise Aussagen, die der Zeuge bei gehöriger Kenntnis des Gesetzes nicht abgegeben haben würde. Machten die Angehörigen dann in dem späteren Verlaufe des Prozesses von ihrem Zeugnisverweigerungsrechte Gebrauch, so werde der Beamte, der die frühere Vernehmung vorgenommen habe, über den Inhalt der damaligen Aussage als Zeuge vernommen und diese Aussage sodann zur Überführung des Beschuldigten mitverwertet. Um ein solches Verfahren unmöglich zu machen, sei vorzuschreiben, daß auch bei polizeilichen Vernehmungen der Hinweis der Angehörigen auf das Zeugnisverweigerungsrecht zu erfolgen habe.

Im Anschlusse hieran ist seitens des Reichs-Justizamts der Kommission nachträglich die Frage vorgelegt worden,

> ob es sich empfehle, in die Strafprozeßordnung eine Vorschrift aufzunehmen, wonach auch die Staatsanwälte und die Polizeibeamten verpflichtet werden, die von ihnen als Zeugen zu vernehmenden Angehörigen des Beschuldigten (§§. 51, 159, 161 der Str.Pr.O.) über ihr Recht zur Zeugnisverweigerung zu belehren.

In der Beratung wurden die Ausführungen des Abgeordneten Dr. Ablaß über das mißbräuchliche Verfahren der Staatsanwaltschaft, wie der Vorsitzende feststellte, von keiner Seite bestätigt. Es wurde vielmehr von verschiedenen Mitgliedern bezeugt, daß die Staatsanwälte, wenn sie, wie es z. B. in Sachsen häufig vorkomme, die Zeugen selbst vernehmen, ebenso wie der Richter eine Belehrung über das Zeugnisverweigerungsrecht eintreten ließen, und daß von einer Ausnutzung der Rechtsunkenntnis der Zeugen bei den polizeilichen Vernehmungen nichts bekannt geworden sei. Die Kommission vermochte daher ein praktisches Bedürfnis für die in Anregung gebrachte Ergänzung des Gesetzes nicht anzuerkennen. Sollten sich Mißstände der behaupteten Art in der Tat bemerkbar machen, so werde es genügen, daß die Staatsanwälte im Aufsichtswege entsprechend verständigt würden. Im übrigen werde bei der Beratung des §. 251 der Str.Pr.O. auf die Frage zurückzukommen sein, ob man nicht die indirekte Wiederherstellung der Aussage eines Zeugen, der erst in der Hauptverhandlung von seinem Zeugnisverweigerungsrechte Gebrauch mache, überhaupt untersagen solle.

Ein Mitglied erklärte, daß er im Gegenteil auf dem Standpunkte stehe, das im §. 251 ausgesprochene Verbot der Verlesung der früheren Zeugenaussage müsse aufgehoben werden und die Verwertbarkeit dieser Aussage sei im Rahmen der sonstigen Bestimmungen des Gesetzes über die Verlesung von Urkunden völlig freizugeben. Die Aufhebung des §. 251 werde allerdings nicht möglich sein, wenn nicht wenigstens für die von der Staatsanwaltschaft selbst oder in ihrem Auftrage von der Polizei vorgenommenen Zeugenvernehmungen analog der Bestimmung im §. 51 Abs. 2 ein Hinweis auf das Zeugnisverweigerungsrecht vorgeschrieben werde. Für die ersten Vernehmungen, welche die Polizei aus eigener Entschließung vornehme, lasse sich eine gleiche Vorschrift schon um deswillen nicht aufstellen, weil hier in zahlreichen Fällen noch nicht zu übersehen sei, wer als Beschuldigter in Betracht komme und wer ein zur Zeugnisverweigerung berechtigter Angehöriger sei. Von diesen Erwägungen aus wurde der Antrag gestellt:

> Die Bestimmung des §. 51 Abs. 2 der Str.Pr.O. ist analog zu handhaben bei Zeugenvernehmungen durch die Staatsanwaltschaft oder durch Polizeibeamte, falls die letzteren die Vernehmung auf Veranlassung der Staatsanwaltschaft vornehmen.

Der Antrag wurde jedoch zurückgezogen, nachdem darauf hingewiesen war, daß eine solche Vorschrift bei den Polizeibeamten vielleicht gerade den Irrtum begünstigen werde, daß eine Belehrung über das Zeugnisverweigerungsrecht der Angehörigen des Beschuldigten bei den ohne Auftrag der Staatsanwaltschaft vorgenommenen Vernehmungen nicht stattzufinden habe.

VII. Nach §. 251 der Str.Pr.O. darf die Aussage eines vor der Hauptverhandlung vernommenen Zeugen, welcher erst in der Hauptverhandlung von seinem Zeugnisverweigerungsrechte Gebrauch macht, nicht verlesen werden. In erster Lesung hatte die Kommission beschlossen, dem §. 251, falls man die darin enthaltene Vorschrift überhaupt beibehalten sollte, den Zusatz zu geben, daß die Aussage auch nicht in anderer Weise festgestellt werden dürfe (Bd. 1 S. 36 flg.). In der zweiten Lesung war bei der Beratung der Bestimmungen über die Hauptverhandlung die Beratung darüber, ob sich eine Erweiterung oder eine Beseitigung der im §. 251 der Str.Pr.O. enthaltenen Vorschrift empfehle, bis zur Erörterung der Vorschriften über das Zeugnisverweigerungsrecht ausgesetzt worden (Bd. 2 S. 127). Heute wurde diese Beratung wieder aufgenommen.

Es lag zunächst der Antrag vor,

1. den §. 251 zu streichen.

Zur Begründung des Antrags wurde folgendes ausgeführt:

Der Beschluß der ersten Lesung schaffe ein absolutes Beweisverbot in Ansehung dessen, was der Zeuge früher ausgesagt habe. Ein solches Beweisverbot sei von sehr weittragenden Folgen. Es würde danach nicht blos ausgeschlossen sein, den Richter oder den Polizeibeamten, vor dem die Aussage gemacht worden sei, über deren Inhalt als Zeugen zu vernehmen, sondern es dürften auch andere Personen, denen der Zeuge über seine frühere Aussage berichtet habe, hierüber nicht gehört werden. Selbst Briefe des Zeugen, in denen er über seine Vernehmung Mitteilungen mache, könnten nicht verlesen werden. Habe vordem eine Gegenüberstellung des Zeugen mit dem Beschuldigten oder einem anderen Zeugen stattgefunden, so würde es den letzteren Personen in der Hauptverhandlung nicht mehr gestattet sein, dasjenige, was der jetzt die Aussage verweigernde Zeuge früher ausgesagt habe, zu wiederholen, um es als unwahr zu bezeichnen.

Ein solches Beweisverbot müsse die Strafrechtspflege in hohem Maße schädigen. Eine Anzahl von schweren Delikten, insbesondere Inzestverbrechen, Mißhandlungen von Kindern durch die Eltern, Körperverletzungen unter Ehegatten, selbst Tötungsverbrechen innerhalb der Familie, würden oft ungesühnt bleiben. Auch das Verteidigungsinteresse erfahre eine erhebliche Beeinträchtigung. Der Angeklagte selbst sei oft genug in der Lage, die Reproduktion einer ihm günstig gewesenen Aussage wünschen zu müssen, da nicht selten gerade die Feindseligkeit gegen den Angeklagten der Grund sei, weshalb der Zeuge eine Aussage nachträglich verweigere. Sei das Beweisverbot, wie es die Mehrheit in erster Lesung beschlossen habe, wirklich als die notwendige Folge der im §. 251 enthaltenen Vorschrift anzusehen, so müsse im Interesse der Strafrechtspflege schon deshalb auf die gänzliche Beseitigung dieser Vorschrift hingewirkt werden. Die Vorschrift des §. 251 sei aber auch ohne den von der Kommission beschlossenen Zusatz eine verfehlte. Den Gründen, die seinerzeit in der Reichs-Justizkommission für den Erlaß dieser Bestimmung maßgebend gewesen seien,[1]) könne nicht beigepflichtet werden. Diese Gründe seien zweifacher Art gewesen:

Einmal sei ausgeführt worden, erfahrungsgemäß seien die Aussagen von Angehörigen unglaubwürdig, weil sie entweder von zu großem Wohlwollen oder von zu bitterer Feindschaft diktiert seien; die Verlesung solcher Aussagen habe auch den Mangel, daß eine Berichtigung ausgeschlossen sei und das Fragerecht des Gegners nicht ausgeübt werden könne. Demgegenüber sei hervorzuheben, daß diese Erwägungen schließlich dazu führen müßten, die Angehörigen überhaupt vom Zeugnis auszuschließen. Auch stünden sie im Widerspruche mit dem Grundsatze der freien Beweiswürdigung. Es müsse dem Richter überlassen bleiben, inwieweit er die frühere Aussage für glaubwürdig halten wolle, nicht aber dürfe ihm wegen ihrer angeblichen Unglaubwürdigkeit deren Berücksichtigung von vornherein untersagt werden. Daß die Berichtigung der früheren Aussage im Falle der Verlesung nicht möglich ist und eine Ausübung des Fragerechts nicht stattfinden kann, sei zwar richtig, treffe aber in gleicher Weise bei den Verlesungen gemäß §. 250 der Str.Pr.O. zu.

Ferner seien in der Reichs-Justizkommission für das Verbot des §. 251 Rücksichten auf den Zeugen geltend gemacht worden. Man habe betont, daß der Zeuge bei der ersten Vernehmung möglicher Weise sein Zeugnisverweigerungsrecht nicht gekannt oder daß er angenommen habe, seine Aussage werde entlastend sein, während sie sich später als belastend herausstelle. Das Recht, noch in der Hauptverhandlung das Zeugnis zu verweigern, sei als illusorisch bezeichnet worden, wenn dessen ungeachtet die frühere Aussage verlesen werden dürfe. Diesen Erwägungen gegenüber sei zugegeben, daß nur diejenigen früheren Aussagen als in der Hauptverhandlung verwertbar angesehen werden dürften, die unter ausdrücklicher Belehrung des Zeugen über sein Zeugnisverweigerungsrecht zu Stande gekommen seien, wie dies das Reichsgericht bereits anerkannt habe (Entsch. in Straff. Bd. 8 S. 123). Im übrigen aber könne die Rücksicht auf den Zeugen gegenüber dem Interesse des Staates an der Strafverfolgung nicht entscheidend in Betracht kommen. Sei die Aussage einmal historisches Geschehnis geworden, so gehe es nicht an, deswegen allein, weil der Zeuge späterhin das Zeugnis verweigere, die Aussage als nicht vorhanden zu betrachten. Mit demselben Rechte könnte man sonst auch das widerrufene Geständnis des Beschuldigten oder die Aussage eines Zeugen, der erst in der fortgesetzten Hauptverhandlung von seinem Zeugnisverweigerungsrechte Gebrauch mache, oder endlich die teilweise Bekundung des Zeugen, wenn dieser

[1]) Zu vergl. Hahn, Materialien zur Strafprozeßordnung 2. Aufl. S. 856 flg., 1389, 1585.

im Laufe der Vernehmung die weitere Aussage verweigere, unter ein Beweisverbot stellen. Es sei nicht richtig, daß das Recht des Zeugen, noch in der Hauptverhandlung das Zeugnis zu verweigern, illusorisch werde, wenn die Verlesung oder die sonstige Reproduktion der früheren Aussage stattfinden dürfe; denn die Bedeutung jenes Rechtes liege nur darin, daß der Zeuge in keinem Abschnitte des Verfahrens zu einer Aussage gezwungen werden könne. Das Bedenken, daß der Zeuge im Falle einer Reproduktion seiner früheren Bekundung zu einer Aussage um deswillen sich gezwungen sehen könnte, weil er seine frühere Bekundung als unwahr widerrufen oder gegen Mißverständnisse sicherstellen müsse, sei ein rein theoretisches; in der Praxis werde das kaum jemals vorkommen. Wie sehr das Verbot des §. 251 mit den Bedürfnissen der Praxis in Widerspruch stehe, zeige sich darin, daß die Gerichte sich so häufig zu einer Rekonstruktion der früheren Aussage durch Vernehmung des Beamten, vor welchem sie erfolgt war, veranlaßt sähen. Allerdings werde es auch im Falle der Aufhebung des §. 251 in der Regel bei der Rekonstruktion sein Bewenden behalten müssen, da die Verlesung der früheren Aussage immer nur unter den Voraussetzungen der §§. 250, 252 möglich wäre und diese Voraussetzungen bei einem in der Hauptverhandlung die Aussage verweigernden Zeugen kaum jemals zuträfen. Es könne deshalb, da die Herstellung des Inhalts der früheren Aussage mittels Verlesung allerdings zuverlässiger sei als durch Vernehmung der Beamten, die Frage aufgeworfen werden, ob man sich auf die bloße Streichung des §. 251 beschränken und nicht vielmehr darüber hinaus die Verlesung der früheren Aussage auch ohne die Voraussetzungen der §§. 250, 252 zulassen solle. Dieser Gedanke brauche indessen nicht weiter verfolgt zu werden, da es hauptsächlich darauf ankomme, die Möglichkeit einer Rekonstruktion der früheren Aussage überhaupt auch weiterhin bestehen zu lassen, und mit der bloßen Aufhebung des §. 251 der innere Grund für das in erster Lesung beschlossene Verbot einer solchen Rekonstruktion in Wegfall gebracht werde.

Diese Ausführungen fanden auf verschiedenen Seiten Zustimmung. Auch von mehreren anderen Mitgliedern wurde es als eine schwere Schädigung der Strafrechtspflege bezeichnet, wenn jede Beweisaufnahme über die frühere Bekundung des in der Hauptverhandlung die Aussage verweigernden Zeugen ausgeschlossen sein solle, zumal wenn man bedenke, in wie vielen Fällen die spätere Zeugnisverweigerung nur auf einen durch den Angeklagten in der Zwischenzeit ausgeübten Druck zurückzuführen sei. Von einem dieser Mitglieder wurde jedoch insofern eine abweichende Auffassung vertreten, als er die Rekonstruktion der früheren Aussage durch Vernehmung des Richters oder des Polizeibeamten, vor dem sie erfolgt sei, wegen der geringen Zuverlässigkeit dieses Mittels für bedenklich hielt. Eine völlig zuverlässige Wiederherstellung der Aussage sei nur dadurch zu ermöglichen, daß man ihre Verlesung gestatte, wobei allerdings, dem Systeme der Strafprozeßordnung entsprechend, nur richterliche Protokolle in Betracht kommen könnten. Von diesen Erwägungen ging der Antrag aus,

2. an Stelle des §. 251 der Str.Pr.O. zu bestimmen:

Die Aussage eines vor der Hauptverhandlung vernommenen Zeugen, welcher in der Hauptverhandlung von seinem Rechte, das

Zeugnis zu verweigern, Gebrauch macht, darf verlesen werden, soweit sie in einem richterlichen Protokoll enthalten ist. Auf andere Weise darf eine solche Aussage nicht zum Gegenstande der Beweisaufnahme gemacht werden.

Bei der Abstimmung wurden jedoch beide Anträge abgelehnt, und zwar der Antrag 1 mit 11 gegen 6, der Antrag 2 mit 10 gegen 7 Stimmen. Die Kommission beschloß sodann gleichfalls mit 10 gegen 7 Stimmen, daß der §. 251 bestehen bleiben und den in erster Lesung empfohlenen Zusatz erhalten solle.

Für die Mehrheit waren hierbei die in erster Lesung bereits geltend gemachten Gründe maßgebend. Insbesondere wurde ausgeführt: Allerdings werde die Unmöglichkeit einer Verwertung der früheren Aussage des Zeugen unter Umständen einen bedauerlichen Beweisverlust zur Folge haben. Allein mit diesem rechne das Gesetz ohnedies, indem es das Zeugnisverweigerungsrecht aufstelle, und jedenfalls seien die Nachteile, welche eine Rekonstruktion der Aussage mit sich bringe, überwiegend. Streiche man gemäß dem Antrag 1 den §. 251, so ergebe sich, da eine Verlesung der früheren Aussage nach §. 250 niemals in Frage komme, in allen Fällen die Notwendigkeit, den Richter, den Staatsanwalt oder den Polizeibeamten, der die frühere Vernehmung bewirkt habe, über den Inhalt der Aussage als Zeugen zu vernehmen. Richter und Staatsanwälte hätten, wie die Erfahrung lehre, kaum jemals eine bestimmte Erinnerung an das, was der Zeuge früher bekundet habe. Die Rekonstruktion beschränke sich somit tatsächlich fast ganz auf die polizeiliche frühere Aussage. Hierdurch werde aber wenig gewonnen, da gerade bei den polizeilichen Aussagen ernste Zweifel darüber bestünden, inwieweit sie durch eine feindselige Gesinnung des Zeugen gegenüber dem Beschuldigten beeinflußt sein könnten. Lasse man dagegen, wie es der Antrag 2 vorschlage, die Verlesung eines richterlichen Protokolls über die frühere Aussage zu, so setze man sich in Widerspruch mit dem Grundsatze des §. 249, wonach, wenn der Beweis einer Tatsache auf der Wahrnehmung einer Person beruhe, die letztere in der Hauptverhandlung zu vernehmen ist und die Vernehmung nicht durch Verlesung des über eine frühere Aussage aufgenommenen Protokolls ersetzt werden kann. An diesem Grundsatze müsse aber unbedingt festgehalten werden, wenn man den Schwerpunkt des Verfahrens in der Hauptverhandlung belassen wolle. Es mache auch geradezu den Eindruck einer Verhöhnung des Zeugen, wenn man ihm zwar ein Zeugnisverweigerungsrecht auch noch in der Hauptverhandlung gewähre, trotzdem aber die frühere Aussage in seiner Gegenwart reproduziere. Dazu komme, daß sich nicht immer feststellen lassen werde, ob der Zeuge bei der früheren Vernehmung sein Zeugnisverweigerungsrecht in vollem Umfange gekannt und weshalb er gleichwohl nicht davon Gebrauch gemacht habe. Endlich sei zu berücksichtigen, daß Angehörige, die bei der früheren Vernehmung zu Ungunsten des Beschuldigten ausgesagt hatten, in der Hauptverhandlung oft deshalb die Aussage verweigern, weil sie sich inzwischen mit dem Beschuldigten ausgesöhnt haben. Werde trotzdem mit Hilfe ihrer früheren Aussage eine Verurteilung des Angeklagten herbeigeführt, so werde dadurch nicht selten der Friede in der Familie zerstört und dauerndes Unglück für die Beteiligten herbeigeführt.

Von einem Mitgliede war ausgeführt worden, daß es ungerechtfertigt sei, das Verbot der Verlesung und der anderweitigen Feststellung der früheren Aussage auf die Fälle zu beschränken, in denen der Zeuge „erst in der Hauptverhandlung“ von seinem Zeugnisverweigerungsrechte Gebrauch mache. Es wurde beantragt,

3. die Vorschrift für alle diejenigen Fälle zu geben, in denen der vor der Hauptverhandlung vernommene Zeuge „während oder nach dieser Vernehmung oder erst in der Hauptverhandlung“ von seinem Rechte, das Zeugnis zu verweigern, Gebrauch mache.

Dieser Antrag wurde mit 16 Stimmen gegen eine Stimme angenommen.

77. Sitzung.

22. Februar 1905.

Recht der Zeugnisverweigerung. Beeidigung.

I. Die Kommission wandte sich zum Zeugnisverweigerungsrechte der Redakteure und des übrigen Personals der periodischen Presse (C I 2 des Fragebogens).

1. Es herrschte wie in erster Lesung (Bd. 1 S. 39) Übereinstimmung darüber, daß die Frage, ob eine Befreiung der Presse vom Zeugniszwang etwa für das Disziplinarverfahren gegen Beamte zu empfehlen sei, nicht zur Aufgabe der Kommission gehöre und deshalb auszuscheiden habe. Desgleichen blieb die Kommission einhellig der Ansicht, daß für die etwaige Gewährung eines Zeugnisverweigerungsrechts nur die eigentlichen Preßdelikte, d. h. die Handlungen in Betracht kommen könnten, deren Strafbarkeit durch den Inhalt einer Druckschrift begründet wird und für welche der verantwortliche Redakteur in der Regel gemäß §. 20 Abs. 2 des Preßgesetzes als Täter haftet. Es war zwar heute ein weitergehender Antrag dahin gestellt worden:

a) Dem Redakteur einer periodischen Druckschrift ist allgemein bei Untersuchungen wegen strafbarer Handlungen, verübt durch Preßartikel, das Recht der Zeugnisverweigerung bezüglich der Person des Verfassers und Einsenders zu gewähren.

Der Antrag wurde jedoch im Laufe der Beratung, da er von keiner Seite Unterstützung fand, wieder zurückgezogen.

2. In Ansehung der Preßdelikte, für welche nach §. 20 Abs. 2 des Preßgesetzes der verantwortliche Redakteur als Täter haftet, waren die bereits in erster Lesung gestellten Anträge wieder eingebracht worden:

b) Bildet der Inhalt einer periodischen Druckschrift den Gegenstand der Strafverfolgung wegen einer strafbaren Handlung, für welche nach §. 20 Abs. 2 des Preßgesetzes vom 7. Mai 1874 der verantwortliche Redakteur als Täter haftet, so sind Verleger, Redakteur und Drucker, sowie das zur Herstellung der Druckschrift verwendete Hilfspersonal berechtigt, das Zeugnis über die Person des Verfassers und Einsenders zu verweigern.

c) Im Falle der Ablehnung des vorstehenden Antrags ist das Zeugnisverweigerungsrecht den genannten Personen wenigstens dann zu gewähren, wenn der Inhalt einer periodischen Druckschrift den Gegenstand der Strafverfolgung wegen einer Übertretung oder wegen eines Vergehens bildet.

Die Begründung dieser Anträge entsprach im wesentlichen den bereits früher gemachten Ausführungen. Es wurde auch heute hervorgehoben, daß es nur der ausgleichenden Gerechtigkeit entspreche, wenn als Korrelat für das privilegium odiosum des §. 20 Abs. 2 des Preßgesetzes der Presse ein Ausnahmerecht bezüglich der Zeugenpflicht gewährt würde. Es wurde ferner auf den Wert der Anonymität der Presse, die Notwendigkeit einer gesetzlichen Berücksichtigung des Vertrauensverhältnisses zwischen Redakteur und Verfasser und den erfahrungsgemäß geringen Erfolg der Anwendung des Zeugniszwanges gegen Redakteure hingewiesen sowie betont, daß die mit der Bedeutung der einzelnen Sache oft nicht im richtigen Verhältnisse stehende Härte der Zeugniszwangsmittel zum mindesten bei Übertretungen und Vergehen die Gewährung eines Zeugnisverweigerungsrechts erfordere. Endlich wurde wie in erster Lesung ausgeführt, daß die etwaige Befreiung der Redakteure vom Zeugniszwang illusorisch bleiben werde, wenn nicht die gleiche Befreiung auch dem übrigen Personale der periodischen Presse gewährt würde.

Diese Ausführungen wurden im wesentlichen mit den gleichen Gründen bekämpft wie in erster Lesung. Es wurde namentlich geltend gemacht, daß die Vorschrift des §. 20 Abs. 2 des Preßgesetzes nach der vom Reichsgerichte ständig festgehaltenen Rechtsprechung ein privilegium odiosum für die Presse nicht darstelle, daß das Bestreben, durch Gewährung eines Zeugnisverweigerungsrechts die Ermittelung des Verfassers unmöglich zu machen, mit der dem Preßgesetze zu Grunde liegenden gleichzeitigen Verantwortlichkeit aller an der Straftat Beteiligten nicht im Einklange stehe und daß das Vertrauensverhältnis zwischen dem Redakteur und dem Verfasser nicht anders geartet sei als manche ähnliche Verhältnisse, die gleichfalls durch ein Zeugnisverweigerungsrecht nicht geschützt würden.

Was insbesondere den Eventualantrag c betrifft, so wurde es von allen Mitgliedern außer dem Antragsteller selbst als unmöglich bezeichnet, daß bei Vergehen auf die Zeugnispflicht der Presse verzichtet werde. Bei einer Reihe von Vergehen sei dem Interesse des Staates und dem Privatinteresse des Verletzten durch die bloße Bestrafung des verantwortlichen Redakteurs in keiner Weise Genüge geschehen. Dies gelte namentlich da, wo der Verfasser des Artikels wider besseres Wissen gehandelt habe, dem Redakteur aber der böse Glaube nicht nachgewiesen werden könne und er deshalb, wenn überhaupt, doch immer nur zu einer geringen und mit der Schwere des Delikts nicht im Einklange stehenden Strafe verurteilt werden könne. Hierher gehörten z. B. die Vergehen gegen §. 131 des St.G.B.[1], gegen §. 187 des St.G.B. (verleumderische Beleidigung und Kreditgefährdung) und gegen §. 2 des Gesetzes gegen den Verrat militärischer Geheimnisse vom 3. Juli 1893 (Reichsgesetz-Bl. S. 205).[2]

[1]) Nach §. 131 des St.G.B. wird bestraft, wer erdichtete oder entstellte Tatsachen, wissend, daß sie erdichtet oder entstellt sind, öffentlich behauptet oder verbreitet, um dadurch Staatseinrichtungen oder Anordnungen der Obrigkeit verächtlich zu machen.

[2]) Nach §. 1 des Gesetzes gegen den Verrat militärischer Geheimnisse wird mit Zuchthaus bestraft, wer vorsätzlich Gegenstände, deren Geheimhaltung im Interesse der Landesverteidigung erforderlich ist, zur Kenntnis eines Anderen gelangen läßt, wenn er weiß, daß dadurch die Sicherheit des Deutschen Reichs gefährdet wird. Nach §. 2 wird

Auch bei den Vergehen wider §. 49a des St.G.B. werde dem Interesse des Staates nicht damit gedient, daß beispielsweise wegen einer durch ein Zeitungsinserat begangenen Aufforderung zur Begehung von Abtreibungsverbrechen der für den Anzeigenteil verantwortliche Redakteur, der in der Regel nur als Gehilfe verurteilt werden könne, mit einer geringen Strafe davonkomme, der eigentliche Täter des gemeingefährlichen Vergehens aber ganz straffrei bleibe.

Dagegen fand der Vorschlag, bei der Strafverfolgung von Übertretungen den Zeugniszwang gegen die Presse aufzuheben, bei einzelnen Mitgliedern Zustimmung.

Bei der Abstimmung wurde zunächst der Antrag b mit 14 Stimmen gegen eine Stimme, sodann der Antrag c in Ansehung der Vergehen mit dem gleichen Stimmenverhältnis, in Ansehung der Übertretungen mit 12 gegen 3 Stimmen abgelehnt.

Von einem Mitgliede war angeregt worden, ob nicht für das Privatklageverfahren der Zeugniszwang gegen die Presse allgemein aufgehoben werden solle. Die Anregung wurde jedoch, da ein Antrag nicht gestellt war, nicht weiter verfolgt.

3. Während insoweit das Ergebnis der heutigen Beratung mit den Beschlüssen der ersten Lesung übereinstimmte, ergab sich in folgendem eine Abweichung:

Zur Begründung der unter b und c bezeichneten Anträge, soweit sie den Redakteur selbst betreffen, war in erster Lesung auch darauf hingewiesen worden, daß der Redakteur heute sogar in solchen Fällen, in denen er nach §. 20 Abs. 2 des Preßgesetzes als Beschuldigter in Betracht komme, als Zeuge vernommen und zur Aussage gezwungen werden könne. Seitens der Mehrheit der Kommission war demgegenüber geltend gemacht worden, daß der Staatsanwalt auf Grund des Legalitätsprinzips in allen Fällen, in welchen der Redakteur als Täter hafte, auch gegen ihn einschreiten müsse und daß nach allgemeinen Rechtsgrundsätzen ein Beschuldigter niemals gegen einen Mitbeschuldigten als Zeuge vernommen und zu Aussagen angehalten werden dürfe. Auf Grund dieser Erwägungen hatte die Kommission in der ersten Lesung zwei weitere Anträge, welche den Angehörigen der Presse wenigstens insoweit, als sie selbst als Täter haften, ein Zeugnisverweigerungsrecht gewähren wollten, abgelehnt, weil sie nur etwas Selbstverständliches enthielten und in der Beschränkung auf die Presse leicht zu Mißverständnissen bezüglich des im übrigen geltenden Rechtes führen könnten (Bd. 1 S. 42 flg.).

Heute wurde jedoch von verschiedenen Seiten darauf hingewiesen, daß die Möglichkeit, eine Person, die unter Umständen als Beschuldigter in Betracht komme, als Zeugen zu vernehmen, auch nach der Rechtsprechung des Reichsgerichts (zu vergl. Entsch. in Strafs. Bd. 27 S. 312, Rechtsprechung Bd. 5 S. 528, Bd. 9 S. 403) nicht als ausgeschlossen zu bezeichnen sei. Solange die Staatsanwaltschaft nicht eine förmliche Beschuldigung gegen Angehörige der

---

mit Gefängnis oder Festungshaft bis zu fünf Jahren bestraft, wer außer dem Falle des §. 1 vorsätzlich oder rechtswidrig Gegenstände der daselbst bezeichneten Art in den Besitz oder zur Kenntnis eines Anderen gelangen läßt.

Presse erhoben habe, bestehe kein formelles Hindernis, sie als Zeugen zu vernehmen. Auch sei es nicht unzulässig, daß jemand, gegen den ein Vorverfahren anhängig sei, gegen einen Mittäter, wider den bereits das Hauptverfahren eröffnet sei, als Zeuge, wenn auch nur uneidlich, vernommen werde. Es müsse deshalb immerhin als möglich bezeichnet werden, daß gegen eine der Presse angehörende Person, obwohl sie als Täter in Betracht komme, der Zeugniszwang ausgeübt werde, um von ihr den Namen des Verfassers oder Einsenders eines strafbaren Artikels zu erfahren.

Die überwiegende Mehrheit der Kommission erkannte an, daß hier ein Mißstand vorliege, der beseitigt werden müsse.

Zu diesem Zwecke war von einer Seite beantragt:

d) Bildet der Inhalt einer periodischen Druckschrift den Gegenstand der Strafverfolgung, so sind Verleger, Redakteur und Drucker sowie das zur Herstellung der Druckschrift verwendete Hilfspersonal, soweit sie die Verantwortlichkeit hinsichtlich der durch die Veröffentlichung der Druckschrift begangenen strafbaren Handlung nach den gesetzlichen Vorschriften trifft, berechtigt, das Zeugnis über die Person des Verfassers und Einsenders zu verweigern.

Dieser Antrag, der bereits in erster Lesung vorgelegen hatte, fand jedoch auch heute nicht den Beifall der Kommission. Die Mehrheit hielt den Grundsatz, daß gegen den Teilnehmer an einer strafbaren Handlung nicht mit Zeugniszwang vorgegangen werden dürfe, für einen allgemein maßgebenden und erachtete es deshalb für bedenklich, ihn in einer gesetzlichen Bestimmung auf die Presse zu beschränken. Der Antrag wurde daher mit 14 Stimmen gegen die Stimme des Antragstellers abgelehnt.

Eine allgemeine gesetzliche Anerkennung jenes Grundsatzes und damit eine weitere Ausgestaltung des im §. 54 der Str.Pr.O. bereits ausgesprochenen Gedankens bezweckte der Antrag,

e) den §. 54 der Str.Pr.O. dahin zu erweitern:

> Der Zeuge ist berechtigt, das Zeugnis zu verweigern, wenn Gefahr besteht, daß er selbst wegen der Tat, die den Gegenstand des Verfahrens bildet, als Täter oder Teilnehmer strafrechtlich verfolgt werden wird.
>
> Ferner kann der Zeuge die Auskunft auf einzelne Fragen verweigern, wenn deren Beantwortung ihm selbst oder einem der im §. 51 Nr. 1 bis 3 bezeichneten Angehörigen die Gefahr strafgerichtlicher Verfolgung zuziehen würde.

Der Abs. 2 dieses Antrags entspricht dem geltenden Rechte. In dem Abs. 1 wurden vom Antragsteller, um deutlicher zum Ausdrucke zu bringen, daß es sich nicht bloß um eine allgemeine Gefahr der Strafverfolgung, sondern um einen konkreten Verdacht handeln müsse, hinter dem Worte „wenn" die Worte: „nach den besonderen Umständen des Falles" eingeschoben und ferner das Wort „Tat" durch „strafbare Handlung" ersetzt.

In dieser Fassung wurde der Abs. 1 des Antrags mit 14 Stimmen gegen eine Stimme angenommen.

Dem Antrage war die folgende schriftliche Begründung beigegeben:

Zunächst sollten die Fälle getroffen werden, in denen die verantwortlichen Redakteure durch eine mögliche, wenn auch tatsächlich seltene Handhabung des bisherigen Rechtes trotz §. 20 Abs. 2 des Preßgesetzes in eine unbillige Ausnahmestellung gegenüber der Zeugnispflicht gebracht würden, indem sie vorerst nicht gemäß §. 20 Abs. 2 des Preßgesetzes als Beschuldigte (Mittäter) behandelt, sondern als Zeugen vernommen würden auf Grund der Möglichkeit, daß die besonderen Umstände des §. 20 Abs. 2 ihre Täterschaft ausschließen, weshalb auch das Legalitätsprinzip keinen Schutz biete. Gegenüber solcher, nach §. 56 Nr. 3 der Str.Pr.O. uneidlicher, unter Umständen sogar eidlicher Vernehmung gewähre auch der §. 54 der Str.Pr.O. meist keine Hilfe, da die Beantwortung der hauptsächlich in Betracht kommenden Frage nach dem Verfasser des Aufsatzes dem verantwortlichen Redakteure die Gefahr strafgerichtlicher Verfolgung nicht zuziehe, diese Gefahr vielmehr von vornherein durch §. 20 Abs. 2 des Preßgesetzes gegeben sei. Hier könne nur ein Recht, das Zeugnis allgemein bei Bestehen der Gefahr der Verfolgung, nicht bloß gegenüber einzelnen gefährlichen Fragen, zu verweigern, Abhilfe schaffen.

Dieses Recht sei aber nicht nur den verantwortlichen Redakteuren als ein Sonderrecht zu gewähren, sondern sei allen zu verleihen, die in Gefahr sind, später Beschuldigte hinsichtlich der verfolgten Tat zu werden. Ein solches Recht entspreche dem Sinne des geltenden Gesetzes, das die Benutzung des Beschuldigten als Beweismittel gegen seinen Willen nicht zulasse. Durch die vorgeschlagene Bestimmung würde auch dem Übelstand abgeholfen, daß z. B. im Verfahren gegen Unbekannt der Täter zur Aussage als Zeuge, sogar zu eidlicher Aussage, gezwungen werden könne, ohne durch §. 56 Nr. 3 und §. 54 der Str.Pr.O. genügend geschützt zu sein. Dem Mißbrauche werde dadurch entgegenzutreten sein, daß das allgemeine Verweigerungsrecht auf die Gefahr eigener Verfolgung als Täter oder Teilnehmer der eben verfolgten Tat beschränkt werde und daß die Behauptungen, auf die das Recht gestützt wird, glaubhaft zu machen seien.

Vermöge der hervorgehobenen Beschränkung würde die Verantwortlichkeit nach §. 21 des Preßgesetzes im Verfahren auf Grund des §. 20 des Preßgesetzes kein Zeugnisverweigerungsrecht gewähren. Verleger, Drucker usw. hätten also in einem solchen Verfahren das Zeugnisverweigerungsrecht nur dann, wenn sie selbst in Gefahr wären, auf Grund des §. 20 Abs. 1 des Preßgesetzes als Täter oder Teilnehmer an der Tat verfolgt zu werden, deren Strafbarkeit durch den Inhalt einer Druckschrift begründet wird.

Diesen Ausführungen wurde von der überwiegenden Mehrheit der Kommission zugestimmt. Nur gegen den letzten Absatz der Begründung erhob sich ein Widerspruch, der auch vom Antragsteller selbst als berechtigt anerkannt wurde. Es wurde ausgeführt, daß es sich nach der Rechtsprechung des Reichsgerichts (zu vergl. Entsch. in Strafs. Bd. 29 S. 142) bei der Frage, ob gegen den verantwortlichen Redakteur, den Verleger, den Drucker und den Verbreiter einer Druckschrift auf Grund des §. 20 des Preßgesetzes das durch die Druckschrift speziell verletzte Strafgesetz oder der §. 21 des Preßgesetzes anzuwenden sei, nur um eine verschiedene rechtliche Beurteilung einer und derselben durch die Veröffentlichung der Druckschrift begangenen Tat handle. Es würde daher, falls der Abs. 1 des Antrags Gesetz werden sollte, beispielsweise in einem wegen Preßbeleidigung eingeleiteten Verfahren den im §. 21 bezeichneten Personen die Berufung auf ihr Zeugnisverweigerungsrecht nicht schon aus dem Grunde verwehrt werden können, weil für sie nicht die Gefahr bestehe, wegen derselben Tat, die den Gegenstand des Verfahrens bilde, strafgerichtlich verfolgt zu werden. Andererseits sei dem Antragsteller zuzugeben, daß es nicht gerechtfertigt sein würde, dem Verleger, Drucker und Verbreiter der Druckschrift in einem Verfahren gegen den verantwortlichen Redakteur wegen Beleidigung lediglich deshalb ein Zeugnisverweigerungsrecht zuzugestehen, weil sie möglicherweise aus §. 21 des Preßgesetzes zur Bestrafung gezogen werden könnten. Hierzu werde aber der Antrag, wenn auch aus einem anderen als dem im letzten Absatze der Begründung angegebenen Grunde, tatsächlich nicht führen. Denn solange gegen den verantwortlichen Redakteur auf Grund des §. 20 ein Verfahren wegen Beleidigung anhängig sei, komme für den Verleger usw. eine Bestrafung wegen Fahrlässigkeit gemäß §. 21 Abs. 2 überhaupt nicht in Frage. Es bestehe also für sie nicht der konkrete Verdacht einer strafbaren Handlung, wie ihn der Abs. 1 des Antrags zur Begründung eines Zeugnisverweigerungsrechts erfordere. Nur für den Fall, daß die Täterschaft des verantwortlichen Redakteurs durch besondere Umstände ausgeschlossen sei und er deshalb wegen Beleidigung nicht bestraft werden könne, werde für ihn wie für die übrigen im §. 21 bezeichneten Personen durch den Antrag die Möglichkeit geschaffen, unter Umständen aus dem §. 21 ein Zeugnisverweigerungsrecht herzuleiten. Dies entspreche aber auch nur den Erwägungen, die zu dem Antrage geführt hätten und die von der Kommission als zutreffend anerkannt worden seien.

Von dem einzigen Mitgliede, welches gegen den Antrag e gestimmt hatte, war ausgeführt worden: Wenn auch der Antrag allgemein gefaßt sei, so werde die Vorschrift in der praktischen Anwendung doch nur den Redakteuren zu Gute kommen. Denn in der Regel würden die Personen, die an der Begehung der den Gegenstand der Untersuchung bildenden Tat sich beteiligt hätten, gleichwohl aber, weil die Staatsanwaltschaft hierüber nicht unterrichtet sei, als Zeugen vernommen würden, sich nicht durch Ausübung des Zeugnisverweigerungsrechts selbst verdächtig machen wollen. Nur in Ansehung der Redakteure liege die Sache anders; sie könnten, ohne erst besondere tatsächliche Angaben machen zu müssen, lediglich darauf hinweisen, daß für sie auf Grund des §. 20 Abs. 2 des Preßgesetzes eine Gefahr strafgerichtlicher Verfolgung bestehe, und mit Rücksicht hierauf ihr Zeugnis verweigern.

Ein anderes Mitglied war während der Beratung auf den bereits in erster Lesung gemachten Vorschlag zurückgekommen, den Zeugniszwang überhaupt aufzugeben und statt dessen für die unberechtigte Zeugnisverweigerung Freiheitsstrafen anzudrohen, wie sie ähnlich in der Schweiz nach dem Bundesstrafgesetze vom 27. August 1851 (Art. 77) bestehen. Ein Antrag wurde jedoch in dieser Richtung nicht wieder gestellt.

II. Die Kommission ging zu der Frage über, ob sich eine Einschränkung der Beeidigung der Zeugen empfehle (C II 1 des Fragebogens).

1. Es lag der Antrag vor:

Im Verfahren wegen Vergehen und Übertretungen kann die Beeidigung eines Zeugen unterbleiben, wenn die Mitglieder des Gerichts und die Parteien der Unterlassung der Beeidigung zustimmen.

Der Antrag wurde mit 10 gegen 5 Stimmen abgelehnt.

Zu seinem Gunsten war ausgeführt worden: Die übergroße Zahl der Eidesleistungen, die von der Kommission in erster Lesung einhellig als ein Mangel des gegenwärtigen Verfahrens bezeichnet worden sei, lasse sich nur dadurch beseitigen, daß man wenigstens bei Vergehen und Übertretungen dem Gerichte die Möglichkeit gebe, ohne Rücksicht auf die Erheblichkeit der Aussage von der Beeidigung des Zeugen Abstand zu nehmen, falls es die Beeidigung für nicht erforderlich halte und die Prozeßbeteiligten der Unterlassung zustimmten. Dies habe sich im Zivilprozesse durchaus bewährt. Die Beeidigung solle dazu dienen, einen Druck auf den Zeugen auszuüben, damit er die Wahrheit sage. Sie könne daher unterbleiben, wenn der Zeuge einer solchen Einwirkung nicht bedürfe und auch ohne sie die Wahrheit sage. Werde die Nichtbeeidigung von der Zustimmung aller Beteiligten abhängig gemacht, so sei eine genügende Gewähr dafür gegeben, daß die Beeidigung nur da unterbleibe, wo sie zur Herbeiführung einer wahrheitsgemäßen Aussage tatsächlich nicht erforderlich sei. Das Letztere werde vom Gericht insbesondere auch in denjenigen Fällen angenommen werden können, in welchen mehrere Zeugen nacheinander übereinstimmend dieselbe Tatsache bekundet hätten.

Gegen den Antrag wurden die gleichen Bedenken geäußert, die bereits in der ersten Lesung (Bd. 1 S. 52 flg.) gegen ähnliche Anträge geltend gemacht waren. Insbesondere wurde davor gewarnt, daß man im Strafprozesse die Frage der Beeidigung nach den gleichen Grundsätzen regele wie im Zivilprozesse. Der Strafprozeß sei beherrscht von dem Bestreben, die objektive Wahrheit festzustellen und hierfür sei die Beeidigung des Zeugen im allgemeinen nicht zu entbehren. Der Antrag laufe aber darauf hinaus, die Beeidigung zur Ausnahme, die Nichtbeeidigung zur Regel zu machen. Zudem sei es nach den Erfahrungen, die namentlich in den Kreisen der Rechtsanwälte gemacht seien, nicht sicher, ob sich im Zivilprozesse der Verzicht auf die Beeidigung der Zeugen durchweg bewährt habe.

2. Darüber, daß es sich nicht empfehle, bei unglaubwürdigen Aussagen die Beeidigung einzuschränken, herrschte heute Einverständnis. Es wurde seitens der Mitglieder, welche in erster Lesung eine solche Einschränkung befürwortet hatten, erklärt, daß sie darauf schon deswegen nicht zurückkommen wollten, weil die Bestrafung der uneidlichen falschen Aussage von der Kommission abgelehnt worden sei.

3. Hinsichtlich der Beeidigung unerheblicher Aussagen war beantragt:

Die Beeidigung eines Zeugen darf unterbleiben, wenn das Gericht einstimmig die Aussage für unerheblich hält und die Staatsanwaltschaft und der Angeklagte mit der Unterlassung einverstanden sind.

Die Beschlußfassung darüber soll regelmäßig erst am Schlusse der Beweisaufnahme erfolgen.

Der Antrag entspricht einem Beschlusse der ersten Lesung (Bd. 1 S. 51, 55) und wurde auch heute angenommen, und zwar der Abs. 1 mit 11 gegen 4 Stimmen, der Abs. 2 einstimmig.

Seitens der Minderheit war gegen den Antrag insbesondere eingewendet worden, daß er es dem Zeugen erleichtern werde, wichtige Tatsachen zu verschweigen, indem er seine Aussage als unerheblich erscheinen lasse und dadurch der Beeidigung entgehe. Die Notwendigkeit der Übereinstimmung zwischen Gericht und Prozeßbeteiligten biete hiergegen nicht immer ausreichenden Schutz, da es nicht in allen Fällen bekannt sei, daß der Zeuge mehr wahrgenommen habe und auszusagen vermöge, als er gesagt habe, und da ferner der nichtverteidigte Angeklagte seine Zustimmung zuweilen auch gegen sein eigenes Interesse auszusprechen geneigt sein werde.

Die Mehrheit hielt jedoch diese Bedenken nicht für durchschlagend. Es wurde bemerkt: Wenn das Gericht nach dem von der Kommission zum §. 244 der Str.Pr.O. gefaßten Beschlusse befugt sei, die Vernehmung einzelner vorgeladener Zeugen abzulehnen, weil es die Tatsachen, über die sie vernommen werden sollen, einstimmig für unerheblich halte, so folge daraus, daß es auch berechtigt sein müsse, eine erhobene Aussage mit Zustimmung der Prozeßbeteiligten unbeeidigt zu lassen, wenn es sie einstimmig für unerheblich halte. Wenn Grund zu der Besorgnis bestehe, daß der Zeuge mit der Wahrheit zurückhalte, so würden die Prozeßparteien auf der Beeidigung bestehen. Für den ehrlichen Zeugen aber sei es eine Wohltat, daß ihm die Eidesleistung erspart bleibe, wenn er etwas Erhebliches zur Sache nicht bekunden könne.

4. Es war ferner beantragt:

> Im Verfahren wegen Übertretungen kann die Beeidigung der Zeugen unterbleiben, wenn die Staatsanwaltschaft und der Angeklagte mit der Unterlassung einverstanden sind.

Auch dieser Antrag entspricht einem Beschlusse der ersten Lesung (Bd. 1 S. 70 flg). Er wurde heute mit 13 gegen 2 Stimmen angenommen, nachdem zur Erläuterung ausgeführt war: Die Einstimmigkeit des Gerichts solle hier für die Nichtbeeidigung nicht erforderlich sein. Dies gelte auch dann, wenn die Übertretung im Privatklageverfahren verfolgt werde (zu vergl. den Antrag unter 6). Werde gleichzeitig über eine Übertretung und über ein Verbrechen oder Vergehen verhandelt, so solle die Vorschrift nur dann anwendbar sein, wenn der Zeuge ausschließlich über die Übertretung vernommen werde und der Fall der letzteren sachlich völlig unabhängig von den übrigen zur Entscheidung stehenden Straffällen sei.

5. Der Antrag:

> In Privatklagesachen hängt es vom richterlichen Ermessen ab, ob Zeugen, die zum Privatkläger in einem der im §. 51 der Str.Pr.O. bezeichneten Verhältnisse stehen, unbeeidigt zu vernehmen oder zu beeidigen sind.

wurde mit 12 gegen 3 Stimmen angenommen. Der Antrag war bereits in erster Lesung mit schriftlicher Begründung eingebracht und ist auch damals von der Kommission angenommen worden (zu vergl. Bd. 1 S. 25, 71 flg.).

6. Der Antrag:

In Privatklagesachen kann die Beeidigung von Zeugen unterbleiben, wenn die Parteien mit der Unterlassung einverstanden sind und kein Mitglied des Gerichts sie beantragt.

entspricht gleichfalls einem in erster Lesung gefaßten Beschlusse (Bd. 1 S. 72) und wurde heute mit 14 Stimmen gegen eine Stimme angenommen.

III. Zum Zwecke der Einschränkung der Eidesleistungen von Sachverständigen war wiederum der Antrag gestellt:

Die Beeidigung eines Sachverständigen kann unterbleiben, wenn die Staatsanwaltschaft und der Angeklagte mit der Unterlassung einverstanden sind.

Der Antrag wurde ohne Debatte einstimmig angenommen (zu vergl. Bd. 1 S. 56 flg.).

IV. Endlich lag noch der Antrag vor:

Die Vorschriften, wonach die Beeidigung eines Zeugen wegen Unerheblichkeit der Aussage und die Beeidigung eines Sachverständigen unterbleiben darf, sollen für den Fall der Beibehaltung der Schwurgerichte auch im schwurgerichtlichen Verfahren mit der Maßgabe gelten, daß die Beeidigung zu erfolgen hat, wenn auf Befragen der Geschworenen einer derselben sie wünscht.

Der Antrag fand ohne Debatte einstimmige Annahme.

78. Sitzung.

23. Februar 1905.

Beeidigung. Strafbarkeit uneidlicher falscher Aussagen. Wiedereinsetzung in den vorigen Stand. Öffentlichkeit.

I. Die Kommission schritt zur Beratung der Frage, ob der Voreid zu beseitigen sei (C II 3 des Fragebogens).

Es lagen die Anträge vor:

1. Der Zeuge ist nach seiner Vernehmung zu beeidigen.
   Die Beeidigung kann bis zum Schlusse der gesamten Beweisaufnahme ausgesetzt werden.
2. Der Sachverständige ist regelmäßig vor Erstattung seines Gutachtens zu beeidigen.

Die Anträge entsprechen sachlich den Beschlüssen der ersten Lesung (Bd. 1 S. 57 flg., 60 flg.). Nur ist ausdrücklich hervorgehoben, daß die Beeidigung eines Zeugen bis zum Schlusse der gesamten Beweisaufnahme ausgesetzt werden kann.

Die Anträge wurden angenommen, und zwar der Abs. 1 des Antrags 1 mit 13 gegen 3 Stimmen, im übrigen einstimmig.

II. Zu der Frage, in welchem Abschnitte des Verfahrens die Beeidigung der Zeugen erfolgen solle (C II 5 des Fragebogens) war beantragt:

> Die Beeidigung der Zeugen soll erst in der Hauptverhandlung erfolgen.
>
> Sie hat schon im Vorverfahren zu erfolgen, wenn sie als Mittel zur Herbeiführung einer wahrheitsgetreuen Aussage für den Zweck des Vorverfahrens oder als Unterlage für zu treffende Entscheidungen über Verhaftung, Unterbringung in eine öffentliche Irrenanstalt, Durchsuchung oder Beschlagnahme erforderlich erscheint. Das Gleiche soll gelten, wenn der Zeuge voraussichtlich am Erscheinen in der Hauptverhandlung verhindert oder sein Erscheinen wegen großer Entfernung besonders erschwert sein wird.

Der Antrag entspricht dem in erster Lesung gefaßten Beschlusse (Bd. 1 S. 61 flg.) und wurde mit den damals vorgebrachten Erwägungen auch heute unterstützt.

Ein Mitglied regte an, hinter dem Worte „Verhaftung" im Abs. 2 des Antrags das Wort „Auslieferung" einzufügen, und führte zur Begründung folgendes aus:

Nach einigen Auslieferungsverträgen, z. B. nach dem Vertrage mit Großbritannien vom 14. Mai 1872 (Reichs-Gesetzbl. S. 229 flg.), finde eine Auslieferung nur dann statt, wenn die als Grundlage für die Auslieferung dienenden Zeugenaussagen beeidigt seien. Es empfehle sich daher, auch an dieser Stelle zum Ausdrucke zu bringen, daß zwecks Begründung eines Auslieferungsantrags eine Beeidigung auch im Vorverfahren zulässig sein soll.

Der Antrag fand mit dem vorgeschlagenen Zusatz einstimmige Annahme.

III. Die Kommission wandte sich zur Beratung der Eidesformel und des Verfahrens bei der Abnahme von Eiden (C II 4 des Fragebogens).

Es lagen die Anträge vor:

1. Die Eidesleistung soll in der Weise erfolgen, daß der Richter an den Zeugen die Worte richtet:

   Sie schwören bei Gott, dem Allmächtigen und Allwissenden, daß Sie nach bestem Wissen die reine Wahrheit gesagt und nichts verschwiegen haben.

   und der Zeuge darauf die Worte spricht:

   Ich schwöre es, so wahr mir Gott helfe.

   In entsprechender Weise soll die Eidesleistung des Sachverständigen erfolgen. Die Norm des Sachverständigeneids im §. 79 Abs. 1 der Str.Pr.O. ist beizubehalten.

2. Die Kommission teilt den Standpunkt, daß das Hinzufügen einer dem Glaubensbekenntnisse des Zeugen entsprechenden Bekräftigungsformel die Eidesleistung nicht ungültig macht. Sie erachtet aber die Aufnahme einer Vorschrift, die dem Zeugen ausdrücklich derartige Zusätze gestattet, in das Gesetz nicht für angezeigt.

Die Anträge entsprechen den in erster Lesung (Bd. 1 S. 65 flg., 68) gefaßten Beschlüssen und fanden auch heute einstimmige Annahme.

Von einem Mitgliede wurde angeregt, ob sich nicht für Geistliche und andere nach dem §. 52 der Str.Pr.O. zur Verweigerung des Zeugnisses berechtigte Personen eine anderweitige Fassung der Eidesformel empfehle. Es lasse sich nicht verkennen, daß ein gewisser Widerspruch darin liege, wenn etwa ein Geistlicher schwören solle, er habe nichts verschwiegen, während er tatsächlich nicht alles, was ihm über den Gegenstand der Vernehmung bekannt sei, mitgeteilt, sondern dasjenige verschwiegen habe, was ihm bei Ausübung der Seelsorge anvertraut worden sei. Allerdings sei ja die allgemeine Eidesformel nur dahin zu verstehen, daß der Zeuge nichts verschwiegen habe, zu dessen Kundgebung er gesetzlich verpflichtet sei. Immerhin könne sich ein Zeuge doch vielleicht in seinem Gewissen beunruhigt fühlen, wenn er zum Gebrauch einer dem Wortlaute nach anscheinend weitergehenden Eidesformel gezwungen sei. Andererseits werde eine auch für diese Fälle passende Eidesformel schwer zu finden sein. Wenn man etwa in Anlehnung an den §. 163 der Preußischen Strafprozeßordnung vom 25. Juni 1867[1]) den Zeugen schwören lasse, daß er hinsichtlich des Gegenstandes seiner Vernehmung nichts verschwiegen habe, so könne man hiergegen den auch gegen die Preußische Strafprozeßordnung laut gewordenen Vorwurf erheben, daß damit gewissermaßen der Diskretion des Schwurpflichtigen überlassen werde, zu entscheiden, worüber er vernommen worden sei. Eine diesen Mangel vermeidende positivere Fassung werde aber sehr schwerfällig werden, da auch der Umstand berücksichtigt werden müsse, ob eine Entbindung von der Schweigepflicht stattgefunden habe oder nicht. Man müßte also den Zeugen etwa in der Form schwören lassen, daß der Richter der gewöhnlichen Formel hinzufüge:

> abgesehen von demjenigen, was Ihnen etwa bei Ausübung der Seelsorge (Ausübung des Berufs) anvertraut ist, ohne daß Sie gleichzeitig oder später von der Verpflichtung zur Verschwiegenheit entbunden worden sind.

Der Anregung wurde entgegengehalten, daß eine die Fälle des Zeugnisverweigerungsrechts berücksichtigende Eidesformel notwendigerweise umständlich und damit gleichfalls mißverständlich sein werde. Daß der Eid sich nicht auf solche Tatsachen erstrecke, über welche der Zeuge das Zeugnis zu verweigern berechtigt sei, müsse als selbstverständlich angesehen werden; aus diesem Grunde habe auch schon die Kommission zur Ausarbeitung des Entwurfs einer Zivilprozeßordnung für die Staaten des Norddeutschen Bundes (132. Sitzung, 27. November 1868, S. 742 der Protokolle) die Aufnahme eines ausdrücklichen Vorbehalts in die Eidesformel abgelehnt. Darüber, daß es Aufgabe des Richters sei, den Zeugen über die Bedeutung der Eidesformel in diesem Sinne zu belehren und daß es zweckmäßig sein werde, dies auch im Gesetze selbst zum Ausdrucke zu bringen, herrschte in der Kommission Einverständnis.

IV. Die den Beschlüssen der ersten Lesung (Bd. 1 S. 67 flg., 69) entsprechenden Anträge:

1. Mehrere Zeugen dürfen gleichzeitig beeidigt werden. Solchenfalls hat jeder Zeuge die Eidesworte einzeln zu sprechen.
2. Wird ein eidlich vernommener Zeuge in derselben Strafsache nochmals vernommen, so kann der Richter statt der nochmaligen Beeidigung den Zeugen die Richtigkeit seiner Aussage unter Berufung auf den früher geleisteten Eid versichern lassen.

wurden ohne Debatte einstimmig angenommen.

---

[1]) Der §. 163 der Preußischen Strafprozeßordnung von 1867 lautete:

> Der Eid wird nach erfolgter Vernehmung von dem Zeugen dahin geleistet, daß er von Allem, worüber er vernommen worden, nach seinem besten Wissen die reine Wahrheit gesagt und wissentlich weder etwas verschwiegen noch etwas hinzugesetzt habe.
>
> In den Fällen, wo der Zeuge von der Befugnis Gebrauch macht, gewisse Umstände zu verschweigen, wird in die Eidesformel vor dem Worte „wissentlich" die Einschränkung:
>
> außer den Umständen, zu deren Offenbarung Zeuge sich nicht für schuldig halte,
>
> aufgenommen.

V. Nach §. 58 der Str.Pr.O. ist jeder Zeuge einzeln und in Abwesenheit der später abzuhörenden Zeugen zu vernehmen.

Ein Mitglied führte hierzu aus: Nach der gewöhnlichen Praxis der Gerichte würden die bereits vernommenen Zeugen während der Vernehmung der weiteren Zeugen im Sitzungssaale belassen. Hieraus könnten sich mit Rücksicht auf die Beschlüsse der Kommission, wonach die Beeidigung der Zeugen erst nach ihrer Vernehmung und gegebenenfalls erst am Schlusse der gesamten Beweisaufnahme erfolgen solle, Mißstände ergeben. Es sei namentlich zu besorgen, daß sich Zeugen durch die entgegenstehenden Aussagen anderer besonders angesehener oder einflußreicher Zeugen bewußt oder unbewußt bestimmen lassen könnten, ihre früheren Bekundungen zu ändern. Namentlich wenn die von der Kommission beschlossene Ausdehnung der Berufung durchgeführt werde, liege die Gefahr nahe, daß in der Berufungsinstanz sich die eigenen Wahrnehmungen des Zeugen mit den Bekundungen anderer Zeugen in der ersten Instanz vermengen. Es sei daher zu erwägen, ob sich nicht die Vorschrift empfehle, daß jeder Zeuge grundsätzlich einzeln und in Abwesenheit aller anderen Zeugen zu vernehmen sei. Allerdings werde dann Sorge zu tragen sein, daß die vernommenen Zeugen nicht außerhalb des Sitzungssaals vor dem Schlusse der Beweisaufnahme Beeinflussungen ausgesetzt würden.

Die Mehrheit der Kommission konnte sich von der Notwendigkeit einer solchen Vorschrift nicht überzeugen. Es wurde ausgeführt: Die bezeichneten Mißstände ließen sich unschwer dadurch vermeiden, daß der Vorsitzende, wozu er schon nach dem geltenden Rechte befugt sei, vernommene Zeugen, sofern er dies für angezeigt erachte, abtreten lasse (zu vergl. die Entsch. des Reichsgerichts in Goltdammer's Archiv Bd. 43 S. 51). Wollte man eine zwingende Vorschrift im Sinne der Anregung geben, so führe auch dies wieder zu Schwierigkeiten. Für viele Zeugen sei es eine Erleichterung, wenn sie ihre eigenen Wahrnehmungen mit denen anderer Zeugen vergleichen könnten; oft falle ihnen auch dabei etwas Vergessenes wieder ein oder es ergebe sich die Gelegenheit zu einer Berichtigung. Eine Beeinflussung der Zeugen sei in dem unbeaufsichtigten Zeugenzimmer noch leichter möglich als im Sitzungssaale. Auch werde es sich bei der Öffentlichkeit der Gerichtsverhandlungen doch nicht vermeiden lassen, daß die Zeugen auf irgend einem Wege von den Bekundungen der anderen Zeugen Kenntnis erhielten.

Gegenüber der Bemerkung eines Mitglieds, daß in der Praxis der Gerichte bisweilen Zweifel bestünden, ob man vernommene Zeugen abtreten lassen könne, stellte der Vorsitzende, ohne Widerspruch zu finden, fest, daß die Kommission einhellig eine solche Befugnis der Gerichte als bereits durch das geltende Recht gegeben ansehe. Die Anregung wurde damit für erledigt angesehen.

VI. Die Frage C II 6 des Fragebogens, ob die Strafbarkeit uneidlicher falscher Aussagen einzuführen sei, wurde aus den in der ersten Lesung (Bd. 1 S. 105 flg.) ausführlich dargelegten Gründen mit 14 gegen 3 Stimmen verneint. Angesichts der bereits in der ersten Lesung hervorgetretenen ablehnenden Haltung der überwiegenden Mehrheit waren Anträge nicht gestellt worden.

VII. Ein Mitglied stellte zur Erwägung, ob nicht die Rechtsprechung des Reichsgerichts hinsichtlich der Vernehmung von Zeugen und Sachverständigen nach zwei Richtungen zu einem gesetzlichen Eingreifen Veranlassung biete.

1. In den Urteilen des dritten Strafsenats vom 8. Mai 1880 (Entsch. des Reichsgerichts in Strafs. Bd. 2 S. 153) und des zweiten Zivilsenats vom 3. November 1882 (Entsch. in Zivilsachen Bd. 8 S. 343) sei angenommen, daß die Einzelvernehmung der Sachverständigen nicht erforderlich sei. Dies verstoße gegen den Wortlaut des Gesetzes, welches im §. 58 die Einzelvernehmung der Zeugen und im §. 72 die Anwendbarkeit dieser Bestimmung auf Sachverständige vorschreibe.

Dem wurde entgegengehalten, daß die Ansicht des Reichsgerichts in den Motiven zur Zivilprozeßordnung (S. 259) eine Stütze finde und daß demgemäß auch die Literatur beinahe einstimmig den §. 58 auf Sachverständige nicht für anwendbar halte.[1]) Mißstände, die zu einer gesetzlichen Maßnahme Veranlassung geben könnten, seien nirgends hervorgetreten.

2. In den Urteilen des dritten Strafsenats vom 8. Mai 1880 (Entsch. in Strafs. Bd. 2 S. 153) und des zweiten Strafsenats vom 10. Dezember 1880 (Entsch. in Strafs. Bd. 3 S. 100) sei angenommen, daß der Sachverständigeneid den Zeugeneid decke und umgekehrt. Der Sachverständigeneid betreffe aber nur die gewonnene Überzeugung, der Zeugeneid dagegen Tatsachen. In den Urteilen des ersten Strafsenats vom 29. April 1880 (Entsch. in Strafs. Bd. 1 S. 402) und des ersten Zivilsenats vom 16. November 1881 (Entsch. in Strafs. Bd. 6 S. 1) sei denn auch die entgegengesetzte Meinung ausgesprochen.

Der Anregung wurde entgegengehalten:

Eine Entscheidung, in der allgemein ausgesprochen werde, daß der Sachverständigeneid den Zeugeneid decke, sei nicht ergangen. In dem angezogenen Urteile vom 8. Mai 1880 sei das vielmehr nur für den Fall angenommen, daß der Sachverständige bei Gelegenheit der Ausübung seiner Sachverständigentätigkeit Wahrnehmungen gemacht habe und hierüber gleichzeitig mit dem Gutachten Aussagen abgebe. Insoweit erscheine aber die Auffassung des Reichsgerichts durchaus zutreffend.

Daß der Zeugeneid den Sachverständigeneid mit umfasse, werde jetzt von den Strafsenaten des Reichsgerichts in ständiger Rechtsprechung angenommen. Es bestehe keine Veranlassung, diese Praxis durch gesetzgeberische Vorschriften zu beseitigen.

Die Anregungen wurden hiermit als erledigt angesehen.

VIII. Zum §. 63 der Str.Pr.O., nach welchem der Eid mittels Nachsprechens oder Ablesens der die Eidesnorm enthaltenden Eidesformel geleistet wird, bemerkte ein Mitglied:

Es werde in der Praxis als eine Lücke empfunden, daß es an einer Bestimmung darüber fehle, in welcher Art Taube, die des Lesens unkundig sind und mit denen ihrer Schwerhörigkeit wegen eine mündliche Verständigung nicht möglich ist, den Eid zu leisten haben. Es empfehle sich, im Gesetze vor-

---

[1]) Zu vergl. Löwe, Kommentar zur Strafprozeßordnung 11. Aufl. Note 2a zu §. 82.

zuschreiben, daß in diesen Fällen ein Dolmetscher, etwa in der Person eines Angehörigen, zuzuziehen sei.

Der Anregung wurde entgegengehalten, daß dies schon nach Maßgabe des geltenden Rechtes[1]) angängig sei, da der §. 188 des G.V.G. für die Verhandlung mit tauben Personen, sofern nicht eine schriftliche Verständigung erfolge, die Zuziehung eines Dolmetschers allgemein vorschreibe. Die Anregung wurde darauf nicht weiter verfolgt.

Die Beratung der Fragen unter C des Fragebogens war hiermit erledigt.

IX. Die Kommission wandte sich zur Frage IV 10 des Programms für die zweite Lesung: Wiedereinsetzung in den vorigen Stand.

In der ersten Lesung ist folgender Beschluß gefaßt worden:

> Wiedereinsetzung in den vorigen Stand gemäß dem §. 44 der Str.Pr.O. ist zu gewähren, wenn der Antragsteller durch Naturereignisse oder andere, auch bei Anwendung der im Verkehr erforderlichen Sorgfalt unabwendbare Zufälle an der Einhaltung der Frist verhindert worden ist (zu vergl. Bd. 1 S. 507 flg.).

Hierbei ist die Kommission davon ausgegangen, daß der Antragsteller für ein Verschulden seines Vertreters oder Verteidigers ebenso wie für sein eigenes aufzukommen habe, sowie ferner, daß der Beschluß entsprechend auch für die Versäumung von Terminen gelten solle, soweit nicht etwa für einzelne Termine etwas anderes beschlossen werde (Bd. 1 S. 510 zu 4).

Demnächst hat sich die Kommission bei Beratung der Frage, unter welchen Voraussetzungen dem Angeklagten im Berufungsverfahren Wiedereinsetzung in den vorigen Stand gegen die Versäumung des Hauptverhandlungstermins zu gewähren sei, für eine dem oben erwähnten Beschluß entsprechende andere Fassung des §. 370 Abs. 2 der Str.Pr.O. entschieden (Bd. 1 S. 513 flg.). Dieser Beschluß ist auch bereits in zweiter Lesung aufrechterhalten worden (Bd. 2 S. 146).

Heute war beantragt,

1. den in erster Lesung zum §. 44 der Str.Pr.O. gefaßten Beschluß aufrechtzuerhalten, ihm jedoch folgenden Zusatz zu geben:

   > Ein Verschulden des von ihm gewählten Verteidigers oder Vertreters hat der Antragsteller in gleichem Umfange zu vertreten wie sein eigenes Verschulden.

2. Gegen die Versäumung einer Frist oder eines Termins soll die Wiedereinsetzung in den vorigen Stand zulässig sein, wenn die Frist oder der Termin ohne Verschulden des Antragstellers nicht eingehalten worden ist.

Für den Antrag 1 wurden, insoweit er die Aufrechterhaltung des Beschlusses der ersten Lesung vorschlägt, die damals von der Mehrheit der Kommission gebilligten Gründe wiederum vorgebracht. Abweichend von dem damaligen

---

[1]) Zu vergl. die Kommentare zur Strafprozeßordnung von Löwe, 11. Aufl. Note 7 zu §. 63; Stenglein, 3. Aufl. Note 3 zu §. 63; v. Schwarze, Note 4 und Anm. 7 zu §. 63; Puchelt, Note 4 zu §. 63.

Beschlusse hielt es jedoch der Antragsteller zur Vermeidung culposer und auch doloser Versäumnisse auf Seiten der Verteidiger für geboten, daß der Antragsteller wenigstens das Verschulden eines von ihm gewählten Verteidigers oder Vertreters in gleichem Umfange wie sein eigenes zu vertreten habe.

Im Gegensatze hierzu und zum geltenden Rechte will der Antrag 2 die Wiedereinsetzung auch dann gewähren, wenn die Versäumung durch einen Vertreter des Antragstellers verursacht ist, und sie nur dann ausschließen, wenn die Versäumung auf einem Verschulden des Antragstellers beruht. Hierfür wurde ausgeführt: Der in der ersten Lesung allseitig ausgesprochene Wunsch, die Wiedereinsetzung in den vorigen Stand zu erleichtern, werde durch den Beschluß der ersten Lesung nicht erreicht. Dieser enthalte nichts wesentlich anderes als das geltende Recht. Er trage aber eine große Unklarheit in das Gesetz hinein, indem er den Begriff eines unabwendbaren Zufalls schaffe, der durch Anwendung eines gewissen Maßes von Sorgfalt abgewendet werden könne. Dies enthalte eine contradictio in adjecto, denn unabwendbar sei eben dasjenige Ereignis, welches mit aller Sorgfalt nicht zu vermeiden sei; sobald der Eintritt des Ereignisses durch einen Mangel an Sorgfalt veranlaßt sei, könne man es nicht mehr als unabwendbar bezeichnen. Es sei deshalb allein logisch und gerecht, auf den „Mangel des Verschuldens" abzustellen. Daß die Feststellung dieses Erfordernisses, wie in der ersten Lesung behauptet worden sei (Bd. 1 S. 511), zu Schwierigkeiten führen könne, sei kaum zu befürchten. Schon nach dem geltenden Rechte (§. 44 Abs. 2 Satz 2) solle es als ein unabwendbarer Zufall stets anzusehen sein, wenn der Antragsteller „ohne sein Verschulden" von einer Zustellung keine Kenntnis erlangt habe. Die Feststellung, ob ein Verschulden vorliege, werde in der Praxis ebensowenig Schwierigkeiten machen, wie etwa die Entscheidung der Frage, ob ein ausgebliebener Zeuge genügend „entschuldigt" sei (§. 50 Abs. 2 der Str.Pr.O.).

Um denjenigen Mitgliedern, die wegen der Schwierigkeit der Feststellung eines „Verschuldens" Bedenken geäußert hatten, die Zustimmung zu dem Grundgedanken des Antrags 2 zu ermöglichen, wurde im Laufe der Beratung beantragt,

3. für den Fall der Ablehnung des Antrags 2 in seiner ursprünglichen Fassung den Antrag mit der Änderung anzunehmen, daß an Stelle der Worte „ohne sein Verschulden" gesetzt wird:

   „bei Anwendung der im Verkehr erforderlichen Sorgfalt".

Von anderer Seite wurde dagegen der in erster Lesung abgelehnte, dem §. 364 der österreichischen Strafprozeßordnung nachgebildete Antrag wieder aufgenommen:

4. Gegen die Versäumung einer Frist oder eines Termins kann die Wiedereinsetzung in den vorigen Stand beansprucht werden, wenn der Antragsteller durch ein unabwendbares Ereignis, ohne sein oder seines Vertreters Verschulden, an der Einhaltung der Frist oder der Wahrnehmung des Termins verhindert worden ist.

Zu Gunsten dieses Antrags und gegen die Anträge zu 1 bis 3 wurde ausgeführt:

Es werde zu erheblichen Mißständen in der Praxis führen, wenn man bei einem Verschulden des Vertreters, möge es sich um gewählte oder um bestellte Vertreter handeln, die Wiedereinsetzung gewähre. Der Strafprozeß bedürfe gewisser Formen und Fristen, deren Aufrechterhaltung im Interesse des Staates wie der am Prozesse Beteiligten dringend notwendig sei. Sobald man eine Wiedereinsetzung wegen Verschuldens eines Vertreters zulasse, werde bei manchen Rechtsanwälten eine laxere Auffassung hinsichtlich der Notwendigkeit pünktlicher Wahrnehmung der Fristen Platz greifen. Ein disziplinares Einschreiten dagegen sei aus den schon in der ersten Lesung hervorgehobenen Gründen nicht immer möglich. Zudem müsse auch auf die berechtigten Interessen der Schöffen, Zeugen und Sachverständigen Rücksicht genommen werden, denen durch die wiederholten Verhandlungen große Opfer zugemutet würden. Man solle deshalb an dem in der ersten Lesung angenommenen Grundsatze, daß der Antragsteller für ein Verschulden seines Vertreters einzutreten habe, auch weiterhin festhalten. Der in erster Lesung gefaßte Beschluß gebe jedoch insofern zu Bedenken Anlaß, als einmal das Wort „Naturereignisse" beibehalten und dadurch die Möglichkeit einer zu engen Auslegung des Begriffs der unabwendbaren Zufälle nahegelegt sei, und als ferner durch die Worte „bei Anwendung der im Verkehr erforderlichen Sorgfalt" ein zivilistischer, für den Strafprozeß nicht wohl verwendbarer Begriff in das Gesetz eingeführt werde. Es empfehle sich deshalb, wie es der Antrag 4 vorschlage, aus dem geltenden Gesetze das Wort „Naturereignisse" auszuschalten und damit die Fassung des §. 44 der dem Rechtsgefühl entsprechenden und allen berechtigten Anforderungen genügenden Rechtsprechung des Reichsgerichts anzupassen.

Dem Antrage 4 wurde entgegengehalten:

Die vorgeschlagene Änderung des §. 44 sei nicht geeignet, dessen Sinn klarer zu stellen; sie trage vielmehr dieselbe Unklarheit in das Gesetz hinein wie der Beschluß der ersten Lesung, da neben der Unabwendbarkeit noch gefordert werde, daß auch kein Verschulden des Antragstellers vorliege. Sobald ein Verschulden des Antragstellers vorliege, sei das Ereignis für ihn eben nicht unabwendbar gewesen.

Um diesen Bedenken Rechnung zu tragen, strich der Urheber des Antrags 4 in seinem Antrage die Worte „sein oder" und fügte statt dessen vor den Worten „ohne seines Vertreters Verschulden" das Wort „auch" ein. Erläuternd wurde bemerkt, es solle damit außer Zweifel gestellt werden, daß der Antragsteller ein Verschulden seines Vertreters ebenso wie sein eigenes zu vertreten habe.

Bei der Abstimmung wurde zunächst die Frage, ob für den Fall der Annahme irgend eines Antrags das Verschulden irgend eines Vertreters Wiedereinsetzungsgrund sein solle, mit 10 gegen 7 Stimmen verneint, womit der mit dem Antrag 1 beantragte Zusatz zu dem Beschluß erster Lesung abgelehnt war. Alsdann wurde der Antrag 2, soweit er sich auf Fristen bezieht, mit 11 gegen 6 Stimmen abgelehnt, und das Einverständnis der Kommission dahin festgestellt, daß der Antrag auch in Beziehung auf Terminsversäumungen als abgelehnt zu gelten habe. In gleicher Weise wurde der Antrag 3 zunächst für Fristen mit 10 gegen 7 Stimmen, und sodann in Bezug auf Terminsversäumungen einstimmig abgelehnt. Endlich wurde der Antrag 4, soweit er sich auf Fristen bezieht, mit 16 Stimmen gegen eine Stimme angenommen, und die einhellige Meinung der Kommission weiter dahin festgestellt, daß der Antrag 4 auch für die Versäumung von Terminen gelten solle und der in der 70. Sitzung (Bd. 2 S. 146) zum §. 370 der Str.Pr.O. gefaßte Beschluß der heutigen veränderten Beschlußfassung anzupassen sein werde.

Die Beratung über die Frage der Wiedereinsetzung in den vorigen Stand war hiermit erledigt.

X. Die Kommission wandte sich zu Punkt IV 11 des Programms für die zweite Lesung „Öffentlichkeit", und zwar zunächst zu der Frage, ob im Verfahren vor dem Amtsrichter ohne Zuziehung von Schöffen die Ausschließung oder Einschränkung der Öffentlichkeit geboten erscheine (R I 1 des Fragebogens). In erster Lesung ist die Frage von der Kommission einstimmig verneint worden (Bd. 1 S. 368). Heute wurde von einem Mitglied ausgeführt: Nachdem die Kommission in zweiter Lesung beschlossen habe, daß für alle Übertretungen der Amtsrichter allein zuständig sein solle, habe die gestellte Frage an Bedeutung gewonnen. Nach den unter II und III des Protokolls der 65. Sitzung (Bd. 2 S. 78 flg.) gefaßten Beschlüssen solle jedem Beschuldigten die Gelegenheit gegeben sein, schon während des nicht-öffentlichen Ermittelungsverfahrens einzelne Beweiserhebungen zu veranlassen; auch sei instruktionell die Vorhaltung der gesammelten Beweise vor Einreichung der Anklageschrift vorgeschrieben. Beide Vorschriften würden aber für Übertretungssachen kaum eine praktische Bedeutung erlangen. Die Vorhaltung werde der Staatsanwaltschaft bei der Einfachheit dieser Sachen häufig entbehrlich erscheinen, und im Strafbefehlsverfahren werde nicht selten auch von einer Vernehmung des Beschuldigten abgesehen, sodaß dessen Befugnis, einzelne Beweiserhebungen zu beantragen, überhaupt nicht zur Geltung komme. Es sei daher anzunehmen, daß, wie bisher, so auch in Zukunft in diesen kleineren Sachen hier und da Fehlgriffe gemacht und unschuldige Personen mit einem Strafbefehle bedacht werden würden. Erfahrungsmäßig aber sähen die Beschuldigten mit Rücksicht einerseits auf die Geringfügigkeit der Strafe, andererseits auf die Unannehmlichkeit einer öffentlichen Gerichtsverhandlung trotz dem Bewußtsein ihrer Unschuld nicht selten von der Erhebung des Einspruchs ab. Es empfehle sich daher, ihnen die Verfolgung ihres Rechtes dadurch zu erleichtern, daß man ihnen, sofern ihnen das Beweisergebnis nicht vorgehalten und Gelegenheit zu Beweisanträgen im Vorverfahren nicht gegeben worden sei, ein Recht auf Ausschließung der Öffentlichkeit und auf Beweiserhebung in geheimer Sitzung gewähre.

Es wurde daher beantragt,

> für die Verhandlungen vor dem Amtsrichter in Übertretungssachen auf Antrag des Angeklagten die Ausschließung der Öffentlichkeit zuzulassen, falls den unter II und III des Protokolls der 65. Sitzung gefaßten Beschlüssen zuwider verfahren worden sei.

Der Antrag fand von keiner Seite Unterstützung. Es wurde zunächst darauf hingewiesen, daß der Antrag gerade diejenigen Fälle nicht treffe, in welchen nach der gegebenen Begründung die Ausschließung der Öffentlichkeit am meisten im Interesse des Angeklagten liegen könne, die Fälle nämlich, in denen er weder durch den Staatsanwalt noch auf dessen Veranlassung durch die Polizei als Beschuldigter vernommen worden sei. Denn ein Recht zur Beantragung von Beweiserhebungen solle nach den Beschlüssen der Kommission dem Beschuldigten nur zustehen, sofern er von der Staatsanwaltschaft oder auf deren Veranlassung vernommen werde; habe eine solche Vernehmung überhaupt nicht stattgefunden, so könne von einer Nichtbeachtung der von der Kommission beschlossenen Vorschriften gar nicht die Rede sein. Im übrigen sei aber gerade im Verfahren vor dem Einzelrichter die in dem öffentlichen Verfahren liegende Garantie für eine objektive Beurteilung unentbehrlich.

Hierauf wurde der Antrag zurückgezogen und alsdann die Frage R I 1 wiederum einstimmig verneint.

XI. Die Kommission erörterte weiterhin die Frage, ob eine Einschränkung der Öffentlichkeit im Verfahren wegen Beleidigung über das geltende Recht hinaus geboten sei (R II 2 des Fragebogens).

In Übereinstimmung mit dem Beschlusse der ersten Lesung (Bd. 1 S. 371) wurde die Frage heute einhellig bejaht. Dabei bestand Einverständnis darüber, daß die Ausschließung der Öffentlichkeit im einzelnen Falle von der Entscheidung des Gerichts abhängen müsse. Nachdem ein Antrag,

> Einschränkungen der Öffentlichkeit nur für die erste Instanz zuzulassen,

zurückgezogen war, herrschte auch darüber Einhelligkeit, daß die Einschränkung der Öffentlichkeit für alle Instanzen gleichmäßig geregelt werden solle.

Dagegen gingen die Meinungen darüber auseinander, ob die Einschränkung der Öffentlichkeit in allen Beleidigungssachen, sowie ferner, ob sie auch im Verfahren wegen der auf Antrag zu verfolgenden Körperverletzungen Platz greifen solle, und endlich unter welchen Voraussetzungen sie zuzulassen sei.

A. Dafür, daß eine Einschränkung der Öffentlichkeit nur im Privatklageverfahren wegen Beleidigung eintreten solle (zu vergl. Bd. 1 S. 370), erhob sich heute keine Stimme. Vielmehr herrschte Übereinstimmung darüber, daß auch bei den mit der öffentlichen Klage verfolgten Beleidigungen eine Einschränkung der Öffentlichkeit zuzulassen sei. Eine Begrenzung der Vorschrift nach anderer Richtung bezweckte dagegen der Antrag,

> die Einschränkung der Öffentlichkeit nur bei den auf Antrag zu verfolgenden Beleidigungen zuzulassen.

Hierdurch würden, wie erläuternd bemerkt wurde, die Fälle der Beleidigung gegen eine gesetzgebende Versammlung des Reichs oder eines Bundesstaats oder gegen eine andere politische Körperschaft ausgeschieden, da bei diesen die Verfolgung von der „Ermächtigung“ der beleidigten Körperschaft abhängig sei (St.G.B. §. 197) und ein Bedürfnis zur Einschränkung der Öffentlichkeit nicht vorliege.

Die Mehrheit hielt es jedoch nicht für angezeigt, nach dieser Richtung hin Unterscheidungen zu machen. Mit 12 gegen 4 Stimmen wurde beschlossen, die Einschränkung der Öffentlichkeit in allen Fällen eines Verfahrens wegen Beleidigung zuzulassen.

B. Der Antrag,

die Einschränkung der Öffentlichkeit auch bei den auf Antrag zu verfolgenden Körperverletzungen zuzulassen,

wurde mit 11 gegen 5 Stimmen abgelehnt. Dafür war geltend gemacht worden: Die tätliche Beleidigung sei von der leichten Körperverletzung oft so wenig unterschieden, daß eine abweichende Behandlung nicht gerechtfertigt erscheine. Auch werde es im Privatklageverfahren zu Weiterungen führen, wenn der wegen Beleidigung Angeklagte eine Widerklage wegen Körperverletzung erhebe und hierdurch die Ausschließung der Öffentlichkeit unmöglich gemacht werde.

Für die ablehnende Haltung der Mehrheit war die Erwägung maßgebend, daß die Gründe, welche bei Beleidigungen für eine Einschränkung der Öffentlichkeit sprächen, bei Körperverletzungen in der Regel nicht gegeben seien; es bestehe dort kaum jemals ein Anlaß für den Angeklagten, das Vorleben des Verletzten zum Gegenstande der öffentlichen Erörterung zu machen.

C. Bezüglich der Voraussetzungen für die Ausschließung der Öffentlichkeit bei Beleidigungen war in erster Lesung beschlossen worden, daß es hierzu, gleichviel ob die Beleidigung mit der öffentlichen Klage oder mit der Privatklage verfolgt werde, eines übereinstimmenden Antrags beider Parteien bedürfe (Bd. 1 S. 371).

Heute wurde beantragt,

1. die Ausschließung der Öffentlichkeit auf den Antrag einer Partei zuzulassen.

Zur Begründung des Antrags wurde, wie dies schon in erster Lesung seitens der Minderheit geschehen war, darauf hingewiesen, daß ein übereinstimmender Antrag der Parteien fast niemals und namentlich nicht in den Fällen gestellt werden würde, in denen ein Prozeßbeteiligter den anderen vor der Öffentlichkeit bloßzustellen trachte. Der Beschluß der Kommission werde also gerade gegenüber denjenigen Übelständen, welchen er abhelfen wolle, gänzlich wirkungslos bleiben. Wenn ein praktischer Erfolg erreicht werden solle, müsse dem Gerichte die Befugnis gegeben werden, auch auf den Antrag nur einer Partei die Öffentlichkeit auszuschließen. In dem freien Ermessen des Gerichts liege eine ausreichende Gewähr dafür, daß die Öffentlichkeit nicht ohne genügenden Grund ausgeschlossen werde.

Der Vorschlag begegnete jedoch lebhaftem Widerspruche. Es wurde geltend gemacht: Das Volk habe ein großes politisches Interesse an der Öffentlichkeit der Gerichtsverhandlungen. Beschränkungen dürften deshalb nur zugelassen werden, sofern ein dringendes Bedürfnis nachgewiesen sei, und nicht unter Voraussetzungen, die den Gerichten eine willkürliche Handhabung ermöglichten. Es müsse deshalb daran festgehalten werden, daß bei Beleidigungen die Ausschließung der Öffentlichkeit nicht ohne die Zustimmung beider Prozeßbeteiligten erfolgen dürfe. Es sei nicht angängig, dem Beleidigten, der gerade durch eine öffentliche Verhandlung sich von dem wider ihn erhobenen Vorwurfe befreien wolle, dies auf den einseitigen Antrag des Angeklagten hin durch Ausschließung der Öffentlichkeit unmöglich zu machen. Das freie Ermessen des Gerichts bilde hier keine genügende Garantie, zumal die Richter ohne Kenntnis des Sachverhalts kaum in der Lage sein würden, über den Antrag des einen Beteiligten eine zutreffende Entscheidung zu fällen.

Von anderer Seite wurde zwar das Erfordernis der Übereinstimmung der Prozeßbeteiligten als unerläßlich bezeichnet, jedoch darauf hingewiesen, daß mitunter die Stellung des Antrags auf Ausschließung der Öffentlichkeit geeignet sein werde, den Antragsteller dem Verdacht auszusetzen, daß ihm an der Verbergung gewisser Tatsachen gelegen sein müsse. Die Scheu, vor der Öffentlichkeit den Anschein zu erwecken, daß man etwas zu verheimlichen habe, werde viele von der Stellung eines Antrags zurückhalten. Bisweilen werde die Ausschließung der Öffentlichkeit auch im Interesse einer dritten, am Prozesse nicht beteiligten Person liegen. Es sei deshalb gut, wenn in solchen Fällen das Gericht in der Lage sei, die Ausschließung der Öffentlichkeit anzuregen. Es empfehle sich daher, den Beschluß erster Lesung mit folgendem Zusatz aufrechtzuerhalten:

2. Auch kann das Gericht die Öffentlichkeit ausschließen, wenn keine Partei Widerspruch erhebt.

Der Antrag fand in der Kommission wenig Anklang. Es wurde ihm entgegengehalten:

Das Gericht, dem zum größten Teile die Akten nicht bekannt seien, werde meist gar nicht übersehen können, ob die Ausschließung der Öffentlichkeit am Platze sei. In manchen Fällen werde seine Anregung geradezu fehlgehen. Bei der großen Autorität aber, deren sich in vielen Teilen des Reichs die Gerichte erfreuen, könne es sich ergeben, daß die Prozeßparteien der Anregung des Gerichts auch dann entsprechen, wenn dies nicht in ihren Wünschen liege. Dies müsse gerade im Interesse des Ansehens der Gerichte vermieden werden.

Angesichts der ablehnenden Haltung der Kommission wurde hierauf der Antrag 2 zurückgezogen.

Von anderen Mitgliedern wurde ein vermittelnder Standpunkt eingenommen. Sie führten aus: Wenn die öffentliche Klage erhoben sei, könne allerdings die Ausschließung der Öffentlichkeit auf einseitigen Antrag nicht zugelassen werden. Für die Staatsanwaltschaft werde es stets mißlich sein, einen solchen Antrag zu stellen, weil sie sich damit dem Verdacht aussetze, daß sie an der Geheimhaltung der der Beleidigung zu Grunde liegenden Vorgänge, z. B. der Amtsführung des beleidigten Beamten, ein besonderes Interesse habe; gegen die Meinung der Anklagebehörde eine Ausschließung der Öffentlichkeit zuzulassen, erscheine gleichfalls nicht angängig. Dagegen sei es nicht nötig, einen übereinstimmenden Antrag beider Parteien zu fordern; es müsse genügen, wenn eine Partei ohne Widerspruch der anderen den Antrag stelle. Im Privatklageverfahren könne man noch weiter gehen und eine Ausschließung der Öffentlichkeit auf den einseitigen Antrag einer Partei zulassen; hier handele es sich überwiegend um Privatinteressen, deren gerechte Abwägung man vertrauensvoll den Gerichten überlassen dürfe.

Bei der Abstimmung wurde diese Anregung zu Grunde gelegt. Die Kommission beschloß zunächst mit 11 gegen 5 Stimmen,

daß im Privatklageverfahren wegen Beleidigung die Öffentlichkeit auf den Antrag einer Partei ausgeschlossen werden kann.

Sie verneinte sodann mit 9 gegen 7 Stimmen die Frage, ob auch im öffentlichen Verfahren wegen Beleidigung der Antrag einer Partei für die Ausschließung der Öffentlichkeit genügen solle, und beschloß endlich mit 12 gegen 4 Stimmen,

> daß im öffentlichen Verfahren wegen Beleidigung die Öffentlichkeit ausgeschlossen werden kann, wenn ein Prozeßbeteiligter dies beantragt und die anderen Prozeßbeteiligten nicht widersprechen.

Durch diese Abstimmung war der allein noch zur Beratung stehende Antrag 1 erledigt.

79. Sitzung.

24. Februar 1905.

Öffentlichkeit. Abgekürztes Verfahren.

I. Die Kommission wandte sich zur Frage R I 3 des Fragebogens, ob sich eine Einschränkung der Öffentlichkeit im Verfahren gegen jugendliche Personen, insbesondere gegen schulpflichtige Kinder empfehle.

Die Kommission war heute wie in der ersten Lesung (Bd. 1 S. 373 flg.) einhellig der Meinung, daß die Frage zu bejahen sei und daß als jugendliche Personen alle diejenigen in Betracht zu kommen hätten, welche zur Zeit der Verhandlung noch nicht achtzehn Jahre alt seien. Ferner herrschte darin Übereinstimmung, daß die Entscheidung über die Ausschließung der Öffentlichkeit vom Gerichte zu treffen sei und daß die Beschränkung der Öffentlichkeit in allen Instanzen gleichmäßig zulässig sein solle.

Was die Voraussetzungen angeht, unter denen die Ausschließung der Öffentlichkeit zulässig sein soll, so hat die Kommission in erster Lesung die Zustimmung der Prozeßbeteiligten als erforderlich bezeichnet (Bd. 1 S. 374).

Heute war beantragt, daß die Ausschließung der Öffentlichkeit erfolgen könne,

a) wenn die Prozeßbeteiligten zustimmen,

b) auf Antrag einer Partei oder auch von Amtswegen.

Der Antrag a wurde entsprechend dem für das Verfahren wegen Beleidigung gefaßten Beschlusse (Bd. 2 S. 238) dahin abgeändert:

> wenn ein Prozeßbeteiligter es beantragt und die anderen Prozeßbeteiligten nicht widersprechen.

Für den Antrag b wurden die von der Minderheit in erster Lesung gegen das Erfordernis allseitiger Zustimmung hervorgehobenen Bedenken erneut vorgetragen. Insbesondere wurde ausgeführt:

Man dürfe zu den Gerichten das Vertrauen haben, daß sie in sachgemäßer Abwägung aller in Betracht kommenden Interessen die dem einzelnen Falle angemessene Entscheidung treffen würden. Da die Prozeßbeteiligten, namentlich der jugendliche Angeklagte, nicht immer übersehen könnten, ob sich die Ausschließung der Öffentlichkeit empfehle, sei dem Gericht auch die Befugnis zu geben, ohne einen Antrag, ja gegen den Widerspruch der Parteien die Öffentlichkeit auszuschließen.

Der Antrag b fand jedoch in der Kommission keine Unterstützung. Es wurde zwar anerkannt, daß dem Gerichte die Befugnis zustehen müsse, zu Anträgen auf Ausschließung der Öffentlichkeit die Anregung zu geben; an dem Erfordernisse der Zustimmung aller Beteiligten müsse aber festgehalten werden, namentlich mit Rücksicht auf die Fälle, in denen sich strafmündige Angeklagte in gemeinsamer Verhandlung mit Jugendlichen zu verantworten hätten. Vollends ausgeschlossen müsse es bleiben, daß das Gericht gegen den Widerspruch aller Beteiligten die Öffentlichkeit ausschließen könne, da sonst die Gefahr bestehe, daß sich bei einzelnen Gerichten eine ständige Praxis dahin bilde, für alle Verhandlungen, bei denen Jugendliche beteiligt seien, die Öffentlichkeit auszuschließen.

Die Worte „oder auch von Amtswegen" im Antrage b wurden vor der Abstimmung vom Antragsteller fallen gelassen. Der Rest des Antrags b wurde mit 17 Stimmen gegen die Stimme des Antragstellers abgelehnt. Alsdann wurde der Antrag a in der veränderten Fassung mit 9 gegen 9 Stimmen angenommen, wobei die Stimme des Vorsitzenden den Ausschlag gab. Von den gegen den Antrag stimmenden Mitgliedern war die unveränderte Aufrechterhaltung des Beschlusses erster Lesung als wünschenswert bezeichnet worden.

II. Es lag ferner der Antrag vor, dem Gerichte die Befugnis zur Ausschließung der Öffentlichkeit zu gewähren:

> im Verfahren wegen eines Vergehens gegen §. 9 des Gesetzes zur Bekämpfung des unlauteren Wettbewerbes vom 27. Mai 1896 (Reichs-Gesetzbl. S. 145).[1])

Zur Begründung führte der Antragsteller aus, daß die öffentliche Verhandlung über die im Antrage bezeichneten Vergehen bisweilen dem ohnehin schon geschädigten Betriebsinhaber einen weiteren bedeutenden Nachteil zufüge, da das Bekanntwerden des verratenen Betriebsgeheimnisses in weiteren Kreisen alsdann nicht zu vermeiden sei.

Dem Antrage wurde entgegengehalten:

Verletzungen des §. 9 des Gesetzes zur Bekämpfung des unlauteren Wettbewerbes kämen verhältnismäßig selten zur gerichtlichen Aburteilung. Wennschon nicht bestritten werden solle, daß in Einzelfällen eine öffentliche Verhandlung dem Verletzten einen weiteren Schaden zufügen könne, so dürfe dies allein doch nicht als ein ausreichender Grund für eine Einschränkung des allgemeinen Prinzips der Öffentlichkeit anerkannt werden; die Folgen würden sonst unab-

---

[1]) Der §. 9 des genannten Gesetzes lautet:

> Mit Geldstrafe bis zu dreitausend Mark oder mit Gefängnis bis zu einem Jahre wird bestraft, wer als Angestellter, Arbeiter oder Lehrling eines Geschäftsbetriebs Geschäfts- oder Betriebsgeheimnisse, die ihm vermöge des Dienstverhältnisses anvertraut oder sonst zugänglich geworden sind, während der Geltungsdauer des Dienstverhältnisses unbefugt an Andere zu Zwecken des Wettbewerbes oder in der Absicht, dem Inhaber des Geschäftsbetriebs Schaden zuzufügen, mitteilt.
>
> Gleiche Strafe trifft denjenigen, welcher Geschäfts- oder Betriebsgeheimnisse, deren Kenntnis er durch eine der im Abs. 1 bezeichneten Mitteilungen oder durch eine gegen das Gesetz oder die guten Sitten verstoßende eigene Handlung erlangt hat, zu Zwecken des Wettbewerbes unbefugt verwertet oder an Andere mitteilt.
>
> Zuwiderhandlungen verpflichten außerdem zum Ersatze des entstandenen Schadens. Mehrere Verpflichtete haften als Gesamtschuldner.

sehbar sein. Ganz unmöglich sei es, hier eine Ausschließung der Öffentlichkeit gegen den Widerspruch der Prozeßbeteiligten zuzulassen; gerade in den hier fraglichen Fällen habe der Angeklagte oft ein dringendes Interesse daran, in öffentlicher Verhandlung seine Unschuld festgestellt zu sehen.

Der Antrag wurde hierauf zurückgezogen.

III. Hinsichtlich des Zeitpunkts, in welchem bei dem Verfahren gegen Jugendliche die Ausschließung der Öffentlichkeit erfolgen darf, ist in der ersten Lesung (Bd. 1 S. 375) beschlossen worden, daß der Antrag auf Ausschließung der Öffentlichkeit schon vor der Hauptverhandlung gestellt werden könne und daß alsdann hierüber vor Beginn der Hauptverhandlung in nichtöffentlicher Sitzung von dem erkennenden Gerichte Beschluß gefaßt werden solle.

Heute lag der Antrag vor,

> zu bestimmen, daß die Ausschließung der Öffentlichkeit auch vor der Hauptverhandlung bei oder nach der Anberaumung des Termins zur Hauptverhandlung für diese vom Gerichte beschlossen werden könne.

Erläuternd bemerkte der Antragsteller, daß eine Beschlußfassung des erkennenden Gerichts unmittelbar vor Beginn der Hauptverhandlung praktisch zu Schwierigkeiten Anlaß geben und namentlich die Anberaumung besonderer Sammeltermine für Jugendliche erschweren werde. Es empfehle sich daher, die Befugnis zur Ausschließung der Öffentlichkeit auch dem Beschlußgerichte zu geben.

Dem wurde jedoch von vielen Seiten lebhaft widersprochen. Es wurde als nicht angängig bezeichnet, daß das Beschlußgericht der Auffassung des erkennenden Gerichts in dieser Weise vorgreife; auch sei es nicht gerechtfertigt, die Schöffen von der Beschlußfassung auszuschließen.

Der Antrag wurde darauf zurückgezogen.

Auch die Aufrechterhaltung des Beschlusses erster Lesung wurde nach dem Ergebnisse der heutigen Beratung von keiner Seite mehr empfohlen. Es wurde darauf hingewiesen, daß die Mitwirkung der Schöffen bei einem vor Beginn der Hauptverhandlung zu erlassenden Beschluß eine Anomalie sei, welche durch das praktische Bedürfnis nicht gerechtfertigt werde. Der Vorsitzende stellte daher die einhellige Meinung der Kommission dahin fest, daß der Beschluß zu I 4 des Protokolls der 42. Sitzung (Bd. 1 S. 375) fallengelassen werde.

IV. Der Antrag:

> Wird die Öffentlichkeit im Verfahren wegen Beleidigung oder im Verfahren gegen einen Angeklagten, der das achtzehnte Lebensjahr noch nicht vollendet hat, ausgeschlossen, so ist bei der Verkündung des Beschlusses die Angabe der Gründe für die Ausschließung nicht erforderlich, sondern die Bezugnahme auf die einschlägige Gesetzesbestimmung genügend.

entspricht sachlich dem Beschlusse der ersten Lesung (Bd. 1 S. 375 flg.) und wurde ohne Debatte einstimmig angenommen.

Ebenso einhellig stimmte die Kommission der Auffassung zu, daß das Gericht, wenn es im Verfahren wegen Beleidigung oder gegen Jugendliche in

Gemäßheit der Kommissionsbeschlüsse die Öffentlichkeit ausgeschlossen habe, jederzeit befugt sei, die Öffentlichkeit wiederherzustellen, falls die Verhandlung hierzu Veranlassung biete, sowie ferner, daß der von einem Prozeßbeteiligten erst im Laufe der Hauptverhandlung erhobene Widerspruch gegen die vorher beschlossene Ausschließung der Öffentlichkeit zur Wiederherstellung der Öffentlichkeit führen müsse, soweit für die Ausschließung die Zustimmung dieses Prozeßbeteiligten erforderlich war.

V. Nach §. 175 Abs. 1 des G.V.G. findet die Verhandlung über die Ausschließung der Öffentlichkeit in nicht-öffentlicher Sitzung statt, wenn ein Beteiligter es beantragt oder das Gericht es für angemessen erachtet. Nach §. 174 Abs. 2 des G.V.G. kann durch einen besonderen Beschluß des Gerichts für die Verkündung der Urteilsgründe oder eines Teiles derselben die Öffentlichkeit ausgeschlossen werden, wenn sie eine Gefährdung der Staatssicherheit oder der Sittlichkeit besorgen läßt. In der Praxis ist die Frage streitig geworden, ob eine besondere Verhandlung gemäß §. 175 Abs. 1 Satz 1 auch dann stattfinden muß, wenn zunächst auf Grund vorgängiger Verhandlung die Öffentlichkeit gemäß §. 173 des G.V.G. für die Hauptverhandlung ausgeschlossen war und nunmehr durch einen besonderen Beschluß gemäß §. 174 Abs. 2 des G.V.G. die Öffentlichkeit auch für die Verkündung der Urteilsgründe ausgeschlossen werden soll. Das Reichsgericht hat diese Frage in einem Urteile vom 31. Januar 1902 (Entsch. in Strafs. Bd. 35 S. 103 flg.) bejaht. Der Kommission lag der Antrag vor,

> hinter §. 175 Abs. 1 Satz 1 des G.V.G. die folgende Bestimmung einzuschieben:
>
> > Ist über Ausschließung der Öffentlichkeit verhandelt worden, so bedarf es, wenn demnächst durch besonderen Beschluß für die Verkündung der Urteilsgründe oder eines Teiles derselben die Öffentlichkeit ausgeschlossen werden soll, einer besonderen Verhandlung hierüber nicht.

Für den Antrag wurde geltend gemacht:

Es empfehle sich, der auch vom Standpunkte des geltenden Rechts nicht zweifelsfreien Auslegung entgegenzutreten, welche das Reichsgericht in dem erwähnten Urteile dem Gesetze gegeben habe. Eine wiederholte Verhandlung über die Ausschließung der Öffentlichkeit für die Urteilsverkündung sei zwecklos, da die Gründe sachlich nicht andere seien als die für den früheren Beschluß bestimmend gewesenen. Zudem habe es keinen rechten Sinn, mit den Prozeßbeteiligten über die Ausschließung der Öffentlichkeit während der Urteilsverkündung zu verhandeln, weil sie nicht wüßten, was das Gericht zu verkünden gedenke.

Der Antrag wurde einstimmig angenommen.

VI. Nach der dem §. 175 Abs. 2 des G.V.G. durch das Gesetz vom 5. April 1888 (Reichs-Gesetzbl. S. 133) gegebenen Fassung kann das Gericht, wenn die Öffentlichkeit wegen Gefährdung der Staatssicherheit ausgeschlossen worden ist, den anwesenden Personen die Geheimhaltung von Tatsachen zur Pflicht machen, welche durch die Verhandlung, durch die Anklageschrift oder durch andere amtliche Schriftstücke des Prozesses zu ihrer Kenntnis gelangen. Die Verletzung der Geheimhaltungspflicht unterliegt der im Artikel II des Gesetzes vom 5. April 1888 bestimmten Strafe.

Es war beantragt,

den §. 175 Abs. 2 des G.V.G. und den Artikel II des Gesetzes vom 5. April 1888 aufzuheben.

Zur Begründung wurde geltend gemacht, daß die Vorschrift nicht in das Gerichtsverfassungsgesetz gehöre und in der Praxis fast nie zur Anwendung gelange.

Gegenüber dieser letzteren Behauptung wurde von mehreren Mitgliedern der Kommission darauf hingewiesen, daß die Vorschrift in den vor dem Reichsgericht in erster und letzter Instanz verhandelten Sachen keineswegs selten angewendet werde und geradezu als unentbehrlich bezeichnet werden müsse. Zu irgend welchen Mißständen habe das Gesetz nicht geführt; eine Änderung sei deshalb nicht angebracht.

Der Antrag wurde darauf zurückgezogen.

VII. Eine über die allgemeinen Bestimmungen des §. 174 des G.V.G. hinausgehende Einschränkung der Öffentlichkeit bei der Urteilsverkündung wurde heute von keiner Seite beantragt. Der hierauf bezügliche Antrag der ersten Lesung (Bd. 1 S. 372) wurde nicht wiederholt. Der Vorsitzende stellte vielmehr, ohne Widerspruch zu finden, fest, daß der §. 174 durch die Beschlüsse der Kommission über die weiteren Einschränkungen der Öffentlichkeit nicht berührt werden solle.

Hiermit war die Beratung über die Frage der Öffentlichkeit beendet.

VIII. Die Kommission schritt zur Beratung des abgekürzten Verfahrens (IV 12 a des Programms für die zweite Lesung, K des Fragebogens). Der Vorsitzende eröffnete zunächst eine Generaldebatte darüber, ob sich eine Ausdehnung des abgekürzten Verfahrens über das geltende Recht hinaus empfehle. Im Rahmen der Generaldebatte wurden jedoch bereits die Fragen erörtert,

a) ob die Zustimmung des Beschuldigten eine allgemeine Voraussetzung der Zulässigkeit des abgekürzten Verfahrens bilden solle;
b) welches Gericht für das abgekürzte Verfahren zuständig sein solle;
c) welcher Behörde die Einleitung des abgekürzten Verfahrens zustehen solle.

1. Darüber, daß sich eine Ausdehnung des abgekürzten Verfahrens über den durch den §. 211 der Str.Pr.O. gegebenen Rahmen empfehle, herrschte heute Einverständnis. Wenn auch von einigen Mitgliedern dem Zweifel Ausdruck gegeben wurde, ob die Praxis, abgesehen vielleicht von einigen großen Städten, von dem abgekürzten Verfahren viel Gebrauch machen werde, so wurde doch eine Ausdehnung des abgekürzten Verfahrens aus den in den Protokollen der ersten Lesung (Bd. 1 S. 204 flg.) niedergelegten Gründen als notwendig bezeichnet. Von verschiedenen Seiten wurde insbesondere darauf hingewiesen, daß die Verlangsamung des Verfahrens, welche infolge der Beschlüsse der Kommission über die Gestaltung des Vorverfahrens und über die Ausdehnung der Berufung ein-

treten werde, das Bedürfnis nach einem schleunigeren Verfahren in einfachen Sachen in verstärktem Maße hervortreten lasse.

2. Was die allgemeinen Voraussetzungen für die Zulässigkeit eines abgekürzten Verfahrens angeht, so war die Kommission darin einig, daß ein solches nur dann am Platze sei, wenn völlige Beweisbereitschaft vorliege und der Angeklagte selbst zur Stelle sei.

Entsprechend einem in erster Lesung abgelehnten Antrage (Bd. 1 S. 206 unter III) war ferner vorgeschlagen,

> daß die Zustimmung des Beschuldigten allgemeine Voraussetzung für die Zulässigkeit des abgekürzten Verfahrens sein solle.

Hierfür wurde neben den in erster Lesung geltend gemachten Gründen insbesondere noch darauf hingewiesen, daß auch die VIII. Kommission des Reichstags von 1900 sich dafür ausgesprochen habe, dem Beschuldigten ein Widerspruchsrecht zu gewähren.[1])

Der Antrag fand jedoch keine Unterstützung; vielmehr wurde allgemein die Ansicht geäußert, daß eine derartige Änderung des geltenden Rechtes das Verfahren zu einer für die Praxis völlig bedeutungslosen Einrichtung machen würde.

Der Antrag wurde darauf zurückgezogen und die einhellige Meinung der Kommission dahin festgestellt, daß die Zustimmung des Beschuldigten nicht allgemeine Voraussetzung für die Zulässigkeit des abgekürzten Verfahrens sein solle.

3. Hinsichtlich der Frage der Zuständigkeit hat die Kommission in erster Lesung beschlossen, daß für alle Fälle des abgekürzten Verfahrens ein Einzelrichter, und zwar der Amtsrichter, zuständig sein soll (Bd. 1 S. 205 flg.).

Heute wurden von verschiedenen Seiten hiervon abweichende Vorschläge gemacht.

Zunächst war beantragt,

a) die kleinen Schöffengerichte für zuständig zu erklären, insoweit es sich um die Aburteilung eines Vergehens handele und der Beschuldigte weder geständig sei noch sich freiwillig gestellt habe.

Hierfür wurde die schon in erster Lesung von einer Minderheit vertretene Ansicht erneut vorgetragen, daß in wichtigeren und nicht völlig klar liegenden Fällen die Mitwirkung der Schöffen unentbehrlich erscheine.

Demgegenüber wurde wiederum darauf hingewiesen, daß das Verfahren, wie die mit der Vorschrift des §. 211 Abs. 1 der Str.Pr.O. gemachten Erfahrungen bewiesen hätten, nur dann lebensfähig und praktisch brauchbar sein werde, wenn es möglichst einfach gestaltet und einem Einzelrichter zugewiesen sei.

Von anderer Seite wurde vorgeschlagen,

b) bei den zur Zuständigkeit der mittleren Schöffengerichte gehörenden Vergehen ein Mitglied des Landgerichts als Einzelrichter für zuständig zu erklären, der Staatsanwaltschaft jedoch die Befugnis zu geben, auch in diesen Fällen die Einleitung des abgekürzten Verfahrens bei dem Amtsrichter zu beantragen.

---

[1]) Zu vergl. Reichstagsdrucks. von 1900/1901 Nr. 220 S. 25, 26 und ad Nr. 220 S. 32/33.

Hierfür wurde, neben den in erster Lesung für einen ähnlichen Antrag (B. 1 S. 205) vorgetragenen Gründen, insbesondere geltend gemacht, daß dadurch die Hin- und Hersendung der Akten zwischen der Staatsanwaltschaft und dem Amtsgerichte vermieden werde.

Der Antrag b fand keinen Anklang. Es wurde ihm entgegengehalten:

Eine Beschleunigung des Verfahrens werde durch die Verweisung an einen Einzelrichter am Landgerichte jedenfalls nicht eintreten. Die bei der Zuständigkeit des Amtsrichters durch die Hin- und Hersendung der Akten etwa entstehende Verzögerung werde mehr als ausgeglichen durch die Zeit, welche die im Falle der Zuständigkeit des Landgerichts meistens erforderliche Reise des Beschuldigten an den Sitz des Landgerichts beanspruche. Zudem seien aber die Mitglieder des Landgerichts in der Regel schwerer zu erreichen als der Amtsrichter. Die in einer Zivilkammer oder Strafkammer tätigen Richter sowie die Untersuchungsrichter würden infolge ihrer anderweitigen Beschäftigung zur sofortigen Aburteilung vorgeführter Delinquenten vielfach nicht imstande sein. Bestelle man aber, was bei größeren Landgerichten immerhin möglich sein würde, für das abgekürzte Verfahren einen besonderen Richter, so liege die Gefahr nahe, daß hierfür vorzugsweise junge Hilfsrichter ausersehen würden, die aber gerade für die schleunigen Entscheidungen im abgekürzten Verfahren nicht geeignet seien. Ferner bleibe unklar, an welches Gericht die Berufungen gegen die Urteile dieses Richters geleitet werden sollten, und endlich empfehle sich der Vorschlag auch deshalb nicht, weil dadurch den ohnehin zahlreichen Strafgerichten ein neues hinzugefügt würde.

Der Antrag b wurde hierauf zurückgezogen und statt dessen die Aufrechterhaltung des Beschlusses der ersten Lesung beantragt.

Bei der Abstimmung wurde zunächst die Frage,

> ob im abgekürzten Verfahren stets ein Einzelrichter zur Entscheidung zuständig sein solle,

mit 16 Stimmen gegen eine Stimme bejaht. Hiermit war der Antrag a abgelehnt. Als einhellige Meinung der Kommission wurde alsdann festgestellt, daß als Einzelrichter stets der Amtsrichter zuständig sein solle.

4. Entsprechend dem Beschlusse der ersten Lesung (Bd. 1 S. 206 unter IV) sprach sich die Kommission heute einstimmig dafür aus,

> daß die Einleitung des abgekürzten Verfahrens durch die Staatsanwaltschaft erfolgen solle.

Ein Antrag, welcher die Zustimmung des zuständigen Gerichts für erforderlich erklären wollte, wurde zurückgezogen, nachdem von mehreren Seiten geltend gemacht war, daß hierdurch eine erhebliche Komplizierung und Verzögerung des Verfahrens eintreten würde.

IX. Im Einklange mit den Beschlüssen der ersten Lesung (Bd. 1 S. 207 flg.) herrschte Übereinstimmung darüber, daß das abgekürzte Verfahren nur bei Vergehen und Übertretungen, nicht auch bei Verbrechen zuzulassen sei und daß die Aberkennung der bürgerlichen Ehrenrechte im abgekürzten Verfahren nicht ausgesprochen werden dürfe.

X. Die Kommission ging sodann zur Beratung der Frage über, unter welchen einzelnen Voraussetzungen die Einleitung des abgekürzten Verfahrens zulässig sein solle.

1. Ebenso wie in erster Lesung (Bd. 1 S. 208 flg.) bestand Übereinstimmung darüber, daß bei Übertretungen das abgekürzte Verfahren ohne weitere Voraussetzungen zuzulassen sei.

Von einem Mitgliede war die Frage aufgeworfen worden, ob ein praktisches Bedürfnis dafür bestehe, für Übertretungen das abgekürzte Verfahren auch dann zuzulassen, wenn die Voraussetzungen, von denen das abgekürzte Verfahren bei Vergehen abhängig sei, nicht vorlägen. Da der Amtsrichter nach den Beschlüssen der Kommission für die Übertretungen auch im ordentlichen Verfahren zuständig sein solle, so würden sich die beiden Verfahrensarten, die man bei diesen Delikten neben einander zulassen wolle, nur dadurch unterscheiden, daß im abgekürzten Verfahren die Anklageschrift und die Ladung des Angeklagten fortfalle. Demgegenüber wurde jedoch darauf hingewiesen, daß durch den Fortfall der Anklageschrift eine Beschleunigung und Erleichterung des Verfahrens erzielt werde, die in Haftsachen (soweit diese nicht unter die zu 2 erörterten Fälle gehörten) und in großen Städten von erheblichem Werte sein könne.

2. Hinsichtlich des abgekürzten Verfahrens bei flagrants délits hat die Kommission in erster Lesung (Bd. 1 S. 210 flg.) beschlossen,

> das abgekürzte Verfahren für zulässig zu erklären, wenn der Beschuldigte auf frischer Tat betroffen und vorläufig festgenommen worden ist.

Von einer Seite wurde, einem in erster Lesung abgelehnten Antrage (Bd. 1 S. 211 unter a) entsprechend, vorgeschlagen, dem Beschlusse der ersten Lesung hinzuzufügen:

> a) falls der Beschuldigte der Aburteilung im abgekürzten Verfahren nicht bis zum Beginne der Hauptverhandlung widerspricht.

Der Antrag fand keine Unterstützung und wurde aus den in den Protokollen Bd. 1 S. 211 flg. niedergelegten Gründen mit 15 Stimmen gegen die Stimme des Antragstellers abgelehnt.

Von anderer Seite wurde beantragt,

> b) dem Beschlusse der ersten Lesung folgenden Zusatz zu geben:
>
> auch dann, wenn sich an die vorläufige Festnahme der Erlaß eines Haftbefehls anschließt.

Ein entsprechender Antrag war in erster Lesung abgelehnt worden (Bd. 1 S. 212 unter d). Heute wurde zu seiner Begründung geltend gemacht:

Der Amtsrichter sei häufig nicht in der Lage, sogleich gegen die festgenommene und dem Amtsgerichte vorgeführte Person im abgekürzten Verfahren zu verhandeln, sei es, weil er selbst oder der Amtsanwalt durch dringende anderweitige Amtsgeschäfte verhindert oder weil einer von ihnen abwesend oder weil hinsichtlich eines einzelnen Punktes, z. B. der Vorstrafen, noch eine Aufklärung zu beschaffen sei. Es bleibe dann gemäß dem §. 128 Abs. 2 der Str.Pr.O. nichts anderes übrig, als zunächst einen Haftbefehl zu erlassen; indessen sei nicht abzusehen, weshalb nicht trotzdem in kurzer Frist noch die Einleitung des abgekürzten Verfahrens zulässig sein solle, wenn im übrigen dessen Voraussetzungen vorlägen, insbesondere Beweisbereitschaft vorhanden sei.

Die Kommission glaubte, sich heute diesen praktischen Erwägungen nicht verschließen zu können. Es wurde als einhellige Meinung die Aufrechterhaltung des Beschlusses der ersten Lesung mit dem unter b beantragten Zusatze festgestellt.

3. Nach dem Beschlusse der ersten Lesung soll die Einleitung des abgekürzten Verfahrens ferner zulässig sein, wenn sich der Beschuldigte freiwillig stellt (Bd. 1 S. 213 flg.). Heute war beantragt, diesen Beschluß in der folgenden Form aufrechtzuerhalten:

wenn sich der Beschuldigte zum Zwecke der Aburteilung freiwillig stellt.

Zur Begründung wurde darauf hingewiesen, daß ein Beschuldigter möglicherweise dem Gerichte sich nur deshalb stelle, um eine Beschleunigung des Verfahrens und eine rasche Beseitigung des auf ihm lastenden Verdachts, nicht aber eine sofortige Aburteilung herbeizuführen. In solchen Fällen würde die Einleitung eines abgekürzten Verfahrens nicht gerechtfertigt sein.

Der Antrag wurde mit 11 Stimmen gegen 5 Stimmen angenommen. Die Minderheit hatte eine solche Unterscheidung nicht für erforderlich gehalten.

4. Zu eingehenden Erörterungen gab die Frage Anlaß, ob, dem Beschlusse der ersten Lesung (Bd. 1 S. 213 flg.) entsprechend, ein abgekürztes Verfahren zulässig sein solle, wenn der Beschuldigte die ihm zur Last gelegte Tat eingesteht. Hiergegen wurden Bedenken nach zwei Richtungen hin geäußert.

Ein Mitglied wollte im Falle des Geständnisses das abgekürzte Verfahren nur dann zulassen,

wenn vom Beschuldigten Strafmilderungs- oder Strafausschließungsgründe nicht geltend gemacht werden.

Zur Begründung dieses Vorschlags wurde, wie schon in der ersten Lesung (Bd. 1 S. 213), darauf hingewiesen, daß das Geständnis, wenn der Beschuldigte zwar bestimmte Tatsachen zugebe, aber gleichzeitig Strafausschließungs- oder Strafmilderungsgründe geltendmache, eine volle Beweisbereitschaft nicht zu begründen vermöge.

Der Antrag fand keine Unterstützung und wurde mit 15 Stimmen gegen die Stimme des Antragstellers abgelehnt.

Ein anderes Mitglied glaubte, daß die Kommission, wenn sie im Falle des Geständnisses das abgekürzte Verfahren zulasse, sich mit dem früher von ihr gefaßten Beschluß in Widerspruch setze, wonach dem Geständnisse für sich allein nicht die Wirkung beizulegen sei, daß an Stelle des sonst zuständigen Schöffengerichts der Amtsrichter entscheide (Bd. 1 S. 380; Bd. 2 S. 20). Die Gründe, die damals zu diesem Beschlusse geführt hätten, sprächen ebenso gegen die Zulassung des abgekürzten Verfahrens beim Vorliegen eines Geständnisses. Insbesondere bestehe auch hier die Möglichkeit des Widerrufs des Geständnisses, wodurch eine Überleitung in das ordentliche Verfahren und somit eine Verzögerung eintreten werde; es sei ferner auch hier die oft schwierige Frage zu prüfen, ob ein wirkliches Geständnis vorliege, und es sei endlich keineswegs wünschenswert, daß auf das Geständnis hin sofort die Straffestsetzung durch einen einzelnen Richter erfolge.

Die überwiegende Mehrheit der Kommission vermochte jedoch diesen Darlegungen nicht zu folgen. Es wurde geltend gemacht: Bei dem früheren Beschlusse habe es sich darum gehandelt, ob für alle schöffengerichtlichen Sachen obligatorisch das Ausscheiden der Schöffen im Falle eines Geständnisses vorgeschrieben werden solle. Wenn die Kommission diese Frage damals verneint habe, so sei damit nicht ausgeschlossen, daß sie es dem Ermessen der Staatsanwaltschaft und des Gerichts überlasse, in einzelnen Fällen gegen geständige Beschuldigte im abgekürzten Verfahren ohne Schöffen zu verhandeln. Im Gegenteile habe die Kommission damals ausdrücklich erklärt, daß durch jenen Beschluß dieser Frage nicht vorgegriffen werden solle (Bd. 2 S. 20). Zur Sache selbst dürfe angenommen werden, daß die Staatsanwaltschaft zweifelhafte Fälle des Geständnisses nicht zum abgekürzten Verfahren bringen werde und daß, falls es dennoch geschehen sein sollte, das Gericht von seiner Befugnis, die Sache zum ordentlichen Verfahren zu verweisen, Gebrauch mache. Lasse man das abgekürzte Verfahren nicht in den Fällen des Geständnisses zu, so werde seine praktische Verwendbarkeit in hohem Maße eingeschränkt.

Bei der Abstimmung wurde mit 15 Stimmen gegen eine Stimme die Aufrechterhaltung des Beschlusses der ersten Lesung beschlossen.

5. Entsprechend dem Beschlusse der ersten Lesung (Bd. 1 S. 214 unter 5) wurde ferner mit 15 Stimmen gegen eine Stimme beschlossen,

> das abgekürzte Verfahren auch dann zuzulassen, wenn seine Einleitung vom Beschuldigten beantragt wird.

6. Der Antrag,

> das abgekürzte Verfahren, sofern es sich um eine zur Zuständigkeit der kleinen Schöffengerichte gehörende Straftat handelt, auch dann zuzulassen, wenn der Beschuldigte in anderen als den zu 2 erwähnten Fällen vorläufig festgenommen und dem Gerichte vorgeführt worden ist (zu vergl. Bd. 1 S. 212 unter f).

wurde heute mit 12 gegen 4 Stimmen abgelehnt. Die Kommission war der Meinung, daß zu einer Unterscheidung zwischen den vor das mittlere und den vor das kleine Schöffengericht gehörenden Sachen kein Anlaß sei.

7. Entsprechend dem Beschlusse der ersten Lesung (Bd. 1 S. 214 unter 6) wurde heute einstimmig beschlossen,

> das abgekürzte Verfahren auch für die auf einem deutschen Schiffe im Ausland oder in offener See begangenen strafbaren Handlungen zuzulassen, wenn der Beschuldigte einem nach §. 10 der Str.Pr.O. zuständigen Gerichte vorgeführt wird.

Aus den unter 2 angegebenen Gründen wurde auch hier einstimmig der Zusatz beschlossen:

> auch dann, wenn sich an die vorläufige Festnahme der Erlaß eines Haftbefehls anschließt.

8. Die Beratung über die Voraussetzungen für die Zulässigkeit des abgekürzten Verfahrens hatte demnach folgendes Ergebnis.

Das abgekürzte Verfahren kann eingeleitet werden:

1. bei Übertretungen ohne weitere Voraussetzungen;
2. bei Vergehen:
   a) wenn der Beschuldigte auf frischer Tat betroffen und vorläufig festgenommen worden ist, und zwar auch dann, wenn sich an die vorläufige Festnahme der Erlaß eines Haftbefehls anschließt;

b) wenn der Beschuldigte sich zum Zwecke der Aburteilung freiwillig stellt;
c) wenn der Beschuldigte die ihm zur Last gelegte Tat eingesteht;
d) wenn der Beschuldigte die Einleitung des abgekürzten Verfahrens beantragt;
e) wenn der Beschuldigte in den Fällen des §. 10 der Str.Pr.O. einem danach zuständigen Gerichte vorgeführt wird, und zwar auch dann, wenn sich an die vorläufige Festnahme der Erlaß eines Haftbefehls anschließt.

XI. Für das abgekürzte Verfahren selbst waren entsprechend den Beschlüssen der ersten Lesung (Bd. 1 S. 215 flg.) folgende Grundsätze vorgeschlagen:

a) Der Staatsanwalt kann unter den genannten Voraussetzungen den Beschuldigten unmittelbar dem zuständigen Richter mit dem Antrag auf sofortige Aburteilung vorführen.
b) Der Richter hat ohne schriftlich erhobene Anklage sofort oder spätestens am zweiten Tage nach der Vorführung zur Hauptverhandlung zu schreiten und dabei über die Verhaftung oder Freilassung des Angeklagten zu entscheiden.

   Der wesentliche Inhalt der Anklage ist in der Hauptverhandlung dem Angeklagten vor seiner Vernehmung zur Sache mitzuteilen und in das Sitzungsprotokoll aufzunehmen.
c) Die ordnungsmäßige Ladung der Zeugen kann von jedem Beamten der Staatsanwaltschaft und des Polizei- und Sicherheitsdienstes erfolgen.
d) Erweist sich die Sache in der Hauptverhandlung als nicht spruchreif, so hat der Richter die Verhandlung auf eine der nächsten Sitzungen zu vertagen. Erweist sich die Sache auch in dieser Sitzung noch nicht als spruchreif, so ist sie der Staatsanwaltschaft zur weiteren Verfügung zu überlassen.

Zu dem Antrage d war der Unterantrag gestellt,

im Satz 2 hinter dem Worte „Sitzung“ einzuschalten:

welche nicht über eine Woche nach der ersten anberaumt werden soll.

Zur Begründung wurde bemerkt, daß sich namentlich für kleinere Gerichte, bei denen nicht in jeder Woche ordentliche Sitzungen stattfänden, eine Vorschrift empfehle, durch welche im abgekürzten Verfahren längere Vertagungen ausgeschlossen würden, zumal sonst die Untersuchungshaft leicht eine zu große Ausdehnung erfahren könnte.

Ein Mitglied meinte, daß eine Vertagung im abgekürzten Verfahren überhaupt nicht zuzulassen sei. Erweise sich die Sache in der ersten Verhandlung als nicht spruchreif, so möge der Richter sie sogleich an die Staatsanwaltschaft zur Verfolgung im ordentlichen Verfahren verweisen. Die überwiegende Mehrheit hielt es dagegen für angezeigt, dem Richter eine einmalige kurze Vertagung freizustellen, da es nicht notwendig sei, die Sache in das ordentliche Verfahren zu verweisen, wenn etwa ein einzelner Zeuge am Erscheinen in der ersten Hauptverhandlung verhindert gewesen sei.

Nach der einstimmigen Auffassung der Kommission soll der letzte Satz des Antrags d nicht etwa dahin zu verstehen sein, daß eine Vertagung, falls die Sache im ersten Termine nicht spruchreif sei, unbedingt eintreten muß; vielmehr soll es dem Richter freistehen, auch schon im ersten Termin eine nicht spruchreife Sache ohne Vertagung sogleich an die Staatsanwaltschaft zurückzuverweisen, wenn er der Ansicht ist, daß die Sache sich für das abgekürzte Verfahren nicht eignet.

Bei der Abstimmung wurden die Anträge nebst dem zu d beantragten Zusatz einstimmig angenommen.

XII. Hinsichtlich der Verteidigung des Beschuldigten im abgekürzten Verfahren war die Kommission übereinstimmend der Ansicht, daß die für das ordentliche Verfahren geltenden Vorschriften über die notwendige Verteidigung auch im abgekürzten Verfahren Platz greifen sollen.

Eine Ausdehnung dieser Vorschriften zum Schutze des Beschuldigten im abgekürzten Verfahren bezweckten die folgenden beiden Anträge:

a) In den vor die mittleren Schöffengerichte gehörenden Sachen ist dem Beschuldigten im abgekürzten Verfahren ein Verteidiger zu bestellen.

b) Wird wegen eines Vergehens das abgekürzte Verfahren eingeleitet, weil der Beschuldigte auf frischer Tat betroffen und vorläufig festgenommen worden ist, so ist ihm, falls er nicht die ihm zur Last gelegte Tat eingesteht, auf seinen Antrag ein Verteidiger zu bestellen.

Beide Anträge wurden zurückgezogen, nachdem geltend gemacht war, daß sie häufig unausführbar sein, jedenfalls aber das abgekürzte Verfahren erheblich verzögern und seinen praktischen Wert bedeutend vermindern würden.

XIII. Der Antrag:

Gegen das im abgekürzten Verfahren ergehende Urteil ist Berufung zulässig.

entspricht dem Beschlusse der ersten Lesung (Bd. 1 S. 218) und fand ohne Debatte einstimmige Annahme.

Die Beratung über das abgekürzte Verfahren war hiermit beendet.

80. Sitzung.

25. Februar 1905.

Strafbefehl. Strafverfügung. Strafbescheid.

I. Die Kommission wandte sich zu den Vorschriften über den Strafbefehl. Es wurde zunächst im allgemeinen erörtert, ob es sich empfehle, die Voraussetzungen, unter denen ein amtsrichterlicher Strafbefehl erlassen werden kann, zu erweitern und in welcher Weise dies zu geschehen haben würde. Die Kommission beschloß einstimmig wie in erster Lesung (Bd. 1 S. 314 flg.), daß die erstgedachte Frage zu bejahen sei und daß die Ausdehnung des Strafbefehlsverfahrens durch Erweiterung des Kreises der in Betracht kommenden Delikte, nicht aber durch Einführung einer höheren Strafgrenze zu erfolgen habe.

II. Im einzelnen war zunächst wie in erster Lesung (Bd. 1 S. 317 flg.) beantragt, den Erlaß eines Strafbefehls auch für zulässig zu erklären bei den Vergehen

1. des Widerstandes gegen die Staatsgewalt im Falle des §. 113 des St.G.B.;
2. des Hausfriedensbruchs im Falle des §. 123 Abs. 3 des St.G.B.;
3. der Beleidigung im Falle des §. 185 des St.G.B.;
4. der Körperverletzung in den Fällen der §§. 223, 230 des St.G.B.;
5. der Bedrohung im Falle des §. 241 des St.G.B.;
6. des strafbaren Eigennutzes im Falle des §. 285 des St.G.B.;
7. des strafbaren Eigennutzes im Falle des §. 286 des St.G.B.;
8. der Sachbeschädigung im Falle des §. 303 des St.G.B.

Der Antrag wurde zu 1, 2, 4, 5, 7, 8 einstimmig, zu 6 mit 15 Stimmen gegen eine Stimme, zu 3 mit 14 gegen 2 Stimmen angenommen. Die Kommission glaubte wie in erster Lesung, daß der Tatbestand bei diesen Delikten in der Regel einfach liege und daß auch die zu verhängende Strafe häufig nur gering sei. Widerspruch erhob sich gegen die Einbeziehung der Beleidigung, da eine Minderheit glaubte, daß dieses Delikt stets eine individuelle Behandlung erfordere, die ihm in einem Strafbefehlsverfahren nicht zu Teil werden könne.

Neu war heute beantragt,

9. den Strafbefehl auch wegen der Begünstigung im Falle des §. 257 des St.G.B. zuzulassen, soweit sie sich auf ein Vergehen bezieht, wegen dessen Strafbefehl erlassen werden kann.

Der Antrag wurde mit 9 gegen 7 Stimmen angenommen. Zu seinen Gunsten war ausgeführt worden, daß es sich aus praktischen Gründen empfehle, gegen den Begünstiger dieselbe Verfahrensart zuzulassen wie gegen den Haupttäter, zumal die Begünstigung, wenn sie vor der Tat zugesagt sei, als Beihilfe zu bestrafen und daher insoweit jetzt schon dem Strafbefehlsverfahren ebenso wie das Hauptdelikt unterworfen sei. Die Minderheit hatte dagegen geltend gemacht, daß die Feststellung der Begünstigung den Nachweis eines zweifachen Tatbestandes voraussetze und schon deshalb für den Strafbefehl nicht geeignet erscheine.

III. Es lagen ferner die Anträge vor:

1. Der Erlaß eines Strafbefehls ist auch zulässig auf Antrag des Privatklägers.
2. Auch ohne daß der Privatkläger es beantragt, kann der Amtsrichter einen Strafbefehl erlassen. In diesem Falle kann der Privatkläger Einspruch erheben.

Der Antrag 1 wurde mit 12 gegen 4 Stimmen angenommen, der Antrag 2 Satz 1 wurde mit 9 gegen 7 Stimmen abgelehnt; damit war auch der Satz 2 des Antrags 2 erledigt.

Mit der durch Antrag 1 vorgeschlagenen Vorschrift soll zunächst ausgesprochen sein, daß der Erlaß des Strafbefehls auch im Privatklageverfahren zulässig ist, und zwar für alle im Wege der Privatklage verfolgbaren Delikte, auch wenn wegen dieser Delikte, falls sie im Wege der öffentlichen Klage verfolgt würden, ein Strafbefehl nicht zulässig sein sollte. Durch den Antrag soll ferner zum Ausdrucke gebracht werden, daß im Privatklageverfahren der Antrag auf Erlaß eines Strafbefehls vom Privatkläger auszugehen hat.

Seitens der Minderheit wurde es als bedenklich bezeichnet, im Privatklageverfahren den Strafbefehl zuzulassen. Wie bereits in erster Lesung (Bd. 1 S. 319 flg.), so wurde auch heute geltend gemacht, daß nur auf Grund von amtlichen Ermittelungen, nicht aber auf Grund der einseitigen Behauptungen des Privatklägers der Amtsrichter in der Lage sei, sich ein vorläufiges Urteil darüber zu bilden, ob und in welchem Maße sich der Beklagte strafbar gemacht habe. Der Privatkläger werde die vom Amtsrichter festgesetzte Strafe in der Mehrzahl der Fälle für zu niedrig halten; gleichwohl sei es nicht angängig, ihm gegen diese Festsetzung einen Rechtsbehelf zu gewähren. Auch führe es zu praktischen Schwierigkeiten, daß die Kosten eines Vertreters des Privatklägers in dem Strafbefehle bereits festgesetzt werden müßten.

Die Mehrheit hielt diese Bedenken auch heute (zu vergl. Bd. 1 S. 320) nicht für entscheidend. Es wurde darauf hingewiesen, daß die Privatklagedelikte, namentlich die Fälle der Beleidigung, häufig sehr einfach lägen, und daß der Amtsrichter, wenn nicht schon von der Staatsanwaltschaft Ermittelungen in der Sache veranlaßt sein sollten, solche noch vor Erlaß des Strafbefehls selbst vornehmen könne. Vor allem wurde hervorgehoben, daß sich in dem Strafbefehl ein erwünschtes Mittel biete, um den sehr kostspieligen und beiden Parteien häufig auch sonst nachteiligen Privatklagen vorzubeugen.

Andererseits hielt es die Mehrheit der Kommission nicht für angängig, daß der Amtsrichter auch ohne den Antrag des Privatklägers einen Strafbefehl erlassen dürfe, weil hierdurch das unter Umständen berechtigte Interesse des Verletzten an einer öffentlichen Verhandlung leicht beeinträchtigt werden könne.

IV. Es wurde die folgende unbeanstandet gebliebene Zusammenstellung über die strafbaren Handlungen vorgetragen, bei denen der Erlaß eines Strafbefehls nach den Beschlüssen der Kommission zulässig sei:

1. Alle Übertretungen;
2. Die Vergehen, welche nur mit Gefängnis von höchstens drei Monaten oder Geldstrafe von höchstens sechshundert Mark, allein oder neben Haft oder in Verbindung mit einander oder in Verbindung mit Einziehung bedroht sind (zu vergl. Bd. 2 S. 21 flg.);
3. Die im Wege der Privatklage verfolgbaren Vergehen (zu vergl. Bd. 2 S. 43 flg.);
4. Der Widerstand im Falle des §. 113 des St.G.B.;
5. Der Hausfriedensbruch in den Fällen des §. 123 Abs. 3 des St.G.B.;
6. Die Beleidigung im Falle des §. 185 des St.G.B.;
7. Die Körperverletzung in den Fällen der §§. 223, 230 des St.G.B.;
8. Die Bedrohung im Falle des §. 241 des St.G.B.;
6. Die Begünstigung im Falle des § 257 des St.G.B., soweit sie sich auf ein Vergehen bezieht, wegen dessen Strafbefehl erlassen werden kann;
10. Der strafbare Eigennutz im Falle des §. 285 des St.G.B.;
11. Der strafbare Eigennutz im Falle des §. 286 des St.G.B.;
12. Die Sachbeschädigung im Falle des §. 303 des St.G.B.

V. In Ansehung der Frage, welche Strafen der Amtsrichter im Strafbefehle solle festsetzen können, lag der bereits in erster Lesung (Bd. 1 S. 322 flg.) zum Beschluß erhobene Antrag vor:

In einem Strafbefehle kann auch die Unbrauchbarmachung von Gegenständen, ein Verweis und die Publikationsbefugnis ausgesprochen werden.

Der Antrag wurde ohne Debatte einstimmig angenommen.

VI. Hinsichtlich des Verfahrens beim Erlasse des Strafbefehls war beantragt,

im §. 448 der Str.Pr.O. folgende Bestimmungen einzufügen:

1. Der Amtsrichter hat den Antrag auf Erlaß des Strafbefehls durch Beschluß abzulehnen, wenn die Voraussetzungen des §. 178 Abs. 1 der Str.Pr.O. vorliegen, oder der Beschuldigte der ihm zur Last gelegten Tat nicht hinreichend verdächtig erscheint.
2. Der Amtsrichter ist befugt, vor Erlaß des Strafbefehls einzelne Ermittelungen vorzunehmen.

Der Antrag wurde wie in erster Lesung (Bd. 1 S. 329) einstimmig angenommen.

VII. Für die Privatklagesachen war weiter beantragt:

Der Privatkläger kann den Antrag auf Erlaß des Strafbefehls stellen, ohne eine bestimmte Strafe zu beantragen. Beantragt er eine solche, so kann der Amtsrichter eine andere Strafe im Strafbefehle festsetzen.

Der Satz 1 des Antrags wurde mit 13 gegen 2 Stimmen, der Satz 2 mit 10 gegen 5 Stimmen angenommen.

Für den Antrag war ausgeführt worden, daß das Strafbefehlsverfahren in Privatklagesachen nicht lebensfähig werden könne, wenn man den Privatkläger zwinge, eine bestimmte Strafe zu beantragen, und den Erlaß des Strafbefehls davon abhängig mache, daß auch der Amtsrichter diese Strafe für die angemessene halte. Der Privatkläger werde hierzu häufig nicht im Stande, vielmehr oft geneigt sein, die Ausmessung der Strafe dem Richter zu überlassen.

Seitens der Minderheit wurde dagegen wie in erster Lesung (Bd. 1 S. 330) die Auffassung vertreten, daß, falls nicht der Privatkläger mit dem Amtsrichter in der Beurteilung der Sache völlig übereinstimme, die Entscheidung lediglich in der mündlichen Verhandlung getroffen werden könne.

VIII. Der Antrag:

> Hat der Beschuldigte einen gesetzlichen Vertreter, so soll der Strafbefehl auch diesem mitgeteilt werden.

entspricht einem Beschlusse der ersten Lesung (Bd. 1 S. 331 flg.) und wurde heute einstimmig angenommen.

IX. Es war der in erster Lesung (Bd. 1 S. 333) angenommene Antrag wieder eingebracht worden:

> Von der Zustellung des Strafbefehls ist abzusehen, wenn der verhaftete oder vorläufig festgenommene Beschuldigte dem Richter vorgeführt worden ist und auf mündliche Eröffnung des Strafbefehls zu Protokoll auf Einlegung des Einspruchs verzichtet hat.

Zur Begründung des Antrags wurde auch heute angeführt, daß er einer in Bayern namentlich bei gewissen Übertretungen jetzt schon geübten Praxis entspreche, die sich durchaus bewährt habe. Das Verfahren habe vor dem abgekürzten Verfahren den Vorzug, daß der Amtsanwalt nicht anwesend zu sein und ein Urteil nicht erlassen zu werden brauche, und von dem gewöhnlichen Strafbefehlsverfahren unterscheide es sich dadurch, daß die schriftliche Ausfertigung und Zustellung des Strafbefehls nicht erforderlich sei. Der Beschuldigte habe den Vorteil, daß er ohne Verzug die Strafe antreten könne. Erscheine ihm die Strafe zu hoch, so habe er es in der Hand, Einspruch zu erheben und die Sache in das ordentliche Verfahren zu bringen. Auch sonst seien Bedenken gegen das Verfahren nicht geltend zu machen. Insbesondere erscheine es ausgeschlossen, daß etwa später Zweifel an der Identität der dem Strafbefehle zu Grunde liegenden Straftat entstehen könnten; denn durch den schriftlichen Antrag des Amtsanwalts, der die Tat und das anzuwendende Strafgesetz bezeichnen müsse, sowie durch die im Protokolle zu beurkundende Verfügung des Amtsrichters werde die Tat hinreichend genau gekennzeichnet.

Eine Reihe von Mitgliedern hatte Bedenken gegen den Antrag. Es wurde ausgeführt, daß es das Gesetz kompliziere und durch das praktische Bedürfnis wohl kaum geboten sei, wenn man neben dem abgekürzten Verfahren noch ein besonders schleuniges Strafbefehlsverfahren in Haftsachen einführen wolle. Der wesentliche Unterschied zwischen beiden beruhe darin, daß bei dem letzteren eine

Niederschrift der Urteilsgründe nicht erforderlich sei. Diese seien aber in den Sachen, für welche das Verfahren in Frage komme, so einfach, daß ihre Abfassung und Niederschrift kaum eine nennenswerte Mühe verursache. Auch sei zu besorgen, daß der Beschuldigte, ohne sich die Tragweite seiner Erklärung genau zu überlegen, auf den Einspruch nicht selten nur deshalb verzichten werde, um nicht seine Haft zu verlängern.

Von anderer Seite wurde angeregt, ob nicht den hauptsächlichen Bedenken gegen den Antrag dadurch Rechnung getragen werden könne, daß das Verfahren nur fakultativ und nur für einzelne Übertretungen zugelassen werde. Der Antragsteller erklärte sich hierauf damit einverstanden, daß in dem Antrage die Worte: „ist abzusehen" in „kann bei den Übertretungen gegen den §. 361 Nr. 3 bis 8 des St.G.B. abgesehen werden" geändert würden.

In dieser Fassung wurde der Antrag mit 9 gegen 6 Stimmen angenommen.

X. Der Antrag:

> Auf die Einlegung des Einspruchs sollen die §§. 339, 340, 341 und 342 der Str.Pr.O. Anwendung finden.

wurde, soweit er die §§. 339 und 341 betrifft, einstimmig, in Ansehung des §. 340 mit 12 gegen 3 Stimmen, in Ansehung des §. 342 mit 14 Stimmen gegen eine Stimme angenommen. Maßgebend waren dabei die bereits in den Protokollen der ersten Lesung wiedergegebenen Erwägungen (Bd. 1 S. 334 flg.).

XI. Der Antrag:

> Auf die Einlegung des Anspruchs sollen ferner der §. 344 Abs. 1 Satz 1 und Abs. 2 und der §. 345 der Str.Pr.O. Anwendung finden.

fand ohne Debatte einstimmige Annahme (zu vergl. Bd. 1 S. 337 flg.).

XII. Desgleichen wurde der Antrag:

> In gleicher Weise wie die Zurücknahme des Einspruchs soll die Zurücknahme der Klage zulässig sein.

einstimmig angenommen (zu vergl. Bd. 1 S. 337 flg.).

XIII. In Ansehung der Wirkung des rechtskräftigen Strafbefehls war der in erster Lesung (Bd. 1 S. 343 flg.) zum Beschluß erhobene Antrag wieder eingebracht worden:

1. Die Strafklage gilt als verbraucht, sofern nicht bei erneuter Strafverfolgung die Tat unter einen im Strafbefehle noch nicht gewürdigten, eine erhöhte Strafbarkeit begründenden rechtlichen Gesichtspunkt gebracht wird.

Ein Mitglied wollte diese Vorschrift einschränken und nicht unter allen Umständen eine erneute Strafverfolgung wegen der dem Strafbefehle zu Grunde liegenden Tat zulassen. Es hatte deshalb beantragt:

2. Ein Strafbefehl, gegen den Einspruch nicht erhoben ist, erlangt die Wirkung eines rechtskräftigen Urteils nur insoweit, als nicht ein

strengeres Strafgesetz anzuwenden ist und eine schwerere Strafe begründet ist.

3. Für den Fall der Ablehnung des Antrags 2 dieselbe Vorschrift mit der Änderung zu geben, daß nach dem Worte „insoweit" fortzufahren ist: „als nicht die Verurteilung wegen eines Verbrechens begründet ist."

Der Antrag 1 wurde mit 14 Stimmen gegen eine Stimme angenommen. Damit waren die Anträge 2 und 3 erledigt. Die Mehrheit wollte den Wortlaut des Beschlusses erster Lesung beibehalten, weil er sich an die Rechtsprechung des Reichsgerichts anschließe und dem praktischen Bedürfnisse mehr entspreche.

XIV. Der Antrag:

Falls kein Widerspruch erhoben wird, ist der Erlaß eines Strafbefehls beim Vorliegen der sonstigen Voraussetzungen auch durch das erkennende Gericht nach stattgefundener Hauptverhandlung auch ohne staatsanwaltschaftlichen Antrag zulässig.

Der Strafbefehl hat dann die Wirkung eines Urteils und ist auch hinsichtlich seiner Verkündung und der Rechtsmittel wie ein Urteil zu behandeln. Auch ist letzteres, an Stelle des Hinweises auf die Möglichkeit des Einspruchs, im Strafbefehle selbst auszusprechen.

wurde vor dem Beginne der Beratung zurückgezogen.

XV. Die Kommission wandte sich zur Beratung der polizeilichen Strafverfügungen und der Strafbescheide.

Den Beschlüssen der ersten Lesung entsprechend (Bd. 1 S. 344 flg.), waren die Anträge gestellt:

1. Es sind Vorschriften darüber erforderlich, bis zu welchem Zeitpunkte die Polizeibehörde ihre Strafverfügung und die Verwaltungsbehörde ihren Strafbescheid zurücknehmen darf.
2. Die Zurücknahme einer Strafverfügung und eines Strafbescheids soll bis zur Übersendung der Akten an die Staatsanwaltschaft durch die Polizeibehörde bezw. die Verwaltungsbehörde erfolgen dürfen.

   Von da ab soll die Zurücknahme mit Zustimmung der Polizeibehörde bezw. der Verwaltungsbehörde durch die Staatsanwaltschaft in gleicher Weise wie die Zurücknahme der Klage im Verfahren auf Grund Strafbefehls erfolgen dürfen.
3. In gleicher Weise darf der Antrag auf gerichtliche Entscheidung zurückgenommen werden.

Auf Anregung eines Mitglieds wurde der Antrag 3 durch die folgende korrektere Fassung ersetzt:

Die Zurücknahme des Antrags auf gerichtliche Entscheidung ist in gleicher Weise, wie die Zurücknahme des Einspruchs im Verfahren auf Grund Strafbefehls, zulässig. Soweit die Zustimmung des Gegners erforderlich wird, hat diese in gleicher Weise zu erfolgen, wie für die Zurücknahme der Strafverfügung und des Strafbescheids nach Abs. 2 des vorhergehenden Antrags bestimmt ist.

Die Anträge wurden darauf einstimmig angenommen.

XVI. Der Antrag:

Für den Antrag auf gerichtliche Entscheidung sollen die §§. 339 bis 342 der Str.Pr.O. entsprechende Anwendung finden.

wurde in Ansehung der §§. 339 und 341 einstimmig, in Ansehung des §. 340 mit 13 gegen 2 Stimmen, in Ansehung des §. 342 mit 14 Stimmen gegen eine Stimme angenommen.

XVII. Hat der Beschuldigte gegen eine polizeiliche Strafverfügung auf gerichtliche Entscheidung angetragen und stellt sich nach dem Ergebnisse der Hauptverhandlung die Tat als eine solche dar, bei welcher die Polizeibehörde zum Erlaß einer Strafverfügung nicht befugt war, so hat das Gericht nach §. 458 der Str.Pr.O. die Strafverfügung durch Urteil aufzuheben, ohne in der Sache selbst zu entscheiden.

Der Antrag,

diese Vorschrift zu streichen,

wurde einstimmig angenommen.

Die Kommission erwog: Die Vorschrift des §. 458 sei eine durch nichts begründete Sondervorschrift. Man könne, wie im Strafbefehlsverfahren, so auch hier unbedenklich dem Gerichte die Befugnis geben, falls es zuständig sei, in der Sache zu erkennen, andernfalls gemäß §. 270 der Str.Pr.O. die Sache an das zuständige Gericht zu verweisen.

XVIII. Die Beratungen wurden darauf geschlossen. Der Beginn der nächsten Tagung wurde auf den 27. März 1905 anberaumt. Auf die Tagesordnung wurden die Wiederaufnahme des Verfahrens, die Strafvollstreckung, die Kosten des Verfahrens, die Entschädigung wegen ungerechter Verfolgung und die bedingte Verurteilung gesetzt.

81. Sitzung.

27. März 1905.

Wiederaufnahme des Verfahrens. Strafvollstreckung.

I. Der Vorsitzende machte Mitteilung davon, daß seitens des Fürsten Karl zu Löwenstein der Kommission Anträge der Deutschen Anti-Duell-Liga übersandt seien, in welchen zwecks Bekämpfung des Duellunwesens eine Verschärfung der im Strafgesetzbuche für die Beleidigung, den Ehebruch und den Zweikampf vorgesehenen Strafen verlangt und ferner vorgeschlagen werde, bei den Landgerichten für die Entscheidung über Beleidigungen und leichte Körperverletzungen Kammern für Ehrensachen zu bilden, die aus zwei Mitgliedern des Landgerichts und drei Ehrenrichtern bestehen sollen, deren Verfahren im wesentlichen den Vorschriften der Strafprozeßordnung über die Privatklage nachzubilden sei und gegen deren Urteile die Revision an die Oberlandesgerichte stattzufinden habe.

Die Kommission glaubte jedoch diese Anträge einer Beratung nicht mehr unterziehen zu können, da sie die Regelung der in Betracht kommenden Materien des Gerichtsverfassungsgesetzes und der Strafprozeßordnung bereits in zweiter Lesung endgültig erledigt habe. Der Vorsitzende erhielt die Ermächtigung, dem Herrn Einsender in diesem Sinne zu antworten.

II. Die Kommission trat in die Beratung der Vorschriften über die Wiederaufnahme des Verfahrens ein.

Es war zunächst beantragt,

> in Bejahung der unter M I des Fragebogens gestellten Frage im §. 409 Abs. 2 der Str.Pr.O. zu bestimmen, daß im Wiederaufnahmeverfahren die Vernehmung der Zeugen und Sachverständigen eidlich zu erfolgen habe, soweit die Beeidigung zulässig ist.

Ein gleicher Antrag war bereits in der ersten Lesung gestellt, aber abgelehnt worden (Bd. 1 S. 270 flg.). Eine Begründung des neuerlichen Antrags erfolgte nicht, da der Antragsteller nicht anwesend war. Gegen den Antrag wurden die in erster Lesung bereits geltend gemachten Bedenken wiederholt. Bei der Abstimmung wurde der Antrag einstimmig abgelehnt.

III. Nach §. 411 Abs. 1 der Str.Pr.O. hat im Falle, daß der Verurteilte bereits verstorben ist, das Gericht ohne Erneuerung der Hauptverhandlung nach Aufnahme des etwa noch erforderlichen Beweises entweder auf Freisprechung zu erkennen oder den Antrag auf Wiederaufnahme abzulehnen. Nach §. 411 Abs. 2

kann das Gericht auch in anderen Fällen, bei öffentlicher Klage jedoch nur mit Zustimmung der Staatsanwaltschaft, den Verurteilten sofort freisprechen, wenn dazu genügende Beweise bereits vorliegen.

Unter M II des Fragebogens war der Kommission die Frage vorgelegt, ob es sich empfehle, die Vorschrift des §. 411 Abs. 2 zu beseitigen und die des Abs. 1 auf den Fall auszudehnen, daß der Verurteilte in Geisteskrankheit verfallen ist.

1. Eine Beseitigung der Vorschrift des Abs. 2 wurde in dieser Lesung von keinem Mitgliede vorgeschlagen. Jedoch wurde, wie in erster Lesung (Bd. 1 S. 274), und zwar einstimmig, der Antrag angenommen,

dem §. 411 Abs. 2 die Bestimmung hinzuzufügen, daß von einer Erneuerung der Hauptverhandlung nur abgesehen werden darf, wenn der Verurteilte sie nicht verlangt.

2. Es lag ferner der Antrag vor,

im §. 411 Abs. 1 dem Falle des Todes des Verurteilten den Fall gleichzustellen, daß der Verurteilte verhandlungsunfähig ist.

Auch dieser Antrag war in erster Lesung (Bd. 1 S. 274) von der Kommission angenommen worden; er wurde heute mit den gleichen Gründen unterstützt wie damals, stieß jedoch bei einzelnen Mitgliedern auf Bedenken. Es wurde als nicht gerechtfertigt bezeichnet, obligatorisch vorzuschreiben, daß das Gericht nicht nur über die Wiederaufnahmegesuche der dauernd Verhandlungsunfähigen, sondern auch über die Gesuche der nur zeitweilig Verhandlungsunfähigen ohne Erneuerung der Hauptverhandlung entscheiden *müsse*. Dies führe dahin, daß das Wiederaufnahmegesuch, falls nach Lage des Falles die Freisprechung nicht angezeigt erscheine, abzulehnen sei, ohne daß eine geringere Bestrafung auf Grund eines milderen Strafgesetzes in Frage kommen könne. Gegenüber einem dauernd Verhandlungsunfähigen, der mit Recht einem Verstorbenen gleichgestellt werde, möge dies unbedenklich sein. Dagegen enthalte es eine schwere Benachteiligung für den nur vorübergehend Verhandlungsunfähigen, zumal wenn eine Wiederholung des Wiederaufnahmegesuchs, wie die Kommission es in erster Lesung beschlossen habe, nur auf Grund neuer Tatsachen und Beweismittel statthaft sein sollte. Dem praktischen Bedürfnisse werde durch den §. 411 Abs. 2 in ausreichendem Maße Rechnung getragen. Sei der Antragsteller dauernd verhandlungsunfähig, so werde die Staatsanwaltschaft die Zustimmung zu der sofortigen Freisprechung niemals versagen; bestehe aber die Aussicht, daß der Antragsteller in absehbarer Zeit wieder verhandlungsfähig werde, so möge das Gericht die Entscheidung über sein Gesuch bis dahin aussetzen.

Demgegenüber wurde geltend gemacht, daß im Falle des §. 411 Abs. 2 nach dem von der Kommission gefaßten Beschlusse nicht nur die Zustimmung der Staatsanwaltschaft, sondern auch die des Verurteilten zur sofortigen Freisprechung erforderlich sei. Da aber die Einwilligung des wegen Geisteskrankheit Verhandlungsunfähigen nicht selten verweigert werden würde, so erscheine es geboten, für diese Fälle die gleiche Vorschrift zu geben wie für den Fall des Todes des Verurteilten. Andererseits sei zuzugeben, daß dem praktischen Bedürfnisse genügend Rechnung getragen werde, wenn diese Vorschrift auf dauernd verhandlungsunfähige Personen beschränkt bleibe.

Nachdem der Antragsteller hierauf vor dem Worte „verhandlungsunfähig" das Wort „dauernd" eingeschoben hatte, wurde der Antrag einstimmig angenommen.

IV. Es lagen weiter die Anträge vor:

a) Der §. 399 Nr. 5 Satz 1 der Str.Pr.O. ist durch folgende Vorschrift zu ersetzen:

Die Wiederaufnahme eines durch rechtskräftiges Urteil geschlossenen Verfahrens zu Gunsten des Verurteilten findet statt:

5. wenn neue Tatsachen oder Beweismittel beigebracht sind, aus denen allein oder in Verbindung mit den früher erhobenen Beweisen sich die Unschuld des Verurteilten, sei es bezüglich der ihm zur Last gelegten Tat überhaupt, sei es bezüglich eines die Anwendung eines härteren Strafgesetzes begründenden Umstandes, ergibt oder doch dargetan wird, daß ein begründeter Verdacht gegen den Angeklagten nicht mehr vorliegt.

b) Der §. 399 Nr. 5 Satz 2 soll, falls die Berufung in dem beschlossenen Umfang eingeführt wird, für alle Strafsachen gelten.

Der Antrag a wurde mit 16 gegen eine Stimme, der Antrag b einstimmig angenommen.

Für die Annahme des Antrags b waren die in erster Lesung geltend gemachten Erwägungen (Bd. 1 S. 494 flg.) maßgebend.

Ein dem Antrag a entsprechender Antrag war in der ersten Lesung zunächst (33. Sitzung, Bd. 1 S. 276 flg.) bei der Beratung der Vorschriften über die Wiederaufnahme des Verfahrens abgelehnt, demnächst aber (54. Sitzung, Bd. 1 S. 494 flg.), nachdem die Kommission inzwischen die Ausdehnung der Berufung beschlossen hatte, angenommen worden. Die Kommission hielt auch heute die zu Gunsten des Antrags früher geltend gemachten Ausführungen für durchschlagend. Das einzige sich ablehnend verhaltende Mitglied bezeichnete den Ausdruck „begründeter Verdacht" als zu unbestimmt und bemängelte auch die Fassung des Antrags; die Entscheidung darüber, ob sich aus den neuen Tatsachen oder Beweismitteln die Unschuld des Verurteilten oder der Wegfall eines begründeten Verdachts ergebe, könne niemals vom Beschlußgerichte, sondern immer erst auf Grund der mündlichen Verhandlung von dem später erkennenden Gerichte getroffen werden. Um diesen Bedenken entgegenzukommen, war von einem anderen Mitgliede vorgeschlagen worden, den Antrag dahin zu fassen, daß die neuen Tatsachen „geeignet" sein müßten, den Nachweis der Unschuld zu begründen oder den Mangel des Verdachts darzutun. Der Vorschlag wurde jedoch wieder zurückgezogen, nachdem von anderer Seite geltend gemacht war, die neue Fassung könne zu der Auslegung Anlaß geben, daß der Beschlußrichter nur zu prüfen habe, ob die neuen Tatsachen oder Beweismittel möglicherweise geeignet seien, demnächst das Spruchgericht von der Unschuld des Verurteilten oder von dem Mangel eines begründeten Verdachts zu überzeugen, während in Wirklichkeit das Beschlußgericht selbst von der Unschuld oder dem Mangel des Verdachts überzeugt sein müsse, wenn es den Wiederaufnahmeantrag zulasse.

Im Laufe der Beratung wurde es von einem Mitglied als eine Lücke des Gesetzes bezeichnet, daß die Möglichkeit einer Wiederaufnahme des Verfahrens nicht auch zu Gunsten desjenigen bestehe, welcher wegen derselben Tat durch verschiedene Erkenntnisse rechtskräftig verurteilt sei. Es wurde deshalb angeregt, nicht blos beim Nachweise der „Unschuld", sondern auch beim Nachweise der „Unzulässigkeit der Strafverfolgung" die Wiederaufnahme zuzulassen. Die Anregung wurde indessen nicht weiter verfolgt, nachdem von anderer Seite ausgeführt war: Die Unzulässigkeit des früheren Verfahrens könne auch daraus hergeleitet werden, daß zur Zeit der ersten Verurteilung die Strafverfolgung bereits verjährt gewesen sei oder daß ein rechtswirksamer Strafantrag nicht vorgelegen habe; die beschlossene Ausdehnung der Berufung müsse aber dazu führen, daß derartige Angriffe gegen das rechtskräftig gewordene Urteil von dem Wiederaufnahmeverfahren grundsätzlich ausgeschlossen würden; in Notfällen könne Begnadigung eintreten.

V. Der zu §. 410 gestellte Antrag:

> Der Wiederaufnahmeantrag ist auch dann zu verwerfen, wenn in den Fällen des §. 399 Nr. 5 der Wegfall eines die Anwendung eines schwereren Strafgesetzes begründenden Umstandes nicht geeignet erscheint, eine geringere Bestrafung herbeizuführen.

wurde mit 13 gegen 3 Stimmen angenommen.

Der Antrag entspricht einem Vorschlage des Entwurfs von 1895; er war bereits in der ersten Lesung (Bd. 1 S. 284) gestellt, damals aber zurückgezogen worden. Zu seinen Gunsten wurde heute ausgeführt: Die Vorschrift sei im Hinblick auf die von der Kommission beschlossene Änderung der Fassung des §. 399 Nr. 5 erforderlich, um entsprechend dem zur Zeit geltenden Rechte das Wiederaufnahmeverfahren in denjenigen Fällen auszuschließen, in denen trotz Anwendung eines milderen Strafgesetzes eine geringere Bestrafung nicht begründet sein würde. Die Wiederaufnahme könne als ein exzeptioneller Rechtsbehelf nicht schon deshalb zugelassen werden, weil der Antragsteller unter Anwendung eines auf den Fall nicht zutreffenden Strafgesetzes zu einer im übrigen angemessenen Strafe verurteilt worden sei.

Die Minderheit hatte Bedenken dagegen, daß das Gericht ohne Hauptverhandlung in eine Würdigung des Strafmaßes eintreten solle. Es wurde auch darauf hingewiesen, daß es für den Verurteilten, selbst wenn die Strafe die gleiche bleibe, unter Umständen nicht gleichgültig sei, auf Grund welchen Strafgesetzes er verurteilt sei.

VI. Nach §. 399 Nr. 2 findet die Wiederaufnahme des Verfahrens statt, wenn sich durch Beeidigung eines zu Ungunsten des Verurteilten abgegebenen Zeugnisses oder Gutachtens der Zeuge oder Sachverständige einer vorsätzlichen oder fahrlässigen Verletzung der Eidespflicht schuldig gemacht hat.

Es wurde die Frage aufgeworfen, ob nicht entsprechend dem §. 436 Nr. 2 der Militärstrafgerichtsordnung die Wiederaufnahme auch in dem Falle für zulässig zu erklären sei, daß sich der Zeuge oder Sachverständige einer wissentlich falschen uneidlichen Aussage schuldig gemacht habe. Eine solche Ausdehnung des Gesetzes fand jedoch nirgends Anklang. Es wurde vielmehr darauf hingewiesen, daß der Nachweis der Lüge eines unbeeidigt gebliebenen Zeugen oder

Sachverständigen als eine neue Tatsache zu betrachten sei, die schon nach §. 399 Nr. 5 die Wiederaufnahme des Verfahrens ermögliche.

VII. In der 71. Sitzung (Bd. 2 S. 155 flg.) hat die Kommission den bereits in erster Lesung gefaßten Beschluß bestätigt, daß es sich empfehle, Bestimmungen zu treffen, welche dem Grundsatze des §. 397 für die Berufung entsprechende Anwendung geben. Bei der damaligen Beratung war von mehreren Seiten der Standpunkt vertreten worden, daß der dem Beschlusse zu Grunde liegende Rechtsgedanke richtiger in das Wiederaufnahmeverfahren als in das Rechtsmittelverfahren gehöre. Mit Rücksicht hierauf wurde heute von einem Mitglied ausgeführt:

Wenn man versuchen wolle, durch eine Erweiterung der Zulässigkeit des Wiederaufnahmeverfahrens jenem Rechtsgedanken Geltung zu verschaffen, so werde man den §. 399 der Str.Pr.O. dahin zu ergänzen haben:

> Die Wiederaufnahme eines durch rechtskräftiges Urteil geschlossenen Verfahrens zu Gunsten des Verurteilten findet statt:
>
> 6. wenn zu Gunsten eines Mitangeklagten in der Berufungsinstanz rechtskräftig die Aufhebung eines Urteils erfolgt, weil die Tat unter kein oder unter ein milderes Strafgesetz falle, als das Urteil erster Instanz angenommen hat, und sich dieses Urteil, soweit es aufgehoben wird, auch auf andere Angeklagte erstreckt, welche die Berufung nicht oder wegen anderer Beschwerdepunkte eingelegt haben. Gleiches gilt, wenn mehrere Personen bei derselben Tat als Täter, Teilnehmer, Begünstiger oder Hehler beteiligt sind und hiervon ein Teil durch vorausgegangene Urteile abgeurteilt ist.

Hiernach würde die Wiederaufnahme sowohl dann eintreten können, wenn die Freisprechung des Mitangeklagten in der Berufungsinstanz aus Rechtsgründen erfolgt ist, als auch dann, wenn sie wegen abweichender tatsächlicher Beurteilung eingetreten ist.

Gegen eine solche Gestaltung könne zwar nicht eingewendet werden, daß sie praktisch wertlos sei, weil beim Eintritte der Rechtskraft des freisprechenden Berufungsurteils die Strafe desjenigen Angeklagten, der keine Berufung eingelegt hatte, in der Regel bereits verbüßt sein werde; denn dies lasse sich in gleicher Weise auch gegen die von der Kommission befürwortete Regelung der Frage im Rahmen des Berufungsverfahrens einwenden. Dagegen bestünden andere schwerwiegende Bedenken gegen einen derartigen Vorschlag. Zunächst sei nicht angängig, daß die Abänderung des rechtskräftig gewordenen, materiell aber unrichtigen Urteils lediglich von einem Antrage der Prozeßparteien abhängig sein solle, während der Gedanke des §. 397 der sei, daß von Amtswegen der Gerechtigkeit Genüge geleistet werden müsse. Ferner komme in Betracht, daß durch das Wiederaufnahmeverfahren die Herbeiführung des erstrebten Erfolges gar nicht verbürgt werde, da weder das in diesem Verfahren in erster Instanz erkennende Gericht an die tatsächliche und rechtliche Beurteilung der Sache durch das Berufungsgericht, noch das letztere, wenn es infolge einer Berufung von neuem in der Sache — und zwar vielleicht in veränderter Besetzung — zu entscheiden habe, an seine eigene frühere Entscheidung gebunden sei. Endlich würde sich eine nicht zu billigende Zwiespältigkeit herausstellen, wenn man für die in der Revisionsinstanz ergehenden Urteile den §. 397, dagegen für die in der Berufungsinstanz erlassenen Urteile bei im wesentlichen gleicher Sachlage ein Wiederaufnahmeverfahren Platz greifen lasse.

Die Kommission beschloß hierauf einstimmig, dem früher ausgesprochenen Gedanken, daß bei der Regelung des Wiederaufnahmeverfahrens auf die Anwendung des §. 397 für die Berufung zurückzukommen sei, eine weitere Folge nicht zu geben.

VIII. Der zum §. 404 der Str.Pr.O. gestellte Antrag:

> Es ist, etwa durch Beifügung der Paragraphenzahlen (§. 399 Nr. 1 bis 3 und §. 402 Nr. 1 bis 3) zum Ausdrucke zu bringen, daß sich die Bestimmung des §. 404 der Str.Pr.O. auf Anträge auf Grund des §. 399 Nr. 5 nicht bezieht.

wurde wie in erster Lesung (zu vergl. Bd. 1 S. 279), und zwar einstimmig, angenommen.

XI. Der Antrag,

> den §. 408 Abs. 1 der Str.Pr.O. dahin zu ergänzen, daß der Antrag auf Wiederaufnahme auch dann als unzulässig zu verwerfen ist, wenn er ausschließlich auf Tatsachen oder Beweismittel gestützt ist, welche bereits in einem früheren durch nicht mehr anfechtbaren Beschluß als unbegründet verworfenen Antrage vorgebracht worden sind.

war ebenfalls bereits in erster Lesung angenommen worden (zu vergl. Bd. 1 S. 280).

Der Antrag fand auch heute an sich keinen Widerspruch. Die Fassung wurde indessen von einer Seite als zu eng bezeichnet, weil die Verwerfung des Wiederaufnahmeantrags nur in dem Falle vorgesehen werde, wenn der frühere Antrag als unbegründet zurückgewiesen sei, und nicht auch dann, wenn er als unzulässig verworfen worden sei. Es wurde deshalb angeregt, hinter „unbegründet" die Worte „oder als unzulässig" einzuschieben. Dies wurde jedoch von anderer Seite als bedenklich bezeichnet, weil dann auch diejenigen Tatsachen und Beweismittel nicht noch einmal vorgebracht werden könnten, welche in einem lediglich aus formellen Gründen, z. B. wegen Nichtbeobachtung der Vorschrift des §. 406 Abs. 2 zurückgewiesenen Antrag enthalten gewesen seien. Nur wenn ein Antrag aus materiellen Gründen als unzulässig verworfen sei, könne die erneute Vorbringung derselben Tatsachen und Beweismittel für unstatthaft erklärt werden, damit nicht das Gericht in die Notwendigkeit versetzt werde, dasselbe Material mehrmals prüfen zu müssen. Es sei daher zweckmäßig, in der beantragten Vorschrift hinter „gestützt ist" fortzufahren:

> „welche bereits in einem früheren nicht mehr anfechtbaren Beschlusse zurückgewiesen sind."

Nachdem der Antragsteller in dieser Weise seinen Antrag geändert hatte, wurde der Antrag einstimmig angenommen.

X. Der zum §. 409 der Str.Pr.O. gestellte Antrag:

> Wird der Antrag an sich für zulässig befunden, so sind die erforderlichen Beweise entweder in einem Verhandlungstermine, zu welchem

die Prozeßbeteiligten zu laden sind, oder durch einen beauftragten oder ersuchten Richter zu erheben.

entspricht den in erster Lesung (Bd. 1 S. 281 unter VII und VIII) gefaßten Beschlüssen. Er wurde heute ohne Debatte einstimmig angenommen, nachdem auf Anregung eines Mitglieds die einhellige Meinung der Kommission dahin festgestellt worden war, daß die Prozeßbeteiligten nicht verpflichtet sein sollen, in dem Verhandlungstermine, zu welchem sie geladen sind, zu erscheinen.

In Verfolg dieses Beschlusses wurde ferner wie in erster Lesung beschlossen, im §. 410 die Worte „ohne mündliche Verhandlung" zu streichen.

XI. Endlich wurden die Anträge,

1. dem §. 412 hinzuzusetzen:

   Erachtet das Gericht zweiter Instanz die Beschwerde über eine Entscheidung, durch welche der Antrag auf Wiederaufnahme des Verfahrens als unzulässig verworfen worden ist, für begründet, so verweist es die Sache zur Entscheidung über die Aufnahme der angetretenen Beweise sowie über die Wiederaufnahme des Verfahrens und die Erneuerung der Hauptverhandlung an das Gericht erster Instanz oder an eine andere Strafkammer desselben Landgerichts oder an ein benachbartes Land- oder Amtsgericht zurück.

2. dem §. 412 ferner hinzuzusetzen:

   Von dem Angeklagten und den im §. 401 Abs. 2 bezeichneten Personen kann die Beschwerde nur mittels einer von dem Verteidiger oder einem Rechtsanwalt unterzeichneten Schrift oder zu Protokoll des Gerichtsschreibers angebracht werden.

welche gleichfalls Beschlüssen der ersten Lesung entsprechen (zu vergl. Bd. 1 S. 283 flg., 284 flg.), einstimmig angenommen.

Ein Mitglied warf dabei die Frage auf, ob es etwa zweckmäßig sei, insbesondere nach Einführung der Laiengerichte, das Wiederaufnahmeverfahren mehr zu zentralisieren, indem man es den Oberlandesgerichten zuweise. Ein Antrag in dieser Richtung wurde aber nicht gestellt.

XII. Die Kommission ging sodann zur Beratung der Vorschriften über die Strafvollstreckung über.

In Beantwortung der unter Q I und II des Fragebogens gestellten Fragen wurde zunächst der bereits in erster Lesung (zu vergl. Bd. 1 S. 350 flg.) gefaßte Beschluß einstimmig aufrechterhalten:

> Mit Rücksicht auf die Revision des Strafgesetzbuchs empfiehlt es sich, von einer gesetzlichen Regelung des Strafvollzugs jetzt abzusehen.

Diejenigen Mitglieder, welche in erster Lesung die Aufstellung einiger allgemeiner Grundsätze über den Strafvollzug als wünschenswert bezeichnet hatten, glaubten von bestimmten Vorschlägen in dieser Richtung absehen zu müssen, weil eine sachgemäße Erörterung derselben nur im Falle der Zuziehung von Sachverständigen des Gefängniswesens tunlich und diese jetzt nicht mehr möglich sein würde.

XIII. Gleichfalls einstimmig wurde mit Beziehung auf die Bd. 1 S. 349 der Protokolle wiedergegebene, vom Reichstag auf Antrag der Abgeordneten Gröber und Genossen angenommene Resolution wie in der ersten Lesung (Bd. 1 S. 359) beschlossen:

> Es empfiehlt sich nicht, den Gefängnissträflingen oder bestimmten Kategorien derselben ein Recht auf Selbstbeköstigung oder Selbstbeschäftigung zu geben.

XIV. Im Zusammenhange mit dem in der 69. Sitzung (Bd. 2 S. 137 flg.) abgelehnten Antrage, wonach im Falle der Verurteilung zu einer Gesamtstrafe die Urteilsformel auch die für jede einzelne Straftat festgesetzte Einzelstrafe enthalten sollte, war der weitere jetzt zur Verhandlung gestellte Antrag eingebracht worden,

> hinter §. 481 der Str.Pr.O. einzuschalten:
>
> > War auf eine Gesamtstrafe erkannt, und ist ein Rechtsmittel nur bezüglich der Verurteilung wegen einer oder einiger der abgeurteilten Straftaten eingelegt, so ist das Urteil bezüglich der anderen Straftaten vollstreckbar. Jedoch sind die für diese festgesetzten Einzelstrafen bis zur rechtskräftigen Entscheidung der Sache nur so weit vollstreckbar, als sie sich im Verhältnisse der Gesamtstrafe zur Summe der Einzelstrafen kürzen.

Der Antragsteller, der bei der heutigen Beratung nicht zugegen war, hatte den Antrag schriftlich, wie folgt begründet: Im Protokolle der ersten Lesung (Bd. 1 S. 268) sei gesagt, man trage in der Praxis kein Bedenken, trotz der Anfechtung einer Einzelstrafe mit der Vollstreckung der Gesamtstrafe insoweit zu beginnen, als ihre Herabsetzung infolge der Einlegung des Rechtsmittels nicht in Frage kommen könne. Diese Praxis verstoße aber zur Zeit gegen den §. 481 der Str.Pr.O., da die Gesamtstrafe noch nicht rechtskräftig und daher auch nicht zum Teil vollstreckbar sei. Durch den jetzt zur Beratung stehenden Antrag solle jedoch jener Praxis eine gesetzliche Unterlage gegeben werden.

Die Kommission lehnte den Antrag einstimmig ab. Die heute anwesenden Mitglieder erklärten übereinstimmend, daß jene angebliche Praxis ihnen nicht bekannt geworden sei; sie würde jedenfalls mit dem geltenden Rechte schon deshalb nicht vereinbar sein, weil die vom Gerichtsschreiber zu erteilende, mit der Bescheinigung der Vollstreckbarkeit versehene beglaubigte Abschrift der Urteilsformel, auf Grund deren die Vollstreckung nach §. 483 der Str.Pr.O. erst beginnen dürfe, nur die Gesamtstrafe, nicht auch die Einzelstrafen enthalte. Im übrigen wurde ausgeführt: Wolle man die Vollstreckbarkeit der nicht angefochtenen Einzelstrafen einführen, so setze dies voraus, daß die Einzelstrafen vom Gericht auch in der Urteilsformel angegeben würden. Dies habe die Kommission aber aus praktischen Gründen bereits für undurchführbar erklärt (Bd. 1 S. 267 flg.; Bd. 2 S. 137 flg.). Keinesfalls sei die im Satze 2 des Antrags vorgeschlagene Verhältnisberechnung praktisch verwertbar.

Um diese Verhältnisberechnung zu vermeiden, gleichwohl aber das Ziel des Antrags zu erreichen, war von anderer Seite im Laufe der Beratung beantragt worden:

Hat der zu einer Gesamtstrafe verurteilte Angeklagte das Urteil nur inbetreff eines Teiles der festgestellten Straftaten angefochten, so können die wegen des anderen Teiles angesetzten Einzelstrafen vollzogen werden. In diesem Falle sind die zu vollziehenden Einzelstrafen in die Bescheinigung der Vollstreckbarkeit (§. 483 der Str.Pr.O.) aufzunehmen.

Hiergegen wurde jedoch geltend gemacht, daß der Antrag nicht ersehen lasse, bis zu welchem Höchstbetrage die nicht angefochtenen Einzelstrafen vollstreckbar sein sollten. Falls etwa gemeint sei, daß diese Einzelstrafen vollständig zur Vollstreckung gebracht werden könnten, so werde dies unter Umständen dem Verurteilten zum Nachteile gereichen. Sei z. B. aus drei Einzelstrafen in Höhe von einem Jahre, acht Monaten und drei Monaten Gefängnis eine Gesamtstrafe von einem Jahre und sechs Monaten gebildet und die einjährige Gefängnisstrafe durch ein Rechtsmittel angefochten worden, so sei das Gericht, falls später die angefochtene Einzelstrafe in Wegfall komme, nicht gehindert, aus den beiden anderen Einzelstrafen eine Gesamtstrafe von acht Monaten und einem Tage Gefängnis zu bilden. Möglicherweise habe aber in einem solchen Falle der Verurteilte, gemäß dem Antrage, bereits die Einzelstrafen von acht Monaten und drei Monaten verbüßt. Ebensowenig gebe der Antrag darüber Aufschluß, welche Strafart vollstreckt werden solle, wenn die Gesamtstrafe und die nicht angefochtene Einzelstrafe von verschiedener Art seien.

Mit Rücksicht hierauf war der Antrag zurückgezogen worden.

XV. In Ansehung der Anrechnung einer vom Verurteilten erlittenen Untersuchungshaft lagen die Anträge vor:

1. Das Gericht hat in allen Fällen über Anrechnung oder Nichtanrechnung der Untersuchungshaft Bestimmung zu treffen und seine Entscheidung in dem Urteile zu begründen.
2. Auf die zu vollstreckende Freiheitsstrafe ist unverkürzt diejenige Untersuchungshaft anzurechnen, welche der Angeklagte nach der Verkündung des Urteils erster Instanz erlitten hat.

   Hat der Angeklagte rechtzeitig ein Rechtsmittel gegen das Urteil eingelegt, so wird die Untersuchungshaft unbeschadet der Vorschrift des §. 60 des St.G.B. bis zu dem Zeitpunkte nicht angerechnet, bis zu welchem das Rechtsmittel die Vollstreckung hemmte, es sei denn, daß dieses vor Ablauf der Einlegungsfrist zurückgenommen ist.

   Hat der zu einer Gesamtstrafe verurteilte Angeklagte, welcher das Urteil nur inbetreff eines Teiles der festgestellten Straftaten angefochten hat, durch das Rechtsmittel den Fortfall einer Einzelstrafe erwirkt, so wird, wenn die Anwendung des §. 60 des St.G.B. nicht mehr möglich ist, die Untersuchungshaft nach Maßgabe des Abs. 1 angerechnet, jedoch nur bis zur Höhe der nicht angefochtenen Einzelstrafen.

Die Anträge entsprechen, abgesehen von einer nur redaktionellen Änderung im Abs. 2 des zweiten Antrags, den in erster Lesung (Bd. 1 S. 360 flg.) gefaßten Beschlüssen. Sie wurden auch heute einstimmig angenommen.

Zu dem Antrage 2 war von einem Mitgliede folgender Zusatz beantragt:

Die Vorschriften im Abs. 2 finden auch Anwendung, wenn eine der im §. 340 der Str.Pr.O. bezeichneten Personen ein Rechtsmittel gegen das Urteil eingelegt hat. Der Angeklagte kann jedoch die Anrechnung der Untersuchungshaft, soweit sie ihm gegenüber begründet sein würde, bei Gericht beantragen. Für die Entscheidung über den Antrag ist dasjenige Gericht zuständig, bei dem die Sache zur Zeit seines Einganges anhängig ist. Gegen den Beschluß des Gerichts findet, sofern er nicht in der Revisionsinstanz erlassen ist, die sofortige Beschwerde statt. Nach der durch ein Rechtsmittel nicht mehr anfechtbaren Entscheidung ist eine Erneuerung des Antrags in demselben Verfahren unzulässig. Die Vorschrift des §. 60 des St.G.B. wird hierdurch nicht berührt.

Zur Begründung dieses Zusatzantrags wurde ausgeführt:

Die Vorschrift des §. 340, wonach der gesetzliche Vertreter eines Beschuldigten, desgleichen der Ehemann einer beschuldigten Frau selbständig von den zulässigen Rechtsmitteln Gebrauch machen können, werde nicht selten in der Weise mißbraucht, daß die in Untersuchungshaft befindliche verurteilte Person auf Rechtsmittel verzichte und hierdurch gemäß §. 482 die unverkürzte Anrechnung der weiteren Untersuchungshaft erreiche, der gesetzliche Vertreter oder der Ehemann aber im Einverständnisse mit dem Verurteilten seinerseits das Rechtsmittel nur zu dem Zwecke einlege, um die Vollstreckung der Strafe zu hindern und die gänzliche oder teilweise Verbüßung der Strafe in der Untersuchungshaft herbeizuführen. Dies sei vom Gesetzgeber offenbar nicht gewollt, führe zu einer Vermehrung der mutwillig eingelegten Rechtsmittel und benachteilige diejenigen Personen, welche einen gesetzlichen Vertreter oder Ehemann nicht haben. Im Falle einer Ausdehnung der Berufung würden diese Mißstände noch gesteigert werden.

Das einfachste Mittel zur Abhilfe würde sein, wenn man das geltende Recht dahin abändere, daß auch die Einlegung eines Rechtsmittels durch die im §. 340 bezeichneten Personen die Anrechnung der Untersuchungshaft zu Gunsten des Verurteilten schlechthin ausschließe. Allein dies würde wieder eine Härte gegenüber solchen Verurteilten bedeuten, die mit der Einlegung des Rechtsmittels durch den gesetzlichen Vertreter oder den Ehemann nicht einverstanden seien; es würde sogar dahin führen können, daß der gesetzliche Vertreter oder der Ehemann nur aus Chikane das Rechtsmittel einlege, um die Haft des Verurteilten noch zu verlängern. Deshalb solle nach dem Antrage die Einlegung eines Rechtsmittels seitens der im §. 340 bezeichneten Personen zwar grundsätzlich die Anrechnung der Untersuchungshaft auf die Strafe ausschließen; es solle jedoch dem Verurteilten gestattet werden, bei dem jeweils mit der Sache befaßten Gericht aus Billigkeitsgründen die Anrechnung der Untersuchungshaft zu beantragen. Werde dies abgelehnt, so solle das infolge des Rechtsmittels zur Entscheidung in der Sache selbst berufene Gericht deshalb nicht gehindert sein, auf Grund des §. 60 des St.G.B. die Anrechnung der seit dem angefochtenen Urteil erlittenen Untersuchungshaft auszusprechen.

Der dem Zusatzantrage zu Grunde liegende Gedanke fand vielfache Zustimmung. Es wurde jedoch die vorgeschlagene Regelung der Zuständigkeit bemängelt und ferner als unannehmbar bezeichnet, daß nach dem Antrage möglicherweise auch das Revisionsgericht in die Lage komme, über die tatsächliche Frage der Anrechnung der Untersuchungshaft entscheiden zu müssen.

Um in dieser Richtung eine sachgemäße Abänderung des Antrags vorzubereiten, wurde auf Wunsch mehrerer Mitglieder die weitere Beratung des Zusatzantrags ausgesetzt.

XVI. Der Antrag:

> Erfolgt in einem auf Grund des §. 450 eingeleiteten neuen Verfahren (zu vergl. Protokoll der 80. Sitzung unter XIII Bd. 2 S. 255 flg.) die Verurteilung zu einer Freiheits- oder Geldstrafe, so ist die infolge eines Strafbefehls vollstreckte Strafe auf die neuzuerkennende Strafe unverkürzt in der Weise anzurechnen, daß eine verbüßte Freiheitsstrafe auf die neuerkannte Strafe mit ihrer ganzen Zeitdauer, auf eine Geldstrafe nach Umrechnung in eine entsprechende Geldstrafe unter Anwendung des §. 29 des St.G.B. mit dem Betrage der letzteren, eine vollstreckte Geldstrafe auf eine neuerkannte Freiheitsstrafe unter gleicher Umrechnung in eine entsprechende Freiheitsstrafe mit der vollen Zeitdauer der letzteren, auf eine neuerkannte Geldstrafe mit ihrem vollen Betrag angerechnet wird.

war bereits in erster Lesung angenommen (zu vergl. Bd. 1 S. 366 flg.) und wurde heute mit dem Zusatze:

> Dasselbe gilt für die infolge einer Strafverfügung oder eines Strafbescheids vollstreckte Strafe.

einstimmig wiederum zum Beschluß erhoben.

XVII. Ist jemand durch verschiedene rechtskräftige Urteile zu Strafen verurteilt worden und sind dabei die Vorschriften über die Zuerkennung einer Gesamtstrafe außer Betracht geblieben, so sind nach §. 492 der Str.Pr.O. die erkannten Strafen durch eine nachträgliche gerichtliche Entscheidung auf eine Gesamtstrafe zurückzuführen.

Hierzu lag der Antrag vor:

> Eine nachträgliche Entscheidung hat auch zu erfolgen, wenn entgegen der von der Kommission beschlossenen Vorschrift die Bestimmung über Anrechnung oder Nichtanrechnung der Untersuchungshaft im Urteil unterblieben ist.

Der Antrag wurde mit 11 gegen 4 Stimmen abgelehnt.

Zu seinen Gunsten war ausgeführt worden, daß die Zulassung einer solchen nachträglichen Entscheidung wünschenswert sei, damit nicht der Verurteilte genötigt werde, zur Beseitigung jenes Mangels ein Rechtsmittel einzulegen und hierdurch die Dauer der Untersuchungshaft noch weiter zu verlängern.

Die Mehrheit erwog indessen: Es sei bedenklich, in diesem einen Punkte das Prinzip zu durchbrechen, daß Mängel des Urteils und Versehen des Gerichts nur durch die höhere Instanz beseitigt werden können. Mit dem gleichen Rechte würde man sonst eine Nachtragsentscheidung auch für andere Fälle verlangen können, z. B. wenn ein Ausspruch des Gerichts über die

Publikationsbefugnis (§. 200 des St.G.B.), über die Folgen der Verurteilung wegen Meineids (§. 161 des St.G.B.), über eine gebotene Einziehung oder über die Kostenpflicht unterblieben sei. Übrigens fehle dem Antrag auch eine nähere Ausgestaltung des bei der Beschlußfassung einzuschlagenden Verfahrens, insbesondere eine Bestimmung darüber, ob die Schöffen dabei zuzuziehen seien.

XVIII. Die Kommission begann endlich noch die Beratung einer Eingabe der Zentralstelle für das Gefangenenfürsorgewesen der Provinz Brandenburg vom 11. März 1905, betreffend die Anwendung des §. 493 der Str.Pr.O. auf geisteskranke Gefangene. Die Beschlußfassung wurde jedoch auf Wunsch mehrerer Mitglieder zunächst noch ausgesetzt.

82. Sitzung.

28. März 1905.

Kosten des Verfahrens.

I. Die Kommission wandte sich zum Punkte VI des Programms für die zweite Lesung: „Kosten des Verfahrens" und erörterte zunächst die für alle Verfahrensarten gleichmäßig geltenden Bestimmungen der Strafprozeßordnung.

Soweit die Strafprozeßordnung die Erstattung von Auslagen vorschreibt oder zuläßt, kann der Ersatzberechtigte nach der herrschenden Ansicht nur die Erstattung wirklicher Aufwendungen, nicht auch eine Entschädigung für Zeitversäumnis beanspruchen.[1])

Mit Rücksicht hierauf war beantragt,

> hinsichtlich der zu erstattenden notwendigen Auslagen (zu vergl. §. 499 Abs. 2, §§. 501, 504, 505 der Str.Pr.O.) eine dem zweiten Satze des §. 91 Abs. 1 der Zivilprozeßordnung[2]) entsprechende Bestimmung zu treffen.

Für den Antrag wurde ausgeführt:

Nachdem durch die Novelle zur Zivilprozeßordnung von 1898 die bis dahin im Zivilprozesse gleichfalls streitige Frage, ob die unterliegende Partei dem Gegner auch Entschädigung für Zeitversäumnis zu gewähren habe, mit der Einführung des zweiten Satzes im Abs. 1 des §. 91 in bejahendem Sinne entschieden worden sei, empfehle es sich, für den Strafprozeß eine gleiche Vorschrift zu treffen. Es werde zwar in der Literatur die Meinung vertreten, daß die Bestimmung des §. 91 Abs. 1 der Zivilprozeßordnung schon nach geltendem Rechte als auch für den Strafprozeß maßgebend angesehen werden müsse; die herrschende Praxis folge jedoch dieser Auffassung nicht. Wie das geltende Recht auszulegen sei, könne dahingestellt bleiben; jedenfalls empfehle sich zur Vermeidung von Zweifeln eine der Zivilprozeßordnung analoge Bestimmung, da die gleichen Billigkeitserwägungen auch für den Strafprozeß zuträfen.

---

[1]) Zu vergl. Löwe, Kommentar zur Strafprozeßordnung 11. Aufl. Note 4 d zu §. 499 und die dort Zitierten.

[2]) Der §. 91 Abs. 1 Satz 2 der Zivilprozeßordnung lautet:

> Die Kostenerstattung umfaßt auch die Entschädigung des Gegners für die durch notwendige Reisen oder durch die notwendige Wahrnehmung von Terminen entstandene Zeitversäumnis; die für die Entschädigung von Zeugen geltenden Vorschriften finden entsprechende Anwendung.

Die Ansichten über den Antrag waren geteilt. Von einigen Mitgliedern wurde der Standpunkt vertreten, daß zu einer Unterscheidung zwischen dem Zivilprozeß und dem Strafprozeß in dieser Hinsicht kein Anlaß vorliege.

Von anderer Seite wurde darauf hingewiesen, daß im Zivilprozeß und im Strafprozesse die Verhältnisse wesentlich verschieden liegen. Dort erwachse die Zeitversäumnis aus der Geltendmachung eines vermeintlichen Privatrechts; hier sei sie auf die der Staatsgewalt obliegende Wahrnehmung öffentlicher Interessen zurückzuführen. Im Strafprozeß entstehe Zeitversäumnis außer durch Reisen und Termine vor allem durch eine etwa verhängte Untersuchungshaft. Schon dieser Umstand beweise, daß die Vorschrift der Zivilprozeßordnung den Eigentümlichkeiten des Strafprozesses nicht gerecht werde. Inwieweit für eine unschuldig erlittene Untersuchungshaft und die hieraus erwachsene Zeitversäumnis Ersatz zu leisten sei, sei durch das jüngst erlassene Gesetz besonders geregelt worden. Mit dieser Regelung würde sich der vorliegende Antrag in Widerspruch setzen.

Bei der Abstimmung wurde der Antrag mit 8 gegen 8 Stimmen abgelehnt, wobei die Stimme des Vorsitzenden den Ausschlag gab.

II. Hinsichtlich der Festsetzung der Kosten enthält die Strafprozeßordnung nur die Bestimmung des §. 496 Abs. 2, wonach eine besondere Entscheidung erfolgen soll, wenn über die Höhe der Kosten oder über die Notwendigkeit der unter ihnen begriffenen Auslagen Streit entsteht.

Die zur Zeit bestrittenen Fragen, ob eine Kostenfestsetzung auch ohne Streit der Parteien erfolgen könne, welches Gericht für die Entscheidung zuständig sei und inwiefern dabei die Vorschriften der Zivilprozeßordnung über die Kostenfestsetzung anwendbar seien, sollen für das Privatklageverfahren nach einem Beschlusse der Kommission dadurch zum Austrage gebracht werden, daß für dieses die §§. 103 bis 106 der Zivilprozeßordnung entsprechend anwendbar erklärt werden (zu vergl. Bd. 2 S. 64 flg.).

Heute war beantragt,

> die Bestimmungen der §§. 103 bis 106 der Zivilprozeßordnung auch für das Verfahren auf erhobene öffentliche Klage entsprechend anzuwenden, sowie hinsichtlich der Kostenentscheidungen der Landgerichte in der Beschwerdeinstanz eine dem §. 568 Abs. 2 der Zivilprozeßordnung[1]) nachgebildete Bestimmung zu treffen.

Hierfür wurde geltend gemacht:

Es bestehe keine Veranlassung, die Anwendbarkeit der Vorschriften der Zivilprozeßordnung über die Kostenfestsetzung auf das Privatklageverfahren zu beschränken, da die gleichen Mißstände und Unklarheiten, welche zu dem früheren Beschlusse der Kommission den Anlaß gegeben hätten, auch im Verfahren auf öffentliche Klage in die Erscheinung treten könnten. Eine dem §. 568 Abs. 2 der Zivilprozeßordnung entsprechende Bestimmung empfehle sich deshalb, weil

---

[1]) Der §. 568 Abs. 2 der Zivilprozeßordnung lautet:

Gegen die Entscheidung des Beschwerdegerichts ist, soweit nicht in derselben ein neuer selbständiger Beschwerdegrund enthalten ist, eine weitere Beschwerde nicht zulässig.

die weitere Beschwerde gegen die Entscheidung des Landgerichts billigerweise nicht versagt werden könne, wenn der Beschwerdegrund erst durch die Entscheidung der Beschwerdeinstanz geschaffen sei. Dem stehe bisher die Bestimmung des §. 352 der Str.Pr.O. entgegen, wonach gegen Beschlüsse des Landgerichts in der Beschwerdeinstanz eine weitere Beschwerde nur insofern stattfinde, als die Beschlüsse Verhaftungen betreffen.[1])

Dem Antrage wurde entgegengehalten:

Im Offizialverfahren sei ein Bedürfnis für eine Änderung und Ergänzung der formellen Kostenvorschriften nicht hervorgetreten. Die Vorschrift des §. 496 Abs. 2 komme praktisch kaum jemals zur Anwendung, da für bloße Erinnerungen gegen den Kostenansatz der §. 4 des Gerichtskostengesetzes Platz greife. Jedenfalls treffe die Analogie des Zivilprozesses hier nicht zu. Dort handele es sich darum, für die incerta condemnatio hinsichtlich der Kosten durch den Festsetzungsbeschluß einen Vollstreckungstitel zu erlangen. Im Offizialverfahren, wo es sich in Bezug auf die Kostenfrage hauptsächlich um Anspüche des Staates oder um Ansprüche gegen den Staat handele, sei hierzu kein Anlaß gegeben. Auch seien die einzelnen Vorschriften der §§. 103 flg. der Zivilprozeßordnung für das Offizialverfahren ungeeignet. Eine dem § 568 Abs. 2 der Zivilprozeßordnung entsprechende Vorschrift empfehle sich schon deswegen nicht, weil der Begriff des neuen selbständigen Beschwerdegrundes zu Zweifeln Anlaß gebe.

Der Antrag wurde darauf zurückgezogen.

III. Nach §. 497 Abs. 1 der Str.Pr.O. hat grundsätzlich der zu Strafe Verurteilte alle Kosten des Verfahrens zu tragen. In erster Lesung hat die Kommission den Beschluß gefaßt, daß das Gericht den Verurteilten von der Tragung eines Teiles der Auslagen entbinden kann (Bd. 1 S. 515 flg.).

Auch heute lagen der Kommission mehrere Anträge vor, die eine Durchbrechung jenes Grundsatzes über den Rahmen der bereits jetzt bestehenden Ausnahmen hinaus bezweckten.

A. Eine Ergänzung des §. 497 der Str.Pr.O. erstrebten die Anträge:

1. Das Gericht ist befugt, den zu Strafe verurteilten Angeklagten nach Befinden der Umstände von der Tragung eines Teiles der Auslagen zu entbinden, die dann der Staatskasse bezw. dem Nebenkläger, sofern dieser sie verschuldet hat, nach dessen vorgängigem Gehör aufzuerlegen sind.
2. Dem Ermessen des Gerichts bleibt es überlassen, Gebühren und Auslagen, welche der Angeklagte nicht verschuldet hat, der Staatskasse aufzuerlegen.

Der Antrag 2 wurde vor Eintritt in die Beratung zurückgezogen.

Der Antrag 1 wurde auch heute mit den Gründen befürwortet, die zu dem entsprechenden Beschlusse der ersten Lesung geführt hatten. Von diesem Beschluß unterscheidet er sich nur in zwei Punkten. Einmal sind die Worte „nach Befinden der Umstände“ eingeschoben. Der Antragsteller bemerkte, daß durch diese mit der Vorschrift des §. 504 Abs. 1 Satz 2 übereinstimmende Fassung zum

---

[1]) Zu vergl. Löwe a. a. O. Note 4 zu §. 503.

Ausdrucke gebracht werden solle, daß das freie Ermessen des Gerichts die Entscheidung zu bestimmen habe. Ferner ist ausdrücklich ausgesprochen, daß die nicht dem Verurteilten zur Last fallenden Kosten der Staatskasse bezw. dem Nebenkläger aufzuerlegen seien. Zur Rechtfertigung der Worte „nach vorherigem Gehör“ bemerkte der Antragsteller, daß nach seiner Absicht dem Nebenkläger Gelegenheit zu einer Äußerung gegeben werden müsse.

Von anderer Seite war zusätzlich zum Antrag 1 beantragt,

3. ausdrücklich hervorzuheben, daß die Entbindung von einem Teile der entstandenen Auslagen insbesondere dann stattfinden solle, wenn gegen den Angeklagten wegen einer schwereren Straftat Beschuldigung oder Anklage erhoben war, er aber nur wegen eines geringeren Delikts verurteilt wird und durch die Erhebung der Beschuldigung oder Anklage wegen der schwereren Straftat besondere Kosten (Auslagen) entstanden sind.

Der Antrag 3, gegen den die gleichen Bedenken vorgebracht wurden wie gegen den ähnlichen in der ersten Lesung gestellten Antrag (Bd. 1 S. 515 flg.) fand keine Unterstützung und wurde in Abwesenheit des Antragstellers einstimmig abgelehnt. Die Kommission erachtete die besondere Hervorhebung eines Einzelfalls nicht für angezeigt.

Gegen den Antrag 1 wurden Bedenken nur insoweit geäußert, als dem Nebenkläger vor der Entscheidung Gelegenheit zu einer Äußerung gegeben werden müsse. Dies könne dazu führen, daß Vertagungen und unliebsame Verzögerungen lediglich wegen der Kostenentscheidung nötig würden. Auf das berechtigte Interesse des Nebenklägers sei dadurch genügend Rücksicht genommen, daß er zur Verhandlung geladen werde und somit in der Lage sei, Einwendungen geltend zu machen. Auch im §. 504 Abs. 2 der Str.Pr.O. sei das Gehör des Antragstellers vor der Verurteilung in die Kosten nur insofern vorgeschrieben, als er nicht als Nebenkläger aufzutreten berechtigt war.

Bei der Abstimmung wurde über den Antrag 1 zunächst unter Ausscheidung des Falles der Nebenklage abgestimmt; insoweit wurde der Antrag einstimmig angenommen. Die Kommission beschloß alsdann mit 14 Stimmen gegen eine Stimme, daß die Vorschrift des Antrags 1 auch auf die von einem Nebenkläger verschuldeten Auslagen Anwendung finden solle. Dagegen wurde es mit 9 gegen 6 Stimmen abgelehnt, die vorherige Anhörung des Nebenklägers vorzuschreiben.

B. Es war ferner beantragt:

Hinsichtlich der Kosten, welche Gerichtsschreiber, gesetzliche Vertreter, Rechtsanwälte und andere Bevollmächtigte, sowie Gerichtsvollzieher durch grobes Verschulden veranlaßt haben, ist eine dem §. 102 der Zivilprozeßordnung[1]) entsprechende Bestimmung zu treffen. Sie ist

[1]) Der §. 102 der Zivilprozeßordnung lautet:

Gerichtsschreiber, gesetzliche Vertreter, Rechtsanwälte und andere Bevollmächtigte, sowie Gerichtsvollzieher können durch das Prozeßgericht auch von Amtswegen zur Tragung derjenigen Kosten verurteilt werden, welche sie durch grobes Verschulden verursacht haben.

Die Entscheidung kann ohne mündliche Verhandlung erfolgen. Vor der Entscheidung ist der Beteiligte zu hören.

Gegen die Entscheidung findet sofortige Beschwerde statt.

auszudehnen auf diejenigen, die kraft eigenen Rechtes oder für den Beschuldigten der Verurteilung entgegentreten (§§. 324, 340, 401 der Str.Pr.O.)[1]).

Für den Antrag wurde geltend gemacht:

Es müsse im Strafprozeß ebenso wie im Zivilprozesse Vorsorge getroffen werden, daß der Beschuldigte nicht durch das Verschulden anderer an dem Prozesse beteiligten Personen mit Kosten belastet werde. Der §. 6 des Gerichtskostengesetzes ermögliche zwar die Niederschlagung von Gebühren, die durch unrichtige Behandlung der Sache ohne Schuld des Beteiligten entstanden sind, nicht aber die Niederschlagung von Auslagen. Auch der zu A von der Kommission gefaßte Beschluß decke nicht alle hier in Betracht kommenden Fälle; er sei z. B. nicht anwendbar, wenn der Verteidiger des Angeklagten versehentlich andere als die von diesem namhaft gemachten Entlastungszeugen vorgeladen habe. Auch gebe dieser Beschluß nur die Möglichkeit, den Angeklagten von den durch einen Dritten verschuldeten Auslagen zu entbinden, nicht aber das Recht, sie dem schuldigen Dritten (abgesehen von dem Nebenkläger) aufzuerlegen. Auf die zivilrechtliche Regreßpflicht des Dritten dürfe man den Beschuldigten nicht verweisen, da die Geltendmachung des Regreßanspruchs ihn zu neuen Auslagen nötige.

Ebensowenig dürfe der Beschuldigte darunter leiden, wenn andere, sei es für ihn, sei es im eigenen Namen, der Verurteilung entgegenträten. Es sei bereits früher hervorgehoben worden, daß bisweilen die Erhebung des Einspruchs durch gesetzliche Vertreter oder durch den Ehemann geradezu doloser Weise in der Absicht erfolge, eine öffentliche Bloßstellung oder eine reformatio in peius zu erreichen (Bd. 1 S. 335). Es sei im höchsten Grade unbillig, daß in solchen Fällen der Beschuldigte auch noch die erhöhten Kosten zu tragen habe.

Den letztgedachten Ausführungen wurde entgegengehalten, daß schon nach geltendem Rechte die Kosten eines von dem gesetzlichen Vertreter oder dem Ehemanne kraft eigenen Rechtes eingelegten Rechtsmittels gemäß §. 505 Abs. 1 Satz 1 der Str.Pr.O. niemals von dem Beschuldigten selbst zu tragen seien.[2]) Inwiefern diese Vorschrift auch auf den Fall der selbständigen Erhebung des Einspruchs durch den gesetzlichen Vertreter oder den Ehemann anwendbar sei, werde später bei der Erörterung der Kosten im Strafbefehlsverfahren zu prüfen sein.

Auch im übrigen fand der Antrag wenig Anklang. Es wurde bestritten, daß sich ein praktisches Bedürfnis für eine solche Vorschrift ergeben habe. Auch im Zivilprozesse komme die Vorschrift des §. 102 verhältnismäßig selten zur Anwendung, weil die Feststellung eines „groben Verschuldens" in der Praxis

[1]) Nach §. 324 können Verteidiger und als Vertreter zugelassene Angehörige des in der Hauptverhandlung abwesenden Angeklagten von den dem Beschuldigten zustehenden Rechtsmitteln Gebrauch machen; nach §. 340 sind der gesetzliche Vertreter eines Beschuldigten und der Ehemann einer beschuldigten Frau befugt, selbständig von den zulässigen Rechtsmitteln Gebrauch zu machen. Gemäß §. 401 Abs. 2 sind im Falle des Todes des Verurteilten der Ehegatte, Verwandte auf- und absteigender Linie sowie Geschwister zu dem Antrag auf Wiederaufnahme des Verfahrens befugt.

[2]) Zu vergl. Löwe a. a. O. Note 3b zu §. 505.

großen Schwierigkeiten begegne. Wolle man aber der in dem Antrage gegebenen Anregung nähertreten, so sei nicht abzusehen, weshalb die Fälle eines Verschuldens des Gerichts oder der Staatsanwaltschaft ganz außer Betracht gelassen würden.

Ein Mitglied erklärte, dem Antrag insofern zustimmen zu können, als er sich auf Gerichtsschreiber beziehe. Es komme in der Praxis nicht selten vor, daß eine vom Angeklagten zu Protokoll des Gerichtsschreibers eingelegte Revision als unzulässig verworfen werden müsse, weil der Gerichtsschreiber es unterlassen habe, auf die Stellung eines bestimmten Antrags durch den Angeklagten hinzuwirken. Es sei zweckmäßig, daß in einem solchen Falle die entstandenen Auslagen dem Gerichtsschreiber zur Last gelegt werden könnten.

Über den Satz 1 des Antrags wurde infolgedessen zunächst nur insoweit abgestimmt, als er sich auf Gerichtsschreiber bezieht; hierbei erklärte sich die Kommission mit 13 gegen 2 Stimmen gegen den Antrag. Im übrigen wurde der Satz 1 mit 14 gegen eine Stimme und alsdann auch der Satz 2 mit 13 gegen 2 Stimmen abgelehnt, sodaß der Antrag in vollem Umfang abgelehnt war.

IV. Nach §. 497 Abs. 2 haftet der Nachlaß eines Verurteilten nicht für die Kosten, wenn der Verurteilte vor eingetretener Rechtskraft des Urteils stirbt.

Es war beantragt, dem §. 497 hinzuzufügen:

1. Die Erben eines Verurteilten haften unter allen Umständen nur bis zum Betrage des Nachlasses, nie aber mit ihrem eigenen Vermögen.

Der Antrag fand in dieser Fassung keine Unterstützung. Es wurde darauf hingewiesen, daß er nach seinem Wortlaut eine Haftung der Erben nach Kräften des Nachlasses festzusetzen scheine, während offenbar der Ausschluß jeder eigenen Haftung des Erben und die Beschränkung der Haftung auf den Nachlaß erstrebt werde. Es wurde daher von anderer Seite der Antrag gestellt, zu bestimmen,

2. daß sich die Haftung der Erben für Kosten des Strafverfahrens auf den Nachlaß beschränke.

Bei der Beratung ging die Kommission von der Auffassung aus, daß nach geltendem Rechte der Erbe für die Kosten eines Strafverfahrens, das zu Lebzeiten des Erblassers mit dessen rechtskräftiger Verurteilung geendigt hat, in demselben Umfange wie für alle anderen Schulden des Erblassers hafte.[1])

Für den Antrag 2 wurde geltend gemacht:

Eine Schädigung der fiskalischen Interessen werde durch den Antrag insofern nicht herbeigeführt, als der Erbe schon jetzt nach den Bestimmungen des Bürgerlichen Rechtes in der Lage sei, durch bestimmte Maßnahmen seine Haftung auf den Nachlaß zu beschränken. Die Herbeiführung dieser beschränkten Haftung sei jedoch umständlich und verhältnismäßig kostspielig; sie werde zudem häufig nur aus Unkenntnis des Rechtes unterlassen. Es sei nicht gerechtfertigt, wenn der Fiskus daraus Vorteil ziehe, daß eine Beschränkung der Haftung auf den Nachlaß nicht stattgefunden habe.

Die Mehrheit der Kommission vermochte sich jedoch nicht davon zu überzeugen, daß bezüglich der Kosten eines Strafverfahrens eine Änderung der all-

[1]) Zu vergl. Dernburg, Bürgerliches Recht, Band V Note 5 zu §. 125, S. 352.

gemeinen Vorschriften des Bürgerlichen Rechtes über die Haftung der Erben für die Nachlaßschulden am Platze sei, zumal da sich Mißstände nicht ergeben hätten. Übrigens komme keineswegs nur der Fiskus, sondern auch der Privatkläger als Kostengläubiger in Betracht, und es bestehe kein Grund, diesen hinsichtlich der Geltendmachung seiner Forderung gegen die Erben des Privatbeklagten schlechter zu stellen als eine Zivilprozeßpartei im Verhältnisse zu den Erben ihres Prozeßgegners.

Bei der Abstimmung wurde der Antrag 1 mit 11 gegen 4 Stimmen, der Antrag 2 mit 9 gegen 6 Stimmen abgelehnt.

V. Nach §. 498 Abs. 2 der Str.Pr.O. haften Mitangeklagte, welche in Bezug auf dieselbe Tat zu Strafe verurteilt sind, für die Auslagen des Verfahrens, mit Ausnahme der durch die Strafvollstreckung oder die Untersuchungshaft entstandenen Kosten, als Gesamtschuldner. In der ersten Lesung hatte die Kommission beschlossen, daß das Gericht befugt sein solle, den verurteilten Mitangeklagten von der Haftung für einen Teil der Auslagen zu entbinden (Bd. 1 S. 515 flg.).

Heute lag der Antrag vor:

1. Die Gesamtschuldnerhaftung der Mitangeklagten wird aufgehoben.

Dem Antrage lag der Gedanke zu Grunde, daß die strenge Durchführung der Gesamtschuldnerhaftung zu Härten führe, daß aber andererseits die Ausscheidung eines Teiles der Auslagen in der Praxis zu Schwierigkeiten Anlaß gebe.

Der Antrag, dessen Urheber der Beratung nicht beiwohnte, fand keine Unterstützung; er wurde vielmehr in der Erwägung, daß an dem Grundsatze der Gesamthaft festzuhalten sei, einstimmig abgelehnt.

Es war ferner der Antrag gestellt:

2. Der verurteilte Mitangeklagte kann von der Haftung für diejenigen Auslagen entbunden werden, die ausschließlich durch die Verteidigung der anderen Mitangeklagten entstanden sind.

Dieser Antrag wurde im Laufe der Debatte nach zwei Richtungen abgeändert. Aus der Mitte der Kommission wurde darauf hingewiesen, daß die Worte „durch die Verteidigung der anderen Mitangeklagten“ zu der Auffassung Anlaß geben könnten, daß eine Entbindung von den durch die Erhebung der Anklage gegen die anderen Angeklagten entstandenen Kosten ausgeschlossen sein solle. Um diesem Bedenken Rechnung zu tragen, ersetzte der Antragsteller die beanstandeten Worte durch die Worte:

durch das Verfahren gegen die anderen Mitangeklagten.

Ferner gab der Antragsteller der beantragten Bestimmung die Bedeutung einer zwingenden Vorschrift, indem er die Worte „kann entbunden werden“ durch die Worte „ist zu entbinden“ ersetzte.

Zur Begründung des in dieser Weise geänderten Antrags wurde ausgeführt, daß es nur der Gerechtigkeit entspreche, wenn der Mitverurteilte von der Haftung für Kosten befreit bleibe, die offensichtlich nur durch das Verfahren gegen einen anderen Mitangeklagten entstanden seien. Es wurde insbesondere auf den Fall hingewiesen, daß ein Angeklagter geständig ist und die ganze umfangreiche Beweisaufnahme nur durch das Leugnen eines Mitangeklagten nötig wird, oder daß eine Vertagung lediglich wegen eines Mitangeklagten erfolgen muß.

Die überwiegende Mehrheit der Kommission vermochte dem Antrage nicht zuzustimmen, obschon sie den ihm zu Grunde liegenden Gedanken billigte. Es wurde hervorgehoben:

Die Feststellung, welche Kosten ausschließlich durch das Verfahren gegen einen Mitangeklagten entstanden seien, werde sich in der Praxis als sehr schwierig erweisen. Jede Kasuistik müsse vermieden werden, man dürfe dem Gerichte nur eine allgemeine Direktive geben. Eine zwingende Vorschrift sei schon deshalb in hohem Grade bedenklich, weil dies in zahlreichen Fällen zur Anwendung des §. 496 Abs. 2 der Str.Pr.O. und im Falle der Nichtbeachtung der Vorschrift zur Einlegung der Revision lediglich wegen der Kostenentscheidung führen werde.

Aus diesen Erwägungen heraus wurde beantragt,

3. den Beschluß der ersten Lesung unverändert aufrechtzuerhalten.

Bei der Abstimmung wurde der Antrag 2 in der veränderten Fassung mit 13 gegen 2 Stimmen abgelehnt, alsdann der Antrag 3 einstimmig angenommen.

VI. Nach §. 499 Abs. 2 der Str.Pr.O. können die dem freigesprochenen Angeschuldigten erwachsenen notwendigen Auslagen der Staatskasse auferlegt werden.

Es war beantragt,

3. den §. 499 Abs. 2 dahin zu fassen:

Die dem freigesprochenen Angeschuldigten erwachsenen notwendigen Auslagen sind der Staatskasse aufzuerlegen.

Dem Antrage lag der seinerzeit auch von der Reichs-Justizkommission gebilligte[1]) Gedanke zu Grunde, daß der freigesprochene Angeschuldigte die Vermutung der Unschuld für sich habe, und daß ihm daher ein Rechtsanspruch auf den Ersatz der durch das Strafverfahren veranlaßten Kosten zustehe.

Der Antrag, dessen Urheber bei der Beratung nicht zugegen war, wurde einstimmig abgelehnt. Die Kommission erwog:

Erfahrungsmäßig werde der Angeklagte nicht selten lediglich wegen Mangels an ausreichenden Beweisen oder aus formellen Gründen freigesprochen, obwohl nach den Ergebnissen des Verfahrens der gegen ihn vorliegende Verdacht nicht beseitigt sei, oder der Freigesprochene doch moralisch verwerflich gehandelt habe. Hierher gehörten z. B. die Fälle, in denen die Freisprechung nur wegen eingetretener Verjährung oder deshalb erfolgt sei, weil nur eine vorbereitende Handlung oder ein strafloser Versuch erwiesen sei. Auch komme es vor, daß der freigesprochene Angeklagte selbst, etwa durch ein später widerrufenes Geständnis, die Veranlassung zur Einleitung des Strafverfahrens gegeben habe.

[1]) Zu vergl. Hahn, Materialien zur Strafprozeßordnung, 2. Aufl. S. 1138 flg., 1465, 1615.

In allen diesen Fällen widerstrebe es dem allgemeinen Rechtsempfinden, daß zu Gunsten eines solchen Freigesprochenen die Staatskasse noch mit Kosten belastet werden solle. Aus ähnlichen Gründen sei deshalb auch der Entschädigungsanspruch des im Wiederaufnahmeverfahren Freigesprochenen und des unschuldig Verhafteten nicht schlechthin mit der Freisprechung, milderen Bestrafung oder Außerverfolgungsetzung verknüpft, sondern an gewisse Voraussetzungen gebunden (zu vergl. §. 1 des Gesetzes, betreffend die Entschädigung der im Wiederaufnahmeverfahren freigesprochenen Personen, vom 20. Mai 1898 und §. 2 des Gesetzes, betreffend die Entschädigung für unschuldig erlittene Untersuchungshaft, vom 14. Juli 1904).

Im Zusammenhange hiermit wurde von einem Mitglied angeregt, ob es nicht zweckmäßig sei, im §. 499 Abs. 2 ausdrücklich zu bestimmen, daß zu den notwendigen Auslagen, die der Staatskasse auferlegt werden können, auch diejenigen Entschädigungen gehören, welche der Angeklagte gemäß §. 219 Abs. 2 der Str.Pr.O. an die von ihm vorgeladenen, aber in der Hauptverhandlung nicht vernommenen Zeugen gezahlt habe. Die Bestimmung des §. 219 Abs. 3 der Str.Pr.O.[1]) könne solchen Entlastungszeugen gegenüber nicht zur Anwendung kommen. Andererseits werde die Nichtvernehmung von Entlastungszeugen mit Rücksicht auf die von der Kommission zum §. 244 der Str.Pr.O. gefaßten Beschlüsse (Bd. 2 S. 118 flg.) in Zukunft wohl öfter vorkommen als zur Zeit. Jedoch wurden Anträge in dieser Richtung nicht gestellt.

VII. Nach §. 502 der Str.Pr.O. hat der Antragsteller die Kosten zu tragen, wenn eine Einstellung des Verfahrens wegen Zurücknahme desjenigen Antrags, durch welchen dasselbe bedingt war, erfolgt. Nach der vorwiegenden, aber nicht allgemein geteilten Ansicht[2]) sind unter Kosten im Sinne dieser Vorschrift auch die dem Beschuldigten erwachsenen Kosten zu verstehen.

Es lag der Antrag vor, zur Beseitigung jeden Zweifels

im §. 502 hinter dem Worte „Kosten" einzufügen:

einschließlich der dem Beschuldigten erwachsenen notwendigen Auslagen.

Gegen den Antrag wurde zunächst das Bedenken geäußert, daß es zu Mißverständnissen Anlaß geben könne, wenn gerade an dieser Stelle die Auslagen des Beschuldigten neben den Kosten besonders erwähnt würden. Denn der Ausdruck „Kosten" werde auch sonst vom Gesetz in dem weiteren Sinne gebraucht, daß er die Auslagen mit umfasse; so in den Überschriften des 7. Buches und des 2. Abschnitts des 7. Buches, sowie in den Abs. 2 und 3 des §. 505 der Str.Pr.O. Dem wurde jedoch entgegengehalten, daß in den §§. 499, 501, 503 und im §. 505 Abs. 1 zwischen den Kosten einerseits und den notwendigen Auslagen des Beschuldigten andererseits ausdrücklich unterschieden werde.

---

[1]) Der §. 219 Abs. 3 der Str.Pr.O. lautet:

Ergibt sich in der Hauptverhandlung, daß die Vernehmung einer unmittelbar geladenen Person zur Aufklärung der Sache dienlich war, so hat das Gericht auf Antrag anzuordnen, daß derselben die gesetzliche Entschädigung aus der Staatskasse zu gewähren sei.

[2]) Zu vergl. Löwe a. a. O. Note 3 zu §. 502.

Andere Mitglieder erklärten sich aus dem Grunde gegen den Antrag, weil der §. 502 eine zwingende Vorschrift enthalte und es zu Unbilligkeiten führen könne, wenn der Antragsteller, der vielleicht nur auf Bitten des Angeklagten den Strafantrag zurückgenommen habe, stets auch zum Ersatze der diesem erwachsenen Auslagen verurteilt werden müsse. Demgegenüber erklärte der Antragsteller, daß es ihm nur darauf ankomme, eine gleichmäßige Behandlung der Kosten und der Auslagen gesetzlich festzulegen. Er änderte daher den Antrag dahin ab, daß er vorschlug,

den §. 502 der Str.Pr.O. dahin zu fassen:

Erfolgt eine Einstellung des Verfahrens wegen Zurücknahme desjenigen Antrags, durch welchen dasselbe bedingt war, so können dem Antragsteller die Kosten einschließlich der dem Beschuldigten erwachsenen notwendigen Auslagen auferlegt werden.

Gegen diesen Vorschlag wurde das Bedenken geäußert, daß er dem Gerichte die Möglichkeit gebe, bei Zurücknahme des Strafantrags die Kosten der Staatskasse aufzuerlegen. Dies müsse aber grundsätzlich ausgeschlossen bleiben.

Bei der Abstimmung wurde der Antrag in der abgeänderten Fassung mit 13 gegen 2 Stimmen abgelehnt. Die Kommission erklärte sich demnach gegen eine Änderung der Fassung des jetzigen §. 502, ohne zu der Streitfrage, ob zu den Kosten auch notwendige Auslagen des Beschuldigten gehören, Stellung zu nehmen.

VIII. Nach §. 501 der Str.Pr.O. kann das Gericht, wenn ein auch nur außergerichtliches Verfahren durch eine wider besseres Wissen gemachte oder auf grober Fahrlässigkeit beruhende Anzeige veranlaßt worden ist, dem Anzeigenden die der Staatskasse und dem Beschuldigten erwachsenen Kosten auferlegen.

Ein Mitglied regte an, ob sich nicht der Erlaß einer entsprechenden Vorschrift auch für diejenigen Fälle empfehle, in denen ein Zeuge durch eine wissentlich falsche oder auf grober Fahrlässigkeit beruhende falsche Aussage die Einleitung oder Fortsetzung eines Strafverfahrens verursacht habe.

Dem wurde jedoch entgegengehalten, daß eine solche Bestimmung geeignet sein würde, den Zeugen in der Hauptverhandlung unsicher und ängstlich zu machen oder gar zum Meineide zu drängen, da er fürchten müsse, im Falle der Berichtigung der früheren unzutreffenden Aussage mit den Kosten des Verfahrens belastet zu werden.

Die Anregung wurde nicht weiter verfolgt.

IX. Zum §. 502 der Str.Pr.O. wurde noch angeregt, ob es nicht angezeigt sei, die Bestimmung auch auf die Fälle auszudehnen, in denen der Strafantrag schon während des Ermittelungsverfahrens der Staatsanwaltschaft zurückgezogen werde.

Demgegenüber wiesen jedoch verschiedene Mitglieder darauf hin, daß nach der herrschenden Meinung die Anwendung des §. 502 nicht notwendig ein gerichtliches Verfahren voraussetze. Vielmehr sei es unbedenklich, daß in analoger Anwendung der Bestimmung des §. 501 Abs. 2 die Staatsanwaltschaft, wenn der Strafantrag schon vor der Erhebung der öffentlichen Klage zurückgezogen werde, bei demjenigen Gerichte, welches für die Eröffnung des Hauptverfahrens zuständig gewesen wäre, beantragen könne, die Kosten dem Antragsteller zur Last zu legen.[1])

Gegen diese Auffassung erhob sich in der Kommission kein Widerspruch. Die Anregung wurde damit als erledigt angesehen.

---

[1]) Zu vergl. Löwe a. a. O. Note 2 zu §. 502.

83. Sitzung.

29. März 1905.

Entschädigung wegen ungerechter Verfolgung.

I. Die Kommission wandte sich zur Beratung der Frage VII des Programms der zweiten Lesung: Entschädigung wegen ungerechter Verfolgung (Beschlagnahme, Verhaftung, Verurteilung).

Nach dem Gesetze vom 20. Mai 1898 wird Personen, die im Wiederaufnahmeverfahren freigesprochen oder in Anwendung eines milderen Strafgesetzes mit einer geringeren Strafe belegt worden sind, unter den im Gesetze näher angegebenen Voraussetzungen Entschädigung wegen unschuldig erlittener Strafe gewährt. Ferner hat das Gesetz vom 14. Juli 1904 bestimmt, daß Personen, die im Strafverfahren freigesprochen oder durch Beschluß des Gerichts außer Verfolgung gesetzt worden sind, auch für unschuldig erlittene Untersuchungshaft Entschädigung aus der Staatskasse verlangen können. Nach beiden Gesetzen wird nur der durch die Strafvollstreckung oder durch die Untersuchungshaft entstandene Vermögensschaden und auch dieser nur unter der Voraussetzung ersetzt, daß das Verfahren die Unschuld des Beschuldigten ergeben oder doch wenigstens dargetan hat, daß ein begründeter Verdacht gegen ihn nicht mehr besteht.

Die Kommission erörterte nach verschiedenen Richtungen hin, inwiefern etwa eine Erweiterung der Vorschriften jener Gesetze angezeigt sei. Hierbei wurde davon ausgegangen, daß es sich, wie bei dem Erlasse der beiden oben erwähnten Gesetze, so auch jetzt darum handele, ob der Staat auch wegen eines an und für sich gesetzmäßigen Vorgehens der zur Strafverfolgung berufenen Beamten für schadensersatzpflichtig erklärt werden solle. Habe der Beamte durch die von ihm getroffene Maßregel vorsätzlich oder fahrlässig die ihm dem Beschuldigten gegenüber obliegende Amtspflicht verletzt, so könne der Beschuldigte jetzt schon nach den Vorschriften des Bürgerlichen Gesetzbuchs (§§. 823, 839) von dem Beamten den Ersatz des ihm entstandenen Schadens verlangen und auch den Staat dafür haftbar machen, insoweit landesgesetzlich eine solche Haftung anerkannt sei (Art. 77 des Einführungsgesetzes zum Bürgerlichen Gesetzbuche).

II. Zunächst wurde die Frage erwogen, ob eine Ersatzpflicht des Staates auch bezüglich derjenigen Nachteile eingeführt werden solle, welche jemand infolge einer ungerechtfertigten Durchsuchung oder Beschlagnahme erlitten habe.

Von einzelnen Mitgliedern wurde die Auffassung vertreten, daß grundsätzlich auch in diesen Fällen eine Schadensersatzpflicht des Staates anzuerkennen sei. Die mit der Strafrechtspflege verbundene Gefahr, daß durch die Verfolgung ein Unschuldiger betroffen und benachteiligt werde, dürfe nicht dem Einzelnen aufgebürdet, sondern müsse billigerweise von der Gesamtheit getragen werden, in deren Interesse die Strafverfolgung stattfinde. Allerdings werde durch ungerechtfertigte Durchsuchungen ein Vermögensschaden kaum jemals verursacht. Dagegen könne eine ungerechte Beschlagnahme unter Umständen, namentlich insoweit sie den Betrieb eines gewerblichen Unternehmens behindere, recht erhebliche Vermögensbeschädigungen zur Folge haben.

Da Anträge im Sinne dieser Ausführungen nicht gestellt waren, so hatte die Kommission keinen Anlaß, durch eine Beschlußfassung zu der angeregten Frage Stellung zu nehmen. Die überwiegende Mehrzahl der Mitglieder sprach sich jedoch im Laufe der Beratung dahin aus, daß für ungerechtfertigte Durchsuchungen und Beschlagnahmen eine Entschädigung nicht zu gewähren sei. Es wurde geltend gemacht: Wenn der Staat die ihm obliegende Aufgabe, durch Verfolgung strafbarer Handlungen seinen Angehörigen Rechtsschutz zu gewähren, wirksam erfüllen solle, so sei es unvermeidlich, daß zuweilen in die Rechte auch solcher Personen eingegriffen werde, die sich nachträglich als unschuldig herausstellen. Dies müsse sich der Einzelne im Interesse der Allgemeinheit, das auch das seinige sei, gefallen lassen, ohne daß er Entschädigung verlangen könne. Nur wenn ganz besonders schwere Eingriffe vorlägen, könne aus Gründen der Billigkeit eine Entschädigung für den erlittenen Vermögensnachteil in Frage kommen; diese Erwägung habe denn auch dazu geführt, für unschuldig erlittene Freiheitsentziehung eine Entschädigungsverpflichtung des Staates anzuerkennen. Darüber hinaus den Staat für jeden Eingriff, der sich nachträglich als ungerechtfertigt herausstelle, ersatzpflichtig zu erklären, sei nicht angängig. Dies würde mit dem im bürgerlichen Rechte anerkannten Grundsatze, daß nur ein Verschulden zum Schadensersatze verpflichte, im Widerspruch stehen und sei auch auf dem Gebiete des Verwaltungsrechts, obwohl dort zahlreiche Eingriffe in die Rechtssphäre des Einzelnen vorkommen, keineswegs rechtliche Übung. Besondere Billigkeitsgründe, die für eine Entschädigung bei Durchsuchungen und Beschlagnahmen sprechen könnten, lägen aber nicht vor, da es sich in der großen Mehrzahl der Fälle nur um rasch vorübergehende Maßnahmen handele, die eine tiefergehende Einwirkung auf die Vermögensinteressen des Betroffenen nicht hinterließen. Andererseits könne die Anerkennung einer so weit gehenden Entschädigungspflicht des Staates leicht Gefahren für die Rechtspflege mit sich bringen, indem die mit der Strafverfolgung betrauten Behörden entweder aus Furcht, die Staatskasse zu belasten, nicht energisch genug von den ihnen zustehenden Zwangsmaßregeln Gebrauch machen, oder aber in dem Gedanken an die gegebenenfalls eintretende Entschädigung bei deren Anwendung nicht gewissenhaft genug vorgehen könnten.

III. Nach den Gesetzen vom 20. Mai 1898 und vom 14. Juli 1904 ist der Anspruch auf Entschädigung wegen Freiheitsentziehung davon abhängig, daß das Verfahren die Unschuld des Angeschuldigten ergeben oder doch wenigstens dargetan hat, daß ein begründeter Verdacht gegen ihn nicht mehr besteht.

Für die Beseitigung dieser Beschränkung erhob sich in der Kommission keine Stimme. Von verschiedenen Mitgliedern wurde hervorgehoben, daß es dem Rechtsgefühl in hohem Maße widersprechen und geradezu ein Hohn auf die Gerechtigkeit sein würde, wenn man jedem freigesprochenen oder außer Verfolgung gesetzten Beschuldigten eine Entschädigung gewähren wollte. Soweit sei auch im Auslande die Gesetzgebung nirgends gegangen. Die tägliche Erfahrung zeige, daß mancher Schuldige nur deshalb freigesprochen werde, weil die belastenden Momente nicht völlig ausreichten, um das Gericht von seiner Schuld zu überzeugen. Das gesunde Rechtsempfinden werde es nie begreifen, daß aus rein theoretischen Erwägungen ein solcher Freigesprochener auch noch aus der Staatskasse entschädigt werden solle.

IV. Nach dem Gesetze vom 14. Juli 1904 wird eine Entschädigung nur wegen erlittener Untersuchungshaft, und auch insoweit nur an solche Beschuldigte gewährt, die freigesprochen oder durch Gerichtsbeschluß außer Verfolgung gesetzt worden sind. Eine Entschädigungspflicht besteht somit nicht gegenüber denjenigen Personen, welche nur vorläufig festgenommen oder auf Grund des §. 134 der Str.Pr.O. vorgeführt, aber nicht in Untersuchungshaft genommen, sondern alsbald wieder in Freiheit gesetzt worden sind. Des Weiteren aber haben auch solche Beschuldigte keinen Anspruch auf Entschädigung, die zwar in Untersuchungshaft genommen, jedoch bereits während des staatsanwaltschaftlichen Ermittelungsverfahrens wieder in Freiheit gesetzt und demnächst nicht unter Anklage gestellt worden sind.

Bei der Beratung des Gesetzes vom 14. Juli 1904 hatte die VII. Kommission des Reichstags zunächst beschlossen, auch den bereits im Ermittelungsverfahren aus der Untersuchungshaft entlassenen Beschuldigten einen Anspruch auf Entschädigung zu gewähren. Den dahingehenden Anträgen war von Seiten der verbündeten Regierungen entschiedener Widerspruch entgegengesetzt worden, indem ausgeführt wurde: Wenn auch nicht verkannt werden solle, daß unter Umständen die Gewährung einer Entschädigung an diese Personen der Billigkeit entspreche, so sei doch der Erlaß einer besonderen gesetzlichen Vorschrift nicht erforderlich, weil die Justizverwaltungen der einzelnen Bundesstaaten mit Hilfe der für diese Zwecke überall besonders bereit gestellten Mittel solchen Fällen jetzt schon gerecht werden könnten. Gegen eine gesetzliche Bestimmung sprächen aber entscheidend die großen prozeßtechnischen Schwierigkeiten, die sich daraus ergeben müßten. In dieser Beziehung komme einmal in Betracht, daß es im Ermittelungsverfahren an einem für die Feststellung des Entschädigungsanspruchs geeigneten gerichtlichen Organe fehle, und ferner, daß die Einstellung des Verfahrens durch die Staatsanwaltschaft dies Verfahren nicht endgültig erledige, vielmehr die Möglichkeit offen lasse, wegen desselben Verhaltens gegen den Beschuldigten von neuem vorzugehen und seine Verurteilung herbeizuführen. Solange eine solche Möglichkeit bestehe, könne man dem Beschuldigten unmöglich eine Entschädigung gewähren. Auch müsse daran festgehalten werden, daß die Feststellung des Entschädigungsanspruchs nicht in einem besonderen, die Unschuld des Verhafteten betreffenden Verfahren, sondern lediglich im Strafverfahren selbst und auf Grund der im Rahmen desselben getroffenen Ermittelungen zu erfolgen habe.

Infolge dieses Widerspruchs hatte die Reichstagskommission in zweiter Lesung den die Regierungsvorlage erweiternden Beschluß wieder aufgehoben, jedoch eine Resolution dahin vorgeschlagen,

> die verbündeten Regierungen zu ersuchen, in den einzelnen Bundesstaaten dafür Sorge zu tragen, daß aus den bereitgestellten Mitteln denjenigen im staatsanwaltschaftlichen Ermittelungsverfahren unschuldig Verhafteten, welchen nach diesem Gesetz ein Entschädigungsanspruch noch nicht zusteht, unter Anwendung der Grundsätze dieses Gesetzes nach Billigkeitsrücksichten eine gleichwertige Entschädigung gewährt werde; sowie bei der bevorstehenden Reform der Strafprozeßordnung darauf Bedacht zu nehmen, daß die Entschädigungspflicht des Staates auch auf die vorbezeichneten Verhafteten ausgedehnt werde.

Diesen Vorschlägen der Kommission ist der Reichstag demnächst beigetreten. Wie heute ein Kommissar des Reichs-Justizamts mitteilte, hat daraufhin der Bundesrat beschlossen, den ersten Teil der Resolution als durch die bei der Beratung des Gesetzes vom 14. Juli 1904 zum Ausdrucke gebrachte Verständigung der verbündeten Regierungen — Begründung des Entwurfs S. 8 — für erledigt zu erklären, im übrigen aber die Resolution dem Reichskanzler zu überweisen. Ferner ist, wie gleichfalls mitgeteilt wurde, die Erhebung einer Statistik in die Wege geleitet worden, die sich nicht nur auf die Fälle, in welchen auf Grund des Gesetzes vom 14. Juli 1904 Entschädigung gewährt wird, erstrecken, sondern auch diejenigen Entschädigungen berücksichtigen soll, welche aus Billigkeitsrücksichten im Verwaltungswege bewilligt werden.

Im Anschluß an diese Vorgänge erörterte die Kommission die Frage, inwieweit ein gesetzlicher Entschädigungsanspruch auch den bereits im Ermittelungsverfahren aus der Untersuchungshaft entlassenen Beschuldigten, gegen welche die öffentliche Klage nicht erhoben worden sei, sowie den nur vorläufig festgenommenen oder vorgeführten Personen gewährt werden könne.

V. Eine Ausdehnung der gesetzlichen Entschädigungspflicht des Staates auf die Fälle der Vorführung und der vorläufigen Festnahme, an die sich eine Untersuchungshaft nicht angeschlossen hat, wurde zwar vereinzelt befürwortet, von der überwiegenden Mehrheit der Kommission jedoch nicht für erforderlich erachtet, da die Freiheitsentziehung in diesen Fällen in der Regel so kurz sei, daß ein nachweisbarer Vermögensschaden nicht eintrete. Anträge waren in dieser Richtung nicht gestellt.

VI. Anlangend dagegen die Fälle, in welchen die Untersuchungshaft nur im staatsanwaltschaftlichen Ermittelungsverfahren verhängt und die öffentliche Klage nicht erhoben worden ist, sprach sich die Kommission nach eingehender Beratung mit 10 gegen 5 Stimmen dahin aus:

> Es soll nach Maßgabe des Gesetzes, betreffend die Entschädigung für unschuldig erlittene Untersuchungshaft, vom 14. Juli 1904 auch

an diejenigen Beschuldigten aus der Staatskasse eine Entschädigung für erlittene Untersuchungshaft gewährt werden können, gegen welche das Verfahren vor Klageerhebung eingestellt oder gegen welche die Klage fallen gelassen worden ist (§. 168 Abs. 2, §. 451 der Str.Pr.O.).

Seitens der Minderheit war zunächst darauf hingewiesen worden, daß ein praktisches Bedürfnis für eine solche Erweiterung des Gesetzes vom 14. Juli 1904 nicht bestehe. Die Fälle, in denen ein Beschuldigter während des staatsanwaltschaftlichen Ermittelungsverfahrens als unschuldig aus der Untersuchungshaft entlassen werde, seien verhältnismäßig selten; [1]) auch handele es sich dabei in der Regel nur um Freiheitsentziehungen von kürzerer Dauer, die eine erhebliche Vermögensbeschädigung nur selten zur Folge hätten. Insoweit aber Billigkeitsrücksichten eine Entschädigung auch hier angemessen erscheinen ließen, sei dem Bedürfnisse heute schon dadurch ausreichend Rechnung getragen, daß die Landesjustizverwaltungen überall Mittel bereit gestellt hätten, um nach Maßgabe des Gesetzes vom 14. Juli 1904 eine Entschädigung eintreten zu lassen. Daß von diesen Mitteln nicht in genügendem Maße Gebrauch gemacht werde, könne nicht behauptet werden. Zum mindesten sei es angebracht, bevor man die Entschädigungspflicht des Staates über den Rahmen des Gesetzes vom 14. Juli 1904 hinaus erweitere, zunächst die Erfahrungen abzuwarten, die man mit diesem Gesetze machen werde. Eine vorzeitige Ausdehnung der Entschädigungspflicht sei um so weniger zu rechtfertigen, als das Reich mit seiner Gesetzgebung unter allen Kulturstaaten in erster Linie stehe.

Des Weiteren wurde geltend gemacht, daß einer solchen Erweiterung der gesetzlichen Entschädigungspflicht unüberwindliche Schwierigkeiten im Wege stünden. In dieser Hinsicht wurde im einzelnen ausgeführt:

Wie bereits in der Begründung zum Gesetze vom 14. Juli 1904 zutreffend dargelegt sei (zu vergl. Reichstagsdrucks. Nr. 202 von 1903/04), müsse daran festgehalten werden, daß die Feststellung des Entschädigungsanspruchs im Rahmen des Strafverfahrens selbst und auf Grund der aus Anlaß der Strafverfolgung vorgenommenen Ermittelungen zu erfolgen habe. Es gehe nicht an, die Feststellung der Unschuld des Verhafteten zum Gegenstande besonderer Erhebungen zu machen und damit dem Strafverfahren, das nur die Frage zum Austrage bringen solle, ob der staatliche Anspruch auf Bestrafung begründet sei, einen ihm fremden Bestandteil anzufügen. Unter Umständen könnten sonst die Erhebungen über die Unschuld einen so bedeutenden Umfang annehmen, daß dadurch das eigentliche Strafverfahren ganz in den Hintergrund gedrängt werde. Außerdem würde, wenn den in Untersuchungshaft genommenen Beschuldigten ein Recht auf Feststellung ihrer Unschuld zugestanden werde, das gleiche Recht den anderen Beschuldigten kaum versagt werden können, da die Feststellung der Unschuld für diese möglicherweise einen Wert besitze, der viel größer sei als das Geldinteresse, das sich für die Untersuchungsgefangenen an die Entschädigung wegen der Freiheitsentziehung knüpfe.

---

[1]) Nach vorläufig angestellten Ermittelungen erledigen sich durchschnittlich nur etwa 3% aller Haftbefehle im staatsanwaltschaftlichen Ermittelungsverfahren. Zu vergl. Stenographische Berichte des Reichstags vom 3. Februar 1904 S. 657 (C, D.).

Im Rahmen des staatsanwaltschaftlichen Ermittelungsverfahrens lasse sich aber eine gerichtliche Feststellung darüber, ob der Verhaftete auf Entschädigung Anspruch machen könne, nicht treffen, weil es an einem geeigneten Organe fehle, das ohne ein weiteres Verfahren über den Anspruch entscheiden könnte. Den Staatsanwalt selbst mit dieser Entscheidung zu betrauen, sei nicht angängig, da eine rechtliche Verpflichtung der Staatskasse nur durch eine gerichtliche Entscheidung begründet werden könne, hierdurch auch eine wesentliche Änderung des gegenwärtigen Rechtszustandes kaum herbeigeführt würde. Ebensowenig aber könne die Entscheidung einem Gericht übertragen werden. Dies sei schon deshalb bedenklich, weil dem Gerichte damit eine Art Aufsicht über die Tätigkeit der Staatsanwaltschaft zugewiesen und die ausnahmsweise Vorschrift der §§. 170 flg. der Str.Pr.O. für alle Haftsachen zur Regel gemacht würde. Formell würde das Gericht zwar nur über den Entschädigungsanspruch, materiell aber darüber entscheiden, ob die Staatsanwaltschaft das Verfahren mit Recht eingestellt habe oder nicht, vielmehr die Anklage hätte erheben müssen. Das Gericht würde zudem nur nach Lage der Akten entscheiden können. Es bestünden aber keine Vorschriften darüber, wieweit die Staatsanwaltschaft das Ergebnis ihrer Ermittelungen aktenkundig zu machen habe, und die Akten seien tatsächlich keineswegs immer vollständig. Gerade wenn der Staatsanwalt auf Grund der von ihm vorgenommenen Ermittelungen zu der Ueberzeugung gelangt sei, daß ausreichende Anhaltspunkte für die Erhebung der öffentlichen Klage nicht vorlägen, werde er die Sache als erledigt betrachten und sich nicht mehr veranlaßt sehen, das vollständige Ergebnis der Erhebungen genau zu den Akten zu bringen. Dem Gerichte werde also häufig die feste aktenmäßige Grundlage für seine Entscheidung fehlen. Die Befugnis aber, zur weiteren Aufklärung der Sache selbst noch Beweiserhebungen vorzunehmen, könne ihm nicht eingeräumt werden, weil man damit zu einem besonderen Unschuldsverfahren gelange, das schon als unannehmbar bezeichnet worden sei.

Ein anderes schwerwiegendes Bedenken sei bei der Beratung des Gesetzes vom 14. Juli 1904 mit Recht darin gefunden worden, daß die Einstellung des Verfahrens seitens der Staatsanwaltschaft einen definitiven Rechtszustand nicht zu schaffen vermöge. Abgesehen von den Fällen, in denen der Verletzte gegenüber einem ablehnenden Bescheide der Staatsanwaltschaft ohne Erfolg gemäß §§. 170 flg. der Str.Pr.O. die gerichtliche Entscheidung angerufen habe, stehe es dem Staatsanwalte jederzeit frei, das eingestellte Verfahren wieder aufzunehmen, sei es, daß er aus eigener Entschließung dazu gelange, die bisherigen Ermittelungen in tatsächlicher oder rechtlicher Beziehung anders zu beurteilen, sei es, daß die vorgesetzte Dienstbehörde ihn zur Aufnahme des Verfahrens anweise. Solange aber die Möglichkeit bestehe, daß der Beschuldigte wegen des Verhaltens, das zur Haft geführt habe, abermals verfolgt und dann verurteilt werde, könne ihm eine Entschädigung nicht gewährt werden. Nun lasse sich allerdings diese Möglichkeit dadurch ausschließen, daß man für die Fälle, in denen das Gericht dem Beschuldigten einen Entschädigungsanspruch zugebilligt habe, die Wiederaufnahme der öffentlichen Klage, wie in den Fällen der §§. 172 und 210 der Str.Pr.O., nur noch auf Grund neuer Tatsachen oder Beweismittel zulasse. Allein damit werde für die in Frage kommenden Sachen das Recht der Aufsichtsbehörde, die Staatsanwaltschaft auf Grund des vorliegenden Akteninhalts zur Erhebung der öffentlichen Klage anzuweisen, hinfällig gemacht, und auf dieses wichtige Recht könne nicht verzichtet werden.

Die hervorgehobenen Schwierigkeiten wären nur dann zu überwinden, wenn es anginge, in allen Haftsachen über die Einstellung des Verfahrens das Gericht entscheiden zu lassen. Um dies zu erreichen, habe die Kommission in der 65. Sitzung (Bd. 2 S. 82 flg.) beschlossen, daß in allen Haftsachen grundsätzlich die Voruntersuchung geführt werden müsse. Nachdem sich dieser Weg jedoch später gleichfalls als ungangbar erwiesen habe, müsse der Vorschlag, den bereits im Ermittelungsverfahren aus der Untersuchungshaft entlassenen Personen einen Rechtsanspruch auf Entschädigung zu gewähren, als undurchführbar bezeichnet werden.

Die Mehrheit machte demgegenüber geltend:

Es sei eine Forderung der Gerechtigkeit, den im Ermittelungsverfahren aus der Untersuchungshaft entlassenen und nicht unter Anklage gestellten Personen in gleicher Weise ein Recht auf Entschädigung zu gewähren wie den freigesprochenen oder durch Gerichtsbeschluß außer Verfolgung gesetzten Angeschuldigten. Von zwei unschuldig verhafteten Beschuldigten könne nicht dem einen ein Rechtsanspruch auf Entschädigung gegeben, der andere dagegen bei einer im wesentlichen gleichen Sachlage auf das billige Ermessen der Verwaltungsbehörde verwiesen werden. Dies lasse sich um so weniger rechtfertigen, als es oft nur vom Zufall und von den verschiedenen Gepflogenheiten der einzelnen Staatsanwälte abhänge, ob eine Sache im Ermittelungsverfahren beendigt oder in die Voruntersuchung gegeben werde. Deshalb könne es darauf, ob die Zahl der Fälle, in welchen sich die Unschuld des Verhafteten schon im Ermittelungsverfahren herausstelle, mehr oder weniger groß sei, überhaupt nicht ankommen. Das praktische Bedürfnis für eine Ausdehnung des Gesetzes vom 14. Juli 1904 sei vielmehr von vornherein als vorhanden anzuerkennen, und es frage sich nur, ob und in welcher Weise sich die prozeßtechnischen Schwierigkeiten überwinden ließen.

Daß diese Schwierigkeiten vorhanden seien, wurde auch von der Mehrheit anerkannt; über ihre Tragweite im einzelnen gingen die Ansichten auseinander.

Einige Mitglieder vertraten die Auffassung, es sei überhaupt nicht gerechtfertigt, zu verlangen, daß die Frage, ob der Verhaftete Anspruch auf Entschädigung habe, bereits im Strafverfahren selbst völlig geklärt sein müsse und nur auf Grund der Ermittelungsakten der Staatsanwaltschaft entschieden werden dürfe. Wenn man einen gesetzlichen Entschädigungsanspruch gebe, müsse man auch zulassen, daß er in einem besonderen Verfahren festgestellt werde. Der Hinweis darauf, daß man beim Erlasse des Gesetzes vom 20. Mai 1898 ein solches Verfahren grundsätzlich habe ausschließen wollen, treffe nicht zu, da neben dem Wiederaufnahmeverfahren für ein besonderes Unschuldsverfahren allerdings kein Raum mehr gewesen sei, hier aber die Sache anders liege. Richtig sei es, daß der nichtverhaftete Beschuldigte, der die Feststellung seiner Unschuld nicht verlangen kann, insofern schlechter gestellt werde als der verhaftete; dies entspreche aber nur der Billigkeit, da der verhaftete Beschuldigte auch einen viel größeren Nachteil erlitten habe als der in der Freiheit verbliebene. Im übrigen würden die Schwierigkeiten, die mit einem solchen Verfahren verbunden seien, überschätzt. In der Regel werde das Gericht, das die Entscheidung zu treffen habe, ob der Beschuldigte unschuldig sei oder doch ein begründeter Verdacht gegen ihn nicht mehr vorliege, schon auf Grund der ihm vorzulegenden Ermittelungsakten der Staatsanwaltschaft zu einer Entschließung gelangen können. Denn die Staatsanwaltschaft pflege überall vollständige Akten zu führen, und auch die Landesjustizverwaltung sei, wenn sie über das Entschädigungsgesuch eines Verhafteten zu befinden habe, auf diese Akten angewiesen. Sollten die Akten ausnahmsweise eine genügende Grundlage für die gerichtliche Entscheidung nicht gewähren, so müsse allerdings das Gericht befugt sein, durch weitere Ermittelungen die noch erforderliche Aufklärung zu beschaffen. Denn das Gericht dürfe nicht in die Lage kommen, den Entschädigungsantrag eines unschuldig Verhafteten lediglich deshalb ablehnen zu müssen, weil die Staatsanwaltschaft die Sache nur soweit aufgeklärt hatte, als notwendig war, um festzustellen, daß ein für die Erhebung der öffentlichen Klage ausreichender Verdacht nicht vorliege. Es sei jedoch kaum zu befürchten, daß deshalb stets ein umständliches Verfahren zur Feststellung der Unschuld Platz greifen werde; vielmehr werde in der Regel nur eine rasch zu erledigende Ergänzung der bisherigen Ermittelungen in Frage kommen. Die prinzipiellen Bedenken gegen die Zulassung eines lediglich die Feststellung der Unschuld bezweckenden gerichtlichen Verfahrens seien als zutreffend nicht anzuerkennen, da auch das geltende Recht im Falle der Wiederaufnahme des Verfahrens zu Gunsten eines bereits verstorbenen Verurteilten (§. 411 der Str.Pr.O.) ein solches Verfahren schon kenne.

Andere Mitglieder hielten zwar die Bedenken, welche gegen ein solches Unschuldsverfahren vorgebracht worden waren, für begründet, glaubten aber, daß diese Bedenken wegfallen würden, wenn man die Entscheidung der Frage, ob die Ermittelungen die Unschuld des Beschuldigten ergeben haben, dem das Verfahren einstellenden Staatsanwalte zuweise, und das Gericht nur darüber befinden lasse, ob der Entschädigungsanspruch hiernach als begründet anzuerkennen oder aus den im Gesetze vom 14. Juli 1904 vorgesehenen besonderen Gründen auszuschließen sei.

Daß man dem Beschuldigten einen Entschädigungsanspruch nicht zubilligen könne, solange noch die Staatsanwaltschaft in der Lage sei, das Verfahren gegen ihn von neuem einzuleiten, wurde auch von der Mehrheit der Kommission als richtig anerkannt. Sie hielt aber die sich hieraus ergebenden Schwierigkeiten für behoben, wenn vorgeschrieben werde, daß die Staatsanwaltschaft, falls durch gerichtlichen Beschluß die Entschädigungsverpflichtung der Staatskasse festgestellt sei, die öffentliche Klage nur auf Grund neuer Tatsachen oder Beweismittel erheben könne. Eine derartige Regelung, so wurde ausgeführt, sei als unbedenklich zu bezeichnen, da es in der Praxis kaum jemals vorkomme, daß gegen einen Beschuldigten, dessen Unschuld sich ergeben habe oder gegen den ein begründeter Verdacht nicht mehr vorliege, auf Grund desselben Sachverhalts, ohne neue Tatsachen und ohne neue Beweismittel das Ermittelungsverfahren von der Staatsanwaltschaft wieder aufgenommen werde. Daß die Aufsichtsbehörde nur in denjenigen Fällen von ihrer Anweisungsbefugnis Gebrauch machen könne, in welchen sie durch eine Beschwerde des Verletzten mit der Sache befaßt werde, könne als ein durchschlagender Grund gegen die vorgeschlagene Regelung nicht angesehen werden.

VII. Nachdem sich die Kommission grundsätzlich für die Gewährung eines Entschädigungsanspruchs auch an diejenigen Verhafteten ausgesprochen hatte, gegen welche die öffentliche Klage nicht erhoben wird, ging sie nunmehr zur Beratung der besonderen Vorschriften über, die bei einer Ausdehnung des Gesetzes vom 14. Juli 1904 auf diese Fälle für erforderlich zu erachten seien.

Zunächst stellte der Vorsitzende die einhellige Meinung der Kommission dahin fest, daß die örtliche Zuständigkeit des zur Entscheidung über den Entschädigungsanspruch berufenen Gerichts dort gegeben sein solle, wo das Ermittelungsverfahren anhängig gewesen sei.

Hinsichtlich der sachlichen Zuständigkeit war beantragt:

> Für die Entscheidung über die Verpflichtung der Staatskasse zur Entschädigung soll dasjenige Gericht sachlich zuständig sein, bei dem die Staatsanwaltschaft die Anklage erhoben haben würde, wenn sie die Aburteilung durch das erkennende Gericht für geboten erachtet hätte.

Auf Anregung eines Mitglieds wurden hinter dem Worte „Anklage" die Worte „erhoben hatte oder" eingeschoben, um auch die Fälle zu decken, in denen die Staatsanwaltschaft auf Grund des §. 451 der Str.Pr.O. die Klage fallen gelassen habe. In dieser Fassung wurde der Antrag einstimmig angenommen.

VIII. Desgleichen wurde der Antrag:

> Die Verpflichtung der Staatskasse zur Entschädigung soll nur auf Antrag des Beschuldigten festgestellt werden. Der Antrag ist bei dem Gericht oder bei der Staatsanwaltschaft innerhalb eines Monats zu stellen, nachdem der Beschuldigte von der Einstellung des Verfahrens oder dem Fallenlassen der Klage Kenntnis erlangt hat.

einstimmig ohne Debatte angenommen.

IX. Auch gegen die Vorschrift:

> Der Beschluß darf erst nach Ablauf der Beschwerdefristen des §. 170 der Str.Pr.O. oder, wenn der Verletzte Beschwerde einlegt und Antrag auf gerichtliche Entscheidung gestellt hat, nach Verwerfung der Beschwerde und des Antrags ergehen.

erhoben sich keine Bedenken, sodaß sie einstimmig beschlossen wurde.

X. Dagegen gingen, wie schon in der unter VI wiedergegebenen allgemeinen Debatte ersichtlich geworden war, die Ansichten darüber auseinander, auf Grund welchen Materials das Gericht entscheiden und inwieweit es berechtigt sein solle, die Frage der Unschuld des die Entschädigung Beanspruchenden nach eigenem Ermessen zu prüfen.

Es lag der Antrag vor:

1. Das Gericht hat auf Grund der bisher von der Staatsanwaltschaft geführten Verhandlungen und gegebenen Falles nach Anstellung weiterer Ermittelungen darüber zu entscheiden, ob das Verfahren die

Unschuld des Beschuldigten ergeben oder dargetan hat, daß ein begründeter Verdacht gegen ihn nicht vorliegt.

Gegen diesen Antrag sprachen sich zunächst diejenigen Mitglieder aus, welche ein besonderes, die Feststellung der Unschuld bezweckendes Verfahren überhaupt nicht zulassen wollten.

Von anderer Seite wurde es zwar gebilligt, daß der Antrag des aus der Haft entlassenen Beschuldigten auf Entschädigung nach der Einstellung des Verfahrens durch das Gericht festgestellt werde; jedoch solle das Gericht nicht seinerseits noch weitere Ermittelungen vornehmen dürfen und auch über die Unschuld des Beschuldigten nicht selbständig entscheiden können, vielmehr insoweit an die Auffassung der Staatsanwaltschaft gebunden sein. Demgemäß war weiter beantragt:

2. Die Staatsanwaltschaft hat, wenn sich die Unschuld ergeben hat oder ein Verdacht überhaupt nicht begründet ist, dies in dem Einstellungsbeschluß (§. 169) oder in Verbindung mit dem Fallenlassen der Klage (§. 451) festzustellen.

   Auf Grund dieser Feststellung erfolgt die Entscheidung über die Feststellung des Entschädigungsanspruchs durch das Gericht.

Zur Erläuterung und Begründung dieses Antrags wurde noch ausgeführt: Es würde den Grundsätzen der Strafprozeßordnung widersprechen, wenn vom Gericht über die Unschuld einer Person entschieden werden sollte, ohne daß die Staatsanwaltschaft die öffentliche Klage erhoben und ohne daß eine mündliche Verhandlung stattgefunden habe. Es bleibe daher nichts anderes übrig, als den Staatsanwalt, der das Verfahren einstelle, auch darüber maßgebend entscheiden zu lassen, ob die Einstellung nur mangels ausreichender Beweise oder deshalb erfolge, weil das Ermittelungsverfahren die Unschuld des Verhafteten ergeben oder doch dargetan habe, daß ein begründeter Verdacht gegen ihn nicht mehr bestehe. Im ersteren Falle sei für eine gerichtliche Feststellung des Entschädigungsanspruchs kein Raum. Habe aber der Staatsanwalt, was ihm gegebenenfalls zur Pflicht zu machen sei, in dem Einstellungsbeschlusse die Unschuld des Beschuldigten oder den Fortfall eines begründeten Verdachts ausdrücklich anerkannt, so bleibe es dem Gericht überlassen, auf den Antrag des Beschuldigten den Entschädigungsanspruch formell festzustellen und hierbei materiell noch die Frage zu prüfen, ob etwa aus den im §. 2 des Gesetzes vom 14. Juli 1904 bezeichneten besonderen Gründen der Anspruch auf Entschädigung ausgeschlossen oder auszuschließen sei. Auf diese Weise werde vermieden, daß die Frage der Unschuld oder des begründeten Verdachts in einem außerhalb des Strafverfahrens liegenden Verfahren nochmals erörtert und möglicherweise vom Gericht anders als vom Staatsanwalt entschieden werde.

Der Antrag 2 fand jedoch nicht den Beifall der Mehrheit; er wurde auch von solchen Mitgliedern für nicht annehmbar erachtet, welche mit dem Antragsteller an sich darin einverstanden waren, daß ein selbständiges gerichtliches Unschuldsverfahren nicht zugelassen werden könne. Es wurde ausgeführt: Der Antrag weise dem Gerichte eine untergeordnete Stellung zu, da die von ihm zu treffende Entscheidung im wesentlichen nur eine formelle Bedeutung habe. Es gehe nicht an, daß man das Gericht an die Entscheidung der Staatsanwaltschaft gebunden erkläre und dieser damit eine der Sache nach richterliche Tätigkeit zuweise. Die Beteiligten würden die Entscheidung der Staatsanwaltschaft als eine unbefangene nicht ansehen und deshalb zu der Einrichtung kein genügendes Vertrauen haben. Auch bedeute die vorgeschlagene Regelung keine Verbesserung des gegenwärtigen Rechtszustandes, insofern die Staatsanwaltschaft bei der Prüfung der Frage, ob sich im Verfahren die Unschuld des Verhafteten ergeben habe, im Hinblick auf die mögliche Belastung der Staatskasse vermutlich strenger vorgehen werde, als jetzt die Landesjustizverwaltung. Endlich stehe dem Antrage die Erwägung entgegen, daß es an einer gesetzlichen Handhabe fehle, mittels deren man die Staatsanwaltschaft zum Erlaß eines Einstellungsbeschlusses zwingen könne.

Bei der Abstimmung wurde zunächst der Antrag 2 mit 12 gegen 3 Stimmen abgelehnt, und darauf der Antrag 1 mit 8 gegen 7 Stimmen angenommen. Ein Mitglied erklärte dabei, daß es die Einräumung eines gesetzlichen Entschädigungsanspruchs an die nur im Ermittelungsverfahren verhafteten und nicht angeklagten Personen grundsätzlich verwerfe und demgemäß auch bei der prinzipiellen Erörterung (unter VI) abgestimmt habe; wenn es gleichwohl jetzt für den Antrag stimme, so geschehe dies nur in der Erwägung, daß die Kommission, nachdem sich die Mehrheit grundsätzlich für eine Ausdehnung des Gesetzes vom 14. Juli 1904 ausgesprochen habe, nunmehr auch bestimmte Vorschläge für eine Ausgestaltung des Gesetzes machen müsse.

XI. Einstimmig sprach sich die Kommission dahin aus, daß die Staatsanwaltschaft, wenn der Beschuldigte die Feststellung seines Entschädigungsanspruchs beantragt hat, dem Gerichte die Ermittelungsakten vorzulegen habe.

XII. Der Antrag:

> Mit der Vornahme weiterer Ermittelungen kann das Gericht eines seiner Mitglieder beauftragen.

wurde einstimmig angenommen. Die Kommission hielt es nicht für notwendig, daß das Gericht auch befugt sein solle, mit der Vornahme von Ermittelungen den Amtsrichter oder den Untersuchungsrichter zu beauftragen.

XIII. Endlich wurde der Antrag:

> Wenn das Gericht beschließt, daß dem Beschuldigten Entschädigung aus der Staatskasse zu gewähren ist, so kann die öffentliche Klage nur auf Grund neuer Tatsachen oder Beweismittel erhoben werden.

mit 10 gegen 5 Stimmen angenommen. Die für und gegen den Antrag sprechenden Gründe waren bereits in der allgemeinen Debatte geltend gemacht worden.

---

84. Sitzung.

30. März 1905.

Strafvollstreckung. Kosten des Verfahrens.

I. Die Kommission kam auf die in der 81. Sitzung (Bd. 2 S. 267) unterbrochene Beratung der Frage zurück, wie es mit der Anrechnung der Untersuchungshaft zu halten sei, wenn eine der im §. 340 bezeichneten Personen das Rechtsmittel eingelegt, der Verurteilte selbst aber darauf verzichtet habe.

An Stelle des damals gestellten, inzwischen zurückgezogenen Zusatzantrags lag heute folgender Antrag vor:

> Die Vorschriften des Abs. 2, 3 (des damals zum Beschluß erhobenen Hauptantrags, betreffend die Nichtanrechnung der Untersuchungshaft infolge Einlegung des Rechtsmittels seitens des Verurteilten) sollen auch Anwendung finden, wenn eine der im §. 340 Abs. 1 Str.Pr.O. bezeichneten Personen das Rechtsmittel eingelegt hat. Der Angeklagte kann jedoch solchenfalls die Anrechnung der Untersuchungshaft aus Billigkeitsgründen auch dann beantragen, wenn die Anwendung des §. 60 des St.G.B. in der über das Rechtsmittel ergehenden Entscheidung nicht mehr in Betracht gezogen werden konnte. Die Entscheidung über den Antrag erfolgt dann durch Beschluß desjenigen Gerichts, dessen Urteil angefochten. Gegen diesen Beschluß ist sofortige Beschwerde zulässig.

Dieser Antrag wurde einstimmig angenommen.

Die Kommission hielt es mit dem Antragsteller für einen Mißstand, wenn es durch die sachlich nicht gerechtfertigte Einlegung eines Rechtsmittels seitens der im §. 340 bezeichneten Personen erreicht werden könne, daß die erkannte Strafe ganz oder teilweise in der Untersuchungshaft verbüßt werde. Es müsse deshalb grundsätzlich auch im Falle der Einlegung eines Rechtsmittels auf Grund des §. 340 die Anrechnung der Untersuchungshaft ausgeschlossen werden. Andererseits müsse, wie bereits in der 81. Sitzung hervorgehoben worden sei, vermieden werden, daß dies zu einer unbilligen Behandlung derjenigen Verurteilten führe, welche mit der Einlegung des Rechtsmittels durch den gesetzlichen Vertreter oder den Ehemann nicht einverstanden gewesen seien. Sei das Urteil in erster Instanz ergangen und mit der Berufung angefochten, so könne das Berufungsgericht auf Grund des §. 60 des St.G.B. im Urteil ohne weiteres eine Anrechnung der Untersuchungshaft Platz greifen lassen. Komme aber, weil das Urteil eines Berufungsgerichts angefochten sei und das Revisionsgericht die Sache endgültig entscheide, die Anwendung des §. 60 des St.G.B. nicht mehr in Frage, so solle nach dem Antrage dem Verurteilten die Möglichkeit gegeben sein, eine besondere Beschlußfassung des Berufungsgerichts über die Anrechnung der Untersuchungshaft herbeizuführen. Die nunmehr vorgeschlagene Regelung trage den gegen den früheren Antrag geltend gemachten Bedenken in ausreichendem Maße Rechnung; es werde dadurch namentlich ausgeschlossen, daß der Beschluß über die Anrechnung der Untersuchungshaft vor der Entscheidung über das Rechtsmittel selbst ergehe und daß sich jemals das Revisionsgericht mit der Prüfung dieser tatsächlichen Frage zu befassen habe.

II. Die Kommission wandte sich sodann zu der ebenfalls in der 81. Sitzung (Bd. 2 S. 269) ausgesetzten Beratung über die Eingabe der Zentralstelle für das Gefangenen-Fürsorgewesen der Provinz Brandenburg, betreffend die Anwendung des §. 493 der Str.Pr.O. auf irre Gefangene.[1])

In dieser Eingabe ist ausgeführt:

Wenn zur Zeit ein Strafgefangener als gemeingefährlich geisteskrank befunden werde, sodaß seine Unterbringung in einer öffentlichen Irrenanstalt geboten erscheine, so pflege die Strafvollstreckungsbehörde vor der Überführung dorthin die Vollstreckung zu unterbrechen. Die Irrenanstalten suchten sich aber schon wegen der regelmäßig vorhandenen Überfüllung und wegen der Schwierigkeiten, die mit der Verwahrung verbrecherischer Geisteskranker verbunden seien, solcher Personen baldmöglichst wieder zu entledigen und entließen sie, sobald eine Besserung eingetreten sei. Bei der alsdann erfolgenden Verbüßung der Reststrafe stelle sich jedoch häufig heraus, daß der Gefangene noch nicht in der Lage sei, den seelischen Druck der Haft wieder zu ertragen; er müsse bald wiederum für geisteskrank erachtet und nach erneuter Unterbrechung des Strafvollzugs wiederum der öffentlichen Irrenpflege übergeben werden. So würden einzelne dieser Strafgefangenen beständig zwischen Strafanstalt und Irrenanstalt hin und her bewegt und da die Dauer des Aufenthalts in der Irrenanstalt mit Rücksicht auf die Unterbrechung der Strafvollstreckung in die Strafzeit nicht eingerechnet werde, ergebe sich hieraus für sie eine übermäßige Verlängerung der Dauer der Freiheitsentziehung.

Dieses Verfahren stehe mit dem §. 493 der Str.Pr.O. im Widerspruche.

Die Entstehungsgeschichte dieser Vorschrift ergebe, daß sie sich nicht nur auf körperliche, sondern auch auf geistige Erkrankungen beziehen solle, und aus der

---

[1]) Der §. 493 lautet:

Ist der Verurteilte nach Beginn der Strafvollstreckung wegen Krankheit in eine von der Strafanstalt getrennte Krankenanstalt gebracht worden, so ist die Dauer des Aufenthalts in der Krankenanstalt in die Strafzeit einzurechnen, wenn nicht der Verurteilte mit der Absicht, die Strafvollstreckung zu unterbrechen, die Krankheit herbeigeführt hat.

Die Staatsanwaltschaft hat im letzteren Falle eine Entscheidung des Gerichts herbeizuführen.

Fassung des Abs. 1 in seinem letzten Teile erhelle, daß der Aufenthalt in der Krankenanstalt ohne Rücksicht darauf, ob eine Unterbrechung der Strafvollstreckung angeordnet sei oder nicht, in die Strafzeit eingerechnet werden müsse, sofern nur der Verurteilte nicht mit der Absicht, die Strafvollstreckung zu unterbrechen, die Krankheit herbeigeführt habe.

Das Verfahren der Strafvollstreckungsbehörden sei wohl in der Hauptsache auf finanzielle Erwägungen zurückzuführen; diese müßten aber den bezeichneten Mißständen gegenüber zurücktreten. Es erscheine vielmehr billig, daß nach der Ablieferung des Kranken in die Irrenanstalt die Kosten der Behandlung in derselben bis zum Ablaufe der erkannten Strafzeit mit einem täglichen Verpflegungssatze von der Strafanstaltsverwaltung, im übrigen von der Provinzialverwaltung getragen würden.

Die Beratung hatte das Ergebnis, daß die Kommission einstimmig beschloß, dieser Anregung eine weitere Folge nicht zu geben.

Nur vereinzelt wurde der in der Eingabe geäußerten Auffassung beigetreten, daß nach geltendem Rechte die Dauer des Aufenthalts in einer Irrenanstalt unter allen Umständen in die Strafzeit eingerechnet werden müsse. Die überwiegende Mehrheit war vielmehr der Ansicht, daß die Vollstreckungsbehörde berechtigt sei, vor der Unterbringung des Gefangenen in die Anstalt die Strafvollstreckung zu unterbrechen und daß, falls dies geschehen sei, eine Anrechnung nicht Platz greifen könne. Es komme nur darauf an, daß die Unterbrechung der Strafe rechtswirksam erfolge, insbesondere dem Strafgefangenen vor der Überführung in die Krankenanstalt gehörig mitgeteilt werde und daß nicht etwa der Gefangene während des Aufenthalts in der Krankenanstalt in irgend einer Weise noch der Zwangsgewalt der Strafvollstreckungsbehörden unterworfen bleibe. Die Richtigkeit dieser Auffassung ergebe sich aus der Entstehungsgeschichte des Gesetzes; sie entspreche auch der überall im Reiche geübten Praxis der Vollstreckungsbehörden und werde von der Rechtsprechung der Gerichte, insbesondere des Kammergerichts, als mit dem geltenden Rechte im Einklange stehend anerkannt. Es treffe keineswegs zu, daß bei der Entscheidung der Frage, ob eine Unterbrechung der Strafvollstreckung anzuordnen sei, lediglich finanzielle Erwägungen maßgebend seien. Vielmehr habe der Preußische Justizminister bereits in einer Verfügung vom 21. Dezember 1881[1]) darauf hingewiesen, daß der Gesichtspunkt einer Entlastung des Kriminalfonds nicht ausschließlich entscheidend sein dürfe und bei hilfsbedürftigen Gefangenen in der Regel eine Unterbrechung nicht stattfinden solle.

Die überwiegende Mehrheit der Kommission war aber weiterhin der Ansicht, daß es bedenklich sein würde, das geltende Recht im Sinne einer obligatorischen Anrechnung des Aufenthalts in einer Krankenanstalt abzuändern. Dies verbiete sich schon deshalb, weil sich dann die jetzt bereits große Zahl der Gefangenen, die Geisteskrankheit simulieren, um in eine Irrenanstalt überführt zu werden und dort einer weniger strengen Zucht und Aufsicht unterworfen zu sein, noch erheblich steigern würde. Auch müßte eine solche Vorschrift zu einer unbilligen Benachteiligung derjenigen geisteskranken Gefangenen führen, die nicht als

---

[1]) Ministerialblatt für die innere Verwaltung 1882 S. 254.

gemeingefährlich zu erachten seien und deshalb nicht in einer Anstalt untergebracht, sondern sich selbst und ihrer Familie überlassen würden; denn bei ihnen könne eine Anrechnung der Unterbrechungszeit nicht in Frage kommen. Durch die Schaffung besonderer Irrenabteilungen als Annexe der Strafanstalten werde das in dem Antrage der Zentralstelle erstrebte Ziel am ehesten erreicht werden.

III. Die Kommission setzte alsdann die in der 82. Sitzung begonnene Beratung über die Kosten fort.

Erfolgt eine Einstellung des Verfahrens wegen Zurücknahme desjenigen Antrags, durch welchen dasselbe bedingt war, so hat nach §. 502 der Str.Pr.O. der Antragsteller die Kosten zu tragen. Diese Vorschrift ist eine zwingende; das Gericht ist daher nach der herrschenden Ansicht[1]) nicht in der Lage, im einzelnen Falle, z. B. wenn der Angeklagte sich zur Tragung der Kosten erbietet, von ihrer Anwendung abzusehen.

Es war beantragt,

> dem §. 502 die Bestimmung hinzuzufügen, daß das Gericht befugt ist, von einer Verurteilung des Antragstellers in die Kosten abzusehen, falls der Angeklagte durch eine vor dem Gericht abgegebene oder demselben mitgeteilte Erklärung die Kosten übernommen hat.

Zur Begründung wurde ausgeführt:

In der Praxis komme es häufig vor, daß der Antragsteller, weil er im Laufe des Verfahrens vom Angeklagten eine ausreichende Genugtuung erhalten habe, nicht abgeneigt sei, den Strafantrag zurückzunehmen, die Zurücknahme jedoch unterbleibe, weil nach der Vorschrift des §. 502 dem Antragsteller unter allen Umständen die Kosten auferlegt werden müßten. Es sei unbedenklich, dem Gerichte die Befugnis zu geben, in diesen Fällen, entgegen dem Grundsatze des §. 496 Abs. 1, von einer Entscheidung über die Kosten gänzlich abzusehen und vielmehr als alleinige Grundlage für die Einziehung der Kosten die ausdrückliche Erklärung des Angeklagten, daß er die Kosten übernehme, gelten zu lassen. Nach der Bestimmung des §. 86 des Gerichtskostengesetzes[2]) werde der Angeklagte durch eine solche Erklärung Schuldner der Staatskasse. Der Fiskus stehe dabei kaum schlechter als bei dem jetzigen Rechtszustande, da erfahrungsgemäß in den Fällen, in denen der Angeklagte sich zur Übernahme der Kosten bereit erkläre, der Angeklagte überführt sei, somit bei Aufrechterhaltung des Strafantrags der verurteilte Angeklagte gleichfalls der Kostenschuldner werde. Die Staatskasse werde sogar durch den Antrag insofern noch günstiger gestellt, als im Falle der Verurteilung des Angeklagten nur dieser für die Kosten hafte, während im Falle der Übernahme der Kosten durch den Angeklagten gemäß §. 88 des Gerichts-

---

[1]) Zu vergl. Löwe, Kommentar zur Strafprozeßordnung 11. Aufl. Note 4 zu S. 502.

[2]) Der §. 86 Abs. 1 des Gerichtskostengesetzes lautet:

> Schuldner der entstandenen Gebühren und Auslagen ist derjenige, welchem durch gerichtliche Entscheidung die Kosten des Verfahrens auferlegt sind, oder welcher dieselben durch eine vor dem Gericht abgegebene oder demselben mitgeteilte Erklärung übernommen hat.

kostengesetzes[1]) subsidiär noch der Antragsteller bis zur Hälfte der Kosten haftbar gemacht werden könne.

Zur Unterstützung des Antrags wurde noch darauf hingewiesen, daß zum Teil in der Literatur (Bennecke und Beling, Lehrbuch des Deutschen Reichs-Strafprozeßrechts S. 462 Note 20, und Friedenreich, Lehre von den Kosten im Strafprozeß §. 23), sowie hinsichtlich des Privatklageverfahrens auch in der Rechtsprechung (zu vergl. Beschluß des Oberlandesgerichts Königsberg vom 17. März 1892 in Goltdammers Archiv Bd. 40 S. 462) bereits das geltende Recht im Sinne des Antrags ausgelegt worden sei.

Der Antrag begegnete lebhaften Bedenken. Zunächst wurde von mehreren Mitgliedern die Meinung geäußert, daß der §. 86 und besonders auch der §. 88 des Gerichtskostengesetzes auf das öffentliche Strafverfahren überhaupt nicht übertragbar seien, da es Parteien im Sinne jener Bestimmungen im öffentlichen Strafverfahren nicht gebe und insbesondere der Antragsteller nicht Partei sei. Der Grundsatz des §. 496 Abs. 1, wonach jede die Untersuchung einstellende Entscheidung über die Tragung der Kosten Bestimmung zu treffen habe, dürfe nicht durchbrochen werden, da es sonst an einer sicheren Grundlage für die Einziehung der Kosten fehle.

Um diesen Bedenken Rechnung zu tragen, stellte der Antragsteller, indem er den Prinzipalantrag aufrecht erhielt, für den Fall der Ablehnung desselben den Eventualantrag,

> dem §. 502 die Bestimmung hinzuzufügen, daß das Gericht befugt ist, dem Beschuldigten, der durch eine vor dem Gericht abgegebene oder demselben mitgeteilte Erklärung die Kosten übernommen hat, die Kosten aufzuerlegen.

Die überwiegende Mehrheit verhielt sich jedoch auch diesem Antrage gegenüber ablehnend. Es wurde zunächst darauf hingewiesen, daß damit der grundsätzliche Standpunkt des §. 497 der Str.Pr.O., wonach nur der zu Strafe verurteilte Angeklagte kostenpflichtig sei, verlassen werde. Auch sei ein dringendes praktisches Bedürfnis für den Antrag nicht vorhanden. Schon jetzt bestehe die Möglichkeit, daß der Angeklagte, der sich zur Kostentragung erbiete, einen entsprechenden Betrag hinterlege und dadurch jedes Risiko für den formell in die Kosten verurteilten Antragsteller beseitige. Erfolge eine Hinterlegung nicht, so müsse allerdings der Antragsteller mit der Möglichkeit rechnen, daß der Angeklagte demnächst die übernommenen Kosten nicht zahle und sie infolgedessen von ihm eingefordert würden. Es sei jedoch nicht abzusehen, weshalb diese Gefahr, wie es nach dem Antrage geschehen würde, dem Antragsteller abgenommen und statt dessen dem Fiskus aufgebürdet werden solle. Auch die Behauptung, daß der Fiskus nach §. 88 des Gerichtskostengesetzes für die Hälfte der Kosten neben

---

[1]) Der §. 88 des Gerichtskostengesetzes lautet:

> Sind die entstandenen Gebühren und Auslagen von der einen oder der anderen Partei durch Übereinkunft der Parteien übernommen (§. 86), so haftet jede Partei wenigstens für die Hälfte derselben.
>
> Diese Haftbarkeit kann erst geltend gemacht werden, wenn eine Zwangsvollstreckung in das bewegliche Vermögen der nach §. 86 zahlungspflichtigen Partei erfolglos geblieben ist.

dem zur Zahlung sich erbietenden Angeklagten einen zweiten subsidiär haftenden Schuldner in der Person des Antragstellers erhalte, sei nicht für alle Fälle zutreffend, z. B. dann nicht, wenn der Angeklagte im Auslande wohne und deshalb die Kostenbeitreibung, deren erfolgloser Versuch nach §. 88 Abs. 2 die Voraussetzung für die subsidiäre Haftung des Antragstellers bilde, gar nicht vorgenommen werden könne. Abgesehen hiervon aber müsse vermieden werden, daß im öffentlichen Strafverfahren ein Paktieren darüber stattfinde, wer Schuldner der Staatskasse werden solle. Nicht minder bedenklich sei es, die Entscheidung dem Ermessen des Gerichts anheimzustellen, da dieses versucht sein könnte, der vertraglichen Regelung im einzelnen Falle ohne Rücksicht auf die Interessen der Staatskasse beizutreten, damit die Sache rasch erledigt werde. Es sei auch nicht ersichtlich, nach welchen Grundsätzen das Gericht bei dieser Entscheidung verfahren solle, da es die in Betracht kommenden Verhältnisse in der Regel gar nicht kenne.

Die Minderheit hielt diesen Bedenken entgegen, daß in ungeeigneten Fällen das Gericht von der vorgeschlagenen Bestimmung keinen Gebrauch machen werde. Könne aber die Zahlung der Kosten durch den Angeklagten in sichere Aussicht genommen werden, so sei es in hohem Grade erwünscht, durch die im Antrag enthaltene Vorschrift die Zurücknahme des Strafantrags zu erleichtern.

Bei der Abstimmung wurde der Prinzipalantrag mit 14 gegen 2 Stimmen, der Eventualantrag mit 12 gegen 4 Stimmen abgelehnt.

IV. Wenn das Gericht auf Antrag des Verletzten die Erhebung der öffentlichen Klage beschlossen hat (§. 173 der Str.Pr.O.), demnächst aber der Angeschuldigte außer Verfolgung gesetzt oder freigesprochen wird oder die Einstellung des Verfahrens erfolgt, so fallen nach dem §. 504 Abs. 1 der Str.Pr.O. die Kosten des Verfahrens und die notwendigen Auslagen des Beschuldigten grundsätzlich dem Antragsteller zur Last. Jedoch kann das Gericht nach Befinden der Umstände den Antragsteller von der Tragung der Kosten ganz oder teilweise entbinden.

Im §. 471 Abs. 2 der Militärstrafgerichtsordnung ist für den analogen Fall bestimmt, daß das Gericht dem Antragsteller die Kosten der Militärjustizverwaltung und die dem Beschuldigten erwachsenen notwendigen Auslagen ganz oder teilweise zur Last legen kann.

Es lag der Antrag vor,

> dem §. 504 Abs. 1 der Str.Pr.O. eine dem §. 471 Abs. 2 der Militärstrafgerichtsordnung entsprechende Fassung zu geben.

Zur Begründung wurde darauf hingewiesen, daß die regelmäßige Auferlegung der Kosten in diesen Fällen als Härte erscheine.

Der Antrag wurde mit 14 Stimmen gegen die Stimme des Antragstellers abgelehnt. Die Kommission erwog: Nach den Erfahrungen der Praxis liege ein Bedürfnis für die beantragte Fassungsänderung nicht vor. Eine sachliche Änderung habe auch die Militärstrafgerichtsordnung nicht beabsichtigt.[1]) Erfahrungsmäßig werde in der großen Mehrzahl der Fälle, in denen der Verletzte

[1]) Zu vergl. Reichstagsdrucks. 1897/1898 Anl. Bd. 2 S. 1572 zu §. 450 unter Nr. 2.

die Erhebung der öffentlichen Klage durch Antrag auf gerichtliche Entscheidung herbeigeführt habe, der Angeklagte vom Gerichte freigesprochen oder außer Verfolgung gesetzt. Es erscheine daher namentlich im Interesse des Beschuldigten nicht angezeigt, die Anwendung des in den §§. 170 flg. der Str.Pr.O. vorgesehenen Verfahrens durch eine Änderung der Kostenvorschrift in §. 504 noch zu erleichtern.

V. Hinsichtlich der Kosten von Rechtsmitteln bestimmt der Abs. 1 des §. 505 der Str.Pr.O.:

> Die Kosten eines zurückgenommenen oder erfolglos eingelegten Rechtsmittels treffen denjenigen, der dasselbe eingelegt hat. War das Rechtsmittel von der Staatsanwaltschaft eingelegt, so können die dem Beschuldigten erwachsenen notwendigen Auslagen der Staatskasse auferlegt werden. Hatte das Rechtsmittel teilweisen Erfolg, so kann das Gericht die Kosten angemessen verteilen.

A. Es ist streitig, wie hinsichtlich der Kosten zu entscheiden sei, wenn ein Rechtsmittel zwar den beabsichtigten vollen Erfolg, z. B. die Minderung der Strafe gehabt hat, die Verurteilung selbst aber bestehen bleibt. Nach der in der Rechtsprechung vielfach vertretenen Meinung sind in diesem Falle die Kosten des Rechtsmittels außer Ansatz zu lassen; es wird jedoch auch die Ansicht vertreten, daß ebenso wie bei teilweisem Erfolge des Rechtsmittels das freie Ermessen des Gerichts über die Kostenverteilung zu entscheiden habe.[1])

Der Kommission lag ein Antrag vor, der die Frage in dem letztgedachten Sinne entscheiden wollte. Er lautete:

> Der §. 505 der Str.Pr.O. ist dahin zu ergänzen, daß im Sinne der Kostenfrage für den vollen oder teilweisen Erfolg eines Rechtsmittels nach dem Ermessen des Gerichts Art und Umfang der getroffenen Abänderung der vorinstanzlichen Entscheidung unter gleichzeitiger Berücksichtigung der Ziele des Antrags des Beschwerdeführers und des Gegners zum Maßstabe genommen werden können und daß hiernach eine angemessene Verteilung der Kosten des Rechtsmittels oder deren ganze oder teilweise Übernahme auf die Staatskasse erfolgen kann.

Einige Mitglieder erklärten sich für den Antrag, da es zweckmäßig sei, die Unklarheit des bestehenden Rechtes zu beseitigen. Von anderer Seite wurden Bedenken gegen die Formulierung geäußert, die den Gedanken des Antragstellers nicht erschöpfend zum Ausdrucke bringe.

Bei der Abstimmung wurde der Antrag mit 10 gegen 5 Stimmen abgelehnt.

B. Zum §. 505 Abs. 1 der Str.Pr.O. war ferner beantragt,

> eine dem §. 97 Abs. 2 der Zivilprozeßordnung entsprechende Bestimmung zu treffen.

Nach der angezogenen Vorschrift der Zivilprozeßordnung können die Kosten der Berufungsinstanz der obsiegenden Partei ganz oder teilweise auferlegt werden, wenn sie auf Grund eines neuen Vorbringens obsiegt, welches sie nach freiem Ermessen des Gerichts in erster Instanz geltend zu machen imstande war.

---

[1]) Zu vergl. Löwe, a. a. O. Note 1 zu §. 505.

Der Antrag fand keine Unterstützung. Es wurde ihm entgegengehalten, daß der Angeklagte in der Regel schon in erster Instanz alles vorbringe, was er zu seiner Verteidigung für dienlich halte. Wenn ein dem Angeklagten schon früher bekanntes Beweismittel erst in zweiter Instanz vorgebracht werde, so geschehe dies meist deshalb, weil der Angeklagte erst durch das angefochtene Urteil auf die Bedeutung des Beweismittels hingewiesen worden sei. Eine gemäß dem §. 97 Abs. 2 der Zivilprozeßordnung ergehende Entscheidung habe leicht den Anschein der Willkür, der gerade im Strafprozesse zu vermeiden sei. Vor allem aber müsse die Möglichkeit, daß ein Freigesprochener über den Rahmen des §. 499 Abs. 1 der Str.Pr.O.[1]) hinaus zu Kosten verurteilt werde, ausgeschlossen bleiben.

Der Antrag wurde darauf zurückgezogen.

VI. Die Kommission schritt zur Beratung der Anträge, welche zu den besonderen Vorschriften der Strafprozeßordnung über die Kosten im Privatklageverfahren (§. 503) gestellt waren.

Der Antrag:

> Zum Zwecke der Verteilung der Kosten tritt in Privatklagesachen ein Kostenliquidationsverfahren nach Maßgabe der §§. 104 flg. der Zivilprozeßordnung ein.

wurde durch den in der 63. Sitzung unter XIV (Bd. 2 S. 64 flg.) gefaßten Beschluß für erledigt erachtet, nach welchem die Vorschriften der §§. 103 bis 106 der Zivilprozeßordnung auf das Privatklageverfahren sinngemäß Anwendung finden sollen.

VII. A. In der 82. Sitzung hat die Kommission den Beschluß gefaßt, daß das Gericht befugt sein soll, den zu Strafe verurteilten Angeklagten nach Befinden der Umstände von der Tragung eines Teiles der Auslagen zu entbinden, die dann der Staatskasse bezw. dem Nebenkläger, sofern sie dieser verschuldet hat, aufzuerlegen sind.

Es war beantragt, zu beschließen,

> daß diese Vorschrift im Privatklageverfahren für den Privatkläger und den Angeklagten entsprechende Anwendung finden solle.[2])

Der Antragsteller erläuterte seinen Antrag dahin, daß diejenigen Auslagen, von deren Tragung das Gericht die nach den allgemeinen Grundsätzen dafür haftbare Partei aus besonderen Gründen entbinde, nicht der Gegenpartei, sondern der Staatskasse zur Last fallen sollten.

Zur Begründung wurde ausgeführt:

Es erscheine unbillig, daß die Kosten, die durch eine unrichtige Handhabung des Verfahrens entstanden seien, von der kostenpflichtigen Partei getragen werden sollen. Ebenso wie im öffentlichen Verfahren müsse die Möglichkeit gegeben sein, den Kostenpflichtigen, sei dies der Angeklagte oder der Privatkläger, von der Tragung solcher Kosten zu befreien, die er nicht verschuldet habe. Einer solchen

[1]) Der §. 499 Abs. 1 der Str.Pr.O. bestimmt, daß einem freigesprochenen oder außer Verfolgung gesetzten Angeschuldigten nur solche Kosten aufzuerlegen sind, welche er durch eine schuldbare Versäumnis verursacht hat.

[2]) Zu vergl. Bd. 1 S. 516.

Vorschrift bedürfe es um so mehr, als die Privatklage durch die Beschlüsse der Kommission eine viel größere Bedeutung erlange. Da auch der Gegner des Kostenpflichtigen diese Kosten nicht verschuldet habe, so bleibe nichts anderes übrig, als daß sie der Staatskasse zur Last gelegt würden.

Der Antrag fand keine Unterstützung und wurde mit 14 Stimmen gegen die Stimme des Antragstellers abgelehnt. Es wurde ausgeführt:

Bisher gelte für das Privatklageverfahren der Grundsatz, daß, abgesehen von den Fällen des §. 6 des Gerichtskostengesetzes[1]), der Staatskasse keine Kosten auferlegt werden könnten. Hieran müsse festgehalten werden, da es ungerechtfertigt sein würde, für die durch ein ungeeignetes Verfahren der nicht zahlungspflichtigen Partei entstandenen Kosten die Staatskasse haftbar zu machen. Das öffentliche Strafverfahren dürfe nicht zur Vergleichung herangezogen werden, da dort eine Art von Parteibeziehung zwischen dem Staate und dem Angeklagten bestehe, während der Staat an dem Privatklageverfahren nicht anders beteiligt sei als an einem Zivilprozesse. Auch im Zivilprozesse sei aber eine Belastung der Staatskasse mit den Kosten völlig ausgeschlossen. Eine angemessene Verteilung der Kosten unter den Parteien sei, wenn den Anträgen des Privatklägers nur zum Teil entsprochen werde, nach §. 503 Abs. 3 der Str.Pr.O. jetzt schon zugelassen. Auch habe der antragsgemäß verurteilte Angeklagte sowie der kostenpflichtige Privatkläger nur die dem Gegner erwachsenen notwendigen Auslagen zu erstatten (§. 503 Abs. 1 und 2); soweit also dem Gegner eine Auslage durch eine unrichtige Behandlung der Sache entstanden sei, bestehe eine Erstattungspflicht auch zur Zeit nicht. Hiermit sei Unbilligkeiten und Härten in genügendem Maße vorgebeugt.

B. Nach §. 503 Abs. 4 der Str.Pr.O. haften mehrere Privatkläger als Gesamtschuldner. Hierzu war, entsprechend dem zum §. 498 der Str.Pr.O. in der 82. Sitzung unter V (Bd. 2 S. 276) gefaßten Beschlusse, beantragt,

> dem Gerichte die Befugnis zu geben, einzelne von mehreren als Gesamtschuldner haftenden Privatklägern von der Haftung für einen Teil der Auslagen zu entbinden.

Der Antrag wurde zurückgezogen, nachdem darauf hingewiesen war, daß Mißstände in der Praxis nicht hervorgetreten seien und deshalb ein ausreichender Anlaß für eine besondere Vorschrift nicht vorliege.

VIII. Nach §. 503 Abs. 2 der Str.Pr.O. fallen, wenn das Verfahren eingestellt wird, die Kosten des Verfahrens und die dem Beschuldigten erwachsenen notwendigen Auslagen dem Privatkläger zur Last.

Der Antrag,

> dem §. 503 Abs. 2 der Str.Pr.O. die Bestimmung hinzuzufügen, daß das Gericht befugt ist, von einer Verurteilung des Privatklägers in die Kosten abzusehen, falls der Angeklagte durch eine vor Gericht abgegebene oder dem Gerichte mitgeteilte Erklärung die Kosten übernommen hat.

---

[1]) Der §. 6 des Gerichtskostengesetzes bestimmt, daß die Gerichte befugt sind, Gebühren, welche durch eine unrichtige Behandlung der Sache ohne Schuld der Beteiligten entstanden sind, niederzuschlagen.

wurde mit Rücksicht darauf zurückgezogen, daß die Kommission einen zum §. 502 der Str.Pr.O. gestellten gleichlautenden Antrag (III dieses Protokolls) bereits abgelehnt hat.

IX. Zum §. 503 Abs. 2 der Str.Pr.O. waren ferner die Anträge gestellt:

1. Wenn eine Einstellung des Verfahrens auf Grund des §. 433 Abs. 1 der Str.Pr.O.[1]) oder des §. 429 der Str.Pr.O.[2]) erfolgt oder wenn der verurteilte Angeklagte vor eingetretener Rechtskraft des Urteils stirbt, so ist das Gericht nach Befinden der Umstände befugt, den Privatkläger bezw. dessen Nachlaß von den Kosten des Verfahrens ganz oder teilweise zu entbinden und sie der Staatskasse aufzuerlegen. Eine Erstattung der Auslagen findet nicht statt.
2. Ist die Einstellung des Verfahrens in Gemäßheit des §. 429 der Str.Pr.O. erfolgt, so sind die Kosten des Verfahrens der Staatskasse aufzuerlegen.

Der Antrag 2 wurde vor Eintritt in die Beratung zurückgezogen.

Für den Antrag 1 wurde geltend gemacht:

In den in dem Antrage bezeichneten Fällen treffe nach geltendem Rechte den Privatkläger bezw. dessen Erben die Kostenlast, obwohl nicht feststehe, daß die Privatklage unbegründet gewesen sei, und obwohl ihm auch in den Fällen des §. 429 ein Verschulden keineswegs immer zur Last falle. Dies führe namentlich in den letzterwähnten Fällen mitunter zu großen Unbilligkeiten. Man müsse dem Gerichte die Befugnis geben, derartige Härten nach sachgemäßem Ermessen auszugleichen.

Die überwiegende Mehrheit der Kommission erklärte sich gegen den Antrag, da sie an dem Grundsatze festhalten wollte, daß im Privatklageverfahren dem Staate Kosten nicht auferlegt werden dürfen. Wenn der Privatkläger oder der Angeklagte sterbe und das Strafverfahren damit hinfällig werde, so liege kein Grund vor, deswegen die Staatskasse zu belasten. Für die Fälle des §. 433 werde übrigens der von der Kommission gefaßte Beschluß, daß die Privatklage nach dem Tode des Privatklägers von den Eltern, den Kindern und dem Ehegatten sowie beim Vorliegen eines öffentlichen Interesses auch von der Staatsanwaltschaft fortgeführt werden könne (Bd. 2 S. 61 flg.), geeignet sein, etwaige Mißstände zu beseitigen. Die Anwendung des §. 429 werde in Zukunft infolge der Ausdehnung der Privatklage, namentlich wegen der Einbeziehung des §. 223a des St.G.B., weit seltener vorkommen als bisher.

---

[1]) Der §. 433 Abs. 1 der Str.Pr.O. lautet:

Der Tod des Privatklägers hat die Einstellung des Verfahrens zur Folge.

[2]) Der §. 429 der Str.Pr.O. lautet:

Findet das Gericht nach verhandelter Sache, daß die für festgestellt zu erachtenden Tatsachen eine solche strafbare Handlung darstellen, auf welche das in diesem Abschnitte (Privatklage) vorgeschriebene Verfahren keine Anwendung erleidet, so hat es durch Urteil, welches diese Tatsachen hervorheben muß, die Einstellung des Verfahrens auszusprechen.

Die Verhandlungen sind in diesem Falle der Staatsanwaltschaft mitzuteilen.

Einige Mitglieder erklärten, insoweit für den Antrag stimmen zu wollen, als dieser sich auf den Fall des §. 429 der Str.Pr.O. beziehe; in diesen Fällen lasse sich die Belastung der Staatskasse mit den Kosten rechtfertigen, weil das Gericht durch die Eröffnung des Hauptverfahrens der unrichtigen Beurteilung der Sache seitens des Privatklägers beigetreten sei.

Bei der Abstimmung wurde der Antrag, soweit er sich auf den Fall des §. 429 der Str.Pr.O. bezieht, mit 12 gegen 3 Stimmen, im übrigen mit 14 Stimmen gegen die Stimme des Antragstellers abgelehnt.

X. Der Vorsitzende stellte fest, daß die Frage, ob die dem Privatkläger erwachsenen notwendigen Auslagen im Falle der Übernahme der Verfolgung durch die Staatsanwaltschaft dem Privatkläger aus der Staatskasse zu ersetzen seien, von der Kommission bereits früher (Bd. 2 S. 58) in verneinendem Sinne entschieden worden sei.

XI. Die Kommission wandte sich zur Beratung der auf die Kosten in besonderen Verfahrensarten bezüglichen Anträge.

Nach §. 505 der Str.Pr.O. treffen die Kosten eines erfolglos eingelegten Rechtsmittels denjenigen, der dasselbe eingelegt hat. Hatte das Rechtsmittel teilweisen Erfolg, so kann das Gericht die Kosten angemessen verteilen.

Es war der Antrag gestellt:

1. Bezüglich der Kosten ist der Einspruch wie ein Rechtsmittel zu behandeln.

Der Antrag war schriftlich, wie folgt, begründet worden: Der Antrag sei gleichbedeutend mit dem in erster Lesung gestellten Antrag (Bd. 1 S. 341 flg.) Gegen diesen Antrag sei nur der rechtliche Einwand erhoben worden, der Angeklagte habe keinen Rechtsanspruch auf das Mandatsverfahren, er könne sich also auch nicht beklagen, wenn ihm infolge des gegen den Strafbefehl erhobenen Einspruchs Mehrausgaben erwachsen. Von dieser Erwägung könne aber die Frage nicht abhängig gemacht werden, ob, wenn der Angeklagte mit seinem Einspruch einen teilweisen Erfolg habe, er nicht von den Kosten oder einem Teile derselben zu entbinden sei. Durch das Mandatsverfahren sollten dem Beschuldigten in erster Reihe erheblichere Kosten erspart werden. Werde dieser Zweck dadurch verfehlt, daß das Gericht durch ein zu hohes Strafmaß oder durch eine nicht gerechtfertigte Strafart den Beschuldigten zur Erhebung des Einspruchs provoziert, so seien die Mehrauslagen durch das Gericht verschuldet und es werde deshalb die Staatskasse mit diesen Kosten zu belasten sein.

Von anderer Seite war beantragt:

2. Die Bestimmungen des §. 505 Abs. 1 der Str.Pr.O. sind für den Einspruch entsprechend anzuwenden.

Der Urheber des Antrags 2 erklärte, daß dieser sachlich nichts anderes bezwecke als der Antrag 1; er wolle nur eine formelle Gleichstellung des Einspruchs mit den Rechtsmitteln vermeiden, da der Einspruch kein Rechtsmittel sei. Der Antrag entspreche in der Tat der Billigkeit, da es ungerechtfertigt sein würde, dem Angeklagten, der mit dem Einspruche teilweisen Erfolg erzielt habe, gleichwohl alle Kosten aufzuerlegen, und da ferner eine Handhabe geboten werden müsse, den im §. 340 der Str.Pr.O. bezeichneten Personen, die nach den Beschlüssen der Kommission auch zur Einlegung des Einspruchs selbständig befugt sein sollen, die Kosten des erfolglosen Einspruchs zur Last zu legen.

Die überwiegende Mehrheit der Kommission erklärte sich aus den im Protokolle der 39. Sitzung (Bd. 1 S. 342) niedergelegten Gründen auch heute gegen den Antrag. Es wurde hervorgehoben, daß die Gebühren des Strafbefehlsverfahrens, wenn es zur Entscheidung über den Einspruch komme, ohnehin wegfielen, und daß hinsichtlich der Auslagen der in der 82. Sitzung gefaßte Beschluß (Bd. 2 S. 272 flg.), wonach das Gericht den Angeklagten nach freiem Ermessen von einem Teile der Auslagen entbinden könne, völlig genüge, um etwaigen Unbilligkeiten Abhilfe zu verschaffen.

Bei der Abstimmung wurde der Antrag 1 mit 13 gegen 2 Stimmen abgelehnt; der Antrag 2 wurde darauf zurückgezogen.

XII. Endlich lagen noch die Anträge vor:

1. Ist der Antrag auf gerichtliche Entscheidung gegen eine polizeiliche Strafverfügung auch oder nur gegen das Strafmaß oder die Strafart gerichtet, so können, wenn der Antrag Erfolg hat, die Kosten ganz oder teilweise der Staatskasse auferlegt werden.
2. Die Bestimmungen des §. 505 Abs. 1 der Str.Pr.O. sind für den Antrag auf gerichtliche Entscheidung entsprechend anzuwenden.

Der Antrag 2 wurde vor Eintritt in die Beratung zurückgezogen.

Im Laufe der Beratung wurde ferner beantragt,

3. in dem Antrag 1 hinter „Strafverfügung“ einzufügen:
   oder der Einspruch gegen einen amtsrichterlichen Strafbefehl.

Auch der Antrag 3 wurde zurückgezogen, nachdem der Vorsitzende darauf hingewiesen hatte, daß nach seiner Auffassung dieser Antrag durch die Beschlußfassung unter XI dieses Protokolls bereits erledigt sei.

Der nunmehr allein zur Beratung stehende Antrag 1 war bereits in der ersten Lesung gestellt, damals aber (Bd. 1 S. 346 flg.) abgelehnt worden. Die Ablehnung war im wesentlichen aus den gleichen Erwägungen erfolgt, welche die Kommission bestimmt hatten, dem hinsichtlich des Einspruchs gestellten gleichlautenden Antrage die Zustimmung zu versagen.

Heute war der Antrag schriftlich, wie folgt, begründet worden: Die Argumentation der ersten Lesung treffe hier schon deshalb nicht zu, weil der Polizeibehörde ein anderes Verfahren als das Mandatsverfahren überhaupt nicht zur Verfügung stehe. Es könne also hier nicht gesagt werden, der Angeklagte habe auf Erledigung der Sache durch Strafverfügung keinen Anspruch. Umsomehr sei der Antrag gerechtfertigt, der Staatskasse Kosten aufzuerlegen, wenn der Angeklagte mit seinem Antrag auf gerichtliche Entscheidung gegen eine polizeiliche Strafverfügung teilweise Erfolg habe. Die Polizeibehörden riefen durch Androhung zu großer und ungerechtfertigter Strafen vielfach Anträge auf gerichtliche Entscheidung hervor. Eine Bestimmung im Sinne des Antrags werde daher voraussichtlich wohltätig wirken.

Ferner wurde noch darauf hingewiesen, daß die Kommission den Grundsatz des §. 497, wonach der zu Strafe verurteilte Angeklagte alle Kosten tragen müsse, ohnehin bereits durchbrochen habe, somit auch hier aus Gründen der Billigkeit eine weitere Ausnahme zugelassen werden könne.

Gegen den Antrag wurden dieselben Gründe geltend gemacht, die in erster Lesung zur Ablehnung desselben geführt hatten und heute bei der unter XI erwähnten Beschlußfassung für die Kommission bestimmend gewesen waren. Insbesondere wurde darauf hingewiesen, daß Gebühren für die polizeiliche Strafverfügung nicht erhoben würden, daß aber Auslagen, die vor Erlaß derselben entstanden seien, ebenso behandelt werden müßten wie alle anderen im Verfahren erwachsenen Auslagen.

Bei der Abstimmung wurde der Antrag mit 13 gegen 2 Stimmen abgelehnt.

Die Beratung über die Kosten war hiermit beendet.

85. Sitzung.

31. März 1905.

Bedingte Verurteilung.

I. Bei der Feststellung des Programms für die zweite Lesung hat die Kommission einer aus ihrer Mitte gegebenen Anregung entsprechend beschlossen, auch die Frage der sogenannten bedingten Verurteilung in den Kreis ihrer Beratungen zu ziehen (Bd. 1 S. 518). Die ursprünglich in Aussicht genommene Erörterung der Frage bei dem Verfahren erster Instanz (Urteil) hat nicht stattgefunden, vielmehr ist die Beratung an den Schluß der zweiten Lesung gesetzt worden, um die Benutzung der Statistik über die Ergebnisse der bedingten Begnadigung für 1904 zu ermöglichen (zu vergl. Bd. 2 S. 134).

II. Die Frage der Einführung der bedingten Verurteilung ist im Reichstage bereits in der Sitzung vom 21. März 1895 (Stenogr. Ber. S. 1627 flg.) bei der Beratung des Etats der Justizverwaltung gestreift worden und dann bei der Beratung der Strafprozeßnovelle von 1895 zur Sprache gekommen. Die XI. Kommission hatte die Annahme einer Resolution beantragt, die dahin ging,

den Herrn Reichskanzler zu ersuchen, eine reichsgesetzliche Einführung der bedingten Verurteilung in Erwägung zu ziehen.

(Reichstagsdrucks. Nr. 294 von 1895/96 S. 86.) Die Resolution ist vom Plenum des Reichstags in der zweiten Beratung der Vorlage angenommen worden (Stenogr. Ber. der Sitzung vom 28. November 1896 S. 3586), infolge des Verzichts der Regierungen auf die weitere Beratung der Vorlage aber unerledigt geblieben. Später ist im Reichstage bei Gelegenheit der Beratung des Etats der Justizverwaltung wiederholt der Wunsch nach einer gesetzlichen Regelung ber bedingten Verurteilung geäußert worden.[1])

Im Jahre 1895 und in den folgenden Jahren sind in einer Reihe von Bundesstaaten Einrichtungen getroffen worden, durch welche dem Gedanken, welcher der bedingten Verurteilung zu Grunde liegt, im Verwaltungswege Geltung verschafft werden sollte. Zur Zeit sind in sämtlichen Bundesstaaten mit Ausnahme von Mecklenburg-Strelitz, Reuß ältere Linie und Reuß jüngere Linie[2]) die obersten Justizverwaltungsbehörden durch landesherrliche Anordnung

---

[1]) Zu vergl. die Stenographischen Berichte über die Sitzungen vom 21. bis 23. Februar 1899; 4. Februar 1901; 10. Februar 1902; 5. März 1903 und 2. März 1904.

[2]) Auch hier wird jedoch von dem landesherrlichen Begnadigungsrecht unter Umständen in der Weise Gebrauch gemacht, daß die Strafe dem Verurteilten mit der Bedingung, sich während einer Probezeit gut zu führen, erlassen wird.

zur Bewilligung von Strafaufschub mit der Maßgabe berechtigt, daß bei guter Führung des Verurteilten die endgültige Begnadigung in die Wege zu leiten, andernfalls die Strafe zu vollstrecken ist. Diese bedingte Begnadigung beschränkt sich auf Freiheitsstrafen, jedoch mit Einschluß derjenigen, welche an die Stelle einer nicht beizutreibenden Geldstrafe treten; sie wird überwiegend nur Jugendlichen zu Teil. Die Dauer der Probezeit wird jeweils nach den Umständen des einzelnen Falles festgesetzt; eine besondere Überwachung des Verurteilten während der Probezeit findet nicht statt,[1]) es besteht vielmehr lediglich die Einrichtung, daß der Verurteilte bei Gefahr des Verlustes der ihm bewilligten Vergünstigung zur Anzeige eines etwaigen Wohnungswechsels verpflichtet ist. Für die Frage der Bewährung wird das gesamte Verhalten des Verurteilten während der Probezeit in Betracht gezogen; die Vermeidung einer Strafe allein gibt ihm keine Anwartschaft auf Begnadigung, andererseits ist auch beim Vorliegen einer Strafe, z. B. im Falle einer geringen Übertretung, nicht ausgeschlossen, daß die Führung als gut bezeichnet wird und demnach endgültige Begnadigung erfolgt.

Um eine gleichmäßige Handhabung herbeizuführen, sind unter Vermittelung des Reichs-Justizamts zwischen den Regierungen der beteiligten Bundesstaaten folgende, seit dem 1. Januar 1903 zur Anwendung gelangende Grundsätze vereinbart worden:

1. Von dem bedingten Strafaufschube soll vorzugsweise zu Gunsten solcher Verurteilten Gebrauch gemacht werden, welche zur Zeit der Tat das achtzehnte Lebensjahr nicht vollendet hatten.
2. Gegenüber Personen, die früher bereits zu Freiheitsstrafe verurteilt sind und die Strafe ganz oder teilweise verbüßt haben, soll der bedingte Strafaufschub nur in besonderen Fällen Platz greifen.
3. Die Höhe der erkannten Freiheitsstrafe soll die Gewährung des bedingten Strafaufschubs nicht grundsätzlich ausschließen.
4. Über die Bewilligung des bedingten Strafaufschubs ist eine Äußerung des erkennenden Gerichts herbeizuführen.
5. Die Bewährungsfrist soll auf weniger als die Dauer der Verjährungsfrist, und zwar bei Strafen, die in zwei Jahren verjähren, mindestens auf ein Jahr, bei Strafen, die einer längeren Verjährung unterliegen, auf mindestens zwei Jahre bemessen werden.

Zu diesen Grundsätzen sind in den einzelnen Bundesstaaten im wesentlichen übereinstimmende Ausführungsanweisungen ergangen. Hinsichtlich der Äußerung des erkennenden Gerichts ist in Preußen durch Verfügung vom 10. Dezember 1902 und ähnlich in den anderen Bundesstaaten folgendes angeordnet: Wenn eine Person, die zur Zeit der Tat das achtzehnte Lebensjahr noch nicht vollendet hatte und eine Freiheitsstrafe noch nicht verbüßt hat, zu einer Freiheitsstrafe von höchstens sechs Monaten verurteilt wird, so hat im Anschluß an den Erlaß des Urteils eine Äußerung des Gerichts darüber zu erfolgen, ob nach dem in der Hauptverhandlung von dem Gerichte gewonnenen Eindrucke die Erwirkung

[1]) Nur in Bremen ist durch Verfügung des Senats vom 7. August 1900 angeordnet, daß die Vollstreckungsbehörde alljährlich von der Polizeibehörde des Aufenthaltsorts des Verurteilten Auskunft über dessen Führung einzuziehen hat.

des Strafaufschubs in Aussicht zu nehmen ist oder nicht. Eine gleiche Äußerung soll ergehen, wenn das Gericht ausnahmsweise auch in anderen Fällen nach dem Eindrucke der Hauptverhandlung die Erwirkung des Strafaufschubs für angezeigt hält. Will die Strafvollstreckungsbehörde einen Aufschub erwirken, so hat sie, sofern eine Äußerung des Gerichts nicht ergangen ist, nach Abschluß ihrer Ermittelungen die Akten dem Gerichte zur nachträglichen Äußerung vorzulegen. Die Strafvollstreckungsbehörde ist, auch wenn sie selbst einen Strafaufschub nicht befürwortet, verpflichtet, die einen Strafaufschub empfehlende Gerichtsäußerung der entscheidenden Zentralbehörde vorzulegen.

Über den Umfang und die Ergebnisse der innerhalb des Deutschen Reichs bestehenden Einrichtungen der bedingten Begnadigung sind dem Reichstage seit 1899 alljährlich Zusammenstellungen zur Kenntnisnahme vorgelegt worden.[1])

III. Der Kommission lagen folgende Anträge vor:

1. Ein Ersatz des bedingten Strafaufschubs durch eine bedingte Verurteilung empfiehlt sich zur Zeit nicht.
2. Es empfiehlt sich, an Stelle der bedingten Begnadigung eine Rechtspflegeform zu setzen, der Art, daß in den gesetzlich vorgesehenen Fällen dem Gerichte die Befugnis beigelegt wird, die Zulässigkeit des Strafaufschubs im Urteil auszusprechen. Durch solches Erkenntnis wird die Strafvollstreckungsbehörde berechtigt, den Strafvollzug bis auf die gesetzlich näher zu bestimmende Zeit auszusetzen mit der Folge, daß, wenn der Verurteilte sich innerhalb der gesetzlichen Frist bewährt, also keinen Anlaß zur Vollstreckung gibt und demgemäß diese nicht angeordnet wird, die Strafe mit Ablauf der Frist erlischt.

   Die Gründe zur Vollstreckung nach angeordnetem Strafaufschube sind im Gesetze zu regeln.

Im Laufe der Beratung wurden ferner die Anträge gestellt,

3. in dem Antrag 1 die Worte „zur Zeit" zu streichen;
4. zu beschließen:

   Die Kommission empfiehlt,

   a) die Frage des bedingten Strafaufschubs jetzt reichsgesetzlich zu ordnen,
   b) die Form der bedingten Verurteilung einzuführen.

IV. Mit Rücksicht darauf, daß vielfach und insbesondere auch im Reichstage gegen das gegenwärtig in Deutschland zur Anwendung gelangende System der bedingten Begnadigung Angriffe erhoben und demgegenüber auf die angeblichen Vorzüge des belgisch-französischen Systems der bedingten Verurteilung[2])

[1]) Zu vergl. die Reichstagsdrucks. Nr. 101 von 1898/99; Nr. 687 von 1898/1900; Nr. 155 von 1900/01; Nr. 485 von 1900/02; Nr. 859 von 1900/03; Nr. 230 von 1903/04 und Nr. 702 von 1903/05.

[2]) Nach dem belgischen Gesetze vom 31. Mai 1888 (Pasinomie Nr. 218 S. 222) wird die Verurteilung als solche von einer Bedingung abhängig gemacht, indem nach dem Wortlaute des Gesetzes der Aufschub der Vollstreckung die Bedeutung haben soll, daß die Verurteilung als non avenue gilt, wenn sich der Verurteilte während der Probezeit keine neue Verurteilung zu einer Verbrechens- oder Vergehensstrafe zuzieht. Die bedingte Verurteilung ist nach dem Ermessen des Gerichts bei allen Personen zu-

hingewiesen worden ist, legte der Urheber des Antrags 1 zunächst an der Hand der Statistik die in Frankreich, Belgien und Deutschland gemachten Erfahrungen dar. Er führte hierbei folgendes aus:

A. Die französische Statistik scheine zunächst insofern ein günstiges Bild zu ergeben, als die Zahl der bedingt Verurteilten seit dem Bestehen der loi Bérenger erheblich zugenommen habe und als die Zahl der Widerrufe der gewährten Vergünstigung eine verhältnismäßig kleine sei. Vor den Korrektionalgerichten sei die bedingte Verurteilung zu Teil geworden im Jahre 1892 17 881, d. h. 11 % derjenigen Personen, bei denen eine bedingte Verurteilung gesetzlich zulässig war, im Jahre 1902 dagegen 36 809 Personen, d. h. in 31,2 % der Fälle. Der Widerruf sei 1892 in 665, 1901 in 2033 Fällen erfolgt, 1902 sei diese Zahl allerdings auf 3072 gestiegen, immerhin könne sie als günstig bezeichnet werden.[1])

---

lässig, die wegen Verbrechen, Vergehen oder Übertretungen zu einer sechs Monate nicht übersteigenden Freiheitsstrafe oder zu Geldstrafe verurteilt werden, vorausgesetzt, daß sie zu einer Verbrechens- oder Vergehensstrafe nicht schon vorher verurteilt waren. Die Dauer der Probezeit wird vom Gerichte für den einzelnen Fall festgesetzt, sie darf fünf Jahre nicht übersteigen. Eine Überwachung während der Probezeit findet nicht statt.

Nach dem französischen gewöhnlich als loi Bérenger bezeichneten Gesetze vom 26. März 1891 (Bulletin des lois S. 377 Nr. 23481) gilt im allgemeinen zur Zeit in Frankreich dasselbe System. Nur ist die bedingte Verurteilung bei jeder erstmaligen Verurteilung zu Gefängnisstrafe (emprisonnement) oder zu Geldstrafe (amende), also bei Strafen bis zur Dauer von fünf Jahren zulässig und die Probezeit ist gesetzlich auf fünf Jahre festgesetzt.

Einschränkungen dieses Gesetzes sind mehrfach versucht worden. (Zu vergl. Reichstagsdrucks. Nr. 702 von 1903/1905 S. 4.)

[1]) Die französische Statistik ergibt für die tribunaux correctionnels folgendes Bild (zu vergl. Compte Général de l'administration de la Justice Criminelle für 1898, 1899, 1900, 1901 und 1902, Rapport, IIIe partie, Sursis à l'exécution de la peine und die Tabellen Nr. XXXV auf S. 80):

im Jahre	Zahl der bedingten Verurteilungen	Auf je 1000 Verurteilte, bei denen eine bedingte Verurteilung zulässig war, wurden bedingt verurteilt	Zahl der Widerrufe
1892	17 881	110	665
1893	20 404	136	885
1894	21 377	136	1147
1895	23 288	152	1261
1896	24 205	173	1507
1897	24 835	177	1712
1898	25 431	187	1632
1899	28 497	236	1831
1900	31 427	273	1917
1901	34 532	304	2033
1902	36 809	312	3072

Von den cours d'assises werden bedingte Verurteilungen nur selten ausgesprochen; die Zahlen schwanken zwischen 65 (1902) und 24 (1896). Eine Statistik über die von

Man [1]) habe für die in Frankreich bedingt Verurteilten eine Rückfallstatistik in der Weise aufgestellt, daß die Zahl der Widerrufe eines Jahres zur Summe der im abgelaufenen Jahrfünft ausgesprochenen bedingten Verurteilungen in Verhältnis gesetzt wird, und habe dabei z. B. für das Jahr 1899 die überraschend günstige Ziffer von 1,4 % Rückfälligen ermittelt. Diese Methode könne jedoch, wie Kitzinger in seinen „Betrachtungen über die Internationale Kriminalistische Vereinigung" mit Recht hervorgehoben habe (S. 100 flg.), nicht als maßgebend angesehen werden, da hierbei übersehen sei, daß im Jahre 1899 für mehr als die Hälfte der im Zeitraum 1895 bis 1899 bedingt Verurteilten die Bewährungsfrist noch nicht abgelaufen gewesen sei. Die von Bérenger [2]) angewandte Methode der Vergleichung sämtlicher bedingter Verurteilungen der Jahre 1891 bis 1900 mit den in eben diesem Zeitraum erfolgten Widerrufen, die einen Prozentsatz von 5,4 % Rückfälligen ergebe, komme zwar der Wahrheit näher; aber auch ihr gegenüber müsse darauf hingewiesen werden, daß auch in den Jahren 1901 bis 1904 voraussichtlich noch eine ganz beträchtliche Zahl von Widerrufen erfolgt sind, die sich auf die vor 1901 bedingt Verurteilten bezogen haben. Diese Zahl müsse um so größer sein, als die Häufigkeit der bedingten Verurteilungen ständig zugenommen habe. Ein richtiges Bild könne man nur erlangen, wenn man die in einem Jahre bedingt Verurteilten während eines Zeitraums von fünf Jahren beobachte, und hierüber liege bisher eine französische Statistik nicht vor. [3])

Bei der Würdigung der Zahlen der französischen Statistik dürfe ferner nicht außer acht gelassen werden, daß die bedingte Verurteilung in Frankreich

---

den cours d'assises ausgesprochenen Widerrufe wird erst seit 1901 geführt. Hierbei ergibt sich, daß im Jahre 1901 62 bedingte Verurteilungen und 48 Zurücknahmen, im Jahre 1902 65 bedingte Verurteilungen und 65 Zurücknahmen erfolgten. Die Zahl der Widerrufe bei den Schwurgerichten scheint demnach verhältnismäßig hoch zu sein.

¹) Zu vergl. Tarde, La loi du sursis conditionnel et ses effets en France in den Mitteilungen der Internationalen Kriminalistischen Vereinigung Bd. 10 S. 299.

²) Zu vergl. Bérenger, Des résultats de la condamnation conditionnelle in den Mitteilungen der Internationalen Kriminalistischen Vereinigung Bd. 10 S. 308.

³) In dem Compte Général de l'Administration de la Justice criminelle pendant l'année 1902 (Paris 1904) ist zum ersten Male festgestellt, zu welcher Zeit die im Jahre 1902 widerrufenen sursis de peine angeordnet worden sind. Es hat sich dabei ergeben, daß von den 3137 Widerrufen des Jahres 1902 (hierbei sind 65 Widerrufe der Schwurgerichte mit eingerechnet)

879	d. h.	28 %	auf bedingte Verurteilungen im Jahre	1902
1005	„ „	32 %	„ „ „ „ „	1901
577	„ „	18 %	„ „ „ „ „	1900
327	„ „	10 %	„ „ „ „ „	1899
233	„ „	8 %	„ „ „ „ „	1898
116	„ „	4 %	„ „ „ „ „	1897

sich beziehen. Es sind demnach 60 % aller Widerrufe innerhalb von zwei Jahren nach der Verurteilung erfolgt. Der Bericht hebt hervor, daß nur auf dieser Grundlage und zwar erst nach Ablauf eines Zeitraums von fünf Jahren das Verhältnis der möglichen und der tatsächlich erfolgten Widerrufe festgestellt werden könne (S. XXXI flg.).

zu einem beträchtlichen Teile, nämlich in mehr als einem Drittel aller Fälle, bei Geldstrafen ausgesprochen werde.[1]) Die Zahl der zu einer Gefängnisstrafe bedingt Verurteilten sei also nicht so erheblich, wie es zunächst den Anschein habe. Die Zahl der Widerrufe aber sei vielleicht deshalb gering, weil eine möglichst sorgfältige Auswahl der Personen stattfinde, denen die Vergünstigung der bedingten Verurteilung zuteil werde. Im übrigen könne die Abnahme der Rückfälle schwerlich eine Folge der bedingten Verurteilung sein, da sie auch außerhalb der bedingten Verurteilung hervortrete, und zwar nicht nur im allgemeinen, sondern insbesondere auch bei den nur mit kurzzeitigen Freiheitsstrafen vorbestraften Personen.[2]) Die Statistik ergebe ferner einen starken Rückgang der erstmals Bestraften (von 128 062 im Jahre 1894 auf 82 147 im Jahre 1902). Für diese letztere Erscheinung aber könne jedenfalls die bedingte Verurteilung nicht von Einfluß gewesen sein. Hiernach liege die Vermutung nahe, daß die Abnahme der Rückfälligkeit in Frankreich auf andere Ursachen als die bedingte Verurteilung zurückzuführen sei; inwieweit etwa die strafschärfenden Bestimmungen für den Rückfall, die in demselben Gesetze vom 26. März 1891 getroffen seien, sowie die Reformen in der Behandlung jugendlicher Verurteilter und der Bettler und Landstreicher einen maßgebenden Einfluß gehabt hätten, müsse dahingestellt bleiben.

Ein sicherer Schluß auf die Einwirkung der bedingten Verurteilung in Bezug auf die Kriminalität im allgemeinen sowie die Zahl der Rückfälle könne jedenfalls aus der vorliegenden französischen Kriminalstatistik nicht gezogen werden, wie übrigens auch der französische Justizminister in seinem Generalbericht für 1900 anerkenne.[3])

---

[1]) Bei den Korrektionalgerichten entfielen von

		auf Gefängnisstrafen	auf Geldstrafen
25 431	bedingten Verurteilungen des Jahres 1898	16 138	9 293
28 497	„ „ „ „ 1899	17 355	11 142
31 427	„ „ „ „ 1900	18 933	12 494
34 532	„ „ „ „ 1901	20 013	14 519
36 809	„ „ „ „ 1902	21 687	15 122.

Da bei den Schwurgerichten die bedingte Verurteilung, wie oben Anm. 1 zu S. 308 erwähnt wurde, überhaupt nur sehr selten zur Anwendung gelangt, so darf auf Grund der angeführten Zahlen angenommen werden, daß in mehr als einem Drittel aller Fälle einer bedingten Verurteilung es sich um Geldstrafen handelte (zu vergl. die Tabellen XXXV in den Comptes Généraux für 1898 bis 1902).

[2]) Die Zahl der Rückfälligen ist von 105 380 im Jahre 1892 auf 86 047 im Jahre 1902, also in zehn Jahren um 18% gesunken (Compte Général etc. für 1902 S. XXVI). Die Zahl der von Korrektionalgerichten verurteilten Rückfälligen, die nur kurzzeitige Gefängnisstrafen erlitten hatten, zeigt von 1892 auf 1899 eine Abnahme von 75 383 auf 64 129, d. h. 15% in sieben Jahren (Compte Général etc. für 1899 S. XXII).

[3]) Zu vergl. Compte Général etc. für 1900 S. LXVIII.

Klar erkennbar seien dagegen aus der französischen Statistik die Mißstände, welche die außerordentlich ungleichmäßige Anwendung der bedingten Verurteilung durch die Gerichte mit sich bringe. In dem Generalberichte des Justizministers für 1899[1]) werde mißbilligend hervorgehoben, daß die Zahl der Anwendung der bedingten Verurteilung innerhalb der einzelnen Appellgerichtshöfe erhebliche Unterschiede aufweise. Im Jahre 1899 habe die Zahl zwischen 6 % (Bastia) und 37,4 % (Rennes) geschwankt. Dabei habe sich die auch vom Justizminister hervorgehobene auffällige Tatsache ergeben, daß diejenigen Bezirke, welche am meisten zur Bewilligung mildernder Umstände geneigt seien, am wenigsten von der bedingten Verurteilung Gebrauch machten. Noch erheblicher seien nach den aus dem Generalberichte für 1900 berechneten Angaben Hoegels[2]) die Abweichungen zwischen den einzelnen Gerichtshöfen; hierbei ergebe sich z. B. für den Gerichtshof in Nizza ein Prozentsatz von 3,8, für den Gerichtshof in Rennes ein solcher von 43,7. Noch auffallender sei, daß bedingte Verurteilungen zuweilen in Departements mit hoher Rückfallsziffer häufig, in Departements mit niedriger Rückfallsziffer dagegen selten ausgesprochen würden, während man doch gerade das Gegenteil erwarten sollte, so im Departement du Nord bei 48,8 % Rückfälligen 60,5 % bedingte Verurteilungen, dagegen im Departement des Alpes maritimes mit 26,3 % Rückfälligen nur 7,2 % bedingte Verurteilungen. Andererseits bestehe in den Departements du Nord und Pas de Calais, die fast die gleiche Rückfallziffer (48,8 % und 48,6 %) aufwiesen, ein sehr großer Unterschied hinsichtlich der bedingten Verurteilungen (60,5 % und 32,1 %). Nach einer gleichfalls von Hoegel (a. a. O. S. 438) nach der französischen Statistik für 1900 gegebenen Berechnung ergebe sich endlich, daß die bedingte Verurteilung bei Übertretungen seltener zur Anwendung gelange als bei Vergehen[3]) (4,7 % gegen 18,1 %).

Alle diese Tatsachen wiesen daraufhin, daß die bedingte Verurteilung in Frankreich nicht nach einheitlichen Grundsätzen, sondern je nach der territorialen oder persönlichen Auffassung ganz verschieden und überdies zumeist mehr oder weniger schablonenmäßig gehandhabt werde.

B. Bei der Bewertung der durch die Belgische Statistik gegebenen Zahlen müsse man zunächst im Auge behalten, daß dort die bedingte Verurteilung überwiegend bei Geldstrafen zur Anwendung gelange. So ergebe die Statistik nach einer von Hoegel, a. a. O. S. 427, angestellten Berechnung, daß von allen durch die tribunaux de police erfolgten Verurteilungen zu Gefängnisstrafe im Jahre 1900 nur 2,8 %, dagegen von allen Verurteilungen dieser Gerichte zu Geldstrafen 37,1 % bedingte gewesen seien.[4]) Darüber, wie oft vor den Polizeigerichten von der bedingten Verurteilung im Verhältnisse zu ihrer Zulässig-

[1]) S. XXII flg.

[2]) Zu vergl. Hoegel, die Statistik der bedingten Verurteilung in Belgien und Frankreich. Gerichtssaal, Bd. 62 S. 444; zu vergl. die Tabellen XXX des Compte Général.

[3]) Bei dieser Berechnung sind die Zahlen der bedingt Verurteilten zu den Zahlen aller von den Gerichtshöfen Verurteilten in Beziehung gesetzt.

[4]) Für 1901 sind die entsprechenden Zahlen: 4 % und 36,7 %. Zu vergl. Statistique Judiciaire de la Belgique, IVe Année, S. XX.

keit Gebrauch gemacht werde, ergebe die Statistik keine Aufschlüsse, solche ließen sich vielmehr nur für die von den tribunaux correctionnels ausgesprochenen bedingten Verurteilungen aus der Statistik entnehmen.[1]) Hieraus ergebe sich, daß bei den Gerichtshöfen von der bedingten Verurteilung, soweit sie zulässig sei, verhältnismäßig häufig Gebrauch gemacht werde, und zwar auch hier namentlich bei Geldstrafen.[2]) In den Berichten des belgischen Justizministers sei in den letzten Jahren diese nach der Auffassung der belgischen Justizverwaltung übermäßig häufige Anwendung der bedingten Verurteilung als eine bedauerliche und der Autorität der Strafrechtspflege nicht förderliche Erscheinung bezeichnet. In dem Berichte für 1902 werde hervorgehoben: Nach dem Geiste des Gesetzes solle die Vergünstigung nur solchen Personen gewährt werden, die noch so viel Ehrgefühl besitzen, daß die Androhung einer Strafe als ausreichende Strafe für sie gelten könne. Tatsächlich sei aber in den letzten Jahren die bedingte Verurteilung bei der großen Mehrheit aller zum ersten Male Verurteilten erfolgt, so daß viele Verurteilte geradezu einen Rechtsanspruch auf bedingte Verurteilung zu haben vermeinten. Es seien daher durch einen Erlaß vom 14. August 1901 die Staatsanwaltschaften daran erinnert worden, daß nach dem Zwecke des Gesetzes über die bedingte Verurteilung von dieser Vergünstigung nur ein vorsichtiger Gebrauch gemacht werden dürfe (zu vergl. Statistique Judiciaire de la Belgique, Ve Année, S. XVIII).

Die Häufigkeit der bedingten Verurteilungen habe denn auch, wie die belgische Justizverwaltung mit Befriedigung feststelle, in den Jahren 1901 und 1902 etwas abgenommen.

Was die Einwirkung der bedingten Verurteilung auf die allgemeine Kriminalität anlange, so könne diese nach den belgischen Erfahrungen nicht als günstig bezeichnet werden. Die Kriminalität habe in Belgien seit Jahren stetig zugenommen;[3]) es müsse dahingestellt bleiben, inwieweit dies, wie die belgische Justizverwaltung andeute, auf die Gesetzgebung der letzten Zeit zurückzuführen

[1]) Ganz genau sind auch hier nur die Ziffern für die bedingte Verurteilung zu Geldstrafen. Bei den bedingten Verurteilungen zu Gefängnisstrafe ergibt sich nämlich infolge der Art der Strafenregistrierung eine Ungenauigkeit, welche die Verhältniszahl für die bedingten Verurteilungen zu Gefängnisstrafe niedriger erscheinen läßt, als sie in Wirklichkeit ist. Zu vergl. Statistique Judiciaire, Ve Année, S. XVII.

[2]) Nach der Statistik wurden von den der bedingten Verurteilung Fähigen bedingt verurteilt:

a) Personen die überhaupt nicht vorbestraft oder nur polizeilich mit zusammen nicht über 7 Tagen Gefängnis oder 25 Fr. Geldstrafe vorbestraft waren:

	1898	1899	1900	1901	1902
zu Gefängnis:	57,2 %	56,5 %	60,0 %	55,2 %	49,7 %,
zu Geldstrafe:	78,6 %	78,5 %	78,4 %	76,4 %	72,7 %;

b) Personen, die polizeilich schwerer vorbestraft waren:

	1898	1899	1900	1901	1902
zu Gefängnis:	30,0 %	32,1 %	29,8 %	29,9 %	23,6 %,
zu Geldstrafe:	34,6 %	34,3 %	32,3 %	29,8 %	25,6 %.

Zu vergl. Statistique Judiciaire, Ve Année (für 1902) S. XVIII.

[3]) Zu vergl. Statistique Judiciaire, Ve Année, S. XXIII flg.

sei;[1]) jedenfalls sei der Gedanke nicht von der Hand zu weisen, daß die übermäßig häufige Anwendung der bedingten Verurteilung die abschreckende und vorbeugende Wirkung der Strafgesetze vermindert habe.

Die Zahl der Rückfälle der bedingt Verurteilten während der Bewährungsfrist sei in Belgien erheblich höher als in Frankreich. Eine einwandfreie Statistik sei allerdings nicht vorhanden. Die belgische Statistik stelle lediglich die Zahl der in einem Jahre bedingt Verurteilten mit der Zahl der in demselben Jahre vor Ablauf ihrer Bewährungsfrist rückfällig gewordenen Personen in Vergleich. Hierbei habe sich für die tribunaux correctionnels im Jahre 1901 ein Prozentsatz von 26,79 % ergeben, der sich aus 13,96 % mit einer neuen peine correctionnelle und 12,83 % mit einer neuen peine de police während der Bewährungsfrist Bestraften zusammensetze.[2]) Die Statistik für 1902 enthalte nur die Zahl der mit einer neuen peine correctionnelle Bestraften;[3]) da diese von 13,96 % auf 14,66 % gestiegen sei, erscheine die Annahme gerechtfertigt, daß auch die Gesamtzahl noch weiter gestiegen sei.[4]) Diese Art der Berechnung könne aber schon deshalb nicht als richtig angesehen werden, weil die verglichenen Personenbestände gar nichts miteinander zu tun hätten. Überdies lasse sie die Ergebnisse günstiger erscheinen, als sie in Wirklichkeit sind, weil die Zahl der bedingt Verurteilten im letzten Jahre fast stetig gestiegen sei. Eine auf anderer Grundlage von Hoegel (a. a. O. S. 431 flg.) für die Korrektionalgerichte versuchte Berechnung komme ebenfalls zu dem Ergebnisse, daß in Belgien mehr Rückfälle innerhalb der bedingten Verurteilung vorkämen, als bei Nichtvorbestraften in Deutschland ohne bedingte Verurteilung.

Ließen sich somit günstige Einwirkungen der bedingten Verurteilung auf Kriminalität und Rückfall aus der belgischen Statistik nicht nachweisen, so ergebe sie andererseits, daß in den einzelnen Bezirken die bedingte Verurteilung sehr verschieden gehandhabt werde. Die Ungleichmäßigkeiten bei der Anwendung des Gesetzes träten noch schärfer hervor als in Frankreich, da in Belgien auch die Dauer der Bewährungsfrist durch das Ermessen des Gerichts beeinflußt werde. So seien im Jahre 1902 von den nichtvorbestraften zu Gefängnisstrafe verurteilten Personen durch Korrektionalgerichte bedingt verurteilt: im Bezirke Charleroi 37,2 %, im Bezirke Löwen 72,9 %; bei Geldstrafen schwanke der Prozentsatz zwischen 53,7 % (Brügge) und 85,5 % (Gent).[5]) Auch bei demselben Gerichte schwanke der Prozentsatz nicht unerheblich in den verschiedenen Jahren, so seien in Gent im Jahre 1899 bei Gefängnisstrafen 52,4 %, im Jahre 1901 dagegen 71 % bedingt verurteilt; in Brügge seien im Jahre 1898 77,7 %, im Jahre 1902 nur 53,7 % bedingte Geldstrafen ausgesprochen.[6])

---

[1]) Ebenda, S. X.

[2]) Zu vergl. Statistique Judiciaire, IVe Année, S. XX.

[3]) Zu vergl. Statistique Judiciaire, Ve Année, S. XX.

[4]) Zu vergl. die Denkschrift, Reichstagsdrucks. Nr. 702 von 1903/05 S. 15.

[5]) Bei Einbeziehung der kleineren Gerichte mit niedrigen absoluten Zahlen ergeben sich naturgemäß noch größere Schwankungen. 1902 wurden bedingt verurteilt zu Gefängnis: im Bezirk Arlon 17,1 %, im Bezirke Hasselt 87,2 %; zu Geldstrafe: in Furnes 92 %. Zu vergl. Statistique Judiciaire, Ve Année, S. XVIII.

[6]) Zu vergl. Statistique Judiciaire, Ve Année, S. XVIII.

Nach Berechnungen von Hoegel (a. a. O. S. 429) zeigten sich ebensolche Schwankungen auch bei den Polizeigerichten. So seien im Jahre 1900 in Gent und Cambrai überhaupt keine bedingten Verurteilungen zu Gefängnis durch Friedensrichter ausgesprochen worden, in Brüssel nur 0,5 %, in Löwen dagegen 17,7 %; so schwankten die bedingten Verurteilungen zu Gefängnis zwischen 27,2 % in Gent, 27,5 % in Brüssel und 54,3 % in Löwen.

Ferner ergebe die Statistik, wie Hoegel a. a. O. S. 429 für das Jahr 1900 dargelegt habe, daß bei höheren Geldstrafen verhältnismäßig häufiger bedingt verurteilt werde,[1]) als bei niedrigen.

Endlich zeigten sich die erheblichsten Verschiedenheiten in der Bemessung der Bewährungsfrist. Die von Hoegel (a. a. O. S. 431) aufgestellte Tabelle für 1900 ergebe z. B., daß in Löwen die dreijährige Frist in 77 %, in Cambrai in 0,2 % aller Fälle, dagegen die fünfjährige Frist in Löwen in 5,2 %, in Cambrai in 97,6 % aller Fälle gewählt sei. Je nachdem die Bewährungsfrist bemessen werde, müsse sich natürlich auch der Erfolg günstiger oder ungünstiger gestalten. Diese dauernde Verschiedenheit, die auch aus der Statistik von 1902 klar hervortrete,[2]) sei nicht auf die Art der Einzelfälle zurückzuführen, sondern sie beweise, daß eine völlig schablonenhafte Behandlung bei den einzelnen Gerichten stattfinde. Je nachdem der einzelne Gerichtshof für eine bestimmte Frist eine Vorliebe habe, nicht nach der Natur des Delikts werde die Frist bemessen.[3])

C. Was die Ergebnisse der bedingten Begnadigung in Deutschland angehe, so sei der dem Reichstag überreichten Denkschrift vom 8. März 1905 (Reichstagsdrucks. Nr. 702 von 1903/1905), welche insbesondere die Ergebnisse des Jahres 1904 zur Darstellung bringt, folgendes zu entnehmen:

Seit der Einführung der bedingten Begnadigung bis zum 31. Dezember 1904 ist die Aussetzung der Strafvollstreckung mit Aussicht auf Begnadigung insgesamt in 80 830 Fällen gewährt worden. Für die Zeit bis zum 31. Dezember 1898 ergeben sich durchschnittlich im Jahre 6041 Fälle; seitdem hat die Zahl mit jedem Jahre zugenommen; 1904 ist sie auf 14 783 gestiegen.

---

[1]) Zu vergl. für das Jahr 1902: Statistique Judiciaire, Ve Année, Tabelle XX, S. 123.

[2]) Die Statistik für 1902 ergibt z. B., daß in Löwen bei 846 bedingten Verurteilungen in 580 Fällen (also 68,6 %) eine Frist von 3 Jahren, in 81 Fällen (9,6 %) eine Frist von fünf Jahren festgesetzt wurde. Dagegen wurde in Cambrai bei 656 bedingten Verurteilungen die Frist von 3 Jahren nur in 5 Fällen (0,8 %), die Frist von 5 Jahren in 639 Fällen (also 97,4 %) festgesetzt.

Eine gewisse Gleichmäßigkeit besteht nur insofern, als allgemein eine Vorliebe für die Fristen von einem, drei und fünf Jahren besteht. Die dreijährige Frist ist im allgemeinen am häufigsten (47,1 %) demnächst die fünfjährige (34 %). — Mit dem Rückgange der Häufigkeit der bedingten Verurteilungen ist eine Verschärfung der Fristen Hand in Hand gegangen. Zu vergl. Statistique Judiciaire, Ve Année, S. XIX.

[3]) Der belgische Justizminister tadelt dies in seinem letzten Berichte mit den Worten: Presque tous les tribunaux ont une préférence marquée pour quelque sursis; bien rares sont ceux qui en varient la durée suivant une échelle soigneusement mesurée à la gravité des condamnations. (Statistique Judiciaire, Ve Année, S. XIX.)

Der Natur der Sache nach waren es überwiegend Männer, denen die Maßregel zugute kam (76 %, 1903 : 77 %). Immerhin ist die Zahl der beteiligten Personen weiblichen Geschlechts (24 %, 1903 : 23 %) höher, als sich gegenüber der allgemeinen Kriminalität, wie sie auf Grund der Kriminalstatistik für dieses Geschlecht ermittelt ist,[1]) erwarten läßt. Dem Grundsatze, die bedingte Begnadigung in erster Reihe jugendlichen Personen zu gewähren, entspricht es, daß vier Fünftel aller Fälle (80 %, 1903 : 82 %) Jugendliche betreffen. Im allgemeinen ist die Maßregel auf Personen beschränkt geblieben, die noch keine Freiheitsstrafe verbüßt hatten. Nur drei — 1903 zwei — Prozent aller Fälle betrafen solche Personen, welche schon früher zu Freiheitsstrafe verurteilt worden waren.

Die strafbare Handlung, auf welche sich die bedingte Begnadigung bezog, war meistens (in 66 % — 1903 : 66 % — aller Fälle) ein Vergehen; die übrigen Fälle verteilen sich mit 21 % (1903 : 21 %) auf Verbrechen und mit 13 % (1903 : 13 %) auf Übertretungen.

Die Strafe, für welche der Aufschub bewilligt wurde, war in der Mehrzahl der Fälle (66 %, 1903 : 66 %) von einem Amtsgericht oder Schöffengericht erkannt worden. Überwiegend handelte es sich um Gefängnisstrafen (87 %, 1903 : 86 %), seltener um Haftstrafen (13 %, 1903 : 14 %), nur ganz vereinzelt um Zuchthaus oder Festungshaft. Die Dauer der ausgesetzten Gefängnisstrafe betrug in etwa drei Fünfteln der Fälle (50 von 87, 1903 : 52 von 86) eine Woche oder weniger. Die Zahl der Fälle, in denen diese Strafe einen Monat überstieg, ist nur etwa ein Siebentel (13 von 87, 1903 : 11 von 86) der Gesamtzahl.

Die Bewährungsfrist war in der großen Mehrzahl der Fälle (76 %, 1903 : 78 %) auf weniger als drei Jahre bemessen; nur bei 24 % (1903 : 22 %) aller Fälle betrug sie drei Jahre oder mehr.

Von den 80 830 Fällen des bedingten Strafaufschubs waren am 1. Januar 1905 noch nicht endgültig erledigt 31 789 oder 39,3 % der Gesamtzahl. Endgültig erledigt waren bis zum 31. Dezember 1904 49 041 oder 60,7 % aller Fälle. Zieht man hiervon die Fälle (1235 oder 1,5 %) ab, welche durch Tod oder Flucht des Verurteilten oder durch sonstige Umstände (insbesondere durch eine vor Ablauf der Bewährungsfrist erfolgte Amnestie) eine Erledigung gefunden haben, so verbleiben 47 806 Fälle (59,2 % der Gesamtzahl), hinsichtlich deren eine Vergleichung der Fälle der Bewährung bis zum Ende der Probezeit mit den Fällen der nachträglichen Strafvollstreckung angestellt werden kann. Hierbei ergeben sich folgende Resultate:

Die Verhältniszahl der endgültigen Begnadigungen beträgt für alle Bundesstaaten zusammen 76,6 %.

Die Verhältniszahl der günstig erledigten Fälle wird jedoch, wenn die während der ersten Jahre nach Einführung der bedingten Begnadigung erledigten Fälle in die Berechnung einbezogen werden, durch den Umstand herabgedrückt,

---

[1]) Von den im Jahre 1902 wegen Verbrechen oder Vergehen gegen Reichsgesetze verurteilten Personen sind 15,8 % weiblichen Geschlechts.

daß die Begnadigung immer erst nach dem Ablaufe der Bewährungsfrist erfolgt, die Verwirkung der Begnadigung sich dagegen schon im Laufe der Frist herausstellen kann. Zutreffender gestaltet sich das Ergebnis, wenn die ersten Jahre bis etwa 1899 ganz außer Betracht gelassen und für die spätere Zeit die Verhältniszahlen je nach den einzelnen Jahren gesondert berechnet werden.

Die Verhältniszahl betrug für die

im	Jahre	1900	erledigten	Fälle	80,2 %
„	„	1901	„	„	81,0 %
„	„	1902	„	„	80,9 %
„	„	1903	„	„	78,8 %
„	„	1904	„	„	78,5 %.

Hiernach haben im Durchschnitte der letzten fünf Jahre nicht ganz vier Fünftel (79,9 %) der Fälle einen günstigen Ausgang gehabt. Auch diese Zahlen dürften jedoch hinter dem wirklichen Verhältnisse mit Rücksicht darauf etwas zurückbleiben, daß gerade in den letzten Jahren die Zahl der bewilligten Strafaussetzungen erheblich zugenommen hat.

Was die verhältnismäßige Häufigkeit des bedingten Strafaufschubs angeht, so fehlen die für eine solche Berechnung erforderlichen Grundlagen, da die Zahl der Personen, bei denen ein bedingter Strafaufschub möglich war, aus der Kriminalstatistik schon deshalb nicht entnommen werden kann, weil in dieser die Vergehen gegen Landesgesetze und alle Übertretungen nicht berücksichtigt sind. Nur eine Vergleichung der Häufigkeit der Anwendung in den einzelnen Bundesstaaten erscheint statthaft, da die aus den Lücken der Statistik entspringenden Mängel in allen Bundesstaaten sich ungefähr gleich bleiben werden. Setzt man die Zahl der Personen, denen 1899 bis 1904 im Durchschnitt eines Jahres der bedingte Strafaufschub zu Teil wurde, in Beziehung zu der Zahl der im Durchschnitte der Jahre 1899 bis 1902 wegen Verbrechen und Vergehen gegen Reichsgesetze rechtskräftig Verurteilten, so ergibt sich Folgendes: Auf je 100 verurteilte Jugendliche kommen Fälle des bedingten Strafaufschubs in Preußen 19, in Baden 15, in Bayern 14, in Sachsen 13, in Elsaß-Lothringen 13, in Württemberg 10, in Hessen 8. Auf je 100 verurteilte Erwachsene kommen Fälle des bedingten Strafaufschubs in Baden 0,9, in Elsaß-Lothringen 0,6, in Bayern 0,5, in Sachsen 0,5, in Preußen 0,4, in Hessen 0,2, in Württemberg 0,1.

Der Antragsteller bemerkte hierzu, daß sich die niedrigen Ziffern für Hessen zum Teil daraus erklären, daß dort die Begnadigung nach Verbüßung eines Teiles der Strafe, wie sie schon vor Einführung der bedingten Begnadigung gehandhabt worden sei, auch nach der Einführung noch längere Zeit vorwiegend in Übung geblieben sei. Nach den Ergebnissen der deutschen Statistik ergäben sich also auch gewisse Abweichungen; diese seien jedoch nicht entfernt so groß, wie in Frankreich und namentlich in Belgien.

Bei einer Vergleichung der ungünstig verlaufenen Fälle des bedingten Strafaufschubs mit der allgemeinen Rückfallsziffer zeige sich die auch in den Erörterungen des Reichs-Justizamts zur Tabelle I der Kriminalstatistik (Statistik des Deutschen Reichs, Neue Folge Bd. 146 I S. 29 flg.) hervorgehobene auffällige Tatsache, daß der Prozentsatz der Rückfälle geringer sei als die Verhältniszahl der ungünstig verlaufenden Fälle bei der bedingten Begnadigung.[1]) Allerdings seien, wie die Denkschrift (S. 13) hervorhebe, die hierbei verglichenen Personenkreise nicht nach den gleichen Grundsätzen gebildet, jedoch sei diese Verschiedenheit nebensächlicher Art. Der einzige sachlich wichtige Unterschied, nämlich der Umstand, daß in der Kriminalstatistik nur Rückfälle gezählt würden, der Strafaufschub aber auch lediglich wegen schlechter Führung widerrufen werden könne, sei praktisch ohne Bedeutung, da nach den in Preußen gemachten Erfahrungen die Zahl der Fälle, in denen ohne einen Rückfall der Widerruf nur wegen schlechter Führung erfolge, gering sei und durch die Zahl derjenigen Fälle, in denen trotz einem Rückfalle wegen sonstiger guter Führung die Begnadigung ausgesprochen werde, vollständig ausgeglichen werde.

Daß die bedingte Begnadigung zur Verminderung der Rückfälle beitrage, sei demnach durch die Erfahrungen in Deutschland nicht nachgewiesen. Andererseits sei ein ungünstiger Einfluß der bedingten Begnadigung auf die allgemeine Kriminalität nicht anzunehmen. Die Zunahme der allgemeinen Kriminalität in Deutschland sei im allgemeinen zwar auf die gesteigerte Kriminalität Vorbestrafter zurückzuführen; gerade bei Jugendlichen aber, denen doch ganz überwiegend die bedingte Begnadigung zu Teil werde, sei in den letzten Jahren die Steigerung auf die Zunahme der Erstbestraften zurückzuführen (zu vergl. die Erörterungen des Reichs-Justizamts zur Tabelle I der Kriminalstatistik für 1901 S. 27, 37).

Im übrigen sei die Einrichtung der bedingten Begnadigung insofern erfolgreich gewesen, als immerhin in 4/5 aller Fälle die Betroffenen vor der Vollstreckung der Strafe und den damit verbundenen schädlichen Folgen endgültig bewahrt geblieben seien, auch nicht unerhebliche Kosten erspart seien.

Die Beratung wurde heute nicht zu Ende geführt, vielmehr durch den Schluß der Sitzung abgebrochen.

---

[1]) Von den in den Jahren 1894 bis 1899 zum ersten Male wegen Verbrechen oder Vergehen gegen Reichsgesetze verurteilten insgesamt 1 592 606 Personen wurden innerhalb von durchschnittlich 3½ Jahren 13 % von neuem verurteilt. Die Verhältniszahl der ungünstig erledigten Fälle der bedingten Begnadigung betrug nach dem Durchschnitte der Jahre 1900 bis 1904 dagegen 20,1 %. Zu vergl. Reichstagsdrucks. Nr. 702 von 1903/1905 S. 12 flg.

86. Sitzung.

1. April 1905.

Bedingte Verurteilung.

I. Die gestern begonnene Beratung über die Frage der bedingten Verurteilung wurde heute zu Ende geführt.

Im Laufe der Beratung wurde der Antrag 2 zurückgezogen. Auch der Antrag 1, wonach die Ersetzung der bedingten Begnadigung durch die bedingte Verurteilung nur als „zur Zeit" nicht empfehlenswert erklärt werden sollte, wurde vom Antragsteller zu Gunsten des Antrags 3, der die bedingte Verurteilung grundsätzlich verwarf, zurückgezogen, jedoch von anderer Seite wieder aufgenommen.

Bei der Abstimmung wurde zunächst der Antrag 4a,

die Frage des bedingten Strafaufschubs jetzt reichsgesetzlich zu ordnen,

mit 12 gegen 4 Stimmen abgelehnt. Eins der für den Antrag stimmenden Mitglieder hatte erklärt, daß seine Abstimmung nur die Billigung des Verlangens nach einer reichsgesetzlichen Regelung der Materie im allgemeinen, nicht aber die Zustimmung zu dem Systeme der bedingten Verurteilung zum Ausdrucke bringen solle.

Sodann wurde mit 10 gegen 6 Stimmen beschlossen:

Ein Ersatz des bedingten Strafaufschubs durch die bedingte Verurteilung empfiehlt sich nicht.

Hiermit war die Frage im Sinne des Antrags 3 entschieden und eine Abstimmung über die Anträge 1 und 4b überflüssig geworden.

II. Es herrschte in der Kommission darüber Einverständnis, daß der der bedingten Verurteilung wie der bedingten Begnadigung zu Grunde liegende Gedanke, von der Bestrafung unter Umständen und namentlich gegenüber einem früher noch nicht Bestraften abzusehen, wenn die Erreichung des Zweckes der Strafe, insoweit sie auf Besserung gerichtet sei, in anderer Weise sichergestellt werden könne, an sich Billigung verdiene. Eine auf dieser Erwägung beruhende Einrichtung sei jedenfalls solange unentbehrlich, als nicht durch eine Reform des Strafvollzugs, insbesondere Jugendlichen gegenüber, und durch Änderung des materiellen Strafrechts, namentlich im Sinne der Herabsetzung der angedrohten Mindeststrafen sowie der Ausdehnung der Geldstrafe und der Strafe des Verweises, den schädigenden Wirkungen einer Bestrafung nach Möglichkeit vorgebeugt werden könne.

Meinungsverschiedenheiten bestanden nur darüber, in welcher Form jener Gedanke am besten verwirklicht werde. Die überwiegende Mehrheit der Kommission sprach sich dafür aus, daß die bedingte Begnadigung vor anderen Systemen den Vorzug verdiene.

III. In Frage komme zunächst das englisch-amerikanische System, nach welchem der Urteilsspruch selbst ausgesetzt und der Beschuldigte für eine bestimmte Probezeit unter besondere Aufsicht gestellt werde. Die Kommission war der Ansicht, daß dieses System schon wegen der Verschiedenheit der deutschen Verhältnisse von den englischen und amerikanischen Verhältnissen für uns nicht in Betracht komme.

Nur ein Mitglied regte an, ob nicht auch bei uns eine Einrichtung getroffen werden könne, wonach das Gericht befugt wäre, bei Beschuldigten, die noch nicht vierzehn Jahre alt sind, das Verfahren schon vor der Hauptverhandlung und mit der Maßgabe vorläufig einzustellen, daß im Falle der Bewährung während einer bestimmten Frist die endgültige Einstellung erfolgen solle. Die Kommission habe bereits durch ihre Beschlüsse über die Einschränkung des Legalitätsprinzips bei Jugendlichen unter 14 Jahren (Bd. 2 S. 39 flg.) sowie über die Ausschließung der Öffentlichkeit im Verfahren gegen Jugendliche (Bd. 2 S. 239 fl.) zum Ausdrucke gebracht, daß die Hauptverhandlung und die Verurteilung allein schon unter Umständen eine schwere Schädigung des Jugendlichen bewirken könne. Es sei daher zu erwägen, ob nicht in manchen Fällen die Tatsache, daß ein Strafverfahren eingeleitet sei, und die Aussicht, daß möglicherweise eine Verurteilung erfolgen werde, für sich allein eine ausreichende Warnung darstellen und den Jugendlichen auf den Weg der Besserung zurückführen könne.

Von anderer Seite wurde jedoch darauf hingewiesen, daß einer Verwirklichung dieser Anregung erhebliche praktische Bedenken entgegenstünden. Da in der Regel nur ein unvollständiges Verfahren und eine mangelhafte Aufklärung der Sache vorliege, würde voraussichtlich eine mechanische Handhabung der Bestimmung Platz greifen. Auch sei der Beschuldigte geschädigt, wenn eine vorläufige Einstellung des Verfahrens in Fällen erfolge, wo eine bessere Aufklärung des Sachverhalts, namentlich durch eine mündliche Verhandlung, seine Unschuld ergeben haben würde. Wenn andererseits in der Bewährungsfrist von dem Beschuldigten ein neues Delikt begangen werde und alsdann die Aburteilung auch des ersten Delikts sich als notwendig erweise, so werde häufig der Beweis nicht mehr zu erbringen sein.

Ein Antrag im Sinne der Anregung wurde nicht gestellt.

IV. Die Kommission ging davon aus, daß alle übrigen Systeme, die eine Verwirklichung oben unter II bezeichneten Grundgedankens bezweckten, der Sache nach darauf hinausliefen, den Vollzug der erkannten Strafe aufzuschieben und dem Verurteilten während einer Bewährungsfrist Gelegenheit zu geben, sich durch sein Verhalten den Erlaß der Strafe zu verdienen.

Allerdings habe nach dem belgischen Gesetze vom 31. Mai 1888 der Aufschub der Vollstreckung die besondere Bedeutung, daß die Verurteilung für nicht geschehen (non avenue) gelte, wenn der Verurteilte sich während der Probezeit keine neue Verurteilung zuziehe. Doch könne man schwerlich sagen, daß jene Regelung mit dem Grundgedanken und Zwecke der Einrichtung wesentlich verknüpft sei. Übrigens werde nach der belgischen Praxis der Bewährung des Verurteilten in der Probezeit nicht die Bedeutung beigelegt, das erlassene Urteil ganz zu beseitigen, vielmehr werde die bedingte Verurteilung bei späteren Delikten des Verurteilten als rückfallbegründend in Betracht gezogen. In Wahrheit trete daher auch in Belgien mit der Bewährung nur die Wirkung ein, daß der Vollzug der Strafe von selbst entfalle.

Hiernach kämen nur noch in Frage: die im Anschluß an das belgische Gesetz in Frankreich und einigen anderen Staaten des Kontinents verwirklichte bedingte Verurteilung einerseits und die bei uns eingeführte bedingte Begnadigung andererseits.

Die wesentlichen Verschiedenheiten beider Systeme bestünden in Folgendem: Nach dem belgisch-französischen Systeme werde der bedingte Strafaufschub lediglich auf Grund der Ergebnisse des Strafverfahrens vom Gericht im Urteil ausgesprochen, in Deutschland dagegen, neben der Berücksichtigung der Ergebnisse des Strafverfahrens, auf Grund besonderer nach Rechtskraft des Urteils angestellter Ermittelungen durch die oberste Justizverwaltungsbehörde. Ferner trete nach dem belgisch-französischen Systeme der definitive Erlaß der Strafe immer dann, aber auch nur dann ein, wenn sich der bedingt Verurteilte während der Bewährungsfrist keiner neuen Straftat schuldig mache; bei uns dagegen werde der endgültige Erlaß der Strafe nach Ablauf der Bewährungsfrist auf Grund einer im Verwaltungsweg erfolgenden Prüfung des Gesamtverhaltens des Verurteilten im Gnadenweg ausgesprochen.

V. Nur eine Minderheit sprach sich, entsprechend dem Antrage 4, für eine reichsgesetzliche Regelung der Frage der bedingten Strafaussetzung und zwar in der Form der bedingten Verurteilung aus. Es wurde ausgeführt:

Die Einrichtung der bedingten Begnadigung gelte nicht im ganzen deutschen Reiche, sie entbehre jeder festen Grundlage und könne jederzeit von den Regierungen einseitig wieder aufgehoben werden. Man könne auch nicht sagen, daß die Frage noch nicht spruchreif sei; denn ebensogut wie die verbündeten Regierungen unter sich eine Vereinbarung über die anzuwendenden Grundsätze getroffen hätten, könnten diese Grundsätze auch gesetzlich festgelegt werden. Sei hiernach die reichsgesetzliche Regelung geboten, so müsse diese in der Form der bedingten Verurteilung erfolgen. Der Zweck des bedingten Strafaufschubs sei der, zu vermeiden, daß dem Verurteilten durch die Vollstreckung der Strafe ein größeres Übel zugefügt werde, als es nach der Lage des Falles gerechtfertigt erscheine. Hierüber zu entscheiden, sei ein Akt der Gerechtigkeit, der dem Richter vorbehalten bleiben müsse. Allerdings sei im Auge zu behalten, daß nur in Ausnahmefällen und nur nach sorgfältiger Prüfung der Sachlage bedingt verurteilt werden dürfe. Wenn sich hierbei Ungleichmäßigkeiten in der Handhabung durch die verschiedenen Gerichte ergäben, so sei dies mehr oder weniger bei allen in das Ermessen des Gerichts gestellten Entscheidungen der Fall, insbesondere auch bei der Strafbemessung und der Zubilligung mildernder Umstände. Zuzugeben sei allerdings, daß eine nur bedingte Verurteilung des Schuldigen vom Verletzten häufig nicht als eine ausreichende Sühne für das ihm angetane Unrecht anerkannt werden würde. Um diesen Empfindungen Rechnung zu tragen, werde es nötig sein, die bedingte Verurteilung im Privatklageverfahren auszuschließen.

Schon dieser letzteren Auffassung wurde lebhaft widersprochen. Wenn man überhaupt eine bedingte Verurteilung zulassen wolle, so bestehe kein Grund, für das Privatklageverfahren eine Ausnahme zu machen. Gerade hier handele es sich oft nur um leichte Fälle, die sich für die bedingte Strafaussetzung besonders eigneten, und andererseits sei auch in zahlreichen Fällen der öffentlichen Klage ein Verletzter vorhanden, der die bedingte Verurteilung mit denselben Empfindungen aufnehmen würde wie ein Privatkläger.

Im übrigen wurden dem Antrage die folgenden Erwägungen entgegengehalten:

VI. Es sei zunächst nicht richtig, wenn behauptet werde, daß man in Deutschland mit der bedingten Begnadigung ungünstige, dagegen im Auslande mit der bedingten Verurteilung günstige Erfahrungen gemacht habe. Es kämen nach dem vorliegenden statistischen Material im wesentlichen nur die in Belgien und Frankreich gemachten Erfahrungen in Betracht und diese könnten als gute nicht bezeichnet werden. Nach den im Protokolle der gestrigen Sitzung wiedergegebenen Ergebnissen sei für Frankreich ein günstiger Einfluß der bedingten Verurteilung auf Kriminalität und Rückfall nicht als nachgewiesen zu erachten, und das Gleiche gelte in verstärktem Maße für Belgien. Dagegen hätten sich in beiden Ländern aus jener Einrichtung anderweitige, von den Justizverwaltungen offen anerkannte Mißstände ergeben. Andererseits bedeute es eine nicht gerechtfertigte Unterschätzung des Wertes der bedingten Begnadigung und ihrer Erfolge, wenn von einem Fiasko dieser Einrichtung gesprochen werde. Ließen auch die bisherigen, verhältnismäßig kurzen Erfahrungen ein abschließendes Urteil noch nicht zu, so könne doch nicht in Abrede gestellt werden, daß diese Erfahrungen nach mehrfachen Richtungen günstiger seien als die Erfahrungen in Belgien, wo die Einrichtung der bedingten Verurteilung am längsten bestehe und am häufigsten zur Anwendung gelange, und auch günstiger als die in Frankreich gemachten Erfahrungen.

Im Einzelnen komme Folgendes in Betracht:

Von den Anhängern der bedingten Verurteilung werde zu Gunsten dieser Einrichtung namentlich geltendgemacht, daß die Entscheidung über die Strafaussetzung, die einen Akt der Rechtspflege darstelle, dem Richter nicht entzogen werden dürfe; dieser sei auch am besten in der Lage, im einzelnen Falle zu beurteilen, ob die Maßregel angebracht sei; und endlich erfahre der Verurteilte dabei sofort, ob ihm die Vergünstigung zu Teil werde oder nicht. In Wirklichkeit seien jedoch diese Argumente nicht stichhaltig.

Zunächst könne darin, daß dem Verurteilten schon bei der Verkündung des in der Regel noch der Anfechtung durch Rechtsmittel unterliegenden Urteils die Vergünstigung des Strafaufschubs kundgegeben werde, ein Vorzug überhaupt nicht erblickt werden. Auch werde der Verurteilte, wenn er noch eine gewisse

Zeit auf die Bewilligung des Strafaufschubs warten müsse, in wirksamer Weise darauf hingewiesen, daß er auf die Vergünstigung kein Recht habe.

Es könne ferner nicht anerkannt werden, daß die Anordnung der Strafaussetzung einen Akt der Rechtspflege darstelle. Wie man auch die bedingte Strafaussetzung im Einzelnen gestalten wolle, in jedem Falle verzichte dabei der Staat auf einen festgestellten Strafanspruch, und hierin liege materiell ein Akt der Gnade. Die Richter seien aber nicht dazu berufen, Gnade zu üben, und zwar ebensowenig nach ihrer staatsrechtlichen Stellung wie nach dem im Volke lebenden Rechtsbewußtsein. Einer der schwersten Vorwürfe, die sich gegen die Schwurgerichte erheben ließen, sei der, daß die Geschworenen bisweilen Gnade übten, statt Recht zu sprechen. Ebenso müsse es befremden, wenn ein Gericht eine Strafe ausspreche und gleichzeitig anordne, daß die Strafe nicht zu vollstrecken sei. Namentlich der durch die Straftat Geschädigte müsse durch ein solches Urteil in seinem Rechtsgefühle verletzt werden und die bittere Empfindung haben, daß ihm der Rechtsschutz versagt werde. Unvermeidlich müsse der Ernst und das Ansehen der Strafrechtspflege Schaden leiden, wenn von Rechtswegen ausgesprochen werde, daß eine verwirkte Strafe nicht zu vollstrecken sei. Wie leicht sich in gewissen Kreisen der Bevölkerung die Meinung bilde, im Strafrechtsverfahren gelte der Satz: einmal ist keinmal, das habe sich in Belgien gezeigt, wo der Justizminister, wie bereits erwähnt, es beklage, daß die häufige Anwendung der bedingten Verurteilung bei vielen Angeklagten den Glauben erweckt habe, als ob ihnen ein Rechtsanspruch auf bedingte Verurteilung zustehe.

Vor allem aber sei es nicht zutreffend, daß die Gerichte zur Entscheidung der Frage, ob die Strafaussetzung stattfinden solle oder nicht, am besten geeignet seien. Die Erfahrungen in Frankreich und Belgien zeigten zweierlei: einmal, daß die Häufigkeit der Anwendung der bedingten Verurteilung bei den einzelnen Gerichtshöfen eine ganz verschiedene sei, und ferner, daß die einzelnen Gerichte mehr oder minder schablonenmäßig dabei verführen. Diese Mißstände seien aber nicht etwa speziell den französischen und belgischen Gerichten zur Last zu legen, sondern zum überwiegenden Teile mit der Einrichtung der bedingten Verurteilung notwendig verbunden.

Es erhelle ohne weiteres, daß bei der Handhabung der bedingten Strafaussetzung die im Interesse der Gerechtigkeit dringend erwünschte Gleichmäßigkeit unmöglich erreicht werden könne, wenn statt einer Zentralinstanz zahlreiche einzelne Gerichte darüber zu befinden haben. Naturgemäß würden die Ansichten über die Zweckmäßigkeit der bedingten Verurteilung bei den verschiedenen Richtern verschieden sein und ebenso wie in Frankreich und Belgien würde sich alsbald auch bei uns der Zustand ergeben, daß das eine Gericht fast in allen Fällen, das andere nur ausnahmsweise von der bedingten Verurteilung Gebrauch mache. Diese Ungleichmäßigkeit müsse noch bedeutend verschärft werden, wenn den Beschlüssen der Kommission entsprechend die Schöffengerichtsverfassung durchgeführt würde, da der Laie in noch stärkerem Maße als der Berufsrichter subjektiven Erwägungen zugänglich sei.

Hierzu komme, daß das Gericht in den meisten Fällen gar nicht in der Lage sei, auf Grund des ihm vorliegenden Materials über die Angemessenheit der bedingten Strafaussetzung zutreffend zu entscheiden. Aus der mündlichen

Verhandlung lerne der Richter zwar die Tat und ihre begleitenden Umstände, nicht aber die Persönlichkeit des Täters und sein Vorleben so genau kennen, daß er in der Lage wäre, zu entscheiden, ob Milde besser angebracht sei als strenger Strafvollzug, und ob der Täter die Gewähr dafür biete, daß er sich auch ohne die Strafvollstreckung bessern und vor Rückfällen bewahren werde. In vielen Fällen gewähre die Hauptverhandlung sogar ein ganz falsches Bild von dem Angeklagten, indem sie den durch die Feierlichkeit der Verhandlung Befangenen als verstockt erscheinen lasse, dem raffinierten Verbrecher aber Gelegenheit gebe, durch scheinbare Reue die Richter, insbesondere die Laienrichter, zu täuschen. Die Entscheidung über die bedingte Strafaussetzung setze eine genaue Prüfung des Vorlebens, der bisherigen Führung und der Umgebung voraus, in welcher der Angeklagte lebe und sich in Zukunft bewegen werde. Übertrage man diese Entscheidung dem Gerichte, so bleibe diesem, wenn es nicht schablonenmäßig verfahren wolle, nichts anderes übrig, als in derselben Weise, wie es jetzt zur Vorbereitung der Entscheidung der Zentralinstanz durch die Staatsanwaltschaften und durch die Amtsgerichte geschehe, über die Führung und die Lebensverhältnisse des Angeklagten Ermittelungen anzustellen. Hierzu sei aber das Gericht an sich weniger geeignet als eine Verwaltungsbehörde und es sei auch für derartige Ermittelungen im gerichtlichen Verfahren kein Raum. Jedenfalls würde ihr Ergebnis in der Hauptverhandlung nur in der Weise verwertet werden können, daß die einzelnen aus dem Vorleben des Angeklagten ermittelten und für die Entscheidung über die bedingte Strafaussetzung erheblichen Umstände durch Zeugen festgestellt und auch über Ruf und Führung des Angeklagten Leumundszeugen vernommen würden. Hierdurch aber werde der Angeklagte oft in empfindlicher Weise bloßgestellt und viel schwerer benachteiligt werden als durch Verbüßung der Strafe, die man ihm ersparen wolle. Auch die als Leumundszeugen zu vernehmenden Personen würden es peinlich empfinden, wenn sie über das Vorleben des Angeklagten nicht, wie bei dem jetzigen Verfahren, vertrauliche Auskunft geben könnten, sondern vor aller Öffentlichkeit aussagen müßten. Insbesondere berge die Vernehmung zahlreicher Leumundszeugen die Gefahr in sich, daß die Richter, namentlich die Laienrichter, durch ungünstige Aussagen leicht auch in der Sache selbst gegen den Angeklagten eingenommen werden könnten. Endlich komme in Betracht, daß sich nicht selten die Notwendigkeit unliebsamer Vertagungen lediglich deshalb ergeben werde, weil sich die Ermittelungen über das Vorleben des Angeklagten in der Hauptverhandlung als nicht ausreichend herausstellten.

Abgesehen von diesen Schwierigkeiten sei es bedenklich, den Gerichten Entscheidungen zu übertragen, die nach außen hin leicht den Charakter einer gewissen Willkür annehmen können. Gerade bei der bedingten Strafaussetzung sei aber die Gefahr einer anscheinend ungleichmäßigen und die sozial besser gestellten Volkskreise in höherem Maße berücksichtigenden Handhabung besonders groß, weil dabei namentlich auch die Umgebung, in welcher sich der Angeklagte befinden werde, mit in Betracht gezogen werden müsse. Die belgische Statistik lasse die auffällige Tatsache erkennen, daß in den Industriebezirken mit starker Arbeiterbevölkerung von der bedingten Verurteilung am wenigsten Gebrauch gemacht werde. Für die Rechtspflege bedeute es aber eine schwere

Schädigung, wenn gegen die Gerichte auch nur der Anschein einer parteiischen Handhabung erweckt würde.

Als durchaus berechtigt sei es anzuerkennen, daß auch der Eindruck, den das Gericht aus der Hauptverhandlung über den Angeklagten und seine Beweggründe erlangt habe, bei der Entscheidung über die bedingte Strafaussetzung Berücksichtigung finden müsse. Dem sei aber in vollem Maße dadurch Rechnung getragen, daß überall eine Äußerung des erkennenden Gerichts eingeholt und zur Kenntnis der Zentralinstanz gebracht werden müsse. Wenn daneben noch andere Ermittelungen vorgenommen würden, so möge hierdurch das Schreibwerk in gewissem Umfange vermehrt werden. Das Gleiche würde jedoch auch dann der Fall sein müssen, wenn die endgültige Entscheidung dem Gericht übertragen würde. Jedenfalls bedeute eine allzuhäufige und sachlich nicht gerechtfertigte Anwendung der bedingten Verurteilung eine schwere Schädigung der Strafrechtspflege; eine gründliche Prüfung des einzelnen Falles müsse daher so sehr als geboten erachtet werden, daß die etwa eintretende Vermehrung des Schreibwerks außer Betracht zu bleiben habe.

Bei der bedingten Verurteilung müsse der Widerruf der Vergünstigung in der Hauptsache an das Merkmal des Rückfalls geknüpft werden. Allerdings werde auch dies von den Anhängern der bedingten Verurteilung als ein Vorzug bezeichnet, da auf solche Weise der Verurteilte den Erlaß der Strafe sich selbst verdiene. Allein dabei werde zunächst übersehen, daß häufig eine zweite Bestrafung nur deshalb nicht erfolge, weil die neue strafbare Handlung der Behörde nicht bekannt geworden sei. Dies könne um so leichter eintreten, als eine Überwachung des bedingt Verurteilten auch nach dem belgisch-französischen Systeme nicht stattfinde. Im übrigen sei das Merkmal des Rückfalls ein rein äußerliches, welches ebenso oft zu ungerechtfertigter Milde wie zu falscher Härte führe. Eine nicht voll erwiesene Tat, ein strafloser Versuch, eine moralisch verwerfliche, aber nicht kriminell strafbare Handlung könnten unter Umständen ausreichen, um den bedingt Verurteilten der Vergünstigung unwürdig erscheinen zu lassen. Andererseits könne es bisweilen in hohem Grade unbillig sein, die Vergünstigung lediglich deshalb fallen zu lassen, weil der bedingt Verurteilte von neuem bestraft werde, z. B. wenn er nur eine fahrlässige Straftat begangen oder aus Not gehandelt habe.

Wenn man aber, dem Systeme des neuen norwegischen Strafgesetzbuchs folgend, vorschreibe, daß im Falle des Rückfalls die Vergünstigung nur widerrufen werden könne, aber nicht widerrufen werden müsse, so ergebe sich der Übelstand, daß durch die vom Gericht alsdann auszusprechende Verlängerung der Bewährungsfrist eine abermalige Abschwächung der vorbeugenden Kraft der Strafgesetze herbeigeführt werden würde.

Demnach sei es als ein besonderer Vorzug der zur Zeit in Deutschland bestehenden Einrichtung zu bezeichnen, daß das Gesamtverhalten des auf Probe Gestellten nach der Verurteilung bei der Entscheidung über den endgültigen Straferlaß berücksichtigt werde.

VII. Während die überwiegende Mehrheit der Kommission mit Rücksicht auf die dargelegten Mängel der bedingten Verurteilung deren Einführung in

Deutschland nicht für empfehlenswert erachtete, vertrat ein Teil der Mitglieder die Auffassung, daß zwar zur Zeit die Einführung der bedingten Verurteilung nicht befürwortet werden könne, daß sich aber andererseits nicht hinreichend übersehen lasse, ob sich das System der bedingten Begnadigung dauernd bewähren werde und ob die Entscheidung nicht doch in Zukunft den Gerichten übertragen werden könne. Unter diesen Umständen sei es das Richtige, daß man sich nur zur Zeit gegen einen Ersatz der bedingten Verurteilung ausspreche und zunächst noch weitere Erfahrungen abwarte. Hierfür spreche auch die Erwägung, daß im Auslande nach verschiedenen Richtungen hin Änderungen der gesetzlichen Einrichtungen beabsichtigt würden. Diese Mitglieder erklärten deshalb, daß sie nur dem Antrag 1 in der ursprünglichen Fassung zustimmen könnten.

VIII. Für den zurückgezogenen Antrag 2 war Folgendes geltendgemacht worden:

Das zur Zeit in Deutschland zur Anwendung gelangende System sei insofern anfechtbar, als die Ausübung der Gnade begrifflich nicht unter bestimmte Regeln gestellt werden dürfe. Wenn allgemeine Grundsätze darüber aufgestellt würden, unter welchen Voraussetzungen eine Begnadigung eintreten solle, so handele es sich nicht mehr um reine Gnadenakte, sondern um ein Rechtsinstitut. Andererseits sei es aus den von der Mehrheit gebilligten Gründen nicht angängig, die Entscheidung ganz in die Hände des Gerichts zu legen. Man müsse daher versuchen, eine Verbindung des administrativen Systems mit dem Rechtspflegesysteme herzustellen, wie es in ähnlicher Weise seiner Zeit bei der vorläufigen Entlassung gemäß den §§. 23 flg. des St.G.B. geschehen sei. Auch diese sei ursprünglich als eine auf dem landesherrlichen Gnadenrechte beruhende Administrativmaßregel im Jahre 1862 im Königreiche Sachsen eingeführt worden (zu vergl. die Motive zum Strafgesetzbuche zu §§. 20 flg. und Anhang 2), durch das Strafgesetzbuch aber in der Erkenntnis, daß es sich um eine regelmäßige und daher zur gesetzlichen Regelung geeignete Einrichtung handele, zu einer reichsgesetzlich geregelten Form des Strafvollzugs gemacht worden. In derselben Weise, wie im Urteile die Zulässigkeit der Polizeiaufsicht oder die Überweisung an die Landespolizeibehörde ausgesprochen werde, könne das Urteil auch die bedingte Strafaussetzung für zulässig erklären und die Entscheidung darüber, ob sie wirklich stattfinden solle, den Verwaltungsbehörden überlassen. Dabei bleibe zu erwägen, ob man etwa, um Divergenzen zwischen Gericht und Staatsanwaltschaft tunlichst zu vermeiden, dem Gerichte die Befugnis, die Zulässigkeit des Strafaufschubs im Urteil auszusprechen, nur für den Fall einräumen solle, daß die Staatsanwaltschaft einen dahingehenden Antrag gestellt habe.

Der Antrag 2 fand in der Kommission keinen Beifall. Diejenigen Mitglieder, welche sich für eine bedingte Verurteilung nach Art des belgisch-französischen Systems erklärten, fanden die dem Gericht eingeräumte Befugnis zu gering, da es nach dem Antrage die Strafaussetzung zwar verhindern, aber nicht anordnen könne. Der überwiegenden Mehrheit schienen die gegen die bedingte Verurteilung vorgebrachten Gründe auch gegen die hier vorgeschlagene Regelung zu sprechen. Auch hier werde die Ungleichmäßigkeit der Handhabung durch die einzelnen Gerichte unvermeidlich sein und eine individuelle Behandlung bei der mangelhaften Information der Gerichte über die für die Anordnung des Strafaufschubs in Betracht kommenden Umstände sich als unmöglich erweisen. Besonders bedenklich sei es, wenn die bedingte Strafaussetzung versagt werden könne, obwohl das Gericht sie für zulässig erklärt habe. Dies werde einer Korrektur des Richterspruchs durch die Verwaltungsbehörden ähnlich sehen und zu lebhaften Klagen gegen die letzteren Veranlassung geben. Mit der Möglichkeit einer abweichenden Beurteilung des Falles durch die Verwaltungsbehörde werde aber umsomehr gerechnet werden müssen, als die Gerichte vielleicht gerade deshalb, weil ihre Entscheidung keine endgültige sei, geneigt sein würden, die Zulässigkeit des Strafaufschubs in weitem Umfang auszusprechen.

IX. Die Beratungen der Kommission waren hiermit beendet. Der Vorsitzende stellte dies fest und dankte den Mitgliedern der Kommission für die Unterstützung, die sie ihm bei der Leitung der Verhandlungen hätten zuteil werden lassen. Nachdem aus der Mitte der Kommission dem Vorsitzenden die dankbare Anerkennung der Mitglieder für seine tatkräftige und sachkundige Förderung der Beratungen zum Ausdrucke gebracht worden war, teilte der Staatssekretär des Reichs-Justizamts mit, daß der Herr Reichskanzler, dem er über den Verlauf der Kommissionsverhandlungen Bericht erstattet habe, ihn beauftragt habe, der Kommission seine besondere Genugtuung für ihre aufopferungsvolle und erfolgreiche Mitarbeit an der Reform des Strafprozesses auszusprechen.

Hierauf erklärte der Staatssekretär des Reichs-Justizamts die Beratungen für geschlossen.

Zusammenstellung

des

bestehenden Gesetzes mit dem Inhalte der Kommissionsbeschlüsse

nebst

Verweisung auf die einschlagenden Protokollstellen.

Bearbeitet im Reichs-Justizamte.

Gerichtsverfassungsgesetz.[1]

Erster Titel.
Richteramt.

§. 1.

Die richterliche Gewalt wird durch unabhängige, nur dem Gesetze unterworfene Gerichte ausgeübt.

§. 2.

Die Fähigkeit zum Richteramte wird durch die Ablegung zweier Prüfungen erlangt.

Der ersten Prüfung muß ein dreijähriges Studium der Rechtswissenschaft auf einer Universität vorangehen. Von dem dreijährigen Zeitraume sind mindestens drei Halbjahre dem Studium auf einer deutschen Universität zu widmen.

Zwischen der ersten und zweiten Prüfung muß ein Zeitraum von drei Jahren liegen, welcher im Dienste bei den Gerichten und bei den Rechtsanwälten zu verwenden ist, auch zum Teil bei der Staatsanwaltschaft verwendet werden kann.

In den einzelnen Bundesstaaten kann bestimmt werden, daß der für das Universitätsstudium oder für den Vorbereitungsdienst bezeichnete Zeitraum verlängert wird, oder daß ein Teil des letzteren Zeitraums, jedoch höchstens ein Jahr, im Dienste bei Verwaltungsbehörden zu verwenden ist oder verwendet werden darf.

§. 3.

Wer in einem Bundesstaate die erste Prüfung bestanden hat, kann in jedem anderen Bundesstaate zur Vorbereitung für den Justizdienst und zur zweiten Prüfung zugelassen werden.

Die in einem Bundesstaate auf die Vorbereitung verwendete Zeit kann in jedem anderen Bundesstaate angerechnet werden.

§. 4.

Zum Richteramte befähigt ist ferner jeder ordentliche öffentliche Lehrer des Rechts an einer deutschen Universität.

§. 5.

Wer in einem Bundesstaate die Fähigkeit zum Richteramte erlangt hat, ist, soweit dieses Gesetz keine Ausnahme bestimmt, zu jedem Richteramte innerhalb des Deutschen Reichs befähigt.

---

[1]) Nur diejenigen Vorschriften des Gerichtsverfassungsgesetzes sind abgedruckt, welche mit dem Strafverfahren in Zusammenhang stehen.

§. 6.

Die Ernennung der Richter erfolgt auf Lebenszeit.

§. 7.

Die Richter beziehen in ihrer richterlichen Eigenschaft ein festes Gehalt mit Ausschluß von Gebühren.

§. 8.

Richter können wider ihren Willen nur kraft richterlicher Entscheidung und nur aus den Gründen und unter den Formen, welche die Gesetze bestimmen, dauernd oder zeitweise ihres Amts enthoben oder an eine andere Stelle oder in Ruhestand versetzt werden.

Die vorläufige Amtsenthebung, welche kraft Gesetzes eintritt, wird hierdurch nicht berührt.

Bei einer Veränderung in der Organisation der Gerichte oder ihrer Bezirke können unfreiwillige Versetzungen an ein anderes Gericht oder Entfernungen vom Amte unter Belassung des vollen Gehalts durch die Landesjustizverwaltung verfügt werden.

§. 9.

Wegen vermögensrechtlicher Ansprüche der Richter aus ihrem Dienstverhältnisse, insbesondere auf Gehalt, Wartegeld oder Ruhegehalt darf der Rechtsweg nicht ausgeschlossen werden.

§. 10.

Die landesgesetzlichen Bestimmungen über die Befähigung zur zeitweiligen Wahrnehmung richterlicher Geschäfte bleiben unberührt.

§. 11.

Auf . . . . Schöffen und Geschworene finden die Bestimmungen der §§. 2—9 keine Anwendung.

Zweiter Titel.

Gerichtsbarkeit.

§. 12.

Die ordentliche streitige Gerichtsbarkeit wird durch Amtsgerichte und Landgerichte, durch Oberlandesgerichte und durch das Reichsgericht ausgeübt.

§. 13.

Vor die ordentlichen Gerichte gehören alle . . . . Strafsachen, für welche nicht entweder die Zuständigkeit von Verwaltungsbehörden oder Verwaltungsgerichten begründet ist oder reichsgesetzlich besondere Gerichte bestellt oder zugelassen sind.

§. 14.

Als besondere Gerichte werden zugelassen:

1. die auf Staatsverträgen beruhenden Rheinschiffahrts- und Elbzollgerichte;

§. 15.

Die Gerichte sind Staatsgerichte.

Die Privatgerichtsbarkeit ist aufgehoben; an ihre Stelle tritt die Gerichtsbarkeit desjenigen Bundesstaates, in welchem sie ausgeübt wurde. Präsentationen für Anstellungen bei den Gerichten finden nicht statt.

Die Ausübung einer geistlichen Gerichtsbarkeit in weltlichen Angelegenheiten ist ohne bürgerliche Wirkung. Dies gilt insbesondere bei Ehe- und Verlöbnissachen.

§. 16.

Ausnahmegerichte sind unstatthaft. Niemand darf seinem gesetzlichen Richter entzogen werden. Die gesetzlichen Bestimmungen über Kriegsgerichte und Standrechte werden hiervon nicht berührt.

§. 17.

Die Gerichte entscheiden über die Zulässigkeit des Rechtswegs.

Die Landesgesetzgebung kann jedoch die Entscheidung von Streitigkeiten zwischen den Gerichten und den Verwaltungsbehörden oder Verwaltungsgerichten über die Zulässigkeit des Rechtswegs besonderen Behörden nach Maßgabe der folgenden Bestimmungen übertragen:

1. Die Mitglieder werden für die Dauer des zur Zeit ihrer Ernennung von ihnen bekleideten Amts oder, falls sie zu dieser Zeit ein Amt nicht bekleiden, auf Lebenszeit ernannt. Eine Enthebung vom Amte kann nur unter denselben Voraussetzungen wie bei den Mitgliedern des Reichsgerichts stattfinden.
2. Mindestens die Hälfte der Mitglieder muß dem Reichsgerichte oder dem obersten Landesgerichte oder einem Oberlandesgerichte angehören. Bei Entscheidungen dürfen Mitglieder nur in der gesetzlich bestimmten Anzahl mitwirken. Diese Anzahl muß eine ungerade sein und mindestens fünf betragen.
3. Das Verfahren ist gesetzlich zu regeln. Die Entscheidung erfolgt in öffentlicher Sitzung nach Ladung der Parteien.
4. Sofern die Zulässigkeit des Rechtswegs durch rechtskräftiges Urteil des Gerichts feststeht, ohne daß zuvor auf die Entscheidung der besonderen Behörde angetragen war, bleibt die Entscheidung des Gerichts maßgebend.

§. 18.

Die inländische Gerichtsbarkeit erstreckt sich nicht auf die Chefs und Mitglieder der bei dem Deutschen Reiche beglaubigten Missionen. Sind diese Personen Staatsangehörige eines der Bundesstaaten, so sind sie nur insofern von der inländischen Gerichtsbarkeit befreit, als der Staat, dem sie angehören, sich der Gerichtsbarkeit über sie begeben hat.

Die Chefs und Mitglieder der bei einem Bundesstaate beglaubigten Missionen sind der Gerichtsbarkeit dieses Staates nicht unterworfen. Dasselbe gilt von den Mitgliedern des Bundesrats, welche nicht von demjenigen Staate abgeordnet sind, in dessen Gebiete der Bundesrat seinen Sitz hat.

§. 19.

Auf die Familienglieder, das Geschäftspersonal der im §. 18 erwähnten Personen und auf solche Bedienstete derselben, welche nicht Deutsche sind, finden die vorstehenden Bestimmungen Anwendung.

. . . .

§. 21.

Die im Deutschen Reiche angestellten Konsuln sind der inländischen Gerichtsbarkeit unterworfen, sofern nicht in Verträgen des Deutschen Reichs mit anderen Mächten Vereinbarungen über die Befreiung der Konsuln von der inländischen Gerichtsbarkeit getroffen sind.

Dritter Titel.

Amtsgerichte.

§. 22.

Den Amtsgerichten stehen Einzelrichter vor.

Ist ein Amtsgericht mit mehreren Richtern besetzt, so wird einem derselben von der Landesjustizverwaltung die allgemeine Dienstaufsicht übertragen; ist die Zahl der Richter höher als fünfzehn, so kann die Dienstaufsicht zwischen mehreren von ihnen geteilt werden. Jeder Amtsrichter erledigt die ihm obliegenden Geschäfte als Einzelrichter.

. . . .

§. 24.

Im übrigen wird die Zuständigkeit und der Geschäftskreis der Amtsgerichte durch die Vorschriften dieses Gesetzes und der Prozeßordnungen bestimmt.

Vierter Titel.

Schöffengerichte.

§. 25.

Für die Verhandlung und Entscheidung von Strafsachen werden bei den Amtsgerichten Schöffengerichte gebildet.

§. 26.

Die Schöffengerichte bestehen aus dem Amtsrichter als Vorsitzenden und zwei Schöffen.

§. 27.

Die Schöffengerichte sind zuständig:

1. für alle Übertretungen;
2. für diejenigen Vergehen, welche nur mit Gefängnis von höchstens drei Monaten oder Geldstrafe von höchstens sechshundert Mark, allein oder neben Haft oder in Verbindung mit einander oder in Verbindung mit Einziehung bedroht sind, mit Ausnahme der im §. 320 des Strafgesetzbuchs und der im §. 74 dieses Gesetzes bezeichneten Vergehen;
3. für die nur auf Antrag zu verfolgenden Beleidigungen und Körperverletzungen, wenn die Verfolgung im Wege der Privatklage geschieht;

zu §. 25:

Die bei den Amtsgerichten gebildeten Schöffengerichte werden zur Unterscheidung von den bei den Landgerichten zu bildenden Schöffengerichten (zu vergl. Beschl. Nr. 12) im Folgenden kleine Schöffengerichte genannt.

zu §. 27:

Für die Übertretungen sollen nicht die kleinen Schöffengerichte, sondern der Amtsrichter ohne Zuziehung von Schöffen zuständig sein. (1)

Prot. I 381 flg. II 9 flg.

Die kleinen Schöffengerichte sollen für die im §. 320 des Strafgesetzbuchs und die im §. 74 des G.V.G. bezeichneten Vergehen, die nach geltendem Rechte (§. 27 Nr. 2) von der Zuständigkeit der Schöffengerichte ausdrücklich ausgenommen sind, künftig gleichfalls zuständig sein. (2)

Prot. II 21 flg.

4. für das Vergehen des Diebstahls im Falle des §. 242 des Strafgesetzbuchs, wenn der Wert des Gestohlenen fünfundzwanzig Mark nicht übersteigt;
5. für das Vergehen der Unterschlagung im Falle des §. 246 des Strafgesetzbuchs, wenn der Wert des Unterschlagenen fünfundzwanzig Mark nicht übersteigt;
6. für das Vergehen des Betruges im Falle des §. 263 des Strafgesetzbuchs, wenn der Schaden fünfundzwanzig Mark nicht übersteigt;
7. für das Vergehen der Sachbeschädigung im Falle des §. 303 des Strafgesetzbuchs, wenn der Schaden fünfundzwanzig Mark nicht übersteigt;
8. für das Vergehen der Begünstigung und für das Vergehen der Hehlerei in den Fällen des §. 258 Nr. 1 und des §. 259 des Strafgesetzbuchs, wenn die Handlung, auf welche sich die Begünstigung oder die Hehlerei bezieht, zur Zuständigkeit der Schöffengerichte gehört.

Die kleinen Schöffengerichte sollen für alle im Wege der Privatklage verfolgten Vergehen zuständig sein, also außer den auf Antrag zu verfolgenden Beleidigungen und Körperverletzungen, die unter Nr. 3 des §. 27 jetzt bereits aufgeführt werden, und außer den in den §§. 4, 7, 9, 10 des Gesetzes v. 27. Mai 1896 bezeichneten Fällen des unlauteren Wettbewerbes, gemäß der Erweiterung der Privatklage (zu vergl. Beschl. Nr. 243) auch (3)

1. für den Hausfriedensbruch im Falle des §. 123[1]) des Strafgesetzbuchs,
2. für die vorsätzliche leichte Körperverletzung mit Übertretung einer Amts-, Berufs- oder Gewerbspflicht (§. 223 in Verbindung mit §. 232 des Strafgesetzbuchs),
3. für die fahrlässige Körperverletzung mit Übertretung einer Amts-, Berufs- oder Gewerbspflicht (§. 230 Abs. 2 in Verbindung mit §. 232 des Strafgesetzbuchs),
4. für die gefährliche Körperverletzung (§. 223a des Strafgesetzbuchs),
5. für die Bedrohung im Falle des §. 241 des Strafgesetzbuchs und
6. für die Sachbeschädigung im Falle des §. 303[2]) des Strafgesetzbuchs,

sofern in diesen Fällen die Verfolgung im Wege der Privatklage geschieht.

Prot. I 296. II 23.

Für die auf Antrag zu verfolgenden Körperverletzungen sollen die kleinen Schöffengerichte auch dann zuständig sein, wenn die Verfolgung im Wege der öffentlichen Klage geschieht. (4)

Prot. I 418, 438. II 23.

Für die in Nr. 4 bis 7 des bestehenden Gesetzes bezeichneten Vergehen (Diebstahl, Unterschlagung, Betrug und Sachbeschädigung) sollen die kleinen Schöffengerichte auch dann zuständig sein, wenn der Wert des Gestohlenen oder Unterschlagenen oder, bei den in Nr. 6, 7 bezeichneten Vergehen (Betrug und Sachbeschädigung), der Schaden zwar fünfundzwanzig aber nicht einhundertfünfzig Mark übersteigt. (5)

Prot. I 418, 438. II 23.

Außer den in Nr. 2 bis 8 des §. 27 bezeichneten und den nach den Beschl. 2 bis 5 neu hinzugetretenen Fällen sollen die kleinen Schöffengerichte zuständig sein: (6)

a) für das Vergehen des Hausfriedensbruchs im Falle des §. 123 Abs. 3 des Strafgesetzbuchs, wenn die Verfolgung im Wege der öffentlichen Klage geschieht;
b) für das Vergehen der Bedrohung im Falle des §. 241 des Strafgesetzbuchs, wenn die Verfolgung im Wege der öffentlichen Klage geschieht;
c) für das Vergehen des strafbaren Eigennutzes in den Fällen des §. 286 Abs. 2 und der §§. 290, 291, 298 des Strafgesetzbuchs.

Prot. I 418, 438. II 23, 24.

---

[1]) Für den Fall des §. 123 Abs. 1 des Strafgesetzbuchs ergibt sich die Zuständigkeit der Schöffengerichte schon aus §. 27 Nr. 2 des bestehenden Gesetzes.

[2]) Für die Sachbeschädigung im Falle des §. 303 des Strafgesetzbuchs, sofern der Schaden 150 Mark nicht übersteigt, ergibt sich die Zuständigkeit der Schöffengerichte schon aus §. 27 Nr. 7 des bestehenden Gesetzes in Verbindung mit Beschl. Nr. 5.

§. 28.

Ist die Zuständigkeit des Schöffengerichts durch den Wert einer Sache oder den Betrag eines Schadens bedingt und stellt sich in der Hauptverhandlung heraus, daß der Wert oder Schaden mehr als fünfundzwanzig Mark beträgt, so hat das Gericht seine Unzuständigkeit nur dann auszusprechen, wenn aus anderen Gründen die Aussetzung der Verhandlung geboten erscheint.

§. 29.

Vor die Schöffengerichte gehören auch diejenigen Strafsachen, deren Verhandlung und Entscheidung ihnen nach den Bestimmungen des fünften Titels von den Strafkammern der Landgerichte überwiesen wird.

§. 30.

Insoweit das Gesetz nicht Ausnahmen bestimmt, üben die Schöffen während der Hauptverhandlung das Richteramt im vollen Umfange und mit gleichem Stimmrechte wie die Amtsrichter aus und nehmen auch an denjenigen, im Laufe einer Hauptverhandlung zu erlassenden Entscheidungen teil, welche in keiner Beziehung zu der Urteilsfällung stehen, und welche auch ohne vorgängige mündliche Verhandlung erlassen werden können.

Die außerhalb der Hauptverhandlung erforderlichen Entscheidungen werden von dem Amtsrichter erlassen.

§. 31.

Das Amt eines Schöffen ist ein Ehrenamt. Dasselbe kann nur von einem Deutschen versehen werden.

§. 32.

Unfähig zu dem Amte eines Schöffen sind:

1. Personen, welche die Befähigung infolge strafgerichtlicher Verurteilung verloren haben;
2. Personen, gegen welche das Hauptverfahren wegen eines Verbrechens oder Vergehens eröffnet ist, das die Aberkennung der bürgerlichen Ehrenrechte oder der Fähigkeit zur Bekleidung öffentlicher Ämter zur Folge haben kann;
3. Personen, welche infolge gerichtlicher Anordnung in der Verfügung über ihr Vermögen beschränkt sind.

§. 33.

Zu dem Amte eines Schöffen sollen nicht berufen werden:

1. Personen, welche zur Zeit der Aufstellung der Urliste das dreißigste Lebensjahr noch nicht vollendet haben;
2. Personen, welche zur Zeit der Aufstellung der Urliste den Wohnsitz in der Gemeinde noch nicht zwei volle Jahre haben;

zu §. 28:

Die Vorschrift des §. 28, nach welcher das Gericht in dem dort bezeichneten Falle seine Unzuständigkeit nur dann auszusprechen hat, wenn aus anderen Gründen die Aussetzung der Verhandlung geboten erscheint, soll nicht, wie bisher, nur für den Fall gelten, daß ein die Zuständigkeit des Schöffengerichts übersteigender Wert oder Schaden sich herausstellt, sondern allgemein auf die Fälle gerichtet werden, in denen sich in der Hauptverhandlung herausstellt, daß ein nicht zur Zuständigkeit der kleinen Schöffengerichte gehöriges, aber nach §. 75 überweisungsfähiges Delikt vorliegt. (7)

Prot. I 436 flg. II 27.

zu §. 29:

Gemäß Beschl. Nr. 29 kommen im §. 29 die Worte: „von den Strafkammern der Landgerichte" in Wegfall.

3. Personen, welche für sich oder ihre Familie Armenunterstützung aus öffentlichen Mitteln empfangen oder in den drei letzten Jahren, von Aufstellung der Urliste zurückgerechnet, empfangen haben;
4. Personen, welche wegen geistiger oder körperlicher Gebrechen zu dem Amte nicht geeignet sind;
5. Dienstboten.

§. 34.

Zu dem Amte eines Schöffen sollen ferner nicht berufen werden:
1. Minister;
2. Mitglieder der Senate der freien Hansestädte;
3. Reichsbeamte, welche jederzeit einstweilig in den Ruhestand versetzt werden können;
4. Staatsbeamte, welche auf Grund der Landesgesetze jederzeit einstweilig in den Ruhestand versetzt werden können;
5. richterliche Beamte und Beamte der Staatsanwaltschaft;
6. gerichtliche und polizeiliche Vollstreckungsbeamte;
7. Religionsdiener;
8. Volksschullehrer;
9. dem aktiven Heere oder der aktiven Marine angehörende Militärpersonen.

Die Landesgesetze können außer den vorbezeichneten Beamten höhere Verwaltungsbeamte bezeichnen, welche zu dem Amte eines Schöffen nicht berufen werden sollen.

§. 35.

Die Berufung zum Amte eines Schöffen dürfen ablehnen:
1. Mitglieder einer deutschen gesetzgebenden Versammlung;
2. Personen, welche im letzten Geschäftsjahre die Verpflichtung eines Geschworenen, oder an wenigstens fünf Sitzungstagen die Verpflichtung eines Schöffen erfüllt haben;
3. Ärzte;
4. Apotheker, welche keine Gehilfen haben;
5. Personen, welche das fünfundsechzigste Lebensjahr zur Zeit der Aufstellung der Urliste vollendet haben oder dasselbe bis zum Ablaufe des Geschäftsjahres vollenden würden;
6. Personen, welche glaubhaft machen, daß sie den mit der Ausübung des Amts verbundenen Aufwand zu tragen nicht vermögen.

§. 36.

Der Vorsteher einer jeden Gemeinde oder eines landesgesetzlich der Gemeinde gleichstehenden Verbandes hat alljährlich ein Verzeichnis der in der Gemeinde wohnhaften Personen, welche zu dem Schöffenamte berufen werden können, aufzustellen (Urliste).

Die Urliste ist in der Gemeinde eine Woche lang zu Jedermanns Einsicht auszulegen. Der Zeitpunkt der Auslegung ist vorher öffentlich bekannt zu machen.

zu §. 35:

Personen, die im letzten Geschäftsjahre Schöffendienste geleistet haben, sollen die Berufung zum Amte eines Schöffen nicht schon dann ablehnen dürfen, wenn sie die Verpflichtung eines Schöffen an fünf Sitzungstagen erfüllt haben, sondern erst dann, wenn dies an wenigstens zehn Sitzungstagen geschehen ist. (8)

Prot. I 410 flg. II 18.

§. 37.

Gegen die Richtigkeit oder Vollständigkeit der Urliste kann innerhalb der einwöchigen Frist schriftlich oder zu Protokoll Einsprache erhoben werden.

§. 38.

Der Gemeindevorsteher sendet die Urliste nebst den erhobenen Einsprachen und den ihm erforderlich erscheinenden Bemerkungen an den Amtsrichter des Bezirks.

Wird nach Absendung der Urliste die Berichtigung derselben erforderlich, so hat der Gemeindevorsteher hiervon dem Amtsrichter Anzeige zu machen.

§. 39.

Der Amtsrichter stellt die Urlisten des Bezirks zusammen und bereitet den Beschluß über die Einsprachen gegen dieselben vor. Er hat die Beachtung der Vorschriften des §. 36 Abs. 2 zu prüfen und die Abstellung etwaiger Mängel zu veranlassen.

§. 40.

Bei dem Amtsgerichte tritt alljährlich ein Ausschuß zusammen.

Der Ausschuß besteht aus dem Amtsrichter als Vorsitzenden und einem von der Landesregierung zu bestimmenden Staatsverwaltungsbeamten, sowie sieben Vertrauensmännern als Beisitzer.

Die Vertrauensmänner werden aus den Einwohnern des Amtsgerichtsbezirks gewählt.

Die Wahl erfolgt nach näherer Bestimmung der Landesgesetze durch die Vertretungen der Kreise, Ämter, Gemeinden oder dergleichen Verbände; wenn solche Vertretungen nicht vorhanden sind, durch den Amtsrichter. Letzterer hat die Vertrauensmänner vornehmlich aus den Vorstehern der vorbezeichneten Verbände zu wählen.

Zur Beschlußfähigkeit des Ausschusses genügt die Anwesenheit des Vorsitzenden, des Staatsverwaltungsbeamten und dreier Vertrauensmänner. Der Ausschuß faßt seine Beschlüsse nach der absoluten Mehrheit der Stimmen. Bei Stimmengleichheit entscheidet die Stimme des Vorsitzenden.

§. 41.

Der Ausschuß entscheidet über die gegen die Urliste erhobenen Einsprachen. Die Entscheidungen sind zu Protokoll zu vermerken. Beschwerde findet nicht statt.

§. 42.

Aus der berichtigten Urliste wählt der Ausschuß für das nächste Geschäftsjahr:

1. die erforderliche Zahl von Schöffen;
2. die erforderliche Zahl derjenigen Personen, welche in der von dem Ausschusse festzusetzenden Reihenfolge an die Stelle wegfallender Schöffen treten (Hilfsschöffen). Die Wahl ist auf Personen zu richten, welche am Sitze des Amtsgerichts oder in dessen nächster Umgebung wohnen.

§. 43.

Die für jedes Amtsgericht erforderliche Zahl von Hauptschöffen und Hilfsschöffen wird durch die Landesjustizverwaltung bestimmt.

Die Bestimmung der Zahl der Hauptschöffen erfolgt in der Art, daß voraussichtlich jeder höchstens zu fünf ordentlichen Sitzungstagen im Jahre herangezogen wird.

§. 44.

Die Namen der erwählten Hauptschöffen und Hilfsschöffen werden bei jedem Amtsgerichte in gesonderte Verzeichnisse aufgenommen (Jahreslisten).

§. 45.

Die Tage der ordentlichen Sitzungen des Schöffengerichts werden für das ganze Jahr im voraus festgestellt.

Die Reihenfolge, in welcher die Hauptschöffen an den einzelnen ordentlichen Sitzungen des Jahres teilnehmen, wird durch Auslosung in öffentlicher Sitzung des Amtsgerichts bestimmt. Das Los zieht der Amtsrichter.

Über die Auslosung wird von dem Gerichtsschreiber ein Protokoll aufgenommen.

§. 46.

Der Amtsrichter setzt die Schöffen von ihrer Auslosung und von den Sitzungstagen, an welchen sie in Tätigkeit zu treten haben, unter Hinweis auf die gesetzlichen Folgen des Ausbleibens in Kenntnis.

In gleicher Weise werden die im Laufe des Geschäftsjahres einzuberufenden Schöffen benachrichtigt.

§. 47.

Eine Änderung in der bestimmten Reihenfolge kann auf übereinstimmenden Antrag der beteiligten Schöffen von dem Amtsrichter bewilligt werden, sofern die in den betreffenden Sitzungen zu verhandelnden Sachen noch nicht bestimmt sind. Der Antrag und die Bewilligung sind aktenkundig zu machen.

§. 48.

Wenn die Geschäfte die Anberaumung außerordentlicher Sitzungen erforderlich machen, so werden die einzuberufenden Schöffen vor dem Sitzungstage in Gemäßheit des §. 45 ausgelost.

Erscheint dies wegen Dringlichkeit untunlich, so erfolgt die Auslosung durch den Amtsrichter lediglich aus der Zahl der am Sitze des Gerichts wohnenden Hilfsschöffen. Die Umstände, welche den Amtsrichter hierzu veranlaßt haben, sind aktenkundig zu machen.

§. 49.

Wird zu einzelnen Sitzungen die Zuziehung anderer als der zunächst berufenen Schöffen erforderlich, so erfolgt dieselbe aus der Zahl der Hilfsschöffen nach der Reihenfolge der Jahresliste.

Würde durch die Berufung der letzteren eine Vertagung der Verhandlung oder eine erhebliche Verzögerung ihres Beginnes notwendig, so sind die nicht am Sitze des Gerichts wohnenden Hilfsschöffen zu übergehen.

zu §. 43:

Die Bestimmung der Zahl der Hauptschöffen soll in der Art erfolgen, daß voraussichtlich jeder höchstens zu zehn (nach dem bestehenden Gesetze: zu fünf) ordentlichen Sitzungstagen im Jahre herangezogen wird. (9)

Prot. I 412 flg. II 17.

§. 50.

Erstreckt sich die Dauer einer Sitzung über die Zeit hinaus, für welche der Schöffe zunächst einberufen ist, so hat er bis zur Beendigung der Sitzung seine Amtstätigkeit fortzusetzen.

§. 51.

Die Beeidigung der Schöffen erfolgt bei ihrer ersten Dienstleistung in öffentlicher Sitzung. Sie gilt für die Dauer des Geschäftsjahres.

Der Vorsitzende richtet an die zu Beeidigenden die Worte:

„Sie schwören bei Gott dem Allmächtigen und Allwissenden, die Pflichten eines Schöffen getreulich zu erfüllen und Ihre Stimme nach bestem Wissen und Gewissen abzugeben."

Die Schöffen leisten den Eid, indem jeder einzeln die Worte spricht:

„ich schwöre es, so wahr mir Gott helfe."

Der Schwörende soll bei der Eidesleistung die rechte Hand erheben.

Ist ein Schöffe Mitglied einer Religionsgesellschaft, welcher das Gesetz den Gebrauch gewisser Beteuerungsformeln an Stelle des Eides gestattet, so wird die Abgabe einer Erklärung unter der Beteuerungsformel dieser Religionsgesellschaft der Eidesleistung gleich geachtet.

Über die Beeidigung wird von dem Gerichtsschreiber ein Protokoll aufgenommen.

§. 52.

Wenn die Unfähigkeit einer als Schöffe in die Jahresliste aufgenommenen Personen eintritt oder bekannt wird, so ist der Name derselben von der Liste zu streichen.

Ein Schöffe, hinsichtlich dessen nach seiner Aufnahme in die Jahresliste andere Umstände eintreten oder bekannt werden, bei deren Vorhandensein eine Berufung zum Schöffenamte nicht erfolgen soll, ist zur Dienstleistung ferner nicht heranzuziehen.

Die Entscheidung erfolgt durch den Amtsrichter nach Anhörung der Staatsanwaltschaft und des beteiligten Schöffen.

Beschwerde findet nicht statt.

§. 53.

Ablehnungsgründe sind nur zu berücksichtigen, wenn sie innerhalb einer Woche, nachdem der beteiligte Schöffe von seiner Einberufung in Kenntnis gesetzt worden ist, von demselben geltend gemacht werden. Fällt ihre Entstehung oder Bekanntwerdung in eine spätere Zeit, so ist die Frist erst von diesem Zeitpunkte zu berechnen.

Der Amtsrichter entscheidet über das Gesuch nach Anhörung der Staatsanwaltschaft. Beschwerde findet nicht statt.

zu §. 50:

Die Vorschrift des §. 50, wonach in dem dort. bezeichneten Falle der Schöffe bis zur Beendigung der Sitzung seine Amtstätigkeit fortzusetzen hat, soll auch dann Anwendung finden, wenn eine Unterbrechung der Hauptverhandlung stattgefunden hat. (10)

Prot. I 414. II 17.

Es soll eine Bestimmung aufgenommen werden, wonach Schöffen, die infolge einer mehr als eintägigen Sitzung die Verpflichtung eines Schöffen an zehn Sitzungstagen in einem Jahre bereits erfüllt haben, auf ihren Antrag von weiterer Dienstleistung in diesem Jahre zu entbinden sind. (11)

Prot. I 414. II 17.

§. 54.

Der Amtsrichter kann einen Schöffen auf dessen Antrag wegen eingetretener Hinderungsgründe von der Dienstleistung an bestimmten Sitzungstagen entbinden.

Die Entbindung des Schöffen von der Dienstleistung kann davon abhängig gemacht werden, daß ein anderer für das Dienstjahr bestimmter Schöffe für ihn eintritt.

Der Antrag und die Bewilligung sind aktenkundig zu machen.

§. 55.

Die Schöffen und die Vertrauensmänner des Ausschusses erhalten Vergütung der Reisekosten.

§. 56.

Schöffen und Vertrauensmänner des Ausschusses, welche ohne genügende Entschuldigung zu den Sitzungen nicht rechtzeitig sich einfinden oder ihren Obliegenheiten in anderer Weise sich entziehen, sind zu einer Ordnungsstrafe von fünf bis zu eintausend Mark, sowie in die verursachten Kosten zu verurteilen.

Die Verurteilung wird durch den Amtsrichter nach Anhörung der Staatsanwaltschaft ausgesprochen. Erfolgt nachträglich genügende Entschuldigung, so kann die Verurteilung ganz oder teilweise zurückgenommen werden. Gegen die Entscheidungen findet Beschwerde von seiten des Verurteilten nach den Vorschriften der Strafprozeßordnung statt.

§. 57.

Bis zu welchem Tage die Urlisten aufzustellen und dem Amtsrichter einzureichen sind, der Ausschuß zu berufen und die Auslosung der Schöffen zu bewirken ist, wird durch die Landesjustizverwaltung bestimmt.

Fünfter Titel.
Landgerichte.

§. 58.

Die Landgerichte werden mit einem Präsidenten und der erforderlichen Anzahl von Direktoren und Mitgliedern besetzt.

§. 59.

Bei den Landgerichten werden ...... Strafkammern gebildet.

zu §. 59:

Für die Verhandlung und Entscheidung von Strafsachen sollen bei den Landgerichten verschieden gegliederte Schöffengerichte gebildet werden und zwar (12)

a) Schöffengerichte bestehend aus einem Mitgliede des Landgerichts als Vorsitzendem und zwei Schöffen (kleine Schöffenberufungsgerichte);
b) Schöffengerichte bestehend aus drei richterlichen Mitgliedern mit Einschluß des Vorsitzenden und vier Schöffen (mittlere Schöffengerichte);
c) Schöffengerichte bestehend aus drei richterlichen Mitgliedern mit Einschluß des Vorsitzenden und sechs Schöffen (große Schöffengerichte);
d) Schöffengerichte bestehend aus drei richterlichen Mitgliedern mit Einschluß des Vorsitzenden und acht Schöffen (große Schöffenberufungsgerichte).

Prot. I 403 flg., 466 flg. II 12, 13 flg.

Diese Schöffengerichte sollen für die Hauptverhandlung an die Stelle der Strafkammern bezw. (zu vergl. Beschl. Nr. 34) der Schwurgerichte treten. (13)

Prot. I 384, 385. II 1.

Die für die Amtsgerichtsschöffen gegebenen Vorschriften des §. 30 (zu vergl. S. 338) sollen auch auf die Landgerichtsschöffen mit der Maßgabe Anwendung finden, daß die außerhalb der Hauptverhandlung erforderlichen Entscheidungen von den richterlichen Mitgliedern der Schöffengerichte zu erlassen sind. (14)

Prot. II 12.

Die Vorschriften des §. 31 (zu vergl. S. 338) über das Schöffenamt und der §§. 32 bis 35 (zu vergl. S. 338 und 340) über die Berufung zu diesem Amte sollen auch auf das Amt eines Landgerichtsschöffen Anwendung finden. (15)

Prot. I 412 flg. II 17 flg.

Die Schöffengerichte bei den Landgerichten sollen — zum Teil entsprechend der Bildung der Schöffengerichte bei den Amtsgerichten, zum Teil entsprechend der Bildung der jetzigen Schwurgerichte — nach Maßgabe folgender Vorschriften gebildet werden: (16)

a) Die Urliste für die Auswahl der Amtsgerichtsschöffen dient zugleich als Urliste für die Auswahl der Landgerichtsschöffen (zu vergl. §. 85 Abs. 1 auf S. 364).

b) Die Zahl der für jedes Landgericht erforderlichen Hauptschöffen und Hilfsschöffen und die Verteilung dieser Zahl auf die einzelnen Amtsgerichtsbezirke wird durch die Landesjustizverwaltung bestimmt (zu vergl. §. 86 auf S. 364).

c) Die Bestimmung der Zahl der Hauptschöffen erfolgt in der Art, daß voraussichtlich jeder höchstens zu zehn ordentlichen Sitzungstagen im Jahre herangezogen wird (zu vergl. §. 43 Abs. 2 auf S. 344 und Beschl. Nr. 9 dazu).

d) Der alljährlich bei dem Amtsgerichte für die Wahl der Amtsgerichtsschöffen zusammentretende Ausschuß (§. 40) hat gleichzeitig diejenigen Personen aus der Urliste auszuwählen, welche er zu Landgerichtsschöffen für das nächste Geschäftsjahr vorschlägt. Die Vorschläge sind nach dem dreifachen Betrage der auf den Amtsgerichtsbezirk verteilten (zu vergl. unter b) Zahl der Landgerichtsschöffen zu bemessen (zu vergl. §. 87 auf S. 364).

e) Die Namen der zu Landgerichtsschöffen vorgeschlagenen Personen werden in ein Verzeichnis (Vorschlagsliste) aufgenommen (zu vergl. §. 88 auf S. 364).

f) Die Vorschlagsliste wird nebst den Einsprachen, welche sich auf die in dieselbe aufgenommenen Personen beziehen, dem Präsidenten des Landgerichts übersendet.

Der Präsident bestimmt eine Sitzung des Landgerichts, an welcher fünf Mitglieder mit Einschluß des Präsidenten und der Direktoren teilnehmen. Das Landgericht entscheidet endgültig über die Einsprachen, wählt sodann aus der Vorschlagsliste die für die Schöffengerichte der

§. 60.

Bei den Landgerichten sind Untersuchungsrichter nach Bedürfnis zu bestellen. Die Bestellung erfolgt durch die Landesjustizverwaltung auf die Dauer eines Geschäftsjahres.

§. 61.

Den Vorsitz im Plenum führt der Präsident, den Vorsitz in den Kammern führen der Präsident und die Direktoren. Vor Beginn des Geschäftsjahres bestimmt der Präsident die Kammer, welcher er sich anschließt. Über die Verteilung des Vorsitzes in den übrigen Kammern entscheiden der Präsident und die Direktoren nach Stimmenmehrheit; im Falle der Stimmengleichheit gibt die Stimme des Präsidenten den Ausschlag.

§. 62.

Vor Beginn des Geschäftsjahres werden auf die Dauer desselben die Geschäfte unter die Kammern derselben Art verteilt und die ständigen Mitglieder der einzelnen Kammern sowie für den Fall ihrer Verhinderung die

Landgerichte bestimmte Zahl von Hauptschöffen und Hilfsschöffen und verleilt dieselben auf diese Schöffengerichte.

Als Hilfsschöffen sind solche Personen zu wählen, welche am Sitze des Landgerichts oder in dessen nächster Umgebung wohnen (zu vergl. §. 89 auf S. 366).

g) Die Reihenfolge, in welcher die Hilfsschöffen an die Stelle wegfallender Hauptschöffen treten, wird vom Landgerichte (zu vergl. unter f) festgesetzt (zu vergl. §. 42 auf S. 342).

h) Die Namen der für die verschiedenen Schöffengerichte der Landgerichte erwählten Hauptschöffen werden in gesonderte Verzeichnisse (Jahreslisten) aufgenommen (zu vergl. §. 44 auf S. 344).

i) Die Tage der ordentlichen Sitzungen der Schöffengerichte bei den Landgerichten werden für das ganze Jahr im voraus festgestellt.

Die Reihenfolge, in welcher die Hauptschöffen an den einzelnen ordentlichen Sitzungen eines Schöffengerichts bei dem Landgerichte teilnehmen, wird durch Auslosung in öffentlicher Sitzung der richterlichen Mitglieder dieses Schöffengerichts bestimmt. Das Los zieht der Vorsitzende.

Über die Auslosung wird von dem Gerichtsschreiber ein Protokoll aufgenommen (zu vergl. §. 45 auf S. 344).

Im übrigen sollen die für die Schöffengerichte der Amtsgerichte in den §§. 46 bis 56 (zu vergl. auf S. 344, 346, 348) gegebenen Bestimmungen unter Berücksichtigung der dazu vorgeschlagenen Änderungen (zu vgl. Beschl. 10, 11) auf die Schöffengerichte der Landgerichte mit der Maßgabe Anwendung finden, daß an die Stelle des Amtsrichters in den Fällen der §§. 46, 47, 48, 54 der Vorsitzende, in den Fällen der §§. 52, 53 die richterlichen Mitglieder des Schöffengerichts treten.[1])

Prot. I 409, 412 flg. II 16 flg.

zu §§. 61—66, 68, 69:

Gemäß Beschl. Nr. 12—14 finden die §§. 61 bis 66, 68, 69 künftig auch auf den Vorsitz in den mittleren und großen Schöffengerichten, auf die Geschäftsverteilung unter die Schöffengerichte derselben Art, ferner auf die Besetzung der Schöffengerichte mit richterlichen Mitgliedern, auf die Geschäftsverteilung unter diese Mitglieder und auf deren Vertretung Anwendung.

---

[1]) Wer im Falle des §. 56 Abs. 2 an die Stelle des Amtsrichters zu treten habe, ist von der Kommission nicht erörtert worden.

regelmäßigen Vertreter bestimmt. Jeder Richter kann zum Mitgliede mehrerer Kammern bestimmt werden.

Die getroffene Anordnung kann im Laufe des Geschäftsjahres nur geändert werden, wenn dies wegen eingetretener Überlastung einer Kammer oder infolge Wechsels oder dauernder Verhinderung einzelner Mitglieder des Gerichts erforderlich wird.

§. 63.

Die im vorstehenden Paragraphen bezeichneten Anordnungen erfolgen durch das Präsidium.

Das Präsidium wird durch den Präsidenten als Vorsitzenden, die Direktoren und das dem Dienstalter nach, bei gleichem Dienstalter das der Geburt nach älteste Mitglied gebildet. Das Präsidium entscheidet nach Stimmenmehrheit; im Falle der Stimmengleichheit gibt die Stimme des Präsidenten den Ausschlag.

§. 64.

Der Präsident kann bestimmen, daß einzelne Untersuchungen von dem Untersuchungsrichter, dessen Bestellung mit dem Ablaufe des Geschäftsjahres erlischt, zu Ende geführt werden, sowie daß in einzelnen Sachen, in welchen während des Geschäftsjahres eine Verhandlung bereits stattgefunden hat, die Kammer in ihrer früheren Zusammensetzung auch nach Ablauf des Geschäftsjahres verhandle und entscheide.

§. 65.

Im Falle der Verhinderung des ordentlichen Vorsitzenden führt den Vorsitz in der Kammer dasjenige Mitglied der Kammer, welches dem Dienstalter nach und bei gleichem Dienstalter der Geburt nach das älteste ist.

Der Präsident wird in seinen übrigen durch dieses Gesetz bestimmten Geschäften durch denjenigen Direktor vertreten, welcher dem Dienstalter nach und bei gleichem Dienstalter der Geburt nach der älteste ist.

§. 66.

Im Falle der Verhinderung des regelmäßigen Vertreters eines Mitgliedes wird ein zeitweiliger Vertreter durch den Präsidenten bestimmt.

. . . .

§. 68.

Innerhalb der Kammer verteilt der Vorsitzende die Geschäfte auf die Mitglieder.

§. 69.

Soweit die Vertretung eines Mitgliedes nicht durch ein Mitglied desselben Gerichts möglich ist, erfolgt die Anordnung derselben auf den Antrag des Präsidiums durch die Landesjustizverwaltung.

Die Beiordnung eines nicht ständigen Richters darf, wenn sie auf eine bestimmte Zeit erfolgte, vor Ablauf dieser Zeit, wenn sie auf unbestimmte Zeit erfolgte, solange das Bedürfnis, durch welches sie veranlaßt wurde, fortdauert, nicht widerrufen werden. Ist mit der Vertretung eine Entschädigung verbunden, so ist diese für die ganze Dauer im voraus festzustellen.

Unberührt bleiben diejenigen landesgesetzlichen Bestimmungen, nach welchen richterliche Geschäfte nur von ständig angestellten Richtern wahrgenommen werden können, sowie diejenigen, welche die Vertretung durch ständig angestellte Richter regeln.

. . . .

§. 72.

Die Strafkammern sind zuständig für diejenigen die Voruntersuchung und deren Ergebnisse betreffenden Entscheidungen, welche nach den Vorschriften der Strafprozeßordnung von dem Gerichte zu erlassen sind; sie entscheiden über Beschwerden gegen Verfügungen des Untersuchungsrichters und des Amtsrichters, sowie gegen Entscheidungen der Schöffengerichte. Die Bestimmungen über die Zuständigkeit des Reichsgerichts werden hierdurch nicht berührt.

Die Strafkammern erledigen außerdem die in der Strafprozeßordnung den Landgerichten zugewiesenen Geschäfte.

§. 73.

Die Strafkammern sind als erkennende Gerichte zuständig:

1. für die Vergehen, welche nicht zur Zuständigkeit der Schöffengerichte gehören;
2. für diejenigen Verbrechen, welche mit Zuchthaus von höchstens fünf Jahren, allein oder in Verbindung mit anderen Strafen bedroht sind. Diese Bestimmung findet nicht Anwendung in den Fällen der §§. 86, 100 und 106 des Strafgesetzbuchs;
3. für die Verbrechen der Personen, welche zur Zeit der Tat das achtzehnte Lebensjahr noch nicht vollendet hatten;
4. für das Verbrechen der Unzucht im Falle des §. 176 Nr. 3 des Strafgesetzbuchs;
5. für die Verbrechen des Diebstahls in den Fällen der §§. 243 und 244 des Strafgesetzbuchs;
6. für das Verbrechen der Hehlerei in den Fällen der §§. 260 und 261 des Strafgesetzbuchs;
7. für das Verbrechen des Betrugs im Falle des §. 264 des Strafgesetzbuchs.

§. 74.

Die Strafkammern sind als erkennende Gerichte ausschließlich zuständig:

1. für die nach §. 145a des Strafgesetzbuchs strafbaren Handlungen;
2. für Zuwiderhandlungen gegen das Gesetz vom 25. Oktober 1867, betreffend die Nationalität der Kauffahrteischiffe rc.;
3. für Zuwiderhandlungen gegen die Bestimmungen der §§. 1, 2 und 3 des Gesetzes vom 8. Juni 1871, betreffend die Inhaberpapiere mit Prämien;
4. für die nach §. 67 und §. 69 des Gesetzes vom 6. Februar 1875, betreffend die Beurkundung des Personenstandes rc., strafbaren Handlungen;
5. für die nach §. 59 des Bankgesetzes vom 14. März 1875 strafbaren Handlungen.

zu §. 72:

Gemäß Beschl. Nr. 12—14 sind für die im §. 72 bezeichneten Entscheidungen künftig die richterlichen Mitglieder der mittleren bezw. großen Schöffengerichte zuständig.

zu §. 73:

An Stelle der Strafkammern sollen für die im §. 73 aufgeführten Verbrechen und Vergehen die mittleren Schöffengerichte als erkennende Gerichte zuständig sein. (17)

Prot. I 438 flg. II 27.

Die Zuständigkeit für die Aburteilung von Verbrechen soll bei Jugendlichen nicht anders bestimmt werden als bei Erwachsenen. Demgemäß soll die Nr. 3 des §. 73, durch welche die Verbrechen der Jugendlichen, soweit sie nicht ohnehin von den Strafkammern abzuurteilen sind (zu vergl. Nr. 2, 4 bis 7 des §. 73), der schwurgerichtlichen Kompetenz entzogen und den Strafkammern zugewiesen werden, in Wegfall kommen. (18)

Prot. I 438 flg. II 27.

zu §. 74:

Gemäß Beschl. Nr. 2 kommt der §. 74 künftig in Wegfall.

§. 75.

Die Strafkammer kann bei Eröffnung des Hauptverfahrens wegen der Vergehen:

1. des Widerstandes gegen die Staatsgewalt in den Fällen der §§. 113, 114, 117 Abs. 1 und des §. 120 des Strafgesetzbuchs;
2. wider die öffentliche Ordnung in den Fällen des §. 123 Abs. 3 und des §. 137 des Strafgesetzbuchs;
3. wider die Sittlichkeit im Falle des §. 183 des Strafgesetzbuchs;
4. der Beleidigung und der Körperverletzung in den Fällen der nur auf Antrag eintretenden Verfolgung;
5. der Körperverletzung im Falle des §. 223a des Strafgesetzbuchs;
6. des Diebstahls im Falle des §. 242 des Strafgesetzbuchs;
7. der Unterschlagung im Falle des §. 246 des Strafgesetzbuchs;
8. der Begünstigung;
9. der Hehlerei in den Fällen des §. 258 Nr. 1 und des §. 259 des Strafgesetzbuchs;
10. des Betruges im Falle des §. 263 des Strafgesetzbuchs;
11. des strafbaren Eigennutzes in den Fällen der §§. 288 und 298 des Strafgesetzbuchs;
12. der Sachbeschädigung in den Fällen der §§. 303 und 304 des Strafgesetzbuchs

    und
13. wegen der gemeingefährlichen Vergehen in den Fällen des §. 327 Abs. 1 und des §. 328 Abs. 1 des Strafgesetzbuchs;

    ferner

zu §. 75:

Gemäß Beschl. Nr. 3 und Nr. 6 unter a kommt der §. 123 Abs. 3 des Strafgesetzbuchs im §. 75 Nr. 2 künftig in Wegfall.

Die Überweisung von Vergehen wider die Sittlichkeit (§. 75 Nr. 3) soll auch in den Fällen der §§. 180, 184 des Strafgesetzbuchs zulässig sein. (19)

Prot. I 421 flg., 438. II 24.

Die nur auf Antrag zu verfolgenden Körperverletzungen kommen gemäß Beschl. Nr. 4 im §. 75 Nr. 4 künftig in Wegfall.

Die Überweisung von Vergehen der Körperverletzung soll außer den Fällen des §. 223a (§. 75 Nr. 5) auch bei der vorsätzlichen leichten Körperverletzung mit Übertretung einer Amts-, Berufs- oder Gewerbspflicht (§. 223 in Verbindung mit §. 232 des Strafgesetzbuchs) und der fahrlässigen Körperverletzung mit Übertretung einer Amts-, Berufs- oder Gewerbspflicht (§. 230 Abs. 2 in Verbindung mit §. 232 des Strafgesetzbuchs) zulässig sein. (20)

Prot. I 421, 438. II 25.

Die Überweisung soll bei Diebstahl nicht nur im Falle des §. 242 (§. 75 Nr. 6), sondern auch im Falle des §. 244 in Verbindung mit §. 242 des Strafgesetzbuchs (Verbrechen des einfachen Diebstahls im Rückfalle) zulässig sein. (21)

Prot. I 425 flg., 438. II 25.

Die Überweisung soll bei Betrug nicht nur im Falle des §. 263 (§. 75 Nr. 10) sondern auch im Falle des §. 264 (Verbrechen des Betrugs im Rückfalle) zulässig sein. (22)

Prot. I 425 flg., 438. II 25.

Gemäß Beschl. Nr. 6 unter c kommt der §. 298 des Strafgesetzbuchs im §. 75 Nr. 11 künftig in Wegfall.

Die Überweisung soll bei dem strafbaren Eigennutze nicht nur im Falle des §. 288 (§. 75 Nr. 11), sondern auch in den Fällen des §. 286 Abs. 1 und des §. 289 des Strafgesetzbuchs zulässig sein. (23)

Prot. I 421, 438. II 25.

Die Überweisung soll bei gemeingefährlichen Vergehen außer den Fällen der §§. 327, 328 (§. 75 Nr. 13) zulässig sein auch in den Fällen der §§. 309, 316 des Strafgesetzbuchs, sofern nicht der Tod eines Menschen verursacht ist, sowie in den Fällen der §§. 318, 318a des Strafgesetzbuchs. (24)

Prot. I 423 flg., 438. II 25.

14. wegen derjenigen Vergehen, welche nur mit Gefängnisstrafe von höchstens sechs Monaten oder Geldstrafe von höchstens eintausendfünfhundert Mark, allein oder in Verbindung mit einander oder in Verbindung mit Einziehung bedroht sind, mit Ausnahme der in den §§. 128, 271, 296 a, 301, 331 und 347 des Strafgesetzbuchs und der im §. 74 dieses Gesetzes bezeichneten Vergehen;

sowie

15. wegen solcher Zuwiderhandlungen gegen die Vorschriften über die Erhebung öffentlicher Abgaben und Gefälle, deren Strafe in dem mehrfachen Betrage einer hinterzogenen Abgabe oder einer anderen Leistung besteht;

auf Antrag der Staatsanwaltschaft die Verhandlung und Entscheidung dem Schöffengerichte, soweit dieses nicht schon zuständig ist, überweisen, wenn nach den Umständen des Falles anzunehmen ist, daß wegen des Vergehens auf keine andere und höhere Strafe, als auf die im §. 27 Nr. 2 bezeichnete und auf keine höhere Buße als sechshundert Mark zu erkennen sein werde.

Beschwerde findet nicht statt.

Hat im Falle der Nr. 15 die Verwaltungsbehörde die öffentliche Klage erhoben, so steht ihr der Antrag auf Überweisung an das Schöffengericht in gleicher Weise wie der Staatsanwaltschaft zu.

Die Überweisung soll auch bei denjenigen Vergehen zulässig sein, welche mit Geldstrafe von höchstens eintausendfünfhundert Mark (§. 75 Nr. 14) neben Haft bedroht sind. (25)

Prot. II 26.

Die Überweisung soll in den Fällen der §§. 128, 271, 296 a, 301, 331 und 347 des Strafgesetzbuchs sowie des §. 74 des G.V.G., die nach geltendem Rechte (§. 75 Nr. 14) von der Überweisbarkeit ausdrücklich ausgenommen sind, gleichfalls zulässig sein. (26)

Prot. II 26.

Außer den in Nr. 1 bis 15 des §. 75 bezeichneten Fällen, wie sie sich nach den Beschlüssen Nr. 19 bis 26 gestalten, soll die Überweisung ferner zulässig sein bei den Vergehen (27)

a) der Nötigung im Falle des §. 240 des Strafgesetzbuchs;
b) der Bestechung im Falle des §. 333 des Strafgesetzbuchs.

Prot. I 421, 424, 438. II 25.

Im einzelnen Falle soll die Überweisung nur zulässig sein, wenn nach den Umständen anzunehmen ist, daß wegen des Vergehens bezw. (zu vergl. Beschl. Nr. 21 und 22) des Verbrechens auf keine andere und höhere Strafe als Gefängnisstrafe von höchstens sechs Monaten oder Geldstrafe von höchstens eintausendfünfhundert Mark allein oder neben Haft oder in Verbindung mit einander oder in Verbindung mit Einziehung und auf keine höhere Buße als eintausendfünfhundert Mark zu erkennen sein werde. (28)

Prot. I 427, 438. II 24.

Was das Verfahren bei der Überweisung anlangt, so soll die Überweisung dadurch erfolgen, daß die Staatsanwaltschaft die Anklageschrift bei dem Amtsgericht einreicht und der Amtsrichter Termin zur Hauptverhandlung vor dem kleinen Schöffengericht anberaumt. (29)

Die Anberaumung der Hauptverhandlung soll wegen Unzuständigkeit des Gerichts oder wegen Unzulässigkeit der Strafverfolgung oder weil die in der Anklageschrift bezeichnete Tat unter kein Strafgesetz fällt (§. 178 Abs. 1 der Str.Pr.O.) oder auch weil der Angeschuldigte der ihm zur Last gelegten Tat nicht hinreichend verdächtig erscheint, durch Beschluß des Amtsrichters abgelehnt werden können; die Ablehnung wegen Unzuständigkeit darf jedoch nicht lediglich aus dem Grunde erfolgen, daß auf eine andere oder höhere Strafe oder auf eine höhere Buße als die für die Überweisung maßgebende zu erkennen sei.

Prot. I 186 flg., 436 flg. II 27.

Was das Verfahren vor dem kleinen Schöffengerichte nach der Überweisung anlangt, so soll bestimmt werden, daß das kleine Schöffengericht die Sache durch Beschluß an das mittlere Schöffengericht zu verweisen hat, wenn es in den Fällen der durch Beschl. Nr. 21, 22 für überweisungsfähig erklärten Verbrechen eine Zuchthausstrafe für verwirkt erachtet. (30)

Prot. I 425 flg., 438. II 25.

Dagegen soll das kleine Schöffengericht, wenn sich in der Hauptverhandlung herausstellt, daß ein anderes als das bei der Überweisung vorausgesetzte Straf- (31)

§. 76.

Die Strafkammern sind als erkennende Gerichte ferner zuständig für die Verhandlung und Entscheidung über das Rechtsmittel der Berufung gegen die Urteile der Schöffengerichte.

§. 77.

Die Kammern entscheiden in der Besetzung von drei Mitgliedern mit Einschluß des Vorsitzenden. Die Strafkammern sind in der Hauptverhandlung mit fünf Mitgliedern, in der Berufungsinstanz bei Übertretungen und in den Fällen der Privatklage aber mit drei Mitgliedern einschließlich des Vorsitzenden zu besetzen.

§. 78.

Durch Anordnung der Landesjustizverwaltung kann wegen großer Entfernung des Landgerichtssitzes bei einem Amtsgerichte für den Bezirk eines oder mehrerer Amtsgerichte eine Strafkammer gebildet und derselben für diesen Bezirk die gesamte Tätigkeit der Strafkammer des Landgerichts oder ein Teil dieser Tätigkeit zugewiesen werden.

Die Besetzung einer solchen Strafkammer erfolgt aus Mitgliedern des Landgerichts oder Amtsrichtern des Bezirks, für welchen die Kammer gebildet wird. Der Vorsitzende wird ständig, die Amtsrichter werden auf die Dauer des Geschäftsjahres durch die Landesjustizverwaltung berufen, die übrigen Mitglieder werden nach Maßgabe des §. 62 durch das Präsidium des Landgerichts bezeichnet.

Sechster Titel.

Schwurgerichte.

§. 79.

Für die Verhandlung und Entscheidung von Strafsachen treten bei den Landgerichten periodisch Schwurgerichte zusammen.

§. 80.

Die Schwurgerichte sind zuständig für die Verbrechen, welche nicht zur Zuständigkeit der Strafkammern oder des Reichsgerichts gehören.

gesetz zutrifft, seine Unzuständigkeit nicht aussprechen, sofern auch bei dem zutreffenden Strafgesetze die Überweisung zulässig bleibt und nicht aus anderen Gründen die Aussetzung der Verhandlung geboten erscheint.

Prot. I 436 flg. II 27.

Für die Verbrechen, welche nicht zur Zuständigkeit der mittleren Schöffengerichte oder des Reichsgerichts gehören, sollen als erkennende Gerichte die großen Schöffengerichte zuständig sein. (32)

Prot. I 438 flg. II 27.

zu §§. 76, 77:

Als erkennende Gerichte sollen zuständig sein für die Verhandlung und Entscheidung über das Rechtsmittel der Berufung (33)

a) gegen die Urteile des Amtsrichters in Übertretungssachen: die kleinen Schöffenberufungsgerichte;
b) gegen die Urteile des Amtsrichters in anderen als Übertretungssachen (zu vergl. Beschl. Nr. 161) sowie gegen die Urteile der kleinen Schöffengerichte: die mittleren Schöffengerichte;
c) gegen die Urteile der mittleren Schöffengerichte: die großen Schöffengerichte;
d) gegen die Urteile der großen Schöffengerichte: die großen Schöffenberufungsgerichte.

Prot. I 466 flg. II 12 flg.

zu §. 78:

Gemäß Beschl. Nr. 12 gilt die Vorschrift des §. 78 künftig für die etwaige Bildung landgerichtlicher Schöffengerichte bei Amtsgerichten.

zum sechsten Titel:

An die Stelle der Schwurgerichte sollen als erkennende Gerichte die bei den Landgerichten ständig gebildeten großen Schöffengerichte treten. Demgemäß kommt der ganze sechste Titel künftig in Wegfall. (34)

Prot. I 385, 412. II 1, 12.

Ebenso kommt danach die Vorschrift des §. 6 des Einführungsgesetzes zum Gerichtsverfassungsgesetz in Wegfall, nach welcher die zur Zeit des Inkrafttretens des Gerichtsverfassungsgesetzes bestehenden landesgesetzlichen Vorschriften über die Zuständigkeit der Schwurgerichte für die durch die Presse begangenen strafbaren Handlungen unberührt geblieben sind.

Prot. I 440 flg. II 27.

§. 81.

Die Schwurgerichte bestehen aus drei richterlichen Mitgliedern mit Einschluß des Vorsitzenden und aus zwölf zur Entscheidung der Schuldfrage berufenen Geschworenen.

§. 82.

Die Entscheidungen, welche nach den Vorschriften dieses Gesetzes oder der Strafprozeßordnung von dem erkennenden Gerichte zu erlassen sind, erfolgen in den bei den Schwurgerichten anhängigen Sachen durch die richterlichen Mitglieder des Schwurgerichts. Werden diese Entscheidungen außerhalb der Dauer der Sitzungsperiode erforderlich, so erfolgen sie durch die Strafkammern der Landgerichte.

§. 83.

Der Vorsitzende des Schwurgerichts wird für jede Sitzungsperiode von dem Präsidenten des Oberlandesgerichts ernannt. Die Ernennung erfolgt aus der Zahl der Mitglieder des Oberlandesgerichts oder der zu dem Bezirke des Oberlandesgerichts gehörigen Landgerichte.

Der Stellvertreter des Vorsitzenden und die übrigen richterlichen Mitglieder werden von dem Präsidenten des Landgerichts aus der Zahl der Mitglieder des Landgerichts bestimmt.

Solange die Ernennung des Vorsitzenden nicht erfolgt ist, erledigt der Vorsitzende der Strafkammer des Landgerichts die in der Strafprozeßordnung dem Vorsitzenden des Gerichts zugewiesenen Geschäfte.

§. 84.

Das Amt eines Geschworenen ist ein Ehrenamt. Dasselbe kann nur von einem Deutschen versehen werden.

§. 85.

Die Urliste für die Auswahl der Schöffen dient zugleich als Urliste für die Auswahl der Geschworenen.

Die Vorschriften der §§. 32—35 über die Berufung zum Schöffenamte finden auch auf das Geschworenenamt Anwendung.

§. 86.

Die Zahl der für jedes Schwurgericht erforderlichen Geschworenen und die Verteilung dieser Zahl auf die einzelnen Amtsgerichtsbezirke wird durch die Landesjustizverwaltung bestimmt.

§. 87.

Der alljährlich bei dem Amtsgerichte für die Wahl der Schöffen zusammentretende Ausschuß (§. 40) hat gleichzeitig diejenigen Personen aus der Urliste auszuwählen, welche er zu Geschworenen für das nächste Geschäftsjahr vorschlägt. Die Vorschläge sind nach dem dreifachen Betrage der auf den Amtsgerichtsbezirk verteilten Zahl der Geschworenen zu bemessen.

§. 88.

Die Namen der zu Geschworenen vorgeschlagenen Personen werden in ein Verzeichnis aufgenommen (Vorschlagsliste).

§. 89.

Die Vorschlagsliste wird nebst den Einsprachen, welche sich auf die in dieselbe aufgenommenen Personen beziehen, dem Präsidenten des Landgerichts übersendet.

Der Präsident bestimmt eine Sitzung des Landgerichts, an welcher fünf Mitglieder mit Einschluß des Präsidenten und der Direktoren teilnehmen. Das Landgericht entscheidet endgültig über die Einsprachen und wählt sodann aus der Vorschlagsliste die für das Schwurgericht bestimmte Zahl von Hauptgeschworenen und Hilfsgeschworenen.

Als Hilfsgeschworene sind solche Personen zu wählen, welche an dem Sitzungsorte des Schwurgerichts oder in dessen nächster Umgebung wohnen.

§. 90.

Die Namen der Haupt- und Hilfsgeschworenen werden in gesonderte Jahreslisten aufgenommen.

§. 91.

Spätestens zwei Wochen vor Beginn der Sitzungen des Schwurgerichts werden in öffentlicher Sitzung des Landgerichts, an welcher der Präsident und zwei Mitglieder teilnehmen, in Gegenwart der Staatsanwaltschaft dreißig Hauptgeschworene ausgelost. Das Los wird von dem Präsidenten gezogen.

Auf Geschworene, welche in einer früheren Sitzungsperiode desselben Geschäftsjahres ihre Verpflichtung erfüllt haben, erstreckt die Auslosung sich nur dann, wenn dies von ihnen beantragt wird.

Über die Auslosung wird von dem Gerichtsschreiber ein Protokoll aufgenommen.

§. 92.

Das Landgericht übersendet das Verzeichnis der ausgelosten Hauptgeschworenen (Spruchliste) dem ernannten Vorsitzenden des Schwurgerichts.

§. 93.

Die in der Spruchliste verzeichneten Geschworenen werden auf Anordnung des für das Schwurgericht ernannten Vorsitzenden zur Eröffnungssitzung des Schwurgerichts unter Hinweis auf die gesetzlichen Folgen des Ausbleibens geladen.

Zwischen der Zustellung der Ladung und der Eröffnungssitzung soll tunlichst die Frist von einer Woche, jedoch mindestens von drei Tagen liegen.

§. 94.

Über die von Geschworenen geltend gemachten Ablehnungs- und Hinderungsgründe erfolgt die Entscheidung nach Anhörung der Staatsanwaltschaft durch die richterlichen Mitglieder und, solange das Schwurgericht nicht zusammengetreten ist, durch den ernannten Vorsitzenden des Schwurgerichts. Beschwerde findet nicht statt.

An Stelle der wegfallenden Geschworenen hat der Vorsitzende, wenn es noch geschehen kann, aus der Jahresliste durch Auslosung andere Geschworene auf die Spruchliste zu bringen und deren Ladung anzuordnen. Über die Auslosung wird von dem Gerichtsschreiber ein Protokoll aufgenommen.

§. 95.

Erstreckt sich eine Sitzungsperiode des Schwurgerichts über den Endtermin des Geschäftsjahres hinaus, so bleiben die Geschworenen, welche zu derselben einberufen sind, bis zum Schlusse der Sitzungen zur Mitwirkung verpflichtet.

§. 96.

Die Bestimmungen der §§. 55, 56 finden auch auf Geschworene Anwendung.

Die im §. 56 bezeichneten Entscheidungen werden in Bezug auf Geschworene von den richterlichen Mitgliedern des Schwurgerichts erlassen.

§. 97.

Niemand soll für dasselbe Geschäftsjahr als Geschworener und als Schöffe bestimmt werden.

Ist dies dennoch geschehen, oder ist jemand für dasselbe Geschäftsjahr in mehreren Bezirken zu diesen Ämtern bestimmt worden, so hat der Einberufene dasjenige Amt zu übernehmen, zu welchem er zuerst einberufen wird.

§. 98.

Die Strafkammer des Landgerichts kann bestimmen, daß einzelne Sitzungen des Schwurgerichts nicht am Sitze des Landgerichts, sondern an einem anderen Orte innerhalb des Schwurgerichtsbezirks abzuhalten seien.

In diesem Falle wird für diese Sitzungen von dem Landgerichte eine besondere Liste von Hilfsgeschworenen gebildet.

§. 99.

Die Landesjustizverwaltung kann bestimmen, daß die Bezirke mehrerer Landgerichte zu einem Schwurgerichtsbezirke zusammengelegt und die Sitzungen des Schwurgerichts bei einem der Landgerichte abgehalten werden.

In diesem Falle hat das Landgericht, bei welchem die Sitzungen des Schwurgerichts abgehalten werden, und der Präsident desselben die ihnen in den §§. 82—98 zugewiesenen Geschäfte für den Umfang des Schwurgerichtsbezirks wahrzunehmen.

Die Mitglieder des Schwurgerichts mit Einschluß des Stellvertreters des Vorsitzenden können aus der Zahl der Mitglieder der im Bezirke des Schwurgerichts belegenen Landgerichte bestimmt werden.

. . . .

Achter Titel.

Oberlandesgerichte.

§. 119.

Die Oberlandesgerichte werden mit einem Präsidenten und der erforderlichen Anzahl von Senatspräsidenten und Räten besetzt.

§. 120.

Bei den Oberlandesgerichten werden . . . . Strafsenate gebildet.

§. 121.

Die Bestimmungen der §§. 61—68 finden mit der Maßgabe Anwendung, daß zu dem Präsidium stets die beiden ältesten Mitglieder des Gerichts zuzuziehen sind.

§. 122.

Zu Hilfsrichtern dürfen nur ständig angestellte Richter berufen werden.

§. 123.

Die Oberlandesgerichte sind zuständig für die Verhandlung und Entscheidung über die Rechtsmittel:

. . . .

2. der Revision gegen Urteile der Strafkammern in der Berufungsinstanz;
3. der Revision gegen Urteile der Strafkammern in erster Instanz, sofern die Revision ausschließlich auf die Verletzung einer in den Landesgesetzen enthaltenen Rechtsnorm gestützt wird;

. . . .

5. der Beschwerde gegen strafrichterliche Entscheidungen erster Instanz, soweit nicht die Zuständigkeit der Strafkammer begründet ist, und gegen Entscheidungen der Strafkammern in der Beschwerdeinstanz und Berufungsinstanz.

§. 124.

Die Senate der Oberlandesgerichte entscheiden in der Besetzung von fünf Mitgliedern mit Einschluß des Vorsitzenden.

Neunter Titel.

Reichsgericht.

. . . .

§. 126.

Das Reichsgericht wird mit einem Präsidenten und der erforderlichen Anzahl von Senatspräsidenten und Räten besetzt.

. . . .

§. 132.

Bei dem Reichsgerichte werden . . . . Strafsenate gebildet. Die Zahl derselben bestimmt der Reichskanzler.

§. 133.

Die Bestimmungen der §§. 61—68 finden mit der Maßgabe Anwendung, daß zu dem Präsidium die vier ältesten Mitglieder des Gerichts zuzuziehen sind.

zu §. 123:

Gemäß Beschl. Nr. 12 bis 14 und 33 sind künftig in Strafsachen die Oberlandesgerichte zuständig für die Verhandlung und Entscheidung über die Rechtsmittel:

a) der Revision gegen Urteile der kleinen Schöffenberufungsgerichte und der mittleren Schöffengerichte in der Berufungsinstanz;
b) der Revision gegen Urteile der großen Schöffengerichte in der Berufungsinstanz und der großen Schöffenberufungsgerichte, sofern die Revision ausschließlich auf die Verletzung einer in den Landesgesetzen enthaltenen Rechtsnorm gestützt wird;
c) der Beschwerde gegen strafrichterliche Entscheidungen erster Instanz, soweit nicht die Zuständigkeit der richterlichen Mitglieder eines Schöffengerichts begründet ist, und gegen Entscheidungen der richterlichen Mitglieder eines Schöffengerichts in der Beschwerdeinstanz und Berufungsinstanz.

Gemäß Beschl. Nr. 35 gehört vor die Oberlandesgerichte fernerhin die Verhandlung und Entscheidung über das Rechtsmittel der Revision gegen Urteile der Schöffengerichte in der Berufungsinstanz in denjenigen Sachen, welche ihnen vom Reichsgericht überwiesen werden.

§. 134.

Die Zuziehung von Hilfsrichtern ist unzulässig.

. . . .

§. 136.

In Strafsachen ist das Reichsgericht zuständig:

1. für die Untersuchung und Entscheidung in erster und letzter Instanz in den Fällen des Hochverrats und des Landesverrats, insofern diese Verbrechen gegen den Kaiser oder das Reich gerichtet sind;
2. für die Verhandlung und Entscheidung über die Rechtsmittel der Revision gegen Urteile der Strafkammern in erster Instanz, insoweit nicht die Zuständigkeit der Oberlandesgerichte begründet ist, und gegen Urteile der Schwurgerichte.

In Strafsachen wegen Zuwiderhandlungen gegen die Vorschriften über die Erhebung öffentlicher in die Reichskasse fließender Abgaben und Gefälle ist das Reichsgericht auch für die Verhandlung und Entscheidung über das Rechtsmittel der Revision gegen Urteile der Strafkammern in der Berufungsinstanz zuständig, sofern die Entscheidung des Reichsgerichts von der Staatsanwaltschaft bei der Einsendung der Akten an das Revisionsgericht beantragt wird.

§. 137.

Will in einer Rechtsfrage . . . . ein Strafsenat von der Entscheidung eines anderen Strafsenats oder der vereinigten Strafsenate abweichen, so ist über die streitige Rechtsfrage . . . . eine Entscheidung . . . . der vereinigten Strafsenate einzuholen.

Einer Entscheidung der Rechtsfrage durch das Plenum bedarf es, wenn ein Zivilsenat von der Entscheidung eines Strafsenats oder der vereinigten Strafsenate, oder ein Strafsenat von der Entscheidung eines Zivilsenats oder der vereinigten Zivilsenate, oder ein Senat von der früher eingeholten Entscheidung des Plenums abweichen will.

Die Entscheidung der Rechtsfrage durch die vereinigten Senate oder das Plenum ist in der zu entscheidenden Sache bindend. Sie erfolgt in allen Fällen ohne vorgängige mündliche Verhandlung.

Vor der Entscheidung der vereinigten Strafsenate oder derjenigen des Plenums . . . . . ist der Ober-Reichsanwalt mit seinen schriftlichen Anträgen zu hören.

Soweit die Entscheidung der Sache eine vorgängige mündliche Verhandlung erfordert, erfolgt dieselbe durch den erkennenden Senat auf Grund einer erneuten mündlichen Verhandlung, zu welcher die Prozeßbeteiligten von Amtswegen unter Mitteilung der ergangenen Entscheidung der Rechtsfrage zu laden sind.

§. 138.

Der erste Strafsenat des Reichsgerichts hat bei den im §. 136 Nr. 1 bezeichneten Verbrechen diejenigen Geschäfte zu erledigen, welche im §. 72 Abs. 1 der Strafkammer des Landgerichts zugewiesen sind.

Das Hauptverfahren findet vor dem vereinigten zweiten und dritten Strafsenate statt.

zu §. 136:

Gemäß Beschl. Nr. 33 ist künftig das Reichsgericht zuständig für die Verhandlung und Entscheidung über das Rechtsmittel der Revision gegen die Urteile der Schöffengerichte in der Berufungsinstanz, soweit nicht die Zuständigkeit der Oberlandesgerichte begründet ist.

Das Reichsgericht soll befugt sein, die Verhandlung und Entscheidung über (35) das Rechtsmittel der Revision dem Oberlandesgerichte, soweit dieses nicht schon zuständig ist, zu überweisen, wenn für die Entscheidung im wesentlichen landesgesetzliche Rechtsnormen in Betracht kommen.

Prot. I 496 flg. II 35.

Gemäß Beschl. Nr. 33 findet die Vorschrift des §. 136 Abs. 2 künftig auf das Rechtsmittel der Revision gegen Urteile der kleinen Schöffenberufungsgerichte und der mittleren Schöffengerichte in der Berufungsinstanz Anwendung.

zu §. 138:

Das Hauptverfahren in denjenigen Sachen, für welche das Reichsgericht in (36) erster und letzter Instanz zuständig ist (§. 136 Abs. 1 Nr. 1), soll nicht, wie bisher, vor dem vereinigten zweiten und dritten Strafsenate (§. 138 Abs. 2), sondern vor dem zweiten Strafsenate stattfinden.

Prot. II 20.

§. 139.

Zur Fassung von Plenarentscheidungen und von Entscheidungen der vereinigten ...... Strafsenate, sowie der beiden vereinigten Strafsenate ist die Teilnahme von mindestens zwei Dritteilen aller Mitglieder mit Einschluß des Vorsitzenden erforderlich.

Die Zahl der Mitglieder, welche eine entscheidende Stimme führen, muß eine ungerade sein. Ist die Zahl der anwesenden Mitglieder eine gerade, so hat derjenige Rat, welcher zuletzt ernannt ist, und bei gleichem Dienstalter derjenige, welcher der Geburt nach der jüngere ist, oder, wenn dieser Berichterstatter ist, der nächst ältere kein Stimmrecht.

§. 140.

Die Senate des Reichsgerichts entscheiden in der Besetzung von sieben Mitgliedern mit Einschluß des Vorsitzenden.

§. 141.

Der Geschäftsgang wird durch eine Geschäftsordnung geregelt, welche das Plenum auszuarbeiten und dem Bundesrat zur Bestätigung vorzulegen hat.

Zehnter Titel.

Staatsanwaltschaft.

§. 142.

Bei jedem Gerichte soll eine Staatsanwaltschaft bestehen.

§. 143.

Das Amt der Staatsanwaltschaft wird ausgeübt:

1. bei dem Reichsgerichte durch einen Ober-Reichsanwalt und durch einen oder mehrere Reichsanwälte;
2. bei den Oberlandesgerichten, den Landgerichten und den Schwurgerichten durch einen oder mehrere Staatsanwälte;
3. bei den Amtsgerichten und den Schöffengerichten durch einen oder mehrere Amtsanwälte.

Die Zuständigkeit der Amtsanwälte erstreckt sich nicht auf das amtsrichterliche Verfahren zur Vorbereitung der öffentlichen Klage in denjenigen Strafsachen, welche zur Zuständigkeit anderer Gerichte als der Schöffengerichte gehören.

§. 144.

Die örtliche Zuständigkeit der Beamten der Staatsanwaltschaft wird durch die örtliche Zuständigkeit des Gerichts bestimmt, für welches sie bestellt sind.

Ein unzuständiger Beamter der Staatsanwaltschaft hat sich denjenigen innerhalb seines Bezirks vorzunehmenden Amtshandlungen zu unterziehen, in Ansehung welcher Gefahr im Verzuge obwaltet.

Können die Beamten der Staatsanwaltschaft verschiedener Bundesstaaten sich nicht darüber einigen, wer von ihnen die Verfolgung zu übernehmen hat,

so entscheidet der ihnen gemeinsam vorgesetzte Beamte der Staatsanwaltschaft und in Ermangelung eines solchen der Ober-Reichsanwalt.

§. 145.

Besteht die Staatsanwaltschaft eines Gerichts aus mehreren Beamten, so handeln die dem ersten Beamten beigeordneten Personen als dessen Vertreter; sie sind, wenn sie für ihn auftreten, zu allen Amtsverrichtungen desselben ohne den Nachweis eines besonderen Auftrags berechtigt.

§. 146.

Die ersten Beamten der Staatsanwaltschaft bei den Oberlandesgerichten und den Landgerichten sind befugt, bei allen Gerichten ihres Bezirks die Amtsverrichtungen der Staatsanwaltschaft selbst zu übernehmen oder mit Wahrnehmung derselben einen anderen als den zunächst zuständigen Beamten zu beauftragen.

Amtsanwälte können das Amt der Staatsanwaltschaft nur bei den Amtsgerichten und den Schöffengerichten versehen.

§. 147.

Die Beamten der Staatsanwaltschaft haben den dienstlichen Anweisungen ihres Vorgesetzten nachzukommen.

In denjenigen Sachen, für welche das Reichsgericht in erster und letzter Instanz zuständig ist, haben alle Beamte der Staatsanwaltschaft den Anweisungen des Ober-Reichsanwalts Folge zu leisten.

§. 148.

Das Recht der Aufsicht und Leitung steht zu:

1. dem Reichskanzler hinsichtlich des Ober-Reichsanwalts und der Reichsanwälte;
2. der Landesjustizverwaltung hinsichtlich aller staatsanwaltlichen Beamten des betreffenden Bundesstaates;
3. den ersten Beamten der Staatsanwaltschaft bei den Oberlandesgerichten und den Landgerichten hinsichtlich aller Beamten der Staatsanwaltschaft ihres Bezirks.

§. 149.

Der Ober-Reichsanwalt und die Reichsanwälte sind nicht richterliche Beamte.

Zu diesen Ämtern sowie den Ämtern der Staatsanwaltschaft bei den Oberlandesgerichten und den Landgerichten können nur zum Richteramte befähigte Beamte ernannt werden.

§. 150.

Der Ober-Reichsanwalt und die Reichsanwälte werden auf Vorschlag des Bundesrats vom Kaiser ernannt.

Dieselben können durch Kaiserliche Verfügung jederzeit mit Gewährung des gesetzlichen Wartegeldes einstweilig in den Ruhestand versetzt werden.

§. 151.

Die Staatsanwaltschaft ist in ihren Amtsverrichtungen von den Gerichten unabhängig.

§. 152.

Die Staatsanwälte dürfen richterliche Geschäfte nicht wahrnehmen. Auch darf ihnen eine Dienstaufsicht über die Richter nicht übertragen werden.

§. 153.

Die Beamten des Polizei- und Sicherheitsdienstes sind Hilfsbeamte der Saatsanwaltschaft und sind in dieser Eigenschaft verpflichtet, den Anordnungen der Staatsanwälte bei dem Landgerichte ihres Bezirks und der diesen vorgesetzten Beamten Folge zu leisten.

Die nähere Bezeichnung derjenigen Beamtenklassen, auf welche diese Bestimmung Anwendung findet, erfolgt durch die Landesregierungen.

Elfter Titel.

Gerichtsschreiber.

§. 154.

Bei jedem Gerichte wird eine Gerichtsschreiberei eingerichtet. Die Geschäftseinrichtung bei dem Reichsgerichte wird durch dem Reichskanzler, bei den Landesgerichten durch die Landesjustizverwaltung bestimmt.

Zwölfter Titel.

Zustellungs- und Vollstreckungsbeamte.

§. 155.

Die Dienst- und Geschäftsverhältnisse der mit den Zustellungen, Ladungen und Vollstreckungen zu betrauenden Beamten (Gerichtsvollzieher) werden bei dem Reichsgerichte durch den Reichskanzler, bei den Landesgerichten durch die Landesjustizverwaltung bestimmt.

§. 156.

Der Gerichtsvollzieher ist von der Ausübung seines Amts kraft Gesetzes ausgeschlossen:

. . . .

3. wenn eine Person Partei ist, mit welcher er in gerader Linie verwandt, verschwägert oder durch Adoption verbunden, in der Seitenlinie bis zum dritten Grade verwandt oder bis zum zweiten Grade verschwägert ist, auch wenn die Ehe, durch welche die Schwägerschaft begründet ist, nicht mehr besteht.

II. in Strafsachen:

1. wenn er selbst durch die strafbare Handlung verletzt ist;
2. wenn er der Ehemann der Beschuldigten oder Verletzten ist oder gewesen ist;
3. wenn er mit dem Beschuldigten oder Verletzten in dem vorstehend unter Nr. I 3 bezeichneten Verwandtschafts- oder Schwägerschaftsverhältnisse steht.

zu §. 153:

Es soll auf tunlichste Herbeiführung unmittelbaren schriftlichen und mündlichen Verkehrs zwischen der Staatsanwaltschaft und den Exekutivbeamten der Kriminalpolizei Bedacht genommen werden. (37)

Prot. II 75 flg.

Dreizehnter Titel.
Rechtshilfe.

§. 157.

Die Gerichte haben sich .... in Strafsachen Rechtshilfe zu leisten.

§. 158.

Das Ersuchen um Rechtshilfe ist an das Amtsgericht zu richten, in dessen Bezirke die Amtshandlung vorgenommen werden soll.

§. 159.

Das Ersuchen darf nicht abgelehnt werden.

Das Ersuchen eines nicht im Instanzenzuge vorgesetzten Gerichts ist jedoch abzulehnen, wenn dem ersuchten Gerichte die örtliche Zuständigkeit mangelt, oder die vorzunehmende Handlung nach dem Rechte des ersuchten Gerichts verboten ist.

§. 160.

Wird das Ersuchen abgelehnt, oder wird der Vorschrift des §. 159 Abs. 2 zuwider dem Ersuchen stattgegeben, so entscheidet das Oberlandesgericht, zu dessen Bezirke das ersuchte Gericht gehört. Eine Anfechtung dieser Entscheidung findet nur statt, wenn dieselbe die Rechtshilfe für unzulässig erklärt, und das ersuchende und das ersuchte Gericht den Bezirken verschiedener Oberlandesgerichte angehören. Über die Beschwerde entscheidet das Reichsgericht.

Die Entscheidungen erfolgen auf Antrag der Beteiligten oder des ersuchenden Gerichts ohne vorgängige mündliche Verhandlung.

§. 161.

Die Herbeiführung der zum Zwecke von Vollstreckungen, Ladungen und Zustellungen erforderlichen Handlungen erfolgt nach Vorschrift der Prozeßordnungen ohne Rücksicht darauf, ob die Handlungen in dem Bundesstaate, welchem das Prozeßgericht angehört, oder in einem anderen Bundesstaate vorzunehmen sind.

§. 162.

Gerichte, Staatsanwaltschaften und Gerichtsschreiber können wegen Erteilung eines Auftrags an einen Gerichtsvollzieher die Mitwirkung des Gerichtsschreibers des Amtsgerichts in Anspruch nehmen, in dessen Bezirke der Auftrag ausgeführt werden soll. Der von dem Gerichtsschreiber beauftragte Gerichtsvollzieher gilt als unmittelbar beauftragt.

§. 163.

Eine Freiheitsstrafe, welche die Dauer von sechs Wochen nicht übersteigt, ist in demjenigen Bundesstaate zu vollstrecken, in welchem der Verurteilte sich befindet.

§. 164.

Soll eine Freiheitsstrafe in dem Bezirke eines anderen Gerichts vollstreckt oder ein in dem Bezirke eines anderen Gerichts befindlicher Verurteilter zum Zwecke der Strafverbüßung ergriffen und abgeliefert werden, so ist die Staatsanwaltschaft bei dem Landgerichte des Bezirks um die Ausführung zu ersuchen.

§. 165.

Im Falle der Rechtshilfe unter den Behörden verschiedener Bundesstaaten sind die baren Auslagen, welche durch eine Ablieferung oder Strafvollstreckung entstehen, der ersuchten Behörde von der ersuchenden zu erstatten.

Im übrigen werden Kosten der Rechtshilfe von der ersuchenden Behörde nicht erstattet.

Ist eine zahlungspflichtige Partei vorhanden, so sind die Kosten von derselben durch die ersuchende Behörde einzuziehen und der eingezogene Betrag der ersuchten Behörde zu übersenden.

Stempel-, Einregistrierungsgebühren oder andere öffentliche Abgaben, welchen die von der ersuchenden Behörde übersendeten Schriftstücke (Urkunden, Protokolle) nach dem Rechte der ersuchten Behörde unterliegen, bleiben außer Ansatz.

§. 166.

Für die Höhe der den geladenen Zeugen und Sachverständigen gebührenden Beträge sind die Bestimmungen maßgebend, welche bei dem Gerichte gelten, vor welches die Ladung erfolgt.

Sind die Beträge nach dem Rechte des Aufenthaltsorts der geladenen Personen höher, so können die höheren Beträge gefordert werden.

Bei weiterer Entfernung des Aufenthaltsorts der geladenen Personen ist denselben auf Antrag ein Vorschuß zu bewilligen.

§. 167.

Ein Gericht darf Amtshandlungen außerhalb seines Bezirks ohne Zustimmung des Amtsgerichts des Orts nur vornehmen, wenn Gefahr im Verzuge obwaltet. In diesem Falle ist dem Amtsgerichte des Orts Anzeige zu machen.

§. 168.

Die Sicherheitsbeamten eines Bundesstaates sind ermächtigt, die Verfolgung eines Flüchtigen auf das Gebiet eines anderen Bundesstaates fortzusetzen und den Flüchtigen daselbst zu ergreifen.

Der Ergriffene ist unverzüglich an das nächste Gericht oder die nächste Polizeibehörde des Bundesstaates, in welchem er ergriffen wurde, abzuführen.

§. 169.

Die in einem Bundesstaate bestehenden Vorschriften über die Mitteilung von Akten einer öffentlichen Behörde an ein Gericht dieses Bundesstaates kommen auch dann zur Anwendung, wenn das ersuchende Gericht einem anderen Bundesstaate angehört.

Vierzehnter Titel.

Öffentlichkeit und Sitzungspolizei.

§. 170.

Die Verhandlung vor dem erkennenden Gerichte, einschließlich der Verkündung der Urteile und Beschlüsse desselben, erfolgt öffentlich.

. . . .

§. 173.

In allen Sachen kann durch das Gericht für die Verhandlung oder für einen Teil derselben die Öffentlichkeit ausgeschlossen werden, wenn sie eine Gefährdung der öffentlichen Ordnung, insbesondere der Staatssicherheit, oder eine Gefährdung der Sittlichkeit besorgen läßt.

§. 174.

Die Verkündung des Urteils erfolgt in jedem Falle öffentlich.

Durch einen besonderen Beschluß des Gerichts kann für die Verkündung der Urteilsgründe oder eines Teiles derselben die Öffentlichkeit ausgeschlossen werden, wenn sie eine Gefährdung der Staatssicherheit oder eine Gefährdung der Sittlichkeit besorgen läßt.

§. 175.

Die Verhandlung über die Ausschließung der Öffentlichkeit findet in nicht öffentlicher Sitzung statt, wenn ein Beteiligter es beantragt oder das Gericht es für angemessen erachtet. Der Beschluß, welcher die Öffentlichkeit ausschließt, muß öffentlich verkündet werden. Bei der Verkündung ist anzugeben, ob die Ausschließnng wegen Gefährdung der öffentlichen Ordnung, insbesondere wegen Gefährdung der Staatssicherheit, oder ob sie wegen Gefährdung der Sittlichkeit erfolgt.

Ist die Öffentlichkeit wegen Gefährdung der Staatssicherheit ausgeschlossen, so kann das Gericht den anwesenden Personen die Geheimhaltung von Tatsachen, welche durch die Verhandlung, durch die Anklageschrift oder durch andere amtliche Schriftstücke des Prozesses zu ihrer Kenntnis gelangen, zur Pflicht machen. Der Beschluß ist in das Sitzungsprotokoll aufzunehmen. Gegen denselben findet Beschwerde statt. Die Beschwerde hat keine aufschiebende Wirkung.

§. 176.

Der Zutritt zu öffentlichen Verhandlungen kann unerwachsenen und solchen Personen versagt werden, welche sich nicht im Besitze der bürgerlichen Ehrenrechte befinden, oder welche in einer der Würde des Gerichts nicht entsprechenden Weise erscheinen.

Zu nicht öffentlichen Verhandlungen kann der Zutritt einzelnen Personen vom Gerichte gestattet werden. Einer Anhörung der Beteiligten bedarf es nicht.

Die Ausschließung der Öffentlichkeit steht der Anwesenheit der die Dienstaufsicht führenden Beamten der Justizverwaltung bei den Verhandlungen vor dem erkennenden Gerichte nicht entgegen.

§. 177.

Die Aufrechthaltung der Ordnung in der Sitzung liegt dem Vorsitzenden ob.

zu §. 173:

Außer den im §. 173 bezeichneten Fällen soll die Öffentlichkeit ausgeschlossen werden können: (38)

a) im Verfahren wegen Beleidigung auf Antrag eines Prozeßbeteiligten, jedoch, falls öffentliche Klage erhoben ist, nur wenn die anderen Beteiligten nicht widersprechen;

b) im Verfahren gegen Personen, die das achtzehnte Lebensjahr nicht vollendet haben, auf Antrag eines Prozeßbeteiligten, falls die anderen Beteiligten nicht widersprechen.

Prot. I 368 flg., 373 flg. II 235 flg., 239 flg.

zu §. 174:

Es soll durch das Gesetz außer Zweifel gestellt werden, daß es im Falle des §. 174 Abs. 2 einer besonderen Verhandlung nicht bedarf, wenn über die Ausschließung der Öffentlichkeit bereits verhandelt worden ist. (39)

Prot. II 242.

zu §. 175:

In den im Beschl. Nr. 38 bezeichneten Fällen soll bei der Verkündung des Beschlusses, welcher die Öffentlichkeit ausschließt, die Angabe weiterer Gründe für die Ausschließung nicht erforderlich sein, vielmehr die Bezugnahme auf die gesetzliche Bestimmung genügen. (40)

Prot. I 375 flg. II 241.

§. 178.

Parteien, Beschuldigte, Zeugen, Sachverständige oder bei der Verhandlung nicht beteiligte Personen, welche den zur Aufrechthaltung der Ordnung erlassenen Befehlen nicht gehorchen, können auf Beschluß des Gerichts aus dem Sitzungszimmer entfernt, auch zur Haft abgeführt und während einer in dem Beschlusse zu bestimmenden Zeit, welche vierundzwanzig Stunden nicht übersteigen darf, festgehalten werden.

§. 179.

Das Gericht kann gegen Parteien, Beschuldigte, Zeugen, Sachverständige oder bei der Verhandlung nicht beteiligte Personen, welche sich in der Sitzung einer Ungebühr schuldig machen, vorbehaltlich der strafgerichtlichen Verfolgung, eine Ordnungsstrafe bis zu einhundert Mark oder bis zu drei Tagen Haft festsetzen und sofort vollstrecken lassen.

§. 180.

Das Gericht kann gegen einen bei der Verhandlung beteiligten Rechtsanwalt oder Verteidiger, der sich in der Sitzung einer Ungebühr schuldig macht, vorbehaltlich der strafgerichtlichen oder disziplinaren Verfolgung, eine Ordnungsstrafe bis zu einhundert Mark festsetzen.

§. 181.

Die Vollstreckung der vorstehend bezeichneten Ordnungsstrafen hat der Vorsitzende unmittelbar zu veranlassen.

§. 182.

Die in den §§. 177—181 bezeichneten Befugnisse stehen auch einem einzelnen Richter bei der Vornahme von Amtshandlungen außerhalb der Sitzung zu.

§. 183.

Ist in den Fällen der §§. 179, 180, 182 eine Ordnungsstrafe festgesetzt, so findet binnen der Frist von einer Woche nach der Bekanntmachung der Entscheidung Beschwerde statt, sofern die Entscheidung nicht von dem Reichsgerichte oder einem Oberlandesgerichte getroffen ist.

Die Beschwerde hat in dem Falle des §. 179 keine aufschiebende Wirkung, in den Fällen des §. 180 und des §. 182 aufschiebende Wirkung.

Über die Beschwerde entscheidet das Oberlandesgericht.

§. 184.

Ist eine Ordnungsstrafe wegen Ungebühr festgesetzt, oder eine Person zur Haft abgeführt, oder eine bei der Verhandlung beteiligte Person entfernt worden, so ist der Beschluß des Gerichts und dessen Veranlassung in das Protokoll aufzunehmen.

§. 185.

Wird eine strafbare Handlung in der Sitzung begangen, so hat das Gericht den Tatbestand festzustellen und der zuständigen Behörde das darüber aufgenommene Protokoll mitzuteilen. In geeigneten Fällen ist die vorläufige Festnahme des Täters zu verfügen.

Fünfzehnter Titel.
Gerichtssprache.

§. 186.

Die Gerichtssprache ist die deutsche.

§. 187.

Wird unter Beteiligung von Personen verhandelt, welche der deutschen Sprache nicht mächtig sind, so ist ein Dolmetscher zuzuziehen. Die Führung eines Nebenprotokolls in der fremden Sprache findet nicht statt; jedoch sollen Aussagen und Erklärungen in fremder Sprache, wenn und soweit der Richter dies mit Rücksicht auf die Wichtigkeit der Sache für erforderlich erachtet, auch in der fremden Sprache in das Protokoll oder in eine Anlage niedergeschrieben werden. In den dazu geeigneten Fällen soll dem Protokolle eine durch den Dolmetscher zu beglaubigende Übersetzung beigefügt werden.

Die Zuziehung eines Dolmetschers kann unterbleiben, wenn die beteiligten Personen sämtlich der fremden Sprache mächtig sind.

§. 188.

Zur Verhandlung mit tauben oder stummen Personen ist, sofern nicht eine schriftliche Verständigung erfolgt, eine Person als Dolmetscher zuzuziehen, mit deren Hilfe die Verständigung in anderer Weise erfolgen kann.

§. 189.

Ob einer Partei, welche taub ist, bei der mündlichen Verhandlung der Vortrag zu gestatten sei, bleibt dem Ermessen des Gerichts überlassen.

Dasselbe gilt in Anwaltsprozessen von einer Partei, die der deutschen Sprache nicht mächtig ist.

§. 190.

Personen, welche der deutschen Sprache nicht mächtig sind, leisten Eide in der ihnen geläufigen Sprache.

§. 191.

Der Dolmetscher hat einen Eid dahin zu leisten:

daß er treu und gewissenhaft übertragen werde.

Ist der Dolmetscher für Übertragungen der betreffenden Art im allgemeinen beeidigt, so genügt die Berufung auf den geleisteten Eid.

§. 192.

Der Dienst des Dolmetschers kann von dem Gerichtsschreiber wahrgenommen werden. Einer besonderen Beeidigung bedarf es nicht.

§. 193.

Auf den Dolmetscher finden die Bestimmungen über Ausschließung und Ablehnung der Sachverständigen entsprechende Anwendung. Die Entscheidung erfolgt durch das Gericht oder den Richter, von welchem der Dolmetscher zugezogen ist.

Sechzehnter Titel.

Beratung und Abstimmung.

§. 194.

Bei Entscheidungen dürfen Richter nur in der gesetzlich bestimmten Anzahl mitwirken.

Bei Verhandlungen von längerer Dauer kann der Vorsitzende die Zuziehung von Ergänzungsrichtern anordnen, welche der Verhandlung beizuwohnen und im Falle der Verhinderung eines Richters für denselben einzutreten haben.

Die vorstehenden Bestimmungen finden auch auf Schöffen und Geschworene Anwendung.

§. 195.

Bei der Beratung und Abstimmung dürfen außer den zur Entscheidung berufenen Richtern nur die bei demselben Gerichte zu ihrer juristischen Ausbildung beschäftigten Personen zugegen sein, soweit der Vorsitzende deren Anwesenheit gestattet.

§. 196.

Der Vorsitzende leitet die Beratung, stellt die Fragen und sammelt die Stimmen.

Meinungsverschiedenheiten über den Gegenstand, die Fassung und die Reihenfolge der Fragen oder über das Ergebnis der Abstimmung entscheidet das Gericht.

§. 197.

Kein Richter, Schöffe oder Geschworener darf die Abstimmung über eine Frage verweigern, weil er bei der Abstimmung über eine vorhergegangene Frage in der Minderheit geblieben ist.

§. 198.

Die Entscheidungen erfolgen, soweit das Gesetz nicht ein anderes bestimmt, nach der absoluten Mehrheit der Stimmen.

Bilden sich in Beziehung auf Summen, über welche zu entscheiden ist, mehr als zwei Meinungen, deren keine die Mehrheit für sich hat, so werden die für die größte Summe abgegebenen Stimmen den für die zunächst geringere abgegebenen so lange hinzugerechnet, bis sich eine Mehrheit ergibt.

Bilden sich in einer Strafsache, von der Schuldfrage abgesehen, mehr als zwei Meinungen, deren keine die Mehrheit für sich hat, so werden die dem Beschuldigten nachteiligsten Stimmen den zunächst minder nachteiligen so lange hinzugerechnet, bis sich eine Mehrheit ergibt.

§. 199.

Die Reihenfolge bei der Abstimmung richtet sich nach dem Dienstalter, bei den Schöffengerichten und den Kammern für Handelssachen nach dem Lebensalter; der jüngste stimmt zuerst, der Vorsitzende zuletzt. Wenn ein Berichterstatter ernannt ist, so gibt dieser seine Stimme zuerst ab.

Bei der Abstimmung der Geschworenen richtet sich die Reihenfolge nach der Auslosung. Der Obmann stimmt zuletzt.

zu §. 199:

Für die Reihenfolge bei der Abstimmung soll in Ergänzung der Vorschrift des §. 199 Abs. 1 vorgeschrieben werden, daß bei den Schöffengerichten die Schöffen vor den richterlichen Mitgliedern ihre Stimme abgeben. (41)

Prot. II 19.

§. 200.

Schöffen und Geschworene sind verpflichtet, über den Hergang bei der Beratung und Abstimmung Stillschweigen zu beobachten.

Siebzehnter Titel.

Gerichtsferien.

§. 201.

Die Gerichtsferien beginnen am 15. Juli und endigen am 15. September.

§. 202.

Während der Ferien werden nur in Feriensachen Termine abgehalten und Entscheidungen erlassen.

Feriensachen sind:

1. Strafsachen;

. . . .

§. 203.

Zur Erledigung der Feriensachen können bei den Landgerichten Ferienkammern, bei den Oberlandesgerichten und dem Reichsgerichte Feriensenate gebildet werden.

Strafprozeßordnung.

Erstes Buch.
Allgemeine Bestimmungen.

Erster Abschnitt.
Sachliche Zuständigkeit der Gerichte.

§. 1.

Die sachliche Zuständigkeit der Gerichte wird durch das Gesetz über die Gerichtsverfassung bestimmt.

§. 2.

Zusammenhängende Strafsachen, welche einzeln zur Zuständigkeit von Gerichten verschiedener Ordnung gehören würden, können verbunden bei demjenigen Gericht anhängig gemacht werden, welchem die höhere Zuständigkeit beiwohnt.

Aus Gründen der Zweckmäßigkeit kann durch Beschluß dieses Gerichts die Trennung der verbundenen Strafsachen angeordnet werden.

§. 3.

Ein Zusammenhang ist vorhanden, wenn eine Person mehrerer strafbarer Handlungen beschuldigt wird, oder wenn bei einer strafbaren Handlung mehrere Personen als Täter, Teilnehmer, Begünstiger oder Hehler beschuldigt werden.

§. 4.

Eine Verbindung zusammenhängender oder eine Trennung verbundener Strafsachen kann auch nach Eröffnung der Untersuchung auf Antrag der Staatsanwaltschaft oder des Angeschuldigten oder von Amtswegen durch gerichtlichen Beschluß angeordnet werden.

Zuständig für den Beschluß ist dasjenige Gericht, zu dessen Bezirk die übrigen Gerichte gehören. In Ermangelung eines hiernach zuständigen Gerichts erfolgt die Beschlußfassung durch das gemeinschaftliche obere Gericht.

§. 5.

Für die Dauer der Verbindung ist der Straffall, welcher zur Zuständigkeit des Gerichts höherer Ordnung gehört, für das Verfahren maßgebend.

§. 6.

Das Gericht hat seine sachliche Zuständigkeit in jeder Lage des Verfahrens von Amtswegen zu prüfen.

Zweiter Abschnitt.

Gerichtsstand.

§. 7.

Der Gerichtsstand ist bei demjenigen Gerichte begründet, in dessen Bezirk die strafbare Handlung begangen ist.

Wird der Tatbestand der strafbaren Handlung durch den Inhalt einer im Inland erschienenen Druckschrift begründet, so ist als das nach Abs. 1 zuständige Gericht nur dasjenige Gericht anzusehen, in dessen Bezirk die Druckschrift erschienen ist. Jedoch ist in den Fällen der Beleidigung, sofern die Verfolgung im Wege der Privatklage stattfindet, auch das Gericht, in dessen Bezirk die Druckschrift verbreitet worden ist, zuständig, wenn in diesem Bezirk die beleidigte Person ihren Wohnsitz oder gewöhnlichen Aufenthalt hat.

§. 8.

Der Gerichtsstand ist auch bei demjenigen Gerichte begründet, in dessen Bezirk der Angeschuldigte zur Zeit der Erhebung der Klage seinen Wohnsitz hat.

Hat der Angeschuldigte einen Wohnsitz im Deutschen Reich nicht, so wird der Gerichtsstand auch durch den gewöhnlichen Aufenthaltsort und, wenn ein solcher nicht bekannt ist, durch den letzten Wohnsitz bestimmt.

§. 9.

Wenn die strafbare Handlung im Auslande begangen und ein Gerichtsstand in Gemäßheit des §. 8 nicht begründet ist, so ist dasjenige Gericht zuständig, in dessen Bezirk die Ergreifung erfolgt. Hat eine Ergreifung nicht stattgefunden, so wird das zuständige Gericht vom Reichsgericht bestimmt.

Gleiches gilt, wenn eine strafbare Handlung im Inlande begangen ist, jedoch weder der Gerichtsstand der begangenen Tat noch der Gerichtsstand des Wohnsitzes ermittelt ist.

§. 10.

Ist die strafbare Handlung auf einem deutschen Schiffe im Ausland oder in offener See begangen, so ist dasjenige Gericht zuständig, in dessen Bezirk der Heimatshafen oder derjenige deutsche Hafen liegt, welchen das Schiff nach der Tat zuerst erreicht.

§. 11.

Deutsche, welche das Recht der Exterritorialität genießen, sowie die im Ausland angestellten Beamten des Reichs oder eines Bundesstaates behalten in Ansehung des Gerichtsstandes den Wohnsitz, welchen sie in dem Heimatsstaate hatten. In Ermangelung eines solchen Wohnsitzes gilt die Hauptstadt des Heimatstaats als ihr Wohnsitz; ist die Hauptstadt in mehrere Gerichtsbezirke geteilt, so wird der als Wohnsitz geltende Bezirk von der Landesjustizverwaltung

zu §. 8.

Dem Wohnsitze soll der gewöhnliche Aufenthaltsort gleichgestellt werden. (42)
Prot. I 14. II 199.

Demgemäß wird, wenn der Wohnsitz und der gewöhnliche Aufenthaltsort in den Bezirken verschiedener Gerichte liegen, der Gerichtsstand künftig bei beiden begründet sein. Ferner wird, wenn der Angeschuldigte im Deutschen Reiche keinen Wohnsitz hat und auch sein gewöhnlicher Aufenthaltsort nicht bekannt ist, der Gerichtsstand künftig durch den letzten Wohnsitz oder durch den letzten gewöhnlichen Aufenthalt bestimmt.
Prot. I 14. II 199.

zu §. 9:

Im Falle einer Ergreifung soll der Gerichtsstand stets auch bei demjenigen (43)
Gerichte begründet sein, in dessen Bezirke der Beschuldigte ergriffen worden ist.
Prot. I 10 flg. II 199 flg.

Vorstehendem Beschluß und dem Beschl. Nr. 42 gemäß ist das zuständige Gericht vom Reichsgerichte künftig nur dann zu bestimmen, wenn der Ort, an welchem die strafbare Handlung begangen ist, im Auslande gelegen oder nicht ermittelt und weder der Gerichtsstand des Wohnsitzes oder gewöhnlichen Aufenthaltsorts noch der Gerichtsstand der Ergreifung begründet ist.

durch allgemeine Anordnung bestimmt. Gehört ein Deutscher einem Bundesstaate nicht an, so gilt als sein Wohnsitz die Stadt Berlin; ist die Stadt Berlin in mehrere Gerichtsbezirke geteilt, so wird der als Wohnsitz geltende Bezirk von dem Reichskanzler durch allgemeine Anordnung bestimmt.

Auf Wahlkonsuln finden diese Bestimmungen keine Anwendung.

§. 12.

Unter mehreren nach den Vorschriften der §§. 7—11 zuständigen Gerichten gebührt demjenigen der Vorzug, welches die Untersuchung zuerst eröffnet hat.

Jedoch kann die Untersuchung und Entscheidung einem anderen der zuständigen Gerichte durch das gemeinschaftliche obere Gericht übertragen werden.

§. 13.

Für zusammenhängende Strafsachen, welche einzeln nach den Vorschriften der §§. 7—11 zur Zuständigkeit verschiedener Gerichte gehören würden, ist ein Gerichtsstand bei jedem Gerichte begründet, welches für eine derselben zuständig ist.

Sind mehrere zusammenhängende Strafsachen bei verschiedenen Gerichten anhängig gemacht worden, so können dieselben sämtlich oder zum Teil durch eine den Anträgen der Staatsanwaltschaft entsprechende Vereinbarung dieser Gerichte bei einem unter ihnen verbunden werden. Kommt eine solche Vereinbarung nicht zu Stande, so entscheidet, wenn die Staatsanwaltschaft oder ein Angeschuldigter hierauf anträgt, das gemeinschaftliche obere Gericht darüber, ob und bei welchem der Gerichte die Verbindung einzutreten habe.

In gleicher Weise kann die Verbindung wieder aufgehoben werden.

§. 14.

Besteht zwischen mehreren Gerichten Streit über die Zuständigkeit, so bestimmt das gemeinschaftliche obere Gericht dasjenige Gericht, welches sich der Untersuchung und Entscheidung zu unterziehen hat.

§. 15.

Ist das an sich zuständige Gericht in einem einzelnen Falle an der Ausübung des Richteramts rechtlich oder tatsächlich verhindert, oder ist von der Verhandlung vor diesem Gerichte eine Gefährdung der öffentlichen Sicherheit zu besorgen, so hat das zunächst obere Gericht die Untersuchung und Entscheidung dem gleichstehenden Gericht eines anderen Bezirks zu übertragen.

§. 16.

Der Angeschuldigte muß den Einwand der Unzuständigkeit bei Verlust desselben bis zum Schlusse der Voruntersuchung, falls aber eine solche nicht stattgefunden hat, in der Hauptverhandlung bis zur Verlesung des Beschlusses über die Eröffnung des Hauptverfahrens geltend machen.

zu §. 12:

Außer dem im §. 12 Abs. 2 vorgesehenen Falle soll auch das auf Grund einer Ergreifung zuständige Gericht befugt sein, auf Antrag der Staatsanwaltschaft, des Privatklägers oder des Angeschuldigten die Untersuchung und Entscheidung nach freiem Ermessen an ein anderes der zuständigen Gerichte zu verweisen. Der Antrag muß in diesem Falle spätestens in der Hauptverhandlung vor dem Beginne der Beweisaufnahme gestellt werden; die Entscheidung des Gerichts unterliegt keiner Anfechtung. (44)

Prot. I 10 flg. II 199 flg.

zu §. 16.

Für den Fall, daß eine Voruntersuchung nicht stattgefunden hat, soll bestimmt werden, daß der Angeschuldigte den Einwand der Unzuständigkeit spätestens in der Hauptverhandlung vor dem Beginne der Beweisaufnahme geltend machen muß. (45)

Prot. I 14. II 200.

§. 17.

Durch eine Entscheidung, welche die Zuständigkeit für die Voruntersuchung feststellt, wird die Zuständigkeit auch für das Hauptverfahren festgestellt.

§. 18.

Nach Eröffnung des Hauptverfahrens darf das Gericht seine Unzuständigkeit nur auf Einwand des Angeklagten aussprechen.

§. 19.

Haben mehrere Gerichte, von denen eines das zuständige ist, durch Entscheidungen, welche nicht mehr anfechtbar sind, ihre Unzuständigkeit ausgesprochen, so bezeichnet das gemeinschaftliche obere Gericht das zuständige Gericht.

§. 20.

Die einzelnen Untersuchungshandlungen eines unzuständigen Gerichts sind nicht schon dieser Unzuständigkeit wegen ungültig.

§. 21.

Ein unzuständiges Gericht hat sich denjenigen innerhalb seines Bezirks vorzunehmenden Untersuchungshandlungen zu unterziehen, in Ansehung deren Gefahr im Verzug obwaltet.

Dritter Abschnitt.

Ausschließung und Ablehnung der Gerichtspersonen.

§. 22.

Ein Richter ist von der Ausübung des Richteramts kraft Gesetzes ausgeschlossen:

1. wenn er selbst durch die strafbare Handlung verletzt ist;
2. wenn er Ehemann oder Vormund der beschuldigten oder der verletzten Person ist oder gewesen ist;
3. wenn er mit dem Beschuldigten oder mit dem Verletzten in gerader Linie verwandt, verschwägert oder durch Adoption verbunden, in der Seitenlinie bis zum dritten Grade verwandt oder bis zum zweiten Grade verschwägert ist, auch wenn die Ehe, durch welche die Schwägerschaft begründet ist, nicht mehr besteht;
4. wenn er in der Sache als Beamter der Staatsanwaltschaft, als Polizeibeamter, als Anwalt des Verletzten oder als Verteidiger tätig gewesen ist;
5. wenn er in der Sache als Zeuge oder Sachverständiger vernommen ist.

§. 23.

Ein Richter, welcher bei einer durch ein Rechtsmittel angefochtenen Entscheidung mitgewirkt hat, ist von der Mitwirkung bei der Entscheidung in höherer Instanz kraft Gesetzes ausgeschlossen.

Der Untersuchungsrichter darf in denjenigen Sachen, in welchen er die Voruntersuchung geführt hat, nicht Mitglied des erkennenden Gerichts sein, auch

zu §. 23:

Es soll bestimmt werden, daß an dem Hauptverfahren vor den am Landgerichte gebildeten Schöffengerichten nicht mehr als zwei von denjenigen Richtern teilnehmen dürfen, welche bei der Entscheidung, ob Hauptverhandlung stattfinden solle, mitgewirkt haben, daß dagegen der Richter, welcher als Berichterstatter mitgewirkt hatte, am Hauptverfahren teilnehmen darf. (46)

Prot. I 491 flg. II 109.

nicht bei einer außerhalb der Hauptverhandlung erfolgenden Entscheidung der Strafkammer mitwirken.

An dem Hauptverfahren vor der Strafkammer dürfen mehr als zwei von denjenigen Richtern, welche bei der Entscheidung über die Eröffnung des Hauptverfahrens mitgewirkt haben, und namentlich der Richter, welcher Bericht über den Antrag der Staatsanwaltschaft erstattet hatte, nicht teilnehmen.

§. 24.

Ein Richter kann sowohl in den Fällen, in denen er von der Ausübung des Richteramts kraft Gesetzes ausgeschlossen ist, als auch wegen Besorgnis der Befangenheit abgelehnt werden.

Wegen Besorgnis der Befangenheit findet die Ablehnung statt, wenn ein Grund vorliegt, welcher geeignet ist, Mißtrauen gegen die Unparteilichkeit eines Richters zu rechtfertigen.

Das Ablehnungsrecht steht der Staatsanwaltschaft, dem Privatkläger und dem Beschuldigten zu. Den zur Ablehnung Berechtigten sind auf Verlangen die zur Mitwirkung bei der Entscheidung berufenen Gerichtspersonen namhaft zu machen.

§. 25.

Die Ablehnung eines Richters wegen Besorgnis der Befangenheit ist in der Hauptverhandlung erster Instanz nur bis zur Verlesung des Beschlusses über die Eröffnung des Hauptverfahrens, in der Hauptverhandlung über die Berufung und die Revision nur bis zum Beginne der Berichterstattung zulässig.

§. 26.

Das Ablehnungsgesuch ist bei dem Gerichte, welchem der Richter angehört, anzubringen; es kann vor dem Gerichtsschreiber zu Protokoll erklärt werden.

Der Ablehnungsgrund ist glaubhaft zu machen; der Eid ist als Mittel der Glaubhaftmachung ausgeschlossen. Zur Glaubhaftmachung kann auf das Zeugnis des abgelehnten Richters Bezug genommen werden.

Der abgelehnte Richter hat sich über den Ablehnungsgrund dienstlich zu äußern.

§. 27.

Über das Ablehnungsgesuch entscheidet das Gericht, welchem der Abgelehnte angehört; wenn dasselbe durch Ausscheiden des abgelehnten Mitglieds beschlußunfähig wird, das zunächst obere Gericht.

Wird ein Untersuchungsrichter oder ein Amtsrichter abgelehnt, so entscheidet das Landgericht. Einer Entscheidung bedarf es nicht, wenn der Abgelehnte das Ablehnungsgesuch für begründet hält.

zu §§. 25 bis 27:

Entsprechend den Beschl. Nr. 44, 45, 219 wird die Ablehnung eines Richters wegen Besorgnis der Befangenheit künftig in erster Instanz und in der Berufungsinstanz spätestens in der Hauptverhandlung vor dem Beginne der Beweisaufnahme, dagegen in der Revisionsinstanz spätestens in der Hauptverhandlung vor dem Beginne der Berichterstattung anzubringen sein.

Es soll bestimmt werden, daß das Ablehnungsgesuch, wenn es verspätet oder nicht unter Angabe und Glaubhaftmachung des Ablehnungsgrundes angebracht ist, als unzulässig zu verwerfen ist. Ferner soll bestimmt werden, daß es durch einstimmigen Beschluß als unzulässig verworfen werden kann, wenn es offenbar nur in der Absicht, das Verfahren zu verschleppen, angebracht ist. Über die Zulässigkeit des Gesuchs sollen die richterlichen Mitglieder des Gerichts entscheiden, dem der abgelehnte Richter angehört, ohne daß ein Ausscheiden des letzteren erforderlich ist; der Untersuchungsrichter oder der Amtsrichter soll entscheiden, wenn das Gesuch gegen sie gerichtet ist. (47)

Die Vorschriften des §. 26 Abs. 3 und des §. 27 finden demgemäß nur noch Anwendung, wenn das Ablehnungsgesuch nicht als unzulässig verworfen worden ist.

Prot. I 15 flg. II 200 flg.

zu §. 27.

An der Entscheidung über das Ablehnungsgesuch sollen die Schöffen nicht teilnehmen. (48)

Prot. I 400 flg., II 18 flg.

Gemäß Beschl. Nr. 12 bis 14 entscheiden künftig über die Ablehnung eines Amtsrichters: die richterlichen Mitglieder des mittleren Schöffengerichts, und über die Ablehnung eines Untersuchungsrichters: die richterlichen Mitglieder des mittleren bezw. großen Schöffengerichts.

§. 28.

Gegen den Beschluß, durch welchen das Ablehnungsgesuch für begründet erklärt wird, findet kein Rechtsmittel, gegen den Beschluß, durch welchen das Gesuch für unbegründet erklärt wird, findet sofortige Beschwerde statt.

Der Beschluß, durch welchen ein gegen einen erkennenden Richter angebrachtes Ablehnungsgesuch für unbegründet erklärt wird, kann nicht für sich allein, sondern nur mit dem Urteil angefochten werden.

§. 29.

Ein abgelehnter Richter hat vor Erledigung des Ablehnungsgesuchs nur solche Handlungen vorzunehmen, welche keinen Aufschub gestatten.

§. 30.

Das für die Erledigung eines Ablehnungsgesuchs zuständige Gericht hat auch dann zu entscheiden, wenn ein solches Gesuch nicht angebracht ist, ein Richter aber von einem Verhältnisse Anzeige macht, welches seine Ablehnung rechtfertigen könnte, oder wenn aus anderer Veranlassung Zweifel darüber entstehen, ob ein Richter kraft Gesetzes ausgeschlossen sei.

§. 31.

Die Bestimmungen dieses Abschnitts finden auf Schöffen und Gerichtsschreiber entsprechende Anwendung.

Die Entscheidung über eine Ausschließung oder Ablehnung von Schöffen erfolgt durch den Amtsrichter. Über die Ausschließung oder Ablehnung eines Gerichtsschreibers entscheidet das Gericht oder der Richter, welchem derselbe beigegeben ist.

§. 32.

Die Bestimmungen des §. 22 finden auf Geschworene Anwendung.

Es soll eine Bestimmung in das Gesetz aufgenommen werden, wonach es, falls das ein richterliches Mitglied des erkennenden Gerichts betreffende Ablehnungsgesuch erst in der Hauptverhandlung oder so kurz vor derselben angebracht wird, daß bis zu deren Beginn eine Beschlußfassung nicht bewirkt werden kann, einer weiteren Entscheidung nicht bedarf, wenn der abgelehnte Richter das Gesuch dienstlich für unbegründet erklärt und dies von keinem der richterlichen Mitglieder des Gerichts beanstandet wird. Die dienstliche Äußerung des Abgelehnten und die Nichtbeanstandung sollen aktenkundig gemacht werden müssen. Diese Bestimmungen sollen auf den erkennenden Amtsrichter entsprechende Anwendung finden. (49)

Macht der Antragsteller glaubhaft, daß ihm mit Rücksicht auf die Zeit, zu der er von dem Ablehnungsgrunde oder der Person des Richters Kenntnis erhielt, die frühere Anbringung des Gesuchs nicht möglich war, so sollen die vorstehenden Bestimmungen keine Anwendung finden.

Prot. II 202 flg.

zu §. 28:

Gemäß Beschl. Nr. 47 findet die sofortige Beschwerde künftig auch gegen den Beschluß statt, durch welchen ein Ablehnungsgesuch als unzulässig verworfen wird.

zu §. 31:

An der Entscheidung über die Ausschließung oder Ablehnung eines Schöffen oder des einem Schöffengerichte beigegebenen Gerichtsschreibers sollen die Schöffen nicht teilnehmen. (50)

Prot. I 400 flg. II 18 flg.

Vierter Abschnitt.

Gerichtliche Entscheidungen und deren Bekanntmachung.

§. 33.

Die Entscheidungen des Gerichts werden, wenn sie im Laufe einer Hauptverhandlung ergehen, nach Anhörung der Beteiligten, wenn sie außerhalb einer Hauptverhandlung ergehen, nach erfolgter schriftlicher oder mündlicher Erklärung der Staatsanwaltschaft erlassen.

§. 34.

Die durch ein Rechtsmittel anfechtbaren Entscheidungen sowie diejenigen, durch welche ein Antrag abgelehnt wird, sind mit Gründen zu versehen.

§. 35.

Entscheidungen, welche in Anwesenheit der davon betroffenen Person ergehen, werden derselben durch Verkündung bekannt gemacht. Auf Verlangen ist ihr eine Abschrift zu erteilen.

Die Bekanntmachung anderer Entscheidungen erfolgt durch Zustellung.

Dem nicht auf freiem Fuße Befindlichen ist das zugestellte Schriftstück auf Verlangen vorzulesen.

§. 36.

Entscheidungen, die einer Zustellung oder Vollstreckung bedürfen, sind der Staatsanwaltschaft zu übergeben, welche das Erforderliche zu veranlassen hat. Auf Entscheidungen, die lediglich den inneren Dienst der Gerichte oder die Ordnung in den Sitzungen betreffen, findet diese Bestimmung keine Anwendung.

Der Untersuchungsrichter und der Amtsrichter können Zustellungen aller Art sowie die Vollstreckung von Beschlüssen und Verfügungen unmittelbar veranlassen.

§. 37.

Auf das Verfahren bei Zustellungen finden die Vorschriften der Zivilprozeßordnung über Zustellungen entsprechende Anwendung.

§. 38.

Die bei dem Strafverfahren beteiligten Personen, denen die Befugnis beigelegt ist, Zeugen und Sachverständige unmittelbar zu laden, haben mit der Zustellung der Ladung den Gerichtsvollzieher zu beauftragen.

§. 39.

Für das die öffentliche Klage vorbereitende Verfahren, für die Voruntersuchung und für das Verfahren bei der Strafvollstreckung können durch Anordnung der Landesjustizverwaltung einfachere Formen für den Nachweis der Zustellung zugelassen werden.

§. 40.

Kann eine Zustellung an einen Beschuldigten, welchem eine Ladung zur Hauptverhandlung noch nicht zugestellt war, nicht in der vorgeschriebenen Weise im Deutschen Reich bewirkt werden, und erscheint die Befolgung der für Zustellungen im Auslande bestehenden Vorschriften unausführbar oder voraus-

sichtlich erfolglos, so gilt die Zustellung als erfolgt, wenn der Inhalt des zuzustellenden Schriftstücks durch ein deutsches oder ausländisches Blatt bekannt gemacht worden ist und seit dem Erscheinen dieses Blattes zwei Wochen verflossen sind. Die Auswahl des Blattes steht dem die Zustellung veranlassenden Beamten zu.

War die Ladung zur Hauptverhandlung dem Angeklagten schon vorher zugestellt, so gilt eine weitere Zustellung an denselben, wenn sie nicht in der vorgeschriebenen Weise im Deutschen Reich bewirkt werden kann, als erfolgt, sobald das zuzustellende Schriftstück zwei Wochen an der Gerichtstafel des Gerichts erster Instanz angeheftet gewesen ist. Von Urteilen und Beschlüssen wird nur der entscheidende Teil angeheftet.

§. 41.

Zustellungen an die Staatsanwaltschaft erfolgen durch Vorlegung der Urschrift des zuzustellenden Schriftstücks. Wenn mit der Zustellung der Lauf einer Frist beginnt, so ist der Tag der Vorlegung von der Staatsanwaltschaft auf der Urschrift zu vermerken.

Fünfter Abschnitt.

Fristen und Wiedereinsetzung in den vorigen Stand.

§. 42.

Bei der Berechnung einer Frist, welche nach Tagen bestimmt ist, wird der Tag nicht mitgerechnet, auf welchen der Zeitpunkt oder das Ereignis fällt, nach welchem der Anfang der Frist sich richten soll.

§. 43.

Eine Frist, welche nach Wochen oder Monaten bestimmt ist, endigt mit Ablauf desjenigen Tages der letzten Woche oder des letzten Monats, welcher durch seine Benennung oder Zahl dem Tage entspricht, an welchem die Frist begonnen hat; fehlt dieser Tag in dem letzten Monate, so endigt die Frist mit Ablauf des letzten Tages dieses Monats.

Fällt das Ende einer Frist auf einen Sonntag oder allgemeinen Feiertag, so endigt die Frist mit Ablauf des nächstfolgenden Werktags.

§. 44.

Gegen die Versäumung einer Frist kann die Wiedereinsetzung in den vorigen Stand beansprucht werden, wenn der Antragsteller durch Naturereignisse oder andere unabwendbare Zufälle an der Einhaltung der Frist verhindert worden ist. Als unabwendbarer Zufall ist es anzusehen, wenn der Antragsteller von einer Zustellung ohne sein Verschulden keine Kenntnis erlangt hat.

§. 45.

Das Gesuch um Wiedereinsetzung in den vorigen Stand muß binnen einer Woche nach Beseitigung des Hindernisses bei demjenigen Gerichte, bei welchem

zu §. 44:

Die Vorschrift des §. 44 über die Wiedereinsetzung in den vorigen Stand soll nicht, wie bisher, auf die Verhinderung durch „Naturereignisse und andere unabwendbare Zufälle", sondern auf die Verhinderung durch „ein unabwendbares Ereignis" abgestellt werden. (51)

Prot. I 507 flg. II 231 flg.

Ferner soll im Gesetze zum Ausdrucke gebracht werden, daß ein Verschulden des Vertreters für den Antragsteller ein unabwendbares Ereignis nicht darstellt. (52)

Prot. II 232 flg.

die Frist wahrzunehmen gewesen wäre, unter Angabe und Glaubhaftmachung der Versäumungsgründe angebracht werden.

Mit dem Gesuch ist zugleich die versäumte Handlung selbst nachzuholen.

§. 46.

Über das Gesuch entscheidet dasjenige Gericht, welches bei rechtzeitig erfolgter Handlung zur Entscheidung in der Sache selbst berufen gewesen wäre.

Die dem Gesuche stattgebende Entscheidung unterliegt keiner Anfechtung.

Gegen die das Gesuch verwerfende Entscheidung findet sofortige Beschwerde statt.

§. 47.

Durch das Gesuch um Wiedereinsetzung in den vorigen Stand wird die Vollstreckung einer gerichtlichen Entscheidung nicht gehemmt.

Das Gericht kann jedoch einen Aufschub der Vollstreckung anordnen.

Sechster Abschnitt.

Zeugen.

§. 48.

Die Ladung der Zeugen geschieht unter Hinweis auf die gesetzlichen Folgen des Ausbleibens.

Die Ladung einer dem aktiven Herre oder der aktiven Marine angehörenden Person des Soldatenstandes als Zeugen erfolgt durch Ersuchen der Militärbehörde.

§. 49.

Der Reichskanzler, die Minister eines Bundesstaates, die Mitglieder der Senate der freien Hansestädte, die Vorstände der obersten Reichsbehörden und die Vorstände der Ministerien sind an ihrem Amtssitze oder, wenn sie sich außerhalb desselben aufhalten, an ihrem Aufenthaltsorte zu vernehmen.

Die Mitglieder des Bundesrats sind während ihres Aufenthalts am Sitze des Bundesrats an diesem Sitze, und die Mitglieder einer deutschen gesetzgebenden Versammlung während der Sitzungsperiode und ihres Aufenthalts am Orte der Versammlung an diesem Orte zu vernehmen.

Zu einer Abweichung von den vorstehenden Bestimmungen bedarf es:

in betreff des Reichskanzlers der Genehmigung des Kaisers,

in betreff der Minister und der Mitglieder des Bundesrats der Genehmigung des Landesherrn,

in betreff der Mitglieder der Senate der freien Hansestädte der Genehmigung des Senats,

in betreff der übrigen vorbezeichneten Beamten der Genehmigung ihres unmittelbaren Vorgesetzten,

in betreff der Mitglieder einer gesetzgebenden Versammlung der Genehmigung der letzteren.

§. 50.

Ein ordnungsmäßig geladener Zeuge, welcher nicht erscheint, ist in die durch das Ausbleiben verursachten Kosten, sowie zu einer Geldstrafe bis zu dreihundert Mark, und für den Fall, daß diese nicht beigetrieben werden kann, zur Strafe der Haft bis zu sechs Wochen zu verurteilen. Auch ist die zwangsweise Vorführung des Zeugen zulässig. Im Falle wiederholten Ausbleibens kann die Strafe noch einmal erkannt werden.

Die Verurteilung in Strafe und Kosten unterbleibt, wenn das Ausbleiben des Zeugen genügend entschuldigt ist. Erfolgt nachträglich genügende Entschuldigung, so werden die gegen den Zeugen getroffenen Anordnungen wieder aufgehoben.

Die Befugnis zu diesen Maßregeln steht auch dem Untersuchungsrichter, dem Amtsrichter im Vorverfahren, sowie dem beauftragten und ersuchten Richter zu.

Die Festsetzung und die Vollstreckung der Strafe gegen eine dem aktiven Heere oder der aktiven Marine angehörende Militärperson erfolgt auf Ersuchen durch das Militärgericht, die Vorführung einer solchen Person durch Ersuchen der Militärbehörde.

§. 51.

Zur Verweigerung des Zeugnisses sind berechtigt:

1. der Verlobte des Beschuldigten;
2. der Ehegatte des Beschuldigten, auch wenn die Ehe nicht mehr besteht;
3. diejenigen, welche mit dem Beschuldigten in gerader Linie verwandt, verschwägert oder durch Adoption verbunden, oder in der Seitenlinie bis zum dritten Grade verwandt oder bis zum zweiten Grade verschwägert sind, auch wenn die Ehe, durch welche die Schwägerschaft begründet ist, nicht mehr besteht.

Die bezeichneten Personen sind vor jeder Vernehmung über ihr Recht zur Verweigerung des Zeugnisses zu belehren. Sie können den Verzicht auf dieses Recht auch während der Vernehmung widerrufen.

§. 52.

Zur Verweigerung des Zeugnisses sind ferner berechtigt:

1. Geistliche in Ansehung desjenigen, was ihnen bei Ausübung der Seelsorge anvertraut ist;
2. Verteidiger des Beschuldigten in Ansehung desjenigen, was ihnen in dieser ihrer Eigenschaft anvertraut ist;
3. Rechtsanwälte und Ärzte in Ansehung desjenigen, was ihnen bei Ausübung ihres Berufs anvertraut ist.

Die unter Nr. 2, 3 bezeichneten Personen dürfen das Zeugnis nicht verweigern, wenn sie von der Verpflichtung zur Verschwiegenheit entbunden sind.

zu §. 50:

Gemäß Beschl. 121 soll auch der Staatsanwaltschaft im Vorverfahren die Befugnis zustehen, einen Zeugen unter der Androhung zwangsweiser Vorführung zu laden und ihn, falls er ohne genügende Entschuldigung nicht erscheint, zwangsweise vorführen zu lassen.

zu §. 52:

Um den Geistlichen die Berufung auf das Zeugnisverweigerungsrecht (§. 52 (53)
Abs. 1 Nr. 1) möglichst zu ersparen, soll im Gesetze bestimmt werden, daß die Vernehmung der Geistlichen, auch wenn das Zeugnis nicht verweigert wird, auf Tatsachen nicht zu richten ist, über welche sie ohne Verletzung der Pflicht zur Verschwiegenheit ein Zeugnis nicht ablegen können. Dabei soll zum Ausdrucke gebracht werden, daß diese Beschränkung des Gegenstandes der Vernehmung nicht eintritt, wenn die Geistlichen von der Verpflichtung zur Verschwiegenheit entbunden worden sind. Auch soll bestimmt werden, daß die Geistlichen vor jeder Vernehmung über die Beschränkung des Gegenstandes ihrer Vernehmung zu belehren sind.

Prot. I 27 flg. II 205 flg.

Andererseits sollen, wie die Verteidiger, Rechtsanwälte und Ärzte schon (54)
nach dem geltenden Rechte (§. 52 Abs. 2), so künftig auch die Geistlichen das Zeugnis nicht verweigern dürfen, wenn sie von der Verpflichtung zur Verschwiegenheit entbunden sind.

Prot. I 27 flg. II 206 flg.

§. 53.

Öffentliche Beamte, auch wenn sie nicht mehr im Dienste sind, dürfen über Umstände, auf welche sich ihre Pflicht zur Amtsverschwiegenheit bezieht, als Zeugen nur mit Genehmigung ihrer vorgesetzten Dienstbehörde oder der ihnen zuletzt vorgesetzt gewesenen Dienstbehörde vernommen werden. Für den Reichskanzler bedarf es der Genehmigung des Kaisers, für die Minister der Genehmigung des Landesherrn, für die Mitglieder der Senate der freien Hansestädte der Genehmigung des Senats.

Die Genehmigung darf nur versagt werden, wenn die Ablegung des Zeugnisses dem Wohle des Reichs oder eines Bundesstaats Nachteil bereiten würde.

§. 54.

Jeder Zeuge kann die Auskunft auf solche Fragen verweigern, deren Beantwortung ihm selbst oder einem der im §. 51 Nr. 1—3 bezeichneten Angehörigen die Gefahr strafgerichtlicher Verfolgung zuziehen würde.

§. 55.

Die Tatsache, auf welche der Zeuge die Verweigerung des Zeugnisses in den Fällen der §§. 51, 52, 54 stützt, ist auf Verlangen glaubhaft zu machen. Es genügt die eidliche Versicherung des Zeugen.

§. 56.

Unbeeidigt sind zu vernehmen:

1. Personen, welche zur Zeit der Vernehmung das sechzehnte Lebensjahr noch nicht vollendet oder wegen mangelnder Verstandesreife oder wegen Verstandesschwäche von dem Wesen und der Bedeutung des Eides keine genügende Vorstellung haben;
2. Personen, welche nach den Bestimmungen der Strafgesetze unfähig sind, als Zeugen eidlich vernommen zu werden;
3. Personen, welche hinsichtlich der den Gegenstand der Untersuchung bildenden Tat als Teilnehmer, Begünstiger oder Hehler verdächtig oder bereits verurteilt sind.

§. 57.

Stehen Personen zu dem Beschuldigten in einem Verhältnisse, welches sie nach §. 51 zur Verweigerung des Zeugnisses berechtigt, so hängt es von dem richterlichen Ermessen ab, ob sie unbeeidigt zu vernehmen oder zu beeidigen sind.

zu §. 54:

Abgesehen von der nach §. 54 jetzt schon bestehenden Befugnis, die Auskunft auf Fragen der dort bezeichneten Art zu verweigern, soll jeder Zeuge künftig auch berechtigt sein, das Zeugnis ganz zu verweigern, wenn nach den Umständen des Falles Gefahr für ihn besteht, wegen der strafbaren Handlung, die den Gegenstand der Untersuchung bildet, selbst als Täter oder Teilnehmer strafgerichtlich verfolgt zu werden. (55)

Prot. I 39. II 219 flg.

zu §. 55:

Es soll bestimmt werden, daß in den Fällen des §. 54 nicht die Tatsache, sondern die Behauptung, auf welche der Zeuge die Verweigerung des Zeugnisses stützt, auf Verlangen glaubhaft gemacht werden muß. (56)

Prot. I 35 flg. II 209 flg.

Als Mittel der Glaubhaftmachung soll in allen im §. 55 bezeichneten Fällen, die Versicherung an Eidesstatt genügen. (57)

Prot. I 36. II 210.

zu §. 57:

Im Verfahren auf erhobene Privatklage soll es auch in Ansehung derjenigen Zeugen, welche zum Privatkläger in einem der im §. 51 bezeichneten Verhältnisse stehen, vom richterlichen Ermessen abhängen, ob sie unbeeidigt zu vernehmen oder zu beeidigen sind. (58)

Prot. I 25 flg., 71 flg. II 224.

Dieselben können auch nach der Vernehmung die Beeidigung des Zeugnisses verweigern und sind über dieses Recht zu belehren.

§. 58.

Jeder Zeuge ist einzeln und in Abwesenheit der später abzuhörenden Zeugen zu vernehmen.

Eine Gegenüberstellung mit anderen Zeugen oder mit dem Beschuldigten findet im Vorverfahren nur dann statt, wenn sie ohne Nachteil für die Sache nicht bis zur Hauptverhandlung ausgesetzt bleiben kann.

§. 59.

Vor der Leistung des Eides hat der Richter den Zeugen in angemessener Weise auf die Bedeutung des Eides hinzuweisen.

§. 60.

Jeder Zeuge ist einzeln und vor seiner Vernehmung zu beeidigen. Die Beeidigung kann jedoch aus besonderen Gründen, namentlich wenn Bedenken gegen ihre Zulässigkeit obwalten, bis nach Abschluß der Vernehmung ausgesetzt werden.

§. 61.

Der vor der Vernehmung zu leistende Eid lautet:

daß Zeuge nach bestem Wissen die reine Wahrheit sagen, nichts verschweigen und nichts hinzusetzen werde;

der nach der Vernehmung zu leistende Eid lautet:

daß Zeuge nach bestem Wissen die reine Wahrheit gesagt, nichts verschwiegen und nichts hinzugesetzt habe.

Es soll bestimmt werden, daß die Beeidigung eines Zeugen unterbleiben darf:

a) wenn das Gericht einstimmig die Aussage für unerheblich hält und sowohl die Staatsanwaltschaft als auch der Angeklagte mit der Unterlassung der Beeidigung einverstanden ist; die Beschlußfassung darüber soll regelmäßig erst am Schlusse der Beweisaufnahme erfolgen. (59)
Prot. I 51, 55. II 223 flg.

b) wenn sich die Vernehmung ausschließlich auf eine Übertretung bezieht und die Staatsanwaltschaft sowie der Angeklagte mit der Unterlassung der Beeidigung einverstanden ist. (60)
Prot. I 70 flg. II 224.

c) im Verfahren auf erhobene Privatklage, wenn die Parteien mit der Unterlassung einverstanden sind und kein Mitglied des Gerichts die Beeidigung verlangt. (61)
Prot. I 72. II 225.

zu §. 60:

Die gleichzeitige Beeidigung einer Mehrzahl von Zeugen soll zulässig sein. (62)
Prot. I 67 flg. II 228.

Die Beeidigung des Zeugen soll in allen Fällen erst nach dem Abschlusse seiner Vernehmung erfolgen. (63)
Prot. I 57 flg. II 226.

Die Beeidigung soll bis zum Schlusse der gesamten Beweisaufnahme ausgesetzt werden dürfen. (64)
Prot. II 226.

zu §§. 61 bis 63:

Die Eidesleistung soll in der Weise erfolgen, daß der Richter an den Zeugen die Worte richtet: (65)

„Sie schwören bei Gott dem Allmächtigen und Allwissenden, daß Sie nach bestem Wissen die reine Wahrheit gesagt und nichts verschwiegen haben."

und der Zeuge darauf die Worte spricht:

„Ich schwöre es, so wahr mir Gott helfe."

Prot. I 65 flg. II 227 flg.

§. 62.

Der Eid beginnt mit den Worten:

„Ich schwöre bei Gott dem Allmächtigen und Allwissenden"

und schließt mit den Worten:

„So wahr mir Gott helfe".

§. 63.

Der Eid wird mittels Nachsprechens oder Ablesens der die Eidesnorm enthaltenden Eidesformel geleistet. Der Schwörende soll bei der Eidesleistung die rechte Hand erheben.

Stumme, welche schreiben können, leisten den Eid mittels Abschreibens und Unterschreibens der die Eidesnorm enthaltenden Eidesformel.

Stumme, welche nicht schreiben können, leisten den Eid mit Hilfe eines Dolmetschers durch Zeichen.

§. 64.

Der Eidesleistung wird gleichgeachtet, wenn ein Mitglied einer Religionsgesellschaft, welcher das Gesetz den Gebrauch gewisser Beteuerungsformeln an Stelle des Eides gestattet, eine Erklärung unter der Beteuerungsformel dieser Religionsgesellschaft abgibt.

§. 65.

Die Beeidigung der Zeugen erfolgt, vorbehaltlich der Bestimmungen des §. 222, in der Hauptverhandlung.

Sie kann schon in der Voruntersuchung erfolgen, wenn voraussichtlich der Zeuge am Erscheinen in der Hauptverhandlung verhindert, oder sein Erscheinen wegen großer Entfernung besonders erschwert sein wird, oder wenn die Beeidigung als Mittel zur Herbeiführung einer wahrheitsgemäßen Aussage erforderlich erscheint.

In dem vorbereitenden Verfahren ist die Beeidigung nur zulässig, wenn Gefahr im Verzug obwaltet, oder wenn die Beeidigung als Mittel zur Herbeiführung einer wahrheitsgemäßen Aussage über eine Tatsache, von der die Erhebung der öffentlichen Klage abhängig ist, erforderlich erscheint.

Erfolgt die Beeidigung im Vorverfahren, so ist der Grund in dem Protokoll anzugeben.

§. 66.

Wird der Zeuge, nachdem er eidlich vernommen worden ist, in demselben Vorverfahren oder in demselben Hauptverfahren nochmals vernommen, so kann der Richter statt der nochmaligen Beeidigung den Zeugen die Richtigkeit seiner Aussage unter Berufung auf den früher geleisteten Eid versichern lassen.

§. 67.

Die Vernehmung beginnt damit, daß der Zeuge über Vornamen und Zunamen, Alter, Religionsbekenntnis, Stand oder Gewerbe und Wohnort befragt wird. Erforderlichenfalls sind dem Zeugen Fragen über solche Umstände, welche seine Glaubwürdigkeit in der vorliegenden Sache betreffen, insbesondere über seine Beziehungen zu dem Beschuldigten oder dem Verletzten, vorzulegen.

Werden mehrere Zeugen gleichzeitig beeidigt (zu vergl. Beschl. Nr. 62), so soll jeder Zeuge die Worte: „Ich schwöre es“ usw. einzeln sprechen. (66)

Prot. I 67 flg. II 228.

zu §. 65:

Die Beeidigung der Zeugen soll schon vor der Hauptverhandlung — ohne Unterscheidung zwischen Voruntersuchung und vorbereitendem Verfahren — zulässig sein: (67)

a) wenn der Zeuge voraussichtlich am Erscheinen in der Hauptverhandlung verhindert oder sein Erscheinen wegen großer Entfernung besonders erschwert sein wird;

b) wenn die Beeidigung als Mittel zur Herbeiführung einer wahrheitsgemäßen Aussage für den Zweck des Vorverfahrens oder als Unterlage für die Entscheidung über die Verhaftung oder die Auslieferung des Beschuldigten oder über seine Unterbringung in einer öffentlichen Irrenanstalt oder über eine Beschlagnahme oder Durchsuchung erforderlich erscheint.

Prot. I 61 flg. II 226 flg.

zu §. 66:

Statt nochmaliger Beeidigung des Zeugen soll die Berufung auf den früher geleisteten Eid zulässig sein, sobald der Zeuge in derselben Strafsache nochmals vernommen wird. (68)

Prot. I 69. II 228.

§. 68.

Der Zeuge ist zu veranlassen, dasjenige, was ihm von dem Gegenstande seiner Vernehmung bekannt ist, im Zusammenhange anzugeben. Vor seiner Vernehmung ist dem Zeugen der Gegenstand der Untersuchung und die Person des Beschuldigten, sofern ein solcher vorhanden ist, zu bezeichnen.

Zur Aufklärung und zur Vervollständigung der Aussage sowie zur Erforschung des Grundes, auf welchem die Wissenschaft des Zeugen beruht, sind nötigenfalls weitere Fragen zu stellen.

§. 69.

Wird das Zeugnis oder die Eidesleistung ohne gesetzlichen Grund verweigert, so ist der Zeuge in die durch die Weigerung verursachten Kosten sowie zu einer Geldstrafe bis zu dreihundert Mark und für den Fall, daß diese nicht beigetrieben werden kann, zur Strafe der Haft bis zu sechs Wochen zu verurteilen.

Auch kann zur Erzwingung des Zeugnisses die Haft angeordnet werden, jedoch nicht über die Zeit der Beendigung des Verfahrens in der Instanz, auch nicht über die Zeit von sechs Monaten, und bei Übertretungen nicht über die Zeit von sechs Wochen hinaus.

Die Befugnis zu diesen Maßregeln steht auch dem Untersuchungsrichter, dem Amtsrichter im Vorverfahren, sowie dem beauftragten und ersuchten Richter zu.

Sind die Maßregeln erschöpft, so können sie in demselben oder in einem anderen Verfahren, welches dieselbe Tat zum Gegenstande hat, nicht wiederholt werden.

Die Festsetzung und die Vollstreckung der Strafe gegen eine dem aktiven Heere oder der aktiven Marine angehörende Militärperson erfolgt auf Ersuchen durch das Militärgericht.

§. 70.

Jeder von dem Richter oder der Staatsanwaltschaft geladene Zeuge hat nach Maßgabe der Gebührenordnung Anspruch auf Entschädigung aus der Staatskasse für Zeitversäumnis und, wenn sein Erscheinen eine Reise erforderlich macht, auf Erstattung der Kosten, welche durch die Reise und den Aufenthalt am Orte der Vernehmung verursacht werden.

§. 71.

Die Landesherren und die Mitglieder der landesherrlichen Familien sowie die Mitglieder der Fürstlichen Familie Hohenzollern sind in ihrer Wohnung zu vernehmen. Das Gleiche gilt in Ansehung der Mitglieder des vormaligen Hannoverschen Königshauses, des vormaligen Kurhessischen und des vormaligen Herzoglich Nassauischen Fürstenhauses.

Den Eid leisten dieselben mittels Unterschreibens der die Eidesnorm enthaltenden Eidesformel.

Zur Hauptverhandlung werden sie nicht geladen. Das Protokoll über ihre gerichtliche Vernehmung ist in der Hauptverhandlung zu verlesen.

Siebenter Abschnitt.

Sachverständige und Augenschein.

§. 72.

Auf Sachverständige finden die Vorschriften des sechsten Abschnitts über Zeugen entsprechende Anwendung, insoweit nicht in den nachfolgenden Paragraphen abweichende Bestimmungen getroffen sind.

§. 73.

Die Auswahl der zuzuziehenden Sachverständigen und die Bestimmung ihrer Anzahl erfolgt durch den Richter.

Sind für gewisse Arten von Gutachten Sachverständige öffentlich bestellt, so sollen andere Personen nur dann gewählt werden, wenn besondere Umstände es erfordern.

§. 74.

Ein Sachverständiger kann aus denselben Gründen, welche zur Ablehnung eines Richters berechtigen, abgelehnt werden. Ein Ablehnungsgrund kann jedoch nicht daraus entnommen werden, daß der Sachverständige als Zeuge vernommen worden ist.

Das Ablehnungsrecht steht der Staatsanwaltschaft, dem Privatkläger und dem Beschuldigten zu. Die ernannten Sachverständigen sind den zur Ablehnung Berechtigten namhaft zu machen, wenn nicht besondere Umstände entgegenstehen.

Der Ablehnungsgrund ist glaubhaft zu machen; der Eid ist als Mittel der Glaubhaftmachung ausgeschlossen.

§. 75.

Der zum Sachverständigen Ernannte hat der Ernennung Folge zu leisten, wenn er zur Erstattung von Gutachten der erforderten Art öffentlich bestellt ist, oder wenn er die Wissenschaft, die Kunst oder das Gewerbe, deren Kenntnis Voraussetzung der Begutachtung ist, öffentlich zum Erwerbe ausübt, oder wenn er zur Ausübung derselben öffentlich bestellt oder ermächtigt ist.

Zur Erstattung des Gutachtens ist auch derjenige verpflichtet, welcher sich zu derselben vor Gericht bereit erklärt hat.

§. 76.

Dieselben Gründe, welche einen Zeugen berechtigen, das Zeugnis zu verweigern, berechtigen einen Sachverständigen zur Verweigerung des Gutachtens. Auch aus anderen Gründen kann ein Sachverständiger von der Verpflichtung zur Erstattung des Gutachtens entbunden werden.

Die Vernehmung eines öffentlichen Beamten als Sachverständigen findet nicht statt, wenn die vorgesetzte Behörde des Beamten erklärt, daß die Vernehmung den dienstlichen Interessen Nachteil bereiten würde.

§. 77.

Im Falle des Nichterscheinens oder der Weigerung eines zur Erstattung des Gutachtens verpflichteten Sachverständigen wird dieser zum Ersatze der Kosten und zu einer Geldstrafe bis zu dreihundert Mark verurteilt. Im Falle

wiederholten Ungehorsams kann noch einmal eine Geldstrafe bis zu sechshundert Mark erkannt werden.

Die Festsetzung und die Vollstreckung der Strafe gegen eine dem aktiven Heere oder der aktiven Marine angehörende Militärperson erfolgt auf Ersuchen durch das Militärgericht.

§. 78.

Der Richter hat, soweit ihm dies erforderlich erscheint, die Tätigkeit der Sachverständigen zu leiten.

§. 79.

Der Sachverständige hat vor Erstattung des Gutachtens einen Eid dahin zu leisten:

daß er das von ihm erforderte Gutachten unparteiisch und nach bestem Wissen und Gewissen erstatten werde.

Ist der Sachverständige für die Erstattung von Gutachten der betreffenden Art im allgemeinen beeidigt, so genügt die Berufung auf den geleisteten Eid.

§. 80.

Dem Sachverständigen kann auf sein Verlangen zur Vorbereitung des Gutachtens durch Vernehmung von Zeugen oder des Beschuldigten weitere Aufklärung verschafft werden.

Zu demselben Zwecke kann ihm gestattet werden, die Akten einzusehen, der Vernehmung von Zeugen oder des Beschuldigten beizuwohnen und an dieselben unmittelbar Fragen zu stellen.

§. 81.

Zur Vorbereitung eines Gutachtens über den Geisteszustand des Angeschuldigten kann das Gericht auf Antrag eines Sachverständigen nach Anhörung des Verteidigers anordnen, daß der Angeschuldigte in eine öffentliche Irrenanstalt gebracht und dort beobachtet werde.

Dem Angeschuldigten, welcher einen Verteidiger nicht hat, ist ein solcher zu bestellen.

zu §. 79 Abs. 1:

Es soll bestimmt werden, daß der Sachverständige vor oder nach Erstattung seines Gutachtens zu beeidigen ist; doch soll die Beeidigung vor der Erstattung des Gutachtens die Regel bilden. (69)

Prot. I 60 flg. II 226.

Die Beeidigung soll in der Weise erfolgen, daß der Richter an den Sachverständigen die Worte richtet: (70)

„Sie schwören bei Gott dem Allmächtigen und Allwissenden, daß Sie das von Ihnen erforderte Gutachten unparteiisch und nach bestem Wissen und Gewissen erstatten werden."

und der Sachverständige darauf die Worte spricht:

„Ich schwöre es, so wahr mir Gott helfe."

Erfolgt die Beeidigung nach der Erstattung des Gutachtens, so sollen die Worte des Richters lauten:

„Sie schwören bei Gott dem Allmächtigen und Allwissenden, daß Sie das von Ihnen erstattete Gutachten unparteiisch und nach bestem Wissen und Gewissen erstattet haben."

Prot. I 68. II 227.

Die Beeidigung des Sachverständigen soll unterbleiben dürfen, wenn die Staatsanwaltschaft und der Angeklagte mit der Unterlassung der Beeidigung einverstanden sind. (71)

Prot. I 56 flg. II 225.

Gegen den Beschluß findet sofortige Beschwerde statt. Dieselbe hat aufschiebende Wirkung.

Die Verwahrung in der Anstalt darf die Dauer von sechs Wochen nicht übersteigen.

§. 82.

Im Vorverfahren hängt es von der Anordnung des Richters ab, ob die Sachverständigen ihr Gutachten schriftlich oder mündlich zu erstatten haben.

§. 83.

Der Richter kann eine neue Begutachtung durch dieselben oder durch andere Sachverständige anordnen, wenn er das Gutachten für ungenügend erachtet.

Der Richter kann die Begutachtung durch einen anderen Sachverständigen anordnen, wenn ein Sachverständiger nach Erstattung des Gutachtens mit Erfolg abgelehnt ist.

In wichtigeren Fällen kann das Gutachten einer Fachbehörde eingeholt werden.

§. 84.

Der Sachverständige hat nach Maßgabe der Gebührenordnung Anspruch auf Entschädigung für Zeitversäumnis, auf Erstattung der ihm verursachten Kosten und außerdem auf angemessene Vergütung für seine Mühewaltung.

§. 85.

Insoweit zum Beweise vergangener Tatsachen oder Zustände, zu deren Wahrnehmung eine besondere Sachkunde erforderlich war, sachkundige Personen zu vernehmen sind, kommen die Vorschriften über den Zeugenbeweis zur Anwendung.

§. 86.

Findet die Einnahme eines richterlichen Augenscheins statt, so ist im Protokolle der vorgefundene Sachbestand festzustellen und darüber Auskunft zu geben, welche Spuren oder Merkmale, deren Vorhandensein nach der besonderen Beschaffenheit des Falles vermutet werden konnte, gefehlt haben.

§. 87.

Die richterliche Leichenschau wird unter Zuziehung eines Arztes, die Leichenöffnung im Beisein des Richters von zwei Ärzten, unter welchen sich ein Gerichtsarzt befinden muß, vorgenommen. Demjenigen Arzte, welcher den Verstorbenen in der dem Tode unmittelbar vorausgegangenen Krankheit behandelt hat, ist die Leichenöffnung nicht zu übertragen. Derselbe kann jedoch aufgefordert werden, der Leichenöffnung anzuwohnen, um aus der Krankheitsgeschichte Aufschlüsse zu geben.

Die Zuziehung eines Arztes kann bei der Leichenschau unterbleiben, wenn sie nach dem Ermessen des Richters entbehrlich ist.

Behufs der Besichtigung oder Öffnung einer schon beerdigten Leiche ist ihre Ausgrabung statthaft.

§. 88.

Vor der Leichenöffnung ist, wenn nicht besondere Hindernisse entgegenstehen, die Persönlichkeit des Verstorbenen, insbesondere durch Befragung von Personen, welche den Verstorbenen gekannt haben, festzustellen. Ist ein Beschuldigter vorhanden, so ist ihm die Leiche zur Anerkennung vorzuzeigen.

§. 89.

Die Leichenöffnung muß sich, soweit der Zustand der Leiche dies gestattet, stets auf die Öffnung der Kopf-, Brust- und Bauchhöhle erstrecken.

§. 90.

Bei Öffnung der Leiche eines neugeborenen Kindes ist die Untersuchung insbesondere auch darauf zu richten, ob dasselbe nach oder während der Geburt gelebt habe, und ob es reif oder wenigstens fähig gewesen sei, das Leben außerhalb des Mutterleibes fortzusetzen.

§. 91.

Liegt der Verdacht einer Vergiftung vor, so ist die Untersuchung der in der Leiche oder sonst gefundenen verdächtigen Stoffe durch einen Chemiker oder durch eine für solche Untersuchungen bestehende Fachbehörde vorzunehmen.

Der Richter kann anordnen, daß diese Untersuchung unter Mitwirkung oder Leitung eines Arztes stattzufinden habe.

§. 92.

Bei Münzverbrechen und Münzvergehen sind die Münzen oder Papiere erforderlichenfalls derjenigen Behörde vorzulegen, von welcher echte Münzen oder Papiere dieser Art in Umlauf gesetzt werden. Das Gutachten dieser Behörde ist über die Unechtheit oder Verfälschung sowie darüber einzuholen, in welcher Art die Fälschung mutmaßlich begangen worden sei.

Handelt es sich um ausländische Münzen oder Papiere, so kann an Stelle des Gutachtens der ausländischen Behörde dasjenige einer deutschen erfordert werden.

§. 93.

Zur Ermittelung der Echtheit oder Unechtheit eines Schriftstücks, sowie zur Ermittelung des Urhebers desselben kann eine Schriftvergleichung unter Zuziehung von Sachverständigen vorgenommen werden.

Achter Abschnitt.

Beschlagnahme und Durchsuchung.

§. 94.

Gegenstände, welche als Beweismittel für die Untersuchung von Bedeutung sein können oder der Einziehung unterliegen, sind in Verwahrung zu nehmen oder in anderer Weise sicher zu stellen.

Befinden sich die Gegenstände in dem Gewahrsam einer Person und werden dieselben nicht freiwillig herausgegeben, so bedarf es der Beschlagnahme.

zu den §§. 94 flg.:

Bei strafbaren Handlungen, deren Verfolgung nur auf Antrag eintritt, soll die Beschlagnahme auch vor der Stellung eines solchen Antrags zulässig sein, sofern Gefahr im Verzug obwaltet. (72)

Prot. I 74 flg. II 172 flg.

§. 95.

Wer einen Gegenstand der vorbezeichneten Art in seinem Gewahrsam hat, ist verpflichtet, denselben auf Erfordern vorzulegen und auszuliefern.

Er kann im Falle der Weigerung durch die im §. 69 bestimmten Zwangsmittel hierzu angehalten werden. Gegen Personen, welche zur Verweigerung des Zeugnisses berechtigt sind, finden diese Zwangsmittel keine Anwendung.

§. 96.

Die Vorlegung oder Auslieferung von Akten oder anderen in amtlicher Verwahrung befindlichen Schriftstücken durch Behörden und öffentliche Beamte darf nicht gefordert werden, wenn deren oberste Dienstbehörde erklärt, daß das Bekanntwerden des Inhalts dieser Akten oder Schrittstücke dem Wohle des Reichs oder eines Bundesstaats Nachteil bereiten würde.

§. 97.

Schriftliche Mitteilungen zwischen dem Beschuldigten und denjenigen Personen, die wegen ihres Verhältnisses zu ihm nach §§. 51, 52 zur Verweigerung des Zeugnisses berechtigt sind, unterliegen der Beschlagnahme nicht, falls sie sich in den Händen der letzteren Personen befinden und diese nicht einer Teilnahme, Begünstigung oder Hehlerei verdächtig sind.

§. 98.

Die Anordnung von Beschlagnahmen steht dem Richter, bei Gefahr im Verzug auch der Staatsanwaltschaft und denjenigen Polizei- und Sicherheitsbeamten zu, welche als Hilfsbeamte der Staatsanwaltschaft den Anordnungen derselben Folge zu leisten haben.

Ist die Beschlagnahme ohne richterliche Anordnung erfolgt, so soll der Beamte, welcher die Beschlagnahme angeordnet hat, binnen drei Tagen die richterliche Bestätigung nachsuchen, wenn bei der Beschlagnahme weder der davon Betroffene noch ein erwachsener Angehöriger anwesend war, oder wenn der Betroffene und im Falle seiner Abwesenheit ein erwachsener Angehöriger desselben gegen die Beschlagnahme ausdrücklichen Widerspruch erhoben hat. Der Betroffene kann jederzeit die richterliche Entscheidung nachsuchen. So lange die öffentliche Klage noch nicht erhoben ist, erfolgt die Entscheidung durch den Amtsrichter, in dessen Bezirk die Beschlagnahme stattgefunden hat.

Ist nach erhobener öffentlicher Klage die Beschlagnahme durch die Staatsanwaltschaft oder einen Polizei- oder Sicherheitsbeamten erfolgt, so ist binnen drei Tagen dem Richter von der Beschlagnahme Anzeige zu machen und sind demselben die in Beschlag genommenen Gegenstände zur Verfügung zu stellen.

Beschlagnahmen in militärischen Dienstgebäuden, zu welchen auch Kriegsfahrzeuge gehören, erfolgen durch Ersuchen der Militärbehörde, und auf Verlangen der Zivilbehörde (Richter, Staatsanwaltschaft) unter deren Mitwirkung. Des Ersuchens der Militärbehörde bedarf es jedoch nicht, wenn die Beschlagnahme in Räumen vorzunehmen ist, welche in militärischen Dienstgebäuden ausschließlich von Zivilpersonen bewohnt werden.

Für den Fall, daß eine Beschlagnahme vor Stellung des Strafantrags angeordnet wird, soll bestimmt werden, daß der Antragsberechtigte, von mehreren wenigstens einer, sofort von der Anordnung in Kenntnis zu setzen, und daß die Beschlagnahme von Amts wegen wieder aufzuheben ist, wenn der Antrag nicht binnen einer Woche seit dem Vollzuge der Beschlagnahme gestellt wird. (73)

Prot. I 74 flg. II 172 flg.

zu §. 96:

Die Vorlegung oder Auslieferung von Akten oder anderen Schriftstücken soll auch dann nicht gefordert werden dürfen, wenn sie sich in Verwahrung bei einer gesetzgebenden Versammlung befinden und der Vorsitzende der Versammlung oder sein Stellvertreter erklärt, daß das Bekanntwerden des Inhalts der Akten oder Schriftstücke dem Wohle des Reichs oder eines Bundesstaats Nachteil bereiten würde. (74)

Prot. II 174 flg.

zu §. 97:

Unter den im §. 97 bezeichneten Voraussetzungen sollen nicht nur, wie schon bisher, schriftliche Mitteilungen zwischen dem Beschuldigten und den nach §. 52 zur Verweigerung des Zeugnisses berechtigten Personen, sondern auch Aufzeichnungen der nach §. 52 Verweigerungsberechtigten über Mitteilungen des Beschuldigten der Beschlagnahme nicht unterliegen. (75)

Prot. II 175 flg.

§. 99.

Zulässig ist die Beschlagnahme der an den Beschuldigten gerichteten Briefe und Sendungen auf der Post sowie der an ihn gerichteten Telegramme auf den Telegraphenanstalten; desgleichen ist zulässig an den bezeichneten Orten die Beschlagnahme solcher Briefe, Sendungen und Telegramme, in betreff derer Tatsachen vorliegen, aus welchen zu schließen ist, daß sie von dem Beschuldigten herrühren oder für ihn bestimmt sind und daß ihr Inhalt für die Untersuchung Bedeutung habe.

§. 100.

Zu der Beschlagnahme (§. 99) ist nur der Richter, bei Gefahr im Verzug und, wenn die Untersuchung nicht blos eine Übertretung betrifft, auch die Staatsanwaltschaft befugt. Die letztere muß jedoch den ihr ausgelieferten Gegenstand sofort, und zwar Briefe und andere Postsendungen uneröffnet, dem Richter vorlegen.

Die von der Staatsanwaltschaft verfügte Beschlagnahme tritt, auch wenn sie eine Auslieferung noch nicht zur Folge gehabt hat, außer Kraft, wenn sie nicht binnen drei Tagen von dem Richter bestätigt wird.

Die Entscheidung über eine von der Staatsanwaltschaft verfügte Beschlagnahme sowie über die Eröffnung eines ausgelieferten Briefes oder einer anderen Postsendung erfolgt durch den zuständigen Richter (§. 98).

§. 101.

Von den getroffenen Maßregeln (§§. 99, 100) sind die Beteiligten zu benachrichtigen, sobald dies ohne Gefährdung des Untersuchungszweckes geschehen kann.

Sendungen, deren Eröffnung nicht angeordnet worden, sind dem Beteiligten sofort auszuantworten. Dasselbe gilt, soweit nach der Eröffnung die Zurückbehaltung nicht erforderlich ist.

Derjenige Teil eines zurückbehaltenen Briefes, dessen Vorenthaltung nicht durch die Rücksicht auf die Untersuchung geboten erscheint, ist dem Empfangsberechtigten abschriftlich mitzuteilen.

§. 102.

Bei demjenigen, welcher als Täter oder Teilnehmer einer strafbaren Handlung oder als Begünstiger oder Hehler verdächtig ist, kann eine Durchsuchung der Wohnung und anderer Räume, sowie seiner Person und der ihm gehörigen Sachen, sowohl zum Zwecke seiner Ergreifung, als auch dann vorgenommen werden, wenn zu vermuten ist, daß die Durchsuchung zur Auffindung von Beweismitteln führen werde.

§. 103.

Bei anderen Personen sind Durchsuchungen nur behufs der Ergreifung des Beschuldigten oder behufs der Verfolgung von Spuren einer strafbaren Handlung oder behufs der Beschlagnahme bestimmter Gegenstände und nur dann zulässig, wenn Tatsachen vorliegen, aus denen zu schließen ist, daß die gesuchte Person, Spur oder Sache sich in den zu durchsuchenden Räumen befinde.

Diese Beschränkung findet keine Anwendung auf die Räume, in welchen der Beschuldigte ergriffen worden ist, oder welche er während der Verfolgung betreten hat, oder in welchen eine unter Polizeiaufsicht stehende Person wohnt oder sich aufhält.

§. 104.

Zur Nachtzeit dürfen die Wohnung, die Geschäftsräume und das befriedete Besitztum nur bei Verfolgung auf frischer Tat oder bei Gefahr im Verzug oder dann durchsucht werden, wenn es sich um die Wiederergreifung eines entwichenen Gefangenen handelt.

Diese Beschränkung findet keine Anwendung auf Wohnungen von Personen, welche unter Polizeiaufsicht stehen, sowie auf Räume, welche zur Nachtzeit jedermann zugänglich oder welche der Polizei als Herbergen oder Versammlungsorte bestrafter Personen, als Niederlagen von Sachen, welche mittels strafbarer Handlungen erlangt sind, oder als Schlupfwinkel des Glückspiels oder gewerbsmäßiger Unzucht bekannt sind.

Die Nachtzeit umfaßt in dem Zeitraume vom ersten April bis dreißigsten September die Stunden von neun Uhr abends bis vier Uhr morgens und in dem Zeitraume vom ersten Oktober bis einunddreißigsten März die Stunden von neun Uhr abends bis sechs Uhr morgens.

§. 105.

Die Anordnung von Durchsuchungen steht dem Richter, bei Gefahr im Verzug auch der Staatsanwaltschaft und denjenigen Polizei- und Sicherheitsbeamten zu, welche als Hilfsbeamte der Staatsanwaltschaft den Anordnungen derselben Folge zu leisten haben.

Wenn eine Durchsuchung der Wohnung, der Geschäftsräume oder des befriedeten Besitztums ohne Beisein des Richters oder des Staatsanwalts stattfindet, so sind, wenn dies möglich, ein Gemeindebeamter oder zwei Mitglieder der Gemeinde, in deren Bezirk die Durchsuchung erfolgt, zuzuziehen. Die als Gemeindemitglieder zugezogenen Personen dürfen nicht Polizei- oder Sicherheitsbeamte sein.

Die in den vorstehenden Absätzen angeordneten Beschränkungen der Durchsuchung finden keine Anwendung auf die im §. 104 Abs. 2 bezeichneten Wohnungen und Räume.

Durchsuchungen in militärischen Dienstgebäuden erfolgen durch Ersuchen der Militärbehörde, und auf Verlangen der Zivilbehörde (Richter, Staatsanwaltschaft) unter deren Mitwirkung. Des Ersuchens der Militärbehörde bedarf es jedoch nicht, wenn die Durchsuchung von Räumen vorzunehmen ist, welche in militärischen Dienstgebäuden ausschließlich von Zivilpersonen bewohnt werden.

§. 106.

Der Inhaber der zu durchsuchenden Räume oder Gegenstände darf der Durchsuchung beiwohnen. Ist er abwesend, so ist, wenn dies möglich, sein Vertreter oder ein erwachsener Angehöriger, Hausgenosse oder Nachbar zuzuziehen.

Dem Inhaber oder der in dessen Abwesenheit zugezogenen Person ist in den Fällen des §. 103 Abs. 1 der Zweck der Durchsuchung vor deren Beginn

bekannt zu machen. Diese Vorschrift findet keine Anwendung auf die Inhaber der im §. 104 Abs. 2 bezeichneten Räume.

§. 107.

Dem von der Durchsuchung Betroffenen ist nach deren Beendigung auf Verlangen eine schriftliche Mitteilung zu machen, welche den Grund der Durchsuchung (§§. 102, 103) sowie im Falle des §. 102 die strafbare Handlung bezeichnen muß. Auch ist demselben auf Verlangen ein Verzeichnis der in Verwahrung oder in Beschlag genommenen Gegenstände, falls aber nichts Verdächtiges gefunden wird, eine Bescheinigung hierüber zu geben.

§. 108.

Werden bei Gelegenheit einer Durchsuchung Gegenstände gefunden, welche zwar in keiner Beziehung zu der Untersuchung stehen, aber auf die erfolgte Verübung einer anderen strafbaren Handlung hindeuten, so sind dieselben einstweilen in Beschlag zu nehmen. Der Staatsanwaltschaft ist hiervon Kenntnis zu geben.

§. 109.

Die in Verwahrung oder in Beschlag genommenen Gegenstände sind genau zu verzeichnen und zur Verhütung von Verwechselungen durch amtliche Siegel oder in sonst geeigneter Weise kenntlich zu machen.

§. 110.

Eine Durchsicht der Papiere des von der Durchsuchung Betroffenen steht nur dem Richter zu.

Andere Beamte sind zur Durchsicht der aufgefundenen Papiere nur dann befugt, wenn der Inhaber derselben die Durchsicht genehmigt. Anderenfalls haben sie die Papiere, deren Durchsicht sie für geboten erachten, in einem Umschlage, welcher in Gegenwart des Inhabers mit dem Amtssiegel zu verschließen ist, an den Richter abzuliefern.

Dem Inhaber der Papiere oder dessen Vertreter ist die Beidrückung seines Siegels gestattet; auch ist er, falls demnächst die Entsiegelung und Durchsicht der Papiere angeordnet wird, wenn dies möglich, aufzufordern, derselben beizuwohnen.

Der Richter hat die zu einer strafbaren Handlung in Beziehung stehenden Papiere der Staatsanwaltschaft mitzuteilen.

§. 111.

Gegenstände, welche durch die strafbare Handlung dem Verletzten entzogen wurden, sind, falls nicht Ansprüche Dritter entgegenstehen, nach Beendigung der Untersuchung und geeignetenfalls schon vorher von Amtswegen dem Verletzten zurückzugeben, ohne daß es eines Urteils hierüber bedarf.

Dem Beteiligten bleibt die Geltendmachung seiner Rechte im Zivilverfahren vorbehalten.

zu §. 111:

Es soll bestimmt werden, daß, ebenso wie es für Gegenstände, welche durch die strafbare Handlung dem Verletzten entzogen wurden, im §. 111 bereits vorgesehen ist, so auch Geld und Wertpapiere, von denen zweifellos feststeht, daß sie durch Veräußerung oder durch Anschaffung an die Stelle solcher Gegenstände getreten sind, dem Verletzten auszuhändigen sind. (76)

Prot. I 77 flg. II 173 flg.

Neunter Abschnitt.

Verhaftung und vorläufige Festnahme.

§. 112.

Der Angeschuldigte darf nur dann in Untersuchungshaft genommen werden, wenn dringende Verdachtsgründe gegen ihn vorhanden sind und entweder er der Flucht verdächtig ist oder Tatsachen vorliegen, aus denen zu schließen ist, daß er Spuren der Tat vernichten oder daß er Zeugen oder Mitschuldige zu einer falschen Aussage oder Zeugen dazu verleiten werde, sich der Zeugnispflicht zu entziehen. Diese Tatsachen sind aktenkundig zu machen.

Die Zurückgabe der im §. 111 bezeichneten Gegenstände und die Aushändigung des an ihre Stelle getretenen Geldes oder der Wertpapiere soll sobald als möglich erfolgen. (77)

Prot. I 77 flg. II 173 flg.

Ferner soll bestimmt werden, daß, abgesehen von Geld und Wertpapieren, auch andere Gegenstände, von denen zweifellos feststeht, daß sie durch Veräußerung oder durch Anschaffung an die Stelle der dem Verletzten durch die strafbare Handlung entzogenen Gegenstände getreten sind, dem Verletzten mit dessen Zustimmung ausgehändigt werden können. (78)

Prot. I 77 flg. II 173 flg.

noch zu Abschnitt 8:

Es sollen die folgenden besonderen Vorschriften über die körperliche Untersuchung in das Gesetz aufgenommen werden:

Die körperliche Untersuchung soll verdächtigen und unverdächtigen Personen gegenüber zulässig sein, wenn sie für das anhängige Strafverfahren zum Zwecke der Feststellung des Vorhandenseins oder Nichtvorhandenseins von Spuren oder Folgen einer strafbaren Handlung notwendig ist. (79)

Prot. I 79 flg., 87. II 179 flg., 182.

Im Falle der Weigerung soll es zulässig sein, die Untersuchung zu erzwingen. (80)

Prot. I 83. II 179 flg.

Die Anordnung der körperlichen Untersuchung soll dem Richter, bei Gefahr im Verzug auch der Staatsanwaltschaft zustehen; die Androhung und die Anordnung des Zwanges soll nur dem Richter zustehen. (81)

Prot. I 84 flg. II 179 flg.

Für die körperliche Untersuchung einer weiblichen Person soll weiter bestimmt werden, daß sie nur von einem oder mehreren Ärzten (Ärztinnen) vorgenommen werden darf und daß auf Verlangen der zu Untersuchenden oder ihres gesetzlichen Vertreters ein Angehöriger oder eine geeignete weibliche Person als Beistand zuzuziehen ist, wenn dies ohne Gefährdung des Untersuchungszwecks geschehen kann. (82)

Prot. I 86 flg. II 179 flg.

zu §. 112:

Es soll im §. 112 deutlicher als bisher zum Ausdrucke gebracht werden, daß die Untersuchungshaft auch wegen Fluchtverdachts nur verhängt werden darf, wenn Tatsachen vorliegen, welche den Angeschuldigten der Flucht verdächtig machen. (83)

Prot. I 89. II 182.

Der Verdacht der Flucht bedarf keiner weiteren Begründung:
1. wenn ein Verbrechen den Gegenstand der Untersuchung bildet;
2. wenn der Angeschuldigte ein Heimatloser oder Landstreicher oder nicht imstande ist, sich über seine Person auszuweisen;
3. wenn der Angeschuldigte ein Ausländer ist und gegründeter Zweifel besteht, daß er sich auf Ladung vor Gericht stellen und dem Urteile Folge leisten werde.

§. 113.

Ist die Tat nur mit Haft oder mit Geldstrafe bedroht, so darf die Untersuchungshaft nur wegen Verdachts der Flucht und nur dann verhängt werden, wenn der Angeschuldigte zu den im §. 112 Nr. 2 oder 3 bezeichneten Personen gehört, oder wenn derselbe unter Polizeiaufsicht steht, oder wenn es sich um eine Übertretung handelt, wegen deren die Überweisung an die Landespolizeibehörde erkannt werden kann.

§. 114.

Die Verhaftung erfolgt auf Grund eines schriftlichen Haftbefehls des Richters.

In dem Haftbefehl ist der Angeschuldigte genau zu bezeichnen und die ihm zur Last gelegte strafbare Handlung sowie der Grund der Verhaftung anzugeben.

Dem Angeschuldigten ist der Haftbefehl bei der Verhaftung und, wenn dies nicht tunlich ist, spätestens am Tage nach seiner Einlieferung in das Gefängnis, nach Vorschrift des §. 35 bekannt zu machen und zu eröffnen, daß ihm das Rechtsmittel der Beschwerde zustehe.

§. 115.

Der Verhaftete muß spätestens am Tage nach seiner Einlieferung in das Gefängnis durch einen Richter über den Gegenstand der Beschuldigung gehört werden.

§. 116.

Der Verhaftete soll, soweit möglich, von anderen gesondert und nicht in demselben Raume mit Strafgefangenen verwahrt werden. Mit seiner Zustimmung kann von dieser Vorschrift abgesehen werden.

Dem Verhafteten dürfen nur solche Beschränkungen auferlegt werden, welche zur Sicherung des Zweckes der Haft oder zur Aufrechthaltung der Ordnung im Gefängnisse notwendig sind.

Bequemlichkeiten und Beschäftigungen, die dem Stande und den Vermögensverhältnissen des Verhafteten entsprechen, darf er sich auf seine Kosten verschaffen, soweit sie mit dem Zwecke der Haft vereinbar sind und weder die Ordnung im Gefängnisse stören, noch die Sicherheit gefährden.

Es soll bestimmt werden, daß auch die den Fluchtverdacht begründenden Tatsachen aktenkundig zu machen sind. (84)

Prot. I 89. II 182.

Auch in den im §. 112 Abs. 2 unter 1 bis 3 bezeichneten Fällen (bei Verbrechen sowie gegenüber Heimatlosen, Landstreichern und Ausländern) soll der Fluchtverdacht einer weiteren Begründung bedürfen; der Abs. 2 des §. 112 soll daher fortfallen. (85)

Prot. I 90 flg. II 182.

zu §. 116:

Es soll in den §. 116 der allgemeine Grundsatz aufgenommen werden, daß die Untersuchungshaft mit möglichster Schonung der Person und der Ehre des Verhafteten zu vollziehen ist. (86)

Prot. I 113. II 184 flg.

Über den schriftlichen Verkehr der Untersuchungsgefangenen sollen in Ergänzung der bisher dafür maßgebenden Vorschrift des §. 116 Abs. 2 noch folgende besondere Vorschriften in das Gesetz aufgenommen werden: (87)

> Der schriftliche Verkehr des Verhafteten unterliegt der Aufsicht des Richters, unbeschadet der besonderen Bestimmungen über den Verkehr mit dem Verteidiger.
>
> Eingaben an die Gerichte, die Staatsanwaltschaft und die Aufsichtsbehörde dürfen nicht zurückgehalten werden. Eingaben an andere Behörden können zurückgehalten werden, wenn sie beleidigenden oder sonst strafbaren Inhalts sind.

Fesseln dürfen im Gefängnisse dem Verhafteten nur dann angelegt werden, wenn es wegen besonderer Gefährlichkeit seiner Person, namentlich zur Sicherung anderer erforderlich erscheint, oder wenn er einen Selbstentleibungs- oder Entweichungsversuch gemacht oder vorbereitet hat. Bei der Hauptverhandlung soll er ungefesselt sein.

Die nach Maßgabe vorstehender Bestimmungen erforderlichen Verfügungen hat der Richter zu treffen. Die in dringenden Fällen von anderen Beamten getroffenen Anordnungen unterliegen der Genehmigung des Richters.

§. 117.

Ein Angeschuldigter, dessen Verhaftung lediglich wegen des Verdachts der Flucht angeordnet ist, kann gegen Sicherheitsleistung mit der Untersuchungshaft verschont werden.

§. 118.

Die Sicherheitsleistung ist durch Hinterlegung in barem Gelde oder in Wertpapieren oder durch Pfandbestellung oder mittels Bürgschaft geeigneter Personen zu bewirken.

Wird ein für den Verhafteten eingegangener Brief nicht übergeben, oder wird eine Eingabe oder ein Brief des Verhafteten zurückgehalten, so ist er davon unter Mitteilung des Grundes in Kenntnis zu setzen.

Prot. I 115 flg. II 184 flg.

Die im §. 116 Abs. 3 vorgesehene Beschränkung, wonach sich der Verhaftete nur solche Bequemlichkeiten und Beschäftigungen auf seine Kosten verschaffen darf, die seinem Stande und seinen Vermögensverhältnissen entsprechen, soll fortfallen. (88)

Prot. I 116 flg. II 185 flg.

Derselben Vorschrift soll noch hinzugefügt werden, daß dem Verhafteten unter den dort bezeichneten Voraussetzungen die Selbstbeköstigung und eine von ihm selbst gewählte Beschäftigung nicht versagt werden dürfen. (89)

Prot. II 185 flg.

In Ergänzung der Vorschrift des §. 116 Abs. 4 soll bestimmt werden, daß die Anlegung von Fesseln im Gefängnis auch dann zulässig ist, wenn es zur augenblicklichen Bewältigung tätlichen Widerstandes erforderlich erscheint. (90)

Prot. I 118. II 186.

Ferner sollen in Ergänzung derselben Vorschrift Bestimmungen aufgenommen werden, nach denen die Fesselung Verhafteter auf dem Transport unter den gleichen Voraussetzungen wie im Gefängnis und ferner dann zulässig ist, wenn die Fesselung wegen Fluchtgefahr unerläßlich erscheint. (91)

Prot. I 118. II 186.

Hinsichtlich der Fesselung auf dem Transporte soll außerdem bestimmt werden, daß, soweit möglich, Verhaftete nicht mit Strafgefangenen und Verhaftete, die sich im Besitze der bürgerlichen Ehrenrechte befinden, nicht mit solchen Verhafteten, denen die bürgerlichen Ehrenrechte aberkannt sind, zusammenzufesseln sind. (92)

Prot. I 118. II 186.

In Ergänzung der Vorschrift des §. 116 Abs. 5 soll bestimmt werden, daß die in dringenden Fällen von anderen Beamten als vom Richter getroffenen Anordnungen unverzüglich zur Kenntnis des Richters zu bringen sind. (93)

Prot. I 118 flg. II 186 flg.

Endlich soll in den §. 116 die Vorschrift aufgenommen werden, daß Disziplinarstrafen gegen Verhaftete nur verhängt werden dürfen, soweit es zur Aufrechterhaltung der Ordnung im Gefängnis und der Sicherheit notwendig ist. (94)

Prot. I 118. II 186.

Die Höhe und die Art der zu leistenden Sicherheit wird von dem Richter nach freiem Ermessen festgesetzt.

§. 119.

Der Angeschuldigte, welcher seine Freilassung gegen Sicherheitsleistung beantragt, ist, wenn er nicht im Deutschen Reich wohnt, verpflichtet, eine im Bezirk des zuständigen Gerichts wohnhafte Person zur Empfangnahme von Zustellungen zu bevollmächtigen.

§. 120.

Der Sicherheitsleistung ungeachtet ist der Angeschuldigte zur Haft zu bringen, wenn er Anstalten zur Flucht trifft, wenn er auf ergangene Ladung ohne genügende Entschuldigung ausbleibt, oder wenn neu hervorgetretene Umstände seine Verhaftung erforderlich machen.

§. 121.

Eine noch nicht verfallene Sicherheit wird frei, wenn der Angeschuldigte zur Haft gebracht, oder wenn der Haftbefehl aufgehoben worden ist, oder wenn der Antritt der erkannten Freiheitsstrafe erfolgt.

Diejenigen, welche für den Angeschuldigten Sicherheit geleistet haben, können ihre Befreiung dadurch herbeiführen, daß sie entweder binnen einer vom Gerichte zu bestimmenden Frist die Gestellung des Angeschuldigten bewirken, oder von den Tatsachen, welche den Verdacht einer vom Angeschuldigten beabsichtigten Flucht begründen, rechtzeitig dergestalt Anzeige machen, daß die Verhaftung bewirkt werden kann.

§. 122.

Eine noch nicht frei gewordene Sicherheit verfällt der Staatskasse, wenn der Angeschuldigte sich der Untersuchung oder dem Antritt der erkannten Freiheitsstrafe entzieht.

Vor der Entscheidung sind der Angeschuldigte sowie diejenigen, welche für den Angeschuldigten Sicherheit geleistet haben, zu einer Erklärung aufzufordern. Gegen die Entscheidung steht ihnen nur die sofortige Beschwerde zu. Vor der Entscheidung über die Beschwerde ist den Beteiligten und der Staatsanwaltschaft Gelegenheit zur mündlichen Begründung ihrer Anträge sowie zur Erörterung über stattgehabte Ermittelungen zu geben.

Die den Verfall aussprechende Entscheidung hat gegen diejenigen, welche für den Angeschuldigten Sicherheit geleistet haben, die Wirkungen eines von dem Zivilrichter erlassenen, für vorläufig vollstreckbar erklärten Endurteils, und nach Ablauf der Beschwerdefrist die Wirkungen eines rechtskräftigen Zivilendurteils.

§. 123.

Der Haftbefehl ist aufzuheben, wenn der in demselben angegebene Grund der Verhaftung weggefallen ist, oder wenn der Angeschuldigte freigesprochen oder außer Verfolgung gesetzt wird.

Durch Einlegung eines Rechtsmittels darf die Freilassung des Angeschuldigten nicht verzögert werden.

zu §. 123:

An Stelle der Vorschrift des §. 123 Abs. 1, nach welcher der Haftbefehl aufzuheben ist, wenn der in demselben angegebene Grund der Verhaftung weggefallen ist, soll die Vorschrift treten, daß der Haftbefehl aufzuheben ist, wenn ein zur Erlassung des Haftbefehls berechtigender Grund nicht mehr vorliegt. (95)

Prot. I 96 flg. II 187.

§. 124.

Die auf die Untersuchungshaft, einschließlich der Sicherheitsleistung, bezüglichen Entscheidungen werden von dem zuständigen Gericht erlassen.

In der Voruntersuchung ist der Untersuchungsrichter zur Erlassung des Haftbefehls und mit Zustimmung der Staatsanwaltschaft auch zur Aufhebung eines solchen sowie zur Freilassung des Angeschuldigten gegen Sicherheitsleistung befugt. Versagt die Staatsanwaltschaft diese Zustimmung, so hat der Untersuchungsrichter, wenn er die beanstandete Maßregel anordnen will, unverzüglich, spätestens binnen vierundzwanzig Stunden, die Entscheidung des Gerichts nachzusuchen.

Die gleiche Befugnis hat nach Eröffnung des Hauptverfahrens in dringenden Fällen der Vorsitzende des erkennenden Gerichts.

§. 125.

Auch vor Erhebung der öffentlichen Klage kann, wenn ein zur Erlassung eines Haftbefehls berechtigender Grund vorhanden ist, vom Amtsrichter auf Antrag der Staatsanwaltschaft oder, bei Gefahr im Verzuge, von Amtswegen ein Haftbefehl erlassen werden.

Zur Erlassung dieses Haftbefehls und der auf die Untersuchungshaft, einschließlich der Sicherheitsleistung, bezüglichen Entscheidungen ist jeder Amtsrichter befugt, in dessen Bezirk ein Gerichtsstand für die Sache begründet ist oder der zu Verhaftende betroffen wird.

Die Bestimmungen der §§. 114—123 finden entsprechende Anwendung.

§. 126.

Der vor Erhebung der öffentlichen Klage erlassene Haftbefehl ist aufzuheben, wenn die Staatsanwaltschaft es beantragt, oder wenn nicht binnen einer Woche nach Vollstreckung des Haftbefehls die öffentliche Klage erhoben und die Fortdauer der Haft von dem zuständigen Richter angeordnet, auch diese Anordnung zur Kenntnis des Amtsrichters gelangt ist.

Wenn zur Vorbereitung und Erhebung der öffentlichen Klage die Frist von einer Woche nicht genügt, so kann dieselbe auf Antrag der Staatsanwaltschaft vom Amtsrichter um eine Woche und, wenn es sich um ein Verbrechen oder Vergehen handelt, auf erneuten Antrag der Staatsanwaltschaft um fernere zwei Wochen verlängert werden.

§. 127.

Wird jemand auf frischer Tat betroffen oder verfolgt, so ist, wenn er der Flucht verdächtig ist oder seine Persönlichkeit nicht sofort festgestellt werden kann, jedermann befugt, ihn auch ohne richterlichen Befehl vorläufig festzunehmen.

zu §§. 125, 126:

Es soll bestimmt werden, daß der Amtsrichter zur Aufhebung des vor Erhebung der öffentlichen Klage erlassenen Haftbefehls und zur Freilassung des Beschuldigten gegen Sicherheitsleistung im Falle des §. 117 nur mit Zustimmung der Staatsanwaltschaft befugt ist. Versagt die Staatsanwaltschaft die Zustimmung, so soll der Amtsrichter berechtigt sein, die Entscheidung des übergeordneten Landgerichts herbeizuführen. (96)

Prot. I 98 flg. II 187 flg.

zu §. 126:

An die Stelle der im §. 126 Abs. 1 vorgesehenen Haftfrist von einer Woche soll bei Verbrechen und Vergehen sowie bei den im §. 361 Nr. 3 bis 8 des Strafgesetzbuchs bezeichneten Übertretungen eine Frist von vier Wochen, bei anderen Übertretungen eine Frist von zwei Wochen treten. (97)

Prot. I 100 flg. II 189 flg.

Die Vorschrift, wonach auch die Anordnung der Fortdauer der Haft noch innerhalb der Haftfrist zur Kenntnis des Amtsrichters gelangt sein muß, wenn nicht der Haftbefehl aufgehoben werden soll, soll fortfallen. (98)

Prot. II 189, 103.

Eine Verlängerung der Fristen, wie sie bisher im §. 126 Abs. 2 vorgesehen war, soll künftig ausgeschlossen sein. (99)

Prot. I 100 flg. II 190.

Die Staatsanwaltschaft soll, wenn sie die Aufhebung des Haftbefehls gemäß §. 126 beantragen will, schon vor der formellen Aufhebung durch den Amtsrichter den Beschuldigten freilassen dürfen. (100)

Prot. I 101 flg. II 189.

Die Staatsanwaltschaft und die Polizei- und Sicherheitsbeamten sind auch dann zur vorläufigen Festnahme befugt, wenn die Voraussetzungen eines Haftbefehls vorliegen und Gefahr im Verzug obwaltet.

Bei strafbaren Handlungen, deren Verfolgung nur auf Antrag eintritt, ist die vorläufige Festnahme von der Stellung eines solchen Antrags nicht abhängig.

§. 128.

Der Festgenommene ist unverzüglich, sofern er nicht wieder in Freiheit gesetzt wird, dem Amtsrichter des Bezirks, in welchem die Festnahme erfolgt ist, vorzuführen. Der Amtsrichter hat ihn spätestens am Tage nach der Vorführung zu vernehmen.

Hält der Amtsrichter die Festnahme nicht für gerechtfertigt oder die Gründe derselben für beseitigt, so verordnet er die Freilassung. Anderenfalls erläßt er einen Haftbefehl, auf welchen die Bestimmungen des §. 126 Anwendung finden.

§. 129.

Ist gegen den Festgenommenen bereits die öffentliche Klage erhoben, so ist derselbe entweder sofort, oder auf Verfügung des Amtsrichters, welchem derselbe zunächst vorgeführt worden, dem zuständigen Gericht oder Untersuchungsrichter vorzuführen, und haben diese spätestens am Tage nach der Vorführung über Freilassung oder Verhaftung des Festgenommenen zu entscheiden.

§. 130.

Wird wegen Verdachts einer strafbaren Handlung, deren Verfolgung nur auf Antrag eintritt, ein Haftbefehl erlassen, bevor der Antrag gestellt ist, so ist der Antragsberechtigte, von mehreren wenigstens einer derselben, sofort von dem Erlaß des Haftbefehls in Kenntnis zu setzen. Auf den Haftbefehl finden die Bestimmungen des §. 126 gleichfalls Anwendung.

§. 131.

Auf Grund eines Haftbefehls können von dem Richter sowie von der Staatsanwaltschaft Steckbriefe erlassen werden, wenn der zu Verhaftende flüchtig ist oder sich verborgen hält.

zu §. 128:

Hat der Amtsrichter, in dessen Bezirk eine Festnahme erfolgt ist, denselben Amtssitz wie der in der Sache selbst zuständige Amtsrichter, so soll der Festgenommene künftig nicht mehr dem ersteren, sondern dem in der Sache zuständigen Amtsrichter vorgeführt werden. (101)

Prot. I 102. II 192.

Ferner soll bestimmt werden, daß an die Stelle der im §. 128 vorgesehenen Vorführung die Einsendung der über die Festnahme aufgenommenen Verhandlungen tritt, wenn sich der Festgenommene in einem körperlichen Zustande befindet, welcher die Vorführung mit Rücksicht auf seinen Gesundheitszustand nicht zuläßt. In diesem Falle darf die Vernehmung so lange ausgesetzt bleiben, als von ihr Gefahr für Leben oder Gesundheit des Festgenommenen zu befürchten ist. (102)

Prot. I 102. II 192.

zu §. 130:

Der Vorschrift des §. 130 soll die ausdrückliche Bestimmung vorangeschickt werden, daß bei strafbaren Handlungen, deren Verfolgung nur auf Antrag eintritt, die Verhaftung von der Stellung eines solchen Antrags nicht abhängig ist. (103)

Prot. I 103. II 192 flg.

Ferner soll bestimmt werden, daß die im §. 130 Satz 1 vorgeschriebene Benachrichtigung des Antragsberechtigten durch den Amtsrichter zu erfolgen hat. (104)

Prot. I 103. II 193.

Endlich soll bestimmt werden, daß der Haftbefehl nicht nur nach Maßgabe des §. 126 Abs. 1, sondern auch dann aufzuheben ist, wenn binnen einer Woche nach Vollstreckung des Haftbefehls der Strafantrag nicht gestellt ist. (105)

Prot. I 103. II 193.

Ohne vorgängigen Haftbefehl ist eine steckbriefliche Verfolgung nur dann statthaft, wenn ein Festgenommener aus dem Gefängnisse entweicht oder sonst sich der Bewachung entzieht. In diesem Falle sind auch die Polizeibehörden zur Erlassung des Steckbriefs befugt.

Der Steckbrief soll, soweit dies möglich, eine Beschreibung des zu Verhaftenden enthalten und die demselben zur Last gelegte strafbare Handlung sowie das Gefängnis bezeichnen, in welches die Ablieferung zu erfolgen hat.

§. 132.

Ist Jemand auf Grund eines Haftbefehls oder eines Steckbriefs ergriffen worden, und kann er nicht spätestens am Tage nach der Ergreifung vor den zuständigen Richter gestellt werden, so ist er auf sein Verlangen sofort dem nächsten Amtsrichter vorzuführen.

Seine Vernehmung ist spätestens am Tage nach der Ergreifung zu bewirken. Weist er bei der Vernehmung nach, daß er nicht die verfolgte Person, oder daß die Verfolgung durch die zuständige Behörde wieder aufgehoben sei, so hat der Amtsrichter seine Freilassung zu verfügen.

Zehnter Abschnitt.

Vernehmung des Beschuldigten.

§. 133.

Der Beschuldigte ist zur Vernehmung schriftlich zu laden.

Die Ladung kann unter der Androhung geschehen, daß im Falle des Ausbleibens seine Vorführung erfolgen werde.

§. 134.

Die sofortige Vorführung des Beschuldigten kann verfügt werden, wenn Gründe vorliegen, welche die Erlassung eines Haftbefehls rechtfertigen würden.

In dem Vorführungsbefehle ist der Beschuldigte genau zu bezeichnen und die ihm zur Last gelegte strafbare Handlung sowie der Grund der Vorführung anzugeben.

§. 135.

Der Vorgeführte ist sofort von dem Richter zu vernehmen. Ist dies nicht ausführbar, so kann er bis zu seiner Vernehmung, jedoch nicht über den nächstfolgenden Tag hinaus, festgehalten werden.

zu §. 132:

Die im §. 132 Abs. 1 vorgeschriebene Vorführung vor den nächsten Amtsrichter soll nicht nur auf Verlangen des Ergriffenen, sondern, sofern dieser nicht widerspricht, auch auf das Ersuchen der verfolgenden Behörde erfolgen. Das Ersuchen soll schon in dem Haftbefehl oder dem Steckbriefe gestellt werden können. (106)

Prot. I 103 flg. II 193.

Auch an die Stelle der im §. 132 vorgeschriebenen Vorführung soll die Einsendung der über die Festnahme aufgenommenen Verhandlungen nach Maßgabe des Beschl. Nr. 102 treten können. (107)

Prot. I 104. II 193.

Für die im §. 132 Abs. 2 vorgesehene Vernehmung des Ergriffenen soll bestimmt werden, daß der Amtsrichter die Freilassung schon dann zu verfügen hat, wenn nach Prüfung der Sachlage erhebliche Zweifel bestehen, ob der Ergriffene die verfolgte Person sei. (108)

Prot. II 193 flg.

zu §§. 133, 134:

Gemäß Beschl. Nr. 121 ist im Ermittelungsverfahren künftig auch die Staatsanwaltschaft befugt, den Beschuldigten unter der Androhung zu laden, daß im Falle unentschuldigten Ausbleibens seine Vorführung erfolgen werde, und unter den Voraussetzungen des §. 134 die sofortige Vorführung des Beschuldigten zu verfügen.

§. 136.

Bei Beginn der ersten Vernehmung ist dem Beschuldigten zu eröffnen, welche strafbare Handlung ihm zur Last gelegt wird. Der Beschuldigte ist zu befragen, ob er etwas auf die Beschuldigung erwidern wolle.

Die Vernehmung soll dem Beschuldigten Gelegenheit zur Beseitigung der gegen ihn vorliegenden Verdachtsgründe und zur Geltendmachung der zu seinen Gunsten sprechenden Tatsachen geben.

Bei der ersten Vernehmung des Beschuldigten ist zugleich auf die Ermittelung seiner persönlichen Verhältnisse Bedacht zu nehmen.

Elfter Abschnitt.

Verteidigung.

§. 137.

Der Beschuldigte kann sich in jeder Lage des Verfahrens des Beistandes eines Verteidigers bedienen.

Hat der Beschuldigte einen gesetzlichen Vertreter, so kann auch dieser selbständig einen Verteidiger wählen.

§. 138.

Zu Verteidigern können die bei einem deutschen Gerichte zugelassenen Rechtsanwälte sowie die Rechtslehrer an deutschen Hochschulen gewählt werden.

Andere Personen können nur mit Genehmigung des Gerichts und, wenn der Fall einer notwendigen Verteidigung vorliegt und der Gewählte nicht zu den Personen gehört, welche zu Verteidigern bestellt werden dürfen, nur in Gemeinschaft mit einer solchen als Wahlverteidiger zugelassen werden.

§. 139.

Der als Verteidiger gewählte Rechtsanwalt kann mit Zustimmung des Angeklagten die Verteidung einem Rechtskundigen, welcher die erste Prüfung für den Justizdienst bestanden hat und in demselben seit mindestens zwei Jahren beschäftigt ist, übertragen.

§. 140.

Die Verteidigung ist notwendig in den Sachen, welche vor dem Reichsgericht in erster Instanz oder vor dem Schwurgerichte zu verhandeln sind.

In Sachen, welche vor dem Landgericht in erster Instanz zu verhandeln sind, ist die Verteidigung notwendig:

1. wenn der Angeschuldigte taub oder stumm ist oder das sechzehnte Lebensjahr noch nicht vollendet hat;
2. wenn ein Verbrechen den Gegenstand der Untersuchung bildet und der Beschuldigte oder sein gesetzlicher Vertreter die Bestellung eines Verteidigers beantragt.

   Diese Bestimmung findet nicht Anwendung, wenn die strafbare Handlung nur deshalb als ein Verbrechen sich darstellt, weil sie im Rückfall begangen ist.

zu §. 136:

Gemäß Beschl. Nr. 129 sind bei der ersten Vernehmung des Beschuldigten künftig auch die einzelnen von ihm zugestandenen, bestrittenen oder zu seiner Entlastung angeführten Tatsachen unter Angabe der von ihm bezeichneten Beweismittel im Protokoll anzuführen.

zu §. 140:

Gemäß den Beschl. Nr. 12, 13, 34 tritt an die Stelle der Vorschrift, daß die Verteidigung in Schwurgerichtssachen notwendig ist, künftig die Vorschrift, daß sie in denjenigen Sachen notwendig ist, welche vor dem großen Schöffengericht in erster Instanz und vor dem großen Schöffenberufungsgerichte zu verhandeln sind. Ferner beziehen sich gemäß den Beschl. Nr. 12, 13, 33 die Vorschriften des Abs. 2 künftig auf diejenigen Sachen, welche vor dem mittleren Schöffengericht in erster Instanz oder vor dem großen Schöffengericht in der Berufungsinstanz zu verhandeln sind.

Prot. II 158, 159.

In den vor dem mittleren Schöffengericht in erster Instanz und vor dem großen Schöffengericht in der Berufungsinstanz zu verhandelnden Sachen soll die Verteidigung auch für diejenigen Angeschuldigten notwendig sein, die zwar das sechzehnte, aber noch nicht das achtzehnte Lebensjahr vollendet haben. Für (109)

In den Fällen des Abs. 1 und des Abs. 2 Nr. 1 ist dem Angeschuldigten, welcher einen Verteidiger noch nicht gewählt hat, ein solcher von Amts wegen zu bestellen, sobald die im §. 199 vorgeschriebene Aufforderung stattgefunden hat. In dem Falle des Abs. 2 Nr. 2 ist der Antrag binnen einer Frist von drei Tagen nach der Aufforderung zu stellen.

§. 141.

In anderen als in den im §. 140 bezeichneten Fällen kann das Gericht und bei vorhandener Dringlichkeit der Vorsitzende desselben auf Antrag oder von Amts wegen einen Verteidiger bestellen.

§. 142.

Die Bestellung des Verteidigers kann schon während des Vorverfahrens erfolgen.

§. 143.

Die Bestellung ist zurückzunehmen, wenn demnächst ein anderer Verteidiger gewählt wird und dieser die Wahl annimmt.

§. 144.

Die Auswahl des zu bestellenden Verteidigers erfolgt durch den Vorsitzenden des Gerichts aus der Zahl der am Sitze dieses Gerichts wohnhaften Rechtsanwälte. Für das vorbereitende Verfahren erfolgt die Bestellung durch den Amtsrichter.

Auch Justizbeamte, welche nicht als Richter angestellt sind, sowie solche Rechtskundige, welche die vorgeschriebene erste Prüfung für den Justizdienst bestanden haben, können als Verteidiger bestellt werden.

§. 145.

Wenn in einem Falle, in welchem die Verteidigung eine notwendige oder die Bestellung eines Verteidigers in Gemäßheit des §. 141 erfolgt ist, der Verteidiger in der Hauptverhandlung ausbleibt, sich unzeitig entfernt oder sich weigert, die Verteidigung zu führen, so hat der Vorsitzende dem Angeklagten

die Berechnung des Alters soll der Zeitpunkt maßgebend sein, in dem die Bestellung des Verteidigers zu erfolgen hat.

Prot. I 122 flg. II 159 flg.

In den Fällen, in welchen nach §. 140 Abs. 1 und Abs. 2 Nr. 1 ein Verteidiger von Amts wegen zu bestellen ist, soll die Bestellung, falls eine Voruntersuchung stattfindet, nicht erst bei der im §. 199 vorgeschriebenen Aufforderung, sondern gleich nach Eröffnung der Voruntersuchung erfolgen müssen. (110)

Prot. I 124 flg. II 160 flg.

In den Fällen, in welchen nach §. 140 Abs. 2 Nr. 2 ein Verteidiger nur auf Antrag zu bestellen ist, soll der Angeschuldigte bei der im §. 199 vorgeschriebenen Aufforderung zugleich darauf hingewiesen werden müssen, daß er die Bestellung eines Verteidigers verlangen könne. Findet in diesen Fällen eine Voruntersuchung statt, so soll die Bestellung des Verteidigers schon während der Voruntersuchung erfolgen müssen, wenn es vom Angeschuldigten beantragt wird. (111)

Prot. I 125. II 160.

zu §. 141:

Der Vorschrift des §. 141 soll die Anweisung hinzugefügt werden, daß nach Maßgabe dieser Vorschrift die Bestellung eines Verteidigers dann erfolgen soll, wenn das Gericht bezw. der Vorsitzende die Überzeugung gewinnt, daß der Beschuldigte aus Gründen, die in seiner Person oder in der Sache liegen, außerstande ist, sich selbst zu verteidigen. (112)

Prot. II 163.

sogleich einen anderen Verteidiger zu bestellen. Das Gericht kann jedoch auch eine Aussetzung der Verhandlung beschließen.

Erklärt der neu bestellte Verteidiger, daß ihm die zur Vorbereitung der Verteidigung erforderliche Zeit nicht verbleiben würde, so ist die Verhandlung zu unterbrechen oder auszusetzen.

Wird durch die Schuld des Verteidigers eine Aussetzung erforderlich, so sind demselben, vorbehaltlich dienstlicher Ahndung, die hierdurch verursachten Kosten aufzuerlegen.

§. 146.

Die Verteidigung mehrerer Beschuldigter kann, insofern dies der Aufgabe der Verteidigung nicht widerstreitet, durch einen gemeinschaftlichen Verteidiger geführt werden.

§. 147.

Der Verteidiger ist nach dem Schlusse der Voruntersuchung und, wenn eine solche nicht stattgefunden hat, nach Einreichung der Anklageschrift bei dem Gerichte zur Einsicht der dem Gerichte vorliegenden Akten befugt.

Schon vor diesem Zeitpunkte ist ihm die Einsicht der gerichtlichen Untersuchungsakten insoweit zu gestatten, als dies ohne Gefährdung des Untersuchungszweckes geschehen kann.

Die Einsicht der Protokolle über die Vernehmung des Beschuldigten, der Gutachten der Sachverständigen und der Protokolle über diejenigen gerichtlichen Handlungen, denen der Verteidiger beizuwohnen befugt ist, darf ihm keinenfalls verweigert werden.

Nach dem Ermessen des Vorsitzenden können die Akten, mit Ausnahme der Überführungsstücke, dem Verteidiger in seine Wohnung verabfolgt werden.

§. 148.

Dem verhafteten Beschuldigten ist schriftlicher und mündlicher Verkehr mit dem Verteidiger gestattet.

zu §. 147:

Der Verteidiger soll zur Einsicht anderer dem Gerichte vorliegenden Akten als der Untersuchungsakten immer nur insoweit berechtigt sein, als sie mit der Untersuchung im Zusammenhange stehen. (113)

Mit der sich hieraus ergebenden Einschränkung soll das Recht des Verteidigers auf Akteneinsicht von dem im §. 147 Abs. 1 bezeichneten Zeitpunkt an in vollem Umfange bestehen bleiben.

Prot. II 164 flg.

Auch während der Voruntersuchung soll der Verteidiger grundsätzlich zur Einsicht der gesamten gerichtlichen Untersuchungsakten und — mit der sich aus Beschl. Nr. 113 ergebenden Einschränkung — aller dem Gerichte vorliegenden anderen Akten berechtigt sein. Jedoch soll der Richter befugt sein, dem Verteidiger die Einsicht einzelner Aktenstücke zu verweigern, wenn die Gefahr besteht, daß die Kenntnis dieser Aktenstücke seitens des Angeschuldigten oder im Interesse desselben zur Gefährdung des Untersuchungszwecks oder der öffentlichen Ordnung benutzt werden kann. Nur die Einsicht der Protokolle über die Vernehmung des Beschuldigten, der Gutachten der Sachverständigen und der Protokolle über diejenigen gerichtlichen Handlungen, denen der Verteidiger beigewohnt hat oder beizuwohnen befugt gewesen wäre, soll ihm, wie bereits nach §. 147 Abs. 3, keinesfalls verweigert werden dürfen. (114)

Überdies soll vorgesehen werden, daß die Vorlegung der Akten an den Verteidiger nicht ohne Vorwissen des Richters erfolgen darf.

Prot. I 127 flg. II 164 flg.

Während des Ermittelungsverfahrens soll dem Verteidiger nur die Einsicht der Protokolle über die Vernehmung des Beschuldigten, der Gutachten der Sachverständigen und der Protokolle über diejenigen gerichtlichen Handlungen, denen der Verteidiger beigewohnt hat oder beizuwohnen befugt gewesen wäre, nicht verweigert werden dürfen. (115)

Prot. I 129 flg. II 167 flg.

zu §. 148:

Der schriftliche Verkehr des verhafteten Beschuldigten mit dem Verteidiger soll — unter Wegfall der Vorschrift des §. 148 Abs. 2 — im allgemeinen (116)

So lange das Hauptverfahren nicht eröffnet ist, kann der Richter schriftliche Mitteilungen zurückweisen, falls deren Einsicht ihm nicht gestattet wird.

Bis zu demselben Zeitpunkte kann der Richter, sofern die Verhaftung nicht lediglich wegen Verdachts der Flucht gerechtfertigt ist, anordnen, daß den Unterredungen mit dem Verteidiger eine Gerichtsperson beiwohne.

§. 149.

Der Ehemann einer Angeklagten ist in der Hauptverhandlung als Beistand derselben zuzulassen und auf sein Verlangen zu hören.

Dasselbe gilt von dem gesetzlichen Vertreter eines Angeklagten.

In dem Vorverfahren unterliegt die Zulassung solcher Beistände dem richterlichen Ermessen.

§. 150.

Dem zum Verteidiger bestellten Rechtsanwalte sind für die geführte Verteidigung die Gebühren nach Maßgabe der Gebührenordnung aus der Staatskasse zu bezahlen.

Der Rückgriff an den in die Kosten verurteilten Angeklagten bleibt vorbehalten.

Zweites Buch.

Verfahren in erster Instanz.

Erster Abschnitt.

Öffentliche Klage.

§. 151.

Die Eröffnung einer gerichtlichen Untersuchung ist durch die Erhebung einer Klage bedingt.

§. 152.

Zur Erhebung der öffentlichen Klage ist die Staatsanwaltschaft berufen.

Dieselbe ist, soweit nicht gesetzlich ein anderes bestimmt ist, verpflichtet, wegen aller gerichtlich strafbaren und verfolgbaren Handlungen einzuschreiten, sofern zureichende tatsächliche Anhaltspunkte vorliegen.

unbeschränkt sein. Nur sollen, solange nicht das Stattfinden der Hauptverhandlung beschlossen bezw. Termin zur Hauptverhandlung anberaumt ist, schriftliche Mitteilungen des Verteidigers an den Beschuldigten zurückgewiesen werden können, wenn sie nicht dem Richter oder dem Gefängnisvorstande vom Verteidiger persönlich übergeben oder mit einem an den Richter oder Gefängnisvorstand gerichteten Begleitbriefe des Verteidigers übersendet werden.

Prot. I 130 flg. II 168 flg.

Der mündliche Verkehr des verhafteten Beschuldigten mit dem Verteidiger soll keiner Beschränkung unterliegen; die Vorschrift des §. 148 Abs. 3 soll demgemäß in Wegfall kommen. (117)

Prot. I 130 flg. II 169 flg.

zu §. 151:

Die Eröffnung einer Voruntersuchung soll durch die Erhebung einer Klage nicht bedingt sein, vielmehr auf Antrag der Staatsanwaltschaft auch gegen einen unbekannten Täter erfolgen können. (118)

Prot. I 174 flg. II 87.

zu §. 152:

Es soll bestimmt werden, daß die Staatsanwaltschaft bei Übertretungen und, im Falle des Einverständnisses des Verletzten, auch bei den von Personen unter vierzehn Jahren begangenen Verbrechen und Vergehen von der Strafverfolgung absehen darf, wenn diese nicht im öffentlichen Interesse liegt. (119)

Prot. II 39 flg.

§. 153.

Die Untersuchung und Entscheidung erstreckt sich nur auf die in der Klage bezeichnete Tat und auf die durch die Klage beschuldigten Personen.

Innerhalb dieser Grenzen sind die Gerichte zu einer selbständigen Tätigkeit berechtigt und verpflichtet; insbesondere sind sie bei Anwendung des Strafgesetzes an die gestellten Anträge nicht gebunden.

§. 154.

Die öffentliche Klage kann nach Eröffnung der Untersuchung nicht zurückgenommen werden.

§. 155.

Im Sinne dieses Gesetzes ist:

Angeschuldigter der Beschuldigte, gegen welchen die öffentliche Klage erhoben ist,

Angeklagter der Beschuldigte oder Angeschuldigte, gegen welchen die Eröffnung des Hauptverfahrens beschlossen ist.

Zweiter Abschnitt.

Vorbereitung der öffentlichen Klage.

§. 156.

Anzeigen strafbarer Handlungen oder Anträge auf Strafverfolgung können bei der Staatsanwaltschaft, den Behörden und Beamten des Polizei- und Sicherheitsdienstes und den Amtsgerichten mündlich oder schriftlich angebracht werden. Die mündliche Anzeige ist zu beurkunden.

Bei strafbaren Handlungen, deren Verfolgung nur auf Antrag eintritt, muß der Antrag bei einem Gericht oder der Staatsanwaltschaft schriftlich oder zu Protokoll, bei einer anderen Behörde schriftlich angebracht werden.

§. 157.

Sind Anhaltspunkte dafür vorhanden, daß jemand eines nicht natürlichen Todes gestorben ist, oder wird der Leichnam eines Unbekannten gefunden, so sind die Polizei- und Gemeindebehörden zur sofortigen Anzeige an die Staatsanwaltschaft oder an den Amtsrichter verpflichtet.

Die Beerdigung darf nur auf Grund einer schriftlichen Genehmigung der Staatsanwaltschaft oder des Amtsrichters erfolgen.

§. 158.

Sobald die Staatsanwaltschaft durch eine Anzeige oder auf anderem Wege von dem Verdacht einer strafbaren Handlung Kenntnis erhält, hat sie behufs ihrer Entschließung darüber, ob die öffentliche Klage zu erheben sei, den Sachverhalt zu erforschen.

zu §. 154:

Gemäß den zu den §§. 211, 451, 454 und 460 der Str.Pr.O. gefaßten Beschlüssen (Nr. 161, 272, 277, 283) wird künftig die Zurücknahme der öffentlichen Klage in den dort bezeichneten Ausnahmefällen zulässig sein.

Prot. II 51 flg.

zu §. 156:

Die Anbringung des Strafantrags zu Protokoll soll auch bei den Behörden (120)
und Beamten des Polizei- und Sicherheitsdienstes zulässig sein; das Protokoll ist von dem Antragsteller zu unterzeichnen.

Prot. II 69 flg.

Die Staatsanwaltschaft hat nicht blos die zur Belastung, sondern auch die zur Entlastung dienenden Umstände zu ermitteln und für die Erhebung derjenigen Beweise Sorge zu tragen, deren Verlust zu besorgen steht.

§. 159.

Zu dem im vorstehenden Paragraphen bezeichneten Zwecke kann die Staatsanwaltschaft von allen öffentlichen Behörden Auskunft verlangen und Ermittelungen jeder Art, mit Ausschluß eidlicher Vernehmungen, entweder selbst vornehmen oder durch die Behörden und Beamten des Polizei- und Sicherheitsdienstes vornehmen lassen. Die Behörden und Beamten des Polizei- und Sicherheitsdienstes sind verpflichtet, dem Ersuchen oder Auftrage der Staatsanwaltschaft zu genügen.

§. 160.

Erachtet die Staatsanwaltschaft die Vornahme einer richterlichen Untersuchungshandlung für erforderlich, so stellt sie ihre Anträge bei dem Amtsrichter des Bezirks, in welchem diese Handlung vorzunehmen ist.

Der Amtsrichter hat zu prüfen, ob die beantragte Handlung nach den Umständen des Falles gesetzlich zulässig ist.

§. 161.

Die Behörden und Beamten des Polizei- und Sicherheitsdienstes haben strafbare Handlungen zu erforschen und alle keinen Aufschub gestattenden Anordnungen zu treffen, um die Verdunkelung der Sache zu verhüten.

Sie übersenden ihre Verhandlungen ohne Verzug der Staatsanwaltschaft. Erscheint die schleunige Vornahme richterlicher Untersuchungshandlungen erforderlich, so kann die Übersendung unmittelbar an den Amtsrichter erfolgen.

§. 162.

Bei Amtshandlungen an Ort und Stelle ist der Beamte, welcher dieselben leitet, befugt, Personen, welche seine amtliche Tätigkeit vorsätzlich stören oder sich den von ihm innerhalb seiner Zuständigkeit getroffenen Anordnungen widersetzen, festnehmen und bis zur Beendigung seiner Amtsverrichtungen, jedoch nicht über den nächstfolgenden Tag hinaus, festhalten zu lassen.

§. 163.

Wenn Gefahr im Verzug obwaltet, hat der Amtsrichter die erforderlichen Untersuchungshandlungen von Amtswegen vorzunehmen.

§. 164.

Wird der Beschuldigte von dem Amtsrichter vernommen und beantragt er bei dieser Vernehmung zu seiner Entlastung einzelne Beweiserhebungen, so hat

zu §. 159:

Die Vornahme der Ermittelungen, insbesondere die Vernehmung der Beschuldigten, Zeugen und Sachverständigen durch die Staatsanwaltschaft selbst (bezw. unter der Leitung der Staatsanwaltschaft durch die ihr zur Aushilfe zugewiesenen Beamten oder die Amtsanwälte) soll die Regel bilden. (121)

Die Staatsanwaltschaft soll daher im Ermittelungsverfahren befugt sein, den Beschuldigten und die Zeugen unter der Androhung zwangsweiser Vorführung zu laden und, falls sie ohne genügende Entschuldigung nicht erscheinen, zwangsweise vorführen zu lassen, sowie ohne vorgängige Ladung die Vorführung des Beschuldigten zu verfügen, wenn Gründe vorliegen, welche die Erlassung eines Haftbefehls rechtfertigen würden (zu vergl. §. 134).

Prot. I 163 flg., 165 flg. II 73 flg.

zu §. 164:

Nicht blos dem von dem Amtsrichter, sondern auch dem von der Staatsanwaltschaft oder auf deren Veranlassung vernommenen Beschuldigten soll das (122)

der Amtsrichter dieselben, soweit er sie für erheblich erachtet, vorzunehmen, wenn der Verlust der Beweise zu besorgen steht oder die Beweiserhebung die Freilassung des Beschuldigten begründen kann.

Der Richter kann, wenn die Beweiserhebung in einem anderen Amtsbezirke vorzunehmen ist, den Amtsrichter des letzteren um Vornahme derselben ersuchen.

§. 165.

In den Fällen der §§. 163, 164 gebührt der Staatsanwaltschaft die weitere Verfügung.

§. 166.

Die Beurkundung der von dem Amtsrichter vorzunehmenden Untersuchungshandlungen und die Zuziehung eines Gerichtsschreibers erfolgt nach den für die Voruntersuchung geltenden Vorschriften.

§. 167.

Für die Teilnahme der Staatsanwaltschaft an den richterlichen Verhandlungen kommen die für die Voruntersuchung geltenden Vorschriften zur Anwendung.

Das Gleiche gilt hinsichtlich des Beschuldigten, seines Verteidigers und der von ihm benannten Sachverständigen, wenn der Beschuldigte als solcher vom Richter vernommen ist oder sich in Untersuchungshaft befindet.

§. 168.

Bieten die angestellten Ermittelungen genügenden Anlaß zur Erhebung der öffentlichen Klage, so erhebt die Staatsanwaltschaft dieselbe entweder durch einen Antrag auf gerichtliche Voruntersuchung oder durch Einreichung einer Anklageschrift bei dem Gerichte.

Recht zustehen, zu seiner Entlastung einzelne Beweiserhebungen oder Ermittelungen zu beantragen.

Einem solchen Antrag ist, auch wenn Gefahr im Verzuge nicht vorliegt, zu entsprechen, soweit die beantragten Erhebungen oder Ermittelungen zur Vorbereitung der Verteidigung des Beschuldigten erforderlich oder dienlich erscheinen.

Falls nicht die Staatsanwaltschaft, welcher der Antrag zunächst vorzulegen ist, die Erhebungen antragsgemäß selbst vornimmt, soll über den Antrag der Amtsrichter, der den Beschuldigten vernommen hat, und wenn eine richterliche Vernehmung noch nicht erfolgt ist, der Amtsrichter am Sitze der Staatsanwaltschaft oder (in den nicht zur Zuständigkeit der kleinen Schöffengerichte oder des Amtsrichters gehörenden Sachen) der Untersuchungsrichter entscheiden.

Prot. I 166 flg. II 78 flg.

Wenn die Ermittelungen oder Beweiserhebungen in einem anderen Amtsbezirke vorzunehmen sind, soll der Richter auch die Behörden und Beamten des Polizei- und Sicherheitsdienstes um deren Vornahme ersuchen können. (123)

Prot. I 166 flg. II 78 flg.

zu §. 166:

Von den nach §. 166 für die Beurkundung im Ermittelungsverfahren maßgebenden Vorschriften soll nach Beschl. Nr. 129 der §. 186 Abs. 2 ergänzt werden. Diese ergänzende Bestimmung soll auch im Ermittelungsverfahren Anwendung finden.

zu §. 167:

Von den nach §. 167 für die Teilnahme der Staatsanwaltschaft, des Beschuldigten usw. an den richterlichen Verhandlungen während des Ermittelungsverfahrens maßgebenden Vorschriften sollen nach den Beschl. Nr. 132, 134, 135 der §. 190 Abs. 2 und der §. 191 geändert werden. Diese Abänderungen sollen auch für das Ermittelungsverfahren maßgebend sein.

Prot. I 179 flg. II 193.

Die Vorschrift des §. 167 Abs. 2 soll nicht nur dann gelten, wenn der Beschuldigte vom Richter vernommen ist, sondern auch dann, wenn er als solcher von der Staatsanwaltschaft oder auf deren Veranlassung vernommen ist. (124)

Prot. I 179 flg. II 93.

zu §. 168:

Es soll bestimmt werden, daß die Staatsanwaltschaft vor Einreichung der Anklageschrift dem Beschuldigten die Gesamtheit der von ihr gesammelten Beweise zur Erklärung vorhalten soll, es sei denn, daß der Beschuldigte in vollem Umfange geständig ist oder daß seit seiner Vernehmung neue Beweistatsachen nicht ermittelt sind. Eine zwangsweise Vorführung des Beschuldigten lediglich zum Zwecke dieser Vorhaltung soll nicht stattfinden. (125)

Prot. I 169 flg. II 80 flg.

Anderenfalls verfügt die Staatsanwaltschaft die Einstellung des Verfahrens und setzt hiervon den Beschuldigten in Kenntnis, wenn er als solcher vom Richter vernommen oder ein Haftbefehl gegen ihn erlassen war.

§. 169.

Gibt die Staatsanwaltschaft einem bei ihr angebrachten Antrage auf Erhebung der öffentlichen Klage keine Folge, oder verfügt sie nach dem Abschlusse der Ermittelungen die Einstellung des Verfahrens, so hat sie den Antragsteller unter Angabe der Gründe zu bescheiden.

§. 170.

Ist der Antragsteller zugleich der Verletzte, so steht ihm gegen diesen Bescheid binnen zwei Wochen nach der Bekanntmachung die Beschwerde an den vorgesetzten Beamten der Staatsanwaltschaft und gegen dessen ablehnenden Bescheid binnen einem Monate nach der Bekanntmachung der Antrag auf gerichtliche Entscheidung zu.

Der Antrag muß die Tatsachen, welche die Erhebung der öffentlichen Klage begründen sollen, und die Beweismittel angeben, auch von einem Rechtsanwalt unterzeichnet sein. Der Antrag ist bei dem für die Entscheidung zuständigen Gericht einzureichen.

Zur Entscheidung ist in den vor das Reichsgericht gehörigen Sachen das Reichsgericht, in anderen Sachen das Oberlandesgericht zuständig.

§. 171.

Auf Verlangen des Gerichts hat demselben die Staatsanwaltschaft die bisher von ihr geführten Verhandlungen vorzulegen.

Das Gericht kann den Antrag unter Bestimmung einer Frist dem Beschuldigten zur Erklärung mitteilen.

Das Gericht kann zur Vorbereitung seiner Entscheidung Ermittelungen anordnen und mit deren Vornahme eines seiner Mitglieder, den Untersuchungsrichter oder den Amtsrichter beauftragen.

§. 172.

Ergibt sich kein genügender Anlaß zur Erhebung der öffentlichen Klage, so verwirft das Gericht den Antrag und setzt den Antragsteller, die Staatsanwaltschaft und den Beschuldigten von der Verwerfung in Kenntnis.

Ist der Antrag verworfen, so kann die öffentliche Klage nur auf Grund neuer Tatsachen oder Beweismittel erhoben werden.

§. 173.

Erachtet dagegen das Gericht den Antrag für begründet, so beschließt es die Erhebung der öffentlichen Klage. Die Durchführung dieses Beschlusses liegt der Staatsanwaltschaft ob.

§. 174.

Dem Antragsteller kann vor der Entscheidung über den Antrag die Leistung einer Sicherheit für die durch das Verfahren über den Antrag und durch die

Von der Einstellung des Verfahrens soll der Beschuldigte auch dann in Kenntnis gesetzt werden müssen, wenn er als solcher von anderen Behörden als dem Richter vernommen war. (126)

Prot. I 171. II 81.

Untersuchung der Staatskasse und dem Beschuldigten voraussichtlich erwachsenden Kosten durch Beschluß des Gerichts auferlegt werden. Die Sicherheitsleistung ist durch Hinterlegung in barem Gelde oder in Wertpapieren zu bewirken. Die Höhe der zu leistenden Sicherheit wird von dem Gerichte nach freiem Ermessen festgesetzt. Dasselbe hat zugleich eine Frist zu bestimmen, binnen welcher die Sicherheit zu leisten ist.

Wird die Sicherheit binnen der bestimmten Frist nicht geleistet, so hat das Gericht den Antrag für zurückgenommen zu erklären.

§. 175.

Die durch das Verfahren über den Antrag veranlaßten Kosten sind in dem Falle des §. 172 und des §. 174 Abs. 2 dem Antragsteller aufzuerlegen.

Dritter Abschnitt.

Gerichtliche Voruntersuchung.

§. 176.

Die Voruntersuchung findet in denjenigen Strafsachen statt, welche zur Zuständigkeit des Reichsgerichts oder der Schwurgerichte gehören.

In denjenigen Strafsachen, welche zur Zuständigkeit der Landgerichte gehören, findet die Voruntersuchung statt:

1. wenn die Staatsanwaltschaft dieselbe beantragt;
2. wenn der Angeschuldigte dieselbe in Gemäßheit des §. 199 beantragt und erhebliche Gründe geltend macht, aus denen eine Voruntersuchung zur Vorbereitung seiner Verteidigung erforderlich erscheint.

In den zur Zuständigkeit der Schöffengerichte gehörigen Sachen ist, außer dem Falle der Verbindung infolge eines Zusammenhanges (§. 5), die Voruntersuchung unzulässig.

§. 177.

Der Antrag der Staatsanwaltschaft auf Eröffnung der Voruntersuchung muß den Beschuldigten und die ihm zur Last gelegte Tat bezeichnen.

§. 178.

Der Antrag kann nur wegen Unzuständigkeit des Gerichts oder wegen Unzulässigkeit der Strafverfolgung oder der Voruntersuchung (§. 176), oder weil die in dem Antrage bezeichnete Tat unter kein Strafgesetz fällt, abgelehnt werden. Hierzu bedarf es eines Beschlusses des Gerichts.

Der Angeschuldigte kann vor der Beschlußfassung gehört werden.

zu §. 176:

Auch in den zur Zuständigkeit der mittleren und der kleinen Schöffengerichte gehörenden Sachen soll die Voruntersuchung notwendig sein, sobald der Beschuldigte im vorbereitenden Verfahren in Untersuchungshaft genommen wird, es sei denn, daß der Beschuldigte geständig ist oder nur wegen eines ausschließlich mit Geldstrafe bedrohten Vergehens verfolgt wird. [1]) (127)

Prot. II 82 flg.

Die Vorschrift im §. 176 Abs. 2 Nr. 2, nach welcher der Angeschuldigte, wenn er in Gemäßheit des §. 199 die Führung einer Voruntersuchung beantragt, erhebliche Gründe geltend zu machen hat, soll in Wegfall kommen. (128)

Prot. I 172 flg. II 81 flg.

Gemäß Beschl. Nr. 1 gilt die Vorschrift des §. 176 Abs. 3 künftig für die zur Zuständigkeit des kleinen Schöffengerichts oder des Amtsrichters gehörigen Sachen.

zu §. 177:

Gemäß Beschl. Nr. 118 hat der Antrag auf Eröffnung einer Voruntersuchung, insofern er die Erhebung der öffentlichen Klage nicht enthält, nur die Tat zu bezeichnen, wegen deren die Voruntersuchung geführt werden soll.

Prot. I 174 flg. II 87.

[1]) Die Kommission hat diesen Beschluß späterhin als undurchführbar aufgegeben, indem sie die zu seiner Ausführung gestellten weiteren Anträge ablehnte.

Prot. II 87 flg. 190.

§. 179.

Gegen die Verfügung, durch welche auf Antrag der Staatsanwaltschaft die Voruntersuchung eröffnet worden ist, kann der Angeschuldigte aus einem der im §. 178 Abs. 1 bezeichneten Gründe Einwand erheben. Über den Einwand entscheidet das Gericht.

Diese Bestimmung findet nicht Anwendung, wenn die Voruntersuchung infolge des Beschlusses des Gerichts eröffnet und der Angeschuldigte vorher gehört worden ist.

§. 180.

Gegen den Beschluß des Gerichts, durch welchen der von dem Angeschuldigten in dem Falle des §. 178 Abs. 2 und in dem Falle des §. 179 Abs. 1 erhobene Einwand der Unzuständigkeit (§. 16) verworfen wird, steht dem Angeschuldigten die sofortige Beschwerde zu.

Im übrigen kann der Beschluß des Gerichts, durch welchen der Einwand des Angeschuldigten verworfen oder die Eröffnung der Voruntersuchung angeordnet ist, nicht angefochten werden.

§. 181.

Gegen den Beschluß des Gerichts, durch welchen der Antrag der Staatsanwaltschaft oder des Angeschuldigten auf Eröffnung der Voruntersuchung abgelehnt worden ist, findet sofortige Beschwerde statt.

§. 182.

Die Voruntersuchung wird von dem Untersuchungsrichter eröffnet und geführt.

§. 183.

Durch Beschluß des Landgerichts kann auf Antrag der Staatsanwaltschaft die Führung der Voruntersuchung einem Amtsrichter übertragen werden. Um die Vornahme einzelner Untersuchungshandlungen kann der Untersuchungsrichter die Amtsrichter ersuchen. Auf Amtsrichter, welche mit dem Untersuchungsrichter denselben Amtssitz haben, finden diese Bestimmungen keine Anwendung.

§. 184.

Bei dem Reichsgerichte wird der Untersuchungsrichter für jede Strafsache aus der Zahl der Mitglieder durch den Präsidenten bestellt.

Der Präsident kann auch jedes Mitglied eines anderen deutschen Gerichts und jeden Amtsrichter zum Untersuchungsrichter, oder für einen Teil der Geschäfte des Untersuchungsrichters zum Vertreter desselben bestellen.

Der Untersuchungsrichter und dessen Vertreter können um die Vornahme einzelner Untersuchungshandlungen die Amtsrichter ersuchen.

§. 185.

Bei der Vernehmung des Angeschuldigten, der Zeugen und Sachverständigen, sowie bei der Einnahme des Augenscheins hat der Untersuchungsrichter einen Gerichtsschreiber zuzuziehen. In dringenden Fällen kann der Untersuchungsrichter eine von ihm zu beeidigende Person als Gerichtsschreiber zuziehen.

§. 186.

Über jede Untersuchungshandlung ist ein Protokoll aufzunehmen. Dasselbe ist von dem Untersuchungsrichter und dem zugezogenen Gerichtsschreiber zu unterschreiben.

Das Protokoll muß Ort und Tag der Verhandlung, sowie die Namen der mitwirkenden oder beteiligten Personen angeben und ersehen lassen, ob die wesentlichen Förmlichkeiten des Verfahrens beobachtet sind.

Das Protokoll ist den bei der Verhandlung beteiligten Personen, soweit es dieselben betrifft, behufs der Genehmigung vorzulesen oder zur eigenen Durchlesung vorzulegen. Die erfolgte Genehmigung ist zu vermerken, und das Protokoll von den Beteiligten entweder zu unterschreiben, oder in demselben anzugeben, weshalb die Unterschrift unterblieben ist.

§. 187.

Die Behörden und Beamten des Polizei- und Sicherheitsdienstes sind verpflichtet, Ersuchen oder Aufträgen des Untersuchungsrichters um Ausführung einzelner Maßregeln oder um Vornahme von Ermittelungen zu genügen.

§. 188.

Die Voruntersuchung ist nicht weiter auszudehnen, als erforderlich ist, um eine Entscheidung darüber zu begründen, ob das Hauptverfahren zu eröffnen oder der Angeschuldigte außer Verfolgung zu setzen sei.

Auch sind Beweise, deren Verlust für die Hauptverhandlung zu besorgen steht, oder deren Aufnahme zur Vorbereitung der Verteidigung des Angeschuldigten erforderlich erscheint, in der Voruntersuchung zu erheben.

§. 189.

Ergibt sich im Laufe der Voruntersuchung Anlaß zur Ausdehnung derselben auf eine in dem Antrage der Staatsanwaltschaft nicht bezeichnete Person oder Tat, so hat der Untersuchungsrichter in dringenden Fällen die in dieser Beziehung erforderlichen Untersuchungshandlungen von Amtswegen vorzunehmen.

Die weitere Verfügung gebührt auch in solchen Fällen der Staatsanwaltschaft.

§. 190.

Der Angeschuldigte ist in der Voruntersuchung zu vernehmen, auch wenn er schon vor deren Eröffnung vernommen worden ist. Demselben ist hierbei die Verfügung, durch welche die Voruntersuchung eröffnet worden, bekannt zu machen.

Die Vernehmung erfolgt in Abwesenheit der Staatsanwaltschaft und des Verteidigers.

zu §. 186:

Es soll bestimmt werden, daß das Protokoll über die erste Vernehmung des Angeschuldigten auch die vom Angeschuldigten zugestandenen, bestrittenen oder zu seiner Entlastung vorgebrachten Tatsachen im einzelnen anzuführen, sowie ferner die von dem Angeschuldigten etwa bezeichneten Beweismittel zu enthalten hat. (129)

Prot. II 89 flg.

zu §. 188:

Es soll bestimmt werden, daß die Voruntersuchung auch insoweit ausgedehnt werden darf, als es erforderlich ist, um die Durchführung der Hauptverhandlung zu ermöglichen. (130)

Prot. II 90 flg.

zu §. 189:

Gemäß Beschl. Nr. 118 findet künftig die Bestimmung des §. 189 entsprechende Anwendung, wenn die Voruntersuchung gegen einen unbekannten Täter geführt wird und sich im Laufe derselben Anlaß zur Erhebung der öffentlichen Klage gegen eine bestimmte Person ergibt.

zu §. 190:

Es soll bestimmt werden, daß der Angeschuldigte sofort nach Eröffnung der Voruntersuchung zu vernehmen ist, sofern nicht durch die Vernehmung der Untersuchungszweck gefährdet wird. Sieht der Untersuchungsrichter länger als einen Monat von der Vernehmung ab, so hat er die Gründe hierfür aktenkundig zu machen. (131)

Prot. II 91 flg.

Es soll vom freien Ermessen des Untersuchungsrichters abhängig sein, ob er der Staatsanwaltschaft und dem Verteidiger die Anwesenheit bei der Vernehmung des Angeschuldigten gestatten will; Beschwerde findet nicht statt. (132)

Prot. I 176 flg. II 92 flg.

§. 191.

Findet die Einnahme eines Augenscheins statt, so ist der Staatsanwaltschaft, dem Angeschuldigten und dem Verteidiger die Anwesenheit bei der Verhandlung zu gestatten.

Dasselbe gilt, wenn ein Zeuge oder Sachverständiger vernommen werden soll, welcher voraussichtlich am Erscheinen in der Hauptverhandlung verhindert, oder dessen Erscheinen wegen großer Entfernung besonders erschwert sein wird.

Von den Terminen sind die zur Anwesenheit Berechtigten vorher zu benachrichtigen, soweit dies ohne Aufenthalt für die Sache geschehen kann.

Einen Anspruch auf Anwesenheit hat der nicht auf freiem Fuße befindliche Angeschuldigte nur bei solchen Terminen, welche an der Gerichtsstelle des Ortes abgehalten werden, wo er sich in Haft befindet.

Auf die Verlegung eines Termins wegen Verhinderung haben die zur Anwesenheit Berechtigten keinen Anspruch.

§. 192.

Der Richter kann einen Angeschuldigten von der Anwesenheit bei der Verhandlung ausschließen, wenn zu befürchten ist, daß ein Zeuge in seiner Gegenwart die Wahrheit nicht sagen werde.

§. 193.

Findet die Einnahme eines Augenscheins unter Zuziehung von Sachverständigen statt, so kann der Angeschuldigte beantragen, daß die von ihm für die Hauptverhandlung in Vorschlag zu bringenden Sachverständigen zu dem Termine geladen werden und, wenn der Richter den Antrag ablehnt, sie selbst laden lassen.

Den von den Angeschuldigten benannten Sachverständigen ist die Teilnahme am Augenschein und an den erforderlichen Untersuchungen insoweit zu gestatten, als dadurch die Tätigkeit der vom Richter bestellten Sachverständigen nicht behindert wird.

§. 194.

Die Staatsanwaltschaft kann stets, ohne daß jedoch das Verfahren dadurch aufgehalten werden darf, von dem Stande der Voruntersuchung durch Einsicht der Akten Kenntnis nehmen und die ihr geeignet scheinenden Anträge stellen.

§. 195.

Erachtet der Untersuchungsrichter den Zweck der Voruntersuchung für erreicht, so übersendet er die Akten der Staatsanwaltschaft zur Stellung ihrer Anträge.

Beantragt die Staatsanwaltschaft eine Ergänzung der Voruntersuchung, so hat der Untersuchungsrichter, wenn er dem Antrage nicht stattgeben will, die Entscheidung des Gerichts einzuholen.

Hinsichtlich der Benachrichtigung der zur Anwesenheit Zugelassenen und ihres Anspruchs auf Terminsverlegung wegen Verhinderung sollen die Vorschriften des §. 191 Abs. 3 und 5 entsprechende Anwendung finden. (133)

Prot. II 93.

zu §. 191:

Es soll bestimmt werden, daß der Staatsanwaltschaft, dem Angeschuldigten und dem Verteidiger auf Verlangen die Anwesenheit bei der Vernehmung von Zeugen und Sachverständigen auch dann zu gestatten ist, wenn die im §. 191 Abs. 2 bezeichneten besonderen Voraussetzungen nicht vorliegen. Die Gestattung darf nur insoweit versagt werden, als von ihr eine Gefährdung des Untersuchungszwecks oder der öffentlichen Ordnung zu besorgen ist. Vor der Beschlußfassung des Untersuchungsrichters über den Antrag des Verteidigers oder des Angeschuldigten ist die Staatsanwaltschaft zu hören. (134)

Prot. I 176 flg. II 93.

Die Staatsanwaltschaft, der Angeschuldigte und der Verteidiger sollen berechtigt sein, den Zeugen und Sachverständigen diejenigen Fragen vorlegen zu lassen, welche zur Aufklärung der Sache oder der Verhältnisse der Zeugen und Sachverständigen dienlich sind. Über die Zulassung einer Frage soll der Untersuchungsrichter entscheiden; Beschwerde findet nicht statt. (135)

Prot. II 94 flg.

zu §. 195:

Es soll bestimmt werden, daß der Untersuchungsrichter dem Angeschuldigten vor dem Schlusse der Voruntersuchung die Gesamtheit der gegen ihn gesammelten Beweise vorhalten soll, es sei denn, daß seit der Vernehmung des Angeschuldigten neue Beweistatsachen nicht ermittelt sind. Eine zwangsweise Vorführung des Angeschuldigten lediglich zum Zwecke dieser Vorhaltung soll nicht stattfinden. (136)

Prot. I 180. II 96.

Von dem Schlusse der Voruntersuchung ist der Angeschuldigte in Kenntnis zu setzen.

Vierter Abschnitt.
Entscheidung über die Eröffnung des Hauptverfahrens.

§. 196.

Hat eine Voruntersuchung stattgefunden, so entscheidet das Gericht, ob das Hauptverfahren zu eröffnen oder der Angeschuldigte außer Verfolgung zu setzen oder das Verfahren vorläufig einzustellen sei.

Die Staatsanwaltschaft legt zu diesem Zwecke die Akten mit ihrem Antrage dem Gerichte vor. Der Antrag auf Eröffnung des Hauptverfahrens erfolgt durch Einreichung einer Anklageschrift.

Gemäß Beschl. Nr. 118 kommt die im §. 195 Abs. 3 vorgeschriebene Benachrichtigung des Angeschuldigten von dem Schlusse der Voruntersuchung für diejenigen Voruntersuchungen in Wegfall, welche durch die Erhebung einer öffentlichen Klage nicht veranlaßt sind.

zu Abschnitt 4:

An die Stelle der Entscheidung über die Eröffnung des Hauptverfahrens soll die Entscheidung darüber treten, ob Hauptverhandlung stattzufinden habe. (137)

Diese Entscheidung kann dahin gehen,

a) daß Hauptverhandlung stattzufinden habe; in diesem Falle wird die Entscheidung gemäß den Beschl. 146, 148 unter bestimmten Voraussetzungen durch die Anberaumung des Termins zur Hauptverhandlung ersetzt;
b) daß der Antrag auf Hauptverhandlung abzulehnen sei;
c) daß der Angeschuldigte außer Verfolgung zu setzen sei;
d) daß das Verfahren vorläufig oder endgültig einzustellen sei.

Insoweit die Entscheidung durch das Gericht zu erfolgen hat (zu vergl. die Beschl. Nr. 138, 146), soll dieses in nicht öffentlicher Sitzung nach Vortrag eines Berichterstatters und nach Anhörung der Prozeßbeteiligten, sofern diese erschienen sind, entscheiden.

Die Prozeßbeteiligten und ihre Vertreter sind vom Termine zu benachrichtigen; ihres Erscheinens bedarf es nicht. Der verhaftete Angeschuldigte ist vorzuführen, sofern er am Sitze des Gerichts in Haft ist und die Vorführung nicht ablehnt.

Im Termine sollen die Mitglieder des Gerichts berechtigt sein, an den Angeschuldigten Fragen zu richten.

Lehnt das Gericht Beweisanträge des Angeschuldigten ab, so soll es verpflichtet sein, ihm zu eröffnen, daß er die Beweisanträge bei dem Vorsitzenden des erkennenden Gerichts oder in der Hauptverhandlung wiederholen, auch die Zeugen und Sachverständigen selbst laden lassen könne.

Prot. I 183 flg., 186, 190 flg., 191 flg., 192 flg. II 97, 101, 104, 105.

zu §. 196:

Hat eine Voruntersuchung stattgefunden, so soll die Entscheidung darüber, ob Hauptverhandlung stattzufinden habe, dann nicht durch das Gericht erfolgen, wenn die Staatsanwaltschaft die Außerverfolgungsetzung des Angeschuldigten oder die Einstellung des Verfahrens beantragt und der Untersuchungsrichter dem Antrage zustimmt. In diesem Fall erfolgt die Entscheidung durch den Untersuchungsrichter, dem zu diesem Zwecke die Akten mit dem Antrage von der Staatsanwaltschaft vorzulegen sind. (138)

Dagegen soll die Entscheidung, wie bisher, durch das Gericht erfolgen, wenn der Untersuchungsrichter dem Antrage der Staatsanwaltschaft auf Außerverfolgungsetzung des Angeschuldigten oder auf Einstellung des Verfahrens nicht zustimmt. In diesem Falle hat der Untersuchungsrichter die Akten mit dem Antrage der Staatsanwaltschaft dem Gerichte vorzulegen. Die Entscheidung des Gerichts erfolgt nach Maßgabe des Beschl. Nr. 137. Bei der Benachrichtigung

§. 197.

Erhebt die Staatsanwaltschaft, ohne daß eine Voruntersuchung stattgefunden, die Anklage, so ist die Anklageschrift mit den Akten, wenn die Sache zur Zuständigkeit des Schöffengerichts gehört, bei dem Amtsrichter, anderenfalls bei dem Landgerichte einzureichen.

§. 198.

Die Anklageschrift hat die dem Angeschuldigten zur Last gelegte Tat unter Hervorhebung ihrer gesetzlichen Merkmale und des anzuwendenden Strafgesetzes zu bezeichnen, sowie die Beweismittel und das Gericht, vor welchem die Hauptverhandlung stattfinden soll, anzugeben.

In den vor dem Reichsgerichte, den Schwurgerichten oder den Landgerichten zu verhandelnden Strafsachen sind außerdem die wesentlichen Ergebnisse der stattgehabten Ermittelungen in die Anklageschrift aufzunehmen.

§. 199.

Der Vorsitzende des Gerichts hat die Anklageschrift dem Angeschuldigten mitzuteilen und ihn zugleich aufzufordern, sich innerhalb einer zu bestimmenden Frist zu erklären, ob er eine Voruntersuchung oder die Vornahme einzelner Beweiserhebungen vor der Hauptverhandlung beantragen, oder Einwendungen gegen die Eröffnung des Hauptverfahrens vorbringen wolle.

vom Termin ist der Angeschuldigte darauf hinzuweisen, daß er die Vornahme einzelner Beweiserhebungen bis zum Termine oder im Termine beantragen könne.

Beantragt die Staatsanwaltschaft nach stattgehabter Voruntersuchung das Stattfinden der Hauptverhandlung, so soll die Entscheidung durch das Gericht oder, soweit gemäß den Beschl. Nr. 146, 148 die Entscheidung, daß Hauptverhandlung stattzufinden habe, durch Anberaumung des Termins zur Hauptverhandlung ersetzt wird, durch den Vorsitzenden bezw. den Amtsrichter erfolgen. In diesem Falle hat die Staatsanwaltschaft die Akten mit ihrem Antrage dem Vorsitzenden oder, wenn sie auf Grund des §. 75 des G.V.G. die Verhandlung und Entscheidung der Sache dem kleinen Schöffengericht überweisen will, dem Amtsrichter vorzulegen; der Antrag auf Hauptverhandlung erfolgt durch Einreichung einer Anklageschrift.

Prot. I 183 flg., 186 flg., 190 flg., 192 flg., 195, 436. II 27, 97, 98, 101, 104, 106.

zu §. 197:

Die Anklageschrift ist nicht nur dann bei dem Amtsgericht einzureichen, wenn die Sache zur Zuständigkeit des kleinen Schöffengerichts oder des Amtsrichters gehört, sondern gemäß Beschl. Nr. 29 auch dann, wenn die Staatsanwaltschaft auf Grund des §. 75 des G.V.G. die Verhandlung und Entscheidung der Sache dem kleinen Schöffengericht überweist. (139)

Gehört die Sache zur Zuständigkeit des großen oder des mittleren Schöffengerichts, so ist die Anklageschrift bei dem Vorsitzenden dieses Gerichts einzureichen.

Prot. I 185, 186 flg. 436. II 27, 98.

zu §. 198:

Bei der Bezeichnung der dem Angeschuldigten zur Last gelegten Tat (Anklageformel) sollen außer den gesetzlichen Merkmalen der Tat und dem anzuwendenden Strafgesetz auch der Ort, die Zeit und die Umstände der Tat hervorgehoben werden. (140)

Prot. I 192 flg. II 98.

Für die vor dem Reichsgerichte, den großen und den mittleren Schöffengerichten zu verhandelnden Strafsachen soll bestimmt werden, daß die Anklageschrift außer den wesentlichen Ergebnissen der Ermittelungen ferner anzugeben hat, in welchen Tatsachen die einzelnen gesetzlichen Merkmale der strafbaren Handlung gefunden werden. (141)

Prot. I 192 flg. II 98 flg.

zu §. 199:

Für den Fall, daß der Angeschuldigte verhaftet ist, soll bestimmt werden: (142)

a) daß die im §. 199 Abs. 1 vorgeschriebene Mitteilung der Anklageschrift auch an den Verteidiger und, falls mehrere Verteidiger benannt sind, wenigstens an einen von ihnen zu erfolgen hat;
b) daß die ebendaselbst vorgesehene Aufforderung an den Angeschuldigten auch darauf zu richten ist, sich zu erklären, ob er Einwendungen gegen die Fortdauer der Haft vorbringen wolle.

Prot. I 187 flg. II 103.

Hat eine Voruntersuchung stattgefunden, so ist die Aufforderung entsprechend zu beschränken.

Über die Anträge und Einwendungen beschließt das Gericht. Eine Anfechtung des Beschlusses findet nur nach Maßgabe der Bestimmungen im §. 180 Abs. 1 und §. 181 statt.

Auf die vor den Schöffengerichten zu verhandelnden Sachen finden die Bestimmungen dieses Paragraphen keine Anwendung.

In den Fällen, in denen nach §. 140 Abs. 2 Nr. 2 ein Verteidiger nur auf Antrag zu bestellen ist, soll gemäß Beschl. Nr. 111 der Angeschuldigte, sofern er einen entsprechenden Antrag nicht bereits gestellt haben sollte, bei der nach §. 199 Abs. 1 an ihn zu richtenden Aufforderung darauf hingewiesen werden, daß er die Bestellung eines Verteidigers verlangen könne.

Die Erklärungsfrist soll im Gesetze für den Fall, daß der Angeschuldigte am Sitze des Gerichts in Haft ist, auf drei Tage, für andere Fälle auf eine Woche festgesetzt werden; doch soll sie auf Antrag vom Vorsitzenden verlängert werden können. (143)

Prot. I 187. II 103.

Ein Angeschuldigter, der keinen Verteidiger hat, soll verlangen können, daß er zur Aufnahme von Einwendungen und Anträgen von einem Richter oder einer Gerichtsperson, welche die erste juristische Prüfung bestanden hat, vernommen werde. (144)

Prot. I 188 flg. II 104.

Beantragt der Angeschuldigte die Eröffnung einer Voruntersuchung, so soll die Sache ohne weiteres an den Untersuchungsrichter abgegeben werden. (145)

Prot. I 190. II 140.

Abgesehen hiervon soll sich das weitere Verfahren je nach dem Verhalten des Angeschuldigten verschieden gestalten. (146)

a) Hat der Angeschuldigte innerhalb der Frist Anträge nicht gestellt und Einwendungen nicht vorgebracht oder auf sie ausdrücklich verzichtet, so soll der Vorsitzende, falls nach seiner Auffassung das in der Anklageschrift bezeichnete Gericht unzuständig oder die Strafverfolgung unzulässig ist oder die Anklageschrift den gesetzlichen Erfordernissen nicht entspricht oder falls ihm der Angeschuldigte einer strafbaren Handlung nicht dringend verdächtig erscheint, die Entscheidung des Gerichts herbeiführen. Anderenfalls soll er ohne weiteres Termin zur Hauptverhandlung anberaumen, wobei es ihm überlassen bleibt, ob er zuvor zwecks besserer Aufklärung der Sache noch einzelne Beweiserhebungen anordnen will.

b) Hat dagegen der Angeschuldigte innerhalb der Frist Anträge gestellt, die nicht bloß die Hauptverhandlung betreffen oder die Eröffnung einer Voruntersuchung bezwecken oder hat er Einwendungen vorgebracht, so soll der Vorsitzende die Entscheidung des Gerichts herbeiführen. Die Entscheidung des Gerichts erfolgt nach Maßgabe des Beschl. Nr. 137.

Prot. I 190 flg., 195. II 104, 106.

Gilt der die Einstellung, Außerverfolgungsetzung, Ablehnung der Hauptverhandlung oder Verweisung an ein anderes Gericht bedingende Grund in gleicher Weise für Mitangeschuldigte, die keine Einwendungen erhoben haben, so soll das Gericht auch bezüglich ihrer so beschließen, als wenn sie Einwendungen erhoben hätten. (147)

Prot. I 192. II 105.

In den vor den kleinen Schöffengerichten oder dem Amtsrichter zu verhandelnden Sachen soll der Amtsrichter, wenn er sich für das Stattfinden der Hauptverhandlung entscheidet, ohne weiteres Termin anberaumen; im übrigen sollen §. 199 und die dazu gefaßten Beschlüsse keine Anwendung finden. (148)

Prot. I 186. II 101.

§. 200.

Zur besseren Aufklärung der Sache kann das Gericht eine Ergänzung der Voruntersuchung oder, falls eine Voruntersuchung nicht stattgefunden hat, die Eröffnung einer solchen oder einzelne Beweiserhebungen anordnen. Die Anordnung einzelner Beweiserhebungen steht auch dem Amtsrichter zu.

Eine Anfechtung des Beschlusses findet nicht statt.

§. 201.

Das Gericht beschließt die Eröffnung des Hauptverfahrens, wenn nach den Ergebnissen der Voruntersuchung oder, falls eine solche nicht stattgefunden hat, nach den Ergebnissen des vorbereitenden Verfahrens der Angeschuldigte einer strafbaren Handlung hinreichend verdächtig erscheint.

§. 202.

Beschließt das Gericht, das Hauptverfahren nicht zu eröffnen, so muß aus dem Beschlusse hervorgehen, ob derselbe auf tatsächlichen oder auf Rechtsgründen beruht.

Hat eine Voruntersuchung stattgefunden, so ist auszusprechen, daß der Angeschuldigte außer Verfolgung zu setzen sei.

Der Beschluß ist dem Angeschuldigten bekannt zu machen.

§. 203.

Vorläufige Einstellung des Verfahrens kann beschlossen werden, wenn dem weiteren Verfahren Abwesenheit des Angeschuldigten oder der Umstand entgegensteht, daß derselbe nach der Tat in Geisteskrankheit verfallen ist.

§. 204.

Das Gericht ist bei der Beschlußfassung an die Anträge der Staatsanwaltschaft nicht gebunden.

§. 205.

In dem Beschlusse, durch welchen das Hauptverfahren eröffnet wird, ist die dem Angeklagten zur Last gelegte Tat unter Hervorhebung ihrer gesetzlichen Merkmale und des anzuwendenden Strafgesetzes, sowie das Gericht zu bezeichnen, vor welchem die Hauptverhandlung stattfinden soll.

zu §. 200:

Das Gericht soll die im §. 200 vorgesehenen Beweiserhebungen auch selbst vornehmen können. (149)

Prot. I 191. II 104.

Werden im Laufe der vom Gerichte beschlossenen Voruntersuchung oder bei den beschlossenen Beweiserhebungen der Angeschuldigte oder Zeugen oder Sachverständige vernommen, so sollen hinsichtlich der Befugnisse der Prozeßbeteiligten bei den Vernehmungen die für die Zeugenvernehmungen gefaßten Beschl. Nr. 134, 135 Anwendung finden. (150)

Prot. I 191. II 104 flg.

Nach Erledigung der vom Gerichte beschlossenen Anordnungen erfolgt die weitere Entscheidung des Gerichts gemäß dem Beschl. Nr. 137. (151)

Prot. I 191. II 104.

zu §. 201:

Es soll bestimmt werden, daß das Gericht nur dann das Stattfinden der Hauptverhandlung zu beschließen, bezw. (zu vergl. Beschl. Nr. 146, 148) daß der Vorsitzende oder der Amtsrichter nur dann Termin zur Hauptverhandlung anzuberaumen hat, wenn der Angeschuldigte nach den Ergebnissen des Vorverfahrens einer strafbaren Handlung dringend verdächtig erscheint (zu vergl. Beschl. Nr. 154). (152)

Prot. I 186, 192 flg. II 101, 106.

zu §. 202:

Gemäß Beschl. 137 tritt an die Stelle des Beschlusses, das Hauptverfahren nicht zu eröffnen, künftig die Ablehnung der Hauptverhandlung.

zu §. 203:

Die vorläufige Einstellung des Verfahrens soll außer den im §. 203 vorgesehenen Fällen auch dann zulässig sein, wenn der Angeschuldigte in einen körperlichen Zustand verfällt, der sein Erscheinen vor Gericht dauernd oder für nicht absehbare Zeit unmöglich macht, oder wenn sonst dem Verfahren ein unüberwindliches Hindernis entgegensteht. (153)

Prot. I 197. II 107 flg.

zu §. 205:

Der Beschluß des Gerichts, der dahin geht, daß Hauptverhandlung stattzufinden habe, soll sich über das Maß des gegen den Angeklagten vorliegenden Verdachts nicht aussprechen. (154)

Prot. I 192 flg. II 105.

Das Gericht hat zugleich von Amtswegen über die Anordnung oder Fortdauer der Untersuchungshaft zu beschließen.

§. 206.

Wenn von der Staatsanwaltschaft beantragt ist, den Angeschuldigten außer Verfolgung zu setzen, von dem Gerichte aber die Eröffnung des Hauptverfahrens beschlossen wird, so hat die Staatsanwaltschaft eine dem Beschlusse entsprechende Anklageschrift einzureichen.

Die Bestimmungen des §. 199 finden hier gleichfalls Anwendung; es ist jedoch die Aufforderung auf die Erklärung zu beschränken, ob der Angeklagte die Vornahme einzelner Beweiserhebungen vor der Hauptverhandlung beantragen wolle.

§. 207.

Das Landgericht kann das Hauptverfahren vor den erkennenden Gerichten jeder Ordnung, nicht aber vor dem Reichsgericht eröffnen. Erachtet das Landgericht die Zuständigkeit des Reichsgerichts für begründet, so legt es die Akten durch Vermittelung der Staatsanwaltschaft diesem Gerichte zur Entscheidung vor.

Ebenso hat der Amtsrichter, wenn er findet, daß eine bei ihm eingereichte Sache die Zuständigkeit des Schöffengerichts übersteige, die Akten durch Vermittelung der Staatsanwaltschaft dem Landgerichte zur Entscheidung vorzulegen.

§. 208.

Betraf das Vorverfahren mehrere derselben Person zur Last gelegte strafbare Handlungen, und erscheint für die Strafzumessung die Feststellung des einen oder des anderen Straffalles unwesentlich, so kann das Gericht auf Antrag der Staatsanwaltschaft beschließen, daß in Ansehung eines solchen das Verfahren vorläufig einzustellen sei.

Die Aufhebung des Einstellungsbeschlusses kann binnen einer Frist von drei Monaten nach Rechtskraft des Urteils von der Staatsanwaltschaft beantragt werden, wenn nicht Verjährung eingetreten ist.

§. 209.

Der Beschluß, durch welchen das Hauptverfahren eröffnet worden ist, kann von dem Angeklagten nicht angefochten werden.

Der Beschluß soll die Bezeichnung der dem Angeklagten zur Last gelegten Tat nur dann enthalten, wenn abweichend von den Anträgen der Staatsanwaltschaft die Verweisung der Sache an ein anderes Gericht oder nach stattgehabter Voruntersuchung das Stattfinden der Hauptverhandlung ausgesprochen wird. (155)

Prot. I 192 flg. II 105.

In den vor den mittleren und den großen Schöffengerichten zu verhandelnden Sachen soll das Gericht über die Fortdauer der Untersuchungshaft nicht von Amtswegen, sondern nur dann zu beschließen haben, wenn es durch Anträge oder Einwendungen des Angeschuldigten mit der Sache befaßt ist. (156)

Prot. II 101 flg., 105.

zu §. 206:

Von den Bestimmungen des §. 199 soll im Falle des §. 206 Abs. 2 lediglich die Vorschrift Anwendung finden, daß die Anklageschrift dem Angeschuldigten mitzuteilen ist. (157)

Prot. I 183 flg. II 97.

zu §. 207:

Gemäß den Beschl. Nr. 29 und 31 findet die Vorschrift des §. 207 Abs. 2 künftig dann keine Anwendung mehr, wenn eine bei dem Amtsrichter eingereichte Sache zwar die Zuständigkeit des Schöffengerichts übersteigt, jedoch zu denjenigen Sachen gehört, welche nach §. 75 des G.V.G. dem Schöffengericht überwiesen werden können.

zu §. 208:

Es soll bestimmt werden, daß unter den im §. 208 bezeichneten Voraussetzungen der Beschluß über die vorläufige Einstellung nicht vom Gerichte, sondern in denjenigen Fällen, in denen eine Voruntersuchung stattgefunden hat, auf Antrag der Staatsanwaltschaft von dem Untersuchungsrichter, in anderen Fällen von der Staatsanwaltschaft zu erlassen ist. (158)

Prot. I 196. II 107.

Ferner soll in Ergänzung der Vorschrift des §. 208 bestimmt werden, daß in gleicher Weise von dem Untersuchungsrichter bezw. von der Staatsanwaltschaft das Verfahren endgültig eingestellt werden kann, wenn einer zu Freiheitsstrafe rechtskräftig verurteilten Person eine strafbare Handlung zur Last gelegt wird, deren Feststellung mit Rücksicht auf die noch nicht vollständig verbüßte Strafe unwesentlich erscheint. (159)

Prot. I 196 flg. II 107.

zu §. 209:

Dem Angeschuldigten soll — in Abänderung der Vorschrift des §. 209 — gegen den Beschluß des Gerichts, durch welchen unter Verwerfung des Ein- (160)

Gegen den Beschluß, durch welchen die Eröffnung des Hauptverfahrens abgelehnt oder abweichend von dem Antrage der Staatsanwaltschaft die Verweisung an ein Gericht niederer Ordnung ausgesprochen worden ist, steht der Staatsanwaltschaft die sofortige Beschwerde zu.

§. 210.

Ist die Eröffnung des Hauptverfahrens durch einen nicht mehr anfechtbaren Beschluß abgelehnt, so kann die Klage nur auf Grund neuer Tatsachen oder Beweismittel wieder aufgenommen werden.

§. 211.

Vor dem Schöffengerichte kann ohne schriftlich erhobene Anklage und ohne eine Entscheidung über die Eröffnung des Hauptverfahrens zur Hauptverhandlung geschritten werden, wenn der Beschuldigte entweder sich freiwillig stellt oder infolge einer vorläufigen Festnahme dem Gerichte vorgeführt oder nur wegen Übertretung verfolgt wird. Der wesentliche Inhalt der Anklage ist in den Fällen der freiwilligen Stellung oder der Vorführung in das Sitzungsprotokoll, anderenfalls in die Ladung des Beschuldigten aufzunehmen.

Auch kann der Amtsrichter in dem Falle der Vorführung des Beschuldigten mit Zustimmung der Staatsanwaltschaft ohne Zuziehung von Schöffen zur Hauptverhandlung schreiten, wenn der Beschuldigte nur wegen Übertretung verfolgt wird und die ihm zur Last gelegte Tat eingesteht. Gegen die im Laufe der Hauptverhandlung ergehenden Entscheidungen und Urteile des Amtsrichters finden dieselben Rechtsmittel statt, wie gegen die Entscheidungen und Urteile des Schöffengerichts.

wandes der Unzuständigkeit die Hauptverhandlung angeordnet wird, sowie ferner gegen die Verfügung des Vorsitzenden, durch welche unter Verletzung der Vorschriften über das Gehör des Angeschuldigten im Zwischenverfahren die Hauptverhandlung anberaumt wird, die sofortige Beschwerde zustehen. Ferner soll ihm gegen die Beschlüsse des Gerichts, welche die Untersuchungshaft betreffen, die Beschwerde zustehen.

Prot. I 195 flg. II 106.

zu §. 211:

Ein abgekürztes Verfahren soll eingeleitet werden können (161)

1. bei allen Übertretungen ohne weitere Voraussetzungen,
2. bei Vergehen unter folgenden Voraussetzungen:
   a) wenn der Beschuldigte auf frischer Tat betroffen und vorläufig festgenommen worden ist;
   b) wenn sich der Beschuldigte zum Zwecke der Aburteilung freiwillig gestellt hat;
   c) wenn der Beschuldigte die ihm zur Last gelegte Tat eingesteht;
   d) wenn der Beschuldigte die Einleitung des abgekürzten Verfahrens beantragt;
   e) wenn das Vergehen auf einem deutschen Schiffe im Ausland oder auf offener See begangen ist und der Beschuldigte einem nach §. 10 der Str.Pr.O. zuständigen Gerichte vorgeführt wird.

Das abgekürzte Verfahren soll in allen Fällen vor dem Amtsrichter ohne Zuziehung von Schöffen stattfinden.

Das Verfahren soll von der Staatsanwaltschaft eingeleitet werden, indem diese den Beschuldigten ohne Einreichung einer Anklageschrift mit dem Antrag auf sofortige Aburteilung dem zuständigen Amtsrichter vorzuführen hat.

Der Amtsrichter soll, wenn die gesetzlichen Voraussetzungen des abgekürzten Verfahrens vorliegen, sofort oder spätestens am zweiten Tage nach der Vorführung zur Hauptverhandlung schreiten und dabei auch über die Verhaftung oder Freilassung des Angeklagten entscheiden.

Der wesentliche Inhalt der Anklage soll in der Hauptverhandlung dem Angeklagten vor seiner Vernehmung zur Sache mitgeteilt und in das Sitzungsprotokoll aufgenommen werden.

Die ordnungsmäßige Ladung der Zeugen soll auch durch Beamte der Staatsanwaltschaft und des Polizei- und Sicherheitsdienstes erfolgen können.

Erweist sich die Sache in der Hauptverhandlung als nicht spruchreif, so soll der Amtsrichter die Verhandlung auf eine der nächsten Sitzungen, jedoch nicht über eine Woche hinaus, vertagen können. Ist die Sache auch dann noch nicht spruchreif, so soll sie der Staatsanwaltschaft zur weiteren Verfügung überlassen werden.

Fünfter Abschnitt.
Vorbereitung der Hauptverhandlung.

§. 212.

Der Termin zur Hauptverhandlung wird von dem Vorsitzenden des Gerichts anberaumt.

§. 213.

Die zur Hauptverhandlung erforderlichen Ladungen und die Herbeischaffung der als Beweismittel dienenden Gegenstände bewirkt die Staatsanwaltschaft.

§. 214.

Der Beschluß über die Eröffnung des Hauptverfahrens ist dem Angeklagten spätestens mit der Ladung zuzustellen.

§. 215.

Die Ladung eines auf freiem Fuße befindlichen Angeklagten geschieht schriftlich unter der Warnung, daß im Falle seines unentschuldigten Ausbleibens seine Verhaftung oder Vorführung erfolgen werde. Die Warnung kann in den Fällen des §. 231 unterbleiben.

Die Ladung des nicht auf freiem Fuße befindlichen Angeklagten erfolgt durch Bekanntmachung des Termins zur Hauptverhandlung in Gemäßheit des §. 35. Dabei ist der Angeklagte zu befragen, ob und welche Anträge er in Bezug auf seine Verteidigung für die Hauptverhandlung zu stellen habe.

§. 216.

Zwischen der Zustellung der Ladung (§. 215) und dem Tage der Hauptverhandlung muß eine Frist von mindestens einer Woche liegen.

Ist diese Frist nicht eingehalten worden, so kann der Angeklagte die Aussetzung der Verhandlung verlangen, so lange mit der Verlesung des Beschlusses über die Eröffnung des Hauptverfahrens nicht begonnen ist.

§. 217.

Neben dem Angeklagten ist der bestellte Verteidiger stets, der gewählte Verteidiger dann zu laden, wenn die erfolgte Wahl dem Gerichte angezeigt worden ist.

Im abgekürzten Verfahren soll auf die Aberkennung der bürgerlichen Ehrenrechte nicht erkannt werden dürfen.

Gegen das im abgekürzten Verfahren ergehende Urteil soll das Rechtsmittel der Berufung zulässig sein. Über das Rechtsmittel entscheidet gemäß Beschl. Nr. 33 bei Übertretungen das kleine Schöffenberufungsgericht, bei Vergehen das mittlere Schöffengericht.

Prot. I 204 flg. II 243 flg.

zu §. 214:

Der gemäß Beschl. Nr. 137 an die Stelle des Eröffnungsbeschlusses tretende Beschluß, daß Hauptverhandlung stattzufinden habe, bedarf insoweit einer Zustellung nicht, als er in Anwesenheit des Angeschuldigten verkündet worden ist (§. 35).

In den vor den kleinen Schöffengerichten zu verhandelnden Sachen soll (162)
dem Angeklagten mit der Ladung zur Hauptverhandlung eine Abschrift der Anklageformel (zu vergl. Beschl. Nr. 140) zugestellt werden.

Prot. II 100, 102.

zu §. 216:

Gemäß Beschl. Nr. 44, 45 ist die Vorschrift des §. 216 Abs. 2 dahin zu ändern, daß der Angeklagte, wenn die Ladungsfrist nicht eingehalten ist, die Aussetzung der Verhandlung verlangen kann, solange mit der Beweisaufnahme nicht begonnen ist.

zu §. 217:

Es soll bestimmt werden, daß, falls in derselben Anzeige mehrere Ver- (163)
teidiger benannt worden sind, die Ladung eines von ihnen genügt.

Prot. II 171.

§. 218.

Verlangt der Angeklagte die Ladung von Zeugen oder Sachverständigen oder die Herbeischaffung anderer Beweismittel zur Hauptverhandlung, so hat er unter Angabe der Tatsachen, über welche der Beweis erhoben werden soll, seine Anträge bei dem Vorsitzenden des Gerichts zu stellen. Die hierauf ergehende Verfügung ist ihm bekannt zu machen.

Beweisanträge des Angeklagten sind, soweit ihnen stattgegeben ist, der Staatsanwaltschaft mitzuteilen.

§. 219.

Lehnt der Vorsitzende den Antrag auf Ladung einer Person ab, so kann der Angeklagte die letztere unmittelbar laden lassen. Hierzu ist er auch ohne vorgängigen Antrag befugt.

Eine unmittelbar geladene Person ist nur dann zum Erscheinen verpflichtet, wenn ihr bei der Ladung die gesetzliche Entschädigung für Reisekosten und Versäumnis bar dargeboten oder deren Hinterlegung bei dem Gerichtsschreiber nachgewiesen wird.

Ergibt sich in der Hauptverhandlung, daß die Vernehmung einer unmittelbar geladenen Person zur Aufklärung der Sache dienlich war, so hat das Gericht auf Antrag anzuordnen, daß derselben die gesetzliche Entschädigung aus der Staatskasse zu gewähren sei.

§. 220.

Der Vorsitzende des Gerichts kann auch von Amts wegen die Ladung von Zeugen und Sachverständigen sowie die Herbeischaffung anderer Beweismittel anordnen.

§. 221.

Der Angeklagte hat die von ihm unmittelbar geladenen oder zur Hauptverhandlung zu stellenden Zeugen und Sachverständigen rechtzeitig der Staatsanwaltschaft namhaft zu machen und ihren Wohn- oder Aufenthaltsort anzugeben.

Dieselbe Verpflichtung hat die Staatsanwaltschaft gegenüber dem Angeklagten, wenn sie außer den in der Anklageschrift benannten oder auf Antrag des Angeklagten geladenen Zeugen oder Sachverständigen die Ladung noch anderer Personen, sei es auf Anordnung des Vorsitzenden (§. 220) oder aus eigener Entschließung, bewirkt.

§. 222.

Wenn dem Erscheinen eines Zeugen oder Sachverständigen in der Hauptverhandlung für eine längere oder ungewisse Zeit Krankheit oder Gebrechlichkeit oder andere nicht zu beseitigende Hindernisse entgegenstehen, so kann das Gericht die Vernehmung desselben durch einen beauftragten oder ersuchten Richter anordnen. Die Vernehmung erfolgt, soweit die Beeidigung zulässig ist, eidlich.

Ferner soll bestimmt werden, daß die Anzeige von der Wahl eines Verteidigers als zurückgenommen gilt, wenn in einer späteren Anzeige ein anderer Verteidiger benannt und hierbei die frühere Anzeige nicht ausdrücklich aufrechterhalten worden ist. (164)

Prot. II 171.

zu §. 219:

Im Falle der Ablehnung des Antrags auf Ladung einer Person soll der Vorsitzende verpflichtet sein, dem Angeklagten zu eröffnen, daß er den Antrag in der Hauptverhandlung wiederholen, auch die Zeugen und Sachverständigen unmittelbar laden lassen könne. (165)

Prot. II 105 flg.

Dasselbe gilt, wenn ein Zeuge oder Sachverständiger vernommen werden soll, dessen Erscheinen wegen großer Entfernung besonders erschwert sein wird.

§. 223.

Von den zum Zwecke dieser Vernehmung anberaumten Terminen sind die Staatsanwaltschaft, der Angeklagte und der Verteidiger vorher zu benachrichtigen, insoweit dies nicht wegen Gefahr im Verzug untunlich ist; ihrer Anwesenheit bei der Vernehmung bedarf es nicht. Das aufgenommene Protokoll ist der Staatsanwaltschaft und dem Verteidiger vorzulegen.

Der nicht auf freiem Fuße befindliche Angeklagte hat einen Anspruch auf Anwesenheit nur bei solchen Terminen, welche an der Gerichtsstelle des Orts abgehalten werden, wo er sich in Haft befindet.

§. 224.

Ist zur Vorbereitung der Hauptverhandlung noch ein richterlicher Augenschein einzunehmen, so finden die Bestimmungen des vorhergehenden Paragraphen gleichfalls Anwendung.

Sechster Abschnitt.

Hauptverhandlung.

§. 225.

Die Hauptverhandlung erfolgt in ununterbrochener Gegenwart der zur Urteilsfindung berufenen Personen sowie der Staatsanwaltschaft und eines Gerichtsschreibers.

§. 226.

Es können mehrere Beamte der Staatsanwaltschaft und mehrere Verteidiger in der Hauptverhandlung mitwirken und ihre Verrichtungen unter sich teilen.

§. 227.

Über Anträge auf Aussetzung einer Hauptverhandlung entscheidet das Gericht. Kürzere Unterbrechungen ordnet der Vorsitzende an.

Eine Verhinderung des Verteidigers gibt, unbeschadet der Bestimmung des §. 145, dem Angeklagten kein Recht, die Aussetzung der Verhandlung zu verlangen.

Ist die Frist des §. 216 Abs. 1 nicht eingehalten worden, so soll der Vorsitzende den Angeklagten mit der Befugnis, Aussetzung der Verhandlung zu verlangen, bekannt machen.

zu §. 223:

Gemäß Beschl. Nr. 135 sind der Staatsanwalt, der Angeklagte und der Verteidiger, falls sie dem nach §. 223 anberaumten Termine beiwohnen, berechtigt, den Zeugen und Sachverständigen diejenigen Fragen vorlegen zu lassen, welche zur Aufklärung der Sache oder der Verhältnisse der Zeugen und Sachverständigen dienlich sind. Über die Zulassung einer Frage entscheidet der Richter; Beschwerde findet nicht statt.

noch zu Abschnitt 5:

Die Staatsanwaltschaft soll befugt sein, vor der Hauptverhandlung auf (166) Grund neu hervorgetretener Umstände zu Gunsten des Angeklagten die Wiederaufhebung des die Hauptverhandlung anordnenden Beschlusses und anderweitige Beschlußfassung in Gemäßheit der §§. 196 flg. zu beantragen. Die Beschlußfassung soll ohne weiteres Gehör der Prozeßbeteiligten erfolgen können.

In gleicher Weise soll, wenn der Termin zur Hauptverhandlung gemäß den Beschl. Nr. 146, 148 vom Vorsitzenden oder vom Amtsrichter anberaumt worden ist, die Aufhebung dieser Verfügung und eine anderweitige Beschlußfassung zur Sache zulässig sein.

Prot. I 197. II 108 flg.

§. 228.

Eine unterbrochene Hauptverhandlung muß spätestens am vierten Tage nach der Unterbrechung fortgesetzt werden, widrigenfalls mit dem Verfahren von neuem zu beginnen ist.

§. 229.

Gegen einen ausgebliebenen Angeklagten findet eine Hauptverhandlung nicht statt.

Ist das Ausbleiben des Angeklagten nicht genügend entschuldigt, so ist die Vorführung anzuordnen oder ein Haftbefehl zu erlassen.

§. 230.

Der erschienene Angeklagte darf sich aus der Verhandlung nicht entfernen. Der Vorsitzende kann die geeigneten Maßregeln treffen, um die Entfernung desselben zu verhindern; auch kann er ihn während einer Unterbrechung der Verhandlung in Gewahrsam halten lassen.

Entfernt der Angeklagte sich dennoch, oder bleibt er bei der Fortsetzung einer unterbrochenen Hauptverhandlung aus, so kann diese in seiner Abwesenheit zu Ende geführt werden, wenn seine Vernehmung über die Anklage schon erfolgt war und das Gericht seine fernere Anwesenheit nicht für erforderlich erachtet.

§. 231.

Beim Ausbleiben des Angeklagten kann zur Hauptverhandlung geschritten werden, wenn die den Gegenstand der Untersuchung bildende Tat nur mit Geldstrafe, Haft oder Einziehung, allein oder in Verbindung mit einander, bedroht ist.

In solchen Fällen muß der Angeklagte in der Ladung auf die Zulässigkeit dieses Verfahrens ausdrücklich hingewiesen werden.

zu §. 228:

Die Frist, innerhalb deren eine unterbrochene Hauptverhandlung fortgesetzt werden muß, soll auf eine Woche erstreckt werden. (167)

Prot. I 257 flg. II 111.

zu §. 231:

Für die Zulassung einer Hauptverhandlung beim Ausbleiben des Angeklagten soll grundsätzlich nicht mehr die im Gesetz angedrohte, sondern die voraussichtlich zu erwartende Strafe entscheidend sein. (168)

Im einzelnen soll beim Ausbleiben des Angeklagten die Hauptverhandlung zulässig sein, wenn wegen der den Gegenstand der Untersuchung bildenden Tat kraft Gesetzes oder nach dem Ermessen des Gerichts voraussichtlich keine andere Strafe als Freiheitsstrafe bis zu sechs Wochen oder Geldstrafe oder Einziehung oder Unbrauchbarmachung allein oder in Verbindung miteinander zu erwarten steht.

Prot. I 222 flg. II 111 flg.

Die Zulässigkeit des Verfahrens soll dadurch nicht ausgeschlossen werden, daß auf eine höhere als die im Beschl. Nr. 168 bezeichnete Freiheitsstrafe nur deshalb zu erkennen ist, weil gemäß §. 74 oder §. 79 des Strafgesetzbuchs eine Gesamtstrafe festzusetzen ist, oder daß das Urteil auch auf Zuerkennung einer Buße, auf die Ermächtigung zur öffentlichen Bekanntmachung des Urteils oder auf öffentliche Bekanntmachung desselben zu lauten hat oder lauten kann. (169)

Prot. I 222 flg. II 111 flg.

Beim Ausbleiben des Angeklagten soll die Hauptverhandlung ferner zulässig sein, wenn nach dem Ermessen des Gerichts die Freisprechung oder die Einstellung des Verfahrens zu erwarten steht und die Staatsanwaltschaft zustimmt. (170)

Prot. I 222 flg. II 112.

Stellt sich während der Hauptverhandlung heraus, daß auf eine höhere oder andere Strafe als die im Beschl. Nr. 168 bezeichneten Strafen zu erkennen ist oder ergibt sich im Falle des Beschl. Nr. 170, daß die Freisprechung oder (171)

§. 232.

Der Angeklagte kann auf seinen Antrag wegen großer Entfernung seines Aufenthaltsorts von der Verpflichtung zum Erscheinen in der Hauptverhandlung entbunden werden, wenn nach dem Ermessen des Gerichts voraussichtlich keine andere Strafe als Freiheitsstrafe bis zu sechs Wochen oder Geldstrafe oder Einziehung, allein oder in Verbindung mit einander, zu erwarten steht.

In diesem Falle muß der Angeklagte, wenn seine richterliche Vernehmung nicht schon im Vorverfahren erfolgt ist, durch einen beauftragten oder ersuchten Richter über die Anklage vernommen werden.

Von dem zum Zwecke der Vernehmung anberaumten Termine sind die Staatsanwaltschaft und der Verteidiger vorher zu benachrichtigen; ihrer Anwesenheit bei der Vernehmung bedarf es nicht. Das Protokoll über die Vernehmung ist in der Hauptverhandlung zu verlesen.

§. 233.

Insoweit die Hauptverhandlung ohne Anwesenheit des Angeklagten stattfinden kann, ist letzterer befugt, sich durch einen mit schriftlicher Vollmacht versehenen Verteidiger vertreten zu lassen.

§. 234.

Hat die Hauptverhandlung ohne Anwesenheit des Angeklagten stattgefunden, so kann derselbe gegen das Urteil binnen einer Woche nach der Zustellung die

die Einstellung des Verfahrens nicht erfolgen kann, so soll die Zuziehung des Angeklagten zur Hauptverhandlung erforderlich sein.

Prot. I 228. II 112.

In den zur Zuständigkeit des Reichsgerichts oder der großen Schöffengerichte gehörenden Strafsachen soll beim Ausbleiben des Angeklagten die Hauptverhandlung nicht zulässig sein. (172)

Prot. I 222 flg., 232.

zu §. 232:

Die Entbindung des Angeklagten von der Verpflichtung zum Erscheinen in der Hauptverhandlung soll nicht nur wegen großer Entfernung seines Aufenthaltsorts, sondern auch dann zulässig sein, wenn sein Erscheinen aus anderen Gründen nach dem Ermessen des Gerichts besonders erschwert ist und seine Anhörung nicht erforderlich erscheint. Als besonders erschwert soll das Erscheinen des Angeklagten namentlich auch dann gelten, wenn er sich außerhalb des Gerichtssitzes nicht auf freiem Fuße befindet. (173)

Prot. I 229 flg. II 112.

Der Entbindung von der Erscheinungspflicht soll nicht entgegenstehen, daß möglicherweise auf Unbrauchbarmachung zu erkennen sein wird oder daß das Urteil auch auf Zuerkennung einer Buße, auf die Ermächtigung zur öffentlichen Bekanntmachung oder auf öffentliche Bekanntmachung des Urteils zu lauten hat oder lauten kann. (174)

Die Entbindung von der Erscheinungspflicht soll auch dann zulässig sein, wenn die zu erwartende Freiheitsstrafe mehr als sechs Wochen, jedoch nicht mehr als vier Monate beträgt, und sie soll dadurch nicht ausgeschlossen werden, daß auf eine höhere als die bezeichnete Freiheitsstrafe nur deshalb zu erkennen ist, weil gemäß §. 74 oder §. 79 des Strafgesetzbuchs eine Gesamtstrafe festzusetzen ist.

Prot. I 229 flg. II 112.

Es soll im §. 232 klargestellt werden, daß die nach Abs. 2 erforderliche Vernehmung des Angeklagten bereits erfolgt sein muß, bevor dem Antrag auf Entbindung von der Erscheinungspflicht stattgegeben werden kann. (175)

Prot. I 232. II 112.

Es soll bestimmt werden, daß in den zur Zuständigkeit des Reichsgerichts oder der großen Schöffengerichte gehörenden Strafsachen eine Entbindung des Angeklagten von der Verpflichtung zum Erscheinen in der Hauptverhandlung nicht stattfindet. (176)

Prot. I 232.

Wiedereinsetzung in den vorigen Stand unter gleichen Voraussetzungen wie gegen die Versäumung einer Frist nachsuchen.

War jedoch der Angeklagte auf seinen Antrag von der Verpflichtung zum Erscheinen in der Hauptverhandlung entbunden worden, oder hatte derselbe von der Befugnis, sich vertreten zu lassen, Gebrauch gemacht, so findet eine Wiedereinsetzung in den vorigen Stand nicht statt.

§. 235.

Das Gericht ist stets befugt, das persönliche Erscheinen des Angeklagten anzuordnen und dasselbe durch einen Vorführungsbefehl oder Haftbefehl zu erzwingen.

§. 236.

Das Gericht kann im Falle eines Zusammenhangs zwischen mehreren bei ihm anhängigen Strafsachen die Verbindung derselben zum Zwecke gleichzeitiger Verhandlung anordnen, auch wenn dieser Zusammenhang nicht der im §. 3 bezeichnete ist.

§. 237.

Die Leitung der Verhandlung, die Vernehmung des Angeklagten und die Aufnahme des Beweises erfolgt durch den Vorsitzenden.

Wird eine auf die Sachleitung bezügliche Anordnung des Vorsitzenden von einer bei der Verhandlung beteiligten Person als unzulässig beanstandet, so entscheidet das Gericht.

§. 238.

Die Vernehmung der von der Staatsanwaltschaft und dem Angeklagten benannten Zeugen und Sachverständigen ist der Staatsanwaltschaft und dem Verteidiger auf deren übereinstimmenden Antrag von dem Vorsitzenden zu überlassen. Bei den von der Staatsanwaltschaft benannten Zeugen und Sachverständigen hat diese, bei den von dem Angeklagten benannten der Verteidiger in erster Reihe das Recht zur Vernehmung.

Der Vorsitzende hat auch nach dieser Vernehmung die ihm zur weiteren Aufklärung der Sache erforderlich scheinenden Fragen an die Zeugen und Sachverständigen zu richten.

§. 239.

Der Vorsitzende hat den beisitzenden Richtern auf Verlangen zu gestatten, Fragen an die Zeugen und Sachverständigen zu stellen.

Dasselbe hat der Vorsitzende der Staatsanwaltschaft, dem Angeklagten und dem Verteidiger sowie den Geschworenen und den Schöffen zu gestatten.

zu §. 237:

Der Vorsitzende soll befugt sein, in einzelnen Sachen die Vernehmung des Angeklagten und die Aufnahme des Beweises ganz oder teilweise einem beisitzenden Richter zu übertragen. (177)

Prot. I 257 flg. II 113.

Eine Beanstandung der im Beschl. Nr. 177 bezeichneten Anordnung soll nicht zulässig sein. (178)

Prot. I 257 flg. II 113.

Ferner soll bestimmt werden, daß der Vorsitzende den beisitzenden Richtern auf Verlangen zu gestatten hat, Fragen an den Angeklagten zu stellen. (179)

Prot. I 260. II 113.

zu §§. 238, 240:

Die Zulässigkeit des Kreuzverhörs erscheint der Kommission entbehrlich. Die dasselbe regelnden Vorschriften in den §§. 238 und 240 können daher gestrichen werden. (180)

Prot. I 235 flg. II 113.

§. 240.

Demjenigen, welcher im Falle des §. 238 Abs. 1 die Befugnis der Vernehmung mißbraucht, kann dieselbe von dem Vorsitzenden entzogen werden.

In den Fällen des §. 238 Abs. 1 und des §. 239 Abs. 2 kann der Vorsitzende ungeeignete oder nicht zur Sache gehörige Fragen zurückweisen.

§. 241.

Zweifel über die Zulässigkeit einer Frage entscheidet in allen Fällen das Gericht.

§. 242.

Die Hauptverhandlung beginnt mit dem Aufrufe der Zeugen und Sachverständigen.

Hieran schließt sich die Vernehmung des Angeklagten über seine persönlichen Verhältnisse und die Verlesung des Beschlusses über die Eröffnung des Hauptverfahrens.

Sodann erfolgt die weitere Vernehmung des Angeklagten nach Maßgabe des §. 136.

Die Verlesung des Beschlusses und die Vernehmung des Angeklagten geschieht in Abwesenheit der zu vernehmenden Zeugen.

§. 243.

Nach der Vernehmung des Angeklagten folgt die Beweisaufnahme.

Es bedarf eines Gerichtsbeschlusses, wenn ein Beweisantrag abgelehnt werden soll, oder wenn die Vornahme einer Beweishandlung eine Aussetzung der Hauptverhandlung erforderlich macht.

Das Gericht kann auf Antrag und von Amts wegen die Ladung von Zeugen und Sachverständigen sowie die Herbeischaffung anderer Beweismittel anordnen.

§. 244.

Die Beweisaufnahme ist auf die sämtlichen vorgeladenen Zeugen und Sachverständigen sowie auf die anderen herbeigeschafften Beweismittel zu erstrecken.

zu §. 240:

In Ergänzung der Vorschrift des §. 240 Abs. 2 soll bestimmt werden, daß der Vorsitzende Fragen an Zeugen und Sachverständige, deren Beantwortung diesen selbst oder einem der im §. 51 Nr. 1 bis 3 bezeichneten Angehörigen der Zeugen oder Sachverständigen oder einem anderen Zeugen oder Sachverständigen zur Unehre gereichen könnte, zurückweisen soll, wenn der zu bekundende Umstand als für die Entscheidung unerheblich anzusehen ist. (181)

Prot. I 244 flg. II 113 flg.

zu §. 242:

In der Hauptverhandlung soll sich an die Vernehmung des Angeklagten über seine persönlichen Verhältnisse an Stelle der Verlesung des Beschlusses über die Eröffnung des Hauptverfahrens eine Erklärung des Vorsitzenden anschließen, in der die dem Angeklagten zur Last gelegte Tat unter Hervorhebung ihrer gesetzlichen Merkmale und des anzuwendenden Strafgesetzes bezeichnet wird. Diese Erklärung geschieht, wie bisher die Verlesung des Eröffnungsbeschlusses, in Abwesenheit der zu vernehmenden Zeugen. (182)

Prot. I 261. II 114.

Ferner soll bestimmt werden, daß die Feststellung von Vorbestrafungen des Angeklagten nur erfolgen soll, wenn sie von einer bei der Verhandlung beteiligten Person beantragt wird oder nach dem Ermessen des Vorsitzenden für die Entscheidung von Bedeutung ist. (183)

Prot. I 250 flg. II 114.

zu §. 243:

In Ergänzung der Vorschrift des §. 243 Abs. 3 soll bestimmt werden, daß das Gericht befugt ist, zur besseren Aufklärung der Sache auch eine Ergänzung der Voruntersuchung oder die Eröffnung einer Voruntersuchung oder die Vornahme einzelner Beweiserhebungen, mit welchen auch der Untersuchungsrichter beauftragt werden kann, zu beschließen. (184)

Ist die Voruntersuchung dem Beschlusse gemäß ergänzt oder die neu eröffnete Voruntersuchung geschlossen worden, so soll es nicht zulässig sein, durch Beschluß den Angeklagten außer Verfolgung zu setzen oder das Verfahren einzustellen. Vielmehr ist die Sache ohne Einreichung einer neuen Anklageschrift wieder zur Hauptverhandlung zu bringen.

Auf die Verhandlungen vor dem Amtsrichter und vor dem kleinen Schöffengerichte sollen diese Vorschriften keine Anwendung finden.

Prot. I 262 flg. II 114 flg.

zu §. 244:

Von der Erhebung einzelner Beweise soll in der Hauptverhandlung vor den mittleren und großen Schöffengerichten auch dann abgesehen werden können, (185)

Von der Erhebung einzelner Beweise kann jedoch abgesehen werden, wenn die Staatsanwaltschaft und der Angeklagte hiermit einverstanden sind.

In den Verhandlungen vor den Schöffengerichten und vor den Landgerichten in der Berufungsinstanz, sofern die Verhandlung vor letzteren eine Übertretung betrifft oder auf erhobene Privatklage erfolgt, bestimmt das Gericht den Umfang der Beweisaufnahme, ohne hierbei durch Anträge, Verzichte oder frühere Beschlüsse gebunden zu sein.

§. 245.

Eine Beweiserhebung darf nicht deshalb abgelehnt werden, weil das Beweismittel oder die zu beweisende Tatsache zu spät vorgebracht worden sei.

Ist jedoch ein zu vernehmender Zeuge oder Sachverständiger dem Gegner des Antragstellers so spät namhaft gemacht oder eine zu beweisende Tatsache so spät vorgebracht worden, daß es dem Gegner an der zur Einziehung von Erkundigungen erforderlichen Zeit gefehlt hat, so kann derselbe bis zum Schlusse der Beweisaufnahme die Aussetzung der Hauptverhandlung zum Zwecke der Erkundigung beantragen.

Dieselbe Befugnis haben die Staatsanwaltschaft und der Angeklagte in Betreff der auf Anordnung des Vorsitzenden oder des Gerichts geladenen Zeugen oder Sachverständigen.

Über die Anträge entscheidet das Gericht nach freiem Ermessen.

§. 246.

Das Gericht kann den Angeklagten, wenn zu befürchten ist, daß ein Mitangeklagter oder ein Zeuge bei seiner Vernehmung in Gegenwart des Angeklagten die Wahrheit nicht sagen werde, während dieser Vernehmung aus dem Sitzungszimmer abtreten lassen. Der Vorsitzende hat jedoch den Angeklagten, sobald dieser wieder vorgelassen worden, von dem wesentlichen Inhalt desjenigen zu unterrichten, was während seiner Abwesenheit ausgesagt oder sonst verhandelt worden ist.

In gleicher Weise ist zu verfahren, wenn das Gericht wegen ordnungswidrigen Benehmens des Angeklagten zeitweise dessen Entfernung aus dem Sitzungszimmer angeordnet hat.

§. 247.

Die vernommenen Zeugen und Sachverständigen dürfen sich nur mit Genehmigung oder auf Anweisung des Vorsitzenden von der Gerichtsstelle entfernen. Die Staatsanwaltschaft und der Angeklagte sind vorher zu hören.

§. 248.

Urkunden und andere als Beweismittel dienende Schriftstücke werden in der Hauptverhandlung verlesen. Dies gilt insbesondere von früher ergangenen Strafurteilen, von Straflisten und von Auszügen aus Kirchenbüchern und

wenn das Gericht die Tatsachen, die dadurch bewiesen werden sollen, zu Gunsten des Angeklagten für erwiesen oder einstimmig für unerheblich erachtet. Die Gründe, aus denen die unter Beweis gestellten Tatsachen für unerheblich erachtet werden, sind in dem Beschluß anzugeben.

Prot. I 237 flg. II 117 flg.

Gemäß Beschl. Nr. 1 und Nr. 33 finden die Vorschriften des §. 244 Abs. 2 künftig auf die vor den kleinen Schöffengerichten und vor dem Amtsrichter verhandelten Sachen sowie auf die in diesen Sachen stattfindenden Verhandlungen in der Berufungsinstanz Anwendung, sofern die Verhandlung in der Berufungsinstanz eine Übertretung betrifft oder auf erhobene Privatklage erfolgt.

Prot. II 117, 144.

zu §. 245:

Die Vorschrift des §. 245 Abs. 2 soll nicht nur bei verspäteter Namhaftmachung von Zeugen und Sachverständigen, sondern auch dann gelten, wenn ein anderes Beweismittel zu spät angegeben worden ist. (186)

Prot. II 125 flg.

Die Befugnis, unter den Voraussetzungen des §. 245 Abs. 2 die Aussetzung der Hauptverhandlung zu beantragen, soll den Prozeßbeteiligten nicht nur hinsichtlich der auf Anordnung des Vorsitzenden oder des Gerichts geladenen Zeugen und Sachverständigen (§. 245 Abs. 3), sondern auch in betreff der sonstigen auf Anordnung des Vorsitzenden oder des Gerichts herbeigeschafften Beweismittel zustehen. (187)

Prot. II 125 flg.

Personenstandsregistern und findet auch Anwendung auf Protokolle über die Einnahme des richterlichen Augenscheins.

§. 249.

Beruht der Beweis einer Tatsache auf der Wahrnehmung einer Person, so ist die letztere in der Hauptverhandlung zu vernehmen. Die Vernehmung darf nicht durch Verlesung des über eine frühere Vernehmung aufgenommenen Protokolls oder einer schriftlichen Erklärung ersetzt werden.

§. 250.

Ist ein Zeuge, Sachverständiger oder Mitbeschuldigter verstorben oder in Geisteskrankheit verfallen, oder ist sein Aufenthalt nicht zu ermitteln gewesen, so kann das Protokoll über seine frühere richterliche Vernehmung verlesen werden. Dasselbe gilt von dem bereits verurteilten Mitschuldigen.

In den im §. 222 bezeichneten Fällen ist die Verlesung des Protokolls über die frühere Vernehmung statthaft, wenn letztere nach Eröffnung des Hauptverfahrens, oder wenn sie in dem Vorverfahren unter Beobachtung der Vorschriften des §. 191 erfolgt ist.

Die Verlesung kann nur durch Gerichtsbeschluß angeordnet, auch muß der Grund derselben verkündet und bemerkt werden, ob die Beeidigung der vernommenen Personen stattgefunden hat. An den Bestimmungen über die Notwendigkeit der Beeidigung wird hierdurch für diejenigen Fälle, in denen die nochmalige Vernehmung ausführbar ist, nichts geändert.

§. 251.

Die Aussage eines vor der Hauptverhandlung vernommenen Zeugen, welcher erst in der Hauptverhandlung von seinem Rechte, das Zeugnis zu verweigern, Gebrauch macht, darf nicht verlesen werden.

§. 252.

Erklärt ein Zeuge oder Sachverständiger, daß er sich einer Tatsache nicht mehr erinnert, so kann der hierauf bezügliche Teil des Protokolls über seine frühere Vernehmung zur Unterstützung seines Gedächtnisses verlesen werden.

Dasselbe kann geschehen, wenn ein in der Vernehmung hervortretender Widerspruch mit der früheren Aussage nicht auf andre Weise ohne Unterbrechung der Hauptverhandlung festgestellt oder gehoben werden kann.

§. 253.

Erklärungen des Angeklagten, welche in einem richterlichen Protokolle enthalten sind, können zum Zwecke der Beweisaufnahme über ein Geständnis verlesen werden.

zu §. 251:

Die Vorschrift des §. 251 über die Unzulässigkeit der Verlesung von Zeugenaussagen soll auch dann Anwendung finden, wenn der Zeuge noch während seiner Vernehmung oder zwar nach dieser, aber noch vor der Hauptverhandlung von seinem Rechte, das Zeugnis zu verweigern, Gebrauch macht. (188)

Prot. II 216.

Ferner soll bestimmt werden, daß die Aussage, deren Verlesung unzulässig ist, auch nicht in anderer Weise als durch Verlesung festgestellt werden darf. (189)

Prot. I 36 flg. II 126 flg., 211 flg., 212 flg.

zu §. 253:

Es soll bestimmt werden, daß zum Zwecke der Beweisaufnahme über ein Geständnis auch die in einem von der Staatsanwaltschaft aufgenommenen Protokoll enthaltenen Erklärungen des Angeklagten verlesen werden dürfen. (190)

Prot. II 131.

Dasselbe kann geschehen, wenn ein in der Vernehmung hervortretender Widerspruch mit der früheren Aussage nicht auf andre Weise ohne Unterbrechung der Hauptverhandlung festgestellt oder gehoben werden kann.

§. 254.

In den Fällen der §§. 252, 253 ist die Verlesung und der Grund derselben auf Antrag der Staatsanwaltschaft oder des Angeklagten im Protokolle zu erwähnen.

§. 255.

Die ein Zeugnis oder ein Gutachten enthaltenen Erklärungen öffentlicher Behörden, mit Ausschluß von Leumundszeugnissen, desgleichen ärztliche Atteste über Körperverletzungen, welche nicht zu den schweren gehören, können verlesen werden.

Ist das Gutachten einer kollegialen Fachbehörde eingeholt worden, so kann das Gericht die Behörde ersuchen, eines ihrer Mitglieder mit der Vertretung des Gutachtens in der Hauptverhandlung zu beauftragen und dem Gerichte zu bezeichnen.

§. 256.

Nach der Vernehmung eines jeden Zeugen, Sachverständigen oder Mitangeklagten, sowie nach der Verlesung eines jeden Schriftstücks soll der Angeklagte befragt werden, ob er etwas zu erklären habe.

§. 257.

Nach dem Schlusse der Beweisaufnahme erhalten die Staatsanwaltschaft und sodann der Angeklagte zu ihren Ausführungen und Anträgen das Wort.

Der Staatsanwaltschaft steht das Recht der Erwiderung zu; dem Angeklagten gebührt das letzte Wort.

Der Angeklagte ist, auch wenn ein Verteidiger für ihn gesprochen hat, zu befragen, ob er selbst noch etwas zu seiner Verteidigung anzuführen habe.

§. 258.

Einem der Gerichtssprache nicht mächtigen Angeklagten müssen aus den Schlußvorträgen mindestens die Anträge der Staatsanwaltschaft und des Verteidigers durch den Dolmetscher bekannt gemacht werden.

Dasselbe gilt von einem tauben Angeklagten, sofern nicht eine schriftliche Verständigung erfolgt.

§. 259.

Die Hauptverhandlung schließt mit der Erlassung des Urteils. Das Urteil kann nur auf Freisprechung, Verurteilung oder Einstellung des Verfahrens lauten.

Die Einstellung des Verfahrens ist auszusprechen, wenn bei einer nur auf Antrag zu verfolgenden strafbaren Handlung sich ergibt, daß der erforderliche Antrag nicht vorliegt, oder wenn der Antrag rechtzeitig zurückgenommen ist.

Ferner soll bestimmt werden, daß in den Fällen, in denen das Gericht gemäß §. 231 und den dazu gefaßten Beschl. Nr. 168 flg. zur Hauptverhandlung gegen einen ausgebliebenen Angeklagten schreitet, die Erklärungen des Angeklagten, welche in einem in derselben Strafsache aufgenommenen richterlichen Protokoll enthalten sind, auch dann verlesen werden können, wenn damit die Beweisaufnahme über ein Geständnis nicht bezweckt wird. (191)

Prot. II 131 flg.

§. 260.

Über das Ergebnis der Beweisaufnahme entscheidet das Gericht nach seiner freien, aus dem Inbegriffe der Verhandlung geschöpften Überzeugung.

§. 261.

Hängt die Strafbarkeit einer Handlung von der Beurteilung eines bürgerlichen Rechtsverhältnisses ab, so entscheidet das Strafgericht auch über dieses nach den für das Verfahren und den Beweis in Strafsachen geltenden Vorschriften.

Das Gericht ist jedoch befugt, die Untersuchung auszusetzen und einem der Beteiligten zur Erhebung der Zivilklage eine Frist zu bestimmen oder das Urteil des Zivilgerichts abzuwarten.

§. 262.

Zu einer jeden dem Angeklagten nachteiligen Entscheidung, welche die Schuldfrage betrifft, ist eine Mehrheit von zwei Dritteilen der Stimmen erforderlich.

Die Schuldfrage begreift auch solche von dem Strafgesetze besonders vorgesehene Umstände, welche die Strafbarkeit ausschließen, vermindern oder erhöhen.

Die Schuldfrage begreift nicht die Voraussetzungen des Rückfalles und der Verjährung.

§. 263.

Gegenstand der Urteilsfindung ist die in der Anklage bezeichnete Tat, wie sich dieselbe nach dem Ergebnisse der Verhandlung darstellt.

Das Gericht ist an diejenige Beurteilung der Tat, welche dem Beschlusse über die Eröffnung des Hauptverfahrens zu Grunde liegt, nicht gebunden.

§. 264.

Eine Verurteilung des Angeklagten auf Grund eines anderen als des in dem Beschlusse über die Eröffnung des Hauptverfahrens angeführten Strafgesetzes darf nicht erfolgen, ohne daß der Angeklagte zuvor auf die Veränderung des rechtlichen Gesichtspunktes besonders hingewiesen und ihm Gelegenheit zur Verteidigung gegeben worden ist.

In gleicher Weise ist zu verfahren, wenn erst in der Verhandlung solche vom Strafgesetze besonders vorgesehene Umstände behauptet werden, welche die Strafbarkeit erhöhen.

Bestreitet der Angeklagte, unter der Behauptung auf die Verteidigung nicht genügend vorbereitet zu sein, neu hervorgetretene Umstände, welche die Anwendung eines schwereren Strafgesetzes gegen den Angeklagten zulassen als des in dem Beschlusse über die Eröffnung des Hauptverfahrens angeführten, oder welche zu den im zweiten Absatze bezeichneten gehören, so ist auf seinen Antrag die Hauptverhandlung auszusetzen.

Auch sonst hat das Gericht auf Antrag oder von Amts wegen die Hauptverhandlung auszusetzen, falls dies infolge der veränderten Sachlage zur

zu §. 263:

Gemäß den Beschl. Nr. 137, 146, 148 ist die Vorschrift des §. 263 Abs. 2 dahin abzuändern, daß das Gericht an diejenige Beurteilung der Tat, welche der Anklage bezw. im Falle des Beschl. Nr. 155 dem Gerichtsbeschlusse zu Grunde liegt, nicht gebunden ist.

zu §. 264:

Gemäß den Beschl. Nr. 137, 146, 148 tritt im Sinne der Vorschriften des §. 264 Abs. 1 und 3 an die Stelle des Beschlusses über die Eröffnung des Hauptverfahrens die Anklageschrift und im Falle des Beschl. Nr. 155 der Gerichtsbeschluß.

Als eine Veränderung des rechtlichen Gesichtspunkts, welche gemäß §. 264 (192) Abs. 1 eine Hinweisung des Angeklagten erforderlich macht, soll künftig nicht die Abweichung von dem in der Anklageschrift oder, im Falle des Beschl. Nr. 155, dem Gerichtsbeschluß angeführten Strafgesetze, sondern der Umstand gelten, daß eine für die Verteidigung des Angeklagten erhebliche Abweichung von der früheren rechtlichen Beurteilung in Frage steht.

Prot. I 265 flg. II 135.

Es soll ferner bestimmt werden, daß die Hinweisung des Angeklagten durch (193) den Vorsitzenden und zwar ausdrücklich zu erfolgen hat.

Prot. II 135.

genügenden Vorbereitung der Anklage oder der Verteidigung angemessen erscheint.

Auf die in §. 244 Abs. 2 bezeichneten Verhandlungen findet die Vorschrift des dritten Absatzes nicht Anwendung.

§. 265.

Wird der Angeklagte im Laufe der Hauptverhandlung noch einer anderen Tat beschuldigt, als wegen welcher das Hauptverfahren wider ihn eröffnet worden, so kann dieselbe auf Antrag der Staatsanwaltschaft und mit Zustimmung des Angeklagten zum Gegenstande derselben Aburteilung gemacht werden.

Diese Bestimmung findet nicht Anwendung, wenn die Tat als ein Verbrechen sich darstellt oder die Aburteilung derselben die Zuständigkeit des Gerichts überschreitet.

§. 266.

Wird der Angeklagte verurteilt, so müssen die Urteilsgründe die für erwiesen erachteten Tatsachen angeben, in welchen die gesetzlichen Merkmale der strafbaren Handlung gefunden werden. Insoweit der Beweis aus anderen Tatsachen gefolgert wird, sollen auch diese Tatsachen angegeben werden.

Waren in der Verhandlung solche vom Strafgesetze besonders vorgesehene Umstände behauptet worden, welche die Strafbarkeit ausschließen, vermindern oder erhöhen, so müssen die Urteilsgründe sich darüber aussprechen, ob diese Umstände für festgestellt oder für nicht festgestellt erachtet werden.

Die Gründe des Strafurteils müssen ferner das zur Anwendung gebrachte Strafgesetz bezeichnen und sollen die Umstände anführen, welche für die Zumessung der Strafe bestimmend gewesen sind. Macht das Strafgesetz die Anwendung einer geringeren Strafe von dem Vorhandensein mildernder Umstände im allgemeinen abhängig, so müssen die Urteilsgründe die hierüber getroffene Entscheidung ergeben, sofern das Vorhandensein solcher Umstände angenommen, oder einem in der Verhandlung gestellten Antrage entgegen verneint wird.

Wird der Angeklagte freigesprochen, so müssen die Urteilsgründe ergeben, ob der Angeklagte für nicht überführt, oder ob und aus welchen Gründen die für erwiesen angenommene Tat für nicht strafbar erachtet worden ist.

§. 267.

Die Verkündung des Urteils erfolgt durch Verlesung der Urteilsformel und Eröffnung der Urteilsgründe am Schlusse der Verhandlung oder spätestens mit Ablauf einer Woche nach dem Schlusse der Verhandlung. Die Eröffnung der Urteilsgründe geschieht durch Verlesung oder durch mündliche Mitteilung ihres wesentlichen Inhalts.

War die Verkündung des Urteils ausgesetzt, so sind die Urteilsgründe vor derselben schriftlich festzustellen.

§. 268.

Urteile, durch welche die Unterbringung des Angeklagten in eine Erziehungs- oder Besserungsanstalt angeordnet wird, sind auch dessen gesetzlichem Vertreter

zu §. 265:

Gemäß Beschl. Nr. 137, 146, 148 tritt auch im Sinne des §. 265 an die Stelle des Beschlusses über die Eröffnung des Hauptverfahrens die Anklageschrift oder, im Falle des Beschl. Nr. 155, der Gerichtsbeschluß.

Die Vorschrift des §. 265 Abs. 1 soll auch dann Anwendung finden, wenn (194) die Tat sich nur deshalb als ein Verbrechen darstellt, weil die strafbare Handlung im Rückfalle begangen ist.

Prot. I 266 flg. II 136.

zu §. 266:

Es soll bestimmt werden, daß die Urteilsgründe im Falle der Verurteilung (195) des Angeklagten die für erwiesen erachteten Tatsachen, in denen die gesetzlichen Merkmale der strafbaren Handlung gefunden worden sind, so angeben müssen, daß ersichtlich ist, auf welche Tatsachen sich die Feststellung jedes einzelnen Merkmals der strafbaren Handlung stützt.

Für die Feststellung eines zu den Merkmalen der strafbaren Handlung gehörenden vorsätzlichen oder absichtlichen Handelns soll dies auch dann gelten, wenn das angewendete Strafgesetz den Vorsatz oder die Absicht nicht ausdrücklich als Tatbestandsmerkmal aufgestellt hat.

Prot. I 250. II 136 flg.

Es soll weiter bestimmt werden, daß die Urteilsgründe nicht nur die für (196) erwiesen erachteten Tatsachen, sondern ferner noch angeben müssen, weshalb diese Tatsachen für erwiesen erachtet worden sind.

Prot. I 246 flg. II 136 flg.

Auch hinsichtlich der im §. 266 Abs. 2 bezeichneten Umstände sollen die (197) Urteilsgründe anzugeben haben, weshalb diese Umstände für festgestellt oder für nicht festgestellt erachtet worden sind.

Prot. I 249 flg. II 137.

zu §. 267:

Die Vorschrift, daß die Urteilsgründe vor der Verkündung des Urteils (198) schriftlich festgestellt werden müssen, wenn die Verkündung ausgesetzt war, soll in Wegfall kommen.

Prot. I 268 flg. II 138.

zuzustellen, sofern nicht der letztere in der Hauptverhandlung als Beistand des Angeklagten aufgetreten und bei der Verkündung des Urteils gegenwärtig gewesen ist.

§. 269.

Das Gericht darf sich nicht für unzuständig erklären, weil die Sache vor ein Gericht niederer Ordnung gehöre.

§. 270.

Stellt sich nach dem Ergebnisse der Verhandlung die dem Angeklagten zur Last gelegte Tat als eine solche dar, welche die Zuständigkeit des Gerichts überschreitet, so spricht es durch Beschluß seine Unzuständigkeit aus und verweist die Sache an das zuständige Gericht.

Dieser Beschluß hat die Wirkung eines das Hauptverfahren eröffnenden Beschlusses und muß den Erfordernissen eines solchen entsprechen.

Die Anfechtbarkeit des Beschlusses bestimmt sich nach den Vorschriften des §. 209.

Ist der Beschluß von einem Schöffengerichte ergangen, so kann der Angeklagte innerhalb einer bei der Bekanntmachung des Beschlusses zu bestimmenden Frist die Vornahme einzelner Beweiserhebungen vor der Hauptverhandlung beantragen. Über den Antrag entscheidet der Vorsitzende des Gerichts, an welches die Sache verwiesen ist.

§. 271.

Über die Hauptverhandlung ist ein Protokoll aufzunehmen und von dem Vorsitzenden und dem Gerichtsschreiber zu unterschreiben.

Ist der Vorsitzende verhindert, so unterschreibt für ihn der älteste beisitzende Richter. Im Falle der Verhinderung des Amtsrichters genügt die Unterschrift des Gerichtsschreibers.

§. 272.

Das Protokoll über die Hauptverhandlung enthält:

1. den Ort und den Tag der Verhandlung;
2. die Namen der Richter, Geschworenen und Schöffen, des Beamten der Staatsanwaltschaft, des Gerichtsschreibers und des zugezogenen Dolmetschers;
3. die Bezeichnung der strafbaren Handlung nach der Anklage;
4. die Namen der Angeklagten, ihrer Verteidiger, der Privatkläger, Nebenkläger, gesetzlichen Vertreter, Bevollmächtigten und Beistände;
5. die Angabe, daß öffentlich verhandelt oder die Öffentlichkeit ausgeschlossen ist.

§. 273.

Das Protokoll muß den Gang und die Ergebnisse der Hauptverhandlung im wesentlichen wiedergeben und die Beobachtung aller wesentlichen Förmlichkeiten ersichtlich machen, auch die Bezeichnung der verlesenen Schriftstücke, sowie die im Laufe der Verhandlung gestellten Anträge, die ergangenen Entscheidungen und die Urteilsformel enthalten.

Aus der Hauptverhandlung vor dem Schöffengerichte sind außerdem die wesentlichen Ergebnisse der Vernehmungen in das Protokoll aufzunehmen.

Kommt es auf die Feststellung eines Vorgangs in der Hauptverhandlung oder des Wortlauts einer Aussage oder einer Äußerung an, so hat der Vor-

zu §. 270:

Gemäß Beschl. Nr. 155 hat in den Fällen des §. 270 der Unzuständigkeitsbeschluß die dem Angeklagten zur Last gelegte Tat unter Hervorhebung ihrer gesetzlichen Merkmale und des anzuwendenden Strafgesetzes zu bezeichnen.

Gemäß Beschl. Nr. 1 bezieht sich die Vorschrift des §. 270 Abs. 4 künftig auf den Fall, daß der Unzuständigkeitsbeschluß von einem Amtsrichter oder einem kleinen Schöffengericht ergangen ist.

zu §§. 273, 274:

Hinsichtlich des Protokolls über die Hauptverhandlung sollen die Vorschriften der §§. 273, 274 in folgender Weise abgeändert werden:

a) Die Vorschrift des §. 273 Abs. 2 soll gestrichen werden. (199)

Prot. I 254. II 138 flg.

b) In Ergänzung der Vorschrift des §. 273 Abs. 3 soll bestimmt werden, daß die Vermerke im Protokoll über die Stellung von Beweisanträgen und über die daraufhin verkündeten Beschlüsse zu verlesen sind. (200)

Prot. I 253. II 140.

sitzende die vollständige Niederschreibung und Verlesung anzuordnen. In dem Protokoll ist zu bemerken, daß die Verlesung geschehen und die Genehmigung erfolgt ist, oder welche Einwendungen erhoben sind.

§. 274.

Die Beobachtung der für die Hauptverhandlung vorgeschriebenen Förmlichkeiten kann nur durch das Protokoll bewiesen werden. Gegen den diese Förmlichkeiten betreffenden Inhalt desselben ist nur der Nachweis der Fälschung zulässig.

c) Der Staatsanwalt, der Verteidiger und der Angeklagte sollen berechtigt sein, die von ihnen gestellten Anträge schriftlich als Anlagen zum Protokolle zu überreichen; diese Anlagen gelten als Teile des Protokolls. Dagegen soll die schriftliche Begründung der Anträge und die Überreichung von Schriftsätzen nicht zulässig sein. (201)

Prot. I 253. II 139 flg.

d) Ist nach der Ansicht eines bei der Verhandlung Beteiligten die Beobachtung der vorgeschriebenen Förmlichkeiten in mangelhafter oder ungenügender Weise erfolgt, so soll dieser berechtigt sein, die Feststellung des Vorganges und dessen Aufnahme in das Protokoll zu verlangen. (202)

Prot. I 252. II 140.

e) Dem Angeklagten oder dem Verteidiger soll auf Antrag eine Abschrift des Protokolls erteilt werden müssen. (203)

Prot. I 253 flg. II 140.

f) Ferner sollen folgende das Protokoll betreffende Vorschriften erlassen werden: (204)

Das Protokoll soll spätestens am fünften Werktage nach dem Tage, an welchem die Hauptverhandlung geschlossen ist, fertiggestellt und von dem Vorsitzenden und dem Gerichtsschreiber unterzeichnet werden.

Während der auf die fünf Werktage folgenden zwei Werktage sind die Prozeßbeteiligten zur Durchsicht der Protokolle und zur Stellung von Anträgen auf Berichtigung oder Ergänzung befugt. Der Vorsitzende und der Gerichtsschreiber haben spätestens am dritten Werktage nach dem Tage, an welchem der Antrag gestellt ist, über den Antrag zu befinden. In einem Nachtrage zum Protokolle sind der Antrag und der ergangene Beschluß zu verzeichnen.

Der Vorsitzende und der Gerichtsschreiber sind, auch ohne daß ein dahingehender Antrag gestellt ist, befugt, das bereits unterzeichnete Protokoll durch einen Nachtrag zu ergänzen oder zu berichtigen. Falls die Prozeßbeteiligten nicht schon bei Durchsicht des Protokolls von dem von Amts wegen beigefügten Nachtrage Kenntnis erhalten haben, ist ihnen anzuzeigen, daß eine Ergänzung oder Berichtigung vorgenommen ist.

Prot. I 255 flg. II 140 flg.

g) Endlich soll im Gesetze hervorgehoben werden, daß das Recht, ein unterzeichnetes Protokoll durch einen Nachtrag zu ergänzen oder zu berichtigen, den Urkundspersonen, sobald eine Rechtsmittelbegründung eingegangen und auf einen bestimmten Mangel des Verfahrens in der Hauptverhandlung gestützt ist, in bezug auf den gerügten Mangel nur insofern zusteht, als durch die Ergänzung oder Berichtigung die Rüge bestätigt wird. (205)

Prot. I 256, 507. II 141, 145, 158.

§. 275.

Das Urteil mit den Gründen ist binnen drei Tagen nach der Verkündung zu den Akten zu bringen, falls es nicht bereits vollständig in das Protokoll aufgenommen worden ist.

Es ist von den Richtern, welche bei der Entscheidung mitgewirkt haben, zu unterschreiben. Ist ein Richter verhindert, seine Unterschrift beizufügen, so wird dies unter Angabe des Verhinderungsgrundes von dem Vorsitzenden und bei dessen Verhinderung von dem ältesten beisitzenden Richter unter dem Urteile bemerkt. Der Unterschrift der Schöffen bedarf es nicht.

Die Bezeichnung des Tages der Sitzung sowie die Namen der Richter, der Schöffen, des Beamten der Staatsanwaltschaft und des Gerichtsschreibers, welche an der Sitzung teilgenommen haben, sind in das Urteil aufzunehmen.

Die Ausfertigungen und Auszüge der Urteile sind von dem Gerichtsschreiber zu unterschreiben und mit dem Gerichtssiegel zu versehen.

Siebenter Abschnitt.

Hauptverhandlung vor den Schwurgerichten.

. . . .

Achter Abschnitt.

Verfahren gegen Abwesende.

§. 318.

Ein Beschuldigter gilt als abwesend, wenn sein Aufenthalt unbekannt ist oder wenn er sich im Ausland aufhält und seine Gestellung vor das zuständige Gericht nicht ausführbar oder nicht angemessen erscheint.

§. 319.

Gegen einen Abwesenden kann eine Hauptverhandlung nur dann stattfinden, wenn die den Gegenstand der Untersuchung bildende Tat nur mit Geldstrafe oder Einziehung, allein oder in Verbindung mit einander, bedroht ist.

Für das Verfahren kommen die Vorschriften der §§. 320 bis 326 zur Anwendung.

§. 320.

Die Ladung des Angeklagten zur Hauptverhandlung ist im Falle, daß sein Aufenthalt unbekannt ist oder die Befolgung der für Zustellungen im Auslande bestehenden Vorschriften unausführbar oder voraussichtlich erfolglos erscheint, in

zum siebenten Abschnitt:

Gemäß Beschl. Nr. 34 kommt der ganze 7. Abschnitt in Fortfall.

zu §§. 318, 319:

Gegenüber Abwesenden, an welche Zustellungen nach Maßgabe des §. 37 bewirkt werden können, sollen die allgemeinen Vorschriften der §§. 229 bis 231 Platz greifen. Einschränkungen im Verhältnisse zu diesen Vorschriften sollen nur gegenüber solchen Abwesenden eintreten, an welche Zustellungen gemäß §. 37 nicht bewirkt werden können. (206)

Prot. I 233.

Im §. 319 Abs. 1 sollen außer der Einziehung auch sonstige Nebenstrafen oder Nebenfolgen erwähnt werden. Im übrigen soll nicht mehr die im Gesetz angedrohte Strafe, sondern die voraussichtlich zu erwartende Strafe für die Zulassung der Hauptverhandlung gegen Abwesende entscheidend sein. (207)

Prot. I 233 flg. II 112.

Demgemäß wird die Vorschrift des §. 319 Abs. 1 künftig dahin gehen, daß gegen Abwesende, an welche Zustellungen nicht nach Maßgabe der Bestimmung des §. 37 bewirkt werden können, eine Hauptverhandlung nur stattfindet, wenn nach dem Ermessen des Gerichts voraussichtlich keine andere Strafe als Geldstrafe oder Einziehung, allein oder in Verbindung mit einander oder in Verbindung mit sonstigen Nebenstrafen oder Nebenfolgen, zu erwarten steht.

zu §. 320:

Es soll bestimmt werden, daß die öffentliche Ladung des Angeklagten zur Hauptverhandlung auf Antrag der Staatsanwaltschaft vom Gerichte bewilligt wird. (208)

Prot. I 233, 234. II 112.

einer beglaubigten Abschrift an die Gerichtstafel bis zum Tage der Hauptverhandlung anzuheften. Außerdem ist ein Auszug der Ladung in das für amtliche Bekanntmachungen des betreffenden Bezirks bestimmte Blatt und nach Ermessen des Gerichts auch in ein anderes Blatt dreimal einzurücken. Zwischen dem Tage der letzten Bekanntmachung und dem Tage der Hauptverhandlung muß eine Frist von mindestens einem Monate liegen.

§. 321.

Die Ladung muß enthalten:

die Angabe des Namens und, soweit dies bekannt, des Vornamens, Alters, Standes, Gewerbes und Wohnorts oder Aufenthaltsorts des Angeklagten, die Bezeichnung der dem Angeklagten zur Last gelegten strafbaren Handlung, sowie die Angabe des Tages und der Stunde der Hauptverhandlung.

Zugleich ist die Warnung hinzuzufügen, daß bei unentschuldigtem Ausbleiben des Angeklagten zur Hauptverhandlung werde geschritten werden.

§. 322.

In der Hauptverhandlung kann für den Angeklagten ein Verteidiger auftreten. Auch Angehörige des ersteren sind, ohne daß sie einer Vollmacht bedürfen, als Vertreter zuzulassen.

§. 323.

Die Zustellung des Urteils erfolgt nach Maßgabe der Bestimmungen des §. 40 Abs. 2.

§. 324.

Die im §. 322 bezeichneten Personen können von den dem Beschuldigten zustehenden Rechtsmitteln Gebrauch machen.

§. 325.

Insoweit es nach dem Ermessen des Richters zur Deckung der den Angeschuldigten möglicherweise treffenden höchsten Geldstrafe und der Kosten des Verfahrens erforderlich ist, können einzelne zum Vermögen des Angeschuldigten gehörige Gegenstände mit Beschlag belegt werden. Auf diese Beschlagnahme finden die Bestimmungen der Zivilprozeßordnung über die Vollziehung und die Wirkungen des dinglichen Arrestes entsprechende Anwendung. Die Beschlagnahme ist aufzuheben, wenn der Grund derselben weggefallen ist.

§. 326.

Insoweit eine Deckung in Gemäßheit der vorstehenden Bestimmung nicht ausführbar erscheint, kann durch Beschluß des Gerichts das im Deutschen Reich befindliche Vermögen des Angeschuldigten mit Beschlag belegt werden. Der

Gemäß Beschl. Nr. 206 kommen im §. 320 Satz 1 die Worte: „im Falle, daß sein Aufenthalt unbekannt ist oder die Befolgung der für Zustellungen im Auslande bestehenden Vorschriften unausführbar oder voraussichtlich erfolglos erscheint" in Fortfall.

Beschluß ist durch den Deutschen Reichsanzeiger und nach Ermessen des Gerichts auch durch andere Blätter zu veröffentlichen.

Verfügungen, welche der Angeschuldigte über sein mit Beschlag belegtes Vermögen nach der ersten durch den Deutschen Reichsanzeiger bewirkten Veröffentlichung des Beschlusses vornimmt, sind der Staatskasse gegenüber nichtig.

Die Beschlagnahme des Vermögens ist aufzuheben, sobald der Grund derselben weggefallen oder die Deckung der Staatskasse durch eine Beschlagnahme in Gemäßheit des §. 325 bewirkt ist.

Die Aufhebung der Beschlagnahme ist durch dieselben Blätter bekannt zu machen, durch welche die Beschlagnahme veröffentlicht worden ist.

§. 327.

In anderen als den im §. 319 bezeichneten Fällen findet gegen einen Abwesenden eine Hauptverhandlung nicht statt. Das gegen den Abwesenden eingeleitete Verfahren hat die Aufgabe, für den Fall seiner künftigen Gestellung die Beweise zu sichern.

Für dieses Verfahren gelten die Bestimmungen der §§. 328 bis 336.

§. 328.

Die Zulassung eines Verteidigers wird durch die Abwesenheit des Beschuldigten nicht ausgeschlossen. Zur Wahl eines Verteidigers sind auch Angehörige des Beschuldigten befugt.

Zeugen und Sachverständige sind eidlich zu vernehmen.

§. 329.

Dem abwesenden Beschuldigten steht ein Anspruch auf Benachrichtigung über den Fortgang des Verfahrens nicht zu.

Der Richter ist jedoch befugt, einem Abwesenden, dessen Aufenthalt bekannt ist, Benachrichtigungen zugehen zu lassen.

§. 330.

Der Abwesende, dessen Aufenthalt unbekannt ist, kann in öffentlichen Blättern zum Erscheinen vor Gericht oder zur Anzeige seines Aufenthaltsorts aufgefordert werden.

§. 331.

Stellt sich erst nach Eröffnung des Hauptverfahrens die Abwesenheit des Angeklagten heraus, so erfolgen die noch erforderlichen Beweisaufnahmen durch einen beauftragten oder ersuchten Richter.

§. 332.

Liegen gegen den Abwesenden, gegen welchen die öffentliche Klage erhoben ist, Verdachtsgründe vor, welche die Erlassung eines Haftbefehls rechtfertigen würden, so kann sein im Deutschen Reich befindliches Vermögen durch Beschluß des Gerichts mit Beschlag belegt werden.

Die im vorstehenden Absatze bezeichnete Beschlagnahme findet in Sachen, welche zur Zuständigkeit der Schöffengerichte gehören, nicht statt.

zu §. 332:

Gemäß Beschl. Nr. 1 findet künftig die Beschlagnahme nach Maßgabe des §. 332 Abs. 1 in Sachen, welche zur Zuständigkeit des Amtsrichters oder der kleinen Schöffengerichte gehören, nicht statt.

§. 333.

Der die Beschlagnahme verhängende Beschluß ist durch den Deutschen Reichsanzeiger bekannt zu machen und kann nach dem Ermessen des Gerichts auch durch andere Blätter veröffentlicht werden.

§. 334.

Mit dem Zeitpunkte der ersten Bekanntmachung in dem Deutschen Reichsanzeiger verliert der Angeschuldigte das Recht, über das in Beschlag genommene Vermögen unter Lebenden zu verfügen.

Der die Beschlagnahme verhängende Beschluß ist derjenigen Behörde mitzuteilen, welche für die Einleitung einer Vormundschaft über Abwesende zuständig ist. Diese Behörde hat eine Güterpflege einzuleiten.

§. 335.

Die Beschlagnahme ist aufzuheben, wenn die Gründe derselben weggefallen sind.

Die Aufhebung der Beschlagnahme ist durch dieselben Blätter bekanut zu machen, durch welche die Beschlagnahme selbst veröffentlicht worden war.

§. 336.

Auf das nach Erhebung der öffentlichen Klage eintretende Verfahren finden im übrigen die Vorschriften über die Voruntersuchung entsprechende Anwendung.

In dem nach Beendigung dieses Verfahrens ergehenden Beschlusse (§. 196) ist zugleich über die Fortdauer oder Aufhebung der Beschlagnahme zu entscheiden.

§. 337.

Das Gericht kann einem abwesenden Beschuldigten sicheres Geleit erteilen; es kann diese Erteilung an Bedingungen knüpfen.

Das sichere Geleit gewährt Befreiung von der Untersuchungshaft, jedoch nur in Ansehung derjenigen strafbaren Handlung, für welche dasselbe erteilt ist.

Es erlischt, wenn ein auf Freiheitsstrafe lautendes Urteil ergeht, wenn der Beschuldigte Anstalten zur Flucht trifft, oder wenn er die Bedingungen nicht erfüllt, unter welchen ihm das sichere Geleit erteilt worden ist.

Drittes Buch.

Rechtsmittel.

Erster Abschnitt.

Allgemeine Bestimmungen.

§. 338.

Die zulässigen Rechtsmittel gegen gerichtliche Entscheidungen stehen sowohl der Staatsanwaltschaft als dem Beschuldigten zu.

Die Staatsanwaltschaft kann von denselben auch zu Gunsten des Beschuldigten Gebrauch machen.

§. 339.

Für den Beschuldigten kann der Verteidiger, jedoch nicht gegen dessen ausdrücklichen Willen, Rechtsmittel einlegen.

§. 340.

Der gesetzliche Vertreter eines Beschuldigten, desgleichen der Ehemann einer beschuldigten Frau können binnen der für den Beschuldigten laufenden Frist selbständig von den zulässigen Rechtsmitteln Gebrauch machen.

Auf ein solches Rechtsmittel und auf das Verfahren finden die über die Rechtsmittel des Beschuldigten geltenden Vorschriften entsprechende Anwendung.

§. 341.

Der nicht auf freiem Fuße befindliche Beschuldigte kann die Erklärungen, welche sich auf Rechtsmittel beziehen, zu Protokoll des Gerichtsschreibers desjenigen Gerichts geben, in dessen Gefängnis er sich befindet, und falls das Gefängnis kein gerichtliches ist, desjenigen Amtsgerichts, in dessen Bezirke das Gefängnis liegt.

Zur Wahrung einer Frist genügt es, wenn innerhalb derselben das Protokoll aufgenommen wird.

§. 342.

Ein Irrtum in der Bezeichnung des zulässigen Rechtsmittels ist unschädlich.

§. 343.

Jedes von der Staatsanwaltschaft eingelegte Rechtsmittel hat die Wirkung, daß die angefochtene Entscheidung auch zu Gunsten des Beschuldigten abgeändert oder aufgehoben werden kann.

§. 344.

Die Zurücknahme eines Rechtsmittels sowie der Verzicht auf die Einlegung eines Rechtsmittels kann auch vor Ablauf der Frist zur Einlegung desselben wirksam erfolgen. Ein von der Staatsanwaltschaft zu Gunsten des Beschuldigten eingelegtes Rechtsmittel kann jedoch ohne dessen Zustimmung nicht zurückgenommen werden.

Der Verteidiger bedarf zur Zurücknahme einer ausdrücklichen Ermächtigung.

§. 345.

Wenn die Entscheidung über das Rechtsmittel auf Grund mündlicher Verhandlung stattzufinden hat, so kann die Zurücknahme nach Beginn der Hauptverhandlung nur mit Zustimmung des Gegners erfolgen.

Zweiter Abschnitt.

Beschwerde.

§. 346.

Die Beschwerde ist gegen alle von den Gerichten in erster Instanz oder in der Berufungsinstanz erlassenen Beschlüsse und gegen die Verfügungen des Vorsitzenden, des Untersuchungsrichters, des Amtsrichters und eines beauftragten

oder ersuchten Richters zulässig, soweit das Gesetz dieselben nicht ausdrücklich einer Anfechtung entzieht.

Auch Zeugen, Sachverständige und andere Personen können gegen Beschlüsse und Verfügungen, durch welche sie betroffen werden, Beschwerde erheben.

Gegen Beschlüsse und Verfügungen der Oberlandesgerichte und des Reichsgerichts findet eine Beschwerde nicht statt.

§. 347.

Entscheidungen der erkennenden Gerichte, welche der Urteilsfällung vorausgehen, unterliegen nicht der Beschwerde. Ausgenommen sind Entscheidungen über Verhaftungen, Beschlagnahmen oder Straffestsetzungen sowie alle Entscheidungen, durch welche dritte Personen betroffen werden.

§. 348.

Die Beschwerde wird bei demjenigen Gerichte, von welchem oder von dessen Vorsitzenden die angefochtene Entscheidung erlassen ist, zu Protokoll des Gerichtsschreibers oder schriftlich eingelegt. Sie kann in dringenden Fällen auch bei dem Beschwerdegericht eingelegt werden.

Erachtet das Gericht oder der Vorsitzende, dessen Entscheidung angefochten wird, die Beschwerde für begründet, so haben sie derselben abzuhelfen; anderenfalls ist die Beschwerde sofort, spätestens vor Ablauf von drei Tagen, dem Beschwerdegerichte vorzulegen.

Die vorstehenden Bestimmungen finden auch auf die Entscheidungen des Amtsrichters im Vorverfahren, des beauftragten oder ersuchten Richters und des Untersuchungsrichters Anwendung.

§. 349.

Durch Einlegung der Beschwerde wird der Vollzug der angefochtenen Entscheidung nicht gehemmt.

Jedoch kann das Gericht, der Vorsitzende oder der Richter, dessen Entscheidung angefochten wird sowie auch das Beschwerdegericht anordnen, daß die Vollziehung der angefochtenen Entscheidung auszusetzen sei.

§. 350.

Das Beschwerdegericht kann dem Gegner des Beschwerdeführers die Beschwerde zur schriftlichen Gegenerklärung mitteilen; es kann etwa erforderliche Ermittelungen anordnen oder selbst vornehmen.

§. 351.

Die Entscheidung über die Beschwerde erfolgt ohne vorgängige mündliche Verhandlung, in geeigneten Fällen nach Anhörung der Staatsanwaltschaft.

Wird die Beschwerde für begründet erachtet, so erläßt das Beschwerdegericht zugleich die in der Sache erforderliche Entscheidung.

zu §. 347:

Auch die Entscheidungen der erkennenden Gerichte über die Unterbringung und Beobachtung des Angeklagten in einer öffentlichen Irrenanstalt sollen der Beschwerde unterliegen. (209)

Prot. II 146 flg.

Ferner soll die Beschwerde zulässig sein, wenn das erkennende Gericht die vorläufige Einstellung des Verfahrens oder die einstweilige Aussetzung der Hauptverhandlung beschlossen hat. (210)

Prot. II 149 flg.

zu §. 351:

Zu §. 351 ist der Beschl. Nr. 241 zu vergleichen.

§. 352.

Beschlüsse, welche von dem Landgericht in der Beschwerdeinstanz erlassen sind, können, insofern sie Verhaftungen betreffen, durch weitere Beschwerde angefochten werden.

Im übrigen findet eine weitere Anfechtung der in der Beschwerdeinstanz ergangenen Entscheidungen nicht statt.

§. 353.

Für die Fälle der sofortigen Beschwerde gelten die nachfolgenden besonderen Bestimmungen.

Die Beschwerde ist binnen der Frist von einer Woche, welche mit der Bekanntmachung (§. 35) der Entscheidung beginnt, einzulegen. Die Einlegung bei dem Beschwerdegerichte genügt zur Wahrung der Frist, auch wenn der Fall für dringlich nicht erachtet wird.

Das Gericht ist zu einer Abänderung seiner durch Beschwerde angefochtenen Entscheidung nicht befugt.

Dritter Abschnitt.

Berufung.

§. 354.

Die Berufung findet statt gegen die Urteile der Schöffengerichte.

§. 355.

Die Berufung muß bei dem Gerichte erster Instanz binnen einer Woche nach Verkündung des Urteils zu Protokoll des Gerichtsschreibers oder schriftlich eingelegt werden.

Hat die Verkündung des Urteils nicht in Anwesenheit des Angeklagten stattgefunden, so beginnt für diesen die Frist mit der Zustellung.

§. 356.

Der Beginn der Frist zur Einlegung der Berufung wird dadurch nicht ausgeschlossen, daß gegen ein auf Ausbleiben des Angeklagten ergangenes Urteil eine Wiedereinsetzung in den vorigen Stand nachgesucht werden kann.

Stellt der Angeklagte ein Gesuch um Wiedereinsetzung in den vorigen Stand, so wird die Berufung dadurch gewahrt, daß sie sofort für den Fall der Verwerfung jenes Gesuchs rechtzeitig eingelegt wird. Die weitere Verfügung in Bezug auf die Berufung bleibt dann bis zur Erledigung des Gesuchs um Wiedereinsetzung in den vorigen Stand ausgesetzt.

Die Einlegung der Berufung ohne Verbindung mit dem Gesuch um Wiedereinsetzung in den vorigen Stand gilt als Verzicht auf die letztere.

zu §. 352:

Weitere Beschwerde soll auch gegen die Beschlüsse, welche die Unterbringung in einer öffentlichen Irrenanstalt betreffen, zulässig sein. (211)

Prot. II 148.

zu §. 354:

Die Berufung soll stattfinden nicht nur gegen die Urteile des Amtsrichters und der kleinen Schöffengerichte sondern auch gegen die in erster Instanz ergehenden Urteile der mittleren und großen Schöffengerichte. (212)

Prot. I 441 flg., 458. II 4.

zu §. 355:

Auch nach dem Ablaufe der im §. 355 festgesetzten Berufungsfrist soll Anschlußberufung zulässig sein. Die Anschlußberufung soll ihre Wirkung verlieren, wenn die Berufung zurückgenommen oder als unzulässig verworfen wird. (213)

Prot. I 476 flg. II 143.

Legt der Angeklagte die Berufung zu Protokoll des Gerichtsschreibers ein (§. 355 Abs. 1) oder gibt er nach Einlegung der Berufung sonstige Erklärungen zu Protokoll (§. 358), so soll der Gerichtsschreiber verpflichtet sein, den Angeklagten zu befragen, inwieweit das Urteil angefochten und womit die Berufung gerechtfertigt werde. (214)

Prot. I 477 flg. II 142 flg.

§. 357.

Durch rechtzeitige Einlegung der Berufung wird die Rechtskraft des Urteils, soweit dasselbe angefochten ist, gehemmt.

Dem Beschwerdeführer, welchem das Urteil mit den Gründen noch nicht zugestellt war, ist dasselbe nach Einlegung der Berufung sofort zuzustellen.

§. 358.

Die Berufung kann binnen einer weiteren Woche nach Ablauf der Frist zur Einlegung des Rechtsmittels oder, wenn zu dieser Zeit das Urteil noch nicht zugestellt war, nach dessen Zustellung bei dem Gericht erster Instanz zu Protokoll des Gerichtsschreibers oder in einer Beschwerdeschrift gerechtfertigt werden.

§. 359.

Die Berufung kann auf bestimmte Beschwerdepunkte beschränkt werden. Ist dies nicht geschehen oder eine Rechtfertigung überhaupt nicht erfolgt, so gilt der ganze Inhalt des Urteils als angefochten.

§. 360.

Ist die Berufung verspätet eingelegt, so hat das Gericht erster Instanz das Rechtsmittel als unzulässig zu verwerfen.

Der Beschwerdeführer kann binnen einer Woche nach Zustellung des Beschlusses auf die Entscheidung des Berufungsgerichts antragen. In diesem Falle sind die Akten an das Berufungsgericht einzusenden; die Vollstreckung des Urteils wird jedoch hierdurch nicht gehemmt.

§. 361.

Ist die Berufung rechtzeitig eingelegt, so hat nach Ablauf der Frist zur Rechtfertigung der Gerichtsschreiber ohne Rücksicht darauf, ob eine Rechtfertigung stattgefunden hat oder nicht, die Akten der Staatsanwaltschaft vorzulegen. Diese stellt, wenn die Berufung von ihr eingelegt ist, dem Angeklagten die Schriftstücke über Einlegung und Rechtfertigung der Berufung zu.

§. 362.

Die Staatsanwaltschaft übersendet die Akten an die Staatsanwaltschaft bei dem Berufungsgerichte. Diese übergibt die Akten binnen einer Woche dem Vorsitzenden des Gerichts.

§. 363.

Erachtet das Berufungsgericht die Bestimmungen über die Einlegung der Berufung nicht für beobachtet, so kann es das Rechtsmittel durch Beschluß als unzulässig verwerfen. Anderenfalls entscheidet es über dasselbe durch Urteil.

Der Beschluß kann durch sofortige Beschwerde angefochten werden.

zu §. 357:

Ist der Angeklagte, welcher Berufung eingelegt hat, verhaftet, so soll das Urteil mit den Gründen auch dem bestellten oder gewählten Verteidiger, von mehreren Verteidigern wenigstens einem zugestellt werden müssen. (215)

Prot. I 479. II 143.

zu §. 358:

Erfolgt gemäß Beschl. Nr. 215 die Zustellung des Urteils an den Angeklagten und an den Verteidiger, so soll für die Berechnung der Rechtfertigungsfrist (§. 358) die zuletzt erfolgte Zustellung maßgebend sein. (216)

Prot. I 479. II 143.

zu §. 359:

Es soll zulässig sein, das Urteil nur hinsichtlich des Strafpunkts anzufechten; auch soll eine teilweise Anfechtung der Strafe oder die Anfechtung nur von Nebenfolgen des Urteils gestattet sein. Dagegen soll es nicht zulässig sein, die Berufung dahin zu beschränken, daß nur der Rechtspunkt und nicht auch die tatsächliche Feststellung angefochten werde. (217)

Prot. I 472 flg. II 142.

§. 364.

Auf die Vorbereitung der Hauptverhandlung finden die Vorschriften der §§. 213, 215 bis 224 Anwendung. In der Ladung ist der Angeklagte auf die Folgen des Ausbleibens ausdrücklich hinzuweisen.

Die Ladung der in erster Instanz vernommenen Zeugen und Sachverständigen kann nur dann unterbleiben, wenn deren wiederholte Vernehmung zur Aufklärung der Sache nicht erforderlich erscheint.

Neue Beweismittel sind zulässig.

Bei der Auswahl der zu ladenden Zeugen und Sachverständigen ist auf die von dem Angeklagten zur Rechtfertigung der Berufung benannten Personen Rücksicht zu nehmen.

§. 365.

Nachdem die Hauptverhandlung nach Vorschrift des §. 242 Abs. 1 begonnen hat, hält ein Berichterstatter in Abwesenheit der Zeugen einen Vortrag über die Ergebnisse des bisherigen Verfahrens. Das Urteil erster Instanz ist stets zu verlesen.

Sodann erfolgt die Vernehmung des Angeklagten und die Beweisaufnahme.

§. 366.

Bei der Berichterstattung und der Beweisaufnahme können Schriftstücke verlesen werden; Protokolle über Aussagen der in der Hauptverhandlung erster Instanz vernommenen Zeugen und Sachverständigen dürfen, abgesehen von den Fällen der §§. 250, 252, ohne die Zustimmung der Staatsanwaltschaft und des Angeklagten nicht verlesen werden, wenn die wiederholte Vorladung der Zeugen oder Sachverständigen erfolgt ist oder von dem Angeklagten rechtzeitig vor der Hauptverhandlung beantragt worden war.

§. 367.

Nach dem Schlusse der Beweisaufnahme werden die Staatsanwaltschaft sowie der Angeklagte und sein Verteidiger mit ihren Ausführungen und Anträgen, und zwar der Beschwerdeführer zuerst, gehört. Dem Angeklagten gebührt das letzte Wort.

§. 368.

Der Prüfung des Gerichts unterliegt das Urteil nur, soweit dasselbe angefochten ist.

§. 369.

Insoweit die Berufung für begründet befunden wird, hat das Berufungsgericht unter Aufhebung des Urteils in der Sache selbst zu erkennen.

Leidet das Urteil an einem Mangel, welcher die Revision wegen Verletzung einer Rechtsnorm über das Verfahren begründen würde, so kann das Berufungsgericht unter Aufhebung des Urteils die Sache, wenn die Umstände des Falles es erfordern, zur Entscheidung an die erste Instanz zurückverweisen.

zu §. 364:

Es soll im Gesetze deutlicher als bisher zum Ausdrucke gebracht werden, daß das Vorbringen neuer Tatsachen ebenso wie das Vorbringen neuer Beweismittel (§. 364 Abs. 3) zulässig und sowohl dem Beschwerdeführer als auch dem Gegner gestattet ist. (218)

Prot. I 481 flg. II 143.

zu §. 365:

Der Vortrag eines Berichterstatters über die Ergebnisse des bisherigen Verfahrens soll fortfallen. (219)

Prot. II 143 flg.

zu §. 366:

Die Vorschriften des §. 366 über die Zulässigkeit der Verlesung von Schriftstücken sollen wegfallen. In Ansehung der Beweisaufnahme vor dem Berufungsgerichte sollen vielmehr dieselben Vorschriften Geltung haben, wie in der ersten Instanz. Jedoch soll der Beschl. Nr. 184 in der Berufungsinstanz keine Anwendung finden. (Zu vergl. ferner §. 244 Abs. 2.) (220)

Prot. I 481 flg. II 114 flg., 143 flg.

zu §. 368:

Es soll im Gesetze zum Ausdrucke gebracht werden, daß das Berufungsgericht, wenn die Staatsanwaltschaft nur gegen einen Teil des Urteils Berufung eingelegt hat, gleichwohl über die Grenzen der eingelegten Berufung hinaus zu Gunsten des Angeklagten erkennen darf. (221)

Prot. I 472 flg. II 142.

Hat das Gericht erster Instanz mit Unrecht seine Zuständigkeit angenommen, so hat das Berufungsgericht unter Aufhebung des Urteils die Sache an das zuständige Gericht zu verweisen oder, wenn es selbst in erster Instanz zuständig ist, zu erkennen.

§. 370.

Ist bei dem Beginne der Hauptverhandlung weder der Angeklagte, noch in den Fällen, wo solches zulässig, ein Vertreter desselben erschienen und das Ausbleiben nicht genügend entschuldigt, so ist, insoweit der Angeklagte die Berufung eingelegt hat, dieselbe sofort zu verwerfen, insoweit die Staatsanwaltschaft die Berufung eingelegt hat, über diese zu verhandeln oder die Vorführung oder Verhaftung des Angeklagten anzuordnen.

Der Angeklagte kann binnen einer Woche nach der Zustellung des Urteils die Wiedereinsetzung in den vorigen Stand unter den in den §§. 44, 45 bezeichneten Voraussetzungen beanspruchen.

§. 371.

Ist von einer der im §. 340 bezeichneten Personen die Berufung eingelegt worden, so hat das Gericht auch den Angeklagten zu der Hauptverhandlung vorzuladen und kann ihn bei seinem Ausbleiben zu derselben zwangsweise vorführen lassen.

§. 372.

War das Urteil nur von dem Angeklagten oder zu Gunsten desselben von der Staatsanwaltschaft oder von einer der im §. 340 bezeichneten Personen angefochten worden, so darf das Urteil nicht zum Nachteile des Angeklagten abgeändert werden.

§. 373.

Im übrigen finden die im sechsten Abschnitte des zweiten Buchs über die Hauptverhandlung gegebenen Vorschriften Anwendung.

Vierter Abschnitt.

Revision.

§. 374.

Die Revision findet statt gegen die Urteile der Landgerichte und der Schwurgerichte.

§. 375.

Der Beurteilung des Revisionsgerichts unterliegen auch diejenigen Entscheidungen, welche dem Urteile vorausgegangen sind, sofern dasselbe auf ihnen beruht.

§. 376.

Die Revision kann nur darauf gestützt werden, daß das Urteil auf einer Verletzung des Gesetzes beruhe.

Das Gesetz ist verletzt, wenn eine Rechtsnorm nicht oder nicht richtig angewendet worden ist.

zu §. 370:

Es soll bestimmt werden, daß das Gericht auf Antrag des Angeklagten, wenn dessen Erscheinen nach dem Ermessen des Gerichts besonders erschwert ist oder er sich nicht auf freiem Fuße befindet, beschließen kann, daß in Abwesenheit des Angeklagten zu verhandeln sei. (222)

Prot. I 484 flg. II 146.

In Ergänzung des §. 370 Abs. 2 soll bestimmt werden, daß die Wiedereinsetzung vom Angeklagten auch dann beansprucht werden kann, wenn er durch ein unabwendbares Ereignis an der rechtzeitigen Mitteilung einer genügenden Entschuldigung verhindert ist. (223)

Prot. I 484 flg., 513 flg. II 146, 231 flg.

zu §. 372:

Es sollen Bestimmungen getroffen werden, welche dem Grundsatze des §. 397 für die Berufung entsprechende Anwendung geben. (224)

Prot. I 489 flg. II 146, 155 flg. Zu vergl. auch II 262 flg.

zu §. 374:

Gemäß den Beschl. Nr. 33, 34, 212 findet die Revision künftig gegen die Urteile der Schöffengerichte in der Berufungsinstanz statt.

§. 377.

Ein Urteil ist stets als auf einer Verletzung des Gesetzes beruhend anzusehen:
1. wenn das erkennende Gericht oder die Geschworenenbank nicht vorschriftsmäßig besetzt war;
2. wenn bei dem Urteile ein Richter, Geschworener oder Schöffe mitgewirkt hat, welcher von der Ausübung des Richteramts kraft des Gesetzes ausgeschlossen war;
3. wenn bei dem Urteile ein Richter oder Schöffe mitgewirkt hat, nachdem derselbe wegen Besorgnis der Befangenheit abgelehnt war, und das Ablehnungsgesuch entweder für begründet erklärt war oder mit Unrecht verworfen worden ist;
4. wenn das Gericht seine Zuständigkeit mit Unrecht angenommen hat;
5. wenn die Hauptverhandlung in Abwesenheit der Staatsanwaltschaft oder einer Person, deren Anwesenheit das Gesetz vorschreibt, stattgefunden hat;
6. wenn das Urteil auf Grund einer mündlichen Verhandlung ergangen ist, bei welcher die Vorschriften über die Öffentlichkeit des Verfahrens verletzt sind;
7. wenn das Urteil keine Entscheidungsgründe enthält;
8. wenn die Verteidigung in einem für die Entscheidung wesentlichen Punkte durch einen Beschluß des Gerichts unzulässig beschränkt worden ist.

§. 378.

Die Verletzung von Rechtsnormen, welche lediglich zu Gunsten des Angeklagten gegeben sind, kann von der Staatsanwaltschaft nicht zu dem Zwecke geltend gemacht werden, um eine Aufhebung des Urteils zum Nachteile des Angeklagten herbeizuführen.

§. 379.

Wenn der Angeklagte von den Geschworenen für nichtschuldig erklärt worden ist, so steht der Staatsanwaltschaft die Revision nur in den Fällen zu, in welchen dieselbe durch die Bestimmungen des §. 377 Nr. 1, 2, 3, 5 oder durch die Stellung oder Nichtstellung von Fragen begründet wird.

§. 380.

Gegen die in der Berufungsinstanz erlassenen Urteile der Landgerichte kann die Revision wegen Verletzung einer Rechtsnorm über das Verfahren nur auf Verletzung der Vorschrift des §. 398 gestützt werden.

§. 381.

Die Revision muß bei dem Gerichte, dessen Urteil angefochten wird, binnen einer Woche nach Verkündung des Urteils zu Protokoll des Gerichtsschreibers oder schriftlich eingelegt werden.

Hat die Verkündung des Urteils nicht in Anwesenheit des Angeklagten stattgefunden, so beginnt für diesen die Frist mit der Zustellung.

zu §. 380:

Die Revision soll ohne Beschränkung auch auf Verletzung einer Rechtsnorm über das Verfahren gestützt werden dürfen; die Vorschrift des §. 380 soll demgemäß in Wegfall kommen. (225)

Prot. I 500 flg. II 151.

zu §. 381:

Legt der Angeklagte die Revision zu Protokoll des Gerichtsschreibers ein (§. 381 Abs. 1), so soll der Gerichtsschreiber verpflichtet sein, den Angeklagten zu belehren, daß nach Maßgabe der §§. 384, 385 Revisionsanträge gestellt und begründet werden müssen. (226)

Prot. II 152.

§. 382.

Der Beginn der Frist zur Einlegung der Revision wird dadurch nicht ausgeschlossen, daß gegen ein auf Ausbleiben des Angeklagten ergangenes Urteil eine Wiedereinsetzung in den vorigen Stand nachgesucht werden kann.

Stellt der Angeklagte ein Gesuch um Wiedereinsetzung in den vorigen Stand, so wird die Revision dadurch gewahrt, daß sie sofort für den Fall der Verwerfung jenes Gesuchs rechtzeitig eingelegt und begründet wird. Die weitere Verfügung in Bezug auf die Revision bleibt dann bis zur Erledigung des Gesuchs um Wiedereinsetzung in den vorigen Stand ausgesetzt.

Die Einlegung der Revision ohne Verbindung mit dem Gesuch um Wiedereinsetzung in den vorigen Stand gilt als Verzicht auf die letztere.

§. 383.

Durch rechtzeitige Einlegung der Revision wird die Rechtskraft des Urteils, soweit dasselbe angefochten ist, gehemmt.

Dem Beschwerdeführer, welchem das Urteil mit den Gründen noch nicht zugestellt war, ist dasselbe nach Einlegung der Revision zuzustellen.

§. 384.

Der Beschwerdeführer hat die Erklärung abzugeben, inwieweit er das Urteil anfechte und dessen Aufhebung beantrage (Revisionsanträge), und die Anträge zu begründen.

Aus der Begründung muß hervorgehen, ob das Urteil wegen Verletzung einer Rechtsnorm über das Verfahren oder wegen Verletzung einer anderen Rechtsnorm angefochten wird. Ersterenfalls müssen die den Mangel enthaltenden Tatsachen angegeben werden.

§. 385.

Die Revisionsanträge und deren Begründung sind spätestens binnen einer weiteren Woche nach Ablauf der Frist zur Einlegung des Rechtsmittels oder, wenn zu dieser Zeit das Urteil noch nicht zugestellt war, nach dessen Zustellung bei dem Gerichte, dessen Urteil angefochten wird, anzubringen.

Seitens des Angeklagten kann dies nur in einer von dem Verteidiger oder einem Rechtsanwalt unterzeichneten Schrift oder zu Protokoll des Gerichtsschreibers geschehen.

§. 386.

Ist die Revision verspätet eingelegt, oder sind die Revisionsanträge nicht rechtzeitig oder nicht in der im §. 385 Abs. 2 vorgeschriebenen Form angebracht worden, so hat das Gericht, dessen Urteil angefochten wird, das Rechtsmittel durch Beschluß als unzulässig zu verwerfen.

Der Beschwerdeführer kann binnen einer Woche nach Zustellung des Beschlusses auf die Entscheidung des Revisionsgerichts antragen. In diesem Falle sind die Akten an das Revisionsgericht einzusenden; die Vollstreckung des Urteils wird jedoch hierdurch nicht gehemmt.

§. 387.

Ist die Revision rechtzeitig eingelegt, und sind die Revisionsanträge rechtzeitig und in der vorgeschriebenen Form angebracht, so ist die Revisionsschrift

zu §. 383:

Ist Revision eingelegt worden und der Angeklagte verhaftet, so soll das Urteil mit den Gründen auch dem Verteidiger, von mehreren wenigstens einem zugestellt werden müssen. (227)

Prot. I 503. II 151.

zu §. 385:

Erfolgt gemäß Beschl. Nr. 227 die Zustellung des Urteils an den Angeklagten und an den Verteidiger, so soll für die Berechnung der Frist zur Begründung der Revisionsanträge (§. 385) die zuletzt erfolgte Zustellung maßgebend sein. (228)

Prot. I 503. II 151.

dem Gegner des Beschwerdeführers zuzustellen. Diesem steht frei, binnen einer Woche eine schriftliche Gegenerklärung einzureichen. Der Angeklagte kann letztere auch zu Protokoll des Gerichtsschreibers abgeben.

Nach Eingang der Gegenerklärung oder nach Ablauf der Frist erfolgt durch die Staatsanwaltschaft die Einsendung der Akten an das Revisionsgericht.

§. 388.

Findet das Gericht, an welches die Einsendung der Akten erfolgt ist, daß die Verhandlung und Entscheidung über das Rechtsmittel zur Zuständigkeit eines anderen Gerichtes gehöre, so hat es durch Beschluß seine Unzuständigkeit auszusprechen.

Dieser Beschluß, in welchem das zuständige Revisionsgericht zu bezeichnen ist, unterliegt einer Anfechtung nicht und ist für das in demselben bezeichnete Gericht bindend.

Die Abgabe der Akten erfolgt durch die Staatsanwaltschaft.

§. 389.

Erachtet das Revisionsgericht die Bestimmungen über die Einlegung der Revision oder diejenigen über die Anbringung der Revisionsanträge nicht für beobachtet, so kann es das Rechtsmittel durch Beschluß als unzulässig verwerfen.

Anderenfalls entscheidet es über dasselbe durch Urteil.

§. 390.

Der Angeklagte oder auf dessen Verlangen der Verteidiger ist von dem Tage der Hauptverhandlung zu benachrichtigen. Der Angeklagte kann in dieser erscheinen oder sich durch einen mit schriftlicher Vollmacht versehenen Verteidiger vertreten lassen.

Der nicht auf freiem Fuße befindliche Angeklagte hat keinen Anspruch auf Anwesenheit.

§. 391.

Die Hauptverhandlung beginnt mit dem Vortrage eines Berichterstatters.

Hierauf werden die Staatsanwaltschaft sowie der Angeklagte und sein Verteidiger mit ihren Ausführungen und Anträgen, und zwar der Beschwerdeführer zuerst, gehört. Dem Angeklagten gebührt das letzte Wort.

§. 392.

Der Prüfung des Revisionsgerichts unterliegen nur die gestellten Revisionsanträge und, insoweit die Revision auf Mängel des Verfahrens gestützt wird, nur diejenigen Tatsachen, welche bei Anbringung der Revisionsanträge bezeichnet worden sind.

Eine weitere Begründung der Revisionsanträge, als die im §. 384 Abs. 2 vorgeschriebene, ist nicht erforderlich und, wenn sie unrichtig ist, unschädlich.

§. 393.

Insoweit die Revision für begründet erachtet wird, ist das angefochtene Urteil aufzuheben.

Gleichzeitig sind die dem Urteile zu Grund liegenden Feststellungen aufzuheben, sofern sie durch die Gesetzesverletzung betroffen werden, wegen deren die Aufhebung des Urteils erfolgt.

§. 394.

Erfolgt die Aufhebung des Urteils nur wegen Gesetzesverletzung bei Anwendung des Gesetzes auf die dem Urteile zu Grund liegenden Feststellungen, so hat das Revisionsgericht in der Sache selbst zu entscheiden, sofern ohne weitere tatsächliche Erörterungen nur auf Freisprechung oder auf Einstellung oder auf eine absolut bestimmte Strafe zu erkennen ist, oder das Revisionsgericht in Übereinstimmung mit dem Antrage der Staatsanwaltschaft die gesetzlich niedrigste Strafe für angemessen erachtet.

In anderen Fällen ist die Sache zur anderweiten Verhandlung und Entscheidung an das Gericht, dessen Urteil aufgehoben ist, oder an ein, demselben Bundesstaate angehöriges, benachbartes Gericht gleicher Ordnung zurückzuverweisen.

Die Zurückverweisung kann an ein Gericht niederer Ordnung erfolgen, wenn die noch in Frage kommende strafbare Handlung zu dessen Zuständigkeit gehört.

§. 395.

Wird ein Urteil aufgehoben, weil das Gericht der vorigen Instanz sich mit Unrecht für zuständig erachtet hat, so verweist das Revisionsgericht gleichzeitig die Sache an das zuständige Gericht.

§. 396.

Die Verkündung des Urteils erfolgt nach Maßgabe des §. 267.

§. 397.

Erfolgt zu Gunsten eines Angeklagten die Aufhebung des Urteils wegen Gesetzesverletzung bei Anwendung des Strafgesetzes, und erstreckt sich das Urteil, soweit es aufgehoben wird, noch auf andere Angeklagte, welche die Revision nicht eingelegt haben, so ist zu erkennen, als ob sie gleichfalls die Revision eingelegt hätten.

§. 398.

Das Gericht, an welches die Sache zur anderweiten Verhandlung und Entscheidung verwiesen ist, hat die rechtliche Beurteilung, welche der Aufhebung des Urteils zu Grund gelegt ist, auch seiner Entscheidung zu Grund zu legen.

War das Urteil nur von dem Angeklagten oder zu Gunsten desselben von der Staatsanwaltschaft oder von einer der im §. 340 bezeichneten Personen angefochten worden, so darf das neue Urteil eine härtere Strafe, als die in dem ersteren erkannte, nicht verhängen.

zu §. 394:

In den Fällen des §. 394 Abs. 2 soll die Zurückverweisung auch an eine andere Kammer desselben Gerichts (künftig an ein anderes bei demselben Gerichte gebildetes Schöffengericht gleicher Art) erfolgen können. (229)

Prot. I 506. II 153.

Ferner soll bestimmt werden, daß das Reichsgericht in Notfällen auch an ein nicht demselben Bundesstaat angehöriges Gericht gleicher Ordnung zurückverweisen kann. (230)

Prot. II 153 flg.

zu §. 397:

Es soll im Gesetze klargestellt werden, daß sich die Vorschrift des §. 397 nicht nur auf solche Mitangeklagte bezieht, welche die Revision nicht eingelegt haben, sondern auch auf solche, welche sie wegen anderer Beschwerdepunkte eingelegt haben. (231)

Prot. II 154.

Ferner soll die Vorschrift des §. 397 auch dann Anwendung finden, wenn mehrere Personen bei derselben strafbaren Handlung als Täter, Teilnehmer, Begünstiger oder Hehler beteiligt sind und ein Teil von ihnen durch vorausgegangene Urteile abgeurteilt worden ist. (232)

Prot. II 154 flg.

Viertes Buch.

Wiederaufnahme eines durch rechtskräftiges Urteil geschlossenen Verfahrens.

§. 399.

Die Wiederaufnahme eines durch rechtskräftiges Urteil geschlossenen Verfahrens zu Gunsten des Verurteilten findet statt:

1. wenn eine in der Hauptverhandlung zu seinen Ungunsten als echt vorgebrachte Urkunde fälschlich angefertigt oder verfälscht war;
2. wenn durch Beeidigung eines zu seinen Ungunsten abgelegten Zeugnisses oder abgegebenen Gutachtens der Zeuge oder Sachverständige sich einer vorsätzlichen oder fahrlässigen Verletzung der Eidespflicht schuldig gemacht hat;
3. wenn bei dem Urteil ein Richter, Geschworener oder Schöffe mitgewirkt hat, welcher sich in Beziehung auf die Sache einer Verletzung seiner Amtspflichten schuldig gemacht hat, sofern diese Verletzung mit einer im Wege des gerichtlichen Strafverfahrens zu verhängenden öffentlichen Strafe bedroht und nicht vom Verurteilten selbst veranlaßt ist;
4. wenn ein zivilgerichtliches Urteil, auf welches das Strafurteil gegründet ist, durch ein anderes rechtskräftig gewordenes Urteil aufgehoben ist;
5. wenn neue Tatsachen oder Beweismittel beigebracht sind, welche allein oder in Verbindung mit den früher erhobenen Beweisen die Freisprechung des Angeklagten oder in Anwendung eines milderen Strafgesetzes eine geringere Bestrafung zu begründen geeignet sind. In den vor den Schöffengerichten verhandelten Sachen können nur solche Tatsachen oder Beweismittel beigebracht werden, welche der Verurteilte in dem früheren Verfahren einschließlich der Berufungsinstanz nicht gekannt hatte oder ohne Verschulden nicht geltend machen konnte.

§. 400.

Durch den Antrag auf Wiederaufnahme des Verfahrens wird die Vollstreckung des Urteils nicht gehemmt.

Das Gericht kann jedoch einen Aufschub sowie eine Unterbrechung der Vollstreckung anordnen.

§. 401.

Der Antrag auf Wiederaufnahme des Verfahrens wird weder durch die erfolgte Strafvollstreckung noch durch den Tod des Verurteilten ausgeschlossen.

Im Falle des Todes sind der Ehegatte, die Verwandten auf- und absteigender Linie sowie die Geschwister des Verstorbenen zu dem Antrage befugt.

zu §. 399:

Die Wiederaufnahme des Verfahrens zu Gunsten des Verurteilten auf Grund neuer Tatsachen oder Beweismittel (§. 399 Nr. 5 Satz 1) soll nur dann stattfinden, wenn die Tatsachen oder Beweismittel allein oder in Verbindung mit den früher erhobenen Beweisen die Unschuld des Verurteilten, sei es bezüglich der ihm zur Last gelegten Tat überhaupt, sei es bezüglich eines die Anwendung eines härteren Strafgesetzes begründenden Umstandes, ergeben oder doch dartun, daß ein begründeter Verdacht gegen ihn nicht mehr vorliegt. (233)

Prot. I 276 flg., 494 flg. II 260 flg.

Die Vorschrift des zweiten Satzes des §. 399 Nr. 5, wonach nur solche Tatsachen oder Beweismittel beigebracht werden können, welche der Verurteilte in dem früheren Verfahren einschließlich der Berufungsinstanz nicht gekannt hatte oder ohne Verschulden nicht geltend machen konnte, soll nicht nur für die vor dem Amtsrichter und den kleinen Schöffengerichten verhandelten Sachen, sondern auch für die vor anderen Gerichten verhandelten Sachen gelten. (234)

Prot. I 494 flg. II 260 flg.

§. 402.

Die Wiederaufnahme eines durch rechtskräftiges Urteil geschlossenen Verfahrens zu Ungunsten des Angeklagten findet statt:

1. wenn eine in der Hauptverhandlung zu seinen Gunsten als echt vorgebrachte Urkunde fälschlich angefertigt oder verfälscht war;
2. wenn durch Beeidigung eines zu seinen Gunsten abgelegten Zeugnisses oder abgegebenen Gutachtens der Zeuge oder Sachverständige sich einer vorsätzlichen oder fahrlässigen Verletzung der Eidespflicht schuldig gemacht hat;
3. wenn bei dem Urteil ein Richter, Geschworener oder Schöffe mitgewirkt hat, welcher sich in Beziehung auf die Sache einer Verletzung seiner Amtspflichten schuldig gemacht hat, sofern diese Verletzung mit einer im Wege des gerichtlichen Strafverfahrens zu verhängenden öffentlichen Strafe bedroht ist;
4. wenn von dem Freigesprochenen vor Gericht oder außergerichtlich ein glaubwürdiges Geständnis der strafbaren Handlung abgelegt wird.

§. 403.

Eine Wiederaufnahme des Verfahrens zum Zwecke der Änderung der Strafe innerhalb des durch dasselbe Gesetz bestimmten Strafmaßes findet nicht statt.

§. 404.

Ein Antrag auf Wiederaufnahme des Verfahrens, welcher auf die Behauptung einer strafbaren Handlung gegründet werden soll, ist nur dann zulässig, wenn wegen dieser Handlung eine rechtskräftige Verurteilung ergangen ist, oder wenn die Einleitung oder Durchführung eines Strafverfahrens aus anderen Gründen als wegen Mangels an Beweis nicht erfolgen kann.

§. 405.

Die allgemeinen Bestimmungen über Rechtsmittel finden auch bei dem Antrag auf Wiederaufnahme des Verfahrens Anwendung.

§. 406.

In dem Antrage müssen der gesetzliche Grund der Wiederaufnahme des Verfahrens sowie die Beweismittel angegeben werden.

Von dem Angeklagten und den im §. 401 Abs. 2 bezeichneten Personen kann der Antrag nur mittels einer von dem Verteidiger oder einem Rechtsanwalt unterzeichneten Schrift oder zu Protokoll des Gerichtsschreibers angebracht werden.

§. 407.

Über die Zulassung des Antrags auf Wiederaufnahme des Verfahrens entscheidet das Gericht, dessen Urteil mit dem Antrag angefochten wird. Wird ein in der Revisionsinstanz erlassenes Urteil aus anderen Gründen als auf Grund des §. 399 Nr. 3 oder des §. 402 Nr. 3 angefochten, so entscheidet das Gericht, gegen dessen Urteil die Revision eingelegt war.

Die Entscheidung erfolgt ohne mündliche Verhandlung.

zu §. 404:

Die Vorschrift, nach welcher Anträge auf Wiederaufnahme des Verfahrens, die auf die Behauptung einer strafbaren Handlung gegründet werden sollen, nur unter den im §. 404 bezeichneten Voraussetzungen zulässig sind, soll auf Anträge, die auf Grund des §. 399 Nr. 5 gestellt sind, keine Anwendung finden. (235)

Prot. I 279. II 263.

§. 408.

Ist der Antrag nicht in der vorgeschriebenen Form angebracht, oder ist darin kein gesetzlicher Grund der Wiederaufnahme geltend gemacht oder kein geeignetes Beweismittel angeführt, so ist der Antrag als unzulässig zu verwerfen.

Anderenfalls ist derselbe dem Gegner des Antragstellers unter Bestimmung einer Frist zur Erklärung zuzustellen.

§. 409.

Wird der Antrag an sich für zulässig befunden, so beauftragt das Gericht mit Aufnahme der angetretenen Beweise, soweit diese erforderlich ist, einen Richter.

Dem Ermessen des Gerichts bleibt es überlassen, ob die Zeugen und Sachverständigen eidlich vernommen werden sollen.

Hinsichtlich der Berechtigung der Beteiligten zur Anwesenheit bei der Beweisaufnahme kommen die für die Voruntersuchung gegebenen Vorschriften zur Anwendung.

Nach Schluß der Beweisaufnahme sind die Staatsanwaltschaft und der Angeklagte unter Bestimmung einer Frist zur ferneren Erklärung aufzufordern.

§. 410.

Der Antrag auf Wiederaufnahme des Verfahrens wird ohne mündliche Verhandlung als unbegründet verworfen, wenn die darin aufgestellten Behauptungen keine genügende Bestätigung gefunden haben, oder wenn in den Fällen des §. 399 Nr. 1, 2 oder des §. 402 Nr. 1, 2 nach Lage der Sache die Annahme ausgeschlossen ist, daß die in diesen Bestimmungen bezeichnete Handlung auf die Entscheidung Einfluß gehabt hat.

Anderenfalls verordnet das Gericht die Wiederaufnahme des Verfahrens und die Erneuerung der Hauptverhandlung.

§. 411.

Ist der Verurteilte bereits verstorben, so hat ohne Erneuerung der Hauptverhandlung das Gericht nach Aufnahme des etwa noch erforderlichen Beweises entweder die Freisprechung zu erkennen oder den Antrag auf Wiederaufnahme abzulehnen.

Auch in anderen Fällen kann das Gericht, bei öffentlichen Klagen jedoch nur mit Zustimmung der Staatsanwaltschaft, den Verurteilten sofort freisprechen, wenn dazu genügende Beweise bereits vorliegen.

Mit der Freisprechung ist die Aufhebung des früheren Urteils zu verbinden.

Die Aufhebung ist auf Verlangen des Antragstellers durch den Deutschen Reichsanzeiger bekannt zu machen, und kann nach dem Ermessen des Gerichts auch durch andere Blätter veröffentlicht werden.

§. 412.

Alle Entscheidungen, welche aus Anlaß eines Antrags auf Wiederaufnahme des Verfahrens von dem Gericht in erster Instanz erlassen werden, können mit der sofortigen Beschwerde angefochten werden.

zu §. 408:

Der Antrag auf Wiederaufnahme soll außer den im §. 408 Abs. 1 bezeichneten Fällen auch dann als unzulässig verworfen werden können, wenn er ausschließlich auf solche Tatsachen oder Beweismittel gestützt ist, welche bereits durch einen früheren nicht mehr anfechtbaren Beschluß zurückgewiesen worden sind. (236)

Prot. I 280. II 263.

zu §§. 409, 410:

Die Vorschriften der §§. 409, 410, nach welchen die Aufnahme der erforderlichen Beweise durch einen beauftragten Richter zu erfolgen hat und der Antrag auf Wiederaufnahme, falls er sich als unbegründet herausstellt, ohne mündliche Verhandlung zu verwerfen ist, sollen dahin abgeändert werden, daß das Gericht befugt ist, die erforderlichen Beweise auch in einem Verhandlungstermine, zu welchem die Prozeßbeteiligten zu laden sind, selbst aufzunehmen oder auch durch einen ersuchten Richter aufnehmen zu lassen. (237)

Prot. I 281 flg. II 263 flg.

Ferner soll in Ergänzung des §. 410 Abs. 1 bestimmt werden, daß der Antrag auf Wiederaufnahme auch dann als unbegründet zu verwerfen ist, wenn in den Fällen des §. 399 Nr. 5 der Wegfall eines die Anwendung eines schwereren Strafgesetzes begründenden Umstandes nicht geeignet erscheint, eine geringere Bestrafung herbeizuführen. (238)

Prot. I 284. II 261.

zu §. 411:

Die zur Zeit auf den Fall, daß der Verurteilte verstorben ist, beschränkte Vorschrift des §. 411 Abs. 1 soll auf den Fall ausgedehnt werden, daß der Verurteilte dauernd verhandlungsunfähig ist. (239)

Prot. I 273 flg. II 259 flg.

Insoweit nach §. 411 Abs. 2 in anderen als den im Abs. 1 (zu vergl. Beschl. Nr. 239) bezeichneten Fällen das Urteil im wiederaufgenommenen Verfahren ohne Erneuerung der Hauptverhandlung ergehen kann, soll dies gegen den Willen des Verurteilten nicht mehr zulässig sein; der Verurteilte soll vielmehr in diesen Fällen das Recht haben, zu verlangen, daß eine Hauptverhandlung stattfindet. (240)

Prot. I 274 flg. II 259.

zu §. 412:

Wird die auf Grund des §. 412 eingelegte Beschwerde gegen eine Entscheidung, durch welche der Antrag auf Wiederaufnahme als unzulässig verworfen worden ist, für begründet erachtet, so soll das Beschwerdegericht nicht (241)

§. 413.

In der erneuten Hauptverhandlung ist entweder das frühere Urteil aufrecht zu erhalten oder unter Aufhebung desselben anderweit in der Sache zu erkennen.

Ist die Wiederaufnahme des Verfahrens nur von dem Verurteilten oder zu Gunsten desselben von der Staatsanwaltschaft oder von einer der im §. 340 bezeichneten Personen beantragt worden, so darf das neue Urteil eine härtere Strafe als die in dem früheren erkannte nicht verhängen.

Fünftes Buch.

Beteiligung des Verletzten bei dem Verfahren.

Erster Abschnitt.

Privatklage.

§. 414.

Beleidigungen und Körperverletzungen können, soweit die Verfolgung nur auf Antrag eintritt, von dem Verletzten im Wege der Privatklage verfolgt werden, ohne daß es einer vorgängigen Anrufung der Staatsanwaltschaft bedarf.

Die gleiche Befugnis steht denjenigen zu, welchen in den Strafgesetzen das Recht, selbständig auf Bestrafung anzutragen, beigelegt ist.

Hat der Verletzte einen gesetzlichen Vertreter, so wird die Befugnis zur Erhebung der Privatklage durch diesen und, wenn Korporationen, Gesellschaften und andere Personenvereine, welche als solche in bürgerlichen Rechtsstreitigkeiten klagen können, die Verletzten sind, durch dieselben Personen wahrgenommen, durch welche sie in bürgerlichen Rechtsstreitigkeiten vertreten werden.

befugt sein, die in der Sache weiter erforderliche Entscheidung nach Maßgabe des §. 351 Abs. 2 selbst zu erlassen; vielmehr soll es gehalten sein, die Sache zur Entscheidung über die Aufnahme der angetretenen Beweise sowie über die Wiederaufnahme des Verfahrens und die Erneuerung der Hauptverhandlung an das Gericht erster Instanz oder an ein anderes bei demselben Land- oder Amtsgerichte gebildetes Gericht gleicher Art oder an ein benachbartes Land- oder Amtsgericht zurückzuverweisen.

Prot. I 282 flg. II 264.

Wie nach §. 406 Abs. 2 der Antrag auf Wiederaufnahme von dem Angeklagten und den im §. 401 Abs. 2 bezeichneten Personen nur mittels einer von dem Verteidiger oder einem Rechtsanwalt unterzeichneten Schrift oder zu Protokoll des Gerichtsschreibers angebracht werden kann, so soll das Gleiche auch für die Einlegung der Beschwerde seitens dieser Personen auf Grund des §. 412 bestimmt werden. (242)

Prot. I 283 flg. II 264.

zu §. 414:

Die Verfolgung im Wege der Privatklage, ohne daß es einer vorgängigen Anrufung der Staatsanwaltschaft bedarf, soll nicht, wie nach bestehendem Rechte, nur in den Fällen der auf Antrag zu verfolgenden Beleidigungen und Körperverletzungen (§. 414 Abs. 1) und den in den §§. 4, 7, 9, 10 des Gesetzes vom 27. Mai 1896 vorgesehenen Fällen des unlauteren Wettbewerbes, sondern außerdem zulässig sein: (243)

a) bei leichten vorsätzlichen und bei fahrlässigen Körperverletzungen auch insoweit, als die Verfolgung durch einen Strafantrag nicht bedingt ist;
b) bei gefährlichen Körperverletzungen in den Fällen des §. 223a des Strafgesetzbuchs;
c) bei Hausfriedensbruch in den Fällen des §. 123 des Strafgesetzbuchs;

§. 415.

Sind wegen derselben strafbaren Handlung mehrere Personen zur Privatklage berechtigt, so ist bei Ausübung dieses Rechts ein jeder von dem anderen unabhängig.

Hat jedoch einer der Berechtigten die Privatklage erhoben, so steht den übrigen nur der Beitritt zu dem eingeleiteten Verfahren, und zwar in der Lage zu, in welcher sich dasselbe zur Zeit der Beitrittserklärung befindet.

Jede in der Sache selbst ergangene Entscheidung äußert zu Gunsten des Beschuldigten ihre Wirkung auch gegenüber solchen Berechtigten, welche die Privatklage nicht erhoben haben.

§. 416.

Die öffentliche Klage wird wegen der im §. 414 bezeichneten strafbaren Handlungen von der Staatsanwaltschaft nur dann erhoben, wenn dies im öffentlichen Interesse liegt.

§. 417.

In dem Verfahren auf erhobene Privatklage ist die Staatsanwaltschaft zu einer Mitwirkung nicht verpflichtet; es ist ihr jedoch der zur Hauptverhandlung bestimmte Termin bekannt zu machen.

Auch kann die Staatsanwaltschaft in jeder Lage der Sache bis zum Eintritt der Rechtskraft des Urteils durch eine ausdrückliche Erklärung die Verfolgung übernehmen. In der Einlegung eines Rechtsmittels ist die Übernahme der Verfolgung enthalten.

Übernimmt die Staatsanwaltschaft die Verfolgung, so richtet sich das weitere Verfahren nach den Bestimmungen, welche im zweiten Abschnitte dieses Buchs für den Anschluß des Verletzten als Nebenkläger gegeben sind.

d) bei Bedrohung im Falle des §. 241 des Strafgesetzbuchs;
e) bei Sachbeschädigung im Falle des §. 303 des Strafgesetzbuchs;
f) bei den Übertretungen des §. 370 Nr. 5 und 6 des Strafgesetzbuchs.

Prot. I 288 bis 294. II 43 bis 49.

zu §. 416:

Hat die Staatsanwaltschaft die Erhebung der öffentlichen Klage mangels eines öffentlichen Interesses abgelehnt, so soll die Privatklage nur innerhalb einer Frist von drei Monaten erhoben werden können. Die Frist beginnt mit der Zustellung des ablehnenden Bescheids oder, wenn die Zustellung nicht in der vorgeschriebenen Weise im Deutschen Reiche bewirkt werden kann und eine Befolgung der für Zustellungen im Auslande bestehenden Vorschriften unausführbar oder voraussichtlich erfolglos erscheint, mit der Erlassung des Bescheids. (244)

Die Staatsanwaltschaft soll auch noch nach dem Ablaufe der für den Privatkläger laufenden Frist — unbeschadet der Bestimmungen über die Verjährung (§. 67 des Strafgesetzbuchs) — zur Erhebung der öffentlichen Klage befugt sein.

Prot. I 297 flg. II 56 flg.

Solange die für die Erhebung der Privatklage im Beschl. Nr. 244 festgesetzte Frist läuft, soll die Staatsanwaltschaft verpflichtet sein, dem Verletzten oder dessen Vertreter auf Verlangen die Einsicht der stattgehabten Verhandlungen zu gestatten. (245)

Prot. I 298. II 57.

zu §. 417:

Im Falle der Übernahme der Privatklage durch die Staatsanwaltschaft (§. 417 Abs. 3) soll nicht, wie bisher, die Einstellung des Verfahrens erfolgen; vielmehr soll das Verfahren in der Lage, in welcher es sich zur Zeit der Übernahme befindet, und bei dem mit der Sache befaßten Gerichte von der Staatsanwaltschaft fortgeführt werden. (246)

Prot. I 298 flg. II 57 flg.

§. 418.

Der Privatkläger kann im Beistand eines Rechtsanwalts erscheinen oder sich durch einen mit schriftlicher Vollmacht versehenen Rechtsanwalt vertreten lassen. Im letzteren Falle können die Zustellungen an den Privatkläger mit rechtlicher Wirkung an den Anwalt erfolgen.

§. 419.

Der Privatkläger hat für die der Staatskasse und dem Beschuldigten voraussichtlich erwachsenden Kosten unter denselben Voraussetzungen Sicherheit zu leisten, unter welchen in bürgerlichen Rechtsstreitigkeiten der Kläger auf Verlangen des Beklagten Sicherheit wegen der Prozeßkosten zu leisten hat.

Die Sicherheitsleistung ist durch Hinterlegung in barem Gelde oder in Wertpapieren zu bewirken.

Für die Höhe der Sicherheit und die Frist zur Leistung derselben, sowie für die Bewilligung des Armenrechts gelten dieselben Bestimmungen wie in bürgerlichen Rechtsstreitigkeiten.

§. 420.

Wegen Beleidigungen ist, insofern nicht einer der im §. 196 des Strafgesetzbuchs bezeichneten Fälle vorliegt, die Erhebung der Klage erst zulässig, nachdem von einer durch die Landesjustizverwaltung zu bezeichnenden Vergleichsbehörde die Sühne erfolglos versucht worden ist. Der Kläger hat die Bescheinigung hierüber mit der Klage einzureichen.

Diese Bestimmung findet keine Anwendung, wenn die Parteien nicht in demselben Gemeindebezirke wohnen.

§. 421.

Die Erhebung der Klage geschieht zu Protokoll des Gerichtsschreibers oder durch Einreichung einer Anklageschrift. Die Klage muß den im §. 198 Abs. 1 bezeichneten Erfordernissen entsprechen. Mit der Anklageschrift sind zwei Abschriften derselben einzureichen.

§. 422.

Ist die Klage vorschriftsmäßig erhoben, so teilt das Gericht dieselbe dem Beschuldigten unter Bestimmung einer Frist zur Erklärung und der Staatsanwaltschaft zur Kenntnisnahme mit.

zu §. 418:

Der Privatkläger soll berechtigt sein, sich nicht nur, wie nach geltendem Rechte (§. 418), durch einen Rechtsanwalt vertreten zu lassen, sondern auch durch andere Personen, soweit sie nach den allgemeinen Bestimmungen (§§. 137 flg.) als Verteidiger auftreten können. Auch an solche Vertreter können, wie bisher schon an die zu Vertretern bestellten Rechtsanwälte, Zustellungen mit rechtlicher Wirkung für den Privatkläger erfolgen. (247)

Prot. I 300 flg. II 58.

zu §. 420:

Der Sühneversuch soll unter den im §. 420 bezeichneten Voraussetzungen nicht nur bei Beleidigungen, sondern auch bei Körperverletzungen, Hausfriedensbruch und Bedrohung erforderlich sein. (248)

Prot. I 301. II 59.

Durch das Gelingen des Sühneversuchs (Vergleichsabschluß) soll die Erhebung der öffentlichen Klage nicht ausgeschlossen werden. (249)

Prot. I 301 flg. II 59.

zu §. 422:

Hinsichtlich des Verfahrens nach Erhebung der Privatklage soll in Ergänzung der Vorschriften des §. 422 folgendes bestimmt werden: (250)

Sowohl der Privatkläger als auch der Beschuldigte soll berechtigt sein, die Vornahme einzelner Beweiserhebungen oder Ermittelungen zu beantragen.

Den Anträgen soll entsprochen werden, soweit die Erhebungen oder Ermittelungen zur Vorbereitung der Hauptverhandlung erforderlich erscheinen.

Insoweit Anträge des Privatklägers abgelehnt werden, soll die Entscheidung einer Anfechtung nicht unterliegen.

Insoweit den Anträgen stattgegeben wird, soll der Amtsrichter berechtigt sein, die Behörden und Beamten des Polizei- und Sicherheitsdienstes und, wenn die Beweiserhebungen oder Ermittelungen in einem anderen Amtsbezirke vor-

§. 423.

Nach Eingang der Erklärung des Beschuldigten oder Ablauf der Frist entscheidet das Gericht darüber, ob das Hauptverfahren zu eröffnen oder die Klage zurückzuweisen sei, nach Maßgabe der Bestimmungen, welche bei einer von der Staatsanwaltschaft unmittelbar erhobenen Anklage Anwendung finden.

§. 424.

Das weitere Verfahren richtet sich nach den Bestimmungen, welche für das Verfahren auf erhobene öffentliche Klage gegeben sind.

Vor dem Schwurgerichte kann eine Privatklagesache nicht gleichzeitig mit einer auf öffentliche Klage anhängig gemachten Sache verhandelt werden.

§. 425.

Insoweit in dem Verfahren auf erhobene öffentliche Klage die Staatsanwaltschaft zuzuziehen und zu hören ist, wird in dem Verfahren auf erhobene Privatklage der Privatkläger zugezogen und gehört. Desgleichen sind alle Entscheidungen, welche dort der Staatsanwaltschaft bekannt gemacht werden, hier dem Privatkläger bekannt zu machen.

Es werden jedoch die auf richterliche Anordnung ergehenden Ladungen nicht durch die Staatsanwaltschaft, sondern durch den Gerichtsschreiber bewirkt.

Zwischen der Zustellung der Ladung des Privatklägers zur Hauptverhandlung und dem Tage der letzteren muß eine Frist von mindestens einer Woche liegen.

Das Recht der Akteneinsicht kann der Privatkläger nur durch seinen Anwalt ausüben.

§. 426.

Der Vorsitzende des Gerichts bestimmt, welche Personen als Zeugen oder Sachverständige zur Hauptverhandlung geladen werden sollen.

Dem Privatkläger wie dem Angeklagten steht das Recht der unmittelbaren Ladung zu.

§. 427.

In der Hauptverhandlung kann auch der Angeklagte im Beistand eines Rechtsanwalts erscheinen oder sich auf Grund einer schriftlichen Vollmacht durch solche vertreten lassen.

zunehmen sind, auch den Amtsrichter des letzteren um Vornahme derselben zu ersuchen.

Die Staatsanwaltschaft soll verpflichtet sein, dem Gericht auf Verlangen die bisher von ihr geführten Verhandlungen zur Einsicht mitzuteilen.

Port. I 304 flg. II 59 flg.

zu §. 423:

Nach dem Eingange der Erklärung des Beschuldigten oder dem Ablaufe der dafür bestimmten Frist (§. 423) bezw. nach Erledigung der gemäß Beschl. Nr. 250 gestellten Anträge soll eine förmliche Entscheidung über die Eröffnung des Hauptverfahrens nicht erfolgen; vielmehr soll der Amtsrichter nach Maßgabe der Vorschriften, welche für das Verfahren bei einer von der Staatsanwaltschaft vor dem kleinen Schöffengericht erhobenen Anklage gelten sollen (zu vergl. Beschl. Nr. 137, 148), entweder Termin zur Hauptverhandlung anberaumen oder den Antrag auf Hauptverhandlung ablehnen. (251)

Prot. I 186 flg., 305 flg. II 60, 101 flg.

zu §. 424:

Ein im Privatklageverfahren zu Protokoll des Gerichts abgeschlossener Vergleich soll einen vollstreckbaren Titel im Sinne der Zivilprozeßordnung (§§. 104, 794) gewähren; auch die Vollstreckung selbst soll nach den Vorschriften der Zivilprozeßordnung erfolgen. (252)

Prot. I 313. II 63 flg.

Die Bestimmung des §. 139 findet auf den Anwalt des Klägers wie auf den des Angeklagten Anwendung.

Das Gericht ist befugt, das persönliche Erscheinen des Klägers sowie des Angeklagten anzuordnen, auch den Angeklagten vorführen zu lassen.

§. 428.

Bei wechselseitigen Beleidigungen oder Körperverletzungen kann der Beschuldigte bis zur Beendigung der Schlußvorträge (§. 257) in erster Instanz mittels einer Widerklage die Bestrafung des Klägers beantragen.

Über Klage und Widerklage ist gleichzeitig zu erkennen.

Die Zurücknahme der Klage ist auf das Verfahren über die Widerklage ohne Einfluß.

§. 429.

Findet das Gericht nach verhandelter Sache, daß die für festgestellt zu erachtenden Tatsachen eine solche strafbare Handlung darstellen, auf welche das in diesem Abschnitte vorgeschriebene Verfahren keine Anwendung erleidet, so hat es durch Urteil, welches diese Tatsachen hervorheben muß, die Einstellung des Verfahrens auszusprechen.

Die Verhandlungen sind in diesem Falle der Staatsanwaltschaft mitzuteilen.

§. 430.

Dem Privatkläger stehen diejenigen Rechtsmittel zu, welche in dem Verfahren auf erhobene öffentliche Klage der Staatsanwaltschaft zustehen. Dasselbe gilt von dem Antrage auf Wiederaufnahme des Verfahrens in den Fällen des §. 402. Die Bestimmung des §. 343 findet auf das Rechtsmittel des Privatklägers Anwendung.

Revisionsanträge und Anträge auf Wiederaufnahme des durch ein rechtskräftiges Urteil geschlossenen Verfahrens kann der Privatkläger nur mittels einer von einem Rechtsanwalt unterzeichneten Schrift anbringen.

Die in den §§. 361, 362, 387 angeordnete Vorlage und Einsendung der Akten erfolgt wie im Verfahren auf erhobene öffentliche Klage an und durch

zu §. 428:

Wird die Widerklage (§. 428) vom Angeklagten erst in der Hauptverhandlung erhoben, so soll der Kläger berechtigt sein, zur Vorbereitung seiner Vertheidigung die Aussetzung der Verhandlung zu verlangen. (253)

Prot. I 310. II 61.

Bei der Erhebung einer zweiten oder ferneren Widerklage soll das Gericht befugt sein, deren abgesonderte Verhandlung anzuordnen. (254)

Prot. I 309 flg. II 61.

Hat nur einer von mehreren zur Widerklage Berechtigten die Widerklage erhoben, so soll den übrigen nur der Beitritt zum Widerklageverfahren und zwar in der Lage zustehen, in welcher sich dasselbe zur Zeit der Beitrittserklärung befindet. Jede auf die Widerklage in der Sache selbst ergangene Entscheidung soll zu Gunsten des Widerangeklagten ihre Wirkung auch gegenüber solchen Berechtigten äußern, welche die Widerklage nicht erhoben haben. (255)

Prot. I 310. II 61.

Die Übernahme der Privatklage durch die Staatsanwaltschaft (zu vergl. Beschl. Nr. 246) soll sich auch auf die Widerklage und umgekehrt die Übernahme der Widerklage auch auf die Privatklage erstrecken. In solchen Fällen soll nicht nur der Privatkläger, sondern auch der Angeklagte, welcher Widerklage erhoben hatte, die Rechte eines Nebenklägers haben. (256)

Prot. I 310. II 61.

die Staatsanwaltschaft. Die Zustellung der Berufungs- und Revisionsschriften an den Gegner des Beschwerdeführers wird durch den Gerichtsschreiber bewirkt.

§. 431.

Die Privatklage kann bis zur Verkündung des Urteils erster Instanz und, soweit zulässige Berufung eingelegt ist, bis zur Verkündung des Urteils zweiter Instanz zurückgenommen werden.

Als Zurücknahme gilt es im Verfahren erster und, soweit der Angeklagte die Berufung eingelegt hat, im Verfahren zweiter Instanz, wenn der Privatkläger in der Hauptverhandlung weder erscheint noch durch einen Rechtsanwalt vertreten wird, oder in der Hauptverhandlung oder einem anderen Termine ausbleibt, obwohl das Gericht sein persönliches Erscheinen angeordnet hatte, oder eine Frist nicht einhält, welche ihm unter Androhung der Einstellung des Verfahrens gesetzt war.

Soweit der Privatkläger die Berufung eingelegt hat, ist dieselbe im Falle der vorbezeichneten Versäumungen unbeschadet der Bestimmung des §. 343 sofort zu verwerfen.

Der Privatkläger kann binnen einer Woche nach der Versäumung die Wiedereinsetzung in den vorigen Stand unter den in den §§. 44, 45 bezeichneten Voraussetzungen beanspruchen.

§. 432.

Die zurückgenommene Privatklage kann nicht von neuem erhoben werden.

§. 433.

Der Tod des Privatklägers hat die Einstellung des Verfahrens zur Folge.

War jedoch die Privatklage darauf gestützt, daß der Beschuldigte wider besseres Wissen in Beziehung auf den Anderen eine unwahre Tatsache behauptet oder verbreitet habe, welche denselben verächtlich zu machen oder in der öffentlichen Meinung herabzuwürdigen geeignet ist, so kann die Klage nach dem Tode des Klägers von den Eltern, den Kindern oder dem Ehegatten des letzteren fortgesetzt werden.

Die Fortsetzung ist von dem Berechtigten bei Verlust des Rechts binnen zwei Monaten, vom Tode des Privatklägers an gerechnet, bei Gericht zu erklären.

§. 434.

Die Zurücknahme der Privatklage und der Tod des Privatklägers, sowie die Fortsetzung der Privatklage sind dem Beschuldigten bekannt zu machen.

zu §. 433:

Nach dem Tode des Privatklägers soll die Klage von den Eltern, den Kindern und dem Ehegatten nicht nur in dem durch §. 433 Abs. 2 bezeichneten Falle, sondern auch in allen anderen Fällen binnen der im §. 433 Abs. 3 bestimmten Frist fortgesetzt werden können. (257)

Prot. II 62 flg.

War die Privatklage nicht von dem Verletzten selbst, sondern auf Grund des Rechtes, selbständig auf Bestrafung anzutragen, von einem anderen erhoben, so soll sie im Falle des Todes des Privatklägers binnen der im §. 433 Abs. 3 bestimmten Frist auch von dem Verletzten fortgesetzt werden können. (258)

Prot. I 313. II 62 flg.

Endlich soll nach dem Tode des Privatklägers, sofern ein öffentliches Interesse vorliegt, auch die Staatsanwaltschaft nicht nur, wie nach geltendem Rechte, zur Erhebung einer neuen öffentlichen Klage, sondern auch zur Fortsetzung des bisherigeu Verfahrens binnen der im §. 433 Abs. 3 bestimmten Frist berechtigt sein. (259)

Prot. I 313. II 62 flg.

Zweiter Abschnitt.
Nebenklage.

§. 435.

Wer nach Maßgabe der Bestimmung des §. 414 als Privatkläger aufzutreten berechtigt ist, kann sich der erhobenen öffentlichen Klage in jeder Lage des Verfahrens als Nebenkläger anschließen. Der Anschluß kann behufs Einlegung von Rechtsmitteln auch nach ergangenem Urteile geschehen.

Die gleiche Befugnis steht demjenigen zu, welcher durch einen Antrag auf gerichtliche Entscheidung (§. 170) die Erhebung der öffentlichen Klage herbeigeführt hat, wenn die strafbare Handlung gegen sein Leben, seine Gesundheit, seine Freiheit, seinen Personenstand oder seine Vermögensrechte gerichtet war.

§. 436.

Die Anschlußerklärung ist bei dem Gerichte schriftlich einzureichen.

Das letztere hat über die Berechtigung des Nebenklägers zum Anschlusse nach Anhörung der Staatsanwaltschaft zu entscheiden.

Zu einer Sicherheitsleistung ist der Nebenkläger nicht verpflichtet.

§. 437.

Der Nebenkläger hat nach erfolgtem Anschlusse die Rechte des Privatklägers.

An den Erklärungen über Annahme oder Ablehnung der Geschworenen nimmt der Nebenkläger nicht teil.

§. 438.

Der Fortgang des Verfahrens wird durch den Anschluß nicht aufgehalten.

Die bereits anberaumte Hauptverhandlung sowie andere Termine finden an den bestimmten Tagen statt, auch wenn der Nebenkläger wegen Kürze der Zeit nicht mehr geladen oder benachrichtigt werden konnte.

§. 439.

Entscheidungen, welche schon vor dem Anschluß ergangen und der Staatsanwaltschaft bekannt gemacht waren, bedürfen keiner Bekanntmachung an den Nebenkläger.

Die Anfechtung solcher Entscheidungen steht auch dem Nebenkläger nicht mehr zu, wenn für die Staatsanwaltschaft die Frist zur Anfechtung abgelaufen ist.

§. 440.

Ist in der Hauptverhandlung weder der Nebenkläger noch ein Anwalt desselben erschienen, so wird das Urteil dem ersteren zugestellt.

§. 441.

Der Rechtsmittel kann sich der Nebenkläger unabhängig von der Staatsanwaltschaft bedienen.

Wird auf ein nur von dem Nebenkläger eingelegtes Rechtsmittel die angefochtene Entscheidung aufgehoben, so liegt der Betrieb der Sache wiederum der Staatsanwaltschaft ob.

§. 442.

Die Anschlußerklärung verliert durch Widerruf sowie durch den Tod des Nebenklägers ihre Wirkung.

§. 443.

Die Befugnis, sich einer öffentlichen Klage nach den Bestimmungen der §§. 435 bis 442 als Nebenkläger anzuschließen, steht auch demjenigen zu, welcher berechtigt ist, die Zuerkennung einer Buße zu verlangen.

Wer die Zuerkennung einer Buße in einem auf erhobene öffentliche Klage anhängigen Verfahren beantragen will, muß sich zu diesem Zwecke der Klage als Nebenkläger anschließen.

§. 444.

Der Antrag auf Zuerkennung einer Buße kann bis zur Verkündung des Urteils erster Instanz gestellt werden.

Der Antrag kann bis zur Verkündung des Urteils zurückgenommen, ein zurückgenommener Antrag nicht erneuert werden.

Wird der Angeklagte freigesprochen oder das Verfahren eingestellt, oder die Sache ohne Urteil erledigt, so gilt auch der Antrag ohne weitere Entscheidung für erledigt.

Der Anspruch auf Buße kann von den Erben des Verletzten nicht erhoben oder fortgesetzt werden.

§. 445.

Der Nebenkläger hat den Betrag, welchen er als Buße verlangt, anzugeben.

Auf einen höheren Betrag der Buße als den beantragten darf nicht erkannt werden.

§. 446.

Die Bestimmungen der §§. 444, 445 finden auf den Fall entsprechende Anwendung, daß von dem die Buße Beanspruchenden die Privatklage erhoben wird.

Sechstes Buch.

Besondere Arten des Verfahrens.

Erster Abschnitt.

Verfahren bei amtsrichterlichen Strafbefehlen.

§. 447.

In den zur Zuständigkeit der Schöffengerichte gehörigen Sachen, mit Ausnahme der im §. 27 Nr. 3 bis 8 des Gerichtsverfassungsgesetzes bezeichneten Vergehen, kann durch schriftlichen Strafbefehl des Amtsrichters ohne vorgängige Verhandlung eine Strafe festgesetzt werden, wenn die Staatsanwaltschaft schriftlich hierauf anträgt.

zu §. 447:

Ein Strafbefehl gemäß §. 447 Abs. 1 soll entsprechend dem Beschl. Nr. 2 (260)
auch bei den im §. 320 des Strafgesetzbuchs und den im §. 74 des Gerichtsverfassungsgesetzes bezeichneten Vorgehen erlassen werden können.

Durch einen Strafbefehl darf jedoch keine andere Strafe als Geldstrafe von höchstens einhundertfünfzig Mark oder Freiheitsstrafe von höchstens sechs Wochen, sowie eine etwa verwirkte Einziehung festgesetzt werden.

Die Überweisung des Beschuldigten an die Landespolizeibehörde darf in einem Strafbefehle nicht ausgesprochen werden.

§. 448.

Der Antrag ist auf eine bestimmte Strafe zu richten. Der Amtsrichter hat demselben zu entsprechen, wenn der Erlassung des Strafbefehls Bedenken nicht entgegenstehen.

Findet der Amtsrichter Bedenken, die Strafe ohne Hauptverhandlung festzusetzen, so ist die Sache zur Hauptverhandlung zu bringen. Dasselbe gilt, wenn der Amtsrichter eine andere als die beantragte Strafe festsetzen will und die Staatsanwaltschaft bei ihrem Antrage beharrt.

Ferner soll der Erlaß eines Strafbefehls zulässig sein wegen der Vergehen

a) des Widerstandes im Falle des §. 113 des Strafgesetzbuchs;
b) des Hausfriedensbruchs in den Fällen des §. 123 Abs. 3 des Strafgesetzbuchs;
c) der Beleidigung im Falle des §. 185 des Strafgesetzbuchs;
d) der Körperverletzung in den Fällen der §§. 223, 230 des Strafgesetzbuchs;
e) der Bedrohung im Falle des §. 241 des Strafgesetzbuchs;
f) der Begünstigung im Falle des §. 257 des Strafgesetzbuchs, soweit sie sich auf ein Vergehen bezieht, wegen dessen Strafbefehl erlassen werden kann;
g) des strafbaren Eigennutzes in den Fällen der §§. 285, 286 des Strafgesetzbuchs;
h) der Sachbeschädigung im Falle des §. 303 des Strafgesetzbuchs.

Prot. I 314 flg., 317 flg. II 251 flg.

Der Erlaß eines Strafbefehls soll nicht nur, wie bisher (§. 447 Abs. 1), (261)
auf Antrag der Staatsanwaltschaft, sondern auch auf Antrag des Privatklägers zulässig sein und zwar nicht nur wegen der im Beschl. Nr. 260 bezeichneten strafbaren Handlungen, soweit sie im Wege der Privatklage verfolgt werden können, sondern auch wegen der sonstigen Vergehen, bei welchen die Privatklage schon zur Zeit Anwendung findet, sowie gemäß Beschl. Nr. 243 bei gefährlicher Körperverletzung in den Fällen des §. 223a des Strafgesetzbuchs.[1])

Prot. I 319 flg., 327 flg. II 552.

Durch einen Strafbefehl soll nicht nur, wie bisher nach §. 447 Abs. 2, (262)
Geldstrafe bis zu einhundertfünfzig Mark oder Freiheitsstrafe bis zu sechs Wochen sowie eine etwa verwirkte Einziehung festgesetzt, sondern auch auf die Unbrauchbarmachung von Gegenständen und auf Verweis erkannt sowie die Befugnis zur öffentlichen Bekanntmachung der Verurteilung zugesprochen oder die öffentliche Bekanntmachung der Verurteilung angeordnet werden dürfen.

Prot. I 322 flg. II 253.

zu §. 448:

Dem Privatkläger soll es freistehen, den Antrag auf Erlaß des Straf- (263)
befehls zu stellen, ohne ihn, wie es im §. 448 Abs. 1 Satz 1 für die Staatsanwaltschaft vorgeschrieben ist, auf eine bestimmte Strafe zu richten.

Ferner soll der Amtsrichter, wenn der Privatkläger den Antrag auf eine bestimmte Strafe richtet, — gleichfalls abweichend von dem bei einem Antrage der Staatsanwaltschaft eintretenden Verfahren (§. 448 Abs. 1 Satz 2, Abs. 2) — befugt sein, eine andere als die beantragte Strafe festzusetzen.

Prot. I 327 flg. II 253.

---

[1]) Die übrigen im Beschl. 243 bezeichneten strafbaren Handlungen kommen nach dem Vorangehenden nicht mehr in Betracht.

§. 449.

Der Strafbefehl muß außer der Festsetzung der Strafe die strafbare Handlung, das angewendete Strafgesetz und die Beweismittel bezeichnen, auch die Eröffnung enthalten, daß er vollstreckbar werde, wenn der Beschuldigte nicht binnen einer Woche nach der Zustellung bei dem Amtsgerichte schriftlich oder zu Protokoll des Gerichtsschreibers Einspruch erhebe.

Auf den Einspruch kann vor Ablauf der Frist verzichtet werden.

§. 450.

Ein Strafbefehl, gegen welchen nicht rechtzeitig Einspruch erhoben worden ist, erlangt die Wirkung eines rechtskräftigen Urteils.

zu §§. 448, 449:

In Ergänzung der Vorschriften der §§. 448, 449 soll bestimmt werden,

a) daß der Amtsrichter befugt ist, vor Erlaß des Strafbefehls einzelne Beweiserhebungen oder Ermittelungen vorzunehmen; (264)

Prot. I 329. II 253.

b) daß der Antrag auf Erlaß des Strafbefehls wegen Unzuständigkeit des Gerichts oder wegen Unzulässigkeit der Strafverfolgung oder weil die in dem Antrage bezeichnete Tat unter kein Strafgesetz fällt (§. 178 Abs. 1) oder auch weil der Beschuldigte der ihm zur Last gelegten Tat nicht hinreichend verdächtig erscheint, durch Beschluß des Amtsrichters abgelehnt werden kann; (265)

Prot. I 329. II 253.

c) daß der Strafbefehl, falls der Beschuldigte einen gesetzlichen Vertreter hat, auch diesem mitgeteilt werden soll; (266)

Prot. I 331 flg. II 254.

d) daß dagegen bei den Übertretungen des §. 361 Nr. 3 bis 8 des Strafgesetzbuchs von der Zustellung des Strafbefehls ganz abgesehen werden darf, wenn der verhaftete oder vorläufig festgenommene Beschuldigte dem Amtsrichter vorgeführt wird und nach mündlicher Eröffnung des Strafbefehls auf Einlegung des Einspruchs zu Protokoll verzichtet; (267)

Prot. I 333. II 254 flg.

e) daß auf den Einspruch die in den §§. 339 bis 342 enthaltenen allgemeinen Vorschriften über Rechtsmittel entsprechende Anwendung finden; (268)

Prot. I 334 flg. II 255.

f) daß nicht nur der Verzicht auf den Einspruch (§. 449 Abs. 2), sondern auch die Zurücknahme des bereits eingelegten Einspruchs vor Ablauf der Einspruchsfrist wirksam erfolgen kann (zu vergl. §. 344 Abs. 1); (269)

Prot. I 337 flg. II 255.

g) daß der Verteidiger zur Zurücknahme des Einspruchs einer ausdrücklichen Ermächtigung bedarf. (270)

Prot. I 337 flg. II 255.

zu §. 450:

In Ergänzung der Vorschrift des §. 450 soll ausdrücklich bestimmt werden, daß ein vollstreckbar gewordener Strafbefehl hinsichtlich des Verbrauchs der Strafklage die Wirkung eines rechtskräftigen Urteils dann nicht hat, wenn bei erneuter Strafverfolgung die Tat unter einen im Strafbefehle noch nicht gewürdigten, eine erhöhte Strafbarkeit begründenden rechtlichen Gesichtspunkt gebracht wird. (271)

Prot. I 343 flg. II 255 flg.

§. 451.

Bei rechtzeitigem Einspruche wird zur Hauptverhandlung vor dem Schöffengerichte geschritten, sofern nicht bis zum Beginn derselben die Staatsanwaltschaft die Klage fallen läßt oder der Einspruch zurückgenommen wird.

Der Angeklagte kann sich in der Hauptverhandlung durch einen mit schriftlicher Vollmacht versehenen Verteidiger vertreten lassen.

Bei der Urteilsfällung ist das Schöffengericht an den in dem Strafbefehle enthaltenen Ausspruch nicht gebunden.

§. 452.

Bleibt der Angeklagte ohne genügende Entschuldigung in der Hauptverhandlung aus, und wird er auch nicht durch einen Verteidiger vertreten, so wird der Einspruch ohne Beweisaufnahme durch Urteil verworfen.

Ein Angeklagter, welchem gegen den Ablauf der Einspruchsfrist Wiedereinsetzung in den vorigen Stand gewährt worden war, kann die letztere nicht mehr gegen das Urteil beanspruchen.

Zweiter Abschnitt.

Verfahren nach vorangegangener polizeilicher Strafverfügung.

§. 453.

Wo nach den Bestimmungen der Landesgesetze die Polizeibehörden befugt sind, eine in den Strafgesetzen angedrohte Strafe durch Verfügung festzusetzen, erstreckt sich diese Befugnis nur auf Übertretungen.

Auch kann die Polizeibehörde keine andere Strafe als Haft bis zu vierzehn Tagen oder Geldstrafe und diejenige Haft, welche für den Fall, daß die Geldstrafe nicht beigetrieben werden kann, an die Stelle der letzteren tritt, sowie eine etwa verwirkte Einziehung verhängen.

Die Strafverfügung muß außer der Festsetzung der Strafe die strafbare Handlung, das angewendete Strafgesetz und die Beweismittel bezeichnen, auch die Eröffnung enthalten, daß der Beschuldigte, sofern er nicht eine nach den Gesetzen zugelassene Beschwerde an die höhere Polizeibehörde ergreife, gegen die Strafverfügung binnen einer Woche nach der Bekanntmachung bei der Polizeibehörde, welche diese Verfügung erlassen hat, oder bei dem zuständigen Amtsgericht auf gerichtliche Entscheidung antragen könne.

Die Strafverfügung wirkt in Betreff der Unterbrechung der Verjährung wie eine richterliche Handlung.

zu §. 451:

Gemäß Beschl. Nr. 1 findet die Hauptverhandlung, sofern es sich um eine Übertretung handelt, künftig vor dem Amtsrichter statt.

Gemäß Beschl. Nr. 261 kann künftig nicht nur von der Staatsanwaltschaft, sondern auch vom Privatkläger die Klage fallen gelassen werden.

Die Klage soll nicht, wie bisher (§. 451 Abs. 1), nur bis zum Beginne der Hauptverhandlung, sondern mit Zustimmung des Angeklagten auch noch nach deren Beginne fallen gelassen werden dürfen. (272)

Prot. I 337 flg. II 255 flg.

Ebenso soll der Einspruch nicht, wie bisher (§. 451 Abs. 1), nur bis zum Beginne der Hauptverhandlung, sondern mit Zustimmung der Staatsanwaltschaft bezw. des Privatklägers auch noch nach deren Beginne zurückgenommen werden dürfen (zu vergl. §. 345). (273)

Prot. I 337 flg. II 255.

zu §. 453:

In Ergänzung der Vorschrift des §. 453 Abs. 3 soll bestimmt werden, daß vor Ablauf der Frist für Anbringung des Antrags auf gerichtliche Entscheidung (§. 453 Abs. 3) ein Verzicht auf diesen Antrag oder eine Zurücknahme des gestellten Antrags wirksam erfolgen kann (zu vergl. §. 344 Abs. 1). (274)

Prot. I 346. II 256.

Der Vertheidiger soll zur Zurücknahme des Antrags auf gerichtliche Entscheidung einer ausdrücklichen Ermächtigung bedürfen. (275)

Prot. I 346. II 256.

§. 454.

Der Antrag auf gerichtliche Entscheidung kann bei der Polizeibehörde schriftlich oder mündlich, bei dem Amtsgerichte schriftlich oder zu Protokoll des Gerichtsschreibers angebracht werden.

Die Polizeibehörde übersendet, falls sie nicht die Strafverfügung zurücknimmt, die Akten an die zuständige Staatsanwaltschaft, welche sie dem Amtsrichter vorlegt.

§. 455.

Gegen die Versäumung der Antragsfrist ist unter den in den §§. 44, 45 bezeichneten Voraussetzungen Wiedereinsetzung in den vorigen Stand zulässig. Das Gesuch ist bei einer der im §. 454 Abs. 1 genannten Behörden anzubringen.

Über das Gesuch entscheidet der Amtsrichter.

Die Bestimmungen des §. 46 Abs. 2, 3 finden hier gleichfalls Anwendung.

§. 456.

Ist der Antrag rechtzeitig angebracht, so wird zur Hauptverhandlung vor dem Schöffengerichte geschritten, ohne daß es der Einreichung einer Anklageschrift oder einer Entscheidung über die Eröffnung des Hauptverfahrens bedarf.

Bis zum Beginne der Hauptverhandlung kann der Antrag zurückgenommen werden.

§. 457.

Das Verfahren vor dem Schöffengericht ist dasselbe wie im Falle einer von der Staatsanwaltschaft erhobenen und zur Hauptverhandlung verwiesenen Anklage.

Der Angeklagte kann sich durch einen mit schriftlicher Vollmacht versehenen Verteidiger vertreten lassen.

Bei der Urteilsfällung ist das Gericht an den Ausspruch der Polizeibehörde nicht gebunden.

§. 458.

Stellt sich nach dem Ergebnisse der Hauptverhandlung die Tat des Angeklagten als eine solche dar, bei welcher die Polizeibehörde zum Erlaß einer Strafverfügung nicht befugt war, so hat das Gericht die letztere durch Urteil aufzuheben, ohne in der Sache selbst zu entscheiden.

zu §. 454:

Auf den gegen eine polizeiliche Strafverfügung zulässigen Antrag auf gerichtliche Entscheidung (§. 454 Abs. 1) sollen die in den §§. 339 bis 342 enthaltenen allgemeinen Vorschriften über Rechtsmittel entsprechende Anwendung finden. (276)

Prot. I 346. II 257.

Die Strafverfügung soll nicht, wie bisher (§. 454 Abs. 2), nur von der Polizeibehörde und bis zur Übersendung der Akten an die Staatsanwaltschaft, sondern auch noch nach der Übersendung und zwar dann von der Staatsanwaltschaft mit Zustimmung der Polizeibehörde zurückgenommen werden dürfen, jedoch nach dem Beginne der Hauptverhandlung nur dann, wenn auch der Angeklagte zustimmt. (277)

Prot. I 344 flg. II 256.

zu §. 456:

Gemäß Beschl. Nr. 1 findet die Hauptverhandlung im Falle des §. 456 künftig nicht vor dem kleinen Schöffengerichte, sondern vor dem Amtsrichter statt.

Eine Entscheidung über die Eröffnung des Hauptverfahrens findet im Falle des §. 456 künftig schon nach den Beschl. Nr. 137, 148 nicht mehr statt.

Der Antrag auf gerichtliche Entscheidung soll nicht, wie bisher (§. 456 Abs. 2), nur bis zum Beginne der Hauptverhandlung, sondern mit der Zustimmung der Staatsanwaltschaft auch noch nach deren Beginne zurückgenommen werden dürfen (zu vergl. §. 345). (278)

Prot. I 346. II 256.

zu §. 458:

Stellt sich in der Hauptverhandlung die Tat als eine solche dar, bei welcher der Erlaß einer Strafverfügung unzulässig war, so soll der Amtsrichter, sofern er zuständig ist, in der Sache selbst entscheiden, andernfalls die Sache an das zuständige Gericht verweisen. Die Sondervorschrift des §. 458 soll demgemäß in Wegfall kommen. (279)

Prot. II 257.

Dritter Abschnitt.

Verfahren bei Zuwiderhandlungen gegen die Vorschriften über die Erhebung öffentlicher Abgaben und Gefälle.

§. 459.

Strafbescheide der Verwaltungsbehörden wegen Zuwiderhandlungen gegen die Vorschriften über die Erhebung öffentlicher Abgaben und Gefälle dürfen nur Geldstrafen sowie eine etwa verwirkte Einziehung festsetzen.

Der Strafbescheid muß außerdem die strafbare Handlung, das angewendete Strafgesetz und die Beweismittel bezeichnen, auch die Eröffnung enthalten, daß der Beschuldigte, sofern er nicht eine nach den Gesetzen zugelassene Beschwerde an die höhere Verwaltungsbehörde ergreife, gegen den Strafbescheid binnen einer Woche nach der Bekanntmachung bei der Verwaltungsbehörde, welche denselben erlassen, oder bei derjenigen, welche ihn bekannt gemacht hat, auf gerichtliche Entscheidung antragen könne.

Der Strafbescheid wirkt in Betreff der Unterbrechung der Verjährung wie eine richterliche Handlung.

§. 460.

Wird auf gerichtliche Entscheidung angetragen, so übersendet die Verwaltungsbehörde, falls sie nicht den Strafbescheid zurücknimmt, die Akten an die zuständige Staatsanwaltschaft, welche sie dem Gerichte vorlegt.

§. 461.

In Betreff der Wiedereinsetzung in den vorigen Stand finden die Bestimmungen des §. 455 entsprechende Anwendung.

§. 462.

Ist der Antrag rechtzeitig angebracht, so wird zur Hauptverhandlung vor dem zuständigen Gerichte geschritten, ohne daß es der Einreichung einer Anklageschrift oder einer Entscheidung über die Eröffnung des Hauptverfahrens bedarf.

Bis zum Beginn der Hauptverhandlung kann der Antrag zurückgenommen werden.

zu §. 459:

In Ergänzung der Vorschrift des §. 459 Abs. 2 soll bestimmt werden, daß vor Ablauf der Frist für den Antrag auf gerichtliche Entscheidung (§. 459 Abs. 2) ein Verzicht auf diesen Antrag oder eine Zurücknahme des gestellten Antrags wirksam erfolgen kann (zu vergl. §. 344 Abs. 1). (280)

Prot. I 346. II 256.

Der Verteidiger soll zur Zurücknahme des Antrags auf gerichtliche Entscheidung einer ausdrücklichen Ermächtigung bedürfen. (281)

Prot. I 346. II 256.

zu §. 460:

Auf den gegen einen Strafbescheid der Verwaltungsbehörde zulässigen Antrag auf gerichtliche Entscheidung (§. 460) sollen die in den §§. 339 bis 342 enthaltenen allgemeinen Vorschriften über Rechtsmittel entsprechende Anwendung finden. (282)

Prot. I 346. II 257.

Der Strafbescheid soll nicht, wie bisher (§. 460), nur von der Verwaltungsbehörde und bis zur Übersendung der Akten an die Staatsanwaltschaft, sondern auch noch nach der Übersendung, und zwar dann von der Staatsanwaltschaft mit Zustimmung der Verwaltungsbehörde zurückgenommen werden dürfen, jedoch nach dem Beginne der Hauptverhandlung nur dann, wenn auch der Angeklagte zustimmt. (283)

Prot. I 344 flg. II 256.

zu §. 462:

Eine Entscheidung über die Eröffnung des Hauptverfahrens findet im Falle des §. 462 künftig schon nach den Beschl. Nr. 137, 146, 148 nicht mehr statt.

Der Antrag auf gerichtliche Entscheidung soll nicht, wie bisher (§. 462 Abs. 2), nur bis zum Beginne der Hauptverhandlung, sondern mit Zustimmung der Staatsanwaltschaft auch noch nach deren Beginne zurückgenommen werden dürfen. (284)

Prot. I 346. II 256.

§. 463.

Ist die in einem vollstreckbaren Strafbescheide festgesetzte Geldstrafe von dem Beschuldigten nicht beizutreiben und deshalb ihre Umwandlung in eine Freiheitsstrafe erforderlich, so ist diese Umwandlung nach Anhörung der Staatsanwaltschaft und des Beschuldigten durch gerichtliche Entscheidung auszusprechen, ohne daß der Strafbescheid einer Prüfung des Gerichts unterliegt.

Die Entscheidung über die Umwandlung erfolgt, wenn für eine Urteilsfällung das Schöffengericht zuständig gewesen wäre, durch Verfügung des Amtsrichters, in den übrigen Fällen durch Beschluß des Landgerichts.

Gegen die Entscheidung findet sofortige Beschwerde statt.

§. 464.

Hat die Verwaltungsbehörde einen Strafbescheid nicht erlassen und lehnt die Staatsanwaltschaft den an sie gerichteten Antrag auf Verfolgung ab, so ist die Verwaltungsbehörde befugt, selbst die Anklage zu erheben.

In einem solchen Falle hat sie einen Beamten ihres Verwaltungszweiges oder einen Rechtsanwalt als ihren Vertreter zu bestellen und in der Anklage namhaft zu machen.

§. 465.

Die Staatsanwaltschaft ist zu einer Mitwirkung in jeder Lage des Verfahrens berechtigt.

Bei der Hauptverhandlung muß sie vertreten sein; auch hat sie die gerichtlich angeordneten Ladungen zu derselben zu bewirken.

Alle im Laufe des Verfahrens ergehenden Entscheidungen sind ihr bekannt zu machen.

§. 466.

Im übrigen regelt sich das Verfahren auf die von der Verwaltungsbehörde erhobene Anklage nach den für die Privatklage gegebenen Bestimmungen.

§. 467.

Hat der Beschuldigte gegen einen Strafbescheid auf gerichtliche Untersuchung angetragen, oder hat die Staatsanwaltschaft die Anklage erhoben, so kann die Verwaltungsbehörde sich der Verfolgung anschließen, und sie hat alsdann gleichwie bei einer von ihr erhobenen Anklage einen Vertreter zu bestellen.

In diesem Falle kommen die für den Anschluß des Verletzten als Nebenkläger gegebenen Bestimmungen zur Anwendung.

§. 468.

Wenn die Verwaltungsbehörde die Anklage erhoben oder sich der Verfolgung angeschlossen hat, so sind ihr das Urteil und alle sonstigen Entscheidungen zuzustellen, auch wenn sie bei deren Verkündung vertreten gewesen ist.

§. 469.

Die Fristen zur Einlegung von Rechtsmitteln beginnen für die Verwaltungsbehörde erst mit der Zustellung.

Zur Anbringung von Revisionsanträgen und zur Gegenerklärung auf solche steht der Verwaltungsbehörde eine Frist von einem Monate zu.

Vierter Abschnitt.
Verfahren gegen Abwesende, welche sich der Wehrpflicht entzogen haben.

§. 470.

Bei Untersuchungen gegen

Wehrpflichtige, welche in der Absicht, sich dem Eintritt in den Dienst des stehenden Heeres oder der Flotte zu entziehen, ohne Erlaubnis das Bundesgebiet verlassen haben oder nach erreichtem militärpflichtigem Alter sich außerhalb des Bundesgebiets aufhalten (§. 140 Abs. 1 Nr. 1 des Strafgesetzbuchs),

Offiziere und im Offizierrange stehende Ärzte des Beurlaubtenstandes, sowie beurlaubte Reservisten und Wehrmänner der Land- oder Seewehr, welche ohne Erlaubnis ausgewandert sind (§. 140 Abs. 1 Nr. 2 und §. 360 Nr. 3 des Strafgesetzbuchs), Ersatzreservisten erster Klasse, welche ausgewandert sind, ohne der Militärbehörde vorher Anzeige gemacht zu haben (§. 360 Nr. 3 des Strafgesetzbuchs), und

Wehrpflichtige, welche nach öffentlicher Bekanntmachung einer vom Kaiser für die Zeit eines Krieges oder einer Kriegsgefahr erlassenen besonderen Anordnung im Widerspruch mit derselben ausgewandert sind (§. 140 Abs. 1 Nr. 3 des Strafgesetzbuchs),

findet in Abwesenheit des Angeklagten eine Hauptverhandlung nach Maßgabe der folgenden Bestimmungen statt.

§. 471.

Für das Verfahren ist dasjenige Gericht zuständig, in dessen Bezirk der Angeklagte seinen letzten Wohnsitz oder gewöhnlichen Aufenthalt im Deutschen Reich gehabt hat.

Das Verfahren kann gleichzeitig gegen mehrere Personen gerichtet werden und die Verhandlung und Entscheidung ungetrennt erfolgen.

§. 472.

Die Erhebung der Anklage und die Eröffnung der Untersuchung erfolgt auf Grund einer Erklärung der mit der Kontrolle der Wehrpflichtigen beauftragten Behörde.

Diese Erklärung ist in den Fällen des §. 140 Abs. 1 Nr. 1 des Strafgesetzbuchs dahin auszustellen:

daß der Wehrpflichtige sich zu den angeordneten Revisionen nicht gestellt,

daß der Aufenthalt desselben im Deutschen Reich nicht ermittelt worden, und

daß der angestellten Erkundigungen ungeachtet sich keine Umstände ergeben haben, welche die Annahme ausschließen, daß der Wehrpflichtige, um sich dem Eintritt in den Dienst des stehenden Heeres oder der Flotte zu entziehen, ohne Erlaubnis entweder das Bundesgebiet verlassen habe oder nach erreichtem militärpflichtigen Alter im Auslande verblieben sei.

In den Fällen des §. 140 Abs. 1 Nr. 2 des Strafgesetzbuchs, sowie bei Untersuchungen gegen beurlaubte Reservisten und Wehrmänner wegen Auswanderns ohne Erlaubnis (§. 360 Nr. 3 des Strafgesetzbuchs) ist die Erklärung dahin zu fassen:

daß der Aufenthalt des Offiziers, des Arztes, des Reservisten oder Wehrmannes im Deutschen Reich nicht ermittelt,

daß ihm eine Erlaubnis zur Auswanderung nicht erteilt worden, und

daß der angestellten Erkundigungen ungeachtet sich keine Umstände ergeben haben, welche die Annahme ausschließen, das er ausgewandert sei.

Bei Untersuchungen gegen Ersatzreservisten erster Klasse wegen Auswanderns ohne Anzeige bei der Militärbehörde (§. 360 Nr. 3 des Strafgesetzbuchs) ist die Erklärung dahin zu fassen:

daß der Aufenthalt des Ersatzreservisten im Deutschen Reich nicht ermittelt worden sei,

daß er von einer bevorstehenden Auswanderung der Militärbehörde eine Anzeige nicht gemacht habe, und

daß der angestellten Erkundigungen ungeachtet sich keine Umstände ergeben haben, welche die Annahme ausschließen, daß er ausgewandert sei.

In den Fällen des §. 140 Abs. 1 Nr. 3 des Strafgesetzbuchs ist die Erklärung dahin zu fassen:

daß der Aufenthalt des Wehrpflichtigen im Deutschen Reich nicht ermittelt worden, und daß der angestellten Ermittelungen ungeachtet sich keine Umstände ergeben haben, welche die Annahme ausschließen, daß er nach öffentlicher Bekanntmachung der betreffenden Kaiserlichen Anordnung ausgewandert sei.

§. 473.

Die Ladung des Angeklagten zur Hauptverhandlung erfolgt nach Vorschrift der §§. 320, 321 Abs. 1.

Die Ladung muß im Falle der öffentlichen Zustellung auch die Angabe des letzten deutschen Wohnorts oder Aufenthaltsorts des Angeklagten enthalten.

Der Ladung ist in jedem Falle die Warnung beizufügen, daß bei unentschuldigtem Ausbleiben der Angeklagte auf Grund der im §. 472 bezeichneten Erklärung werde verurteilt werden.

§. 474.

Für die Hauptverhandlung findet die Bestimmung des §. 322 Anwendung.

§. 475.

Sind die vorgeschriebenen Förmlichkeiten beobachtet, so erfolgt die Verurteilung des abwesenden Angeklagten auf Grund der im §. 472 bezeichneten Erklärung, wenn sich nicht Umstände ergeben, welche dieser Erklärung entgegenstehen.

Bedarf es in Ansehung eines Angeklagten einer Beweisaufnahme, so ist die Sache von den übrigen zu trennen und gesondert zum Abschlusse zu bringen.

§. 476.

Die Zustellung des Urteils erfolgt nach Maßgabe der Bestimmungen des §. 40 Abs. 2.

Fünfter Abschnitt.

Verfahren bei Einziehungen und Vermögensbeschlagnahmen.

§. 477.

In den Fällen, in welchen nach §. 42 des Strafgesetzbuchs oder nach anderweiten gesetzlichen Bestimmungen auf Einziehung, Vernichtung oder Unbrauchbarmachung von Gegenständen selbständig erkannt werden kann, ist der Antrag, sofern die Entscheidung nicht in Verbindung mit einem Urteil in der Hauptsache erfolgt, seitens der Staatsanwaltschaft oder des Privatklägers bei demjenigen Gerichte zu stellen, welches für den Fall der Verfolgung einer bestimmten Person zuständig sein würde.

An die Stelle des Schwurgerichts tritt die an dessen Sitzungsorte bestehende Strafkammer.

§. 478.

Die Verhandlung und Entscheidung erfolgt in einem Termine, auf welchen die Bestimmungen über die Hauptverhandlung entsprechende Anwendung finden.

Personen, welche einen rechtlichen Anspruch auf den Gegenstand der Einziehung, Vernichtung oder Unbrauchbarmachung haben, sind, soweit dies ausführbar erscheint, zu dem Termine zu laden.

Dieselben können alle Befugnisse ausüben, welche einem Angeklagten zustehen, sich auch durch einen mit schriftlicher Vollmacht versehenen Verteidiger vertreten lassen. Durch ihr Nichterscheinen wird das Verfahren und die Urteilsfällung nicht aufgehalten.

§. 479.

Die Rechtsmittel gegen das Urteil stehen der Staatsanwaltschaft, dem Privatkläger und den im §. 478 bezeichneten Personen zu.

§. 480.

Auf die im §. 93 des Strafgesetzbuchs vorgesehene Beschlagnahme des Vermögens eines Angeschuldigten finden die Bestimmungen der §§. 333 bis 335 und auf die im §. 140 des Strafgesetzbuchs vorgesehene Beschlagnahme die Bestimmungen der §§. 325, 326 entsprechende Anwendung.

Siebentes Buch.

Strafvollstreckung und Kosten des Verfahrens.

Erster Abschnitt.

Strafvollstreckung.

§. 481.

Strafurteile sind nicht vollstreckbar, bevor sie rechtskräftig geworden sind.

§. 482.

Auf die zu vollstreckende Freiheitsstrafe ist unverkürzt diejenige Untersuchungshaft anzurechnen, welche der Angeklagte erlitten hat, seit er auf Einlegung eines Rechtsmittels verzichtet oder das eingelegte Rechtsmittel zurückgenommen hat, oder seitdem die Einlegungsfrist abgelaufen ist, ohne daß er eine Erklärung abgegeben hat.

zu §. 482:

Die Anrechnung der vom Angeklagten erlittenen Untersuchungshaft auf die zu vollstreckende Strafe soll in weiterem Umfang eintreten, als es nach geltendem Rechte (§. 482) der Fall ist. Im einzelnen sollen an die Stelle des §. 482 folgende Vorschriften treten: (285)

Auf die zu vollstreckende Freiheitsstrafe ist unverkürzt diejenige Untersuchungshaft anzurechnen, welche der Angeklagte nach der Verkündung des Urteils erster Instanz erlitten hat.

Hat der Angeklagte rechtzeitig ein Rechtsmittel gegen das Urteil eingelegt, so wird die Untersuchungshaft, unbeschadet der Vorschrift des §. 60 des Strafgesetzbuchs, bis zu dem Zeitpunkte nicht angerechnet, bis zu welchem das Rechtsmittel die Vollstreckung hemmte, es sei denn, daß dieses vor Ablauf der Einlegungsfrist zurückgenommen ist.

Hat der zu einer Gesamtstrafe verurteilte Angeklagte, welcher das Urteil nur in betreff eines Teiles der festgestellten Straftaten angefochten hat, durch das Rechtsmittel den Fortfall einer Einzelstrafe erwirkt, so wird, wenn die Anwendung des §. 60 des Strafgesetzbuchs nicht mehr möglich ist, die Untersuchungshaft nach Maßgabe des Abs. 1 angerechnet, jedoch nur bis zur Höhe der nicht angefochtenen Einzelstrafen.

Die Vorschriften der Abs. 2, 3 finden auch dann Anwendung, wenn eine der im §. 340 Abs. 1 der Str.Pr.O. bezeichneten Personen das Rechtsmittel eingelegt hat. Der Angeklagte kann jedoch in diesem Falle die Anrechnung der Untersuchungshaft gemäß Abs. 1 aus Billigkeitsrücksichten beantragen, wenn die Anwendung des §. 60 des Strafgesetzbuchs in der über das Rechtsmittel ergehenden Entscheidung nicht mehr in Betracht gezogen werden konnte. Die Entscheidung über einen solchen Antrag erfolgt durch Beschluß desjenigen Gerichts, dessen Urteil angefochten war. Gegen den Beschluß ist sofortige Beschwerde zulässig.

Das Gericht hat in allen Fällen über die Anrechnung oder Nichtanrechnung der Untersuchungshaft Bestimmung zu treffen und seine Entscheidung in dem Urteile zu begründen.

Prot. I 360 flg. II 266 flg.

§. 483.

Die Strafvollstreckung erfolgt durch die Staatsanwaltschaft auf Grund einer von dem Gerichtsschreiber zu erteilenden, mit der Bescheinigung der Vollstreckbarkeit versehenen, beglaubigten Abschrift der Urteilsformel.

Den Amtsanwälten steht die Strafvollstreckung nicht zu.

Für die zur Zuständigkeit der Schöffengerichte gehörigen Sachen kann durch Anordnung der Landesjustizverwaltung die Strafvollstreckung den Amtsrichtern übertragen werden.

§. 484.

In Sachen, in denen das Reichsgericht in erster Instanz erkannt hat, steht das Begnadigungsrecht dem Kaiser zu.

§. 485.

Todesurteile bedürfen zu ihrer Vollstreckung keiner Bestätigung. Die Vollstreckung ist jedoch erst zulässig, wenn die Entschließung des Staatsoberhauptes und in Sachen, in denen das Reichsgericht in erster Instanz erkannt hat, die Entschließung des Kaisers ergangen ist, von dem Begnadigungsrechte keinen Gebrauch machen zu wollen.

An schwangeren oder geisteskranken Personen darf ein Todesurteil nicht vollstreckt werden.

§. 486.

Die Vollstreckung der Todesstrafe erfolgt in einem umschlossenen Raume.

Bei der Vollstreckung müssen zwei Mitglieder des Gerichts erster Instanz, ein Beamter der Staatsanwaltschaft, ein Gerichtsschreiber und ein Gefängnisbeamter zugegen sein. Der Gemeindevorstand des Orts, wo die Hinrichtung stattfindet, ist aufzufordern, zwölf Personen aus den Vertretern oder aus anderen achtbaren Mitgliedern der Gemeinde abzuordnen, um der Hinrichtung beizuwohnen.

Außerdem ist einem Geistlichen von dem Religionsbekenntnisse des Verurteilten und dem Verteidiger und nach dem Ermessen des die Vollstreckung leitenden Beamten auch anderen Personen der Zutritt zu gestatten.

Ferner soll mit Rücksicht darauf, daß nach der Vollstreckung eines Strafbefehls unter Umständen wegen derselben Tat eine neue Verurteilung eintreten kann (zu vergl. Beschl. Nr. 271), die Anrechnung auch einer vollstreckten Strafe vorgeschrieben werden. Wird solchenfalls in dem neuen Verfahren auf eine Freiheits- oder Geldstrafe erkannt, so soll die auf Grund des Strafbefehls vollstreckte Strafe auf die neu erkannte Strafe unverkürzt angerechnet werden; ist hiernach Freiheitsstrafe auf eine Geldstrafe oder Geldstrafe auf eine Freiheitsstrafe anzurechnen, so soll die anzurechnende Strafe nach Maßgabe des §. 29 des Strafgesetzbuchs umgewandelt werden. (286)

Das Gleiche soll für die auf Grund einer polizeilichen Strafverfügung oder des Strafbescheids einer Verwaltungsbehörde vollstreckte Strafe gelten, wenn wegen derselben strafbaren Handlung in einem neuen Strafverfahren abermals eine Verurteilung erfolgt.

Prot. I 366 flg. II 268.

zu §. 483:

Gemäß Beschl. Nr. 1 bezieht sich die Ermächtigung der Landesjustizverwaltung zur Übertragung der Strafvollstreckung auf den Amtsrichter (§. 483 Abs. 3) künftig auf diejenigen Sachen, welche vor die kleinen Schöffengerichte oder vor den Amtsrichter gehören.

Über den Hergang ist ein Protokoll aufzunehmen, welches von dem Beamten der Staatsanwaltschaft und dem Gerichtsschreiber zu unterzeichnen ist.

Der Leichnam des Hingerichteten ist den Angehörigen desselben auf ihr Verlangen zur einfachen, ohne Feierlichkeiten vorzunehmenden Beerdigung zu verabfolgen.

§. 487.

Die Vollstreckung einer Freiheitsstrafe ist aufzuschieben, wenn der Verurteilte in Geisteskrankheit verfällt.

Dasselbe gilt bei anderen Krankheiten, wenn von der Vollstreckung eine nahe Lebensgefahr für den Verurteilten zu besorgen steht.

Die Strafvollstreckung kann auch dann aufgeschoben werden, wenn sich der Verurteilte in einem körperlichen Zustande befindet, bei welchem eine sofortige Vollstreckung mit der Einrichtung der Strafanstalt unverträglich ist.

§. 488.

Auf Antrag des Verurteilten kann die Vollstreckung aufgeschoben werden, sofern durch die sofortige Vollstreckung dem Verurteilten oder der Familie desselben erhebliche, außerhalb des Strafzwecks liegende Nachteile erwachsen.

Der Strafaufschub darf den Zeitraum von vier Monaten nicht übersteigen.

Die Bewilligung desselben kann an eine Sicherheitsleistung oder andere Bedingungen geknüpft werden.

§. 489.

Die Staatsanwaltschaft ist befugt, behufs Vollstreckung einer Freiheitsstrafe einen Vorführungs- oder Haftbefehl zu erlassen, wenn der Verurteilte auf die an ihn ergangene Ladung zum Antritt der Strafe sich nicht gestellt hat oder der Flucht verdächtig ist.

Auch kann von der Staatsanwaltschaft zu demselben Zwecke ein Steckbrief erlassen werden, wenn der Verurteilte flüchtig ist oder sich verborgen hält.

Diese Befugnisse stehen im Falle des §. 483 Abs. 3 auch dem Amtsrichter zu.

§. 490.

Wenn über die Auslegung eines Strafurteils oder über die Berechnung der erkannten Strafe Zweifel entstehen, oder wenn Einwendungen gegen die Zulässigkeit der Strafvollstreckung erhoben werden, so ist die Entscheidung des Gerichts herbeizuführen.

Dasselbe gilt, wenn nach Maßgabe des §. 487 Einwendungen gegen die Ablehnung eines Antrags auf Aufschub der Strafvollstreckung erhoben werden.

Der Fortgang der Vollstreckung wird hierdurch nicht gehemmt; das Gericht kann jedoch einen Aufschub oder eine Unterbrechung der Vollstreckung anordnen.

§. 491.

Kann eine verhängte Geldstrafe nicht beigetrieben werden und ist die Festsetzung der für diesen Fall eintretenden Freiheitsstrafe unterlassen worden, so ist die Geldstrafe nachträglich von dem Gericht in die entsprechende Freiheitsstrafe umzuwandeln.

§. 492.

Ist jemand durch verschiedene rechtskräftige Urteile zu Strafen verurteilt worden, und sind dabei die Vorschriften über die Zuerkennung einer Gesamtstrafe (§. 79 des Strafgesetzbuchs) außer Betracht geblieben, so sind die erkannten Strafen durch eine nachträgliche gerichtliche Entscheidung auf eine Gesamtstrafe zurückzuführen.

§. 493.

Ist der Verurteilte nach Beginn der Strafvollstreckung wegen Krankheit in eine von der Strafanstalt getrennte Krankenanstalt gebracht worden, so ist die Dauer des Aufenthalts in der Krankenanstalt in die Strafzeit einzurechnen, wenn nicht der Verurteilte mit der Absicht, die Strafvollstreckung zu unterbrechen, die Krankheit herbeigeführt hat.

Die Staatsanwaltschaft hat im letzteren Falle eine Entscheidung des Gerichts herbeizuführen.

§. 494.

Die bei der Strafvollstreckung notwendig werdenden gerichtlichen Entscheidungen (§§. 490 bis 493) werden von dem Gericht erster Instanz ohne mündliche Verhandlung erlassen.

Vor der Entscheidung ist der Staatsanwaltschaft und dem Verurteilten Gelegenheit zu geben, Anträge zu stellen und zu begründen.

Kommt es auf die Festsetzung einer Gesamtstrafe an (§. 492), und waren die verschiedenen hierdurch abzuändernden Urteile von verschiedenen Gerichten erlassen, so steht die Entscheidung demjenigen Gerichte zu, welches die schwerste Strafart oder bei Strafen gleicher Art die höchste Strafe erkannt hat, falls hiernach aber mehrere Gerichte zuständig sein würden, demjenigen, dessen Urteil zuletzt ergangen ist. War das hiernach maßgebende Urteil von einem Gerichte höherer Instanz erlassen, so setzt das Gericht erster Instanz, und war eines der Strafurteile von dem Reichsgericht in erster Instanz erlassen, das Reichsgericht die Gesamtstrafe fest.

Gegen diese Entscheidungen findet, insofern sie nicht von dem Reichsgericht erlassen sind, sofortige Beschwerde statt.

§. 495.

Die Vollstreckung der über eine Vermögensstrafe oder eine Buße ergangenen Entscheidung erfolgt nach den Vorschriften über die Vollstreckung der Urteile der Zivilgerichte.

Zweiter Abschnitt.

Kosten des Verfahrens.

§. 496.

Jedes Urteil, jeder Strafbefehl und jede eine Untersuchung einstellende Entscheidung muß darüber Bestimmung treffen, von wem die Kosten des Verfahrens zu tragen sind.

Wenn über die Höhe der Kosten oder über die Notwendigkeit der unter ihnen begriffenen Auslagen Streit entsteht, so erfolgt hierüber besondere Entscheidung.

zu §. 496:

In dem Verfahren auf erhobene Privatklage sollen die dem Gegner zu erstattenden notwendigen Auslagen (§. 503) durch gerichtliche Entscheidung auch dann festgesetzt werden können, wenn über die Höhe oder die Notwendigkeit kein Streit besteht. Auf das Verfahren finden die Vorschriften der §§. 103 bis 106 der Zivilprozeßordnung entsprechende Anwendung. (287)

Prot. II 64 flg.

§. 497.

Die Kosten, mit Einschluß der durch die Vorbereitung der öffentlichen Klage und die Strafvollstreckung entstandenen, hat der Angeklagte zu tragen, wenn er zu Strafe verurteilt wird.

Stirbt ein Verurteilter vor eingetretener Rechtskraft des Urteils, so haftet sein Nachlaß nicht für die Kosten.

§. 498.

Wenn ein Angeklagter in einer Untersuchung, welche mehrere strafbare Handlungen umfaßt, nur in Ansehung eines Teils derselben verurteilt wird, durch die Verhandlung der übrigen Straffälle aber besondere Kosten entstanden sind, so ist er von deren Tragung zu entbinden.

Mitangeklagte, welche in Bezug auf dieselbe Tat zu Strafe verurteilt sind, haften für die Auslagen als Gesamtschuldner. Dies gilt nicht von den durch die Strafvollstreckung oder die Untersuchungshaft entstandenen Kosten.

§. 499.

Einem freigesprochenen oder außer Verfolgung gesetzten Angeschuldigten sind nur solche Kosten aufzuerlegen, welche er durch eine schuldbare Versäumnis verursacht hat.

Die dem Angeschuldigten erwachsenen notwendigen Auslagen können der Staatskasse auferlegt werden.

§. 500.

Bei wechselseitigen Beleidigungen oder Körperverletzungen wird die Verurteilung eines oder beider Teile in die Kosten dadurch nicht ausgeschlossen, daß einer derselben oder beide für straffrei erklärt werden.

§. 501.

Ist ein, wenn auch nur außergerichtliches Verfahren durch eine wider besseres Wissen gemachte oder auf grober Fahrlässigkeit beruhende Anzeige veranlaßt worden, so kann das Gericht dem Anzeigenden, nachdem derselbe gehört worden, die der Staatskasse und dem Beschuldigten erwachsenen Kosten auferlegen.

War noch kein Gericht mit der Sache befaßt, so erfolgt die Entscheidung auf den Antrag der Staatsanwaltschaft durch dasjenige Gericht, welches für die Eröffnung des Hauptverfahrens zuständig gewesen wäre.

Gegen die Entscheidung findet sofortige Beschwerde statt.

§. 502.

Erfolgt eine Einstellung des Verfahrens wegen Zurücknahme desjenigen Antrags, durch welchen dasselbe bedingt war, so hat der Antragsteller die Kosten zu tragen.

§. 503.

In einem Verfahren auf erhobene Privatklage hat der Verurteilte auch die dem Privatkläger erwachsenen notwendigen Auslagen zu erstatten.

zu §. 497:

Es soll bestimmt werden, daß im Verfahren auf öffentliche Klage das Gericht befugt ist, nach Befinden der Umstände den zu Strafe verurteilten Angeklagten von der Tragung eines Teiles der Auslagen zu entbinden. Sind diese Auslagen durch einen Nebenkläger verschuldet, so werden sie diesem auferlegt; anderenfalls fallen sie der Staatskasse zur Last. (288)

Prot. I 515 flg. II 272 flg.

zu §. 498:

Es soll bestimmt werden, daß das Gericht befugt ist, nach Befinden der Umstände Mitangeklagte von der Mithaftung für einen Teil der Auslagen zu entbinden. (289)

Prot. I 515 flg. II 276 flg.

Wird der Beschuldigte außer Verfolgung gesetzt oder freigesprochen, oder wird das Verfahren eingestellt, so fallen dem Privatkläger die Kosten des Verfahrens sowie die dem Beschuldigten erwachsenen notwendigen Auslagen zur Last.

Ist den Anträgen des Privatklägers nur zum Teil entsprochen worden, so kann das Gericht die Kosten angemessen verteilen.

Mehrere Privatkläger und mehrere Angeklagte haften als Gesamtschuldner.

Unter den nach den Bestimmungen dieses Paragraphen zu erstattenden Auslagen sind, wenn sich der Gegner der erstattungspflichtigen Partei eines Rechtsanwalts bedient, die Gebühren und Auslagen des Anwalts insoweit inbegriffen, als solche nach der Bestimmung des §. 87 der Zivilprozeßordnung die unterliegende Partei der obsiegenden zu erstatten hat.

§. 504.

Wird in dem Falle des §. 173 der Angeschuldigte außer Verfolgung gesetzt oder freigesprochen, oder das Verfahren eingestellt, so finden auf den Antragsteller die Bestimmungen des §. 503 Abs. 2, 3, 4, 5 entsprechende Anwendung. Das Gericht kann jedoch nach Befinden der Umstände den Antragsteller von der Tragung der Kosten ganz oder teilweise entbinden.

Vor der Entscheidung über den Kostenpunkt ist der Antragsteller zu hören, sofern er nicht als Nebenkläger aufzutreten berechtigt war.

§. 505.

Die Kosten eines zurückgenommenen oder erfolglos eingelegten Rechtsmittels treffen denjenigen, der dasselbe eingelegt hat. War das Rechtsmittel von der Staatsanwaltschaft eingelegt, so können die dem Beschuldigten erwachsenen notwendigen Auslagen der Staatskasse auferlegt werden. Hatte das Rechtsmittel teilweisen Erfolg, so kann das Gericht die Kosten angemessen verteilen.

Dasselbe gilt von den Kosten, welche durch einen Antrag auf Wiederaufnahme des durch ein rechtskräftiges Urteil geschlossenen Verfahrens verursacht worden sind.

Die Kosten der Wiedereinsetzung in den vorigen Stand fallen dem Antragsteller zur Last, soweit sie nicht durch einen unbegründeten Widerspruch des Gegners entstanden sind.

§. 506.

In den zur Zuständigkeit des Reichsgerichts in erster Instanz gehörigen Sachen sind die von der Staatskasse zu tragenden Kosten der Reichskasse aufzuerlegen.

zu §. 503 Abs. 4:

Gemäß Beschl. Nr. 289 wird das Gericht künftig auch im Privatklageverfahren befugt sein, nach Befinden der Umstände Mitangeklagte von der Mithaftung für einen Teil der Auslagen zu entbinden.

Sachregister.

Die römischen Zahlen zeigen den Band, die arabischen Zahlen die Seite an.

A.

B.

D.

F.

G.

H.

J.

L.

P.

R.

S.

T.

U.

V.

W.

Z.

FSC
www.fsc.org
MIX
Papier | Fördert gute Waldnutzung
FSC® C083411

Kolibri 360 GmbH
Ferdinand-Jühlke-Straße 7
99095 Erfurt, Deutschland
produktsicherheit@kolibri360.de